AF617437

Esta obra ha sido realizada
a iniciativa y bajo la coordinación
de la Redacción de
Francis Lefebvre

Lefebvre-El Derecho, S. A.
Monasterios de Suso y Yuso, 34. 28049 Madrid. Teléfono: (91) 210 80 00
clientes@lefebvre.es
www.efl.es
Precio: 78,00 € (IVA incluido)

ISBN: 978-84-19573-24-7
Depósito legal: M-11815-2024

Impreso en España

Servicio Extras Mementos en papel

Este servicio te permite acceder a textos publicados con posterioridad al Memento Defensa del Consumidor 2024-2025 (cuadros, novedades normativas de especial relevancia, rectificativos, etc.), para complementar su contenido.

Accede a este servicio desde la página principal de nuestra web: **www.efl.es**

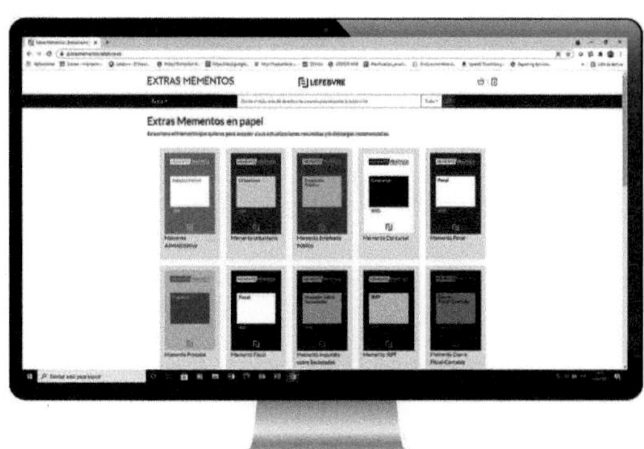

Podemos mantenerte puntualmente informado de la aparición de cualquier "extra" que se publique con posterioridad al Memento Defensa del Consumidor 2024-2025 por medio de un e-mail de alerta.

Indícanos a continuación la dirección de correo electrónico en la que deseas recibir esta información junto con el resto de tus datos (por favor, escribe en mayúsculas para mayor claridad). Envíanos este cupón por Fax al **91 578 16 17**, o escríbenos a **clientes@lefebvre.es**.

Nº Cliente: .... Empresa: ....

Apellidos: .... Nombre: ....

Dirección: ....

C.P.: .... Población: ....

Profesión: .... Actividad de la empresa: ....

Departamento: .... Cargo: ....

N.I.F./C.I.F.*: .... Tlf.: .... E-mail*: ....

*Imprescindible

☐ Comprado en librería ☐ Comprado a un comercial ☐ Cambio de domicilio o e-mail

POR FAVOR, INDICA EN QUÉ ÁREAS DEL DERECHO ESTÁS INTERESADO:

☐ Fiscal ☐ Mercantil ☐ Penal ☐ Procesal ☐ Concursal ☐ Administrativo

☐ Social ☐ Contable ☐ Civil ☐ Inmobiliario ☐ Actualidad

Defensa del Consumidor

2024-2025

Fecha de edición: 26 de abril de 2024

Plan general

Abreviaturas

AECOSAN	Agencia española de consumo, seguridad alimentaria y nutrición
AGE	Administración General del Estado
AP	Audiencia Provincial
Art.	Artículo/s
BE	Banco de España
CC	Código Civil
CCom	Código de Comercio
CC.AA.	Comunidades autónomas
CEC	Centro europeo del consumidor
Cir	Circular
CNMV	Comisión Nacional del Mercado de Valores
CP	Código Penal
DGC	Dirección General de Consumo
Dir	Directiva
disp.adic.	Disposición adicional
disp.derog.	Disposición derogatoria
disp.final	Disposición final
disp.trans.	Disposición transitoria
DOP	Denominación de origen protegida
EDJ	Referencia jurisprudencia Lefebvre-El Derecho
EEE	Espacio Económico Europeo
ETG	Especialidad tradicional garantizada
FEIN	Ficha Europea de Información Normalizada
FiAE	Ficha de Advertencias Estandarizadas
IGP	Identificación geográfica protegida
IPC	Índice de precio al consumo
L	Ley
LCCo	L 16/2011, de contratos de créditos al consumo
LCD	L 3/1991, de competencia desleal
LCGC	L 7/1998, sobre condiciones generales de la contratación
LDC	L 15/2007, de defensa de la competencia
LEC	L 1/2000, de enjuiciamiento civil
LGCA	L 7/2010, general de comunicación audiovisual
LGDCU	RDLeg 1/2007, general para la defensa de los consumidores y usuarios
LGPu	L 34/1988, general de publicidad
LMV	L 6/2023, de 17 de marzo, de los Mercados de Valores y de los Servicios de Inversión
LOCM	L 7/1996, de ordenación del comercio minorista
LPAC	L 39/2015, del procedimiento administrativo común
LVPBM	L 28/1998, de venta a plazos de bienes muebles
OCU	Organización de consumidores y usuarios
OM	Orden Ministerial
OMI	Oficina municipal de información
RAPEX	Sistema europeo de alerta rápida
RD	Real Decreto
RDLeg	Real Decreto Legislativo
RDL	Real Decreto Ley
Rgto	Reglamento
s.	Y siguientes

SOA	Seguro obligatorio de accidentes
SOV	Seguro obligatorio de viajeros
TAE	Tasa anual equivalente
TCo	Tribunal Constitucional
TJUE	Tribunal de Justicia de la Unión Europea
TS	Tribunal Supremo
TSJ	Tribunal Superior de Justicia
UE	Unión Europea

CAPÍTULO 1

Consideraciones generales

1. Conceptos generales del derecho de consumo

El denominado derecho de consumo o derecho de los consumidores es una **discipli- 15
na compleja** en la que se mezclan aspectos civiles, mercantiles, penales y administrativos, pero que tienen en común un elemento: la figura del consumidor como sujeto del mismo. Tiene como **finalidad** proporcionar a los ciudadanos (consumidores y usuarios) la protección que precisan ante los cambios económicos, técnicos y sociales que se dan en nuestros días. En particular, ante el fenómeno de la **contratación en masa**, por medio de los contratos de adhesión, y para los que no tienen una respuesta eficaz los viejos principios civiles y mercantiles basados en la igualdad entre los contratantes.

Consumidor (LGDCU art.3; Dir 2011/83/UE art.2) El concepto de consumidor no es unita- 20
rio, existiendo distintos tipos en función del **ámbito de protección** de que se trate. Así, una misma persona puede ser considerada consumidor respecto a ciertas operaciones, y operador económico respecto a otras. La **concepción tradicional** se refiere al consumidor final privado que no participa en actividades comerciales o profesionales.

La existencia de una pluralidad de nociones de consumidor se refleja, por ejemplo, en el caso de la **responsabilidad por servicios defectuosos**, que considera consumidor a cualquier persona física que haya sufrido un perjuicio; o en el supuesto de los **viajes combinados**, que entiende por consumidor a cualquier persona en la que concurra la condición de contratante principal, beneficiario o cesionario; estos conceptos no se relacionan con el **concepto general**, esto es, consumo del uso o servicio en un ámbito ajeno a una actividad empresarial o profesional.

Además, existe el concepto de **consumidor vulnerable** por el que se entiende aquellas personas físicas que, de forma individual o colectiva, por sus características, necesidades o circunstancias (personales, económicas, educativas o sociales), se encuentran, aunque sea territorial, sectorial o temporalmente, en una especial situación de subordinación, indefensión o desprotección que les impide el ejercicio de sus derechos en condiciones de igualdad.

Precisiones **1)** La dificultad por encontrar una noción única de consumidor se manifiesta también en la **jurisprudencia europea**, reconociendo que la protección del consumidor como parte considerada económicamente más débil solo engloban los contratos celebrados para satisfacer las necesidades de **consumo privado** de un individuo. Sin embargo, no se justifica en el caso de contratos cuyo objeto es una **actividad profesional**, aunque esta se prevea para un momento posterior, dado que el carácter futuro de una actividad no afecta en nada a su naturaleza profesional. Por ejemplo, realizar una serie de compras con la intención de abrir un negocio (TJUE 3-7-97).

2) Se excluye la condición de consumidor, aunque la persona sea una **persona física**, cuando la **aplicación proyectada de un préstamo** obtenido sean profesionales o mercantiles (TS 18-7-23, EDJ 632547; 22-11-22, EDJ 745639; 18-1-22, EDJ 501101; 11-4-19, EDJ 55529).

3) Se rechaza la aplicación de normativa protectora de consumidores a las condiciones de un préstamo hipotecario en que los beneficiarios no fueron solo los prestatarios sino, fundamentalmente, unas sociedades mercantiles deudoras, por lo que los particulares intervinieron como **fiadores**.

23 La definición de consumidor ha seguido los pasos marcados por el **derecho europeo** en este ámbito (p.e. Dir 2011/83/UE art.2; o la Dir 2008/48/UE) y se ha producido una **evolución del concepto**, limitando esta figura a toda **persona física** que actúe con un propósito ajeno a su actividad comercial, empresarial, oficio o profesión. Así, una misma persona puede ser considerada consumidor respecto de ciertas operaciones y operador económico respecto de otras (TJUE 25-1-18). Es decir, el concepto de consumidor viene referido al **ámbito objetivo de la operación** y no a la personalidad del contratante (TS 16-1-17, EDJ 534; 5-4-17, EDJ 37049; 7-11-17, EDJ 232881; 13-68, EDJ 103949, entre otras).

No obstante, aunque existe uniformidad en esta materia entre lo dispuesto por la normativa europea y la nacional, existe una **particularidad en el derecho español:** además de la persona física, puede ser consumidor la **persona jurídica**, y las **entidades sin personalidad jurídica**, por ejemplo, una comunidad de vecinos (TJUE 2-4-20; TS 14-4-21, EDJ 533262), siempre que actúen:

- sin ánimo de lucro;
- en el ámbito ajeno a una actividad comercial o empresarial.

En el caso de las **personas jurídicas**, solo pueden ser consideradas consumidor, las asociaciones sin ánimo de lucro (ONG'S) y las fundaciones, excluyéndose por tanto todas las sociedades de capital o asociaciones con ánimo de lucro, y ello con independencia de que el **destino del bien o servicio** objeto del contrato esté o no destinado a la actividad comercial o empresarial desarrollado por la persona jurídica. De este modo, las sociedades de capital (SA, SRL y SComA), mercantiles por disposición legal (LSC art.2), tienen siempre la condición de empresario (CCom art.1), presumiéndose su ánimo de lucro (TS 30-1-17, EDJ 5821; 3-6-19, EDJ 600273; 20-1-20, EDJ 504541).

Precisiones 1) Aunque la **persona física** es la base de todo el sistema de protección, no basta con tener tal condición para ser consumidor, ya que es preciso que el individuo no actúe dentro de un ámbito productivo (lo que lleva a excluir de este concepto, p.e. a los **autónomos o artesanos**, siempre que el contrato se lleve a cabo para integrar el bien o servicio en la propia actividad productiva). Asimismo, el **comprador de un despacho** para el ejercicio de una actividad profesional de prestación de servicios no se beneficia de la protección legal del consumidor (TS 28-5-14, EDJ 111197).

2) El **ánimo de lucro** del consumidor persona física debe referirse a la **operación concreta** en que tiene lugar, puesto que si el consumidor puede actuar con afán de enriquecerse, el límite está en aquellos supuestos en que realice estas actividades con regularidad (comprar para inmediatamente revender sucesivamente inmuebles, acciones, etc.), ya que de realizar varias de esas operaciones asiduamente en un período corto de tiempo, puede considerarse que, con tales actos, realiza una actividad empresarial o profesional, dado que la habitualidad es una de las características de la cualidad legal de empresario (TS 19-7-18, EDJ 526211)

3) La mera posibilidad de que la persona física **pueda lucrarse** con el traspaso o reventa de sus derechos no excluye su condición de consumidor (TJUE 10-4-08; 25-10-05TS 30-1-18, EDJ 3687)

4) En el caso de la **persona jurídica**, su reconocimiento tiene carácter restrictivo, y por tanto, no tiene condición de consumidor una **asociación de empresarios**, en el supuesto de haberse colocado el ascensor en el edificio donde estos desarrollan su actividad comercial e industrial (AP Salamanca 13-7-12, EDJ 170715).

5) En el caso de un **Colegio de Abogados** que suscribió un préstamo para la reforma de su sede, donde se llevan a cabo actividades profesionales y representación institucional, se excluyó la condición de consumidor (TS 17-11-23, EDJ 752233).

6) Se entiende que la persona física que se constituye en **garante de una sociedad mercantil** tiene la condición de consumidor cuando la garantía no está relacionada con sus actividades comerciales, profesionales o empresariales o no se concede por razón de los vínculos funcionales que mantiene con la sociedad, por ser socio, administrador o apoderado; es decir, cuando actúa con fines de derecho privado a incluso aunque reúna la condición de pariente próximo de administradores o socios de la sociedad mercantil (AP Baleares 21-3-16, EDJ 73551; AP Alicante 30-6-16, EDJ 218776; AP Araba 10-9-15, EDJ 199637; AP Pontevedra 6-4-16, EDJ 58744). A efectos registrales, el hipotecante no deudor tiene la condición de consumidor cuando del documento notarial presentado a inscripción no resulte

que la persona física se dedique al ejercicio profesional de la concesión de garantías ni guarde vinculación funcional con la sociedad prestataria (DGRN Resol 31-10-17).

Junto con estas referencias, no se pueden olvidar **otras definiciones** de consumidor comprendidas en **leyes especiales** que no han sido refundidas por la LGDCU: 26
- L 16/2011 art.2.1, de **contratos de crédito al consumo**, que restringe el concepto de consumidor a la persona física;
- L 34/1988 art.2, general de **publicidad**, que se refiere no tanto al consumidor sino al destinatario al que va dirigido el mensaje publicitario;
- L 3/1991 art.3, de **competencia desleal**, que declara la aplicación de la ley a los empresarios, profesionales y a cualesquiera otras personas físicas o jurídicas que participen en el mercado.

Empresario (LGDCU art.4; Dir 2011/83/UE art.2.2) El concepto de empresario reviste de la **nota de generalidad** señalada para el concepto de consumidor (nº 20). Lo que le caracteriza es la **actividad económica** que desarrolla, siendo indiferente si se trata de una persona física o jurídica, pública o privada. Se extiende el concepto de empresario no solo a aquel que ejerce el comercio a través de una **forma societaria**, sino también a las personas físicas que actúan por su cuenta en el ámbito de la contratación, lo que permite incluir dentro de este concepto a los **autónomos**. 30

Es también indiferente el **sector económico** en el que se desenvuelva dicha actividad (seguros, productos financieros, valores, telecomunicaciones, etc). A nivel general, la **actividad empresarial** puede dividirse en: 33
- **industrial**: dirigida a la producción de bienes y servicios a través de la transformación de las materias primas y energía;
- **agrícola y ganadera**: dirigida a la elaboración y venta de sus productos;
- **artesanal**: constituye la elaboración de un producto u objeto producido de forma manual;
- **profesional**: se refiere a la prestación de servicios a través de las denominadas profesiones liberales.

Precisiones En cuanto a la **actividad agrícola y ganadera**, aun cuando la venta de los productos de estos profesionales no puede ser calificada de compraventa mercantil (CCom art.326); lo cierto es que la defensa del consumidor no está condicionada a la calificación del contrato como mercantil; sucede lo mismo en el caso de la actividad **artesanal**, cuya venta se excluye del carácter de mercantil, sin que ello afecte a su consideración como empresario. En el caso de la actividad **profesional**, su regulación ha tenido un fuerte impulso por la promulgación de la L 17/2009, del libre acceso a la actividad de servicios y su ejercicio, así como su desarrollo posterior por la L 25/2009.

Productor (LGDCU art.5; Dir (UE) 2011/83 art.2.2) El concepto general de productor engloba a varias figuras: 36
- al **fabricante** del bien o prestador del servicio o su intermediario;
- al **importador** del bien o servicio en el territorio de la UE;
- a **cualquier persona** que se presente como tal al indicar el bien, ya sea en el envase, en el envoltorio o cualquier elemento de protección o presentación, o servicio su nombre, marca u otro signo distintivo.

Junto a este concepto general, existe otro más específico para la **responsabilidad por productos defectuosos** (LGDCU art.138). Además de a las figuras incluidas en el concepto general, se extiende al fabricante o importador de la Unión Europea de:
- un producto terminado;
- cualquier elemento integrado en un producto terminado, y;
- una materia prima.

Se extiende la responsabilidad al **fabricante aparente**, esto es, aquel que sin haber llevado a cabo la fabricación del producto, sin embargo, y a través de medios externos situados en el propio bien (envase, envoltorio) se presenta como productor del mismo. Se le considera productor al generar una situación de apariencia y haber introducido el producto en el mercado. 40

43 **Producto** (LGDCU art.6) Se define el producto como un **bien mueble**; sin embargo, no excluye de la protección ni a los **servicios**, ya que los consumidores pueden serlo de servicios públicos o privados, ni a los **inmuebles**, al estar la vivienda específicamente protegida (LGDCU art.64, 81.2, 84 y 89.3).
De forma más concreta, el producto es cualquier bien mueble, aún cuando esté **unido o incorporado a** otro bien mueble o inmueble, así como el gas y la electricidad (LGDCU art.136).

Precisiones 1) El **Código de comercio** define el bien mueble como aquel susceptible de apropiación, no comprendido en el CCom art.334, y en general, el que se pueda transportar de un punto a otro sin menoscabo de la cosa inmueble a la que estuviese unido. Así, se distinguen dos **criterios**: a) **residual**, es bien mueble el que no sea bien inmueble; b) **de movilidad**, que resalta la presencia de una unión física a la que le falta la nota de inseparabilidad (CCom art.335).
2) La **actividad médica** se excluye de la protección de la legislación de los consumidores, dado que es inherente a la misma la aplicación de criterios de responsabilidad fundados en la negligencia por incumplimiento de la *lex artis*. Solo es aplicable en relación con los aspectos organizativos o de prestación de **servicios sanitarios**; sin embargo, si se prueba que el servicio prestado es el adecuado, no se produce vulneración de los derechos del consumidor (TS 4-1-13, EDJ 1638).

46 El **carácter defectuoso** del producto (nº 1522), al que se liga el nacimiento de la responsabilidad, responde a circunstancias de carácter objetivo, p.e., el producto no ofrece la seguridad que cabría legítimamente esperar, en función del uso razonable previsible del mismo y del momento de su puesta en circulación.

Precisiones El producto defectuoso no es solamente el **tóxico o peligroso**, sino también aquel que se pone en circulación sin las comprobaciones suficientes para excluir la existencia de dicha toxicidad o peligrosidad (TS 9-12-10, EDJ 269061).

50 **Concepto de proveedor** (LGDCU art.7) Se considera proveedor al empresario que **suministra o distribuye** productos en el mercado, cualquiera que sea el título o contrato en virtud del cual realiza tal distribución. Es un **concepto general** aplicable a todos los casos en los que se emplea este concepto (LGDCU art.88, 138 y 146).

53 Se establece una especie de **responsabilidad subsidiaria** del proveedor. Responde en los casos en los que no es posible identificar al productor del bien o al prestador del servicio. La responsabilidad se extiende con la finalidad real y eficaz de protección al consumidor, de manera que siempre haya una persona integrada dentro del proceso de fabricación y distribución que responda de los perjuicios o incumplimientos derivados del contrato de consumo.

55 **Otros conceptos de interés** Además de los indicados por la Ley, podemos destacar los siguientes:
- **Anticipo de crédito**: es la obligación que contrae un banco, dentro del límite pactado y mediante una comisión que percibe del cliente, de poner sumas de dinero en disposición de este y a medida de sus requerimientos.
- **Bienes elaborados conforme a especificaciones**: todo bien no prefabricado para cuya elaboración es determinante una elección o decisión individual por parte del consumidor y usuario.
- **Contrato de venta**: todo contrato en virtud del cual el empresario transmite o se compromete a transmitir a un consumidor la propiedad de ciertos bienes, a cambio de que el consumidor pague o se comprometa a pagar su precio, incluido cualquier contrato cuyo objeto esté constituido a la vez por bienes y servicios.
- **Contrato de servicios**: todo contrato, con excepción de un contrato de venta, en virtud del cual el empresario presta o se compromete a prestar un servicio al consumidor y usuario y este paga o se compromete a pagar su precio.

Precisiones La jurisprudencia del TS considera que una relación de **servicios profesionales** entre un **abogado** y un cliente que tiene la cualidad legal de consumidor está sujeta a la legislación protectora de los consumidores, con independencia de que no se haya documentado por escrito, pues la LGDCU art.2 no impone una determinada sujeción a forma (TS 8-4-11, EDJ 34612; 24-2-20, EDJ 511860).

• **Contrato complementario**: contrato por el cual el consumidor y usuario adquiere bienes o servicios sobre la base de otro contrato celebrado con un empresario, siempre que los bienes o servicios sean proporcionados por el empresario o por un tercero. Incluye los contratos a distancia o celebrados fuera del establecimiento. **60**

• **Contenido digital**: son los datos producidos y suministrados en formato digital.

• **Coste total del crédito al consumo:** todos los gastos, incluidos los intereses, las comisiones, los impuestos y cualquier otro tipo de gastos que el consumidor deba pagar en relación con el contrato de crédito y que sean conocidos por el prestamista, con excepción de los gastos de notaría.

• **Descuento bancario:** es una operación de crédito en virtud de la cual la entidad anticipa al descontante el principal de un título valor (normalmente, un efecto cambiario), reteniendo cierta cantidad en concepto de comisión.

Precisiones El coste de los **servicios accesorios** relacionados con el contrato de crédito, en particular, las primas de seguro, se incluye también en este concepto, si la obtención del crédito en las condiciones ofrecidas está condicionada a la celebración del contrato de servicios.

• **Establecimiento mercantil**: es toda instalación inmueble de venta al por menor en la que el empresario ejerce su actividad de forma permanente, o toda instalación móvil de venta al por menor, en la que el empresario ejerce su actividad de forma habitual (nº 1565 s.). **62**

Precisiones Si se cumple la condición de **instalación permanente** para el desarrollo de la actividad empresarial, los puestos de mercado o los *stand* de ferias, pueden ser también considerados como tal, incluyendo aquellas instalaciones en las que se desarrolla la actividad empresarial de forma estacional. Sin embargo, no se considera establecimiento mercantil, los lugares en los que se desarrolla la actividad de forma excepcional o los domicilios privados.

• **Importe total adeudado por el consumidor**: es la suma del importe total del crédito más el coste total del crédito para el consumidor. **65**

• **Pago aplazado:** equivale a los denominados préstamos de financiación a consumidor, tratándose de una financiación concedida al comprador por un tercero, dependiente o no del vendedor.

• **Préstamo:** es el préstamo realizado por un prestamista a favor de un consumidor para que este lo destine a satisfacer necesidades personales. Es la operación de crédito más extendida. No es un préstamo civil, sino mercantil, por lo que se rige por la LCCo.

• **Soporte duradero**: es todo instrumento que permite al consumidor y usuario y al empresario almacenar información que se le haya dirigido personalmente de forma que en el futuro pueda consultarla durante un periodo de tiempo (p.e. papel, memoria USB, CD-ROM, DVD, tarjeta de memoria o disco duro, correos electrónicos y SMS).

• **Servicio financiero**: es todo servicio en el ámbito bancario, de crédito, de seguros, de pensión privada, de inversión o de pago.

• **Subasta pública**: es un procedimiento de contratación transparente y competitivo en virtud del cual el empresario ofrece bienes o servicios a los consumidores y usuarios que asistan o puedan asistir a la subasta en persona, dirigida por un subastador y en el que el adjudicatario está obligado a comprar los bienes o servicios. **70**

• **Tarjeta de crédito:** es una operación de crédito en virtud de la cual su titular legítimo puede llevar a cabo adquisiciones de bienes o servicios sin disponer en el momento de celebrar el contrato adquisitivo del numerario necesario para hacer frente a la obligación de pago que le corresponde. Esta circunstancia está presente tanto en las tarjetas bancarias como en las comerciales (p.e. las emitidas por las grandes superficies).

• **Tasa anual equivalente:** es el coste total del crédito para el consumidor, expresado en porcentaje anual del importe total del crédito concedido, más costes, si procede (nº 2805 s.). Constituye una pieza central del sistema de información y protección de los consumidores porque permite a estos conocer con precisión el coste del crédito facilitando la comparación de ofertas. Es el instrumento mediante el cual se iguala sobre una base anual el valor actual de todos los compromisos existentes o futuros asumidos por el prestamista y por el consumidor (LCCo art.32). Se calcula conforme a una fórmula matemática que figura en la LCCo Anexo I.

• **Tasa deudor fijo:** es el tipo deudor acordado por el prestamista y el consumidor en el contrato de crédito para la duración total del contrato de crédito o para periodos parciales. Se fija utilizando un porcentaje fijo específico.

• **Tipo deudor:** es el tipo de interés expresado como porcentaje fijo o variable aplicado con carácter anual al importe del crédito utilizado.

Precisiones Si en el contrato de crédito **no se establece** el tipo deudor fijo, este se considera establecido solo para los periodos parciales para que el tipo deudor se establezca exclusivamente mediante un porcentaje fijo específico acordado al celebrarse el contrato de crédito.

2. Normativa en defensa de los consumidores

75 El **Derecho comunitario** es el eje central para promover los intereses de los consumidores y garantizarles un alto nivel de protección. La UE pretende proteger la salud, la seguridad y los intereses económicos de los consumidores, así como promover su derecho a la información, a la educación y a organizarse para salvaguardar sus intereses.

Mediante las **directivas**, la UE obliga a los Estados miembros a armonizar sus legislaciones nacionales. Las directivas, no obligan a los ciudadanos sino a los Estados miembros de la UE a establecer normas o modificar las existentes para acomodarlas a sus directrices.

La **complejidad del sistema** normativo en materia de derecho de consumo en la que se mezclan normas tanto de derecho público como privado, opera también a **tres niveles**: europeo, nacional y autonómico.

78 **Normativa europea** En el ámbito de la Unión Europea, se garantiza al consumidor un **elevado nivel de protección**, promoviendo su derecho a la información, a la educación y a organizarse para salvaguardar sus intereses (Tratado UE art.152).

La existencia de una **protección uniforme** permite que todos los consumidores europeos se beneficien de las mismas garantías y derechos, sin perjuicio de que las legislaciones nacionales prevean condiciones más beneficiosas.

La legislación nacional debe interpretarse conforme al contenido de las **directivas**, transpuestas al ordenamiento jurídico español en el desarrollo de sus leyes nacionales.

Directiva	Ley de transposición
- Dir 1997/55/CE, sobre **publicidad** engañosa; - Dir 1998/7/CE, referente al cálculo de la **TAE**	**L 39/2002**, de transposición al ordenamiento jurídico español de diversas directivas comunitarias en materia de protección de los intereses de los consumidores y usuarios
- Dir 1993/13/CEE, sobre **cláusulas abusivas** en contratos celebrados con consumidores; - Dir 2001/95/CE, relativa a la **seguridad** general de los productos (en vigor hasta el 12-12-2024 al ser sustituida por el Rgto (UE) 2023/988); - Dir 2005/29/CE, sobre **prácticas desleales** en las empresas	**L 44/2006**, de mejora de la protección de los consumidores y usuarios
Dir 2000/31/CE, relativa a determinados aspectos jurídicos de los servicios de la sociedad de la información, en particular el **comercio electrónico** en el mercado interior	**RDLeg 1/2007**, por el que se aprueba el texto refundido de la ley general para la defensa de los consumidores y usuarios y otras leyes complementarias
Dir 2006/123/CE, relativa a los **servicios** en el mercado interior	**L 17/2009**, sobre el libre acceso a las actividades de servicios y su ejercicio

También existen una serie de **reglamentos** europeos que son directamente aplicables en España como son:
- Rgto (UE) 2023/988 relativo a la seguridad general de los productos (efectivo desde el 13-12-2024);
- Rgto (UE) 2017/2394 sobre la cooperación entre las autoridades nacionales responsables de la aplicación de la legislación en materia de protección de los consumidores; o
- Rgto (UE) 2023/1230 relativo a las máquinas (efectivo desde el 20-1-2027).

Precisiones **1)** Desde que aparecen las **primeras directivas** (1984/85), se han aprobado y modificado diversas leyes nacionales con el objetivo de mejorar la protección de los consumidores y usuarios. La primera ley general, la **anterior L 26/1984**, es previa al ingreso de España en la UE, por lo que no pudo transponer las escasas directivas comunitarias dictadas hasta la fecha. La **vigente LGDCU** ha tenido en cuenta, al refundir las normas anteriores, las directivas aplicables.

2) Hay una serie de **Directivas** que aún **no han sido transpuestas** al Derecho español y que por tanto todavía no se han visto reflejadas en la legislación nacional como son la Dir (UE) 2024/825, por la que se modifican las Dir 2005/29/CE y 2011/83/UE en lo que respecta al empoderamiento de los consumidores para la transición ecológica mediante una mejor protección contra las prácticas desleales y mediante una mejor información, la Dir (UE) 2023/2673, por la que se modifica la Dir 2011/83/UE en lo relativo a los contratos de servicios financieros celebrados a distancia, la Dir (UE) 2023/2225 relativa a los contratos de crédito al consumo o la Dir (UE) 2020/1828 relativa a las acciones de representación para la protección de los intereses colectivos de los consumidores.

Normativa nacional La protección del consumidor no tiene rango de derecho fundamental, sino que constituye un **principio rector** de la política social y económica (Const art.51). Asimismo, debe ponerse en relación con **otros principios constitucionales**, como por ejemplo, la liberta de empresa en el marco de una economía de mercado (Const art.38). **80**

El **desarrollo de las leyes** y el complemento de las mismas se llevan a cabo a través del ejercicio por el Gobierno, tanto en su vertiente nacional como en el ámbito autonómico respectivo, de la potestad reglamentaria.

Las **principales leyes** en materia de consumo son las siguientes: **83**

Materia	Norma
General para la defensa de los consumidores y usuarios (LGDCU).	RDLeg 1/2007
Contratos de crédito al consumo.	L 16/2011
Contratos de crédito inmobiliario.	L 5/2019

83
(sigue)

Materia	Norma
Libre acceso a la actividad de servicios y su ejercicio.	L 17/2009
Contratación con los consumidores de préstamos o créditos hipotecarios y de servicios de intermediación.	L 2/2009
Servicios de pago.	RDL 19/2018
Protección de los consumidores en la contratación de bienes con oferta de restitución de precio.	L 43/2007
Comercialización a distancia de servicios financieros destinados a consumidores.	L 22/2007
Garantías y uso racional de los medicamentos y productos sanitarios.	RDLeg 1/2015
Servicios de la sociedad de la información y del comercio electrónico.	L 34/2002
Contratos de aprovechamiento por turno de bienes de uso turístico, de adquisición de productos vacacionales de larga duración, de reventa y de intercambio.	L 4/2012
Venta a plazos de bienes muebles.	L 28/1998
Competencia desleal.	L 3/1991
General de publicidad.	L 34/1988

Otras normas de carácter reglamentario que merecen ser reseñadas por su relevancia, son las siguientes:

Materia	Norma
Estatuto de la Agencia Española de Consumo, Seguridad Alimentaria y Nutrición.	RD 697/2022
Registro general sanitario de empresas alimentarias y alimentos.	RD 191/2011
Carta de derechos del usuario de los servicios de comunicaciones electrónicas.	RD 899/2009
Sistema arbitral de consumo.	RD 231/2008
Consejo de consumidores y usuarios.	RD 894/2005
Seguridad general de los productos.	RD 1801/2003
Indicación de los precios de los productos ofrecidos a los consumidores y usuarios.	RD 3423/2000
Actualiza los catálogos y servicios de uso común o generalizado.	RD 1507/2000
Derecho de representación, consulta y participación de consumidores y usuarios a través de sus asociaciones.	RD 448/2023
Etiquetado de los productos industriales.	RD 1468/1988
Transparencia y protección del cliente de servicios bancarios.	Orden EHA/2899/2011
Intervención del Ministerio Fiscal en el orden civil para la protección de los consumidores y usuarios.	Circ 2/2010

Precisiones Las principales **modificaciones de la LGDCU** desde su entrada en vigor se han producido por:

- la **L 25/2009**, de modificación de diversas leyes para su adaptación a la ley sobre el libre acceso a las actividades de servicios y su ejercicio, limitándose a reforzar las garantías de los consumidores de los servicios en materia de reclamaciones y obliga a los prestadores de servicios a actuar con transparencia;
- la **L 29/2009**, por la que se modifica el régimen legal de la competencia desleal y de la publicidad para la mejora de la protección de los consumidores, y que incorpora a nuestro derecho la Dir (CE) 2005/20 y la Dir (CE) 2006/114, regulando los efectos indeseables de las prácticas de competencia desleal y de publicidad;

- la **L 3/2014**, por la que se incorpora a nuestro derecho la Dir (UE) 2011/83, sobre derechos de los consumidores, reforzando el derecho de información precontractual y garantizando un mejor ejercicio del derecho de desistimiento;
- el RDL 23/2018 de transposición de directivas en materia de marcas, transporte ferroviario y viajes combinados y servicios de viaje vinculados;
- el RDL 7/2021 de transposición de directivas de la Unión Europea en las materias de competencia, prevención del blanqueo de capitales, entidades de crédito, telecomunicaciones, medidas tributarias, prevención y reparación de daños medioambientales, desplazamiento de trabajadores en la prestación de servicios transnacionales y defensa de los consumidores;
- el RDL 24/2021 de transposición de directivas de la Unión Europea en las materias de bonos garantizados, distribución transfronteriza de organismos de inversión colectiva, datos abiertos y reutilización de la información del sector público, ejercicio de derechos de autor y derechos afines aplicables a determinadas transmisiones en línea y a las retransmisiones de programas de radio y televisión, exenciones temporales a determinadas importaciones y suministros, de personas consumidoras y para la promoción de vehículos de transporte por carretera limpios y energéticamente eficientes;
- la L 4/2022 de protección de los consumidores y usuarios frente a situaciones de vulnerabilidad social y económica;
- la L 23/2022 por la que se modifica la L 13/2011, de regulación del juego.

Normativa autonómica Las comunidades autónomas han asumido **competencias** en materia de consumo por dos vías: 85
- mediante sus estatutos de autonomía; o
- por leyes de transferencia.

A su vez, las comunidades autónomas han desarrollado estas normas con rango de ley por medio de **reglamentos propios**, creando un complejo sistema paralelo al nacional.

El **Tribunal Constitucional**, por su parte, ha tenido ocasión de ocuparse en diversas ocasiones de la delimitación de competencias entre el Estado y las comunidades autónomas en esta materia y también en algunas afines –ordenación del comercio, en particular–, por lo que se expone un resumen de los **criterios** que resultan de sus sentencias (TCo 88/1986 ; TCo 71/1982 ; TCo 37/1981 ; TCo 15/1989 ; TCo 62/1991 ; TCo 264/1993):

• La Const art.51 no confiere ni distribuye **competencias**, si bien introduce un concepto de gran amplitud, no contemplado expresamente en el art.149.1 Const entre las competencias reservadas al Estado frente a las comunidades autónomas.

• La **defensa del consumidor**, como tal, es de la competencia exclusiva de la comunidad autónoma, por lo que la legislación estatal carece de aplicación directa, sin perjuicio de que determinadas normas de la ley estatal que disciplinen materias propias de otros títulos competenciales estatales hayan de aplicarse en la comunidad autónoma.

• La protección al consumidor puede regularse por normas que corresponden a sectores distintos, como por ejemplo el consumo, el comercio o la sanidad. Para determinar la **competencia que debe prevalecer** debe atenderse a otros datos, como el fin que se persigue al dictar la norma. Por otra parte, cuando una materia, como la disciplina sanitaria de los productos alimenticios, puede ser incluida en dos títulos competenciales distintos, como la sanidad y la defensa del consumidor, el carácter específico de la sanidad, respecto del plural de la defensa del consumidor, determina que su inclusión en la regla de más amplio alcance debe ceder ante la regla más especial, que es, por tanto, la de aplicación preferente.

• Son **competencias exclusivas del Estado**, a tener en cuenta de modo especial en materia de consumo, la garantía de uniformidad de las condiciones básicas en el ejercicio de los derechos, la unidad de mercado y otros extremos semejantes. 86

• La **determinación del contenido de los contratos** corresponde al Estado y su simple reproducción por la legislación autonómica, además de ser una peligrosa técnica legislativa, incurre en inconstitucionalidad por invasión de competencias en materias cuya regulación no corresponde a la comunidad autónoma.

• También compete al Estado, en aplicación de la Const art.149.1.8, lo que debe entenderse por **cláusulas abusivas** en la contratación, la legislación ordenada a la defensa de la **libertad de competencia**, la regulación de las obligaciones contractuales de **servicios posteriores a la venta** o de una **información** veraz y la **responsabilidad** por daños causados al consumidor. No obstante, la comunidad autónoma puede disponer acerca del compromiso de sus poderes públicos a orientar su actividad a la efectiva aplicabilidad de la normativa estatal en tales materias.
• Es de competencia estatal la normación de las **condiciones generales de contratación** o de las distintas modalidades contractuales, e igualmente la de la **responsabilidad** por los daños originados en la adquisición, utilización o disfrute por los consumidores de bienes, medios o servicios, ya que el régimen de unas y otras materias, incardinado en la legislación civil (Const art.149.1.8), debe ser uno y el mismo para todo el territorio del Estado.
• La comunidad autónoma puede imponerse la obligación de que los consumidores reciban una **información veraz** sobre características, calidades y condiciones de los bienes ofertados, con el resultado de que, si se celebrase el contrato, y se originara una lesión con imputación en la falta de información o en la información defectuosa, ello tendrá el tratamiento y los remedios que disponga la legislación común.
• El establecimiento de un sistema de **arbitraje** es materia atribuida a la competencia del Estado por los títulos competenciales de la Const art.149.1, 5 y 6, pues, siendo el arbitraje un «equivalente jurisdiccional», mediante el cual las partes pueden obtener los mismos objetivos que con la jurisdicción civil, es evidente que la creación de órganos de naturaleza arbitral y el establecimiento de dicho procedimiento heterocompositivo es materia propia de la legislación procesal civil.

88 Las **principales leyes** en materia de consumo en cada comunidad autónoma son:

Comunidad autónoma	Ley
Andalucía	L Andalucía 13/2003: defensa y protección de los consumidores y usuarios
Aragón	L Aragón 16/2006: protección y defensa de los consumidores y usuarios
Asturias	L Asturias 11/2002: consumidores y usuarios
Baleares	L Baleares 7/2014: de protección de las personas consumidoras y usuarias
Canarias	L Canarias 3/2003: estatuto de los consumidores y usuarios
Cantabria	L Cantabria 1/2006: defensa de los consumidores y usuarios
Castilla y León	L Castilla y León 2/2015: estatuto del consumidor
Castilla-La Mancha	L Castilla-La Mancha 3/2019: de estatuto de personas consumidoras
Cataluña	L Cataluña 22/2010: Código de consumo
Extremadura	L Extremadura 6/2019: Estatuto de las personas consumidoras
Galicia	L Galicia 2/2012: protección general de las personas consumidoras y usuarias
La Rioja	L La Rioja 5/2013: defensa de los consumidores
Madrid	L Madrid 11/1998: protección de los consumidores
Murcia	L Murcia 4/1996: estatuto de los consumidores y usuarios
Navarra	LF Navarra 34/2022: estatuto de las personas consumidoras y usuarias
País Vasco	L País Vasco 4/2023: estatuto de las personas consumidoras y usuarias
Comunidad Valenciana	DLeg C.Valenciana 1/2019: estatuto de las personas consumidoras y usurarias

90 **Normativa local** Por último, la Administración municipal tiene **competencia** en materia de ferias, abastos, mercados, lonjas y comercio ambulante y en protección de la salubridad pública (RDL 7/1985 art.25.2.i). Desarrolla funciones especialmente de información a los ciudadanos, y sus **competencias** específicas vienen fijadas por los Estatutos de Autonomía, las leyes autonómicas de desarrollo, así como de las propias posibilidades del ayuntamiento para asumir dichas funciones con sus medios propios.

3. Funciones de los poderes públicos

Además de la **función legislativa** por medio de la elaboración de leyes con incidencia directa en la protección de los consumidores (nº 75 s.), se atribuye a los poderes públicos una participación activa en la defensa de los derechos de los consumidores y usuarios. Así, por medio de la función **ejecutiva**, la Administración puede desarrollar actuaciones tendentes a la ordenación pública de las actividades privadas en las que participan los consumidores. 95

Actuación preventiva y protectora de los derechos En la estructura del gobierno, tanto a nivel estatal como de las comunidades autónomas, existe una completa red de **organismos públicos** creados a partir de la actividad legislativa y reglamentaria, a través de las cuales se cumplen diversas funciones, abarcando **materias** como: 98
- formación e información;
- servicios de control e inspección;
- prevención de riesgos;
- intervención directa.

Todas estas funciones son propias de la **actuación ejecutiva** de las diversas Administraciones competentes.

Precisiones En la actualidad, la Agencia Española de Seguridad Alimentaria y Nutrición (AESAN) es el **organismo autónomo** encargado de las funciones relacionadas con la promoción y el fomento de los derechos de los consumidores y usuarios en bienes y servicios, así como la seguridad alimentaria y la nutrición saludable. 100

Está **adscrita al** Ministerio de Sanidad, Consumo y Bienestar Social, a través de la Secretaría General de Sanidad y Consumo y es el resultado de la fusión entre el Instituto Nacional del Consumo y la Agencia Española de Seguridad Alimentaria y Nutrición.

Sus **objetivos** son:
- ejercer la **promoción de los derechos** de los consumidores y usuarios, tanto en materia de seguridad de los productos como de sus intereses económicos;
- promover la **seguridad alimentaria**, ofreciendo garantías e información objetiva a los consumidores y agentes económicos del sector agroalimentario español;
- planificar, coordinar y desarrollar estrategias y actuaciones que fomenten la información, educación y promoción de la salud en el **ámbito de la nutrición**, y en particular, en la prevención de la obesidad.

Está formada por más de 400 profesionales al servicio de la seguridad y de los legítimos intereses del consumidor distribuidos entre sus dos **centros** de Madrid y **laboratorios**:
- Centro de Investigación y Control de Calidad (CICC);
- Centro Nacional de Alimentación (CNA);
- Laboratorio Nacional de Referencia de Biotoxinas Marinas;
- Laboratorio Europeo de Referencia de Biotoxinas Marinas (ubicado en Vigo).

Información (LGDCU art.15.2) Las Administraciones pueden llevar a cabo una información pública para **alertar** a los consumidores y usuarios de los riesgos que un determinado producto o servicio pueden suponer para la población. 105

Pueden utilizar los **medios más adecuados** para dicha publicidad, p.e. mediante el uso de los medios de comunicación (radio, prensa, etc).

La información **puede referirse** a:
- los riesgos o irregularidades del bien o servicio afectado;
- las medidas adoptadas por la Administración, en su caso;
- las medidas y precauciones a adoptar por el consumidor para la protección del riesgo y para conseguir su colaboración en la eliminación de las causas.

110 **Control e inspección** (LGDCU art.14.2) Las Administraciones competentes pueden establecer **medidas proporcionadas** de control, vigilancia e inspección en cualquiera de las fases de comercialización y producción.
Hay una serie de mecanismos a favor de las Administraciones en casos de **situaciones de riesgo** para la salud o la seguridad de los consumidores y usuarios. Incluso pueden solicitar la colaboración ciudadana para eliminar el concreto riesgo.
En la medida en que la actividad de Inspección de Consumo corresponde fundamentalmente a las comunidades autónomas, son estas las que organizan sus **servicios de inspección**, que actúan en coordinación con los servicios locales correspondientes.

115 **Prevención de riesgos** (LGDCU art.16) Dada la existencia de **diversas Administraciones** con competencia en materia de consumo, es necesaria una eficaz coordinación entre ellas por medio del **sistema europeo de alerta rápida (RAPEX)**, así como la necesaria colaboración con las autoridades aduaneras si el producto procede de un tercer país.
Ante situaciones de **extrema gravedad** que supongan una agresión indiscriminada a la salud y seguridad de los consumidores y usuarios en más de una comunidad, el Gobierno puede constituir, de manera excepcional, un órgano administrativo ad hoc integrado por las comunidades autónomas, con el fin de **garantizar**:
- la salud y seguridad de las personas y sus intereses económicos y sociales;
- la reparación de los daños sufridos;
- la exigencia de responsabilidades y la publicación de los resultados.

Precisiones El **sistema europeo de alerta rápida** ayuda a coordinar una reacción rápida entre las autoridades de protección de los consumidores para eliminar los productos peligrosos en toda Europa.
El sistema procede de la Dir 2001/95/CE, de seguridad general de los productos y entró en funcionamiento en 2004 (la Dir 2001/95/CE quedará derogada el 13-12-24 por el Rgto (UE) 2023/998). Actualmente, **forman parte** de este sistema 31 países (la UE junto con Islandia, Liechtenstein y Noruega).
El RAPEX segura que la información sobre estos productos retirados del mercado de un país europeo llega rápidamente a otros países para que se tomen las **medidas adecuadas** en toda la UE. P.e:
- la prohibición o suspensión de las ventas;
- la retirada de un producto peligroso del mercado o directamente de los consumidores;
- la recuperación o denegación de la importación por las autoridades aduaneras.

118 El máximo órgano de cooperación institucional es la **Conferencia sectorial de consumo** presidida por el Ministro que asume las competencias de consumo, en la Administración general del Estado, e integrada por los Consejeros responsables del este área, en las comunidades autónomas, Ceuta y Melilla (LGDCU art.40).
Tiene, entre otras **funciones** (LGDCU art.41):
- servir de cauce de colaboración, comunicación e información entre las comunidades autónomas y la Administración general del Estado en materia de consumo;
- aprobar los criterios comunes de actuación y coordinación, así como las propuestas en relación con la política del sector;
- aprobar los planes, proyectos y programas conjuntos;
- hacer efectiva la participación de las comunidades autónomas en los asuntos comunitarios europeos en la materia;
- facilitar la información recíproca en materia de consumo, diseñar estadísticas comunes y poner a disposición de los ciudadanos los datos de las estadísticas estatales obtenidas por ella;
- cooperar e impulsar las campañas nacionales de inspección y control;
- promover la promulgación de la normativa oportuna en materia de consumo o su reforma e informar, en su caso, las disposiciones reglamentarias sobre la materia;
- establecer criterios de actuación cuando resulten competentes varias comunidades autónomas;
- programar el empleo racional de medios materiales de posible utilización común;

- articular un sistema de formación y perfeccionamiento del personal con tareas específicas en el ámbito de consumo;
- otras funciones que le atribuya la legislación vigente.

Intervención directa La intervención directa se produce cuando se da una **situación de riesgo** para la salud y seguridad que requiere la actuación por parte de cualquier Administración competente en materia de consumo. P.e. la prohibición de venta o retirada del mercado de alimentos o medicamentos en mal estado o que se comprueba que son perjudiciales para la salud (AN 11-11-09, EDJ 267995; TSJ Galicia 30-6-04, EDJ 271389). **120**
Los **costes** derivados de esta intervención de la Administración son asumidos por el empresario que haya ocasionado el riesgo con su actuación. El pago de estos costes es independiente de la **sanción** que le pueda ser impuesta al empresario, cuya exacción se lleva a cabo a través de los procedimientos administrativos de apremio correspondientes.

Actuación sancionadora Las diversas Administraciones públicas asumen la labor de **control de cumplimiento** de las normas reglamentarias y legales de protección del consumidor, a través de una estructura administrativa completa, en la que se integra la **inspección de consumo** y que determina la apertura de expedientes sancionadores y la imposición de las correspondientes sanciones a las empresas que incumplan la normativa reguladora de consumo (nº 4500 s.). **125**

Actuación en resolución de conflictos Para la resolución de conflictos en materia de consumo existe una administración específica, dirigida a fomentar y desarrollar el **sistema arbitral de consumo**, de marcado matiz administrativo (nº 5260 s.). **130**

Actuación promotora Dentro de esta categoría se puede encuadrar la participación de la Administración en el fomento de la **información de los consumidores** (estructura de oficinas de información al consumidor), así como la defensa y promoción del asociacionismo en materia de consumo. En estos casos, la Administración actúa por medios persuasivos y no coactivos sobre los particulares, con el fin de que estos realicen las conductas que se consideren adecuadas al interés público general. P.e. la **concesión de subvenciones** a las asociaciones de consumidores para el cumplimiento por estas de sus fines (nº 5035). **135**

4. Asociaciones de consumidores y usuarios

140

El derecho de participación de los consumidores no se articula como un derecho puramente individual, sino que se trata de un derecho colectivo que se ejercita a través de las asociaciones de consumidores y usuarios, en la que se integran los consumidores individuales como miembros de las mismas. **145**
Son asociaciones de consumidores y usuarios las organizaciones sin ánimo de lucro que cumplen estos **requisitos** (LGDCU art.23.1):
- están **constituidas** conforme a lo previsto en la legislación sobre estas asociaciones;
- reunen los **requisitos específicos** exigidos por la LGDCU y sus normas de desarrollo y, en su caso, en la legislación autonómica que les resulte de aplicación;
- tienen como **finalidad** la defensa de los derechos e intereses legítimos de los consumidores, incluyendo su información, formación y educación, bien sea con carácter general, bien en relación con bienes o servicios determinados.

146 En cuanto a la **diferencia con otras figuras** (p.e. sindicatos, comunidades de propietarios...) cabe destacar que las asociaciones de consumidores y usuarios:
- tienen propia **naturaleza** orgánica;
- ejercen sus **acciones** de forma colectiva, sin necesidad de mandato particular de cada uno de los reales o potenciales consumidores.

148 Las **asociaciones más representativas** son las asociaciones de **ámbito nacional** legalmente constituidas e inscritas en el Registro Estatal de Asociaciones de Consumidores y Usuarios (nº 160). Figuran en el Consejo de Consumidores y Usuarios (nº 195).
Su ámbito territorial debe superar el de una comunidad autónoma. Se excluyen del sistema las asociaciones de **ámbito autonómico**, que se rigen por su legislación correspondiente, sin perjuicio de la debida coordinación entre el Consejo estatal y los autonómicos (LGDCU art.38.3).

1. Constitución

150 Para que una **agrupación de consumidores** pueda ser considerada como asociación, es preciso que cumpla unos requisitos específicos exigidos en la LGDCU y en sus normas de desarrollo, así como en la legislación autonómica que le resulte de aplicación (nº 88).
Estos requisitos son (LGDCU art.23):
- carecer de **ánimo de lucro**;
- tener por **finalidad** la defensa de los derechos de los consumidores y usuarios, incluyendo su formación, información y educación (tanto de carácter general como en atención a bienes o servicios determinados);
- su **constitución** ha de ser en forma de asociación, sometida a la LO 1/2002, o de cooperativa, regida por la L 27/1999;
- sus **miembros** pueden ser tanto personas físicas como personas jurídicas.
Además, la norma autoriza la **agrupación de asociaciones** de consumidores en uniones, federaciones o confederaciones que tengan idénticos fines y cumplan los requisitos mencionados (LGDCU art.23.2).

Precisiones 1) El requisito de no tener **ánimo de lucro** constituye una garantía de los principios de independencia frente a los operadores del mercado y a los poderes públicos y de transparencia (nº 160).
2) Para que un grupo de consumidores pueda constituirse en **cooperativa** conforme a la ley se exige además que entre sus **fines** figure la información, formación y educación de sus socios, y que una de sus **obligaciones** sea la constitución de un fondo para tal fin.

153 Las asociaciones de consumidores pueden **participar en sociedades mercantiles** siempre que estas reúnan los siguientes requisitos:
- tener un **objeto social** exclusivo que se corresponda con el desarrollo de actividades instrumentales que sirvan a los fines de información, formación y defensa de los consumidores y usuarios;
- estar **formadas por** una agrupación de diversas asociaciones de consumidores, de forma que sean estas las que aporten en exclusiva el capital social y las que se repartan los beneficios sociales;
- estar **sometidas a** las prohibiciones generales (nº 190) y al depósito de cuentas (nº 173).

156 Las asociaciones o cooperativas que no reúnen estos requisitos, solo pueden representar los **intereses individuales** de sus asociados o de la asociación, pero no los intereses generales, colectivos o difusos, de los consumidores (LGDCU art.24.1).
Estas organizaciones tienen **prohibido** utilizar las expresiones consumidor o usuario, asociación de consumidores y usuarios, o cualquier otra similar que induzca a error o confusión sobre su naturaleza o su legitimidad para la defensa de los derechos e intereses de los consumidores y usuarios (LGDCU art.25).

2. Registro

Las asociaciones de consumidores y usuarios, de **ámbito estatal** y todas las que no desarrollen principalmente sus funciones en el ámbito de una comunidad autónoma, deben cumplir el **requisito imperativo** de que se lleve a cabo su inscripción en el Registro Estatal de Asociaciones de Consumidores y Usuarios (LGDCU art.33.1; RD 448/2023 art.2). 160

El registro estatal depende de la Dirección General de Consumo y sus **funciones** son (RD 448/2023 art.y 8):

- la inscripción de las asociaciones y los actos relativos a ellas;
- ser depositario de la documentación preceptiva;
- dar publicidad a los asientos y a los documentos depositados, con arreglo a la normativa aplicable;
- verificar la exactitud de la información aportada; y
- cualquier otra que le sea atribuida legal o reglamentariamente.

Si una asociación de consumidores desempeña su actividad únicamente en el **ámbito de una comunidad autónoma**, su inscripción debe llevarse a cabo en los correspondientes **registros autonómicos** de acuerdo con las exigencias y requisitos de la legislación autonómica aplicable en cada comunidad.

A través del portal de internet del Ministerio de Consumo, puede consultarse la **información** relativa a la denominación de las asociaciones inscritas en el Registro, su número de identificación fiscal, su domicilio social y su página web (RD 448/2023 art.15).

Precisiones Se considera que las asociaciones, federaciones, confederaciones y uniones son de **ámbito estatal cuando** sus funciones se desarrollen en dos o más comunidades o ciudades autónomas y sumen un total de, al menos, 3.000 socios individuales de pleno derecho, o de 20.000 socios individuales de pleno derecho en el caso de las cooperativas de consumidores y usuarios (RD 448/2023 art.2.a).

Para **acceder al Registro** estatal, es condición indispensable cumplir las exigencias previstas en la LGDCU (nº 150). 163

No se trata de un simple depósito, sino que el cumplimiento real y exacto de los requisitos está **sometido al control** del Registro, que, tanto para autorizar la inscripción como a lo largo de toda la vida de la asociación de consumidores **puede** (LGDCU art.34):

- solicitar a la asociación cualquier documentación e información precisa;
- realizar auditorías de cuentas destinadas a la comprobación del cumplimiento de los fines previstos en la Ley.

La inscripción no produce los meros efectos de publicidad de cara a terceros, sino que es un auténtico **requisito de legitimación procesal**. La **asociación no inscrita**, tiene personalidad jurídica y capacidad para defender los intereses de sus asociados, ya que la inscripción en el Registro ciertamente no es constitutiva, pero carece de legitimación activa para el **ejercicio de acciones colectivas** para la defensa de los intereses generales de consumidores y usuarios (nº 180). La inscripción en el Registro es un requisito legal de obligatoria observancia para poder ejercitar dichas acciones (AP Sevilla 22-3-13, EDJ 133721).

La asociación puede ser **expulsada** del registro, previa tramitación del procedimiento administrativo correspondiente, si comete alguna de las **prohibiciones** indicadas en nº 160. La **resolución** de exclusión determina la pérdida de esta condición, en todo caso, y por un período no inferior a 5 años desde la fecha de la exclusión, sin perjuicio del mantenimiento de su personalidad jurídica con arreglo a la ley sobre asociaciones o cooperativas.

Precisiones Un **ejemplo de expulsión** del registro de una asociación lo encontramos en el caso de AUSBANC, al demostrarse que es un negocio financiado por la banca y diversas empresas, que se presenta de forma fraudulenta para lograr subvenciones y clientes que creen formar parte de una entidad sin ánimo de lucro.

3. Actuación

170 **Funciones** Las **funciones** de las asociaciones consumidores y usuarios son:
- prestar **asesoramiento jurídico** a los consumidores, o ayuda en temas de asesoría fiscal;
- interponer **reclamaciones** (nº 5015);
- prestar **asistencia legal** en tribunales o servicios de mediación (nº 5065);
- **informar** al consumidor, mediante análisis comparativos, encuestas y estudios, que les permiten comprar los mejores productos o contratar los mejores servicios;
- ofrecer **ventajas económicas** al consumidor en la compra de ciertos productos, o en compras colectivas que permiten la reducción de precios.

171 Las asociaciones tienen un importante papel de **defensa del interés público**, defendiendo a los consumidores frente a los abusos de ciertas empresas, mediante los siguientes procedimientos:
- la **denuncia** de prácticas ilegales **ante órganos administrativos** (p.e., ante la Comisión Nacional de los Mercados y de la Competencia, por el cobro excesivo en las facturas de la luz por parte de las compañías eléctricas), o **directamente contra empresas** por publicidad engañosa (p.e. por venta de productos adelgazantes milagrosos);
- la iniciación de **acciones judiciales**, consiguiendo importantes sentencias que protegen y defienden los intereses de sus asociados.

Precisiones Algunas de los **hitos más significativos** logrados por las asociaciones de consumidores y usuarios son:
- **protección de minusválidos:** sobre el fallecimiento de un disminuido psíquico debido a una intoxicación por salmonela en el centro donde estaba internado, condenando al centro al pago a los padres de una indemnización (TS 14-4-99, EDJ 7184, demanda presentada por la Asociación Protectora de Minusválidos Psíquicos de Ciudad Real);
- **sector aéreo/libertad de expresión:** las imputaciones sobre la política comercial de la compañía que la asociación de consumidores efectúa son mero reflejo de informaciones aparecidas en prensa y se amparan en el legítimo ejercicio de la libertad de expresión, sin que impliquen trato denigrante ni menospreciativo alguno, sino la realización de actividades que le son propias en defensa de los derechos de los usuarios (AP Sevilla 2-11-12, EDJ 348038);
- **alimentos:** se desestima la demanda presentada por la Federación Nacional de Industrias Lácteas a raíz del estudio que realizó la OCU sobre la calidad de la leche (AP Madrid 23-7-14).

173 **Deber de transparencia** Se impone a las asociaciones un deber de transparencia, dirigido a la **publicidad** de sus actuaciones y su control por parte del Registro. Este deber incluye el **depósito** de (RD 448/2023 art.30, 31 y 32):
- los convenios y acuerdos de colaboración;
- las cuentas anuales complementándolas con la liquidación de ingresos y gastos;
- una memoria de actividades; y
- un presupuesto de ingresos y gastos previstos para el ejercicio.
Toda la **información** depositada por las asociaciones es pública.

175 **Derechos** (LGDCU art.37) El cumplimiento de los requisitos de constitución de una asociación de consumidores y usuarios, otorga a la misma una serie de derechos:
- utilizar su **denominación** con carácter exclusivo;
- promover **acciones colectivas** para la defensa de los intereses generales de los consumidores y usuarios;
- ejercer el derecho de **representación** por medio de la defensa de los intereses generales, colectivos o difusos, de los consumidores y usuarios (nº 180);
- ser declaradas de **utilidad pública**, con los efectos administrativos que esta declaración conlleva;
- percibir **ayudas y subvenciones públicas**, que nunca pueden afectar a su independencia (nº 190);
- integrarse en el **Consejo de Consumidores y Usuarios** (nº 195);

- ejercer la **acción de cesación** contra la utilización de cláusulas abusivas en los contratos celebrados con consumidores (nº 5200 s.);
- disfrutar del derecho de **asistencia jurídica gratuita** conforme a la L 1/1996;
- hacerse cargo de determinados **servicios públicos** relacionados con el consumo (p.e. oficinas municipales de información al consumidor);
- formar parte del **sistema arbitral de consumo** (nº 5260 s.);
- estar presentes en los **órganos de gobierno** de entidades como Cajas de ahorro, o en algunos trámites administrativos de audiencia pública.

Precisiones El contenido material del **derecho a la asistencia jurídica gratuita** incluye: 178
- el asesoramiento y orientación gratuitos previos al proceso;
- la defensa y representación gratuitas por abogado y procurador en el procedimiento judicial, cuando la intervención de estos profesionales es legalmente preceptiva o, cuando no siéndolo, es expresamente requerida por el juzgado o tribunal mediante auto motivado para garantizar la igualdad de las partes en el proceso;
- la inserción gratuita de anuncios o edictos;
- la exención del pago de depósitos necesarios para la interposición de recursos;
- la asistencia pericial gratuita;
- la obtención gratuita de copias, testimonios, instrumentos y actas notariales, y;
- la reducción del 80% de los derechos arancelarios.

Legitimación (LGDCU art.24; LEC art.11.3) La legitimación de las asociaciones de consumidores y usuarios es diferente según cual sea su forma de constitución: 180
- las asociaciones **constituidas conforme a lo previsto en la Ley** y en la normativa autonómica que les resulte de aplicación, son las únicas legitimadas para actuar en nombre y representación de los **intereses generales** de los consumidores y usuarios;
- las asociaciones que **no reúnen estos requisitos**, solo pueden representar los intereses de sus asociados o de la asociación, pero no los intereses generales, colectivos o difusos, de los consumidores.

Cuando se trata de la defensa de los derechos de un **colectivo de consumidores y usuarios**, p.e. la impugnación de condiciones generales de los contratos que puedan resultar abusivas, se distinguen dos supuestos: 182

• **Defensa de intereses concretos**: los perjudicados por el hecho dañoso son un grupo de consumidores o usuarios cuyos componentes están perfectamente determinados o son fácilmente determinables. La legitimación de las asociaciones de consumidores y usuarios no se condiciona.

• **Defensa de intereses difusos**: los perjudicados por el hecho dañoso derivado del consumo de un bien, o de la utilización de un servicio, son una pluralidad de consumidores o usuarios indeterminada o de difícil determinación. La legitimación para demandar en juicio la defensa de estos intereses difusos corresponde exclusivamente a las asociaciones de consumidores y usuarios que, conforme a la Ley, sean representativas (nº 148). Si el conflicto tiene un **ámbito estrictamente autonómico**, el concepto de asociación de consumidores representativa exigido en el art.11.3 LEC es el que determine la correspondiente legislación autonómica al respecto (LEC art.11.3).

El concepto de **intereses difusos** es impreciso o indeterminado, indeterminación que se proyecta en tres planos:
- **subjetivo**: en cuanto se refieren a colectivos poco precisos en su composición, generalmente anónimos e indeterminados;
- **objetivo**: en cuanto el alcance de las prestaciones debidas y la determinación del sujeto que tiene a su cargo el deber correspondiente para la satisfacción del interés;
- **formal**, en cuanto la ambigüedad subjetiva y objetiva influyen en una accionabilidad o justicialidad también difusa o imprecisa.

La asociación tiene la **obligación** de comunicar previamente a todos los interesados el propósito de presentar una **demanda** a fin de que puedan intervenir en el proceso para hacer valer su derecho o interés individual.

Precisiones No es suficiente con que exista efectiva **posibilidad de identificar** a los consumidores del producto o usuarios del servicio que ostenten aquella condición, sino que es preciso que tal identificación pueda lograrse fácilmente. Así, en el caso de interponer una demanda contra una **compañía telefónica**, el hecho de no poder identificar adecuadamente a todos los perjudicados por la incidencia conlleva a la desestimación del recurso interpuesto (AP Barcelona Auto 31-5-10, EDJ 164627).

183 Si se trata de un **interés individual** del consumidor o usuario para el ejercicio de acciones indemnizatorias por los daños ocasionados por el consumo de un producto o la utilización de un servicio, las asociaciones de consumidores y usuarios carecen de legitimación. Las acciones corresponden en exclusiva al consumidor.

185 **Participación y consulta** Los derechos de representación, participación y consulta de los consumidores derivan directamente de la Const art.51, conforme al cual, **corresponde a los poderes públicos**:
- garantizar la defensa de los consumidores y usuarios, protegiendo, mediante procedimientos eficaces, la seguridad, la salud y los legítimos intereses económicos de los mismos;
- promover la información y la educación de los consumidores y usuarios, fomentar sus organizaciones y oír a estas en las cuestiones que puedan afectar a aquellos, en los términos que la ley establezca.

De aquí se desprende la gran importancia de la participación y consulta de las asociaciones de consumidores y usuarios, que se plasma en un sistema de participación de carácter horizontal en el que, con independencia de la materia, han de ser escuchados en los procedimientos administrativos de **elaboración de normas** que les afecten.

188 Se tiene que regular por ley la **audiencia de los ciudadanos**, directamente o a través de las organizaciones y asociaciones reconocidas por la ley, en el procedimiento de elaboración de las disposiciones administrativas que les afecten (Const art.105).
Dada la efectividad inmediata de la Const art.105.a, la audiencia se configura como un caso de **participación funcional** en la elaboración de disposiciones de carácter general (TCo 61/1985). Es una audiencia de preceptiva observancia en el procedimiento de elaboración de disposiciones generales. En la práctica, su **exigibilidad** está en relación con varios conceptos jurídicos indeterminados que operan positiva o negativamente. **Es preceptivo** el informe cuando se trata de disposiciones que afectan directa o seriamente a los intereses de los administrados, a menos que el trámite no resulte posible o se opongan a él razones de interés público debidamente consignadas en el expediente (TS 17-10-91, EDJ 9816).
El **Consejo de Consumidores y Usuarios** (nº195) tiene que ser oído en consulta en el procedimiento de elaboración de disposición de carácter general, lo que incluye tanto a las leyes como a los reglamentos que las desarrollen, relativas a materias que afecten directamente a los consumidores y usuarios (LGDCU art.39).
Concretamente, se impone la preceptiva audiencia del Consejo en las normas que se correspondan con las **siguientes materias**:
- reglamentos de aplicación de la LGDCU;
- reglamentaciones sobre bienes o servicios de uso y consumo;
- ordenación del mercado interior y la disciplina de mercado;
- precios y tarifas de servicios que se encuentren legalmente sujetos a control de las Administraciones públicas y en cuanto afecten a los derechos de os consumidores;
- condiciones generales de los contratos o modelos autorizados por los poderes públicos;
- otros supuestos en los que la ley así lo establezca.

190 **Prohibiciones** (LGDCU art.27) Para el cumplimiento de sus fines las asociaciones de consumidores y usuarios tienen que actuar con **independencia** frente a los operadores del mercado y a los poderes públicos. La **obtención de subvenciones** u otros

recursos públicos concedidos en base a criterios de objetividad, no pueden mermar la independencia de estas asociaciones.
Además, las asociaciones de consumidores y usuarios se les prohíbe:
• Incluir como miembros a personas jurídicas con **ánimo de lucro**.
• Percibir **ayudas financieras** de empresas o grupos de empresas que suministran bienes o servicios a los consumidores y usuarios. No obstante, sí se permite una cierta aportación económica, tanto a través de donativos, cuotas de los asociados, honorarios por la prestación de servicios jurídicos o convenios o acuerdos de colaboración con empresas (LGDCU art.30), como por medio de los poderes públicos, a través de **subvenciones públicas** concedidas en base a criterios de objetividad (LGDCU art.23.3)
• Realizar **comunicaciones comerciales** de bienes o servicios. Se entiende por comunicaciones comerciales de bienes o servicios, todo acto, conducta o manifestación, incluida la publicidad, no meramente informativa, que se relacione directamente con la promoción de venta de bienes y servicios. Las asociaciones pueden informar sobre los productos que analizan, pero nunca desde un punto de vista comercial o lucrativo, pues ello iría en contra de sus fines.
• Autorizar el uso de la **denominación, imagen o signo** de la asociación con fines comerciales en la publicidad de los operadores del mercado. En el caso de que se utilice su nombre o imagen en publicidad, tienen el deber de ejercitar las acciones oportunas desde el momento en que tengan conocimiento de esta conducta.
• Dedicarse a **actividades distintas** de la defensa de los intereses de los consumidores.
• Incumplir las obligaciones de **transparencia** (nº 173).
• Actuar con manifiesta **temeridad**, judicialmente apreciada.
• Incumplir cualquier **otra obligación** legal o reglamentaria.

Desde un **punto de vista temporal**, estas prohibiciones pueden darse: **193**
- en el momento de la constitución (**incumplimiento originario**): la agrupación de consumidores no puede constituirse válidamente en asociación;
- después de la constitución (**incumplimiento sobrevenido**): ello conlleva la pérdida de la condición de asociación por un periodo no inferior a los 5 años siguientes desde que dejaron de concurrir tales circunstancias.

4. Consejo de consumidores y usuarios

(LGDCU art.38; RD 894/2005)

Se configura como un órgano nacional de consulta y representación institucional de consumidores y usuarios a través de sus organizaciones. Se **integra** por las asociaciones de ámbito nacional que, atendiendo a su implantación territorial, número de socios, trayectoria en el ámbito de la protección de consumidores y usuarios y programas de actividad a desarrollar, son más representativas. **195**

Precisiones El Consejo de Consumidores y Usuarios **se regula por** el RD 894/2005, anulado parcialmente por la TS 5-2-08, EDJ 35323 (Asunto AUSBANC).

Sus **funciones** son las siguientes: **196**
- informar con carácter preceptivo en el procedimiento de elaboración de disposiciones de carácter general de ámbito estatal relativas a materias que afecten directamente a los consumidores y usuarios;
- realizar el seguimiento de las alegaciones e informes emitidos en trámite de audiencia para evaluar su repercusión y efectividad;
- proponer y, en su caso, designar a los representantes de las asociaciones y cooperativas de consumidores y usuarios en órganos colegiados, organismos o entidades, públicas o privadas, de ámbito estatal o supranacional, en los que deben estar representadas;

- proponer a las Administraciones públicas, a través del Instituto Nacional de Consumo, cuantas cuestiones se consideren de interés para los consumidores y usuarios;
- formular al Instituto Nacional del Consumo, propuestas normativas o de actuación que se consideren de interés para la defensa de los consumidores y usuarios;
- colaborar en iniciativas públicas que se adopten en materia de protección de los consumidores y usuarios, prestando su apoyo y asesoramiento, así como emitir cuantos informes le sean solicitados en materia de su competencia;
- solicitar información de las Administraciones públicas competentes sobre materias de interés general o sectorial que afecten a los consumidores y usuarios;
- solicitar, proponer o realizar informes o estudios necesarios para el desarrollo de sus funciones;
- impulsar la colaboración y diálogo entre asociaciones de consumidores y usuarios y cooperativas de consumidores y usuarios de ámbito supraestatal, estatal, autonómico o local, así como entre sus órganos de representación;
- favorecer el diálogo social, en especial, potenciando la colaboración con las organizaciones empresariales y sindicales;
- otras funciones les sean atribuidas por otras disposiciones.

198 Cuenta con los siguientes **órganos**:

• **Pleno**: encargado de aprobar los dictámenes del Consejo, designar a los presidentes y vocales de las comisiones técnicas y dirigir su funcionamiento. Asimismo, puede convocar a expertos, seleccionados por razón de la materia a tratar, y a representantes de colectivos interesados o afectados por esta.

• **Comisiones Técnicas**: responsables de analizar las diferentes materias que se sometan al Consejo y de elaborar los correspondientes informes o dictámenes para su sometimiento al pleno.

Está **constituido por** las siguientes asociaciones y organismos:
- Asociación de Usuarios de Bancos, Cajas y Seguros (ADICAE);
- Asociación General de Consumidores (ASGECO);
- Asociación de Usuarios de la Comunicación (AUC);
- Confederación de Consumidores y Usuarios (CECU);
- Consumidores en Acción (FACUA);
- Federación de Usuarios-Consumidores Independientes (FUCI);
- Confederación Española de Cooperativas de Consumidores y Usuarios (HISPACOOP);
- Organización de Consumidores y Usuarios (OCU);
- Federación Unión Nacional de Consumidores y Amas de Hogar de España (UNAE).

CAPÍTULO 2

Derechos básicos de los consumidores

Los derechos básicos de todo consumidor y usuario son los siguientes (LGDCU art.8): 205
- Protección contra los riesgos que puedan afectar su **salud o seguridad** (nº 215).
- Protección de sus **legítimos intereses económicos y sociales**; en particular frente a las prácticas comerciales desleales y la inclusión de cláusulas abusivas en los contratos (nº 270).
- **Indemnización** de los daños y reparación de los perjuicios sufridos (nº 280).
- **Información** correcta sobre los diferentes bienes o servicios en formatos que garanticen su accesibilidad y la educación y divulgación para facilitar el conocimiento sobre su adecuado uso, consumo o disfrute, así como la toma de decisiones óptimas para sus intereses (nº 325).
- **Audiencia** en consulta y **participación** en el procedimiento de elaboración de las disposiciones generales que les afectan directamente y la representación de sus intereses, a través de las asociaciones, agrupaciones, federaciones o confederaciones de consumidores y usuarios legalmente constituidas (nº 185).
- Protección de sus derechos mediante **procedimientos eficaces**, en especial ante consumidores vulnerables (nº 5000 s.).

Todos los derechos de los consumidores están directamente **interrelacionados entre sí**, de forma que ninguno de ellos constituye por sí sólo un ente autónomo y aislado, sino que hay que ponerlo en contacto con los otros derechos. P. e., la información es adecuada para garantizar la seguridad de los productos o servicios así como para la protección de los intereses sociales y económicos de los consumidores, derechos Estos últimos que sin una efectiva información al consumidor no serían exigidos o serían desconocidos para el usuario.

Precisiones Los derechos de los **consumidores vulnerables** han de gozar de una especial atención y los poderes públicos deben promocionar políticas y actuaciones tendentes a garantizar sus derechos en condiciones de igualdad, con arreglo a la concreta situación de vulnerabilidad en la que se encuentren, tratando de evitar, en cualquier caso, trámites que puedan dificultar el ejercicio de los mismos.

Protección de los derechos (LGDCU art.9) Los poderes públicos tienen un deber de **protección prioritaria** de estos derechos cuando guardan relación directa con bienes o servicios de uso común, ordinario y generalizado (TS 27-10-02, EDJ 59159). 208
Los bienes de protección prioritaria están descritos en un amplio **catálogo** de productos y servicios de uso o consumo ordinario y generalizado (RD 1507/2000). Incluye, sin ánimo exhaustivo:
- productos alimenticios y alimentarios;
- productos no alimentarios (por ejemplo, vivienda, medicamentos, muebles, instrumentos, productos de perfumería, etc.);
- servicios (entre los que se incluye, a título de ejemplo, los relativos a agua, electricidad o gas, médicos, de educación, de comunicaciones, financieros, etc.).

Precisiones 1) En el catálogo se incluyen los productos o servicios que habitualmente pueden ser objeto de un acto de consumo, con una **amplitud** y generalidad tal, que es difícil encon-

trar un ejemplo de bienes o servicios que no sean considerados como de uso común o generalizado a los efectos de la prioritaria protección por parte de los poderes públicos.
2) Aunque el RD 1507/2000 fue dictado en cumplimiento de la previsión del art.2.2 de la ley anterior (de idéntica redacción que el actual art.9 LGDCU), es **aplicable a la nueva norma**.

210 **Carácter irrenunciable** (LGDCU art.10) Los derechos que se reconocen por ley a los consumidores y usuarios son **irrenunciables**. Si una **cláusula** contractual incluye la renuncia previa al ejercicio de estos derechos en un contrato con consumidor, se considera legalmente **nula de pleno derecho**.
Las normas de protección de consumidores delimitan un marco jurídico que no puede ser alterado por la voluntad de las partes **en perjuicio del consumidor**, aun cuando cuente con el conocimiento y consentimiento de éste.
La nulidad afecta a la **renuncia previa** al derecho, pero como todo derecho, el mismo puede ser ejercitado o no por el consumidor. No cabe renunciar previamente al derecho a ser indemnizado por los daños sufridos como consumidores, pero una vez producido el daño, si cabe renunciar a ejercitar la acción de reparación.
Para evitar abusos, se declara la nulidad de todos los actos realizados en **fraude de ley**.

Precisiones **1)** El consumidor es la parte más débil del contrato. Si fuera posible la renuncia a los derechos, al integrarse estas cláusulas dentro de **contratos de adhesión**, como es usual en la contratación de consumo, se estaría dejando en manos de los empresarios la vigencia o no del sistema general de protección del consumidor.
2) La nulidad de todos los actos realizados en **fraude de ley** del art.10 LGDCU es una mención innecesaria, dado que el fraude de ley y sus efectos ya están previstos en el CC art.6.4, pero en todo caso la reiteración de esta previsión refuerza tal nulidad.

A. Derecho a la protección de la salud y la seguridad
(LGDCU art.11 a 16)

215 Los problemas de salud y seguridad son de los más importantes que plantea la protección del consumidor, al extremo que, lo que ha impulsado un sistema específico de responsabilidad ha sido siempre la protección de la salud de los consumidores.
En este ámbito, ambos términos suelen usarse como **equivalentes**; se dice que un producto es inseguro cuando presenta peligro de causar un daño a la vida, a la integridad física o al patrimonio del consumidor, a quien se le debe prestar tutela a través del Derecho público y del Derecho privado.
Es una cuestión íntimamente unida a la **responsabilidad por productos** (nº 1530 s.).

218 **Deber general de seguridad** (LGDCU art.11) Los **bienes o servicios** que se ponen en el mercado tienen que **ser seguros** (nº 1510 s.). El texto legal deja bien clara la **obligatoriedad** de la seguridad en todo producto o servicio puesto en el mercado, y no contiene ningún tipo de excepción a dicha exigencia de seguridad.
El **concepto de seguridad** que cabe legítimamente esperar, protege a los consumidores de las consecuencias dañosas que provengan de la toxicidad o peligrosidad de un producto puesto en el mercado. Tampoco responden a la exigencia de seguridad que cabe legítimamente esperar de su uso, aquellos productos que pueden ofrecer riesgos derivados de la **falta de comprobación** de falta de toxicidad o peligrosidad, cuando esta aparece como razonablemente posible en el momento de su puesta en circulación. En estos casos solamente queda **eximido de responsabilidad** el importador o fabricante cuando prueba que la ausencia de estas comprobaciones responde al hecho de no ser exigibles de acuerdo con el estado de los conocimientos científicos y técnicos existentes en el momento de la puesta en circulación (TS 9-12-10, EDJ 269061).
En suma, es **defecto de seguridad:**
- la **existencia de riesgos** derivados de la toxicidad o peligrosidad del producto puesto en el mercado;
- la **ausencia de las comprobaciones necesarias** para excluir dichos riesgos, pues esta ausencia constituye, por sí misma, un riesgo.

El **nivel de seguridad** que exige la norma no responde a criterios de normalidad, sino de alta protección. No basta con una protección ordinaria de la salud y seguridad del consumidor, sino que la misma debe responder a su **nivel más elevado** de protección (LGDCU art.11.2). 219

Qué debe entenderse por este **nivel elevado de protección** es algo que no se define en la norma. Para su concreción, hay que estar a las normas reglamentarias que la desarrollen.

La previsión normativa constituye:

- un **criterio de interpretación** en caso de duda, criterio que sin duda beneficia al consumidor;
- un **criterio legal** de mínimos para las diversas normas que se dicten.

Derecho a la información sobre los riesgos en materia de salud y seguridad (LGDCU art.12) Es una subespecie del derecho general del consumidor a la información (nº 325 s.). Consiste en el derecho del consumidor a ser informado sobre **todos los aspectos** del bien o servicio que consume. 240

Esta información debe:

- ser **facilitada por los empresarios** con los que contrate el consumidor;
- ser **previa** a la contratación;
- utilizar los **medios apropiados** o adecuados para que sea efectivamente conocida por su destinatario;
- ser lo suficientemente **clara** como para que sea comprensible por el consumidor;
- venir referida a los riesgos susceptibles de una **utilización previsible** de los bienes y servicios, en atención a su naturaleza, características, duración y personas a las que van destinadas;
- preferentemente debe ser facilitada en el propio **etiquetado** del producto (ver nº 1435 s.), pero sin que ello suponga que no sean posibles otros mecanismos, en especial en bienes o servicios en los que no procede su etiquetado.

Precisiones Por su **especial peligrosidad**, se establece una específica mención en relación a la información de riesgos en los **productos químicos** y aquellos que en su composición lleven **sustancias peligrosas**. Para ellos se establece un régimen de información basado por un lado en la existencia de un envasado especial con las adecuadas medidas de seguridad (lo que excluye otro tipo de envases) y por otro lado la necesidad de que tales envases lleven de forma especialmente visible indicaciones que adviertan del riesgo de su manipulación (Rgto (UE) 1272/2008 art.35 s.).

Las **Administraciones públicas**, cuando lo juzguen necesario para proteger la salud y seguridad, dependiendo de la naturaleza y la gravedad del riesgo, **pueden informar** a los consumidores y usuarios potencialmente afectados, por los medios en cada caso más apropiados, de los riesgos o irregularidades existentes, de la identificación del producto y, en su caso, de las medidas adoptadas, así como de las precauciones procedentes tanto para que ellos mismos puedan protegerse del riesgo como para conseguir su colaboración en la eliminación de sus causas (ver nº 110). 242

Los **ciudadanos** tienen **derecho de acceso**, en general, a la información de que disponen los órganos administrativos competentes con relación a los riesgos que los productos entrañan para la salud y la seguridad de los consumidores, de conformidad con las exigencias de transparencia y sin perjuicio de las restricciones necesarias para las actividades de control e investigación. En particular, los ciudadanos tienen acceso a la **información sobre**: 245

- la identificación del producto;
- la naturaleza del riesgo;
- las medidas adoptadas.

Salvo lo anterior, los órganos administrativos competentes pueden adoptar las medidas necesarias para que su personal no divulgue la **información protegida por el secreto comercial o industrial** obtenida en virtud de las facultades que se les atribuyen en relación con la seguridad de los productos.

B. Derecho a la protección en sus legítimos intereses económicos y sociales

(LGDCU art.19 a 21)

270 **Principio general** (LGDCU art.19.1) La protección de los intereses económicos y sociales es uno de los derechos de mayor trascendencia, cuya protección se va desarrollando a lo largo de todo el articulado de la Ley. Todo el texto legal vigente se configura como un **sistema de protección de los intereses** económicos y sociales de los consumidores y usuarios.

Como principio general la ley establece el **deber** de respetar los legítimos intereses económicos y sociales de los consumidores y usuarios en los términos establecidos en ella, y en las normas civiles, mercantiles y demás normas comunitarias, estatales y autonómicas que resulten de aplicación.

Es un **principio puramente programático** de carácter general, sin especial incidencia jurídica por remitirse a otros textos legales para su propia eficacia.

273 **Prácticas comerciales** (LGDCU art.19.2) Para la protección de los legítimos intereses económicos y sociales de los consumidores y usuarios, las prácticas comerciales de los empresarios dirigidas a ellos **están sujetas** a lo dispuesto en la LGDCU, en la LCD y en la LOCM.

Se consideran prácticas comerciales de los empresarios con los consumidores y usuarios todo acto, omisión, conducta, manifestación o comunicación comercial, incluida la publicidad y la comercialización, directamente relacionada con la promoción, la venta o el suministro de bienes o servicios, incluidos los bienes inmuebles, así como los derechos y obligaciones, con independencia de que sea realizada antes, durante o después de una operación comercial que se rigen por lo previsto para los contratos (nº 500 s.).

No se consideran prácticas comerciales las relaciones de naturaleza contractual entre consumidores y empresarios.

La Ley declara la **prevalencia** de sus normas, y las contenidas en determinada normativa sectorial (medicamentos, etiquetado, presentación y publicidad de los productos, etc.) sobre la legislación de carácter general aplicable a las prácticas comerciales desleales, en caso de **conflicto** (LGDCU art.19.4).

El **incumplimiento** de estas disposiciones es considerado, en todo caso, práctica desleal por engañosa.

275 **Visitas, excursiones y llamadas comerciales** (LGDCU art.19.7; L 11/2022 art.66) Para proteger en mayor medida los intereses legítimos de los consumidores y usuarios, la Administración puede restringir determinadas formas y aspectos de las **visitas no solicitadas** efectuadas por el empresario en el domicilio del consumidor y usuario o las **excursiones organizadas** por el mismo con el objetivo o efecto de promocionar o vender bienes o servicios.

Estas disposiciones necesariamente tienen que ser **proporcionadas y no discriminatorias** y, en ningún caso, pueden implicar la prohibición de los citados canales de venta, salvo cuando se basen en motivos distintos a la protección de los consumidores, tales como el interés público o el respeto de la vida privada de los mismos.

El **incumplimiento** de estas restricciones determina que puedan ser consideradas prácticas comerciales agresivas (LCD art.31.4).

En relación con las **comunicaciones no solicitadas**, los usuarios tienen derecho a no recibir llamadas:

• Automáticas sin intervención humana o mensajes de fax, con fines de comunicación comercial sin haber prestado su consentimiento previo para ello.

• No deseadas con fines de comunicación comercial, salvo que exista consentimiento previo del propio usuario para recibir este tipo de comunicaciones comerciales o salvo que la comunicación pueda ampararse en otra base de legitimación como:

– ser necesario para la ejecución de un contrato en el que el interesado es parte;
– cumplir una obligación legal;

- proteger intereses vitales del interesado o de otra persona física; ser una misión realizada en interés público o en el ejercicio de poderes públicos; o satisfacer intereses legítimos del responsable del tratamiento siempre que no prevalezcan los intereses o los derechos y libertades fundamentales del interesado (Rgto (UE) 2016/679 art.6.1).

Sistema efectivo de comprobación, garantías, reclamación y atención al cliente (LGDCU art.21) Son **criterios generales** que deben ser respetados como principios del sistema de garantía y reclamación (ver nº 595 s.): 278
- conocimiento sobre utilidad y características del bien o servicio;
- posibilidad de reclamar con eficacia en caso de error, defecto o deterioro;
- ejercicio efectivo de las garantías de calidad o nivel de prestación ofrecidos;
- devolución del precio en caso de incumplimiento o cumplimiento defectuoso del empresario.

En cuanto a los servicios de **quejas** y reclamaciones y servicios de **atención al cliente** que los empresarios ponen a disposición de los consumidores, se exige:
- que presten **atención directa y personal** cuando tales servicios se prestan a través de atención telefónica o electrónica, sin perjuicio del uso complementario a la atención personal de otros medios técnicos;
- que permitan asegurar que el consumidor tiene **constancia de las quejas y reclamaciones** que formula. El empresario está obligado a entregar una clave identificativa y un justificante por escrito, en papel o en soporte duradero;
- que se **separaren** nítidamente los servicios de atención al cliente de otras actividades de la empresa;
- que no se utilicen estos servicios para el desarrollo de actividades de **comunicación comercial**;
- que el uso de una línea telefónica por parte del empresario para este servicio no suponga un **coste para el consumidor** superior al coste de una llamada telefónica fija o móvil estándar; no obstante, en los supuestos de servicios de carácter básico de interés general, las empresas deben disponer de un teléfono de atención al consumidor gratuito.

Precisiones **1)** En el supuesto de utilizarse una línea telefónica de **tarificación especial** que suponga un coste para el consumidor o usuario, el empresario debe facilitar al consumidor información sobre un número geográfico o móvil alternativo.
2) Tienen la consideración de **servicios de carácter básico de interés general** los de suministro de agua, gas, electricidad, financieros y de seguros, postales, transporte aéreo, ferroviario y por carretera, protección de la salud, saneamiento y residuos, así como aquellos que legalmente se determinen.

C. Derecho a la reparación de los daños sufridos como consumidores

(LGDCU art.128 a 134)

La LGDCU establece un único sistema de **responsabilidad civil** por productos defectuosos que determina el **derecho a indemnización** por los daños y perjuicios que el uso de los productos suponga para los consumidores (nº 615). 280
El derecho a la indemnización de daños y perjuicios reconocido al consumidor en la LGDCU, se articula en torno a una serie de principios.

Reconocimiento del derecho a la indemnización (LGDCU art.128.1) Todo perjudicado tiene derecho a ser indemnizados por los **daños o perjuicios** que le hayan causado los bienes o servicios. 282
Cuando el **resultado dañoso** ha sido causado por un defecto del producto, o por una deficiente instalación de un servicio, y es objetivamente **atribuible a la empresa** suministradora en función del alcance de sus obligaciones extracontractuales, contractuales e incluso legales y de la previsibilidad del resultado dañoso con arreglo a las reglas de la experiencia, procede la **indemnización** de los daños y perjuicios al perjudicado (AP Madrid 28-1-11, EDJ 63183).

284 **Sujetos protegidos** (LGDCU art.128.1) Se extiende la protección no solo a los consumidores y usuarios, sino a **todo perjudicado**. El término perjudicado es más amplio que el de consumidor o usuario. Se considera perjudicado a **quien sufre los daños** o perjuicios causados por los bienes o servicios defectuosos.
P.e., se puede considerar el daño material sufrido por el dueño de un coche que se quema como consecuencia del incendio originado en un coche defectuoso perteneciente a diferente persona.

285 **Daños indemnizables** (LGDCU art.129) El régimen de responsabilidad previsto en la Ley comprende los siguientes daños:

287 • **Personales**, incluida la muerte. Entre éstos deben incluirse, necesariamente, los corporales, dolor físico, secuelas, perjuicios estéticos.
Los daños personales deben ser **resarcidos a favor de cualquier persona**, sea consumidor o no. Basta con que la utilización del servicio o producto defectuoso haya desembocado en alguna lesión corporal; con mayor razón, en caso de muerte del usuario, tenga o no la cualidad de consumidor.
La indemnización también puede extenderse a **daños patrimoniales** provocados por los daños personales (gastos de asistencia médica, sanitaria, farmacéutica, de entierro). También pueden dar lugar a **lucro cesante** (como consecuencia de las lesiones el perjudicado no puede trabajar).

Precisiones Para parte de la doctrina estos daños deben ser indemnizados con arreglo a este régimen de responsabilidad, porque **derivan de los daños personales** y no pueden considerarse incluidos en los daños materiales, que afectan a bienes o servicios destinados al uso o consumo privados.

289 • **Materiales**, siempre que estos afecten a bienes o servicios objetivamente destinados al uso o consumo privados y en tal concepto hayan sido utilizados principalmente por el perjudicado.
Se establecen dos **requisitos** complementarios:
- objetivo: que la cosa dañada se halle **destinada** al uso o consumo privado;
- subjetivo: que haya sido **utilizada** principalmente por el perjudicado en tal concepto.

290 Se establece una **doble limitación** al ámbito de protección del perjudicado:
• Únicamente cubre los daños personales y materiales; daños objetivamente apreciables y acreditables. **Excluye** la reclamación a través de estas acciones de los **daños morales** que puedan derivar de productos o servicios defectuosos.
• El daño debe haber sido causado por un bien o servicio destinado al **consumo privado**. Es necesario que tales bienes o servicios hayan sido utilizados por el perjudicado en el ámbito privado de su actuación personal. Con este régimen de responsabilidad **no se cubren** los daños causados en bienes destinados al **uso o consumo profesional** o empresarial (una nave industrial, un local comercial, un despacho profesional, un vehículo destinado a taxi, elementos de la oficina, máquina industrial que se incendian o explotan, o alimentos congelados de un restaurante que se estropean).

293 También se excluye la reparación de los daños causados por **accidentes nucleares**, siempre que tales daños se encuentren cubiertos por convenios internacionales ratificados por los Estados miembros de la UE (LGDCU art.129.2).

295 **Compatibilidad con otras acciones** (LGDCU art.128.2) El régimen de responsabilidad es expresamente compatible con cualquier otra acción que corresponda al perjudicado para ser indemnizados por los daños y perjuicios derivados de:
- **responsabilidad contractual**, por falta de conformidad, incumplimiento o cumplimiento defectuoso del contrato;
- responsabilidad **extracontractual** frente al responsable del citado daño.

Los daños contractuales o extracontractuales **se exigen** por las reglas generales de responsabilidad civil (CC art.1101 s.) o las específicas sobre garantía y conformidad (LGDCU art.114 a 127).

Sujetos responsables De los **daños causados por productos defectuosos** responde el **productor** y una serie de sujetos equiparados a él (importador, fabricante aparente, distribuidor) con el fin de facilitar al consumidor la reclamación por daños y perjuicios (nº 621). 297

Para los **daños causados por servicios**, la responsabilidad es de quien los presta. Así resulta de la regla general, conforme a la cual, los prestadores de servicios son responsables de los daños y perjuicios causados a los consumidores y usuarios, salvo que prueben que han cumplido las exigencias y requisitos reglamentariamente establecidos y los demás cuidados y diligencias que exige la naturaleza del servicio.

Cabe también que el daño sea causado por un **producto defectuoso** en el **marco de una prestación de servicios.** Es la hipótesis de un producto defectuoso producido por un sujeto A, del que se vale la persona B en la prestación de un servicio, sin que medie entre ambas relación alguna de dependencia.

Si el prestador del servicio **actúa con arreglo a la lex artis**, la responsabilidad es exclusiva del productor. El prestador del servicio **no responde** con arreglo al régimen de responsabilidad por productos, pues ni es productor ni suministra el producto a sabiendas de su defectuosidad (LGDCU art.147).

El prestador del servicio **no es responsable** aunque el producto sea defectuoso, cuando:

- lo adquirió regularmente en el mercado;
- no ha podido descubrir con una diligencia normal su carácter defectuoso.

Por excepción, **sí responde** de los daños originados, aunque se despliegue correctamente el servicio, cuando, por la propia naturaleza del servicio, o por estar así reglamentariamente establecido, se incluye la garantía de niveles determinados de eficacia o seguridad, y supongan controles técnicos, profesionales o sistemáticos de calidad, hasta llegar en debidas condiciones al consumidor y usuario (LGDCU art.148).

Se consideran **sometidos a este régimen** de responsabilidad los siguientes servicios:

- sanitarios;
- de reparación y mantenimiento de electrodomésticos, ascensores y vehículos de motor;
- de rehabilitación y reparación de viviendas;
- de revisión, instalación o similares de gas y electricidad;
- los relativos a medios de transporte.

La **responsabilidad del prestador del servicio** en cuanto que proveedor o suministrador del producto puede no derivar tanto del hecho de entregar un producto defectuoso, como de la **prestación defectuosa del servicio**. Si quien presta el servicio no sólo utiliza un producto que ya es defectuoso sino que, además, lo utiliza incorrectamente, no hay dificultad en que **responda solidariamente** junto al productor.

Responsabilidad solidaria (LGDCU art.132 y 133) En el caso de que **varias personas** sean **responsables** del mismo daño, tal responsabilidad tiene necesariamente el carácter de solidaria ante los perjudicados. 299

La regla de la responsabilidad solidaria es aplicable en los supuestos de **coautoría** en sentido estricto, así como también en los de **acción concertada** (por ejemplo, cuando son varios los sujetos que proporcionan la materia prima o que ponen su nombre en el producto acabado o cuando son varias personas las que participan en la fabricación de un producto defectuoso).

La responsabilidad por productos defectuosos se impone desde el fabricante hasta el vendedor, pudiendo el consumidor perjudicado **demandar a cualquiera** de ellos, pues todos responden de forma solidaria (TS 14-7-03, EDJ 50767).

La **finalidad** de la regla de la solidaridad es la de facilitar la reclamación de quien sufre el perjuicio por el producto o servicio defectuoso. El perjudicado puede dirigirse contra cualquiera de los agentes responsables del mismo daño para obtener íntegramente la indemnización. En el caso de que el perjudicado se dirija **contra uno solo** de los supuestos sujetos responsables del daño, no puede entenderse que está mal constituida la *litis*, ni que existe litisconsorcio pasivo necesario. Sin embargo, la sentencia **solo puede ejecutarse** contra aquel o aquellos de los responsables que hayan sido parte en el proceso (LEC art.542.1).

Compete al perjudicado la **determinación inicial de los posibles responsables** (por ejemplo, productor aparente y productor real; o productor de parte componente y del producto acabado; o, incluso, fabricante y suministrador).

Es fácilmente admisible la solidaridad del **fabricante** del producto acabado y del fabricante de la parte integrante defectuosa, o del fabricante real y el fabricante aparente.

El **suministrador**, en principio, no responde con arreglo al régimen de responsabilidad por productos, pero con su comportamiento ha podido desencadenar o agravar el defecto; por ejemplo, por una mala conservación. Si el defecto existía, el fabricante sigue respondiendo con arreglo a la LGDCU, pero la responsabilidad del suministrador debe basarse en las reglas generales de responsabilidad civil (CC art.1101 y 1902).

El que haya respondido ante el perjudicado tiene **derecho a repetir** frente a los otros responsables, según su participación en la causación del daño (LGDCU art.132).

301 La solidaridad se extiende al caso en que haya **intervenido un tercero** en la producción del daño, es decir, cuando el daño sea causado conjuntamente por un defecto del bien o servicio y por la intervención de un tercero.

La conducta de un tercero concurrente con el defecto del producto, no influye a la hora de **fijar la extensión o la cuantía** del resarcimiento a favor del perjudicado. Ello no significa que ese comportamiento no sea tenido en cuenta a la hora de mitigar las consecuencias patrimoniales que el carácter defectuoso del producto lesivo acarrea para su fabricante o importador (o para el suministrador o el intermediario, caso de ser responsables).

La responsabilidad resulta extensiva a los terceros que, respecto al producto defectuoso, han tenido una **intervención decisiva en la producción del daño**, por lo que este se debe a una actividad conjunta del fabricante y del tercero (TS 24-9-99, EDJ 27831).

El sujeto responsable que haya satisfecho la indemnización, puede **reclamar al tercero** la parte que corresponda a su intervención en la producción del daño (LGDCU art.133).

Precisiones Como regla general, desde la perspectiva del perjudicado **es preferible que la demanda se dirija** contra el fabricante del producto y el productor o los productores de las partes integrantes de los productos terminados. Si se dirige la causa sólo contra el productor de la parte integrante, se corre el riesgo de que éste pruebe que no es responsable por ser el defecto imputable a las instrucciones dadas por el fabricante del producto, lo que puede hacer inviable el ejercicio de la acción de reclamación de responsabilidad frente al fabricante, si han transcurrido los plazos de prescripción.

302 Cabe la **liberación de responsabilidad** del fabricante, por ruptura total de la relación de causalidad, si el único culpable es el tercero, supuesto en que procede la aplicación de las reglas generales de la responsabilidad civil.

El **vínculo causa-efecto** entre el defecto del producto y el daño es esencial en la atribución de responsabilidad es requisito imprescindible para que nazca en el productor la obligación de indemnizar. Quien fabrica un producto defectuoso que ocasiona daños está obligado a repararlos, a no ser que realmente no los haya causado porque se ha **roto el nexo causal**, bien por la conducta del propio perjudicado, pero también por la acción de un tercero. El fabricante queda liberado de responsabilidad en el caso de que el tercero sea el único y exclusivo culpable.

303 **Ineficacia de las cláusulas de exoneración o limitación de responsabilidad** (LGDCU art.130) Las cláusulas de exoneración o limitación de responsabilidad son ineficaces frente al perjudicado. Expresamente se consideran como **cláusulas abusivas** por limitar los derechos básicos del consumidor (LGDCU art.86.2), con el

efecto propio en relación a los consumidores de **nulidad de pleno derecho** y que se tengan por no puestas (LGDCU art.83.1; TS 20-1-10, EDJ 6375).
Este régimen de ineficacia debe ser puesto en relación con los principios que inspiran la normativa de protección del consumidor, que **excluye la renuncia previa** de los derechos reconocidos al consumidor (ver nº 210).
Se trata de este modo de evitar que los sujetos responsables según la Ley, mediante el recuso a los pactos o convenios de naturaleza contractual, puedan **rebajar el nivel de responsabilidad** impuesto imperativamente por la Ley.

Derecho a compensación por retraso (LGDCU art.134) El perjudicado, beneficiario de las indemnizaciones correspondientes, tiene derecho a una compensación por el **retraso en su abono**, por el tiempo que transcurra desde la declaración judicial de responsabilidad (y la fijación por tanto del importe indemnizatorio) y su efectivo pago por parte del responsable. 305
La compensación **se fija** en el interés legal del dinero incrementado en dos puntos, sin perjuicio de que las partes hayan pactado un **sistema distinto** en el contrato o que éste venga previsto de forma expresa en una norma legal que pueda aplicarse (LEC art.576).

Prescripción de las acciones (LGDCU art.143) La **acción de reparación** de los daños y perjuicios a la que se hace referencia prescribe a los 3 años, a contar desde la fecha en que el perjudicado sufrió el perjuicio, ya sea por defecto del producto o por el daño que dicho defecto le ocasionó, siempre que se conozca al responsable de dicho perjuicio. 307
La **acción de repetición** de quien que haya satisfecho la indemnización contra todos los demás responsables del daño prescribe al año, a contar desde el día del pago de la indemnización.
La interrupción de la prescripción se rige por lo establecido en el Código Civil (CC art.1973 s.).

Medidas a disposición de los consumidores y usuarios perjudicados por prácticas comerciales desleales (LGDCU art.20 bis) En el caso de que se de acciones (L 3/1991 art.32.1.1 a 4): 310
- declarativas de deslealtad;
- de cesación de la conducta desleal o de prohibición de su reiteración futura;
- de remoción de los efectos producidos por la conducta desleal; o
- de rectificación de las informaciones engañosas, incorrectas o falsas;

se establecen los siguientes **principios**:
- considerar **acreditado**, salvo prueba en contrario, el uso de prácticas comerciales desleales contra los consumidores y usuarios que haya sido constatado en una resolución firme de una autoridad competente o de un órgano jurisdiccional;
- del resarcimiento de los **daños y perjuicios** ocasionados, responden solidariamente las personas que hayan realizado de forma conjunta la infracción;
- en ningún caso, la existencia de una práctica comercial desleal puede ser utilizada **en contra de los intereses de los consumidores** y usuarios.

D. Derecho a la información, formación y educación

(LGDCU art.17 y 18)

La contratación en masa genera un **debilitamiento de la posición** del consumidor en el mercado debida, fundamentalmente, a la **falta de transparencia**, esto es, a la ausencia de una información adecuada y suficiente para el consumidor. 325
La información de los consumidores es un **principio constitucional** rector de la política social y económica, dirigido a los poderes públicos para su desarrollo (Const art.51.2).
El derecho básico se desdobla en dos derechos diferenciados:
- el derecho de **información**, en fase precontractual y de ejecución del contrato, es un derecho dirigido **hacia el empresario** que contrata con el consumidor;

– el derecho de **educación y formación** del consumidor, constituye un **mandato a las Administraciones públicas** con competencia en materia de consumo, tanto local, como autonómica, como nacional, para que fomenten la formación de los consumidores, dediquen espacios y programas públicos a tal objetivo y alienten las organizaciones de este tipo.

327 **Educación y formación de los consumidores** (LGDCU art.17 redacc RDL 1/2021) A través de la educación y la información del consumidor se promueve una **mayor libertad en el consumo** de bienes y servicios, como consecuencia de la comprensión de la información y el conocimiento por parte de los consumidores de sus derechos y deberes como tales y los mecanismos necesarios para su ejercicio. Se pretende ofrecer al consumidor la adopción de una **decisión libre e informada** que le permita contratar en unas **mejores condiciones** frente al empresario que ofrece el producto o servicio. Actúa como mecanismo de corrección de la desigualdad inicial entre empresario y consumidor.

329 Los **principales objetivos** cuyo fomento se estima necesario por parte de los poderes públicos son:
• El desarrollo de la **capacidad de ejercer una elección**, libre y racional de los bienes y servicios ofertados, así como un **uso** de los mismos más correcto y beneficioso.
• El **conocimiento de sus derechos** y la manera de ejercerlos.
• El **conocimiento de los riesgos** derivados del uso y consumo de bienes y servicios.
• La **adecuación de las pautas de consumo**, individuales y colectivas, hacia **un uso racional de los recursos**, incorporando valores ecológicos que conciencien a los consumidores de su corresponsabilidad en la conservación del medio ambiente y en la consecución de un desarrollo sostenible.
Los **medios de comunicación social** de titularidad pública deben dedicar espacios y programas, no publicitarios, a la información y educación de los consumidores y usuarios. En tales espacios y programas, de acuerdo con su contenido y finalidad, se tiene que facilitar el acceso o participación de las asociaciones de consumidores y usuarios representativas (nº 148) y los demás grupos o sectores interesados (LGDCU art.17.2).

Precisiones Se debe prestar especial atención a aquellos sectores que, debido a su complejidad o características propias, cuenten con mayor proporción de **consumidores vulnerables** entre sus clientes o usuarios, atendiendo de forma precisa a las circunstancias que generan la situación de concreta vulnerabilidad.

337 **Información a los consumidores** Los **empresarios** son los que están en mejores condiciones para facilitar información concreta sobre el producto o servicio que se ofrece a los consumidores.
Son **obligaciones** concretas a cargo del empresario:
• Ofrecer una **publicidad veraz** (nº 4000 s.). La oferta, promoción y publicidad de los bienes o servicios, ha de ajustarse a su naturaleza, características, utilidad o finalidad y a las condiciones jurídicas o económicas de la contratación (LGDCU art.61.1).
• La prohibición de que el **etiquetado y presentación** de los bienes y servicios pueda **inducir a error** al consumidor (LGDCU art.18.1). En especial en relación a las **características generales del bien o servicio**, la atribución al mismo de propiedades de las que carece o de cualidades generales que poseen todos los bienes similares. La elaboración del etiquetado es una obligación del empresario y desde un principio se quiere por la ley que no pueda servir como mecanismo de engaño al consumidor (nº 1442).
Está, además, prohibido ambigüedades sobre el contenido de los productos y, en especial, respecto a los alérgenos alimentarios, debiendo ser el etiquetado claro y riguroso en la información exacta del contenido.

Precisiones La Dir (UE) 2024/825 sobre empoderamiento de los consumidores para la **transición ecológica**, que tiene una fecha máxima de transposición de 27-3-2026. Entre otras cuestiones:

• Prohíbe afirmaciones medioambientales, en particular con el clima y la **neutralidad en carbono** si no están respaldadas por compromisos y metas claros disponibles públicamente y verificables.
• Prohíbe anunciar **beneficios irrelevantes** o no relacionados con el producto, por ejemplo, anunciar agua sin gluten.
• En caso de que se **comparen productos** en base a sus características medioambientales o sociales, exige que los comerciantes suministren información sobre los métodos de comparación y las medidas para mantener la información actualizada.
• Prohíbe la exhibición de **distintivos de sostenibilidad** que no se basen en un sistema de certificación o hayan sido establecidos por autoridades públicas.
• Se prohíben las **afirmaciones medioambientales genéricas** como «respetuoso con el medioambiente» o «verde» cuando no pueda demostrarse ningún comportamiento medioambiental excelente reconocido.
• Prohíbe hacer **afirmaciones medioambientales sobre la totalidad del producto** cuando solo se refiere a determinado aspecto, por ejemplo decir «fabricado con material reciclado», dando la impresión de que todo el producto está fabricado de material reciclado cuando solo el envase del producto está fabricado así.
• Considera publicidad engañosa el resaltar que un producto cumple con una **exigencia legal**, por ejemplo, que no contiene un químico, cuando dicho químico está prohibido por ley.
• Aborda las prácticas asociadas a la **obsolescencia programada** y prohíbe ocultar información sobre le hecho de que una **actualización de software** afectará negativamente al funcionamiento de los bienes o presentarla como necesaria cuando no lo son para el uso seguro del producto.
• Obliga a proporcionar información específica sobre la **durabilidad y reparabilidad** de los productos, así como la **disponibilidad de actualizaciones**.
• Debe exhibirse de manera destacada una etiqueta recordando la **garantía legal de conformidad** sin que otras informaciones sobre garantías comerciales y servicios posventa puedan confundir al consumidor.
• Debe informarse, antes del contrato, de los **servicios posventa** y sus condiciones, incluidos los servicios de reparación cuando se presten dichos servicios.

• Suministrar al consumidor una **información veraz, eficaz y suficiente** sobre las **características esenciales** del bien o servicio. Esta obligación no se reduce al simple cumplimiento de las disposiciones reglamentarias que puedan haberse establecido, sino que es una **obligación general** y por ello es indiferente que la misma tenga o no una expresa previsión reglamentaria a tal efecto, pues en todo caso se debe facilitar la citada información con las características descritas. **346**
Tiene que facilitarse tanto en fase precontractual (nº 535), como durante la ejecución del contrato, si es necesario.
• Ofrecer la **información necesaria en la oferta comercial**. La Ley fija un **contenido mínimo** de dicha información que abarca los principales elementos de la contratación que deben ser **conocidos por el consumidor** para poder otorgar el contrato con plena libertad y sin consentimiento viciado. Son:
- identificación completa del empresario;
- características del bien o servicio;
- precio final debidamente desglosado;
- procedimiento de pago;
- plazos de entrega;
- sistema de tratamiento de las reclamaciones;
- en su caso, existencia del derecho de desistimiento (nº 657).

El **incumplimiento** de esta obligación, es decir, un contrato que carezca de este contenido mínimo, es considerado **práctica desleal** por engañosa.

Precisiones Si, debido a la naturaleza del bien o servicio, no puede fijarse con exactitud el **precio** en la oferta comercial, debe informarse sobre la base de cálculo que permita al consumidor o usuario comprobarlo. Igualmente debe de informarse sobre la existencia de **gastos adicionales** que no puedan ser calculados de antemano así como su importe estimado.

• Para los bienes y servicios ofrecidos en **mercados en línea** (nº 2200 s.), a la información que se debe proporcionar al consumidor sobre las características del bien o servicio y su precio, se añade la especificación de si el tercero que ofrece el bien o **347**

347 (sigue) servicio tiene la condición de empresario o no, con arreglo a su declaración al proveedor del mercado en línea (LGDCU art.20).

En las prácticas comerciales consistentes en ofrecer a los consumidores y usuarios la posibilidad de **buscar bienes y servicios ofertados por distintos empresarios** o consumidores y usuarios sobre la base de una consulta en forma de **palabra clave, expresión u otro tipo de dato** introducido, independientemente de dónde se realicen las transacciones en último término.

Deben **contener,** en una sección específica de la interfaz en línea que sea fácil y directamente accesible desde la página en la que se presenten los resultados de la búsqueda, **información general sobre**:

- los principales parámetros que determinan la clasificación de los bienes y servicios presentados al consumidor y usuario como resultado de la búsqueda;
- la importancia relativa de dichos parámetros frente a otros.

• Las prácticas comerciales en las que un empresario facilite el **acceso a las reseñas de los consumidores y usuarios** sobre bienes y servicios, deben contener información sobre el hecho de que el empresario garantice o no que dichas reseñas publicadas han sido efectuadas por consumidores y usuarios que han utilizado o adquirido realmente el bien o servicio.

CAPÍTULO 3

Contratos con consumidores

SECCIÓN 1

Contrato de consumo

Se **define** un contrato de consumo como aquel contrato elaborado entre un consumidor o usuario (nº 20) y un empresario (nº 30). No se dice nada en cuanto sobre qué contenido debe versar el contrato, por lo que debe entenderse que el contrato de consumo es un concepto amplio que incluye cualquier contrato celebrado con un consumidor, cualquiera que sea su **objeto**. Esto no significa que no haya contratos con ciertas **particularidades** como pueden ser p.e. los contratos a distancia (nº 860 s.), los créditos al consumo (nº 1000 s.) o la compraventa a plazos (nº 1320 s.). 513

En general, la LGDCU es aplicable a los siguientes **contratos**:

- de **venta** (nº 55), en virtud del cual se transfiere al consumidor la propiedad de un bien a cambio del pago de un precio (p.e. la compra de un ordenador);
- de **servicios** (nº 55), por los que el empresario presta o se compromete a prestar un servicio al consumidor a cambio del pago de un precio (p.e. el transporte de mudanza);
- **complementario** (nº 60), por el que el consumidor adquiere bienes o servicios sobre la base de otro contrato y dichos bienes o servicios son prestados por el empresario o un tercero (p.e. la reparación de la línea telefónica).

La **definición de bien** es la de una cosa física y corporal; el agua, el gas y la electricidad son bienes cuando están envasados para su venta en un volumen limitado o en cantidades determinadas (p.e. una bombona de butano).

El consumidor, a la hora de contratar, suele encontrarse en **situación de desigualdad** respecto al empresario. Esto puede suponer una merma en los derechos de los derechos del consumidor que compra un bien, por lo que se debe garantizar un equilibrio entre las partes evitando cláusulas abusivas (ver nº 786 s.).

Con esta finalidad, las **garantías** de los contratos hechos con consumidores (o contratos de consumo) giran en torno a 4 bloques:

- **disposiciones comunes** para todos los contratos con consumidores (nº 520 s.);
- regulación del **derecho de desestimiento** (nº 640 s.);
- condiciones generales de la contratación en **contrato de adhesión** (nº 690 s.);
- **cláusulas abusivas** (nº 780 s.).

La LGDCU da primacía a las disposiciones legales sobre la **autonomía de la voluntad de las partes** y ello se debe a que se considera único medio de garantizar una efectiva protección del consumidor. Las disposiciones legales constituyen un esqueleto o armazón básico de protección del que no se puede prescindir.

516 **Cuadro normativo** (LGDCU art.59.2) El contrato de consumo se **rige jerárquicamente** por lo establecido en:
- la normativa sectorial europea;
- las leyes especiales (p.e. la L 16/2011, de contratos de crédito al consumo);
- la LDCU;
- el derecho común (CC o CCom).

El **Derecho europeo** tiene cierta prevalencia sobre el nacional en la protección de los consumidores y la propia LGDCU establece que se permite ampliar la protección del consumidor mediante leyes sectoriales, siempre que no contradigan a la normativa de la UE.

La aplicación de estas normas depende también del **tipo de cláusula** del contrato, así si la cláusula es:
- **Negociada individualmente**, se rige por el derecho común sin que se aplique la protección de los consumidores, puesto que la negociación individual entre empresario y consumidor anula la supuesta prevalencia del primero. En cualquier caso debe respetarse el contenido mínimo de protección de la LGDCU.
- **Predispuesta por el empresario**, se rigen plenamente por la legislación de protección a los consumidores y la LGDCU. Es una cláusula que no se aplica de forma generalizada a todos los contratos, pero que es impuesta por el empresario.
- **Condiciones generales de la contratación** (nº 690 s.), se someten a la L 7/1998 de condiciones generales de la contratación (a partir de ahora LCGC) y la LGDCU.

A. Disposiciones comunes

520

521 Para ver las diferentes **obligaciones, derechos y prohibiciones** relativas al contrato de consumo y facilitar su clasificación y comprensión, vamos a dividirlas, de forma más o menos flexible, en disposiciones que afectan a los consumidores antes del contrato, durante el perfeccionamiento del contrato y después del contrato.

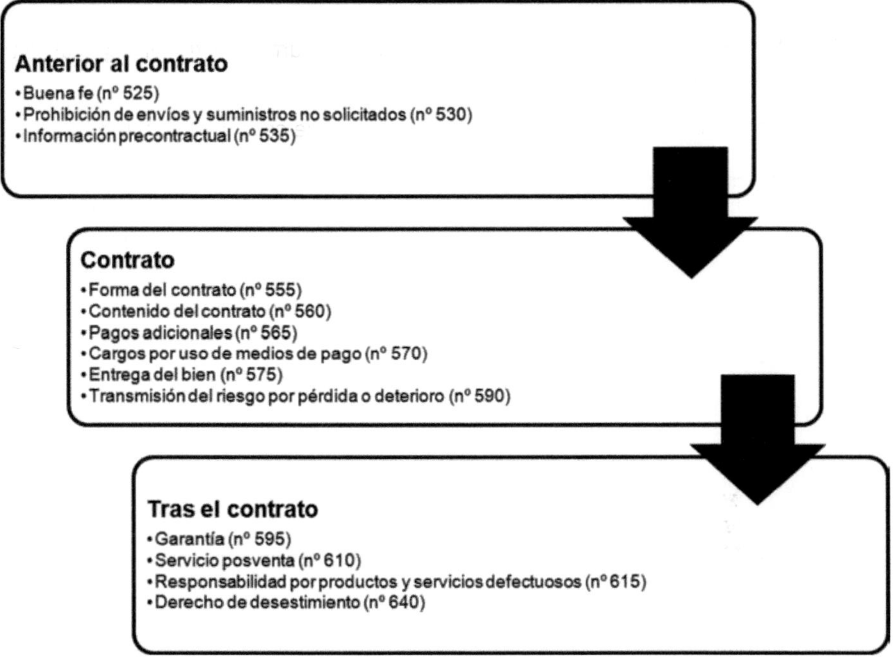

1. Buena fe

(LGDCU art.80.1.c; CC art.1258)

La exigencia de la buena fe contractual es un **fundamento común** a todo tipo de contratación que obliga a que las partes que inician negociaciones sobre un contrato deben facilitar todos los **datos** que la otra parte deba conocer a efectos de evitar un posible error de consentimiento. **525**

En el **ámbito de consumo**, la exigencia de buena fe es especialmente intensa porque se presume que el consumidor carece de **conocimientos técnicos o profesionales** específicos, por lo que deposita una confianza en el profesional que, en calidad de experto, le debe informar de las condiciones y objeto del contrato.

Precisiones En derecho, una actuación de buena fe se **define** como la conciencia de no estar quebrantando ninguna norma o derecho ajeno. El que actúa de buena fe cree, con verdad o sin ella, que está actuando lícitamente. Donde hay buena fe no puede haber dolo o malicia pero sí puede haber ignorancia, desconocimiento o una falsa creencia.

2. Envíos y suministros no solicitados

(LGDCU art.66 quater)

Están prohibidos los envíos y suministros no solicitados. Esta prohibición tiene la **finalidad** de impedir prácticas engañosas por parte de empresas que envían bienes no solicitados y luego exigen su pago si el consumidor no los devuelve. **530**

Está terminantemente **prohibido** el envío de bienes o suministro de servicios si no se ha solicitado expresamente por el consumidor. La falta de respuesta no puede ser considerada nunca como consentimiento tácito.

Está, sin embargo, **permitido** el envío de muestras o servicios gratuitos siempre que no se incluya la pretensión de pago de ninguna naturaleza.

Si, a pesar de la prohibición, el empresario **envía** bienes o suministros no solicitados (AP Baleares 15-9-09, EDJ 251882):

Consumidor	Empresario
No está obligado a devolver el bien ni a custodiarlo.	Puede ser sancionado administrativamente.
No es responsable de los daños sufridos por el bien si lo devuelve.	No puede reclamar pago alguno.
Puede pedir daños y perjuicios por los gastos o inconveniencias sufridas.	

3. Información precontractual

535 Obtener información correcta sobre los bienes y servicios antes del contrato es un **derecho** básico del consumidor, por lo que los poderes públicos tienen la obligación de asegurar la eficacia de tal derecho (LGDCU art.8 y 17).

Este **deber** de información no es exclusivo de los contratos de consumo, sino que es una exigencia general de toda contratación, aunque en el ámbito de los consumidores se justifica una mayor protección con una información precontractual más intensa.

El empresario debe poner a disposición de todo consumidor la información relevante, veraz y suficiente sobre las **características esenciales del contrato**, en particular de (LGDCU art.60):

- el objeto del contrato (descripción del producto, clase de contrato, etc.);
- sus condiciones jurídicas (cláusulas, garantías, etc.);
- sus condiciones económicas (pago, gastos, etc.);

P.e. en un contrato de compra de un inmueble, las características esenciales serían el precio, forma de pago, consecuencias del impago, descripción del inmueble, su superficie, ubicación, materiales de construcción, etc.

Esta exigencia de información tiene como **finalidad** evitar vicios en el consentimiento del contrato (error y dolo), evitando, en lo posible, la nulidad de los contratos y el consiguiente daño en el tráfico mercantil. Además, también favorece la expulsión del mercado de aquellos productos que otorguen menor información al poder el consumidor optar por productos de mejor calidad.

Incumbe al empresario la **carga de la prueba** del cumplimiento de estos requisitos de información.

Al margen de las sanciones jurídico-públicas que se prevén en muchas normativas de consumo, el **incumplimiento** del deber de información, puede ser causa de anulación del contrato y acarrear responsabilidad para el empresario que incumple deliberadamente sus obligaciones legales. P.e. en el caso de adquisición de acciones de un banco, la información financiera del folleto era gravemente inexacta por lo que, al ser el folleto un elemento decisivo para evaluar los riesgos y la solvencia del banco, hay nulidad del contrato por error en el consentimiento (TS 3-2-16, EDJ 1990; 6-6-13, EDJ 119038).

Precisiones **1)** Con carácter general, se ha dicho (Torres Lana) que el derecho a la información tiene **eficacia jurídica** en un triple momento:

• En la **fase preparatoria** o de formación de la voluntad contractual. De un lado, por la posible responsabilidad in contrahendo por los tratos previos. De otro, porque el contenido de la oferta, promoción o publicidad se proyecta después sobre el eventual contenido del contrato.

• En el momento de **perfección del contrato**. La deficiente información puede provocar: la nulidad del contrato por vicios del consentimiento; la nulidad parcial (LGDCU art.83); o la resolución por incumplimiento (CC art.1124), en cuya categoría queda incluida la frustración de las expectativas del adquirente como contenido natural del contrato (LGDCU art.61).

• Finalmente, en fase de **ejecución contractual**, la eficacia del contrato queda teñida por la interpretación más favorable al consumidor del contenido contractual. Como consecuencia, la información proporcionada se transforma en exigible, según la regla de la integración contractual del CC art.1258 y LGDCU art.61.

2) Se considera cláusula abusiva el **incumplimiento** del deber de información precontractual por el empresario al consumidor (TS 12-12-11, EDJ 307889; 17-1-18, EDJ 1511).

3) La Dir (UE) 2024/825 sobre empoderamiento de los consumidores para la **transición ecológica**, que tiene una fecha máxima de transposición de 27-3-2026. Entre otras cuestiones, obliga a:
– proporcionar información específica sobre la **durabilidad y reparabilidad** de los productos, así como la **disponibilidad de actualizaciones**; y
• informar, antes del contrato, de los **servicios posventa** y sus condiciones, incluidos los servicios de reparación cuando se presten dichos servicios.

Características (LGDCU art.60; AP Castellón 21-12-10, EDJ 329771) Partiendo de todo lo dicho, es evidente que la información previa al contrato no puede quedar al libre arbitrio de los profesionales o empresarios, por lo que debe fijarse legalmente el alcance y contenido de la obligación y velar por su cumplimiento. De este modo, la información previa debe cumplir una serie **requisitos** establecidos legalmente y ser: **538**

• **Clara**, la redacción de la información debe ser clara visualmente y legible. La ilegibilidad puede ser considerada como un afán por ocultar el contenido de algún elemento (p.e. si se utiliza letra muy pequeña).
• **Comprensible**, se debe facilitar el entendimiento por parte del consumidor sobe la información que se presenta. Abarca la necesidad de estar redactada en un idioma comprensible al consumidor con palabras no técnicas y fácilmente entendibles por un profano.
• **Adaptada a las circunstancias**, no toda la información debe ser necesariamente igual aunque sean sobre un mismo producto. Puede tenerse en cuenta aspectos como las personas a las que va dirigida, el lugar en que se facilita, el tipo de producto, etc.
• **Veraz**, la información debe ser cierta y comprobable por el consumidor. Los datos facilitados no pueden ser sesgados y ocultar efectos perjudiciales que el producto puede ocasionar al consumidor (p.e. contraindicaciones de medicamentos o posible toxicidad).
• **Suficiente**, la información debe ser la necesaria para que el consumidor tenga en su poder todos los datos imprescindibles para llevar a cabo la elección.
• **Relevante**, la información no debe quedar limitada a los aspectos accesorios o secundarios del producto o servicio, sino que debe tener la amplitud para abarcar los aspectos esenciales y fundamentales para tomar la decisión. P.e. en el caso de compra de un coche, la información no puede limitarse a los diferentes colores en que puede ser comprado, sino que debe informarse de las características técnicas del vehículo y sus medidas de seguridad.
• **Gratuita**, la información debe proporcionarse de forma gratuita. Es una obligación del empresario y por tanto este debe asumir los costes de facilitarla al consumidor.
• **Previa**, debe facilitarse la información antes de celebrar el contrato. La información no puede confundirse con la publicidad del producto que lleve a cabo el empresario. La publicidad es de carácter general y dirigida a todo el mundo, mientras que la información debe ser puntual y dirigida al consumidor concreto que la solicita.
• **Esencial**, deben resaltarse las condiciones jurídicas y económicas de los bienes o servicios de los que se presta la información.
• **Accesible**, debe editarse en formatos que garanticen su comprobación.

Sin perjuicio de la normativa sectorial que en su caso resulte de aplicación, principalmente cuando se trata de **consumidores vulnerables**, la información se debe facilitar en un formato fácilmente accesible, garantizando en su caso la asistencia necesaria, de forma que aseguren su adecuada comprensión y permitan la toma de decisiones óptimas para sus intereses.

Contenido mínimo (LGDCU art.60.2) La información precontractual debe tener un contenido mínimo e imperativo e incluir: **540**

• **Nombre, razón social y domicilio** completo del responsable de la oferta y del comerciante por cuya cuenta se actúa.
• **Precio** completo, incluyendo impuestos y presupuestos. Debe desglosarse el importe de los incrementos o descuentos que sean de aplicación, los gastos que se repercutan al consumidor, gastos adicionales por servicios accesorios, financiación y condiciones de pago. P.e. en el caso de compra de un vehículo, si el traslado del

coche desde la fábrica hasta el concesionario supone un coste, este debe incluirse en el precio de venta (TJUE 7-7-16, nº C-476/2014).
• **Fecha** de entrega, ejecución y duración del contrato.
• Procedimiento para la **extinción** el contrato.
• **Garantía** ofrecida al consumidor.
• **Lengua** o lenguas en las que puede formalizarse el contrato si no es en la que se ha ofrecido la información.
• **Funcionalidad** de los bienes con elementos digitales, el contenido digital y los servicios digitales, incluidas las medidas técnicas de protección aplicables, como son, entre otras, la protección a través de la gestión de los derechos digitales o la codificación regional.
• Toda **compatibilidad e interoperabilidad** relevante de los bienes con elementos digitales, el contenido digital y los servicios digitales conocidos por el empresario o que quepa esperar razonablemente que conozca, como son, entre otros, el sistema operativo, la versión necesaria o determinados elementos de los soportes físicos.
• Existencia del derecho de **desestimiento**, plazo y forma de ejercitarlo (LGDCU art.69).
• Dirección completa en la que el consumidor o usuario puede presentar **quejas y reclamaciones**, así como, en su caso, el sistema extrajudicial de resolución de conflictos.

542 **Contratos especiales** Existen **deberes específicos** de información atendiendo a tipos especiales de contratos. Estas especialidades pueden ser establecidas en la propia LGDCU o bien en leyes especiales.

Tipo de contrato	Ley que contiene las especialidades	Marginal
Viaje combinado	LGDCU.	nº 3767
Crédito al consumo	L 16/2011, de contratos de créditos al consumo (LCCo).	nº 1077 s.
Compraventa de vivienda	RD 515/1989, de protección de los consumidores en cuanto a la información a suministrar en la compraventa y arrendamiento de viviendas.	nº 2557
Aprovechamiento por turnos de inmuebles	L 4/2012 de contratos de aprovechamiento por turno de bienes de uso turístico, adquisición de productos vacacionales de larga duración, reventa y de intercambio y normas tributarias.	nº 2900 s.
Préstamo o crédito hipotecario	L 5/2019, de contratos de crédito inmobiliario.	nº 2744 s.
Intermediación para celebrar préstamo o crédito	L 5/2019, de contratos de crédito inmobiliario.	nº 2744 s.
Prestación de servicios	L 17/2009, de libre acceso a la actividad de servicios y su ejercicio.	nº 544
A distancia y fuera de establecimiento mercantil	LGDCU.	nº 891 s.
Electrónico	L 34/2002, de servicios de la sociedad de la información y de comercio electrónico	nº 948
Bancario	OM EHA/2899/2011, de transparencia y protección del cliente de servicios bancarios	nº 3313
Telecomunicaciones	RD 899/2009, de la carta de derechos del usuario de los servicios de comunicaciones electrónicas	nº 3845 s.

544 **Información en los contratos de prestación de servicio** (L 17/2009 art.22) Los prestadores de servicios (p.e. un abogado, un arquitecto, un médico privado...) están obligados a poner a disposición de los consumidores de forma clara e inequívoca la siguiente **información mínima** sin petición previa del consumidor:

- **datos de identidad**, forma y régimen jurídico, número de identificación fiscal, dirección del establecimiento y datos que permitan ponerse en contacto con él de forma electrónica;
- **datos registrales** del prestador de servicios;
- datos de la autoridad que le haya otorgado **autorización** para operar;
- **cualificación profesional** y dónde fue otorgada, colegio profesional, asociación u organismo en el que esté inscrito el prestador (en las profesiones reguladas p.e. abogacía, medicina, etc.);
- las **condiciones y cláusulas** relativas a la legislación y jurisdicción aplicables al contrato;
- **garantías de posventa** adicionales exigidas por la ley (si es el caso);
- el **precio** completo del servicio, incluidos impuestos, si el prestador fija previamente un precio para determinado servicio;
- las principales **características del servicio** ofrecido;
- el **seguro** o garantía exigida (si es el caso) y los datos del asegurador cobertura del seguro;
- **lengua** o lenguas en que puede formalizarse el contrato si no es la lengua en la que se presta la información;
- la existencia del **derecho desestimiento**, el plazo y la forma de ejercitarlo.

La información obligatoria debe ponerse a **disposición**:
- en el **lugar** de prestación del servicio o de celebración del contrato;
- por **vía** electrónica mediante una página web;
- en **todo documento** que se facilite al destinatario y que detalle los servicios que se prestan.

Junto a esta información mínima, si el consumidor lo pide, el prestador debe informar **adicionalmente** sobre:
- el **precio** cuando no esté previamente fijado, y si no se puede indicar, el método para calcularlo o un presupuesto suficientemente detallado;
- **fecha de entrega**, ejecución del contrato y duración;
- normas de **acceso a la profesión** (en caso de profesiones reguladas);
- posibles **conflictos de interés** y las medidas para evitarlos;
- **códigos de conducta** a los que esté sometido el prestador; y
- condiciones para hacer uso de **medios extrajudiciales** de resolución de conflictos cuando se prevean.

Información en ofertas comerciales de bienes y servicios (LGDCU art.20) 545

Las prácticas comerciales que, de un modo adecuado al medio de comunicación utilizado, incluyan información sobre las **características del bien o servicio** y su **precio** deben contener, al menos, la siguiente información:
- nombre, razón social y domicilio completo del empresario responsable de la oferta comercial y, en su caso, nombre, razón social y dirección completa del empresario por cuya cuenta actúa;
- las características esenciales del bien o servicio de una forma adecuada a su naturaleza y al medio de comunicación utilizado;
- el precio final completo, incluidos los impuestos, desglosando, en su caso, el importe de los incrementos o descuentos que sean de aplicación a la oferta y los gastos adicionales que se repercutan al consumidor o usuario.
- los procedimientos de pago y los plazos de entrega y ejecución del contrato, cuando se aparten de las exigencias de la diligencia profesional, entendiendo por tal el nivel de competencia y cuidados especiales que cabe esperar de un empresario conforme a las prácticas honestas del mercado;
- en su caso, existencia del derecho de desistimiento; y
- en el caso de bienes y servicios ofrecidos en mercados en línea, si el tercero que ofrece el bien o servicio tiene la condición de empresario o no, con arreglo a su declaración al proveedor del mercado en línea.

Precisiones Cuando debido a la naturaleza del bien o servicio, **no pueda fijarse con exactitud el precio** en la oferta comercial, deberá informarse sobre la base de cálculo que permita al consumidor o usuario comprobar el precio. Igualmente, cuando los gastos adicionales que se repercutan al consumidor o usuario no puedan ser calculados de antemano por razones objetivas, debe informarse del hecho de que existen dichos gastos adicionales y, si se conoce, su importe estimado.

546 La información necesaria a incluir en la oferta comercial **debe facilitarse** a los consumidores o usuarios, principalmente cuando se trate de personas consumidoras vulnerables, en términos claros, comprensibles, veraces y en un formato que garantice su accesibilidad, de forma que aseguren su adecuada comprensión y permitan la toma de decisiones óptimas para sus intereses.

Las prácticas comerciales consistentes en ofrecer a los consumidores y usuarios la **posibilidad de buscar bienes y servicios** ofertados por **distintos empresarios o consumidores** y usuarios sobre la base de una consulta en forma de palabra clave, expresión u otro tipo de dato introducido, independientemente de dónde se realicen las transacciones en último término, deberán contener, en una sección específica de la interfaz en línea que sea fácil y directamente accesible desde la página en la que se presenten los resultados de la búsqueda, la siguiente información:

- información general relativa a los **principales parámetros** que determinan la **clasificación** de los bienes y servicios presentados al consumidor y usuario como resultado de la búsqueda; y
- la **importancia relativa** de dichos parámetros frente a otros.

Cuando un empresario facilita el acceso a las **reseñas de los consumidores y usuarios** sobre bienes y servicios, deben especificarse si el empresario garantiza o no que las reseñas publicadas han sido efectuadas por consumidores y usuarios que han utilizado o adquirido realmente el bien o servicio.

La carga de la **prueba** en relación con el cumplimiento de los requisitos de información establecidos en este artículo incumbirá al empresario.

El **incumplimiento** de esta información es considerado una práctica desleal por engañosa (LCD art.7).

Precisiones Estas previsiones no se aplican a proveedores de **motores de búsqueda en línea** (LGDCU art.20.3; Rgto (UE) 2019/1150 art.2.6).

547 **Incumplimiento del deber de información** No se deriva de forma clara y expresa los **efectos derivados del incumplimiento** del empresario del deber de información precontractual, por lo que hay que acudir a las reglas generales diferenciando si el incumplimiento es total o parcial.

Para determinar el alcance del incumplimiento, se puede diferenciar entre:

• **Información falsa o inexacta**, en este caso, el empresario incumple de forma activa con la obligación, ya que aparenta cumplir con ella, pero traslada al consumidor una información incompleta, falsa, poco clara o inexacta. En este caso, el consumidor puede:

- entender que no se ha cumplido con la obligación y resolver el contrato reclamando daños y perjuicios (CC art.1124; AP Madrid 19-1-11, EDJ 31798);
- exigir el cumplimiento (incluso judicialmente) de la información facilitada por parte del empresario. La información se equipara a una oferta vinculante y el empresario está obligado a cumplir expresamente las condiciones facilitadas en la información (nº 550).

• **Omisión de la información**, esta puede ser:

- total (el empresario no informa de nada), en este caso el consumidor tiene la posibilidad de resolver el contrato y pedir daños y perjuicios (CC art.1124) o acreditar alguna publicidad externa para obligar al empresario a cumplirla (LGDCU art.61);
- parcial (el empresario solo informa de algunas de las materias previstas legalmente), en este caso, siempre que la omisión sea de tal alcance que afecte a elementos esenciales del contrato puede resolverse o anularse el contrato, en caso contrario entra en juego la previsión de las ofertas vinculantes de publicidad (nº 550).

Precisiones Se considera **cláusula abusiva** el incumplimiento del deber de información precontractual por el empresario al consumidor (TS 12-12-11, EDJ 307889; 17-1-18, EDJ 1511).

Publicidad (LGDCU art.61) La publicidad se **define** como un mecanismo a través del cual el empresario da a conocer y ofrece a los consumidores interesados la adquisición de un bien o la prestación de un servicio o bien las características mismas de los mismos. 550

La publicidad supone una información otorgada, claramente, en fase precontractual y el consumidor puede exigir directamente el **contenido ofertado** aunque tal contenido no figure expresamente en el contrato. Supone una extensión de elementos, en principio, externos al contrato, a los pactos puramente contractuales. Esto comporta una mejora de la situación del consumidor al que no siempre le interesa anular el contrato, sino que muchas veces le interesa más exigir al empresario que cumpla con lo ofertado en la publicidad, ya que un incumplimiento de lo ofertado en publicidad tiene las mismas consecuencias que un incumplimiento contractual.

Esta obligación es de **aplicación** no solo a la denominada oferta publicitaria (aquella que contiene los elementos esenciales del futuro contrato), sino a toda publicidad, incluso la de simple reclamo (aquella para atraer la atención del consumidor hacia un determinado producto). Desde el mismo momento en que se publicita un producto o servicio con ciertas características, surge la obligación del empresario de proporcionar dichas características a los consumidores que contraten con él.

La eficacia vinculante de la publicidad tiene 2 **excepciones**:

- si el contrato firmado con el consumidor tiene cláusulas más beneficiosas que lo ofertado en la propia publicidad, estas prevalecen sobre la publicidad (la finalidad última es beneficiar al consumidor); o
- si el contrato firmado por el consumidor ha sido negociado y este ha aceptado las modificaciones sobre la publicidad (en caso contrario el consumidor estaría yendo en contra de sus propios actos).

Para ver **otros aspectos** de la publicidad relativa a los consumidores (publicidad subliminal, prohibiciones, etc.) ver nº 4000 s.

Precisiones **1)** La publicidad sobre **objetos todavía inexistentes** (p.e. sobre un piso que está por construir), también forma parte esencial de la oferta y origina responsabilidad en el oferente (TS 7-11-88, EDJ 8769).

2) La obligación de cumplir con lo ofertado en publicidad tiene su base y deriva del **principio de buena fe**. La publicidad no puede ser engañosa y llevar al error al consumidor, sino que debe ser objetiva y veraz (CC art.1258; AP Asturias 28-6-10, EDJ 148275).

3) Se declara la resolución del contrato de compraventa de vivienda por **incumplimiento** esencial de las **condiciones iniciales ofrecidas** en materia de memoria de calidades y aspectos exterior del conjunto residencial (AP Murcia 17-10-16, EDJ 208327).

4) La publicidad sobre un objeto, sobre todo si es un **objeto aún no existente**, forma parte esencial de la oferta. El comprador tiene derecho a ser indemnizada en caso de que el promotor incumpla con lo ofertado (AP Baleares 19-1-16, EDJ 8511).

5) No puede exigirse al comprador una diligencia tendente a **comprobar todos los datos técnicos, económicos y financieros** facilitados por el vendedor que suponga partir de un escenario de desconfianza. El tráfico mercantil descansa en la confianza negocial y en la buena fe. Cuando la información precontractual tiene por objeto, aun inconscientemente, conseguir que la contraparte se forme una opinión del objeto negocial distinto del manifestado contractualmente nos hallamos ante una divergencia entre la voluntad declarada y la voluntad real, lo que supone un vicio en el consentimiento, como elemento esencial del contrato, y su consecuencia es la posibilidad de impugnarlo, pretendiendo su anulabilidad, al tratarse de un error de los motivos, que conlleva a una apreciación errónea de los mismos que fueron determinantes para contratar (TS 6-6-13, EDJ 119038).

6) Junto a este régimen genérico de la conformidad del contenido de la oferta, promoción o publicidad con el contenido del contrato, existen otros **regímenes específicos** para determinados tipos de contratos, como:

- los contratos de seguros (L 50/1980 art.6 par.1);
- los contratos de compraventa o arrendamiento de vivienda (RD 515/1989 art.3);
- los contratos de aprovechamiento por turnos (L 4/2012 art.11.2); o
- los contratos de crédito al consumo (LCCo art.8 y 9).

4. Forma del contrato

(LGDCU art.62 y 63; CCom art.51)

555 En el derecho privado español se parte del principio de **libertad de forma** en la celebración de contratos, sin embargo hay **excepciones** relevantes a este principio (p.e. el contrato de afianzamiento). Tales excepciones se basan en la idea de garantizar la univocidad del contrato, la seriedad del negocio, la perdurabilidad de la prueba, etc.
No existe una previsión general expresa en la LGDCU sobre la forma del contrato de consumo, si bien puede desprenderse que existe cierta primacía de la forma escrita. A pesar de esto, se entiende que, debido a la multitud de compraventas realizadas en ciertos establecimientos (p.e. unos grandes almacenes), es válida la forma oral, siempre que quede constancia escrita de la transacción.
Existe una serie de contratos, para los que se exige **forma escrita**, p.e. los contratos celebrados fuera de establecimiento mercantil (nº 860 s.), viajes combinados (nº 3740 s.), venta de bienes muebles a plazos (nº 1325), aprovechamiento por turno de inmuebles (nº 2871 s.), los contratos de seguros (nº 3955 s.), etc.
En cualquier caso, aunque sea necesaria la forma escrita en estos contratos, normalmente se cumplimentan mediante contrato privado y no a través de **escritura pública**, que no es exigida en ningún caso por la normativa de consumo. Contratos como el de compraventa de inmuebles sí exige escritura pública, pero ésa es exigida por el Código Civil, no por la LGDCU (CC art.1279 y 1280).
En caso de **incumplimiento** de la forma escrita, cuando esta se exige por la Ley, puede entenderse que priva de validez y eficacia al contrato al ser la forma escrita un requisito formal y solemne (AP A Coruña 22-9-10, EDJ 214161).

556 **Confirmación documental de la contratación realizada** (LGDCU art.63 y 64) El empresario, para que el consumidor pueda hacer valer sus derechos, tiene la obligación de confirmar documentalmente la contratación realizada, de acuerdo con las siguientes **reglas**:

• Con **carácter general**, se debe entregar recibo, justificante, copia o documento acreditativo con las condiciones esenciales de la operación, incluidas las condiciones generales de la contratación, aceptadas y firmadas por el consumidor y usuario, cuando éstas sean utilizadas en la contratación.

• Con carácter específico, en la **primera transmisión de vivienda** se debe facilitar, además, la documentación prevista en la Ley de Ordenación de la Edificación, concretamente, la documentación de la obra ejecutada (denominada «Libro del Edificio») y de los seguros y garantías con que ésta cuenta (L 38/1999 art.7 y 16.1).

• Salvo lo previsto legalmente en relación con los contratos que deban formalizarse en escritura pública, la formalización del contrato debe ser **gratuita** para el consumidor, cuando legal o reglamentariamente deba documentarse éste por escrito o en cualquier otro soporte de naturaleza duradera.

• Por último, los consumidores y usuarios tienen derecho a recibir la **factura en papel**, derecho que en ningún caso puede quedar condicionado al pago de cantidad económica alguna. Para que el empresario pueda expedir una factura electrónica debe haber obtenido previamente el consentimiento expreso del consumidor. La solicitud del consentimiento debe precisar la forma en la que se procederá a recibir la factura electrónica, así como la posibilidad de que el destinatario que haya dado su consentimiento pueda revocarlo y la forma en la que podrá realizarse dicha revocación.

Precisiones **1)** Deben documentarse **por escrito** o en cualquier otro soporte de naturaleza duradera, por ejemplo: el contrato de seguro (L 50/1980 art.5); los contratos de compraventa o arrendamientos de vivienda (RD 515/1989 art.10); el contrato de crédito al consumo (LCCo art.16); el contrato de venta de bienes muebles a plazos (L 28/1998 art.6.1); el contrato de aprovechamiento por turnos (L 4/2012 art.11); los contratos celebrados fuera de los establecimientos mercantiles (LGDCU art.111.1); el contrato de viaje combinado (LGDCU art.155.1).
2) En los **contratos** celebrados **a distancia** y los celebrados **fuera del establecimiento** (nº 860 s.), se admite la entrega de dichos contratos y la confirmación de la celebración de los

mismos mediante «soporte duradero». El TJUE ha aclarado que para la validez de la «entrega de información mediante soporte duradero», deben cumplirse los siguientes requisitos:
- el sitio web debe permitir al consumidor almacenar la información que se le envía personalmente de manera que pueda acceder a ella y reproducirla sin cambios durante un período de tiempo adecuado y sin que sea posible ninguna modificación unilateral por el proveedor o cualquier otro profesional; y
- si el consumidor está obligado a consultar ese sitio web para tener conocimiento de dicha información, la transmisión de esta información se debe ver acompañada de un comportamiento activo del proveedor de servicios de pago destinado a poner en conocimiento del consumidor la existencia y disponibilidad de la información en ese sitio web (TJUE 25-1-17).

5. Contenido del contrato

La LGDCU contiene una serie de referencias al contenido del contrato de consumo que deben ser resaltadas. La delimitación del contenido tiene una **doble vertiente**: una positiva (lo que debe constar en el contrato) y otra negativa (lo que está prohibido expresamente). **560**

Por un lado, en el contrato de consumo, sin perjuicio de las especialidades de ciertos contratos (p.e. préstamo hipotecario), hay una serie de asuntos que deben constar **obligatoriamente** (LGDCU art.62 y 69):
- la voluntad inequívoca del consumidor para contratar;
- el reconocimiento del derecho a extinguir el contrato de tracto sucesivo sin ninguna sanción ni carga;
- el proceso a través del cual poner fin al contrato de tracto sucesivo;
- información sobre el derecho de desestimiento;

Por otro lado, en el contrato de consumo está expresamente **prohibida** la inclusión de cláusulas que (LGDCU art.62, 65 y 66):
- impongan obstáculos onerosos o desproporcionados para el ejercicio de los derechos reconocidos al consumidor;
- establezcan plazos excesivos o limitaciones que dificulten poner fin a un contrato de tracto sucesivo;
- obliguen al consumidor a comparecer para la realización de cobros, pagos o trámites similares;
- atenten, en general contra la buena fe (nº 525).

Precisiones En caso de que el contrato incluya un **compromiso de permanencia** por parte del usuario, si este lo incumple, la penalización por baja debe ser proporcional al número de días no efectivos del compromiso de permanencia acordado (LGDCU art.62.5).

6. Pagos adicionales

(LGDCU art.60 bis)

No se define en la ley española ni europea qué es un pago adicional. No obstante, se puede **definir** como todo pago derivado de un contrato que exceda del precio pactado por la obligación principal y a través del cual se remuneren prestaciones no incluidas en la prestación contratada. P.e. pagar un extra por la elección de asiento en un tren. **565**

Para poder aplicar pagos adicionales, es obligatorio que el **consentimiento del consumidor** al pago adicional sea:
- **anterior** a la celebración del contrato;
- **expreso**, excluyendo cualquier posibilidad de consentimiento tácito o deducido.

Como consecuencia de lo anterior, el empresario debe **comunicar los pagos** adicionales de una forma clara y comprensible e incluir una opción de consentimiento específica, lo que refuerza su carácter expreso.

En caso de **incumplimiento** de los requisitos de los pagos adicionales, el consumidor puede solicitar un reembolso por los conceptos abonados en contra de su voluntad.

La carga de la **prueba** de la obtención del consentimiento del consumidor corresponde al empresario.

Precisiones La inclusión de los pagos adicionales en la LGDCU se hizo mediante la L 3/2014 que incorporó al derecho español las disposiciones de la **Dir 2011/83/UE**, aunque la normativa española incorporó novedades no incluidas en la normativa europea como son la carga de la **prueba** y la obligación del empresario de **comunicar los pagos** de forma clara y comprensible.

7. Cargos por uso de medios de pago

(LGDCU art.60 ter)

570 Está **prohibido** que los empresarios carguen cobros al consumidor que excedan de sus costes soportados por ellos mismos por el uso de los medios de pago (p.e. la comisión que le cobra el banco al comercio por usar el pago con tarjeta de crédito).
Como consecuencia de lo anterior, es **requisito** indispensable para cargar el cobro es que el método de pago le suponga un coste extra al empresario. Si no le supone ningún coste, no puede reclamar cantidad alguna.
Esta previsión tiene la **finalidad** de que el consumidor no tenga que abonar necesariamente o completamente en metálico ni que el empresario deba soportar el coste añadido del uso del método de pago que pone a disposición del consumidor. También pretende evitar posibles abusos del empresario y que este no obtenga beneficios derivados del uso de medios de pago.
La carga de la **prueba** del importe de los gastos corresponde al empresario que debe acreditar el importe de los gastos que ha debido pagar por la aceptación de un determinado medio de pago. Esta carga de la prueba al empresario es lógica, puesto que solo él conoce los costes soportados por el empleo de tales métodos de pago, gastos que el consumidor desconoce.

Precisiones El LGDCU art.60 ter fue incluido por trasposición de la **Dir 2011/83/UE** art.19, sin embargo en la normativa española se añadió la carga de la **prueba** del empresario.

8. Entrega del bien comprado o suministro del contenido o servicio digital

(LGDCU art.66 bis)

575 Los principales **criterios para la entrega** de los bienes de consumo adquiridos mediante un contrato de venta son los siguientes:
Las partes tienen **libertad para pactar** lo que quieran, no existe limitación del plazo de entrega si las partes están de acuerdo. Si no se pacta nada, se aplica de forma supletoria la LGDCU.
La entrega se **define** como la transmisión material y efectiva de la posesión del bien, eliminándose así entregas simbólicas.
Se fija un **plazo** máximo de 30 días naturales para entregar el bien al consumidor, aunque la entrega debe darse sin demora, es decir que la voluntad del legislador es que tal plazo no se agote.
En caso de que se **exceda el plazo**, hay que distinguir si este es esencial o no:
Si el **plazo no es esencial**, el consumidor no tiene un derecho de resolución inmediato, sino que debe solicitar al empresario la entrega, otorgándose un plazo adicional, según las circunstancias. Este plazo adicional obligatorio no está tasado y queda al arbitrio del propio consumidor; pasado el plazo adicional, el consumidor puede resolver el contrato. El empresario debe justificar el incumplimiento y si se niega a la entrega sin motivo justificado, el consumidor puede resolver el contrato de forma inmediata.
Si el **plazo es esencial**, debido a las circunstancias o por la petición expresa del consumidor al empresario de entrega del bien antes de una fecha determinada, el incumplimiento del plazo da derecho inmediato a resolver el contrato sin necesidad de otorgar prórroga.
La **resolución del contrato** por incumplimiento del plazo se traduce en la obligación de reembolso inmediato del empresario al consumidor de todas las cantidades abo-

nadas sin demora indebida. Si el empresario no abona la devolución, el consumidor puede:
- pedir el doble de la cantidad;
- pedir daños y perjuicios (si el doble de la cantidad es inferior a los daños sufridos).
La carga de la **prueba** del cumplimiento de los plazos corresponde al empresario, tanto en la entrega del bien como en la devolución de las cantidades recibidas a cuenta.

Precisiones Lo relativo al plazo de entrega de los bienes de consumo fue agregado en la LGDCU por transposición de la **Dir 2011/83/UE** art.18. La normativa europea no contempla ningún plazo para de **devolución de las cantidades** tras la resolución del contrato y la norma española usa la expresión «sin demora indebida» que no deja de ser una concepto bastante vago.

Si se trata de **contenidos o servicios digitales**, deben suministrarse sin demora indebida tras la celebración del contrato y se entiende cumplida cuando el contenido sea puesto a disposición del consumidor sea accesible para él o para la instalación física o virtual elegida por el consumidor y usuario para ese fin o sea accesible para el consumidor o usuario o para la instalación física o virtual elegida por el consumidor o usuario a tal fin. **576**
Si el **empresario no suministra** el contenido o servicio digital, el consumidor puede solicitar que le sean suministrados sin demora indebida o en un período de tiempo adicional acordado expresamente por las partes. Si el empresario continúa sin cumplir. el consumidor tiene derecho a resolver el contrato. El consumidor también tiene **derecho a resolver** el contrato en el momento en el que se dé alguna de las siguientes **situaciones**:
- el empresario rechace entregar los bienes o haya declarado, o así se desprenda claramente de las circunstancias, que no suministrará los contenidos o servicios digitales; o
- las partes hayan acordado o así se desprenda claramente de las circunstancias que concurran en la celebración del contrato, que para el consumidor o usuario es esencial que la entrega o el suministro se produzca en una fecha determinada o anterior a esta.

Principio de conformidad El vendedor está **obligado** a entregar al consumidor un producto que sea conforme con el contrato, es decir, el empresario es responsable por cualquier falta de conformidad existente en el momento de entrega del bien (AP Granada 24-10-08, EDJ 274297; AP Tarragona 16-7-09, EDJ 227928; AP Baleares 10-11-09, EDJ 292266; AP Albacete 6-4-10, EDJ 92380). **578**
El concepto de conformidad se articula en torno a 2 **características**:
Reúne en un **único concepto** todas las posibles anomalías que puede sufrir el bien entregado y aúna el régimen jurídico de la responsabilidad del vendedor por ellas. Implica la responsabilidad del vendedor por todas las altas de conformidad que se produzcan entre la perfección del contrato y la entrega con la finalidad de proteger al consumidor en relación a la transmisión de riesgos (ver nº 590). La falta de conformidad afecta a los vicios jurídicos y a los aspectos físicos y técnicos del producto y su adecuación al contrato.
La **responsabilidad objetiva** del vendedor que no se basa en la culpa. La entrega del bien debe cumplir las exigencias de calidad, nivel de prestación, idoneidad o funcionalidad que se tuviera en cuenta en el contrato, es una obligación de resultado (AP León 16-3-11, EDJ 50985).
Hay conformidad cuando hay adecuación o identidad entre el objeto entregado y las características pactadas (AP Albacete 6-4-10, EDJ 92380).
Para que exista conformidad, debe cumplirse una serie de **requisitos** subjetivos y adicionalmente, si se trata de servicios o contenidos digitales, una serie de requisitos objetivos.

1) Requisitos **subjetivos** (LGDCU art.115 bis):
- ajustarse a la descripción, tipo de bien, cantidad y calidad y poseer la funcionalidad, compatibilidad, interoperabilidad y demás características que se establezcan en el contrato;
- ser apto para los fines específicos para los que el consumidor o usuario los necesite y que este haya puesto en conocimiento del empresario como muy tarde en el momento de la celebración del contrato, y respecto de los cuales el empresario haya expresado su aceptación;
- ser entregados o suministrados junto con todos los accesorios, instrucciones, también en materia de instalación o integración, y asistencia al consumidor o usuario en caso de contenidos digitales según disponga el contrato; y
- ser suministrados con actualizaciones, en el caso de los bienes, o ser actualizados, en el caso de contenidos o servicios digitales, según se establezca en el contrato.

579 2) Requisitos **objetivos** adicionales para servicios o contenidos digitales (LGDCU art.115 ter):
• Ser apto para los **fines** a los que normalmente se destinen bienes, contenidos o servicios del mismo tipo.
• Poseer la **calidad** y corresponder con la descripción de la muestra o modelo del bien o ser conformes con la versión de prueba o vista previa del contenido o servicio digital que el empresario hubiese puesto a disposición del consumidor o usuario antes de la celebración del contrato.
• Entregarse o suministrarse junto con los **accesorios**, en particular el embalaje, y las instrucciones que el consumidor y usuario pueda razonablemente esperar recibir.
• Presentar la cantidad y poseer las **cualidades** y otras características que presentan normalmente productos del mismo tipo y que el consumidor puede razonablemente esperar (durabilidad, accesibilidad, continuidad, funcionalidad, compatibilidad y seguridad) teniendo en cuenta cualquier declaración pública realizada por el empresario, o en su nombre, o por otras personas en fases previas de la cadena de transacciones, incluido el productor, especialmente en la publicidad o el etiquetado.
El empresario **no queda obligado** por las **declaraciones públicas**, si demuestra que:
- desconocía y no cabía razonablemente esperar que conociera la declaración en cuestión;
- en el momento de la celebración del contrato, la declaración pública había sido corregida del mismo o similar modo en el que había sido realizada; o
- la declaración pública no pudo influir en la decisión de adquirir el bien o el contenido o servicio digital.
En cuanto a las **actualizaciones**, incluidas las relativas a la seguridad, el empresario debe velar por que se comuniquen y suministren las que sean necesarias para mantener la conformidad, durante el **período**:
- que el consumidor o usuario pueda razonablemente esperar habida cuenta del tipo y la finalidad y las circunstancias y la naturaleza del contrato, cuando el contrato establezca un único acto de suministro o una serie de actos de suministro separados, en su caso; o
- en el que deba suministrarse el contenido o servicio con arreglo al contrato de compraventa o de suministro. Cuando el contrato de compraventa de bienes con elementos digitales prevea un plazo de suministro continuo igual o inferior a 3 años, el período de responsabilidad es de 3 años a partir del momento de la entrega del bien.
Existe una **presunción** de que las faltas de conformidad que se manifiesten en los 2 años siguientes a la entrega del bien o en el año siguiente al suministro del contenido o servicio digital, ya existían cuando el bien se entregó o el contenido o servicio digital se suministró, excepto cuando para los bienes esta presunción sea incompatible con su naturaleza o la índole de la falta de conformidad. Esta presunción puede ser destruida también por prueba en contrario (LGDCU art.121.1; AP Madrid 15-1-08, EDJ 15447).

Precisiones 1) En caso de que el consumidor **no instale** en un plazo razonable las **actualizaciones** proporcionadas, el empresario no es responsable de ninguna falta de conformidad causada por la ausencia de la correspondiente actualización, siempre que se hubiese informado al consumidor acerca de la disponibilidad de la actualización y de las consecuencias de su no instalación y si la falta de actualización no se debiera a deficiencias en las instrucciones facilitadas.
2) **No** hay **responsabilidad por faltas de conformidad cuando** se informe de manera específica de que una determinada característica de los bienes o de los contenidos o servicios digitales se apartaba de los requisitos objetivos de conformidad establecidos y el consumidor o usuario hubiese aceptado de forma expresa y por separado dicha divergencia.

Como hemos visto, la falta de conformidad con el producto es responsabilidad del empresario, pero cuando debido a la actividad o pasividad del consumidor, se contribuye a la falta de conformidad, el vendedor no es responsable. Nos referimos a los **vicios y defectos aparentes**, es decir, aquellos que el consumidor conociera o debiera conocer en el momento del contrato. El vendedor queda únicamente exonerado si el consumidor ha podido conocer el vicio y hacerse una idea de las consecuencias del mismo, puesto que un vicio puede ser aparente en el momento de la compra pero estar oculta la **gravedad** de sus consecuencias. P.e. en la compra de un coche de segunda mano, que se vea una abolladura sería un defecto aparente, pero el comprador podría no ser consciente de que el golpe afecta al motor. **581**
En cualquier caso, quedan fuera de la exoneración los **vicios ocultos**, p.e. la compra de un coche cuyo motor comienza a padecer graves averías 3 meses después de la compra (CC art.1484; AP Las Palmas 14-5-12, EDJ 191104).

Precisiones Para valorar el carácter aparente del vicio o defecto se atiende a un **criterio subjetivo** como es la diligencia y los conocimientos medios del comprador.

Instalación del producto (LGDCU art.115 quater) En el caso de una incorrecta **instalación** del producto, la falta de conformidad respecto a la instalación se equipara a la falta de conformidad del producto mismo si: **584**
- la instalación o integración incorrecta haya sido realizada por el empresario o bajo su responsabilidad y, en el supuesto de tratarse de una compraventa de bienes, su instalación esté incluida en el contrato; o
- en el contrato esté previsto que la instalación o la integración la realice el consumidor o usuario, haya sido realizada por este y la instalación o la integración incorrecta se deba a deficiencias en las instrucciones de instalación o integración proporcionadas por el empresario o, en el caso de bienes con elementos digitales, proporcionadas por el empresario.

9. Pérdida o deterioro

(LGDCU art.66 ter)

Respecto a la pérdida o deterioro es importante determinar cuándo se produce la **transmisión del riesgo**. Por transmisión del riesgo, nos referimos al momento desde el cual el empresario deja de ser responsable por la pérdida o deterioro del bien comprado y pasa a serlo el consumidor. Como **regla general**, el empresario es responsable del bien hasta que el consumidor (o un tercero autorizado) toma posesión real del mismo. Así, en caso de envío, el empresario responde desde el momento que este sale de sus instalaciones hasta que es entregado al consumidor (o tercero autorizado) por el transportista. **590**
Este principio general tiene una **excepción**: aquellos casos en que el transporte es organizado por el propio consumidor o este elige un transportista diferente al indicado por el empresario. En estos casos, se entiende que la entrega de la posesión material se realiza en el domicilio del empresario y, por tanto, el riesgo de pérdida o deterioro del bien desde que sale de las instalaciones hasta que llega al domicilio del consumidor corresponde a este, quedando liberado el empresario de la responsabilidad. P.e. si se compra un mueble y lo transporta el propio consumidor, no será responsable el empresario, pero si el consumidor le solicita al empresario la entrega a

domicilio, sí será responsable el vendedor si el mueble se deteriora durante el transporte.

10. Garantía

595 Aunque comúnmente por el público no se diferencia y se llama, generalmente, garantía a todo, en realidad hay 2 **tipos** de garantía, la legal y la comercial.
En cualquier caso, no hay que confundir la garantía con el **saneamiento por vicios ocultos** de la cosa vendida ya que ambas acciones son diferentes e incompatibles entre sí para evitar la reiteración de acciones sobre el mismo hecho. El régimen previsto en la garantía es más beneficioso para el consumidor ya que prevé plazos mucho más amplios que los 6 meses que contempla la acción de saneamiento (LGDCU art.116; CC art.1474).
Sí es, sin embargo, compatible la acción de garantía con la solicitud de una **indemnización** si la falta de conformidad del bien le produce al consumidor daños y perjuicios.

598 **Garantía legal** La garantía legal se basa en aplicación del principio de conformidad (ver nº 578). La acción de garantía puede **ejercerse ante**:
- el vendedor;
- el productor (nº 36) si al consumidor le resulta difícil o imposible ejercerla ante el vendedor (LGDCU art.125).

Cuando el consumidor manifiesta al vendedor o productor la falta de conformidad con el bien, tiene **derecho** a (LGDCU art.118):

• **Reparar** el bien, esta opción obliga al vendedor a adecuar el bien entregado al contrato con el consumidor (p.e. arreglar un electrodoméstico sustituyendo una pieza que funciona mal). Aunque le ley no dice nada, se entiende que si tras la reparación, esta no es satisfactoria se pueden pedir otras reparaciones posteriores, de lo contrario se pueden vulnerar los derechos del consumidor fácilmente no reparando adecuadamente la primera vez. Lo que no es posible es obligar al consumidor a una segunda o posterior reparación.

• **Sustituir** el bien. Con esta opción se obliga al vendedor a entregar otro bien sin la falta de conformidad que sufría el entregado (p.e. cambiar un electrodoméstico por otro del mismo modelo).

• **Rebajar el precio o resolver el contrato**. Esta opción solo puede elegirse en caso en los siguientes supuestos (LGDCU art.119 y 119 bis):
- cuando la medida correctora para ponerlos en conformidad resulte imposible o desproporcionada en relación con bienes y los contenidos o servicios digitales;
- el empresario no ha llevado a cabo la reparación o la sustitución de los bienes o no lo ha realizado de acuerdo con lo dispuesto en la LGDCU o no lo ha hecho en un plazo razonable;
- el empresario no ha puesto los contenidos o servicios digitales en conformidad;
- aparece cualquier falta de conformidad después del intento del empresario de poner los bienes o los contenidos o servicios digitales en conformidad;
- la falta de conformidad es muy grave; o
- el empresario ha declarado, o así se desprende claramente de las circunstancias, que no pondrá los bienes o los contenidos o servicios digitales en conformidad en un plazo razonable o sin mayores inconvenientes para el consumidor o usuario.

Tanto la reparación como la sustitución deben hacerse en un **plazo** razonable y sin inconvenientes para el consumidor y su **gratuidad** incluye los costes de mano de obra, materiales y gastos de envío. Para saber si el plazo es razonable hay que atender a cada caso de forma individual.
La **resolución del contrato o la rebaja del precio**, en caso de no poder dirigirse contra el vendedor, **no puede ser exigida** al productor ya que él no ha participado en el contrato entre vendedor y consumidor.

Precisiones La **reducción del precio** ha de ser proporcional a la diferencia existente entre el valor que el bien o el contenido o servicio digital hubiera tenido en el momento de la entrega o suministro de haber sido conforme con el contrato y el valor que el bien o el contenido o servicio digital efectivamente entregado o suministrado tenga en el momento de dicha entrega o suministro (LGDCU art.119 bis).

El **plazo** para ejercer el derecho de garantía legal es de (LGDCU art.120): **601**

Contrato	Plazo
Producto nuevo	3 años
Producto de segunda mano	Mínimo 1 año
Contenido o servicio digital	• Suministrado en acto único: 3 años • Suministro continuo: durante el tiempo que deba suministrarse el bien o servicio con un mínimo de 3 años

El **plazo** constituye un tiempo de prueba de conformidad con el bien, no es por tanto un plazo de caducidad o de prescripción. El vendedor responde de las faltas de conformidad que se manifiesten durante el periodo de garantía y que existieran en el momento de la entrega. En cualquier caso, existe una **presunción** de que todo vicio que se manifieste en los 2 primeros años (un año en el caso de suministros de bienes o servicios digitales) se asume que existía en el momento de entrega, salvo que sea contrario a la naturaleza del bien (LGDCU art.121; AP Albacete 3-12-10, EDJ 303242; AP A Coruña 18-1-12, EDJ 4433).

El plazo se **computa desde** la entrega del bien, que se presupone, salvo prueba en contrario, que es la que figura en la factura, tique o albarán y queda en **suspenso** cuando el consumidor deja de tener la posesión del bien para que el empresario lo repare o lo sustituya para evitar que el empresario simplemente retenga el bien para que pase el plazo de garantía (LGDCU art.122.1).

En atención al **principio de buena fe** contractual (nº 525), el consumidor, con el fin de evitar acciones sorpresivas, debe informar al vendedor de la falta de conformidad en un plazo de 2 meses desde que tiene conocimiento de la misma. El incumplimiento de este aviso no priva al consumidor de sus derechos, pero puede responder por los daños y perjuicios ocasionados por el retraso de la comunicación.

Precisiones El plazo de garantía no puede **alargarse judicialmente**, un juez no puede alterar el plazo establecido en las leyes (AP A Coruña 2-9-10, EDJ 191338).

Quedan **excluidos** del régimen de garantía (LGDCU art.114.2): **602**

• Los **animales** vivos.

• Los bienes de **segunda mano** adquiridos en **subasta administrativa** a la que los consumidores puedan asistir personalmente (p.e. cuando se subastan coches policiales pasada su vida útil).

• La prestación de **servicios distintos de los servicios digitales**, independientemente de que el empresario haya utilizado formas o medios digitales para obtener el resultado del servicio o para entregarlo o transmitirlo al consumidor o usuario.

• Los servicios de **comunicaciones electrónicas** prestados por lo general a cambio de una remuneración a través de redes de comunicaciones electrónicas, con la excepción de los servicios que suministren contenidos transmitidos mediante redes y servicios de comunicaciones electrónicas o ejerzan control editorial sobre ellos, y que incluyen:

- el servicio de acceso a internet;
- el servicio de comunicaciones interpersonales, excepto los servicios de comunicaciones interpersonales independientes de la numeración;
- los servicios consistentes, en su totalidad o principalmente, en el transporte de señales, como son los servicios de transmisión utilizados para la prestación de servicios máquina a máquina y para la radiodifusión.

• Los **contenidos o servicios digitales** relacionados con la **salud** prescritos o suministrados por un profesional sanitario a pacientes para evaluar, mantener o restablecer su estado de salud, incluidos la receta, dispensación y provisión de medicamentos y productos sanitarios.

• Los **servicios de juego** que impliquen apuestas de valor pecuniario en juegos de azar, incluidos aquellos con un elemento de destreza, como las loterías, los juegos de casino, los juegos de póquer y las apuestas, por medios electrónicos o cualquier otra tecnología destinada a facilitar la comunicación y a petición individual del receptor de dichos servicios.
• Los **servicios financieros**.
• El programa de ***software*** ofrecido por el empresario bajo una licencia libre y de código abierto, cuando el consumidor o usuario no pague ningún precio y los datos personales facilitados por el consumidor o usuario sean tratados exclusivamente por el empresario con el fin de mejorar la seguridad, compatibilidad o interoperabilidad de ese software concreto.
• El suministro de los **contenidos digitales** cuando estos se pongan a disposición del público en general por un **medio distinto de la transmisión de señales** como parte de una actuación o acontecimiento, como las proyecciones cinematográficas digitales.
• El **contenido digital** sobre **reutilización de la información** del sector por organismos del sector público de cualquier Estado miembro de la Unión Europea.

604 **Garantía comercial** (LGDCU art.59 bis y 127) La garantía comercial se **define** como el compromiso asumido por el empresario o productor, adicional a la garantía legal, de reembolsar el precio pagado, sustituir, reparar o prestar un servicio de mantenimiento relacionado con el bien o el contenido o servicio digital. P.e. la garantía estética que incluyen muchas ópticas por la cual se tiene un tiempo determinado durante el cual puedes devolver las gafas si no te acaba de gustar la forma, color, etc.
Este compromiso se plasma en un **documento de garantía** o en la misma publicidad, que es directamente exigible por el consumidor (ver nº 550). El documento debe formalizarse por escrito o en soporte duradero, al menos en castellano, si lo solicita el consumidor para los bienes comunes (p.e. comida) y obligatoriamente para los bienes de naturaleza duradera (p.e. unas gafas, ver nº 610).
La garantía comercial es un **sistema autónomo** que complementa a la garantía legal y se rige exclusivamente por lo ofertado por el vendedor pues está orientada a la satisfacción del cliente con el producto. No está impuesta por el legislador, sino que es voluntaria del empresario. Como mejora que es de la garantía legal, no puede suponer, en ningún caso, una rebaja de la misma.
Uno de los mayores **problemas prácticos** de la garantía comercial es que muchos fabricantes, de forma habitual, ofrecen la garantía comercial durante el mismo plazo que la legal por lo que tiende a confundirse con la garantía legal y cimienta la creencia en el consumidor de que la conformidad a la entrega es una garantía comercial cuando en realidad es una garantía legal (AP Bizkaia 12-11-09, EDJ 374198).
La garantía comercial debe cumplir un **contenido mínimo** que establece la ley para controlar este tipo de garantías, ya que aunque es voluntaria y libre, debe garantizarse una buena y correcta información al consumidor. Así, la garantía comercial debe contener:
- una declaración precisa del derecho a medidas correctoras de forma gratuita, en caso de falta de conformidad de los bienes y de que la garantía comercial no afectará a dichas medidas;
- el nombre y la dirección del garante;
- el procedimiento que debe seguir el consumidor o usuario para conseguir la aplicación de la garantía comercia;
- la designación de los bienes o de los contenidos o servicios digitales a los que se aplica la garantía comercial;
- las condiciones de la garantía comercial, entre otras, su plazo de duración y alcance territorial.

Precisiones 1) El **incumplimiento del contenido mínimo** de la garantía comercial no afecta a su carácter vinculante para el garante.
2) Frente a la garantía legal, la **adicional o comercial** puede ser prestada por el propio vendedor o por un tercero garante y se rige por lo que libremente pacten las partes, con la úni-

ca exigencia implícita en su definición de ofrecer para el consumidor y usuario algún tipo de ventaja en comparación con la garantía legal, de modo que no la excluye sino que la complementa (AP Valencia 31-3-09).

11. Servicio posventa

(LGDCU art.127 bis)

El servicio posventa está, en parte, relacionado con el derecho de reparación que contempla la garantía legal (nº 598) aunque su vida va más allá de la vida de 3 años de esta. El servicio posventa está pensado para los productos de naturaleza duradera para los que el empresario tiene el **deber** de asegurar la existencia de: **610**
- un **servicio técnico** adecuado;
- **repuestos** durante un **plazo** mínimo de 10 años desde que el producto deje de fabricarse.

Para saber qué es un **bien de naturaleza duradera** hay que tener en cuenta el catálogo de productos y servicios de uso o consumo común, ordinario y generalizado y de bienes de naturaleza duradera (LGDCU disp.trans.2ª; RD 1507/2000 anexo II):
- instrumentos y material de óptica, fotografía, relojería y música;
- herramientas, cuchillería, cubertería y otras manufacturas metálicas comunes;
- muebles, artículos de menaje, accesorios y enseres domésticos;
- aparatos eléctricos, electrotécnicos, electrónicos e informáticos y su software;
- vehículos automóviles, motociclos, velocípedos, sus piezas de recambio y accesorios;
- juguetes, juegos, artículos para recreo y deportes; y
- vivienda.

La **finalidad** del servicio de posventa es la de asegurar al consumidor de un producto, pensado para durar, su uso durante un periodo lo más amplio posible. Además evita las prácticas comerciales destinadas a modificar las condiciones o forma de los productos que impiden o dificultan la reparación y que fuerzan la compra de un producto nuevo. P.e. si se cambiara la conexión para cargar un teléfono móvil, en cuanto se rompiera el cable, si no hubiera la obligación de tener repuestos, debería comprarse un móvil nuevo.

La reparación que se haga **fuera de garantía** debe tener un **coste** que no puede ser superior al coste medio del sector (dentro de garantía la reparación es gratuita, nº 598). La lista de precios de los repuestos debe estar a disposición del público como una particularidad del derecho de información de los consumidores y las facturas deben detallar los distintos conceptos (mano de obra, traslado, coste del repuesto, etc.).

12. Productos y servicios defectuosos

La **responsabilidad** del empresario por productos y servicios defectuosos está directamente **conectada** con el derecho de los consumidores a la reparación de los daños sufridos (nº 1510). **615**

Se trata de una **responsabilidad extracontractual** diferente a la contractual que nace del propio contrato entre el consumidor y el vendedor debido a la falta de relación entre el fabricante y el consumidor. Es también una responsabilidad **objetiva** por el riesgo creado por poner en el mercado bienes o servicios susceptibles, por su naturaleza, de causar peligros (LGDCU art.135; AP Cádiz 7-6-11, EDJ 196779).

A los efectos de esta responsabilidad, se considera, por un lado, **producto** cualquier bien mueble aunque esté incorporado a otro bien (mueble o inmueble), así como el gas y la electricidad y, por otro lado, **defectuoso** si el producto no ofrece la seguridad esperada según las circunstancias, presentación, el uso razonable y el momento de su puesta en circulación.

Precisiones 1) La consecuencia de incluir en la responsabilidad por defectos de los **bienes muebles incorporados a inmuebles** (inmuebles por pertenencia o incorporación) supone que se considera producto al bien aunque su separación del inmueble suponga deterioro

del propio producto (p.e. si se ha empotrado una barbacoa o un armario). Esto garantiza la responsabilidad del fabricante por los defectos con independencia del uso dado al producto por la persona que lo ha comprado (CC art.334 y 335).
2) En el caso de un **accidente aéreo**, la falta de funcionamiento adecuado (por un defecto de diseño, fabricación o información) del **sistema anticolisión aérea** supone que le sea imputable un carácter peligroso determinante de la aplicación del régimen de responsabilidad por productos defectuosos, con mayor razón cuando se trata de un peligro de riesgo catastrófico (TS 13-1-15, EDJ 5828).

618 **Defecto** (LGDCU art.137) La **existencia** de un defecto no se identifica con la bondad o calidad del producto, un bien puede ser de baja calidad y no ser defectuoso a efectos de producir responsabilidad. En los productos de **baja calidad** la responsabilidad del vendedor se solventa por las acciones derivadas del propio contrato de consumo, no por la acción de responsabilidad civil del productor por productos defectuosos.
El defecto que produce responsabilidad se centra en la **seguridad del consumidor**, en la posible producción de daños personales o materiales. Este concepto de seguridad protege al consumidor frente a las consecuencias dañosas de un producto por su **toxicidad o peligrosidad**. Que un producto sea peligroso o tóxico no significa necesariamente que sea defectuoso, p.e. un cuchillo es peligroso o una botella de lejía es tóxica, pero pueden cumplir con todas las normas de seguridad. En ese caso el productor no responde por los usos indebidos del mismo (p.e. si se usa el cuchillo para punzar una lata o se mezcla la lejía con otros productos y se produce una nube tóxica).
Un producto no puede ser considerado defectuoso por el simple hecho de que se ponga en circulación, posteriormente, una **forma perfeccionada** (y por tanto más segura) del mismo. P.e. si se incorpora un *airbag* mejor a un modelo de coche, el modelo anterior no puede ser considerado por eso como defectuoso.
Es defectuoso también el producto que no ofrece la **seguridad** que normalmente ofrecen los demás **ejemplares de su serie** fabricados por el mismo empresario, lo que permite considerar el defecto por comparación específica.

621 **Sujeto responsable** (LGDCU art.138) La persona que debe ser considerada como responsable de los defectos de un producto comercializado es el **productor** (ver nº 40).
Junto al fabricante real del producto en sí, se responsabiliza por los daños producidos por bienes defectuosos a una serie de sujetos equiparados al productor con el fin de facilitar al consumidor la reclamación por daños y perjuicios. Estos sujetos **asimilados al productor** son:
• **Importador** del bien en la UE, su asimilación se justifica para garantizar la reparación del daño y evitar un peregrinaje ante el fabricante que puede carecer de domicilio en España o la UE y obligarle a someterse a un régimen menos garantista con sus derechos;
• **Fabricante aparente**, salvo si expresamente identifican al verdadero fabricante del producto, son responsables de los daños causados al consumidor la marca que lo distribuye (p.e. Mercadona respecto de su marca blanca Bosque Verde);
• **Distribuidor** (ver nº 50), tiene una responsabilidad subsidiaria (ya que no suele modificar ni manipular el producto) en caso de que no pueda ser identificado el productor, o no quiera facilitar su identidad en el plazo de 3 meses. Si se facilita dicha información, el distribuidor no es responsable frente al perjudicado, a no ser que el distribuidor actúe de mala fe, es decir, distribuya el producto sabiendo que existe el defecto, quedando expuesto a acciones incluso penales (LGDCU art.146; CC art.1902 y 1105; AP Ávila 27-10-09, EDJ 300422).
La responsabilidad del productor **incluye**, además, al fabricante/importador de:
- productos terminados (p.e. un coche);
- elementos integrados en productos terminados (p.e. el *airbag*);
- materias primas (p.e. el material del *airbag*).
La responsabilidad del fabricante se **justifica** porque es él quien está en mejores condiciones para controlar, verificar el proceso productivo y conocer los criterios de seguridad exigidos legalmente respecto del producto que fabrica.

Tipo de daño y sujeto protegido (LGDCU art.128, 129 y 139) Se distinguen los sujetos protegidos o perjudicados según el **daño producido** por el producto: 624
- **daño personal** (lesiones, muerte...), la protección es universal para consumidores y no consumidores (p.e. que un móvil estalle y produzca quemaduras en la mano);
- **daño material**, la protección está limitada solamente al consumidor que sufre daños por bienes o servicios destinados a consumo privado y que hayan sido utilizados principalmente por él mismo (p.e. si el mismo móvil estalla y produce daños en una mesa).

Los **daños morales** están excluidos en la LGDCU y, por tanto, en caso de solicitarlos, hay que remitirse a la legislación civil general.

Limitación de la responsabilidad (LGDCU art.141) Las indemnizaciones por daño tienen una serie de **límites** legales: 627

• **Daño material**, se deduce de la indemnización una cuantía (franquicia en término de la LGDCU) de 500 € que debe asumir el consumidor (p.e. si el daño material producido es de 700 €, la indemnización será de 200 €). La deducción de la franquicia se impone únicamente en la indemnización de los daños materiales comprendidos dentro del régimen de responsabilidad civil por productos defectuosos. Esto supone además que no son resarcibles los daños inferiores a 500 €. Este límite no implica que el consumidor tenga que conformarse a no ser indemnizado por los daños, pues siempre puede acudir a las reglas generales de la responsabilidad civil.

• **Muerte y lesiones**, se establece un límite total de las indemnizaciones por daños producidas por un mismo producto y defecto de 63.106.207,96 €. El límite opera para cada productor, no para todo el sector de fabricantes que haya comercializado productos defectuosos idénticos. Se aplica al conjunto de indemnizaciones de todos los afectados, no individualmente a cada indemnización por persona.

El **daño** producido en el mismo **producto defectuoso** (p.e. si se quema la batería de un portátil pero solo produce daños al mismo ordenador) debe reclamarse de acuerdo a la legislación civil o mercantil al no estar incluido en la responsabilidad extracontractual, sino en la contractual del propio contrato de consumo (estaría incluido en la responsabilidad extracontractual que al quemarse la batería produjera una lesión en las piernas, o un daño en una mesa).

El **perjudicado**, ya que tiene en su poder el producto que ha generado el daño y no le supone gran dificultad, debe **probar**:
- el defecto;
- el daño producido;
- la causalidad entre ambos.

Una vez probados estos tres extremos por el perjudicado, es el **productor** quien debe **probar** que existe alguna causa de exoneración de su responsabilidad.

La responsabilidad por productos defectuosos puede **resumirse** en el siguiente cuadro:

Tipo de daño	Tipo de responsabilidad	Sujeto protegido	Límite protección
Sobre el propio producto	Contractual	Consumidor	Valor del producto
Lesiones o muerte	Extracontractual	Cualquier persona	63.106.207,96 € en total para todos los afectados*
Daños sobre otras cosas	Extracontractual	Consumidor	Deducción de 500 € de franquicia

(*) El **límite por muerte y lesiones** de 63.106.207,96 € que parece ser completamente arbitrario, responde en realidad a que en el texto original estaba expresado en pesetas (10.500.000.000 ptas) y es, por tanto, simplemente su conversión a euros (L 22/1994 art.11).

Precisiones **1)** En cuanto a la **prueba del defecto**, no es necesario probar el concreto defecto del producto, pues ante la complejidad de procesos técnicos de fabricación, el perjudicado podría encontrarse ante una prueba diabólica. Basta con acreditar su existencia (no la clase concreta) con indicios verosímiles de que el producto es inseguro (TS 19-2-07, EDJ 8508; 21-2-03, EDJ 3185).

2) La **causalidad** entre defecto y daño es un requisito indispensable que debe basarse en una certeza probatoria y no en meras conjeturas o deducciones (TS 18-5-12, EDJ 89300).

630 **Exención de la responsabilidad** (LGDCU art.130, 140 y 145) No cabe que el productor se exima de la responsabilidad mediante **cláusulas** en el contrato, pues tales cláusulas están prohibidas y son ineficaces frente al perjudicado. Sin embargo existen una serie de **causas** de exención legales:

• **No puesta en circulación del producto**. La **entrada fraudulenta** al mercado de un producto que no era apto para uso generalizado exime al fabricante de toda responsabilidad (p.e. si alguien compra en el mercado negro un prototipo de un móvil que no ha salido todavía a la venta y este explota). En cualquier caso, desde el momento en que el fabricante pone a disposición de los distribuidores el producto ya ha entrado en el mercado, aunque no haya llegado todavía a los consumidores.

• **No existencia del defecto cuando el producto entró en el mercado**. Esta causa está pensada para los casos en que se **manipula** el producto por parte del distribuidor, el comerciante o incluso el propio consumidor, de tal manera que de esta manipulación se genera el defecto que produce el daño (p.e. si trucas el motor de una moto para darle más potencia y este se gripa y produce un accidente).

• **No fabricación del producto para su venta o distribución en el marco de actividad profesional o empresarial**. Esta exención se aplica si el producto se desarrolla sin fin económico en el marco de una actividad privada, lo fundamental es el fin del producto. De este modo, sí son responsables los fabricantes de las **muestras gratuitas** entregadas a los consumidores, que aunque no tienen coste, cumplen una finalidad económica de carácter publicitario para incitar su posterior compra.

• **Cumplimiento de las normas imperativas existentes**. Es un supuesto muy excepcional en el que se exonera de responsabilidad al empresario que ha fabricado un producto siguiendo las condiciones obligatorias impuestas en la normativa.

• **Imposibilidad de apreciar el defecto con los conocimientos científicos y técnicos del momento**. La investigación científica evoluciona con el tiempo y provoca cambios en la concepción de seguridad de los productos. Estos cambios posteriores a la salida del producto no pueden genera responsabilidad del fabricante que actuó de forma diligente según el **estado de la técnica** del momento (p.e. cuando no se sabía que el amianto era cancerígeno y se usaba masivamente en materiales de construcción). Esta causa no puede ser alegada en caso de medicamentos, alimentos o productos de consumo humano debido a que el derecho a la salud de los consumidores (ver nº 215 s.) es un derecho fundamental y los propios poderes públicos están interesados en evitar daños generalizados sobre la salud de los consumidores.

• **Cuando el defecto es imputable a otro productor en casos de fabricación vertical**. En los procesos de fabricación vertical, distintos empresarios aportan una o varias partes del producto final, o bien las materias primas con las que se elabora el producto definitivo. En estos casos, pueden darse 2 situaciones:

- que el defecto sea imputable a la concepción del producto final al que ha sido incorporada la parte o a las instrucciones dadas por el fabricante final, en cuyo caso sería responsable el productor final;
- que el defecto sea imputable a una de las partes del producto, en cuyo caso sería responsable el fabricante de esa parte.

• **Culpa del perjudicado**. Esta causa de extinción de la responsabilidad del empresario está determinada por el alcance de la intervención del propio perjudicado. La responsabilidad del fabricante puede reducirse mediante **concurrencia de culpas** o suprimirse (por culpa exclusiva del perjudicado) en función de las circunstancias del caso, si el daño es causado conjuntamente por un defecto en el producto y la propia actuación del consumidor (p.e. que arda un aparato eléctrico por un fallo en sus circuitos pero que además el consumidor lo sobrecargara o lo dejara sin vigilancia en contra de las recomendaciones del fabricante).

633 **Responsabilidad reforzada** (LGDCU art.148) Hay una serie de **ramos de actividad** económica que están sometidos a un régimen especial con una responsabilidad más

intensa del empresario respecto al consumidor. Estas actividades con régimen especial son:
- servicios sanitarios;
- reparación y mantenimiento de electrodomésticos, ascensores y vehículos a motor;
- rehabilitación y reparación de viviendas;
- revisión e instalación de gas, electricidad y similares;
- medios de transporte;
- constructores y promotores de viviendas en el marco de una actividad empresarial.

En este tipo de servicios, el empresario responde por los **daños originados en el correcto uso** de los servicios cuando, por su propia naturaleza o por estar establecido legalmente, incluyan la garantía de determinados niveles de eficacia o seguridad mediante controles técnicos, profesionales o sistemáticos de calidad (p.e. que la instalación de gas pase unos controles de seguridad periódicos o las inspecciones especiales a las que debe someterse un avión de pasajeros).

Servicios sanitarios En el caso de los servicios sanitarios, las deficiencias de funcionamiento y organización y las negligencias médicas se incluyen en esta responsabilidad especial. Esta responsabilidad especial debe ser entendida como una **obligación de medios**, no de resultados. Es decir, el tratamiento médico no puede garantizar un resultado concreto ya que el contrato que une al paciente con el médico, a cuyos cuidados se somete, es un arrendamiento de servicios y no uno de obra. **636**

Así, el facultativo tiene la obligación de (TS 11-2-97, EDJ 258):
- **utilizar todos los medios** que conozca la ciencia médica de acuerdo a las circunstancias;
- **informar**, en cuanto sea posible, al paciente o a sus familiares del diagnóstico, pronóstico, tratamiento, riesgos, control de la enfermedad, etc.;
- continuar el **tratamiento** hasta el alta médica y sopesar e informar de los riesgos de su abandono.

En el caso de una **cirugía voluntaria o estética** se acentúa la obligación de informar sobre los riesgos y pormenores de la intervención para que el interesado preste su consentimiento valorando tales datos teniendo en cuenta la no necesidad de la operación (TS 20-11-09, EDJ 265694; 4-10-06, EDJ 275326).

13. Derecho de desistimiento

(LGDCU art.68 a 79)

640

El derecho de desistimiento **consiste** en la facultad del consumidor y usuario de dejar sin efecto el contrato celebrado con el empresario sin necesidad de justificación y sin sufrir ninguna penalización. A **diferencia** de la **resolución del contrato**, no necesita causa justificada alguna, mientras que la resolución sí exige una causa que la fundamente (normalmente el incumplimiento de una de las partes del contrato). **643**

El consumidor debe **notificar** el ejercicio de su derecho al empresario en el **plazo** establecido para el ejercicio de este derecho (LGDCU art.68).

Este derecho no se establece con carácter general para todos los contratos, sino que es un **derecho limitado** a los supuestos que se establecen legalmente o cuando se otorga en el propio contrato o la publicidad (ver nº 652).

El derecho de desistimiento es un mecanismo de protección que tiene por **finalidad** ofrecer al consumidor la posibilidad de reconsiderar y evaluar mejor las obligaciones derivadas del contrato. Se trata de proteger la correcta **formación del consenti-**

miento ante la presión del empresario para llevar a cabo la operación comercial o incluso el propio desconocimiento del consumidor ante cláusulas impuestas por el vendedor (ver nº 690 s.).
El derecho de desistimiento tiene mayor sentido en los **contratos de tracto único** (aquellos en los que los derechos y obligaciones de las partes se agotan al mismo tiempo, p.e. mediante la entrega de la cosa y pago del precio). Por el contrario, en los **contratos de tracto sucesivo** (aquellos que se desarrollan a lo largo del tiempo, p.e. contratos de seguro o de suministros) el desistimiento tiene menor sentido ya que **pueden cancelarse** por el consumidor:
- en cualquier momento siempre que el contrato no tenga un plazo pactado, como p.e. un contrato bancario de cuenta corriente o depósito sin plazo o un contrato de suministro de energía eléctrica;
- por el transcurso del plazo pactado mediante la no renovación, p.e. en un contrato de seguro.

646 **Caracteres** Partiendo del concepto del derecho de desistimiento, se puede definir sus **rasgos** característicos generales:
• Es un **derecho personal** exclusivo del consumidor y usuario. Se trata de un derecho unilateral que no se concede al empresario, dado que el legislador trata de proteger a la parte más débil del contrato. Además, el empresario es el interesado en la perfección y consumación del contrato al ser su actividad comercial y su fuente de ganancias.
• Se trata de un **derecho discrecional**. El consumidor y usuario no tiene que alegar motivo alguno para el ejercicio de tal derecho salvo su propia voluntad.
• Es **irrenunciable** como todos los derechos reconocidos en la ley a los consumidores (nº 210) y se consideran como abusivas las cláusulas que imponen cualquier renuncia o limitación de los derechos del consumidor y usuario.
• Tiene **carácter temporal**. Se reconoce el derecho del consumidor a su ejercicio en un plazo limitado (nº 669).
• No está sometido a **forma** alguna en su ejercicio (nº 663). Es válido su ejercicio a través de cualquier medio, escrito u oral, que sea empleado por el consumidor.
• La declaración de desistimiento debe **llegar a conocimiento** del empresario. Corresponde al consumidor la carga de la prueba de este extremo (nº 663).
• Es un derecho **gratuito** para el consumidor. La gratuidad opera en un doble nivel:
- respecto al **ejercicio del derecho** de desistimiento, que no tendrá penalización de ninguna clase (LGDCU art.73);
- respecto a los **efectos del ejercicio**, ya que el consumidor no tendrá que reembolsar cantidad alguna por la disminución del valor del bien (LGDCU art.74).
• Su ejercicio determina la **extinción del contrato** de consumo (nº 671).
• Puede tener **contenido legal o contractual.** El establecimiento del derecho en ocasiones se determina legalmente en la LGDCU o las leyes especiales. En otras ocasiones, se fija contractualmente por voluntad de ambas partes o a través de una oferta o promoción que el empresario hace de sus productos.

Precisiones **1)** La **irrenunciabilidad** del derecho de desistimiento no impide que el consumidor opte por no ejercitar su derecho. Esta opción a posteriori no puede ser entendida propiamente como una renuncia, dado que la misma no es sino una consecuencia de la propia voluntad del consumidor de continuar con el contrato.
2) Estos rasgos generales del derecho de desistimiento pueden no concurrir en algunos de los **contratos** que tienen una **regulación específica** en los que se reconoce el derecho de desistimiento (crédito al consumo, aprovechamiento por turno de inmuebles, etc.).

649 **Aplicación y clases** No todos los contratos de consumo prevén legalmente el derecho de desistimiento, pero puede establecerse en el propio contrato de consumo o en la publicidad su la posibilidad de ejercitarlo aunque la ley no lo prevea. Así, puede distinguirse entre 2 **tipos de desistimiento**:
- desistimiento legal, si está recogido legalmente;
- desistimiento contractual, si se concede en el propio contrato o la publicidad del empresario.

Desistimiento legal Una serie de **contratos** tienen reconocido el derecho de desistimiento de manera legal, bien en la propia LGDCU o bien en normas especiales: 652

Contrato	Norma que lo regula	Marginal
Celebrado a distancia o fuera de establecimiento mercantil	LGDCU art.102	nº 920 s.
Viajes combinados	LGDCU art.160	nº 3770 s.
Comercio minorista	LOCM art.10	nº 1638
Comercialización a distancia de servicios financieros	L 22/2007 art.10	nº 3385 s.
Crédito al consumo	LCC art.28	nº 1124 s.
Aprovechamiento por turno de bienes de uso turístico	L 4/2012 art.12	nº 2935 s.
Compraventa a plazos de bienes muebles	L 28/1998 art.9	nº 1333

Estas **normas especiales** pueden contener diferencias por lo que hay que acudir a la regulación de cada contrato en concreto para ver los requisitos y plazos del ejercicio del derecho de desistimiento.

Desistimiento contractual (LGDCU 68.2) Este tipo desistimiento se **define** como aquel que, para hacer más atractivo el producto, se da al consumidor (aunque no esté prevista legalmente) en la oferta, la promoción o la publicidad de forma unilateral por el empresario, o en el propio contrato de consumo de forma bilateral o negociada. 654

• **Desistimiento concedido en la oferta, promoción o publicidad**. No es necesario que el derecho esté recogido literalmente, puede ser **deducido** del contenido de la oferta, publicidad o promoción. Campañas publicitarias del tipo «si no queda satisfecho, le devolvemos su dinero», tan habituales en los medios de comunicación para la promoción de productos de consumo, son un ejemplo del reconocimiento de este derecho de desistimiento efectuado por el empresario como medio de atraer un mayor número de compradores. Así, lo fundamental no es tanto la existencia de una referencia más o menos expresa al derecho, sino que, del **contexto** de la promoción o publicidad se desprenda la facultad del consumidor de poder dejar sin efecto el contrato sin penalización alguna.

A falta de **información específica**, habitual en estas campañas, en las que normalmente va implícito el derecho y no se establece cómo ni cuándo ejercerlo, se aplica lo establecido el desistimiento de origen legal (LGDCU art.79).

• **Desistimiento acordado en el contrato.** Puede ser reconocido bien por una **cláusula negociada** individualmente entre consumidor y empresario o bien, lo que es más habitual, por una **cláusula predeterminada** incluida en las condiciones generales del contrato (nº 690 s.).

En cualquier modo, estas cláusulas no pueden ser **contrarias a los derechos de los consumidores** o pueden ser consideradas abusivas. P.e., el plazo no puede ser inferior al plazo legal de ejercicio del derecho de desistimiento, que funciona como mínimo aunque sí puede reconocerse un plazo mayor. Tampoco es válida una cláusula que permita al empresario exigir un anticipo del pago o prestación de garantías para el caso que se ejerciera del derecho de desistimiento.

Obligación de información (LGDCU art.69) En los casos en los que la ley atribuye al consumidor el derecho de desistimiento, el empresario contratante debe informar **por escrito** en el contrato sobre la existencia del derecho de desistir. 657

Dicha información **debe** que ser clara, comprensible y precisa e **incluir** los requisitos (nº 660) y consecuencias del ejercicio del derecho, especialmente las modalidades de restitución del bien o servicio recibido (nº 671).

El empresario está obligado a entregar al consumidor un **documento de desistimiento** con un contenido legalmente prefijado en la norma que **incluye** (ver anexo nº 6105):

- identificación del documento como de desistimiento;
- nombre y dirección de la persona a quien debe enviarse;

- datos de identificación del contrato y de los contratantes.

La carga de la **prueba** de dicha entrega corresponde siempre al empresario.

En todo caso, aunque se haya entregado efectivamente este documento, el consumidor no está obligado a su uso pues existe **libertad de forma** (nº 663) en el ejercicio de este derecho.

660 **Ejercicio** (LGDCU art.70, 71 y 72) Para que el consumidor ejerza el derecho de desistimiento debe cumplir unos **requisitos**:

- envío al empresario del documento desistimiento;
- devolución del producto al empresario;
- ejercitar el ejercicio dentro del plazo establecido.

Precisiones Este derecho del consumidor se garantiza una sola vez respecto de un contrato de prestación de servicios *online* que establece un **período inicial gratuito** para él, seguido, a falta de resolución o de desistimiento por su parte durante ese período, de un período de pago, que se prorroga automáticamente, a falta de resolución del contrato, por un plazo determinado (TJUE 5-10-23).

663 **Documento de desistimiento** El ejercicio del derecho de desistimiento no está sometido a ninguna formalidad con tal que se pueda acreditar su ejercicio. Esta **libertad de forma** implica que pueden ser empleados todos los medios que permitan hacer llegar al empresario la comunicación del ejercicio de tal facultad por el consumidor (fax, carta, correo electrónico, llamada telefónica, etc.). Con las **nuevas tecnologías** surgen nuevas formas de comunicación a través de las cuales podría manifestarse la voluntad del consumidor de desistir: correo electrónico, redes sociales, WhatsApp, etc.

Corresponde al consumidor la **prueba** de que:

- ha ejercitado el derecho de desistimiento;
- el empresario ha recibido el desistimiento mediante el uso de cualquier medio que permita tener constancia de la recepción;
- lo ha ejercitado dentro del plazo fijado (en la ley o en el contrato).

Precisiones 1) La **libertad de forma** tiene su **justificación** en que al ser el desistimiento un mecanismo de protección del consumidor de gran importancia, se intenta evitar los obstáculos formales innecesarios para su ejercicio.

2) La carga de la **prueba** sobre el consumidor se basa en que al consumidor le resulta más fácil probar que ha emitido una declaración de voluntad expresa que al empresario probar un hecho negativo como es la no recepción del ejercicio del desistimiento.

3) El empresario debe tener **conocimiento del ejercicio** del derecho por parte del consumidor para que tenga eficacia ya que el desistimiento es un mecanismo excepcional que extingue un contrato válido y eficaz.

666 **Devolución del producto** Para el **ejercicio válido** del desistimiento, el consumidor debe devolver el producto recibido. Esta devolución de los productos, es una consecuencia directa de la obligación de restituir las prestaciones al disolver el contrato (ver nº 674).

669 **Plazo para desistir** (LGDCU art.71) El ejercicio del derecho de desistimiento está sometido a un plazo concreto. El plazo **debe** ser suficiente para que el consumidor pueda usar el bien y decidir sobre su adecuación a sus necesidades (lo que habitualmente se denomina plazo de reflexión), pero no puede ser indefinido ya que incide de forma directa sobre la validez y eficacia de un contrato que reúne todos los requisitos legales.

El plazo fijado (de forma general, para ver las especialidades ver nº 652) para que el consumidor pueda ejercer el derecho de desistimiento está condicionado a que el empresario haya cumplido con su deber de información y documentación (nº 657) para establecer su **duración** y **cómputo**:

Deber de información	Plazo	Inicio del cómputo
Cumplido. Se entrega con el contrato.	14 días naturales	Desde la recepción del bien objeto del contrato o desde su celebración si su objeto es la prestación de servicios.
Cumplido tardíamente. El empresario cumple con la obligación de entrega de la información en un momento posterior a la celebración del contrato, dentro de los 12 meses siguientes.	14 días naturales	Desde la entrega de la información.
Incumplido. No se entrega la información.	12 meses	Desde la expiración del periodo de desistimiento inicial de 14 días.

El plazo legal tiene un **carácter mínimo** que puede ser ampliado por el empresario en beneficio del consumidor, pero en modo alguno se puede fijar un plazo menor. En cualquier caso, los **días** son naturales y no se diferencia entre hábiles o inhábiles.

Es un plazo de **caducidad** y no de prescripción, por lo que no puede ser interrumpido. Su transcurso determina de forma inexorable el **fin del derecho** de desistimiento a favor del consumidor y la perfección del contrato suscrito con plena fuerza obligatoria.

La **fecha de ejercicio del desistimiento** es en la que el consumidor expide la declaración y no la de recepción por parte del empresario. Por tanto, aunque el empresario reciba el desistimiento con fecha posterior al trascurso del plazo, este es válido si se emitió dentro del mismo.

El ejercicio **fuera de plazo** debe ser rechazado sin perjuicio de que el consumidor pueda ejercitar el resto de las acciones derivadas del propio contrato concertado (LGDCU art.78).

Precisiones **1)** La Ley no contiene ninguna **regla** especial para el **cómputo**, por lo que se aplican las reglas generales para los plazos por días. Se empieza a contar desde el día siguiente. P.e. si un bien se adquiere o se contrata un 5 de febrero, el plazo comienza a contarse a partir del 6 (CC art.5).

2) Debido a la **COVID-19**, el Gobierno adoptó el RD 463/2020 que declaró el estado de alarma. Durante el estado de alarma se interrumpieron los plazos para la devolución de productos que se reanudó el 21-6-2020, una vez que dejó de estar vigente el RD 463/2020 (RDL 8/2020 art.21).

Efectos El principal efecto del ejercicio del derecho desistimiento por parte del consumidor es la **extinción del contrato** celebrado entre el consumidor y el empresario al ser un acto extintivo de obligaciones (LGDCU art.68). Esta extinción del contrato acarrea como principal consecuencia la restitución mutua de las prestaciones. **671**

El ejercicio del derecho de desistimiento supone la liquidación de la relación entre consumidor y empresario y la **obligación de restituir** o devolver a la otra parte la prestación recibida. Así, el consumidor debe devolver la cosa (ver nº 674) y el empresario el precio (ver nº 680).

Hay determinados **contratos** que tienen una **regulación especial** respecto a los efectos del desistimiento:

• **Contrato con compromiso de permanencia.** El plazo de permanencia no afecta en modo alguno al derecho a desistir del contrato en el plazo concedido. Cosa diferente es que, agotado el plazo de desistimiento, se resuelva de forma unilateral el contrato debido al carácter de tracto sucesivo de este tipo de contratos. P.e, en un contrato con una compañía de telefonía en el que se incluya una permanencia de un año, si se pacta un derecho de desistimiento, el consumidor puede desistir del contrato durante el plazo para desistir sin que se aplique la penalización por incumplir la permanencia. En el caso de que el consumidor resuelve el contrato (agotado el plazo de desistimiento) incumpliendo su compromiso, la penalización por baja, o cese prematuro de la relación contractual, tienen que ser proporcional al número de días del compromiso acordado que no se hayan cumplido (ver nº 674).

• **Contrato de financiación vinculado**. Son frecuentes en la práctica los contratos de financiación vinculados al contrato de consumo, ya que en muchas ocasiones el consumidor necesita financiar la compra de un bien. El ejercicio del derecho de desistimiento implica al mismo tiempo, la resolución del crédito sin penalización alguna para el consumidor y usuario (LGDCU art.77). A los efectos de aplicar los efectos del desistimiento unilateral se considera como contrato vinculado cuando el precio a abonar por el consumidor y usuario ha sido total o parcialmente financiado mediante un crédito concedido por el empresario contratante o por parte de un tercero, previo acuerdo de este con el empresario contratante.
El consumidor no está obligado a pagar ningún tipo de penalización pero está obligado a devolver al financiador el **importe de la financiación** concedida cuando dicha cantidad ha sido **recibida por el consumidor** directamente para su entrega al empresario. Si un financiador entrega a crédito al consumidor una cantidad para la adquisición de una cosa.
Cuando el importe de la financiación ha ido **directamente del financiador al empresario** sin pasar por el consumidor, es el empresario a quién incumbe restituir el dinero a la financiera.

672 • **Contrato complementario del principal**. Son aquellos contratos por los que el consumidor y usuario adquiere bienes o servicios sobre la base de otro contrato celebrado con un empresario, y dichos bienes o servicios son proporcionados por el empresario o por un tercero sobre la base de un acuerdo entre dicho tercero y el empresario. P.e. los contratos de mantenimiento o los de seguro concertado junto con la adquisición del bien.
Se da una auténtica **relación de dependencia** entre ambos contratos, de manera que el complementario no se entiende de forma independiente del principal.
Al ejercitar el derecho de desistimiento sobre el contrato principal, se produce, como regla general, el efecto automático de la **extinción** de dichos contratos complementarios sin coste para el consumidor (LGDCU art.76 bis 1).
Es recomendable que el consumidor que desee ejercer su derecho de desistimiento haga la **comunicación** no solo al empresario con el que suscribió el contrato principal sino también al empresario con el que suscribió el contrato complementario.
Ambas partes deben **restituirse recíprocamente** las prestaciones recibidas en virtud del contrato complementario, sin ninguna demora indebida y, en cualquier caso, antes de que transcurran catorce días naturales desde la fecha en que el consumidor y usuario informa al empresario de su decisión de desistir del contrato principal.
Si el empresario **no reintegra** en el plazo señalado todas las cantidades abonadas en virtud del contrato complementario, el consumidor y usuario puede reclamar que se le pague el doble de la suma adeudada, sin perjuicio de su derecho a ser **indemnizado** por los daños y perjuicios sufridos en lo que excedan de dicha cantidad. La carga de la prueba sobre el cumplimiento del plazo, corresponde al empresario (LGDCU art.76 bis 2).
El consumidor y usuario también tiene derecho al **reembolso** de los gastos necesarios y útiles que hubiera realizado en el bien.

674 **Devolución del bien** (LGDCU art.74 y 75 y CC art.1303 y 1308) La restitución del bien por parte del consumidor **alcanza** a las cosas que han sido objeto del contrato, con sus frutos, en caso de que los hubiese producido, y los intereses.
Además de ello, existe un derecho de **retención**, de tal manera que el consumidor o el empresario no están obligados a la devolución de la prestación recibida mientras la otra parte no haya procedido al cumplimiento de la obligación de devolver lo recibido.
El consumidor tiene **derecho a usar la cosa o servicio**, de acuerdo a lo pactado o a su naturaleza desde el mismo momento en el que la recibe, lo que implica que puede generarse una serie de perjuicios a la cosa y afectar a su estado al momento de la devolución. El consumidor cumple al devolver la cosa en el estado en el que se encuentra cuando se ejercita la facultad de desistimiento. Se presume que la cosa se le entregó por el empresario en buen estado. La normal **disminución de valor** que

la misma pueda tener por **uso ordinario** es asumida directamente por el empresario. El consumidor y usuario no tiene que reembolsar cantidad alguna por este concepto. P.e, si se compra un coche (y en el contrato se ha pactado un derecho de desistimiento), el consumidor no tiene obligación de indemnizar por el desgaste o deterioro normal del vehículo (AP Valencia 22-6-12, EDJ 241730).
Por el contrario, si en el momento de ser devuelta la cosa presenta **defectos que exceden del uso ordinario** y son imputables al consumidor, este debe de responder de tales daños, indemnizando al empresario. No obstante, esta obligación de indemnizar, no afecta al ejercicio del derecho de desistimiento, que nunca puede ser rechazado por el empresario, salvo si se ejercita fuera de plazo. El empresario puede reclamar una indemnización en el caso de que los daños que presente la cosa excedan de un uso normal, pero no puede ampararse en esos daños para negar al consumidor la posibilidad de desistir del contrato. P.e, el caso de un reloj que en el momento de la devolución presenta defectos y arañazos (AP Sevilla 24-2-05, EDJ 75989).

El empresario no puede exigir **anticipo de pago o prestación de garantías** para asegurarse que, en el caso de que se devuelva la mercancía, el consumidor le indemnice por el deterioro de esta (AP Alicante 26-2-10, EDJ 92587). **675**
El **lugar** de la restitución es obligatoriamente donde el consumidor ha recibido la prestación. Si la entrega se hizo en el domicilio del comprador, el vendedor debe correr con los gastos de transporte para llevar a cabo la devolución, pero si la entrega se realizó en lugar distinto, por ejemplo el establecimiento del vendedor, el consumidor tiene que asumir el coste del transporte para la devolución. El empresario puede negarse a recoger el bien en el lugar indicado por el consumidor mientras este no se haga cargo de los gastos.
La devolución de la prestación no puede generar ningún tipo de perjuicio para el consumidor por lo que tiene derecho al **reembolso de los gastos** necesarios y útiles que haya realizado en el bien (LGDCU art.74.3).

Precisiones Respecto a los gastos reembolsables al consumidor, es un **gasto necesario** el indispensable para mantener la integridad y la función económica de la cosa respecto del fin para el que se adquirió.
Por **gasto útil** se entiende aquel que aumenta la rentabilidad de la cosa o su productividad y por ello su valor en el mercado desde el punto de vista de la función económica que dicho producto desempeña.
En la **práctica**, dado el corto plazo para el ejercicio del derecho de desistimiento previsto en la ley, la mayor parte de los gastos que el consumidor puede realizar son de carácter necesario y en pocas ocasiones se podrá hablar de gastos útiles. En todo caso es una cuestión que debe ser valorada caso por caso.

Si el consumidor **no puede devolver la cosa**, ya sea por su uso o por su pérdida, el consumidor sigue pudiendo ejercer el derecho de desistimiento. Ahora bien, hay que distinguir si la pérdida fue fortuita o imputable al consumidor: **677**
- En caso de **pérdida fortuita**, el consumidor no está obligado a devolver la cosa ni tampoco a indemnizar por dicha pérdida al empresario.
- En caso de **pérdida por imprudencia o dolo**, el consumidor está obligado a responder frente al empresario del valor de mercado que hubiera tenido la prestación en el momento en que el consumidor ejercita el derecho de desistimiento o el valor de adquisición si inferior al de mercado.

Existe una **limitación a la responsabilidad del consumidor** por pérdida imprudente cuando el empresario incumple el deber de información y documentación del derecho de desistimiento (ver nº 657). En caso de incumplimiento, el consumidor solo responde por culpa grave o dolo, pero no en los supuestos de culpa leve (LGDCU art.69.1).

Precisiones Como **valor de mercado** puede considerarse el valor que un producto de semejantes características tiene como precio de venta en una tienda abierta al público.

Devolución del precio (LGDCU art.76) Al ser obligaciones recíprocas, el empresario está obligado, al igual que el consumidor, a la devolución de lo recibido en virtud del **680**

contrato de consumo. Partiendo de la base de que normalmente el consumidor ha abonado una determinada cantidad de dinero al empresario en pago de la cosa o servicio contratado, se establece como **criterio general** la obligación del empresario de devolver las sumas abonadas por el consumidor y usuario.
El empresario debe devolver integra la **cantidad recibida**, sin que tenga derecho de retención alguno por los gastos que le haya supuesto el contrato. Las cantidades que pueda deber el consumidor en los casos en los que exista una imposibilidad de devolución de la cosa que le es imputable (ver nº 677), no pueden ser retenidas, sino que deben reclamarse por el empresario de forma separada al cumplimiento de su obligación de devolver el importe percibido.
El **plazo** de devolución de las cantidades recibidas es de 14 días naturales, sin demoras indebidas, desde la fecha en que se le comunica el desistimiento del contrato por el consumidor. Así, la obligación de devolución nace a partir de la recepción de la comunicación por parte del empresario. Si la devolución de la cosa adquirida se hace por **correo o servicio de mensajería**, o se envía el documento de desistimiento por correo certificado, el plazo se cuenta desde que el empresario la recibe, no desde que se envía.
Corresponde al empresario la carga de la **prueba** sobre el cumplimiento del plazo.
Si el empresario **incumple su obligación** de devolver la cantidad íntegra dentro del plazo señalado, el consumidor puede reclamarla duplicada, y además que se le indemnicen los daños y perjuicios que se le hayan causado en lo que excedan de dicha cantidad.

682 En cuanto al pago de **intereses**, cabe diferenciar tres momentos distintos:
1) Desde el **abono** por el consumidor hasta el momento en que el empresario recibe la comunicación de desistimiento. En este caso, los intereses no pueden ser reclamados, pues en principio el contrato es válido y la entrega del dinero es el pago de la prestación asumida por el consumidor. Existiría obligación de pago en el caso de que el contrato no resultara válido y se resolviera, pero esa es una cuestión ajena al derecho de desistimiento.
2) Desde la **recepción** por el empresario de la declaración de desistimiento y durante el plazo de catorce días. Aquí sí debe abonar dichos intereses. La obligación de devolución solo surge desde el momento de ejercicio del derecho de desistimiento por el consumidor y de recepción por el empresario de la comunicación, y por tanto solo a partir de dicho momento puede considerarse la existencia de mora.
3) Una vez **vencido el plazo** legal de catorce días para restituir la cantidad. Estos intereses son absorbidos por sanción prevista para el supuesto de incumplimiento del empresario de su obligación de restituir.

B. Condiciones generales de la contratación

690

693 Una parte importante de la **contratación en masa** se desarrolla a través de una condiciones uniformes, preestablecidas o predispuestas por una empresa o grupo de empresas, que las imponen a sus clientes, al celebrar cada uno de los contratos, sin que exista posibilidad de discusión ni modificación. Ante la imposibilidad de ignorar dicha realidad, el ordenamiento jurídico ha reaccionado regulando los requisitos necesarios para que las condiciones generales obliguen, así como los casos en que dichas condiciones deben considerarse nulas, estableciéndose un control administrativo de las mismas y un régimen específico de interpretación.
El **régimen legal** de las condiciones generales de contratación se halla contenido en la L 7/1998 (LCGC), que incorpora al ordenamiento jurídico español la Dir 93/13/CEE,

y en el RD 1828/1999, que aprueba el Reglamento del Registro de condiciones generales de contratación.
La necesidad de regular los contratos que contienen condiciones generales, típico de la contratación en masa se justifica por dos motivos.
• **Necesidad económica**, se apoya en la desigualdad estructural de las partes contratantes. Algunos contratantes gozan de una posición de supremacía propiciada por la ausencia de competencia en algunos sectores cercanos al oligopolio o el monopolio (telefonía, electricidad, gas, etc.) o bien por la coexistencia de parámetros comunes en el sector de actividad (banca, seguros, etc.) que hacen necesario regular la protección de la parte más débil del contrato y facilitar la transparencia y la libre competencia.
• **Necesidad jurídica**, el predisponente al configurar el contrato puede introducir cláusulas o condiciones que le son favorables en perjuicio del adherente, a lo que se une la gran dificultad del examinar las cláusulas contractuales con detenimiento a la hora de firmar el contrato.

Precisiones Para ver la definición de **predisponente** y **adherente** ver nº 705.

Requisitos (LCGC art.1) Se entiende por condición general aquella cláusula contractual que está predispuesta e incorporada a una **pluralidad de contratos** exclusivamente por una de las partes. De acuerdo con la definición legal, la consideración de condiciones generales de la contratación exige la concurrencia de los siguientes requisitos: **694**
a) **Contractualidad**: que sean cláusulas contractuales y su inserción en el contrato no deriva del acatamiento de una norma imperativa que imponga su inclusión.
b) **Predisposición**: que sean cláusulas redactadas previamente a la celebración y negociación del contrato (AP Cáceres 24-4-12, EDJ 71935), siendo irrelevante la autoría de su formulación, pudiendo haber sido confeccionadas por el propio empresario o por terceros, o incluso haberse extraído de libros.
En los contratos de adhesión existe una **presunción** de predisposición de las cláusulas, pues normalmente se usan contratos-tipo predeterminados. El predisponente debe probar que una cláusula pudo ser modificada por el adherente para romper la presunción.
c) **Imposición** (también conocido como rigidez e inevitabilidad): que sean cláusulas impuestas por una de las partes (el predisponente), es decir, que no hayan sido negociadas individualmente.
Para que haya imposición, no se exige el adherente tenga una **conducta activa**, que intente negociar y el predisponente lo rechace, solo que se trate de cláusulas no negociadas individualmente que se presentan en el contrato como un todo a aceptar o rechazar por el consumidor.
La carga de la **prueba** en la existencia de la imposición de una cláusula o si esta pudo ser negociada individualmente corresponde al empresario, lo contrario (que fuera el consumidor quien tuviera que probar la ausencia de negociación) sería una prueba diabólica que atenta contra el derecho a la tutela efectiva (LGDCU art.82.2; TS 15-2-12, EDJ 43918).
La imposición de la cláusula no significa su ilicitud, es un **mecanismo de contratación** propio de los contratos en masa ante la imposibilidad de mantener negociaciones individualizadas con miles de consumidores. El mecanismo está amparado por la libertad de empresa que permite diseñar productos y servicios y ofrecerlos en unas condiciones determinadas (el fenómeno conocido como *take it or leave it*, lo tomas o lo dejas), sin que ello suponga su nulidad (TS 18-6-12, EDJ 209070).
d) **Generalidad**: que sean cláusulas generales, redactadas con la finalidad de ser incorporadas a una pluralidad de contratos.
No estamos ante una condición general cuando la cláusula se incorpora a **un solo contrato**, aun cuando se imponga a la otra parte, sino que debe dirigirse a uniformar los contratos que van a realizarse con una generalidad de personas.

La pluralidad de contratos se refiere a su inclusión en diversos contratos por parte de un **único profesional**, que una cláusula sea incluida por muchos profesionales una única vez tampoco la convierte en una condición general.

Precisiones **1)** Sobre el requisito de la **imposición**, la jurisprudencia ha aclarado lo siguiente (AP Barcelona 27-2-19, EDJ 515125, remitiéndose al TS 9-5-13, EDJ 53424):

- La prestación del consentimiento a una cláusula predispuesta debe calificarse como impuesta por el empresario cuando el consumidor no puede influir en su supresión o en su contenido, de tal forma que o se adhiere y consiente contratar con dicha cláusula o debe renunciar a contratar.
- No puede equipararse la negociación con la posibilidad real de escoger entre pluralidad de ofertas de contrato sometidas todas ellas a condiciones generales de contratación, aunque varias de ellas procedan del mismo empresario.
- Tampoco equivale a negociación individual susceptible de eliminar la condición de cláusula no negociada individualmente, la posibilidad, cuando menos teórica, de escoger entre diferentes ofertas de distintos empresarios.
- La carga de la prueba de que una cláusula prerredactada no está destinada a ser incluida en pluralidad de ofertas de contrato dirigidos por un empresario o profesional a los consumidores, recae sobre el empresario.

2) Aunque la LCGC no incluye ninguna norma sobre la carga de la **prueba** de la imposición de una cláusula, esta se contiene en la LGDCU art.82.2 en directa transposición de la Dir 1993/13 art.3.2.

3) La imposición del contenido del contrato no debe confundirse con la **imposición del contrato** ya que el consumidor, ponderando sus intereses y en ejercicio de su libertad para contratar, es el que decide si finalmente contrata y con quién lo hace.

4) Para que exista un contrato integrado por condiciones generales de la contratación basta con que concurran las notas de predisposición e imposición, sin que sea precisa una **situación de monopolio** de la entidad predisponente ni ausencia de libertad contratación ni pertenencia de la empresa predisponente a un determinado sector de la contratación ni que el contrato proceda de la Administración (AP Madrid 6-6-08, EDJ 115917).

695 La sede natural de las condiciones generales de contratación son los denominados **contratos de adhesión** (nº 705 s.), razón por la cual, para la identificación y calificación de una cláusula contractual como condición general de contratación, es preciso realizar una apreciación global del contrato en cuestión. El hecho de que ciertos elementos de una cláusula o que una o varias cláusulas aisladas se hayan **negociado individualmente** no excluye la aplicación de la LCGC al resto del contrato si la apreciación global lleva a la conclusión de que se trata de un contrato de adhesión.

Resulta **irrelevante** para que una cláusula contractual sea calificada como condición general de contratación:

- la autoría material, la apariencia externa, su extensión y cualesquiera otras circunstancias; y
- que el adherente sea un profesional o un consumidor.

El hecho de que se refieran al objeto principal del contrato en el que están insertadas tampoco es obstáculo para que una cláusula contractual sea calificada como condición general de la contratación, ya que estas se definen por el proceso seguido para su inclusión en el mismo (TS 9-5-13, EDJ 53424).

Precisiones **1)** Cumplen el requisito de contractualidad los **avisos** o rótulos ubicados en los establecimientos del predisponente que contienen reglas a aplicar a las relaciones con sus clientes (Pagador López, J.).

2) Existe jurisprudencia que interpreta la imposición o inevitabilidad de las cláusulas generales en el sentido de exigir el adherente que haya actuado tratando de **evitar su inclusión** al contrato, por ejemplo, intentando negociar su contenido (TS 31-1-98, EDJ 1106; 28-2-02, EDJ 3237). No obstante, en la actualidad se ha abandonado dicha concepción del elemento de la imposición (TS 9-5-13, EDJ 53424, que señala: «ni siquiera es preciso que el consumidor observe una conducta activa, pese a lo cual vea rechazado su intento de negociar»).

3) Para que exista un contrato integrado por condiciones generales de la contratación basta con que concurran las notas de predisposición e imposición, sin que sea precisa una situación de **monopolio de la entidad predisponente** ni ausencia de libertad contratación ni pertenencia de la empresa predisponente a un determinado sector de la contratación ni que el contrato proceda de la Administración (AP Madrid 6-6-08, EDJ 115917).

Diferencia con cláusula abusiva (TS 3-6-13, EDJ 100362) No cabe identificar el concepto de **condición general** con el de cláusula abusiva (nº 780 s.). Una estipulación contractual es condición general cuando viene predispuesta e incorporada a una pluralidad de contratos exclusivamente por una de las partes, ya sea en contratación entre empresarios, ya sea en contratos entre un profesional y un consumidor, y por ser condición general no tiene por qué ser necesariamente abusiva. Por el contrario, una estipulación contractual es **abusiva cuando**, en contra de la buena fe, causa en detrimento del consumidor un desequilibrio importante e injustificado de las obligaciones contractuales. Las cláusulas abusivas pueden ser al tiempo condición general, o darse en el ámbito de un contrato de adhesión entre particulares, siempre que una parte contractual sea un consumidor. 698

La distinción entre ambos conceptos se basa, por tanto, en el **ámbito subjetivo** de contratación. Las condiciones generales de contratación se pueden dar tanto en las relaciones de profesionales o empresarios entre sí, como de éstos con los consumidores, mientras que el concepto de abusividad queda circunscrito a los contratos con consumidores. Ahora bien, esto no quiere decir que en las **condiciones generales entre profesionales** no pueda existir abuso de una posición dominante. Pero tal concepto se sujeta a las normas generales de nulidad contractual. Es decir, nada impide que también judicialmente pueda declararse la nulidad de una condición general que sea abusiva cuando sea contraria a la buena fe y cause un desequilibrio importante entre los derechos y obligaciones de las partes, incluso aunque se trate de contratos entre profesionales o empresarios. Pero el régimen de nulidad por abusividad de las cláusulas no negociadas individualmente es aplicable únicamente a los consumidores y usuarios (TS 30-4-15, EDJ 73561).

El Código Civil no tiene por objeto trasladar a las **relaciones entre empresarios** el control de abusividad propio de las relaciones con consumidores (CC art.1258). El legislador no ofrece una modalidad especial de protección al adherente no consumidor, más allá de la remisión a la legislación civil y mercantil general sobre respeto a la buena fe y el justo equilibrio en las prestaciones para evitar situaciones de abuso contractual (AP Madrid 13-1-23, EDJ 507437).

Ámbito de aplicación (LCGC art.2, 3 y 4) El ámbito de aplicación de la LCGC comprende desde el punto de vista: 700

- **Subjetivo**, a los contratos celebrados entre un profesional (predisponente) y cualquier persona física o jurídica (adherente); es decir, incluye tanto las relaciones de profesionales entre sí, como la de estos con los consumidores. Pero la LCGC no establece un régimen uniforme para unas y otras. Mientras que las normas relativas a la incorporación (nº 710) y a la interpretación de las condiciones generales (nº 720) son aplicables a todo tipo de condiciones generales, el régimen de la nulidad de las condiciones generales es diferente según que el contrato en el que se integren se haya celebrado o no con un consumidor (TS 30-4-15, EDJ 73561).

Cuando las condiciones generales se incluyen en contratos **con consumidores**, también les son de aplicación lo establecido en la LGDCU. Ver nº 738 s.

Es decir, el **adherente** puede ser o no un profesional. Si el adherente no es profesional, le resulta de aplicación la LCGC y, además, en cuanto consumidor, la LGDCU. Si el adherente es un profesional y actúa en el marco de su actividad, se le aplica la LCGC pero no la LGDCU, dado que no ostenta la condición de consumidor y usuario. Si el adherente es profesional y no actúa en el marco de su actividad, le resulta de aplicación la LCGC y, además, si reúne la cualidad de consumidor y usuario, la LGDCU (LCGC art.2.3).

- **Territorial**, tanto a los contratos sujetos a la legislación española, como a los sometidos a la legislación extranjera, cuando el adherente haya emitido su declaración de voluntad negocial en territorio español y tenga en éste su residencia habitual, sin perjuicio de lo establecido en tratados y convenios internacionales. Cuando el adherente sea un consumidor es de aplicación lo dispuesto en la LGDCU art.67.

Precisiones En cuanto a los **convenios internacionales**, la propia LGDCU hace referencia al Convenio de Roma, ratificado por España el 7-5-93, que establece que el consumidor solo puede optar por la ley del lugar en que se emite el consentimiento o al lugar de residencia habitual para que una cláusula no sea considerada como abusiva (p.e. si un contrato se firma en España y el adherente tiene residencia habitual en Francia, la ley aplicable sería la española o la francesa, pero está prohibido remitir el contrato a la legislación de EE.UU.).

702 Quedan **excluidos** del ámbito de aplicación objetivo de la LCGC los siguientes contratos:

• **Contrato administrativo**. Hay que diferenciar entre contratos puramente administrativos y contratos de la Administración encuadrables en el derecho privado. Se excluyen de la LCGC solamente los contratos propiamente administrativos ya que la exclusión es objetiva sobre el tipo de contrato y no subjetiva sobre la Administración. P.e. sí estaría sometido a la LCGC el contrato de suministro de luz de una Administración con una compañía eléctrica.

• **Contrato de trabajo.** Constituye la base principal de las relaciones laborales entre trabajadores y empresarios y, al igual que los contratos administrativos, está fueran fuera del mercado de productos y servicios. Además, debido a su especificidad, los contratos de trabajo tienen sus propias normas de regulación y protección.

• **Contrato de constitución de sociedad.** Aunque es cierto que este tipo de contratos se parecen mucho entre sí debido al extendido uso de modelos y plantillas, no se caracterizan por ser elaborados en masa y estar destinados a su aplicación general. Son contratos que se articulan de forma individual en función de las necesidades y características de los fundadores de la sociedad. Además, el fin perseguido de crear una persona jurídica para operar en el campo mercantil tampoco está dentro del intercambio de productos o servicios.

• **Contratos familiares y sucesorios.** Esta exclusión es subjetiva ya que atiende a las relaciones de las personas que participan en el contrato, unidas por vínculos familiares. Aunque el contrato tenga cierto contenido patrimonial, se circunscribe a las relaciones personales y tiene ciertas limitaciones a la autonomía de la voluntad impuestas por el Derecho de Familia.

Precisiones **1)** Se entiende por **profesional** a toda persona física o jurídica que actúe dentro del marco de la actividad profesional o empresarial, ya sea pública o privada (LCGC art.2.2).
2) Los supuestos de exclusión deben entenderse referidos también a las **cláusulas abusivas** (Dir 93/13/CEE).

703 Además de la exclusión de cierto tipo de contratos de la aplicación de la LCGC, hay una exclusión que no afecta a los contratos, sino que incide directamente sobre determinado **tipo de condiciones generales**. Están excluidas las condiciones generales que (LCGC art.4 párrafo 2º):

- reflejan disposiciones o principios de convenios internacionales;
- están reguladas legalmente y son de aplicación obligatoria.

La **justificación** de esta exclusión es que no son condiciones generales, puesto que no es resultado de la voluntad sino que son una imposición legal.

El origen legal (nacional o internacional) de este tipo de condiciones lleva a una **presunción** de **no abusividad** y, por tanto, quedarían fuera de la aplicación de los controles de la LCGC en principio.

704 Esta presunción de no abusividad, y de exclusión por tanto de la aplicación de la LCGC y la LGDCU, llevaba a justificar la no aplicación de la LCGC en las **cláusulas suelo** en los contratos hipotecarios (nº 2812) ya que las mismas están reguladas en numerosas normas. Esta normativa, sin embargo, impone determinados deberes de información sobre la incorporación de las cláusulas suelo en los contratos, pero no impone su existencia. Además suponía la paradoja de que una Orden Ministerial que regulaba aspectos de las cláusulas suelo podía dejar sin aplicación a una Ley. Por todo ello, la existencia de la regulación bancaria en cuanto a los contratos de préstamo hipotecario y las normas de transparencia y protección de los consumidores, no impide que la LCGC se aplique a los contratos de préstamo hipotecario con cláusulas suelo (TS 28-5-14, EDJ 53424).

Sujetos del contrato Hay que diferenciar entre predisponente y adherente en el contrato: 705
• El **predisponente** se define como la persona física o jurídica que en sus relaciones con terceros se sirve de cláusulas prerredactadas y elaboradas para su inclusión en una pluralidad de contratos. Es la parte activa del contrato con condiciones generales (LCGC art.1 y 2).
No toda persona que usa un modelo o formulario de contrato es considerado predisponente, es preciso que la **actividad** sea:
- habitual y prolongada en el tiempo (no esporádica); y
- profesional (sea su fuente de obtención de beneficios e ingresos en un ámbito empresarial).
En cualquier caso, es indiferente para ser considerado predisponente quién ha **redactado** de forma efectiva las condiciones generales (sea el predisponente o un tercero). No se trata de controlar la redacción de las cláusulas, sino su uso contractual.
• El **adherente** se define como la persona, que con la finalidad de obtener un bien o servicio, se ve en la necesidad de firmar un contrato con condiciones generales predispuestas por la otra parte (predisponente). Es la parte pasiva del contrato con condiciones generales (LCGC art.2).
No hace falta ser consumidor para ser considerado como adherente en un contrato con condiciones generales, sino que lo es cualquier persona, también un profesional, que contrate con cláusulas predispuestas. Dicho esto, aunque las normas relativas a la incorporación e interpretación de las condiciones generales (LCGC art.5, 6 y 7) son comunes, el **régimen de nulidad** es diferente según el contrato se celebre o no con un consumidor (ver nº 738 s.).

Forma del contrato El contrato de adhesión puede formalizarse de tres formas diferentes: 706
- por escrito;
- de forma verbal; o
- telefónica o electrónicamente.

Contrato escrito (LCGC art.5) El predisponente que celebre contratos de adhesión por escrito (voluntariamente o porque sea obligatorio, p.e. la venta de bienes muebles a plazos, los contratos de seguro, etc.) **deben** (AP Barcelona 27-10-06, EDJ 430660): 707
- hacer referencia expresa en el contrato de todas las condiciones que se pretenden incorporar;
- facilitar un ejemplar de las condiciones al adherente;
- hacer constar por escrito, mediante firma, la aceptación de todas las condiciones por parte del adherente.
La **referencia expresa** de las condiciones generales se puede alcanzar de 3 formas:
- mediante la constancia directa de las condiciones en el propio contrato y antes de la firma del adherente (lo que indica su información y voluntad de incorporarlas al contrato);
- reflejando las condiciones en el anverso del contrato, después de la firma, en este caso debe decirse de forma expresa qué condiciones se incluyen y que se localizan en el anverso;
- incluyendo las condiciones en documento aparte, también debe decirse de forma expresa las condiciones que se incorporan, dónde se localizan y entregar el anexo donde están.
La obligación de entregar un **ejemplar para el adherente** es una obligación general en el derecho de consumo (LGDCU art.63). Hay que distinguir si 2 supuestos:
- si las condiciones se encuentran en el propio contrato (anverso o reverso), se cumple la obligación con la entrega de la copia del contrato;
- si las condiciones se encuentran en un anexo, debe entregarse el anexo firmado por el adherente y hacer constar expresamente su entrega.
Respecto a la aceptación del adherente de las condiciones generales, no debe ser entendida como una aceptación autónoma del contrato, sino como una voluntad de

aceptar la oferta del predisponente como un todo integrado. La aceptación no puede ser tácita y se necesita la **firma** expresa. La esencia de la obligación contraída es la firma del adherente que es imperativa, sin firma no hay obligación. La ausencia de firma es un defecto que solo se puede subsanar, con la firma válida del contrato (TS 7-3-94, EDJ 2036).

Precisiones Se entiende que el adherente ha aceptado las **condiciones generales** cuando en el contrato se especifica que se hizo **entrega con anterioridad a la firma** y que el adherente las acepta expresamente (AP Ciudad Real 21-11-11, EDJ 292142).

708 **Contrato verbal** (LGCG art.5.3) Cuando el contrato no deba formalizarse por escrito y el predisponente entregue un resguardo, basta con que las **condiciones generales** estén **anunciadas** en un lugar visible dentro del lugar donde se celebra el negocio de forma que el adherente pueda conocer su contenido. P.e. el caso de unos grandes almacenes o un hipermercado, donde debido a la enorme cantidad de ventas diarias no es posible firmar un contrato con cada cliente.

De esto se desprende que la **obligación del predisponente** se limita a garantizar al adherente la posibilidad efectiva de conocer las condiciones generales en el momento de celebrar el contrato, no su efectivo conocimiento. Por ello, no es necesaria ni siquiera una referencia verbal a la existencia de las condiciones generales.

El predisponente, para ofrecer la información al adherente, tiene 3 **medios**:

- carteles o anuncios, la información no puede limitarse a la existencia de condiciones generales sino que se debe especificar las mismas y situarlas en un lugar visible que posibilite su lectura antes de la contratación;
- inserción en el documento que se entrega al adherente al celebrar el contrato, debe facilitarse antes o en el momento de finalizar el contrato, de forma que el consumidor pueda desistir (ver nº 1638 s.);
- cualquier otra forma, incluida la verbal, siempre que permitan al adherente el conocimiento de las condiciones.

En cualquier caso, estas opciones tienen, en la práctica, la **limitación** de que, si bien no se impide la celebración de contratos verbales, se impone la obligación de entregar un **recibo** justificante al consumidor en el que se deben incluir las condiciones generales, si las hay (LGDCU art.63). P.e. el **reverso de un ticket** de compra de un hipermercado.

709 **Contrato telefónico o electrónico** (LCGC art.5.4) En la **contratación telefónica** debe aceptarse todas y cada una de las cláusulas del contrato, pero sin necesidad de firma convencional. En estos casos, se envía al consumidor una justificación escrita del contrato donde consten todas las condiciones generales.

Para la **contratación electrónica** deben tenerse en cuenta también las obligaciones para el predisponente que se imponen para la **contratación a distancia** o fuera de establecimiento mercantil se examina con detalle en el nº 2005 s. mientras que la compraventa electrónica se encuentra en el nº 2200 s.

1. Incorporación

710 La incorporación al contrato de una cláusula general de contratación constituye presupuesto de eficacia de la misma. Las condiciones generales no incorporadas son ineficaces y no obligan al adherente al contrato. Los **requisitos** para que la incorporación de una cláusula general se considere ajustada a Derecho, son:

1º La **aceptación** expresa por el adherente de dicha incorporación.

2º Su **firma** por todos los contratantes.

3º Que la **redacción** de la cláusula se ajuste a determinados criterios (nº 715).

4º Que se **informe expresamente** de la existencia de condiciones generales y se facilite un ejemplar de las mismas al adherente. Si se incorporan en el anverso o reverso del contrato, se debe incluir en el contrato una cláusula de antefirma en la que se haga referencia a la existencia de tales condiciones. Cuando el contrato se firma con un **consumidor**, para la incorporación de las cláusulas generales se debe tener en cuenta, además, lo establecido en el nº 770 s.

Aceptación (LCGC art.5.1, 2, 3) Únicamente puede entenderse que hay aceptación de las cláusulas generales de contratación cuando el predisponente haya **informado** de manera expresa al adherente acerca de su existencia y le haya facilitado un **ejemplar** de las mismas, de tal forma que el adherente haya podido conocerlas de manera completa al tiempo de celebrar el contrato. Además, todos los contratantes deberán **firmarlas**. 713

Los adherentes pueden exigir que el notario no transcriba las condiciones generales de la contratación en la escritura que otorgue y que se deje constancia de ellas en la matriz incorporándolas como **anexo**, con lo que el número de folios de ésta se reduce de manera considerable, al igual que el precio del servicio. En este caso el notario debe comprobar que los adherentes tienen conocimiento íntegro de su contenido y que las aceptan.

Tratándose de **contratos** que **no deban formalizarse por escrito**, cuando el predisponente entregue un resguardo justificativo de la contraprestación recibida, basta a efectos de la aceptación con que se cumpla cualquiera de estas tres exigencias:

- anuncio de las condiciones generales en un lugar visible dentro del lugar en el que se celebra el negocio; o
- inserción de las cláusulas en la documentación del contrato que acompaña su celebración; o
- cualquier otro medio que garantice al adherente una posibilidad efectiva de conocer su existencia y contenido en el momento de la celebración del contrato. Además de los anteriores requisitos diseñados específicamente para condiciones generales, también se encuentran otros requisitos formales de transparencia o información aplicables a contratos celebrados con **consumidores**.

Redacción (LCGC art.5.5) Las cláusulas generales han de ser redactadas conforme a los **criterios** de transparencia, claridad, concreción y sencillez. Es decir, deben reunir el doble requisito de legible, físicamente, y comprensible, intelectualmente (TS 17-6-10, EDJ 152966). 715

Estos criterios tienen por objeto garantizar la comprensión por el contratante débil del alcance de aquello que se le oferta, y sobre lo que recaerá su aceptación, de manera que la infracción de ese deber que se impone al redactor de la cláusula, que será el oferente, conlleva siempre, y como mínimo, la misma consecuencia: interpretar la cláusula oscura en la forma más beneficiosa para el consumidor o adherente, por la sencilla razón, ya presente en el CC art.1288, de que la oscuridad no puede favorecer al causante de la misma (AP Valencia 22-6-11, EDJ 257184; AP Ciudad Real 21-11-07, EDJ 302953).

Las condiciones incorporadas de modo **no transparente** en los contratos en perjuicio de los consumidores serán **nulas** de pleno derecho.

El principio de **transparencia** es el más importante y engloba, en cierta manera, al resto (claridad, concreción y sencillez). La transparencia está íntimamente ligada a la **información** que el empresario predisponente ofrece al adherente y a la asimetría informativa que se presupone que existe entre las partes del contrato (el empresario profesional tiene más información que el adherente).

2. Interpretación

La interpretación de las condiciones generales se rige por las siguientes **reglas**: 720

- Cuando exista **contradicción** entre las condiciones generales y las condiciones particulares específicamente previstas para el contrato, prevalecen éstas sobre aquéllas, salvo que las condiciones generales resulten más beneficiosas para el adherente que las particulares.
- Las **dudas** interpretativas de las condiciones generales oscuras se resuelven a favor del adherente. En los contratos con consumidores esta norma de interpretación solo es aplicable cuando se ejerciten acciones individuales (nº 753).
- **Subsidiariamente** son de aplicación las disposiciones civiles de carácter general sobre la interpretación de los contratos.

Precisiones En caso de discordancia en la interpretación de las cláusulas contractuales de **compraventa de vivienda**, tienen prevalencia las hojas de calidades sobre la documentación gráfica del proyecto (TS 30-5-11, EDJ 95943).

3. Control
(LCGC art.8.1)

725 El control de las condiciones generales incorporadas a un contrato recae sobre un **doble objeto**:
- por un lado, el cumplimiento de los requisitos para su **incorporación** o inclusión (nº 710 s.); y
- por otro, la licitud del **contenido** de las condiciones generales (nº 732) y, en el caso de los contratos con consumidores o usuarios, la transparencia o comprensibilidad real de las mismas (nº 738 s.). Es decir, no solo es necesario que las cláusulas hayan sido expresamente aceptadas por el adherente y estén redactadas de forma clara y comprensible, sino también que el adherente pueda tener un conocimiento real de las mismas, de forma que pueda prever, sobre la base de criterios precisos y comprensibles, sus consecuencias económicas.

Los **mecanismos** para ejercitar este control son, básicamente, dos:
a) **Judicial**, mediante el ejercicio ante los tribunales de las correspondientes acciones judiciales (nº 750 s.).
b) **Administrativo**, mediante la inscripción en un registro público de condiciones generales de contratación y de resoluciones judiciales que puedan afectar a su eficacia (nº 820 s.).

730 **Control de incorporación o inclusión** (LCGC art.7) A través del control de incorporación (también denominado control de **transparencia formal**) se comprueba el cumplimiento de los requisitos expuesto en el nº 710 s.
Con este control se busca garantizar la correcta formación de la voluntad contractual por el adherente, por lo que incide en la **formación del consentimiento**, pero no en la legalidad intrínseca de la cláusula. A estos efectos, se tendrán por **no puestas** las condiciones generales:
a) Que el adherente no haya tenido **oportunidad real de conocer** de manera completa al tiempo de la celebración del contrato o cuando no hayan sido firmadas, cuando sea necesario.
b) Las que sean **ilegibles, ambiguas, oscuras e incomprensibles**, salvo, en cuanto a estas últimas, que hayan sido expresamente aceptadas por escrito por el adherente y se ajusten a la normativa específica que discipline en su ámbito la necesaria transparencia de las cláusulas contenidas en el contrato. El control de incorporación de las condiciones generales, en cuanto a su comprensibilidad gramatical, se extiende a cualquier cláusula contractual que tenga dicha naturaleza, con independencia de que el adherente sea consumidor o profesional (TS 3-7-18, EDJ 516928). Es decir, tanto si el contrato se suscribe entre empresarios y profesionales como si se celebra con consumidores, las condiciones generales pueden ser objeto de control por la vía de su incorporación.

Precisiones **1)** Adviértase que la exigencia de claridad, concreción, sencillez y comprensibilidad directa de la LCGC art.7.b alcanza un mayor nivel de exigencia cuando se aplica al **control de transparencia** en caso de contratos con **consumidores** (TS 15-12-15, EDJ 264301). Ver nº 738 s.
2) La exigencia de claridad y comprensibilidad de una condición general, a los efectos de realizar el control de incorporación, no es uniforme, sino que depende de la propia **complejidad de la materia** sobre la que versa el contrato, y, más en concreto, de la cláusula controvertida (TS 15-12-15, EDJ 264301; 27-6-17, EDJ 124648).
3) La inclusión de una cláusula suelo en un apartado individualizado del contrato, cuyo texto se encuentra resaltado en negrita y subrayado, pueden servir para considerar superado el control de incorporación de la **cláusula suelo**, pero no el control de transparencia (TS 1-2-18, EDJ 3698; 30-5-18, EDJ 89396). También supera el control de incorporación la cláusula suelo presentada con una redacción clara y comprensible para el consumidor, cuyo

límite superior e inferior aparecen destacados en mayúsculas, y cuya ubicación en el contrato es particularmente apropiada, pues lejos de quedar relegada, aparece conjuntamente con los otros dos elementos esenciales que determinan el precio. La cláusula no queda oculta o enmascarada entre multitud de datos ni, como suele ser frecuente, tampoco queda desplazada o postergada frente a otros pactos que no inciden directamente en el cálculo del tipo aplicable (como los índices sustitutorios, bonificaciones, procedimientos de notificación...) (AP Barcelona 28-2-19, EDJ 515217). Sobre las cláusulas suelo abusivas, ver nº 2812 s.

Control de contenido (LCGC art.8) Se trata de un control de la **legalidad** de las condiciones generales incluidas en el contrato. 732

Las condiciones generales pueden ser declaradas **nulas** de pleno derecho cuando contradigan en perjuicio del adherente lo dispuesto en la LCGC o en cualquier otra norma imperativa o prohibitiva, salvo que en ellas se establezca un efecto distinto para el caso de contravención. En particular, cuando el contrato se celebre con un **consumidor**, serán nulas las condiciones generales que sean abusivas conforme a lo dispuesto en la LGDCU art.82 a 91. Ver nº 780 s.

A los efectos de realizar este control, es necesario, por tanto, **diferenciar entre**:
- los contratos celebrados entre profesionales; y
- los celebrados con consumidores.

Precisiones **1)** Queda excluida la posibilidad del **control de abusividad** en contratos en que el adherente no es consumidor (TS 30-1-17, EDJ 5821).
2) Son nulas las cláusulas, estipulaciones, condiciones o pactos que excluyan a una de las partes, por tener VIH/SIDA u otras **condiciones de salud**, incluyendo haber padecido cáncer (LGDCU disp.adic.única.1 redacc RDL 5/2023).

Contrato entre profesionales Las condiciones generales insertas en contratos en los que el adherente no tiene la condición legal de consumidor o usuario, cuando reúnen los requisitos de incorporación, tienen, en cuanto al control de contenido, el mismo **régimen** legal que las cláusulas negociadas, por lo que solo operan como límites externos de las condiciones generales los mismos que operan para las cláusulas negociadas, fundamentalmente los previstos en el CC art.1255 y, en especial, las normas imperativas (TS 30-4-15, EDJ 73561). 735

Ni el legislador comunitario, ni el español, han dado el paso de ofrecer una modalidad especial de protección al adherente no consumidor, más allá de la remisión a la legislación civil y mercantil general respeto a la **buena fe** y el justo **equilibrio en las prestaciones** para evitar situaciones de abuso contractual.

Si bien el concepto de abusividad queda circunscrito a los contratos con consumidores, eso no quiere decir que en las condiciones generales entre profesionales no pueda existir **abuso de una posición dominante**. Pero tal concepto se sujetará a las normas generales de nulidad contractual. Es decir, nada impide que también judicialmente pueda declararse la nulidad de una condición general que sea abusiva cuando sea contraria a la buena fe y cause un desequilibrio importante entre los derechos y obligaciones de las partes, incluso aunque se trate de contratos entre profesionales o empresarios (TS 30-4-15, EDJ 73561; 20-1-17, EDJ 1983; AP Toledo 18-10-16, EDJ 224009).

Precisiones En virtud del principio general de buena fe puede postularse la nulidad de determinadas cláusulas del contrato, al menos, para las cláusulas que suponen un **desequilibrio** de la posición contractual del adherente, es decir, aquellas que modifican subrepticiamente el contenido que el adherente había podido representarse como pactado conforme a la propia naturaleza y funcionalidad del contrato; en el sentido de que puede resultar contrario a la buena fe intentar sacar ventaja de la predisposición, imposición y falta de negociación de cláusulas que perjudican al adherente. No obstante, no puede afirmarse que haya desequilibrio o abuso de la posición contractual cuando hubo negociaciones entre las partes y la adherente tuvo perfecta conciencia de la existencia y funcionalidad de la cláusula objeto del recurso (TS 3-6-16, EDJ 78893).

Contrato con consumidores: control de transparencia material o cualificado (TS 3-6-16, EDJ 78893; 20-1-17, EDJ 1983; 30-1-17, EDJ 5821; 8-6-17, EDJ 93157) Cuando la condición general está inserta en un contrato con consumidores o usuarios, los jueces pueden 738

llevar a cabo un **control de abusividad** de la cláusula en los términos expuestos en el nº 795 s. Este control de contenido, no obstante, no es aplicable cuando la cláusula afecte a un elemento esencial del contrato (p.e., el precio u objeto en un contrato de compraventa) (TS 9-5-13, EDJ 53424; Dir 1993/13/CEE).
Así, una cláusula puede ser declarada **abusiva**, no ya por prever la existencia de un desequilibrio importante en los derechos y obligaciones de las partes, sino por no superar el control de transparencia.
Cuando la condición general se refiere a elementos esenciales del contrato se puede llevar a cabo lo que la jurisprudencia ha denominado «control de transparencia material o cualificado» (comprensibilidad), como parámetro abstracto de validez de la cláusula predispuesta (TS 9-5-13, EDJ 53424). Este control de transparencia tiene por objeto que el adherente pueda conocer con sencillez tanto la **carga económica** que realmente le supone el contrato celebrado, esto es, el sacrificio patrimonial realizado a cambio de la prestación económica que quiere obtener, como la **carga jurídica** del mismo, es decir, la definición clara de su posición jurídica tanto en los elementos típicos que configuran el contrato celebrado, como en la asignación de los riesgos del desarrollo del mismo (entre otras, TS 23-12-15, EDJ 253610; 4-3-19, EDJ 515059).
A las condiciones generales que versan sobre elementos esenciales del contrato se les exige un **plus de información** que permita que el consumidor pueda adoptar su decisión de contratar con pleno conocimiento de la carga económica y jurídica que le supondrá concertar el contrato, sin necesidad de realizar un análisis minucioso y pormenorizado del contrato. Esto excluye que pueda agravarse la carga económica que el contrato supone para el consumidor, tal y como este la había percibido, mediante la inclusión de una condición general que supere los requisitos de incorporación (nº 710), pero cuya trascendencia jurídica o económica pasó inadvertida al consumidor porque se le dio un inapropiado **tratamiento secundario** y no se facilitó al consumidor la información clara y adecuada sobre las consecuencias jurídicas y económicas de dicha cláusula.

Precisiones **1)** La no **aplicación** del **segundo control de transparencia** a los **profesionales** (no consumidores) se debe a que el legislador, tanto español como europeo, ofrecen al profesional la protección de la legislación civil y mercantil general sobre buena fe y equilibrio de prestaciones para evitar situaciones de abuso y no corresponde a los tribunales extender esta protección a lo previsto para los consumidores en la LGDCU (TS 3-6-16, EDJ 78893).
2) El **CC art.1258** no tiene por **objeto** trasladar a las relaciones entre empresarios el control de abusividad propio de las relaciones con consumidores. El legislador no ofrece una modalidad especial de protección al adherente no consumidor, más allá de la remisión a la legislación civil y mercantil general sobre respeto a la buena fe y el justo equilibrio en las prestaciones para evitar situaciones de abuso contractual (AP Madrid 13-1-23, EDJ 507437)
3) La abusividad de informar de la **modificación en forma de facturar** depende de la posibilidad de que el consumidor tome conciencia de ella, por lo que si un consumidor medio, razonablemente atento y perspicaz, no la puede advertir fácilmente, la modificación no cumple las exigencias mínimas de comunicación (TS 4-12-23, EDJ 770022).
4) Debe **diferenciarse** la evaluación de la transparencia de una condición general cuando con la acción de anulación de un contrato por **error vicio en el consentimiento**. Mientras que en la primera se realiza un control más objetivo de la cláusula y del proceso de contratación, en la segunda las circunstancias personales de los contratantes son fundamentales para determinar tanto la propia existencia del error como, en caso de que exista el error, la excusabilidad del mismo. Es necesario también que el error sea sustancial. Las consecuencias de uno y otro régimen legal son diferentes, pues el control de abusividad de la cláusula lleva aparejado consigo la nulidad de la cláusula controvertida, la pervivencia del contrato sin esa cláusula y la restitución de lo que el predisponente haya percibido como consecuencia de la aplicación de la cláusula abusiva; mientras que la anulación por error vicio del consentimiento afecta al contrato en su totalidad y las partes deben restituirse recíprocamente todo lo percibido de la otra en virtud del contrato, con sus frutos o intereses (TS 8-6-17, EDJ 93157; AP Barcelona 28-2-19, EDJ 515224).

740 Así, existe un **doble filtro o control** de transparencia en los contratos de adhesión para apreciar la abusividad de las cláusulas, en especial de aquellas que regulan los

elementos esenciales del contrato: definición del objeto principal del contrato y la adecuación entre precio y prestación (TS 9-5-13, EDJ 53424; 23-12-15, EDJ 253610): **740** (sigue)
- un control formal de incorporación de la cláusula que debe ser concreta, clara y sencilla y posibilitar la comprensión directa (LGDCU art.80.1);
- otro control material de comprensión real de la carga económica que supone el contrato, la asignación o distribución de riesgos, la definición clara de posición económica y jurídica del adherente que solo se aplica a los consumidores (TS 18-6-12, EDJ 209070).

Adherente	Control de transparencia aplicable
Profesional	- de incorporación
Consumidor	- de incorporación - de comprensión

El control de transparencia cualificado consiste en comprobar que la cláusula, además de ser gramaticalmente comprensible y estar redactada en caracteres legibles (control de incorporación, ver nº 710), no implique una alteración del objeto del contrato o del equilibrio económico sobre el precio y la prestación que pueda pasar inadvertida al adherente medio (entre otras, TS 9-5-13, EDJ 53424; 8-9-14, EDJ 180029; 24-3-15, EDJ 44467; 29-4-15, EDJ 88069; 23-12-15, EDJ 253610). Es decir, significa que el adherente no solo ha de conocer la existencia de la estipulación y comprenderla en términos gramaticales, sino que debe **comprender** también el **alcance sustantivo de la cláusula**, sus consecuencias en la economía del contrato, en el juego de sus prestaciones. Por ello, el análisis de transparencia no es meramente formal, sino que se trata de un concepto también sustantivo, como sucede con el control de contenido (Pérez Benítez).
Esta transparencia conecta con el **juicio de abusividad**, porque la falta de transparencia trae consigo un desequilibrio sustancial en perjuicio del consumidor, consistente en la privación de la posibilidad de comparar entre las diferentes ofertas existentes en el mercado y de hacerse una representación fiel del impacto económico que le supondrá obtener la prestación objeto del contrato según contrate con una u otra entidad financiera, o una u otra modalidad de préstamo, de entre los varios ofertados. Precisamente esta aproximación entre transparencia y abusividad es lo que impide que pueda realizarse el control de transparencia en contratos en que el adherente no tiene la cualidad legal de consumidor.

Precisiones **1)** El Magistrado D. Francisco Javier Orduña Moreno que formula un **voto particular** en el que afirma que la noción jurídica de la transparencia, como principio general del derecho, permite que la protección dispensada por el control de transparencia se extienda, también, a la contratación entre empresarios (TS 3-6-16, EDJ 78893; 30-1-17, EDJ 5821).
2) La validez o nulidad de la **cláusula suelo** en un préstamo hipotecario dependerá de la información que la entidad financiera haya proporcionado al prestatario, antes de celebrar el contrato, sobre los efectos de dicha cláusula si los índices de referencia bajan del mínimo pactado. Si la entidad ha informado de forma comprensible al cliente que el préstamo que va a suscribir tiene un interés mínimo fijo, cualquiera que sea la bajada del índice de referencia, la cláusula será válida (AP Barcelona 27-2-19, EDJ 515125). Por el contrario, si la entidad prestamista no informa antes de la celebración del contrato de las cargas jurídicas y económicas de tal disposición, procederá declarar la nulidad de la cláusula suelo por no supera el control de transparencia (TS 4-3-19, EDJ 515059). En este tipo de contratos de préstamo a largo plazo, es necesaria una información precontractual suficiente que incida en la transparencia de la cláusula inserta en el contrato que el consumidor ha decidido suscribir; y la intervención del notario al autorizar la escritura no dispensa de tal obligación (TS 9-12-21, EDJ 777904, entre otras).
Para el TS se estaría dando un **tratamiento marginal** a la cláusula suelo y, por tanto, sería procedente declarar su nulidad, cuando se incluya como un simple inciso dentro de un extenso y farragoso apartado referido a los intereses del préstamo, que ocupa varias páginas, en un préstamo que se oferta, prima facie, como un préstamo a interés variable, referenciado a un índice oficial como es el Euribor. Pues ese simple inciso de apenas unas líneas modifica completamente la economía del contrato, y no consta que se advirtiera claramente al prestatario de esa circunstancia cuando se le ofertó el préstamo. Tampoco es

suficiente a estos efectos la utilización de **negrilla** en algunos pasajes de la cláusula documentada en la escritura pública, que además es un recurso tipográfico que en la escritura se utiliza con carácter general en la generalidad de las cláusulas y apartados de las mismas, que aparecen encabezados en negrilla y también se usa la negrilla en algunas partes de su contenido (TS 1-2-18, EDJ 3698).
Sobre la cláusula suelo en los préstamos hipotecarios, ver nº 2812 s.
3) El TS declara que la cláusula suelo supera el control de transparencia cuando el prestatario tuvo **información precontractual adecuada y suficiente**, tanto en la página web de la entidad bancaria, como en los documentos que esta le remite mediante correos electrónicos, sobre la existencia y las consecuencias jurídicas y económicas de dicha cláusula (TS 21-7-23, EDJ 636105).
4) La exclusión del control de contenido de la **comisión de apertura** está condicionada a que la cláusula esté redactada de manera clara y comprensible y a que supere el control de transparencia, esto es, que al consumidor se le ofrezca con antelación suficiente información de la cláusula para que conozca o pueda conocer la carga jurídica y económica que supone para él (TS 23-1-19, EDJ 501276; AP Barcelona 1-12-20, EDJ 742483; TJUE 16-7-20, C-224/19).

a. Registro de Condiciones Generales de Contratación

(LCGC art.11 y 22; RD 1828/1999)

745 El Registro de Condiciones Generales de Contratación constituye, en cuanto a su **organización**, una sección del Registro de Bienes Muebles. Se integra en los registros provinciales, cuyas funciones se atribuyen a los registradores de la propiedad y mercantiles.
Tiene como **finalidad** primordial proteger al consumidor frente a las cláusulas abusivas y evitar que se incluyan tales cláusulas en los contratos celebrados con los consumidores, sobre todo, como medio para hacer efectivo el ejercicio de las acciones contra las condiciones generales no ajustadas a la ley (nº 750 s.). Este Registro permite dotar de mayor seguridad al tráfico jurídico privado y establece asimismo los medios necesarios para evitar el mayor número de litigios.
Se trata de un registro público, cuyo **objeto** es dar publicidad a las condiciones generales de contratación a través de:
a) El **depósito** de las cláusulas contractuales que tengan el carácter de condiciones generales, así como de su rectificación o modificación.
b) La **anotación preventiva** de la interposición de demandas ordinarias de nulidad o de declaración de no incorporación de cláusulas generales y las acciones colectivas.
c) La **inscripción** de la **sentencia estimatoria** de una acción colectiva o una acción individual de nulidad o no incorporación relativa a condiciones generales.

Precisiones Las funciones calificadoras nunca se extenderán a lo que es **competencia judicial**, como es la apreciación de la nulidad de las cláusulas, sin perjuicio de las funciones estrictamente jurídicas encaminadas a la práctica de las anotaciones preventivas reguladas en la Ley, a la inscripción de las resoluciones judiciales y a la publicidad de las cláusulas en los términos en que resulten de los correspondientes asientos.

748 La **inscripción** de las condiciones generales se practica a **solicitud** de:
• El predisponente.
• El adherente y los legitimados para ejercer las acciones colectivas, si consta la autorización del predisponente, estándose en otro caso al resultado de la acción declarativa.
• La autoridad judicial, en virtud del oportuno mandamiento, en caso de anotación de demanda o resolución judicial.
La inscripción en este Registro se configura como **voluntaria**, salvo en los siguientes supuesto en los que será obligatoria:
a) Desde el 16-6-2019 es obligatorio remitir al Registro las **sentencias firmes** dictadas en acciones colectivas o individuales por las que se declare la nulidad, cesación o retractación en la utilización de condiciones generales abusivas.
b) En **sectores específicos** el Ministerio de Justicia, a instancia de parte interesada o de oficio, y en propuesta conjunta con otros departamentos ministeriales, podrá

configurar la inscripción como obligatoria. Por ejemplo, los formularios de los préstamos y créditos hipotecarios comprendidos en el ámbito de aplicación de la L 5/2019, reguladora de los contratos de crédito inmobiliario, deberán depositarse obligatoriamente por el prestamista en el Registro antes de empezar su comercialización.

La **competencia** para la inscripción de las condiciones generales de los contratos se atribuye al Registro correspondiente al domicilio social o profesional del predisponente, o, en su defecto, el del establecimiento principal desde donde rija y gestione fundamentalmente sus negocios. El carácter eminentemente jurídico de este Registro deriva de los efectos *erga omnes* que la inscripción va a atribuir a la declaración judicial de nulidad, los efectos prejudiciales que van a producir los asientos relativos a sentencias firmes en otros procedimientos referentes a cláusulas idénticas, así como del cómputo del plazo de prescripción de las acciones colectivas, además del dictamen de conciliación que tendrá que emitir su titular. En definitiva, el Registro de Condiciones Generales va a posibilitar el ejercicio de las acciones colectivas y a coordinar la actuación judicial, permitiendo que ésta sea uniforme y no se produzca una multiplicidad de procesos sobre la misma materia descoordinados y sin posibilidad de acumulación.

Precisiones 1) El Colegio de Registradores de España a través de la **versión *online*** del Registro (www.registradores.org) con una base unificada de datos para todo el territorio español, pretende dar difusión a este Registro hasta ahora infrautilizado. Su acceso a través de Internet es instantáneo y gratuito.

2) No cabe suspender la **inscripción** de una escritura de **préstamo con garantía hipotecaria** porque no se haga constar «el **Código Identificador** del modelo de contrato de préstamo o crédito que se ha utilizado, acreditativo de su depósito en el Registro de Condiciones Generales de la Contratación, ni otros datos que permitan comprobar la efectividad de su depósito con anterioridad a la comercialización de préstamo». De la DGRN Instr 13-6-19 se desprende que el notario debe controlar al autorizar la escritura de préstamo hipotecario, y el registrador de la propiedad al inscribirla, el mero hecho de que efectivamente la entidad financiera haya procedido previamente a practicar dicho depósito, pero la carencia de ese reflejo por la entidad financiera no impide la autorización de la escritura ni su inscripción registral, puesto que siempre es posible el cotejo de la escritura con el conjunto de cláusulas depositadas por la entidad financiera (DGSJFP Resol 3-1-20).

b. Control judicial

Contra las condiciones generales que contradigan las disposiciones contenidas en la LCGC, o contravengan cualquier otra norma imperativa o prohibitiva, pueden ejercitarse dos tipos de **acciones**: 750

- individual; y
- colectivas. **Previamente** a la interposición de cualquiera de las acciones colectivas, las partes pueden solicitar al Registrador Provincial de Condiciones Generales un **dictamen de conciliación** sobre las cláusulas cuestionadas. El registrador debe emitir dicho dictamen en el plazo de quince días hábiles siguientes a la solicitud, pudiendo proponer una redacción alternativa a las mismas. El dictamen del registrador no es vinculante (LCGC art.13).

Dentro del control judicial se puede dar cierta confusión entre las acciones amparadas por la LGDCU y la LCGC ya que el adherente puede ser consumidor o profesional, por lo que es preciso delimitar el **régimen aplicable** para cada caso:

Adherente	Régimen de incorporación de las cláusulas	Régimen de interpretación de las cláusulas	Régimen de nulidad de las cláusulas
Profesional	LCGC art.5 y 7	LCGC art.6	LCGC art.8.1, 9 y 10
			CC art.1255 y 1258
Consumidor	LCGC art.5 y 7	LCGC art.6	LCGC art.8.2, 9 y 10
			LGDCU art.82 s.

Precisiones No puede confundirse la **evaluación de la transparencia** de una condición general cuando se enjuicia una acción destinada a que se declare la nulidad de la misma con el enjuiciamiento que debe darse a la acción de anulación de un contrato por **error vicio en el consentimiento**. Mientras que en la primera se realiza un control más objetivo de la cláusula y del proceso de contratación, en la segunda las circunstancias personales de los contratantes son fundamentales para determinar tanto la propia existencia del error como, en caso de que exista el error, la excusabilidad del mismo, y es necesario que el error sea sustancial por recaer sobre los elementos esenciales que determinaron la decisión de contratar y la consiguiente prestación del consentimiento.
Las **consecuencias** de uno y otro régimen legal son **diferentes**, pues el control de abusividad de la cláusula no negociada en un contrato celebrado con un consumidor, en el que se inserta el control de transparencia, lleva consigo la nulidad de la cláusula controvertida, la pervivencia del contrato sin esa cláusula y la restitución de lo que el predisponente haya percibido como consecuencia de la aplicación de la cláusula abusiva; mientras que la anulación por error vicio del consentimiento afecta al contrato en su totalidad y las partes deben restituirse recíprocamente todo lo percibido de la otra en virtud del contrato, con sus frutos o intereses (TS 8-6-17, EDJ 93157; AP Barcelona 28-2-19, EDJ 515224).

753 **Acción individual** (LCGC art.9 y 10) La declaración judicial de **no incorporación** al contrato o de **nulidad de las cláusulas** de condiciones generales de contratación puede ser instada por el adherente del acuerdo, de conformidad con las reglas generales reguladoras de la nulidad de los contratos. En cuanto a los **efectos** de la sentencia, la no incorporación al contrato de las cláusulas de las condiciones generales o la declaración de nulidad de las mismas no determina la ineficacia total del contrato, si éste puede subsistir sin tales cláusulas, extremo sobre el que debe pronunciarse la sentencia. Así, la sentencia estimatoria puede declarar:
a) La nulidad o no incorporación al contrato de las **cláusulas afectadas**, declarando la subsistencia del contrato sin tales cláusulas. La parte del contrato afectada por la no incorporación o por la nulidad se debe integrar con arreglo a lo dispuesto en el CC art.1258 y disposiciones en materia de interpretación.
b) La nulidad del propio **contrato**, cuando la nulidad de las cláusulas o su no incorporación afecte a uno de los elementos esenciales del mismo. Esta acción debe ejercitarse ante el juez de primera instancia del domicilio del demandante (LEC art.52.1.14º), siguiendo los trámites del juicio ordinario (LEC art.249.1.5º). Cabe, no obstante, que se haya aceptado un convenio arbitral en el seno del contrato de adhesión (nº 5260 s.).

Precisiones **1)** En los contratos celebrados con consumidores, se consideran abusivas las cláusulas de sumisión a arbitrajes distintos del de consumo, salvo que se trate de órganos de arbitraje institucional creados por normas legales para un supuesto o sector específico (LGDCU art.90.1).
2) Cuando se ejerciten acciones individuales, en caso de duda sobre el sentido de una cláusula prevalecerá la interpretación más favorable al consumidor (LGDCU art.80.2).
3) Antes del ejercicio de la acción individual de no incorporación al contrato o de nulidad de condiciones generales, el adherente puede intentar la **conciliación** con el predisponente (L 15/2015 art.139 s.).
4) Para **mayor información** sobre los procedimientos judiciales ver nº 5100 s.

755 **Acción colectiva** (LCGC art.12 y 17; LEC art.52.1.14º) Junto a las acciones individuales que pueden ejercitar los contratantes, se reconoce con carácter general a determinadas **entidades o corporaciones** la posibilidad de reaccionar contra la utilización o recomendación de utilización de condiciones generales contrarias a la ley, mediante el ejercicio de una serie de acciones colectivas. En función del objetivo que se pretende, se distingue entre las siguientes acciones:
a) **De cesación**: se dirige a obtener una sentencia que condene al demandado a eliminar de sus condiciones generales las que se reputen nulas y a abstenerse de utilizarlas en los sucesivo, determinando o aclarando, cuando sea necesario, el contenido del contrato que ha de considerarse válido y eficaz. A esta acción se puede acumular, como accesoria, la de devolución de las cantidades que se hayan cobrado en virtud de las condiciones a que afecte la sentencia, y la de indemnización de daños y perjuicios que haya causado la aplicación de dichas condiciones. Puede dirigirse

contra cualquier profesional que utilice condiciones generales que se reputen nulas. Ver nº 5200 s.
b) **De retractación**: tiene por objeto obtener una sentencia que declare e imponga al demandado, sea o no el predisponente, el deber de retractarse de la recomendación que haya efectuado de utilizar las cláusulas de condiciones generales que se consideren nulas y de abstenerse de seguir recomendándolas en el futuro. Puede dirigirse contra cualquier profesional que recomiende públicamente la utilización de determinadas condiciones generales que se consideren nulas o manifieste, de la misma manera, su voluntad de utilizarlas en el tráfico, siempre que en alguna ocasión hayan sido utilizadas por algún predisponente.
c) **Declarativa**: se dirige a obtener una sentencia que reconozca una cláusula como condición general y ordene su inscripción, cuando proceda en el Registro de Condiciones Generales de Contratación. Puede dirigirse contra cualquier profesional que utilice las condiciones generales. Es competente para conocer estas acciones el tribunal del lugar donde el demandado tenga su establecimiento y, a falta de éste, el de su domicilio; y si el demandado carece de domicilio en el territorio español, el del lugar en que se hubiera realizado la adhesión.

Precisiones La sentencia que estima la acción colectiva de cesación de una cláusula suelo no solo debe determinar el cese en la utilización de dicha cláusula por parte de esta entidad bancaria, sino también respecto de aquellos **litigios pendientes** en los que se esté ejercitando una acción individual respecto de esa cláusula suelo (TS 8-6-17, EDJ 93157).

Legitimación activa (LCGC art.16; LEC art.11) Las acciones colectivas pueden ser ejercitadas **exclusivamente** por las siguientes entidades: **758**
• Las asociaciones o corporaciones de empresarios, profesionales y agricultores que estatutariamente tengan encomendadas la defensa de los intereses de sus miembros.
• Las Cámaras de comercio, industria y navegación.
• Las asociaciones de consumidores y usuarios legalmente constituidas y que estatutariamente encomendada la defensa de estos.
• La Agencia Española de Consumo, Seguridad Alimentaria y Nutrición y los órganos correspondientes de las comunidades autónomas y de las corporaciones locales competentes en materia de defensa de los consumidores.
• Los colegios profesionales legalmente constituidos.
• El Ministerio fiscal.
• Las entidades de otros Estados miembros de la UE constituidas para la protección de los intereses colectivos y de los intereses difusos de los consumidores que estén habilitadas mediante su inclusión en la lista publicada a tal fin en el Diario oficial de la UE. Los jueces y tribunales deben aceptar dicha lista como prueba de la capacidad de la entidad habilitada para ser parte, sin perjuicio de examinar si la finalidad de la misma y los intereses afectados legitiman el ejercicio de la acción.

Cuando los **perjudicados** por un hecho dañoso sean un grupo de consumidores o usuarios cuyos componentes estén perfectamente determinados o sean fácilmente determinables, la legitimación para pretender la tutela de esos intereses colectivos corresponde a las asociaciones de consumidores y usuarios, a las entidades legalmente constituidas que tengan por objeto la defensa o protección de éstos, así como a los propios grupos de afectados.
Cuando los perjudicados por un hecho dañoso sean una pluralidad de consumidores o usuarios **indeterminada** o de difícil determinación, la legitimación para demandar en juicio la defensa de estos intereses difusos corresponderá exclusivamente a las asociaciones de consumidores y usuarios que, conforme a la Ley, sean representativas.

Precisiones **1)** Las **asociaciones de consumidores y usuarios** están **legitimadas** para el ejercicio de las acciones colectivas siempre y cuando reúnan los requisitos establecidos en la legislación estatal o, en su caso, en la legislación autonómica en materia de defensa de los consumidores. El régimen jurídico básico se contiene en la LGDCU art.22 a 26. Además, si la asociación desarrolla principalmente sus funciones en el ámbito de una determinada

comunidad autónoma, debe ajustarse a lo que, en su caso, disponga la legislación autonómica en la materia.
Cuando la asociación sea de ámbito estatal, debe figurar inscrita en el **Registro Estatal de Asociaciones de Consumidores y Usuarios** que gestiona el Instituto Nacional del Consumo.
2) Para **mayor información** sobre las **asociaciones de consumidores y usuarios** ver nº 140 s.

760 **Prescripción** (LCGC art.19) Las acciones colectivas de **cesación y retractación** son imprescriptibles cuando las condiciones generales no se hayan depositado o, depositándose, no se hayan utilizado. En cambio, están sujetas a un plazo de prescripción de cinco años cuando se hayan depositado en el Registro General de Condiciones Generales de la Contratación y utilizado efectivamente mediante su incorporación en un determinado contrato. En cualquier caso, estas acciones de cesación y retractación pueden ser ejercitadas en todo caso durante los cinco años siguientes a la declaración judicial firme de nulidad o no incorporación que pueda dictarse con posterioridad como consecuencia de la acción individual.
Por lo que respecta a la acción **declarativa**, esta es en cualquier caso imprescriptible.

763 **Publicidad** (LCGC art.21; LEC art.15.1) En los procesos promovidos por asociaciones o entidades constituidas para la protección de los derechos e intereses de los consumidores y usuarios, o por los grupos de afectados, el letrado de la Administración de Justicia debe hacer un llamamiento a los perjudicados por haber sido consumidores del producto o usuarios del servicio que dio origen al proceso, para lo cual debe publicar la **admisión de la demanda** en medios de comunicación con difusión en el ámbito territorial en el que se haya manifestado la lesión de aquellos derechos o intereses.
Sin perjuicio de la inscripción en el Registro de Condiciones Generales de Contratación de la **sentencia estimatoria** del ejercicio de una acción colectiva, esta debe decidir sobre la publicación del fallo, junto con el texto de la cláusula o cláusulas afectadas, en el BORME o en un **periódico** de los de mayor circulación de la provincia correspondiente al juzgado donde se hubiese dictado la sentencia, o en ambos medios, siendo de cargo del demandado y condenado los gastos que con tal motivo se ocasionen, para lo cual se le da un plazo de quince días desde la notificación de la sentencia.

C. Cláusulas no negociadas individualmente

765

766 Cuando el adherente tiene la consideración de **consumidor** (conforme a la definición dada en el nº 20), además de lo establecido en la LCGC (nº 690 s.), también se aplica la regulación en materia de consumo contenida en la LGDCU, que establece un específico mecanismo de control de las cláusulas no negociadas individualmente con consumidores y, en particular, de las cláusulas abusivas.
El concepto de cláusula no negociada individualmente no debe confundirse con el de **condiciones generales**. Aunque tanto unas como otras son cláusulas contractuales, predispuestas e impuestas, las condiciones generales deben haber sido redactadas con la finalidad de ser incorporadas a una pluralidad de contratos, a diferencia de las cláusulas no negociadas individualmente, que merecen tal condición, aunque el empresario las haya redactado con el fin de incorporarlas a **un solo contrato**.
Ahora bien, el **ámbito de aplicación objetivo** de la LGDCU es:
• Las cláusulas predispuestas e impuestas para un solo contrato, las cuales carecen del elemento de generalidad.

• Las condiciones generales de contratación definidas conforme a la LCGC, ya que, pese a la presencia del elemento de generalidad, ello es irrelevante para el ámbito objetivo del control de contenido de la LGDCU.

Precisiones **1)** El término cláusula no negociada individualmente no debe de interpretarse en el sentido literal y vulgar como **ausencia de discusión o regateo**, sino que debe de interpretarse en el sentido amplio que la Dir 93/13/CEE art.3.2 le atribuye: cláusulas redactadas previamente y en las que el consumidor no ha podido influir en su contenido.
2) En la práctica, todas o al menos casi todas las cláusulas no negociadas individualmente son **condiciones generales**, debido a que habrán sido prerredactados para ser incorporadas a una pluralidad de contratos.

1. Requisitos

(LGDCU art.80 y 81)

En los contratos con consumidores y usuarios que utilicen cláusulas no negociadas individualmente, incluidos los que promuevan las Administraciones públicas y las entidades y empresas de ellas dependientes, tales cláusulas deben cumplir una serie de requisitos de forma y de contenido: **768**

De forma (LGDCU art.80.1) Con carácter general, para que las cláusulas no negociadas individualmente puedan incorporarse a un contrato con consumidores, deben reunir los siguientes requisitos: **770**

• **Concreción, claridad y sencillez** en la redacción. La claridad también opera en la **presentación del contrato**. El contendido debe presentarse en apartados y números debidamente separados para facilitar la búsqueda de información. La concreción exige una completa **descripción de los elementos del contrato**. La falta de concreción puede afectar a la descripción del supuesto de hecho o a sus consecuencias jurídicas. P.e. un caso habitual de falta de concreción son las cláusulas sobre intereses por impago en las que no queda claro el cálculo de los intereses o a partir de cuándo se considera que existe el impago.

• **Comprensión directa**, sin reenvíos a textos o documentos que no se faciliten previa o simultáneamente a la conclusión del contrato, y a los que, en todo caso, debe hacerse referencia expresa en el documento contractual.

• **Legibilidad**. En ningún caso se entiende cumplido este requisito si el tamaño de la letra del contrato es inferior a los 2.5 milímetros (antes del 1-6-2022 bastaba con un tamaño de letra de milímetro y medio –L 4/2022 disp.final 7ª–), el espacio entre líneas es inferior a los 1.15 milímetros o el insuficiente contraste con el fondo dificulta la lectura. La poca legibilidad del texto puede considerarse una voluntad de esconder el contenido de la cláusula y por tanto los contratos escritos con dos tamaños de letra, una grande y otra pequeña, puede verse afectado por poca claridad (TS 17-6-10, EDJ 152966).

• **Accesibilidad**, de forma que permita al consumidor y usuario el conocimiento previo a la celebración del contrato sobre su existencia y contenido. Este requisito debe ponerse en relación con la obligación de información precontractual (ver nº 535 s.) y la confirmación documental del contrato de consumo (ver nº 556).

La **finalidad** es el adecuado conocimiento de la posición contractual mediante información antes y durante la conclusión del contrato para salvaguardar la voluntad del adherente y su libertad para poder escoger entre las diferentes opciones del mercado. Por ello, la transparencia es trascendental que se cumpla en todas las cláusulas, pero especialmente en las más importantes o las que afecten a elementos esenciales del contrato para que el adherente pueda conocer y comprender el contenido. La transparencia sirve como medio para controlar la inserción de condiciones contractuales y su contenido y su **ausencia** es determinante para apreciar la existencia de abusividad (ver nº 738 s.).

Precisiones **1)** En los casos de **contratación telefónica o electrónica** con condiciones generales es necesario que conste la aceptación de todas y cada una de las cláusulas del contrato, sin necesidad de firma convencional. En este supuesto se debe enviar inmediatamente al consumidor y usuario justificación de la contratación efectuada por escrito o, salvo oposi-

ción expresa del consumidor y usuario, en cualquier soporte de naturaleza duradera adecuado a la técnica de comunicación a distancia utilizada, donde constarán todos los términos de la misma.En los casos de contratación telefónica o electrónica con condiciones generales es necesario que conste la aceptación de todas y cada una de las cláusulas del contrato, sin necesidad de firma convencional. En este supuesto se debe enviar inmediatamente al consumidor y usuario justificación de la contratación efectuada por escrito o, salvo oposición expresa del consumidor y usuario, en cualquier soporte de naturaleza duradera adecuado a la técnica de comunicación a distancia utilizada, donde constarán todos los términos de la misma.
2) La exclusión del control de contenido de la **comisión de apertura** está condicionada a que la cláusula esté redactada de manera clara y comprensible y a que supere el control de transparencia, esto es, que al consumidor se le ofrezca con antelación suficiente **información** de la cláusula para que conozca o pueda conocer la carga jurídica y económica que supone para él (TS 23-1-19, EDJ 501276).

773 Cuando una cláusula no negociada individualmente incumple los requisitos de forma en la LGDCU, puede ejercitarse la acción individual de nulidad o la acción colectiva de cesación.
Cuando la cláusula no negociada individualmente reviste la forma de condición general, debe estarse también a lo dispuesto en la LCGC, que establece unos requisitos de incorporación de las condiciones generales al contrato (nº 710) y unos supuestos de no incorporación de tales condiciones generales, así como una acción específica para el control del cumplimiento de las normas de incorporación de las condiciones generales, como es la acción individual de no incorporación (nº 753), sin perjuicio de que a través de la acción colectiva de cesación pueda solicitarse la eliminación por nula de aquellas cláusulas que contravengan tales requisitos formales (nº 694 s.).

Precisiones Se admite la posibilidad de que una cláusula potencialmente nula, como la **cláusula suelo**, pueda ser **modificada por las partes con posterioridad**, pero si esta modificación no ha sido negociada individualmente, sino predispuesta por el empresario, en ese caso debería cumplir, entre otras exigencias, con las de **transparencia**. De esta forma, la cláusula estipulada en un contrato celebrado entre un profesional y un consumidor para la solución de una controversia existente, mediante la que el consumidor renuncia a hacer valer ante el juez nacional las pretensiones que hubiera podido articular en ausencia de esta cláusula, puede ser calificada como abusiva cuando, en particular, el consumidor no haya podido disponer de la información pertinente que le hubiera permitido comprender las consecuencias jurídicas que se derivaban para él de tal cláusula (TJUE 9-7-20, asunto C-452/18; TS 5-11-20, EDJ 698701; 5-11-20, EDJ 705110; 9-2-21, EDJ 504528; 28-9-21, EDJ 697184).

775 **De contenido** (LGDCU art.80.1.c) Las cláusulas no negociadas individualmente deben respetar la **buena fe** y el **justo equilibrio** entre los derechos y obligaciones de las partes, lo que en todo caso excluye la utilización de cláusulas abusivas. El control de contenido o control de abusividad se estudia en el nº 790 s.

2. Cláusulas abusivas

780

a. Concepto

(LGDCU art.82)

785 Se consideran cláusulas abusivas todas aquellas estipulaciones no negociadas individualmente y todas aquellas prácticas no consentidas expresamente que, en contra de las exigencias de la buena fe, causen, en **perjuicio del consumidor**y usuario, un desequilibrio importante de los derechos y obligaciones de las partes que se deriven del contrato (Dir 1993/13/CEE art.3.1; LGDCU art.82.1).

De acuerdo con esta definición, se incluyen dentro del concepto de cláusula abusiva tanto las estipulaciones contractuales como las prácticas negociales del empresario en las que concurran los siguientes requisitos:

• Que la estipulación **no** haya sido **negociada individualmente** o que la práctica no haya sido consentida expresamente por el consumidor o usuario. Al efecto de valorar esta circunstancia, debe tenerse en cuenta que:

- el hecho de que ciertos elementos de una cláusula o de que una cláusula aislada se hayan negociado individualmente no excluye la aplicación de las normas sobre cláusulas abusivas al resto del contrato; y
- el empresario que afirma que una determinada cláusula ha sido negociada individualmente asume la carga de la prueba.

• Que la estipulación o práctica cause, en contra de las exigencias de la buena fe y en perjuicio del consumidor y usuario, un desequilibrio importante de los derechos y obligaciones de las partes que deriven del contrato. El carácter abusivo de una cláusula –o lo que es lo mismo, el **desequilibrio** importante de los **derechos y obligaciones** de las partes– se debe apreciar teniendo en cuenta la **naturaleza** de los bienes o servicios objeto del contrato y considerando todas las **circunstancias** concurrentes en el momento de su celebración, así como todas las demás cláusulas del contrato o de otro del que éste dependa.

Sin perjuicio del concepto de cláusula abusiva antes descrito, la LGDCU contiene un catálogo o **lista negra de cláusulas** que, en todo caso, deben considerarse abusivas (LGDCU art.85 a 90). Este catálogo se estudia en el nº 820 s.

La **finalidad** es la de velar por el justo equilibrio de las prestaciones y defender la posición del consumidor contra las cláusulas establecidas unilateralmente por el empresario.

El concepto de cláusula abusiva es un **concepto propio del derecho de consumo**, de tal forma que no es extensible a todo tipo de contratos más allá de los celebrados entre un empresario y un consumidor (TS 30-4-15, EDJ 161336). Ahora bien, el concepto de consumidor se ha ido flexibilizando y puede aplicarse a personas jurídicas, siempre que el ámbito objetivo del negocio sea ajeno a su actividad empresarial.

Precisiones Es un hecho notorio que, en determinados sectores de la contratación con los consumidores, en especial los bienes y servicios de uso común entre los que se encuentran los **servicios bancarios**, los profesionales o empresarios utilizan contratos integrados por condiciones generales de la contratación. De ahí que tanto la Dir 1993/13/CEE art.3.2 como la LGDCU art.82.2 prevean que el profesional o empresario que afirme que una determinada cláusula ha sido negociada individualmente, asumirá la **carga de la prueba** de esa **negociación**. Así lo recuerda el TJUE 16-1-14, asunto C-226/12. Y es que, «el sector bancario se caracteriza porque la contratación con consumidores se realiza mediante cláusulas predispuestas e impuestas por la entidad bancaria, y por tanto, no negociadas individualmente con el consumidor, lo que determina la procedencia del control de abusividad previsto en la Dir 1993/13/CEE y en el Texto Refundido de la Ley General para la Defensa de los Consumidores y Usuarios, salvo que se pruebe el supuesto excepcional de que el contrato ha sido negociado y el consumidor ha obtenido contrapartidas apreciables a la inserción de cláusulas beneficiosas para el predisponente» (TS 22-4-15, EDJ 69484).

Desequilibrio entre derechos y obligaciones No cualquier desequilibrio genera automáticamente la condición de abusiva en una cláusula, pues expresamente se habla de **desequilibrio importante** en relación a los derechos y obligaciones. Es un concepto abierto que hay que valorar caso por caso según el contrato en conjunto y las siguientes **circunstancias**: **786**

- naturaleza de los bienes o servicios objeto de contrato;
- circunstancias del momento de celebración del contrato;
- todas las demás cláusulas del contrato.

Así, para **determinar** si una cláusula causa **desequilibrio** debe plantearse si deja al consumidor en peor situación que la prevista en el derecho vigente y si el profesional, tratando de forma leal y equitativa al consumidor, hubiera estimado de forma razonable que el consumidor la hubiera aceptado si hubiera habido una negociación individual con él (Dir 1993/13/CEE art.3.1; TJUE 14-3-13, C-415/2011).

El desequilibrio no tiene por qué ser estrictamente económico o de costes, sino que puede consistir en una lesión grave de la situación jurídica del consumidor como parte del contrato mediante la **restricción de los derechos**, obstaculizando su ejercicio o imponiendo obligaciones adicionales no previstas por la legislación. P.e. la imposición al consumidor del pago de una cantidad cuyo abono corresponde por ley al profesional aunque el perjuicio económico no sea muy importante (TJUE 16-1-14, C-226/2012).

787 Aunque existe una lista indicativa sobre cláusulas que deben considerarse como abusivas (nº 820 s.), se **presume abusividad** siempre que (LGDCU art.82.4, 85, 87 y 90):
- se vincule el contrato a la voluntad del empresario;
- se limite los derechos del consumidor;
- no exista reciprocidad en el contrato;
- se imponga al consumidor garantías desproporcionadas o afecte a la carga de la prueba;
- se contravenga las reglas sobre competencia y derecho aplicable; o
- resulte desproporcionada en relación al perfeccionamiento o ejecución del contrato.

Precisiones 1) En el caso en que una **cláusula prerredactada sometida a discusión** con el consumidor hay que entender que no es suficiente el hecho de la propia negociación si la cláusula no fue efectivamente modificada. Bastaría entonces para el empresario ofrecer la negociación y rechazar los cambios propuestos por el consumidor para eludir el control por abusividad. En cualquier caso corresponde al empresario probar que una determinada cláusula ha sido negociada.
2) Aunque la **falta de equilibrio y de buena fe** pueden parecer dos principios separados, en realidad el desequilibrio es consecuencia directa de la falta de buena fe. Es un elemento revelador de su infracción y, por tanto, de la abusividad de una cláusula en atención a las reglas objetivas de honradez en el tráfico jurídico y el comercio.

788 **Cláusula ilegible, ambigua, oscura o incomprensible** La comprensión por el **adherente medio** es una de las cuestiones más discutibles en la práctica debido a que los contratos de adhesión están dirigidos para un gran número de personas. Esto implica que las cláusulas deben estar redactadas de forma que posibiliten su comprensión para un nivel cultural y social medio. Visto esto, las **personas con nivel cultural bajo** son las más expuestas: pueden no comprender una cláusula que una persona con nivel cultural medio sí comprendería y por tanto no puede reclamar su no incorporación. En estos casos no quedan desamparados, sino que pueden acudir a los criterios generales del vicio en el consentimiento del CC o la LGCDU.
En cualquier caso, excepcionalmente, la cláusula incomprensible por el adherente medio puede ser **incorporada** al contrato **si**:
- está firmada expresamente por el adherente, por lo que los contratos de adhesión orales no pueden quedar amparados por esta excepción;
- se ajusta a la normativa sectorial específica bancaria, financiera, de seguros o de mercado de valores. Estos sectores se caracterizan por su gran complejidad técnica que justifica esta excepción.

Precisiones El **adherente medio** es un término indeterminado que equivale al concepto doctrinal del buen padre de familia del CC o al del ordenado comerciante del CCom.

790 **Cláusula no incorporada** (LCGC art.7) La LCGC contiene un **mecanismo de sanción** que tiene por no incorporadas al contrato de adhesión las cláusulas.
- Así, las cláusulas **no son oponibles** cuando:
- el adherente (nº 705) no ha podido conocer de forma completa la cláusula en el momento de celebrar el contrato o no han sido firmadas cuando es necesario (LCGC art.5);
- la cláusula es ilegible, ambigua, oscura o incomprensible para el adherente medio salvo que esté expresamente firmada por el adherente y se ajuste a su normativa específica sobre transparencia.

La no incorporación de una cláusula impide la **vinculación del adherente**, no por nulidad, sino por ser inoponible al no quedar integrada en la oferta o el contrato.
• Sin embargo, **son oponibles** las cláusulas cuando:
- el adherente la invoca porque le es beneficiosa;
- estaban sometidas a plazos de prescripción o reclamación que han expirado.
La carga de la **prueba** del cumplimiento de los requisitos para que una cláusula se incorpore al contrato corresponde al predisponente (nº 694).

b. Control de abusividad

Del propio concepto de cláusula abusiva se desprenden los **elementos** para poder considerar una cláusula como abusiva en un contrato de adhesión (AP Santa Cruz de Tenerife 11-10-10, EDJ 366430): **795**
• Contrato celebrado con un **consumidor** persona física o jurídica que adquiere como destinatario final de bienes, productos o servicios y que actúan ajenos a una actividad empresarial o profesional.
• **Ausencia de negociación** individual, la cláusula debe haber sido redactada previamente y el consumidor no ha podido influir sobre su contenido, si una cláusula ha sido negociada, esto no impide poder apreciar abusividad en el resto de cláusulas contrato.
• Existencia de un importante **desequilibrio** en detrimento del consumidor y falta de buena fe, la cláusula debe perjudicar desproporcionadamente al consumidor, p.e. el caso de las cláusulas suelo y techo en las que es muy difícil que el interés supere (o ni siquiera alcance) el techo, pero es probable que baje por debajo del suelo.
Se trata de un **control del contenido** de la cláusula, que afecta a su validez y define su carácter abusivo. Los conceptos de «**buena fe**» y de «**desequilibrio importante**» en detrimento del consumidor entre los derechos y las obligaciones de las partes que se derivan del contrato, delimita tan solo de manera abstracta los elementos que confieren carácter abusivo a una cláusula que no se haya negociado individualmente. Según el TJUE, para determinar si una cláusula es abusiva, deben tenerse en cuenta, en particular, los siguientes parámetros (TJUE 14-3-13, asunto Aziz C-415/11; 26-1-17, asunto C-421/14):
1º) Realizar un **análisis comparativo** de las normas aplicables en Derecho nacional cuando no exista un acuerdo de las partes en ese sentido, valorando si –y, en su caso, en qué medida– el contrato deja al consumidor en una situación jurídica menos favorable que la prevista por el Derecho nacional vigente.
2º) Examinar los **medios** de que dispone el consumidor con arreglo a la normativa nacional para que cese el uso de la cláusula abusiva.
3º) Comprobar si el profesional podía estimar razonablemente que, tratando de manera leal y equitativa con el consumidor, éste aceptaría una cláusula de ese tipo en el marco de una negociación individual.
Y todo ello, teniendo en cuenta la naturaleza de los bienes o servicios que sean **objeto del contrato** y considerando, en el momento de la celebración del mismo, todas las circunstancias que concurran en su celebración (TJUE 4-6-09, asunto Pannon GSM C-243/08; 9-11-10, asunto VB Pénzügyi Lízing C-137/08).

Precisiones La falta de transparencia del **abogado** a la hora de informar a su cliente sobre sus **honorarios** no implica que estos sean abusivos, pues se adaptan a las normas colegiales, de lo que cabe presumir que no son excesivos (puesto que corporativamente tienen el carácter de mínimos), y porque no causa un grave desequilibrio entre las partes ni manifiesta mala fe por parte del letrado (TS 24-2-20, EDJ 511860).

Este control de abusividad o contenido no es posible: **798**
• En los contratos entre empresarios (ver nº 735).
• En las cláusulas que afectan a elementos esenciales del contrato; por ejemplo, las relativas al precio o al objeto en un contrato de compraventa (TS 9-5-13, EDJ 53424). Este tipo de cláusulas sí quedan sometidas, sin embargo, a un control de transparencia (ver nº 738).

Cuando el **adherente** es un **profesional**, la nulidad de las cláusulas por condición general se basa en el mismo régimen legal que las cláusulas negociadas, operando como único límite lo dispuesto en la legislación general para los contratos. Esto no significa que **entre profesionales** no pueda haber una posición dominante de un contratante sobre otro y que pueda apreciarse la abusividad de una cláusula sino que, simplemente, se sujeta a las normas generales de nulidad contractual (TS 28-5-14, EDJ 111197; 1-10-12, EDJ 212332).

Adherente	Cláusulas nulas	Aplicación cláusulas abusivas LGDCU	Normativa aplicable
Consumidor	Perjudiciales o desequilibradas contrarias a la buena fe.	SÍ	LCGC art.8.2
			LGDCU art.82 s.
Profesional	Contrarias a normas imperativas o prohibitivas.	NO	LCGC art.8.1
			CC art.1255, 1258 y 1265

Precisiones La exclusión del **control de contenido** de la **comisión de apertura** (TS 23-1-19, EDJ 501276) está condicionada a que la cláusula esté redactada de manera clara y comprensible y a que supere el control de transparencia, esto es, que al consumidor se le ofrezca con antelación suficiente información de la cláusula para que conozca o pueda conocer la carga jurídica y económica que supone para él. Esa doctrina es reiterada por la el TJUE 16-7-20, C-224/19.

800 **Consecuencias de la abusividad** (LGDCU art.83; LCGC art.8.2) Las cláusulas abusivas son **nulas de pleno derecho** y se tienen por no puestas. Como declara el TJUE, «una cláusula contractual declarada abusiva nunca ha existido, de manera que no podrá tener efectos frente al consumidor. Por consiguiente, la declaración judicial del carácter abusivo de tal cláusula debe tener como consecuencia, en principio, el restablecimiento de la situación de hecho y de Derecho en la que se encontraría el consumidor de no haber existido dicha cláusula»; es decir, la **restitución** íntegra de las cantidades indebidamente pagadas por el consumidor (TJUE 21-12-16, asuntos acumulados C-154/15, C-308/15, C-307/15).

La nulidad de las cláusulas abusivas no afecta, en principio, a la **subsistencia del contrato**, que seguirá siendo obligatorio para las partes en los mismos términos, siempre que pueda subsistir sin dichas cláusulas. Por excepción, solo cuando las cláusulas subsistentes –es decir, aquellas que no tienen carácter abusivo– determinen una situación no equitativa en la posición de las partes que no pueda ser subsanada, podrá el juez declarar la nulidad del contrato.

En alguna ocasión, el TJUE ha permitido al juez nacional **sustituir una cláusula abusiva** por otra estipulación supletoria del derecho nacional. Pero ello solo es posible cuando la declaración de nulidad obligue al juez a extinguir el contrato en su totalidad, quedando expuesto el consumidor a consecuencias negativas (TJUE 21-1-15, asuntos acumulados C-487/13, C-482/13, C-485/13, C-484/13). Cuando la simple supresión del contenido abusivo restablezca el equilibrio de posiciones, no procede la sustitución de la cláusula, ya que «la consecuencia de la apreciación de la abusividad de una cláusula abusiva es la supresión de tal cláusula, sin que el juez pueda aplicar la norma supletoria que el Derecho nacional prevea a falta de estipulación contractual, y sin que pueda integrarse el contrato mediante los criterios establecidos, en el Derecho español, en el CC art.1258, salvo que se trate de una cláusula necesaria para la subsistencia del contrato, en beneficio del consumidor» (TS 22-4-15, EDJ 69484; TJUE 14-6-12, asunto C-618/10).

En aquellos casos en los que la nulidad haya afectado a tal cantidad de cláusulas, por número o importancia, que impidan su subsistencia, se permite la **anulación del contrato**, de forma excepcional.

El **efecto** de una resolución jurisdiccional por la que se declara la ilicitud de cláusulas consideradas abusivas puede extenderse a todos los consumidores que hayan celebrado un contrato con las mismas cláusulas y con el mismo profesional, sin ser parte en el procedimiento dirigido contra este último (TJUE 26-4-12, asunto Invitel

C-472/10). No obstante, este efecto no se extiende cuando los **consumidores** hayan celebrado un contrato con esas mismas cláusulas pero con un profesional diferente que no ha participado en el procedimiento por el que se ha declarado el carácter abusivo de las cláusulas controvertidas (TJUE 21-12-16, asunto C-119/15).

Precisiones La declaración de abusividad de la cláusula de **modificación de prestaciones** incluida en contrato de **servicio de telefonía** no puede suponer la modificación de las condiciones del contrato, debiendo excluirse la misma y viniendo obligada la entidad de telefonía a devolver lo cobrado de más. No obstante, la consumidora no tiene derecho a exigir que el contrato se mantenga de forma perpetua en las mismas condiciones pactadas, ya que existe derecho de resolución unilateral con un preaviso de un mes (TS 25-4-23, EDJ 554288).

Cuando se declara abusiva una **cláusula penal** convencionalmente predispuesta en un contrato celebrado entre un profesional y un consumidor, el juez no puede limitarse a moderar el importe de la pena contractualmente impuesta, sino que debe excluir pura y simplemente dicha cláusula (TJUE 30-5-13, asunto C-488/11; TS 11-3-14, EDJ 61022; AP Alicante 16-1-14, EDJ 25663). **801**

En el caso de los **intereses de demora**, establecidos como indemnización por el retraso en el pago de las cuotas de un préstamo, la consecuencia de su apreciación como abusivos será la supresión de los puntos porcentuales de incremento que supone el interés de demora respecto del **interés remuneratorio** (porque ese es el contenido de la cláusula considerada abusiva), y la continuación del devengo del interés remuneratorio hasta que se produzca el reintegro de la suma prestada. No cabe, por tanto, la **moderación** de dicho interés hasta un porcentaje que se considere aceptable, ni la aplicación de la norma de Derecho supletorio que prevé el devengo del interés legal o cualquier otra de las normas que prevén el interés de demora en determinados sectores de la contratación (TS 22-4-15, EDJ 69484; 8-9-15, EDJ 161336; 3-6-16, EDJ 76680).

Precisiones **1)** El TJUE reconoce **efectos retroactivos** plenos a la declaración de nulidad de las **cláusulas suelo** contenidas en los préstamos hipotecarios celebrados por aquellos. Los efectos restitutorios no quedan circunscritos exclusivamente a las cantidades pagadas con posterioridad a la declaración judicial de abusividad, pues tal restricción no es compatible con el Derecho de la Unión, ya que supone una protección incompleta e insuficiente del consumidor (TJUE 21-12-16, asuntos acumulados C-154/15, C-308/15, C-307/15).

2) En cuanto a los efectos de la nulidad de la cláusula abusiva que atribuye al consumidor la totalidad de los **gastos e impuestos** generados en la formalización de los **préstamos hipotecarios**, como son pagos que han de hacerse a terceros –notario, registrador de la propiedad– como honorarios por su intervención profesional con relación al préstamo hipotecario, la declaración de abusividad no puede conllevar que esos terceros dejen de percibir lo que por ley les corresponde, por lo que el pago de esas cantidades debe correr a cargo de la parte a la que correspondiera según la normativa vigente en el momento de la firma del contrato (TS 23-1-19, EDJ 501277; 23-1-19, EDJ 501268; 23-1-19, EDJ 501272; 23-1-19, EDJ 501277; 14-9-20, EDJ 655496; TJUE 16-7-20, C-2011259/19 y C-224/19).

Control judicial Para el control de las cláusulas abusivas, puede ejercerse la **acción individual de nulidad**, para la protección de los intereses del consumidor contratante, o la **acción colectiva de cesación**, para la protección de los intereses colectivos o difusos de los consumidores y usuarios. La acción colectiva de cesación recibe un tratamiento expreso en la LGDCU art.53 a 56, y puede ejercitarse tanto frente a la utilización como frente a la recomendación de utilización de cláusulas abusivas. **802**

Cuando la cláusula abusiva reviste la forma de condición general, también se reputa nula (LGCC art.7.2), y, a tal fin, pueden ejercerse igualmente la acción individual de nulidad o la acción colectiva de cesación (ver nº 753 s.).

El ejercicio de acciones por los consumidores no está sometido a **plazo**, pues la **acción de nulidad** absoluta es imprescriptible. No obstante, el TJUE considera que las reclamaciones deben hacerse dentro de un tiempo razonable, para que no sean contrarias a la buena fe (TJUE 21-12-16, asunto C-119/15). En cuanto a la acción dirigida a hacer valer los **efectos restitutorios** derivados de la declaración de nulidad

802 (sigue) de la cláusula abusiva, esta puede quedar sometida a un plazo de prescripción de 5 años a contar desde la celebración del contrato (CC art.1964.2), pues no parece, en principio, que pueda hacer imposible en la práctica o excesivamente difícil el ejercicio de los derechos conferidos por la Dir 93/13/CEE (TJUE 16-7-20, C-259/19 y C-224/19).

Desde el 28-5-2022 se considera **infracción grave o muy grave** en materia de defensa de los consumidores y usuarios, la introducción o existencia de cláusulas abusivas en los contratos, así como la no remoción de sus efectos una vez declarado judicialmente su carácter abusivo o sancionado tal hecho en vía administrativa con carácter firme (LGDCU art.47.j y 48.2.b). Ver nº 4536.

Precisiones **1)** En cumplimiento de la jurisprudencia del TJUE en esta materia, el legislador ha introducido en la LEC art.815.4 un trámite que permite al juez, previamente a que el letrado de la Administración de Justicia acuerde realizar el requerimiento, controlar la eventual existencia de cláusulas abusivas en los contratos en los que se basen los **procedimientos monitorios** que se dirijan contra consumidores o usuarios y, en su caso, tras dar audiencia a ambas partes, resolver lo procedente, sin que ello produzca efecto de cosa juzgada, como exige la normativa europea. Igualmente, se incorpora la posibilidad del control judicial de las cláusulas abusivas en el despacho de ejecución de laudos arbitrales, al igual que ya está previsto para los títulos no judiciales (L 42/2015).

2) Se ha declarado conforme a la Dir 93/13/CEE la norma nacional (LEC art.207) que impide al juez realizar de oficio un **nuevo examen del carácter abusivo** de las cláusulas de un contrato cuando ya existe un pronunciamiento sobre la legalidad del conjunto de las cláusulas de ese contrato a la luz de la citada Directiva mediante una resolución con fuerza de cosa juzgada. Por el contrario, en caso de que existan una o varias cláusulas contractuales cuyo eventual carácter abusivo no ha sido aún examinado en un anterior control judicial del contrato controvertido concluido con la adopción de una resolución con fuerza de cosa juzgada, el juez nacional estará obligado a apreciar, a instancia de las partes o de oficio, el eventual carácter abusivo de esas cláusulas (TJUE 26-1-17, asunto C-421/14).

3) Es contraria a la Dir 93/13/CEE la interpretación jurisprudencial de que una **cláusula abusiva**, si **no se ha utilizado ni aplicado** en la práctica, no deba ser declarada nula con todas sus consecuencias (TJUE 26-1-17, asunto C-421/14).

4) Lo dispuesto en LEC art.394 ha sido considerado contrario a la Dir 93/13/CEE en tanto que permite que un consumidor cargue con una parte de las **costas** procesales en función del importe de las cantidades indebidamente pagadas que le son restituidas a raíz de la declaración de nulidad de una cláusula contractual de carácter abusivo (TJUE 16-7-20, asuntos C-224/19 y C-259/19). Conforme a este criterio, no procede aplicar la excepción al principio del vencimiento por existencia de serias dudas de Derecho en litigios sobre cláusulas abusivas, para evitar la generación de un efecto disuasorio inverso (TS 4-7-17, EDJ 124798; 17-9-20, EDJ 657693; 6-10-20, EDJ 675125; 26-1-21, EDJ 502374).

5) Con la L 7/2022 se descargó de **competencias** a los juzgados mercantiles y a las secciones especializadas de las audiencias provinciales, de modo que los casos sobre condiciones generales de la contratación y sobre protección de los consumidores y ciertas reclamaciones en materia de transportes (retrasos de aerolíneas, equipajes, etc.) pasaron a los juzgados de primera instancia.

6) La declaración de abusividad de la cláusula de modificación de prestaciones incluida en contrato de **servicio de telefonía** no puede suponer la modificación de las condiciones del contrato, debiendo excluirse la misma y viniendo obligada la entidad de telefonía a devolver lo cobrado de más. No obstante, la consumidora no tiene derecho a exigir que el contrato se mantenga de forma perpetua en las mismas condiciones pactadas, ya que existe derecho de resolución unilateral con un preaviso de un mes (TS 25-4-23, EDJ 554288).

7) Tras ser ignorado el principio de efectividad del Derecho de la Unión Europea y denegar la **imposición de costas** en un proceso en el que se ha declarado el carácter abusivo de cláusulas contractuales, el TCo 91/2023 ordena dictar una nueva sentencia con el pago íntegro de las costas judiciales por parte de una entidad bancaria a una clienta, cuyo derecho a la tutela judicial efectiva se vio vulnerado.

8) Estimada la acción de nulidad, aunque **no se hayan estimado las pretensiones restitutorias**, procede la imposición de las **costas** de la primera instancia al banco demandado (TS 22-12-22, EDJ 784607).

9) La LGDCU permitía **moderar judicialmente** las cláusulas abusivas hasta que la práctica fue declarada por el TJUE como contraria a la Dir 1993/13/CEE, lo que provocó la modificación de la LGDCU (Dir 1993/13/CEE art.6.1; LGDCU art.83; TJUE 14-6-12, C-618/2010).

10) Es contraria a la Dir 93/13/CEE la interpretación jurisprudencial de que una cláusula abusiva, si **no se ha utilizado ni aplicado en la práctica**, no deba ser declarada nula con todas sus consecuencias (TJUE 26-1-17).

Apreciación de oficio (TJUE 4-6-09, C-243/2008; 21-2-13, C-472/2011; 14-6-12, C-618/2010; 1-7-10, EDJ 245705) Las **reglas de mercado** se han mostrado incapaces por sí solas para erradicar la utilización de las cláusulas abusivas (expulsando del mercado a los empresarios que las usan a favor de quienes no lo hacen). Por esta razón es preciso establecer mecanismos para que los predisponentes desistan del uso de las cláusulas abusivas como que los jueces puedan actuar, incluso de oficio. 803

El Derecho europeo contiene, para el juez, una **obligación de intervenir de oficio** cuando sea preciso y tan pronto como tenga los elementos de hecho y derecho necesarios para hacerlo. Esta intervención de oficio no necesita que el consumidor presente una demanda y además se pide al juez que se aleje de los fomulismos y rigideces del procedimiento (TJUE 27-6-00, asuntos acumulados C-240/98, C-241/98, C-242/98, C-243/98 y C-244/98; 14-6-12, asunto Banco Español de Crédito C-618/10).

No es necesario tampoco que el fallo se ajuste exactamente al suplico de la demanda (ver nº 805), siempre que el juez oiga a las partes sobre los argumentos determinantes para calificar la cláusula como abusiva.

No solo se trata de una facultad, sino de un verdadero deber de intervención por parte de los tribunales declarando la nulidad (TJUE 21-2-13, asunto C-472/11). En conclusión, ante la presentación de una demanda con alguna cláusulas que puedan ser abusivas, se persone o no el deudor, y sea cualquiera el momento procesal en que se advierte tal circunstancia, el juez debe entrar a examinar la naturaleza y circunstancias de las mismas, debiendo, en consecuencia, de así considerarlo, declarar la nulidad de la cláusula en cuestión (AP Madrid 27-2-14, EDJ 45385).

El deber de actuación del juez no comprende solo apreciar abusividad cuando sea clara y contundente, sino que si hay indicios razonables para pensar sobre la abusividad de una cláusula, debe acordar de oficio las diligencias de **prueba** para determinar si es abusiva.

En cuanto al **aquietamiento**, la finalidad de la Dir 1993/13/CEE es proteger al consumidor, por lo que si este, advertido por el juez de la abusividad de una cláusula, decide conservarla, no puede imponerse su nulidad, quedando pues la cláusula pacificada o aquietada. El juez no tiene el deber de anular la cláusula si el consumidor no lo desea pues debe tenerse en cuenta la **voluntad del consumidor** adherente de mantener la cláusula, otorgando así su libre consentimiento para cumplirla.

Principio de congruencia y de conocimiento del Derecho (CC art.1.7; LEC art.218.1) La aplicación de oficio de la abusividad de las cláusulas puede plantear ciertas **dificultades**. 805
En España se impone a los jueces el deber de conocer el Derecho (*iura novit curia*) y de juzgar conforme al mismo. Pero esta regla, que permite al juez fundar su decisión en preceptos jurídicos distintos a los invocados y aplicar la norma que entiende adecuada, tiene como **límite** la congruencia, que exige que la decisión se ajuste a las peticiones de las partes.

El juez no puede dar lo pedido, aunque sea justo, si debe apartarse de los **hechos y pretensiones fijados por las partes** para justificarlo. Son las partes las que deben alegar los hechos sobre los que el juez debe decidir (*iudex iudicat secundum allegata et probata partium*, el juez debe decidir sobre la alegación y la y la prueba de los hechos) por lo que solo puede actuar de oficio en casos excepcionales de interés público. Así, debe pedirse al consumidor que formule ante el juez sus pretensiones o poder deducirlas adecuadamente de forma subsidiaria por el juez.

Deber de motivación Para respetar las exigencias de la **tutela judicial efectiva**, 808
debe garantizarse el derecho de contradicción. Para garantizar estos derechos y el deber de congruencia, en el supuesto de que el juez aprecie de oficio una abusividad, debe someter a las partes todos los factores que pueden influir en la declaración de abusividad y facilitar la defensa de sus intereses.

El **principio de contradicción** no confiere solo el derecho a conocer y discutir los documentos y observaciones de la otra parte, sino que también implica el derecho a conocer y discutir los elementos examinados por el juez de oficio sobre los que piensa fundamentar su decisión. Así, es fundamental que el juez, después de apreciar sobre la base de los elementos de que dispone la posible abusividad de una cláusula, informe a las partes para que debatan de forma contradictoria.

810 **Acciones colectivas** (TS 9-5-13, EDJ 53424) Para el caso de las acciones colectivas presentadas por colectivos de consumidores, es aplicable toda la **doctrina sobre la apreciación de oficio** de las cláusulas abusivas, máxime cuando:
- los poderes públicos deben proteger prioritariamente los derechos de consumidores y usuarios en relación directa con bienes o servicios de uso común;
- la legitimación de la tutela de los intereses de los consumidores está también reconocida al Ministerio Fiscal;
- la importancia del interés público en que se basa la Dir 1993/13/CEE.

Precisiones La **sentencia** que estima la acción colectiva de cesación de una **cláusula suelo** no solo **debe determinar** el cese en la utilización de dicha cláusula por parte de esta entidad bancaria, sino también respecto de aquellos litigios pendientes en los que se esté ejercitando una acción individual respecto de esa cláusula suelo (TS 8-6-17, EDJ 93157).

813 **Control administrativo** (LGDCU art.81.1) Las empresas que celebren contratos con los consumidores y usuarios están obligadas a **remitir las condiciones generales de contratación** que integren dichos contratos a la Agencia Española de Consumo y Seguridad Alimentaria y Nutrición, a los órganos o entidades correspondientes de las comunidades autónomas o de las corporaciones locales competentes en materia de defensa de los consumidores y usuarios que así lo soliciten, en el plazo máximo de un mes desde la recepción de la solicitud, al objeto de facilitar el estudio y valoración del posible carácter abusivo de determinadas cláusulas y, en su caso, ejercitar las competencias que en materia de control y sanción les atribuye la LGDCU. La aprobación administrativa es un primer filtro, pero no definitivo, de cláusulas ilícitas. Con ello se intenta persuadir a los predisponentes para que eliminen las cláusulas ilícitas de sus condiciones generales, porque de lo contrario serán rechazadas por la Administración al ser presentadas para su aprobación (García-Amigo). Por tanto, esta aprobación de la Administración no vincula al juez cuando someta las condiciones generales a los controles previstos por la LCGC y LGDCU.

815 **Control notarial y registral** (LGDCU art.81.2 y 84) Los notarios y los registradores de la propiedad y mercantiles, en el ejercicio profesional de sus respectivas funciones públicas:
- Deben **informar** a los consumidores en los asuntos propios de su competencia.
- **No** deben **autorizar ni inscribir** aquellos contratos o negocios jurídicos en los que se pretenda la inclusión de cláusulas declaradas nulas por abusivas en sentencia inscrita en el Registro de Condiciones Generales de la Contratación (nº 745 s.).

La actuación notarial protectora de los intereses de consumidores y usuarios ha sido calificada como un verdadero instrumento de reducción de los llamados **costes de transacción** (Peinado Gracia).

Precisiones El TS considera que los **notarios** no pueden prohibir el **registro de cláusulas abusivas** en los **préstamos hipotecarios** tal y como establece la OM EHA/2899/2011 art.30.3 y 30.4. Es necesaria una norma de rango legal que dé cobertura a la regulación de la competencia del control de legalidad notarial. No se trata de cuestionar la oportunidad, procedencia o incluso la conveniencia de que el notario pueda ejercer esa función de control, sino si esta competencia está amparada o no, cuando resulte necesario, en una norma de rango legal.
La previsión legal contenida en la LGDCU art.84 habilita a los notarios a denegar la autorización de contratos o negocios jurídicos en que intervengan, pero limitando esta posibilidad a un supuesto muy concreto (aquellos supuestos en los que se pretenda es la inclusión de una cláusula declarada nula por abusiva en una sentencia que esté inscrita en el Registro de Condiciones Generales de la Contratación), por lo que no puede entenderse que esta previsión legal, tan concreta y específica, implique una **habilitación legal** que autorice una **previsión reglamentaria** como la ahora cuestionada, que habilita al notario, con carácter general y sin la necesidad de que exista una sentencia judicial previa que así lo declare, a ejercer un control de la ilegalidad y eventualmente la denegación de su autorización res-

pecto de los préstamos concedidos por entidades bancarias (TS cont-adm 7-3-16, EDJ 14623).

c. Catálogo legal de cláusulas abusivas

(Dir 1993/13/CEE anexo; LGDCU art.85 a 90)

La Dir 1993/13/CEE sobre cláusulas abusivas en los contratos celebrados con los consumidores recoge una lista, indicativa y no exhaustiva, de cláusulas que podían ser declaradas abusivas. En nuestro derecho interno el legislador optó por un sistema de **lista única** (llamado vulgarmente de lista negra) que establece que las cláusulas contenidas en tales preceptos tienen la consideración de abusivas en todo caso (LGDCU art.82.4). **820**
La lista de cláusulas que pueden considerarse abusivas debe **interpretarse** como una lista indicativa y no exhaustiva (TJUE 14-3-13, C-415/2011).
Dentro de esta lista se distinguen seis categorías de **cláusulas abusivas** (que abarcan un total de 38 modalidades):
- por vincular el contrato a la voluntad del empresario;
- por limitar los derechos básicos del consumidor y usuario (nº 828);
- por falta de reciprocidad (nº 830);
- sobre garantías (nº 833);
- que afectan al perfeccionamiento y ejecución del contrato (nº 835);
- sobre competencia y derecho aplicable (nº 840).

Además se pueden destacar casos especiales para cláusulas en contratos relativos a valores, instrumentos financieros y divisas (nº 843) y cláusulas suelo (nº 846)

Precisiones **1)** En el elenco legal de cláusulas abusivas nos encontramos con algunas en las que el legislador utiliza expresiones como «plazo excesivamente largo», «plazo desproporcionadamente breve», «motivos graves», «garantías desproporcionadas», o «indemnización desproporcionadamente alta». En estos casos, es preciso que el juez realice una **interpretación y valoración del contrato**, bien, en atención a la naturaleza del mismo, bien a las circunstancias en las que se ha suscrito, bien en atención a su ejecución, a fin de decidir si nos encontramos ante cláusulas abusivas (AP Girona 19-2-19, EDJ 510687).
2) El TS ha dejado establecido que es **más adecuado metodológicamente** analizar primero si una determinada cláusula se encuadra en alguno de los supuestos tipificados como abusivos en todo caso y solo examinar su abusividad con carácter general de manera subsidiaria (TS 15-4-14, EDJ 95278; 21-1-16, EDJ 1046; 20-9-17, EDJ 190131).

Cláusula que vincula el contrato a la voluntad del empresario (LGDCU art.85) Tienen tal consideración las siguientes cláusulas: **823**
- Las que reserven al empresario que contrata con el consumidor y usuario un **plazo excesivamente largo o insuficientemente determinado** para aceptar o rechazar una oferta contractual o satisfacer la prestación debida.
- Las que prevean la **prórroga automática** de un contrato de duración determinada si el consumidor y usuario no se manifiesta en contra, fijando una fecha límite que no permita de manera efectiva al consumidor y usuario manifestar su voluntad de no prorrogarlo.
- Las que reserven a favor del empresario **facultades de interpretación o modificación unilateral** del contrato, salvo, en este último caso, que concurran motivos válidos especificados en el contrato. Ello se entiende sin perjuicio de las cláusulas por las que el empresario se reserve la facultad de modificar sin previo aviso el tipo de interés adeudado por el consumidor en los contratos referidos a servicios financieros.
- Las que autoricen al empresario a **resolver anticipadamente** un contrato de duración determinada, si al consumidor y usuario no se le reconoce la misma facultad, o las que le faculten a resolver los contratos de duración indefinida en un plazo desproporcionadamente breve o sin previa notificación con antelación razonable. Ello no afecta a las cláusulas en las que se prevea la resolución del contrato por incumplimiento o por motivos graves, ajenos a la voluntad de las partes, que alteren las circunstancias que motivaron la celebración del contrato.

• Las que determinen la **vinculación incondicionada** del consumidor y usuario al contrato aun cuando el empresario no hubiera cumplido con sus obligaciones.

Precisiones **1)** El TS confirma la nulidad, por abusivas, de varias cláusulas generales contempladas en los contratos de **transporte aéreo** de una compañía. Entre ellas la que facultaba a la empresa para **modificar las condiciones** del transporte contratado «en caso de necesidad» por ser excesivamente genérica e imprecisa y poder favorecer injustificadamente la posición contractual de la compañía aérea en caso de incumplimiento de las condiciones del contrato de transporte aéreo concertado, en detrimento del consumidor (TS 13-11-18, EDJ 628806).

2) Es abusivo un contrato de **compraventa de vivienda** en construcción en el que las cláusulas que establecen un plazo confuso para la **entrega de la obra**, adornado de todo tipo de **exoneraciones** en beneficio del promotor y vendedor, de tal manera, que el comprador no sabe cuándo está obligado el vendedor a entregarla (TS 23-9-16, EDJ 163334; 3-7-13, EDJ 179898).

3) En principio, las cláusulas de **vencimiento anticipado** por incumplimiento no son abusivas, pero pueden serlo según las circunstancias del caso, p.e. una cláusula que permite la resolución con el incumplimiento de un solo plazo de pago, incluso parcial y respecto de una obligación accesoria, es abusiva (TS 23-12-15, EDJ 253610).

825 • Las que supongan la imposición de una **indemnización desproporcionadamente alta**, al consumidor y usuario que no cumpla sus obligaciones (p.e., los intereses de demora abusivos).

• Las que supongan la supeditación a una condición cuya realización dependa únicamente de la voluntad del empresario para el **cumplimiento de las prestaciones**, cuando al consumidor y usuario se le haya exigido un compromiso firme.

• Las que supongan la consignación de **fechas de entrega meramente indicativas** condicionadas a la voluntad del empresario.

• Las que determinen la **exclusión o limitación** de la obligación del empresario de **respetar los acuerdos o compromisos** adquiridos por sus mandatarios o representantes o supeditar sus compromisos al cumplimiento de determinadas formalidades.

• Las que prevean la **estipulación del precio** en el momento de la entrega del bien o servicio o las que otorguen al empresario la facultad de aumentar el precio final sobre el convenido, sin que en ambos casos existan razones objetivas y sin reconocer al consumidor y usuario el derecho a resolver el contrato si el precio final resulta muy superior al inicialmente estipulado. Ello se entiende sin perjuicio de la adaptación de precios a un índice, siempre que tales índices sean legales y que en el contrato se describa explícitamente el modo de variación del precio.

• Las que supongan la concesión al empresario del derecho a **determinar si el bien o servicio se ajusta a lo estipulado** en el contrato.

Precisiones **1)** Resulta admisible que una cláusula no negociada en un contrato celebrado con un consumidor establezca una **indemnización** de los daños y perjuicios causados por el incumplimiento del consumidor y que tal cláusula tenga un cierto contenido disuasorio. Pero no es admisible, porque tiene la consideración legal de abusivo, que sea una indemnización «desproporcionadamente alta». Así, el TS señala que en el caso de los **préstamos personales**, el **interés de demora** establecido en cláusulas no negociadas debe consistir, para no resultar abusivo, en un porcentaje adicional que no debe ser muy elevado por cuanto que la ausencia de garantías reales determina que el interés remuneratorio ya sea elevado, y para la fijación del interés de mora procesal es el criterio legal más idóneo para fijar cuál es el interés de demora en los préstamos personales concertados con consumidores (TS 22-4-15, EDJ 69484; 8-9-15, EDJ 161336).

2) El Tribunal Supremo declaró abusiva la cláusula de un contrato de **préstamo hipotecario** que imponía un **interés moratorio** del 29% anual, como indemnización por el retraso en el pago de las cuotas del préstamo (TS 23-9-10, EDJ 251804). Cuando la adición de tipos porcentuales al tipo de interés remuneratorio que supone el tipo de interés de demora resulta desproporcionada y excesiva, estaremos ante una cláusula abusiva. Y la consecuencia de la abusividad del interés de demora es anular y suprimir el incremento que supone tal interés, pero se mantiene el interés remuneratorio que cumple la función de retribuir la disposición del dinero por parte del prestatario (TS 22-4-15, EDJ 69484; 8-9-15, EDJ 161336; AP Madrid 18-6-18, EDJ 547976).

3) Es abusivo librar un **pagaré en garantía** del pago de un préstamo porque otorga al banco una mejora sustancial de su posición al permitirle acceso a un proceso privilegiado para el cobro de su crédito sin que existan contrapartidas sustanciales para el consumidor (TS 12-9-14, EDJ 178814).

Cláusula que limita los derechos básicos del consumidor y usuario 828

(LGDCU art.86) En general, son abusivas las cláusulas que limiten o priven al consumidor y usuario de los derechos reconocidos por normas dispositivas o imperativas y, en particular, aquellas estipulaciones que prevean:

- La exclusión o limitación de forma inadecuada de los derechos legales del consumidor y usuario por incumplimiento total o parcial o cumplimiento defectuoso del empresario. En particular las cláusulas que modifiquen, en perjuicio del consumidor y usuario, las **normas legales sobre conformidad** con el contrato de los bienes o servicios puestos a su disposición o limiten el derecho del consumidor y usuario a la indemnización por los daños y perjuicios ocasionados por dicha falta de conformidad.
- La exclusión o **limitación** de la responsabilidad del empresario en el cumplimiento del contrato, por los **daños** o por la **muerte** o por las lesiones causadas al consumidor y usuario por una acción u omisión de aquel.
- La liberación de responsabilidad del empresario por **cesión del contrato a tercero**, sin consentimiento del deudor, si puede engendrar merma de las garantías de este.
- La privación o restricción al consumidor y usuario de las facultades de **compensación de créditos, retención o consignación**.
- La limitación o exclusión de la facultad del consumidor y usuario de **resolver el contrato por incumplimiento** del empresario.
- La imposición de renuncias a la entrega de documento acreditativo de la operación.
- La imposición de **cualquier otra renuncia o limitación** de los derechos del consumidor y usuario.

Precisiones 1) Se considera cláusula abusiva el incumplimiento del deber de **información precontractual** por el empresario al consumidor (TS 12-12-11, EDJ 307889).
2) Se considera abusiva la cláusula, en un contrato de arrendamiento de servicios profesionales, en el que se penaliza de forma clara y grave al cliente desde el momento en que es la voluntad del profesional la que impone de forma encubierta los requisitos del servicio jurídico que presta el bufete para impedir que el cliente pueda **resolver unilateralmente el contrato** con evidente y grave limitación de su derecho de defensa, pues solo es posible hacerlo mediante el desembolso de una indemnización desproporcionadamente alta que no tiene como correlativo un pacto que ampare su situación en el supuesto de que quisiera resolver el contrato sea cual sea el motivo y en qué momento (TS 8-4-11, EDJ 34612).

Cláusula con falta de reciprocidad (LGDCU art.87) Son abusivas las cláusulas 830
que determinan la falta de reciprocidad en el contrato, contraria a la buena fe, en perjuicio del consumidor y usuario y, en particular, las que se examinan a continuación:

- La **imposición de obligaciones** al consumidor y usuario para el cumplimiento de todos sus deberes y contraprestaciones, aun cuando el empresario no haya cumplido los suyos.
- La **retención de cantidades abonadas** por el consumidor y usuario **por renuncia**, sin contemplar la indemnización por una cantidad equivalente si renuncia el empresario.
- La autorización al empresario para **resolver el contrato discrecionalmente**, si al consumidor y usuario no se le reconoce la misma facultad.
- La posibilidad de que el empresario se quede con las **cantidades abonadas** en concepto de **prestaciones aún no efectuadas** cuando sea él mismo quien resuelva el contrato (AP Córdoba 26-2-18, EDJ 52902).
- Las estipulaciones que prevean el **redondeo al alza** en el tiempo consumido o en el precio de los bienes o servicios o cualquier otra estipulación que prevea el cobro por productos o servicios no efectivamente usados o consumidos de manera efecti-

va. En aquellos sectores en los que el inicio del servicio conlleve indisolublemente unido un coste para las empresas o los profesionales no repercutido en el precio, no se considerará abusiva la facturación por separado de tales costes, cuando se adecuen al servicio efectivamente prestado (TS 29-12-10, EDJ 298172).

• Las estipulaciones que impongan **obstáculos** onerosos o desproporcionados para el **ejercicio de los derechos** reconocidos al consumidor en el contrato, en particular en los contratos de prestación de servicios o suministro de productos de tracto sucesivo o continuado, la imposición de plazos de duración excesiva, la renuncia o el establecimiento de limitaciones que excluyan u obstaculicen el derecho del consumidor a poner fin a estos contratos, así como la obstaculización al ejercicio de este derecho a través del procedimiento pactado, cual es el caso de las que prevean la imposición de formalidades distintas de las previstas para contratar o la pérdida de las cantidades abonadas por adelantado, el abono de cantidades por servicios no prestados efectivamente, la atribución al empresario de la facultad de ejecución unilateral de las cláusulas penales que se hubieran fijado contractualmente o la fijación de indemnizaciones que no se correspondan con los daños efectivamente causados.

Precisiones La **cláusula penal** en los contratos tiene 2 **funciones**:
- en caso de incumplimiento del contrato, la parte cumplidora puede exigir que le sean resarcidos los daños y perjuicios (CC art.1124);
- sirve de disuasión para que las partes no incumplan el contrato.

El **carácter abusivo** debe enjuiciarse conforme al valor de los daños y perjuicios efectivamente causados al predisponente. No es un enjuiciamiento abstracto, sino concreto para decidir si la indemnización guarda proporción con la cuantía real de los daños sufridos (TS 15-4-14, EDJ 95278).

831 **Cláusulas de contenido económico** En este tipo de cláusulas, la abusividad **consiste** en fijar un marco económico perjudicial para el consumidor y beneficioso para el empresario sin reciprocidad.

Se **incluyen** en esta categoría las cláusulas que:
- privan o restringen al consumidor de las facultades de **compensación de créditos**, retención o consignación;
- posibilitan que el empresario se quede con **cantidades abonadas** por prestaciones no efectuadas si rescinde el contrato;
- establecen el **redondeo al alza** en el tiempo consumido o en el precio o prevén el cobro de productos y servicios no usados efectivamente, p.e. fórmulas de redondeo al alza de las fracciones de punto préstamos hipotecarios de interés variable;
- transmiten al consumidor las consecuencias de **errores administrativos** o de gestión que no le son imputables;
- imponen condiciones de crédito para **descubiertos** superiores a 2,5 el interés legal del dinero (LCC art.19.4).

Las cláusulas que establecen **intereses de demora** son también susceptibles de **control de abusividad** cuando son una condición general y existe una desproporción de la indemnización por incumplimiento del consumidor y el daño patrimonial efectivamente causado al empresario. Así, es admisible la existencia de la cláusula y que esta tenga cierto carácter disuasorio, pero no es admisible que sea desproporcionadamente alta (TS 17-1-12, EDJ 11241; 22-4-15, EDJ 69484).

En España, a diferencia de otros estados de la Unión Europea, no existe una **limitación** a los **intereses de demora** en **préstamos personales** firmados por consumidores. Esto obliga a ponderarlos en base a las normas generales de la normativa de consumo y la jurisprudencia del TJUE.

Para decidir si una cláusula de intereses de demora es **abusiva**, el TJUE establece una serie de **criterios** (TJUE 14-3-13, C-415/2011):
- cuando no exista un acuerdo entre las partes, tener en cuenta el Derecho nacional para que el juez valore si el contrato deja al consumidor en una peor situación jurídica que la legislación prevista;
- comprobar si el profesional podía estimar razonablemente que, tratando de forma leal y equitativa al consumidor, este aceptaría una cláusula de ese tipo en un contrato negociado.

De ese modo, en **España**, teniendo en cuenta lo establecido para la mora procesal de deudas declaradas judicialmente, se considera **abusivo** un interés de demora que suponga un incremento de más de un 2% respecto del interés pactado en el préstamo (TS 3-6-16, EDJ 76680; 22-4-15, EDJ 69484; LEC art.576).

Precisiones 1) Las cláusulas que establecen **intereses de demora consisten** en la obligación a pagar una indemnización al prestatario en caso de retraso en el pago de las cuotas del precio del bien.
2) Para **aplicar** estos **criterios jurisprudenciales del TJUE**, se analizaron diversas normas nacionales que tratan, en mayor o menor medida, las indemnizaciones por incumplimiento del acreedor para incentivar el cumplimiento en plazo de sus obligaciones (CC art.1108; LCCo art.20.4; LCS art.20; etc.). Tras el análisis, se estimó que el incremento del 2% previsto para la **mora procesal** de deudas declaradas judicialmente era el interés idóneo para fijar cuál es el interés de demora en los préstamos personales concertados con consumidores.
3) Son abusivas las cláusulas que imponen al consumidor **gastos de documentación** o tramitación que le corresponden al empresario, p.e. el pago de todos los gastos, honorarios y arbitrios relacionados con el contrato y el otorgamiento de la escritura pública (TS 22-10-14, EDJ 196415).

Cláusula sobre garantías (LGDCU art.88) En relación con las garantías del consumidor, se consideran abusivas las cláusulas que supongan: 833

• La imposición de garantías **desproporcionadas al riesgo** asumido por el empresario. Se presume que no existe desproporción en los contratos de financiación o de garantías pactadas por entidades financieras que se ajusten a su normativa específica.
• La imposición de la **carga de la prueba** en perjuicio del consumidor y usuario en los casos en que debería corresponder a la otra parte contratante o en caso de incumplimiento, total o parcial, del empresario proveedor a distancia de servicios financieros de las obligaciones impuestas por la normativa específica sobre la materia.

Precisiones Dentro del **concepto de garantía** deben incluirse tanto las garantías reales o personales típicas que se encuentran legalmente reguladas (p.e., hipoteca, prenda o fianza), como cualesquiera otros mecanismos por virtud de los cuales se trata de asegurar el cumplimiento de la prestación contractual en beneficio del empresario (p.e., la suscripción de un seguro de vida por parte del prestatario en garantía de la devolución del capital prestado por una entidad financiera).

Cláusula que afecta al perfeccionamiento y ejecución del contrato 835
(LGDCU art.89) En todo caso, tienen la consideración de cláusulas abusivas:
• Las declaraciones de recepción o conformidad sobre hechos ficticios, y las declaraciones de adhesión del consumidor y usuario a cláusulas de las cuales no ha tenido la oportunidad de tomar conocimiento real antes de la celebración del contrato.
• La transmisión al consumidor y usuario de las consecuencias económicas de errores administrativos o de gestión que no le sean imputables.
• La imposición al consumidor de los gastos de documentación y tramitación que por ley corresponda al empresario. En particular, en la compraventa de viviendas la estipulación que:
- establezca que el consumidor ha de cargar con los gastos derivados de la preparación de la titulación que por su naturaleza correspondan al empresario (obra nueva, propiedad horizontal, hipotecas para financiar su construcción o su división y cancelación);
- obligue al consumidor a subrogarse en la hipoteca del empresario o imponga penalizaciones en los supuestos de no subrogación; o
- imponga al consumidor el pago de tributos en los que el sujeto pasivo es el empresario (ver nº 846).
- imponga al consumidor los gastos derivados del establecimiento de los accesos a los suministros generales de la vivienda, cuando ésta deba ser entregada en condiciones de habitabilidad;

Precisiones 1) El TS ha declarado la abusividad de las cláusulas que, en **contratos de préstamo** con consumidores, sin negociación y de manera predispuesta, atribuyen indiscriminadamente al consumidor el **pago de todos los gastos** que genera la operación. Así, en este tipo de préstamos con garantía hipotecaria, las cláusulas que atribuyan el pago de los gastos e impuestos han de matizar sobre qué operaciones concretas recaen cada una de las cargas impositivas para no ser declaradas abusivas, puesto que según el TS, la imputación exclusiva al comprador/consumidor de los tributos derivados de la transmisión o la imputación al comprador o consumidor de todos los gastos e impuestos derivados de este tipo de operaciones, salvo que existiese pacto en contrario, han de ser declaradas abusivas (entre otras, TS 25-11-11, EDJ 283556; 23-12-15, EDJ 253610; 15-3-18, EDJ 19898; 15-3-18, EDJ 19897).
2) La cláusula contractual que atribuye el pago de los **gastos de notaría** en exclusiva al prestatario/consumidor es declarada abusiva por el TS. Señala que estos gastos deben ser abonados por los interesados, que en el caso del **préstamo hipotecario** son ambas partes, por lo que deben abonarse por mitad, criterio que vale tanto para la escritura de otorgamiento como para la de modificación del préstamo hipotecario. En cuanto a la escritura de cancelación de la hipoteca, como el interesado en la liberación del gravamen es el prestatario, a él le corresponde este gasto. Y por lo que respecta a las copias de las distintas escrituras notariales relacionadas con el préstamo hipotecario, deberá abonarlas quien las solicite, en tanto que la solicitud determina su interés (TS 20-5-21, EDJ 570246; 6-7-21, EDJ 623941).

838 • La imposición al consumidor y usuario de bienes y servicios complementarios o accesorios no solicitados.
• Los incrementos de precio por servicios accesorios, financiación, aplazamientos, recargos, indemnización o penalizaciones que no correspondan a prestaciones adicionales susceptibles de ser aceptados o rechazados en cada caso expresados con la debida claridad o separación.
• La negativa expresa al cumplimiento de las obligaciones o prestaciones propias del empresario, con reenvío automático a procedimientos administrativos o judiciales de reclamación.
• La imposición de condiciones de crédito que para los descubiertos en cuenta corriente superen los límites que se contienen en la LCCo art.20.4. Ver nº 1090 s.
• La previsión de pactos de renuncia o transacción respecto al derecho del consumidor y usuario a la elección de fedatario competente según la ley para autorizar el documento público en que inicial o ulteriormente haya de formalizarse el contrato.

Precisiones Son abusivas las cláusulas que incrementan el precio final por **servicios accesorios**, financiación, aplazamientos, recargos, etc. que se corresponden con prestaciones que no se pueden aceptar o rechazar por separado y con claridad, p.e. imponer junto al suministro de canales de televisión, el uso oneroso de un instrumento accesorio no solicitado como un descodificador (TS 13-3-12, EDJ 66882).

840 **Cláusula sobre competencia y Derecho aplicable** (LGDCU art.90) Se consideran también abusivas las cláusulas que establezcan:
• La sumisión a arbitrajes distintos del arbitraje de consumo, salvo que se trate de órganos de arbitraje institucionales creados por normas legales para un sector o un supuesto específico.
• La previsión de pactos de sumisión expresa a juez o tribunal distinto del que corresponda al domicilio del consumidor y usuario, al lugar del cumplimiento de la obligación o aquél en que se encuentre el bien si éste es inmueble.
• La sumisión del contrato a un Derecho extranjero con respecto al lugar donde el consumidor y usuario emita su declaración negocial o donde el empresario desarrolle la actividad dirigida a la promoción de contratos de igual o similar naturaleza. El carácter abusivo de esta cláusula se explica en función de lo dispuesto en el Convenio de Roma de 1980 art.5.2 y 3 sobre la ley aplicable a las obligaciones contractuales.

Precisiones Se declara que la normativa española se opone a la Dir 93/13/CEE, sobre las cláusulas abusivas en los contratos celebrados con consumidores, ya que al mismo tiempo que no prevé, en el marco del procedimiento de **ejecución hipotecaria**, la posibilidad de formular motivos de oposición basados en el carácter abusivo de una cláusula contractual que constituye el fundamento del título ejecutivo, no permite que el juez que conozca del proceso declarativo, competente para apreciar el carácter abusivo de esa cláusula, adopte **medidas cautelares**, entre ellas, en particular, la **suspensión** del procedimiento de ejecución hipotecaria, cuando acordar tales medidas es necesario para garantizar la plena eficacia de su decisión final (TJUE 14-3-13, asunto C-415/11).

Cláusulas en contratos relativos a valores, instrumentos financieros y divisas (LGDCU art.91) No son de aplicación a los contratos relativos a valores, instrumentos financieros y otros bienes y servicios cuyo precio esté vinculado a una cotización, un índice bursátil o un tipo del mercado financiero que el empresario no controle, ni a los de compraventa de divisas, cheques de viaje o giros postales internacionales en divisas, las cláusulas abusivas referidas a: 843
- la **modificación unilateral** de los contratos;
- la **resolución anticipada** de los contratos de duración indefinida; y
- al **incremento del precio** de bienes y servicios.

La **exclusión del control** sobre estas cláusulas se justifica en el hecho de que el profesional no controla la cotización, índice o tipo y, por esta razón, no puede modificarlo o alterarlo en perjuicio del consumidor.

Cláusulas suelo En el caso de las cláusulas suelo, debe ser objeto de una **especial comunicación** al cliente que su efecto es que, llegado al suelo, convierte un préstamo de interés variable en un préstamo a interés fijo y no puede beneficiarse de las reducciones del Euribor por debajo de dicho suelo. La cláusula suelo puede inducir a error al cliente sobre un aspecto fundamental del contrato y llevarle a adoptar una decisión irracional, esto es, elegir una oferta cuyo tipo variable es inferior pero que, por efecto de la cláusula suelo, en realidad lo es a un tipo superior durante la vida del contrato (TS 23-12-15, EDJ 253610). 846

Precisiones Para **más información** sobre los las cláusulas suelo ver nº 2812 s.

D. Contrato a distancia y fuera de establecimiento mercantil

860

El núcleo central de la **normativa** que afecta a los contratos a distancia y fuera de establecimiento mercantil en el **ámbito europeo** es la Dir 2011/83/UE sobre contratos con consumidores negociados fuera de establecimientos comerciales. Esta Directiva no pretende una armonización mínima de las legislaciones nacionales, sino una armonización máxima de estos contratos en la UE para evitar una fragmentación del mercado interior único y alentar el comercio a distancia dentro de la UE con un elevado nivel común de protección para los consumidores. 865

Siguiendo esta finalidad unificadora de máximos, en el **ámbito nacional**, los contratos a distancia y fuera de establecimiento mercantil se rigen por las previsiones de la LGDCU que transpone la Dir 2011/83/UE.

Los dos contratos tienen una **regulación unitaria**, tanto a nivel europeo como nacional, para evitar incoherencias y lagunas y fijar normas estándar para los aspectos comunes de ambos contratos.

Aun así, las **comunidades autónomas**, en virtud de sus competencias en comercio y mercado interior incluyen en su normativa específica menciones a este tipo de contratos y les imponen a los empresarios ciertas obligaciones administrativas de registro.

Comunidad	Normativa
Andalucía	DLeg Andalucía 1/2012
Aragón	L Aragón 4/2015
Baleares	L Baleares 11/2014
Canarias	DLeg Canarias 1/2012
Cantabria	L Cantabria 1/2002
Castilla-La Mancha	L Castilla-La Mancha 2/2010
Castilla y León	DLeg Castilla y León 2/2014
Cataluña	L Cataluña 18/2017
Extremadura	L Extremadura 3/2002
Galicia	L Galicia 13/2010
La Rioja	L La Rioja 3/2005
Madrid	L Madrid 16/1999
Navarra	LF Navarra 17/2001
País Vasco	L País Vasco 7/1994
C.Valenciana	L C.Valenciana 3/2011

Precisiones 1) La **transposición** de la **Dir 2011/83/UE** se realizó mediante la modificación de la LGDCU por la L 3/2014 que unificó el régimen jurídico de ambos contratos y mejoró la regulación del derecho de desistimiento.
2) La regulación de los contratos a distancia se contenía en la L 7/1996 de ordenación del comercio minorista (LOCM) tanto para contratos con consumidores como para **contratos entre profesionales**. El RDLeg 1/2007 reguló los contratos con consumidores pero no derogó lo previsto en la LOCM para los contratos entre empresarios. Finalmente, la L 3/2014 deroga el sistema de protección de la LOCM quedando limitado exclusivamente al ámbito de los contratos de consumo.

1. Ámbito

868 Aunque tanto la Dir 2011/83/UE como la LGDCU establecen un régimen común para los contratos a distancia y fuera de establecimiento mercantil, salvo para algunas especialidades (ver nº 894 y nº 897), se pueden **diferenciar** los dos contratos atendiendo a sus características.

871 **Contrato a distancia** (LGDCU art.92.1; Dir 2011/83/UE art.2.7) Este tipo de contratos **comprende** aquellos celebrados entre un consumidor y un empresario en el marco de un sistema organizado de venta o prestación de servicios sin la presencia simultánea del empresario y el consumidor y con el uso exclusivo de técnicas de comunicación a distancia.
La expresión en el marco de un **sistema organizado** de venta o prestación de servicios incluye los sistemas ofrecidos por un tercero distinto del comerciante pero utilizado por este, como una plataforma en línea, p.e. la venta a través de Amazon. Sin embargo, no incluye los casos en los que la página web solo ofrece información sobre el comerciante, los bienes y servicios o sus datos de contacto.
Por otro lado, que se celebre sin la **presencia física de los contratantes** es el elemento definidor del contrato que lo separa de otros contratos de consumo y en particular de los celebrados fuera de establecimiento mercantil. Toda la actividad, tanto oferta como aceptación del contrato, se realiza a través de un sistema de comunicación a distancia (normalmente internet o el teléfono). Se incluyen aquí los casos en los que el consumidor **visita** el **establecimiento del empresario** simplemente para recabar información, pero la negociación y aceptación se realiza a distancia. Sin

embargo, deben excluirse los casos en los que solo se utiliza la comunicación a distancia para realizar una **reserva** de un producto o servicio.
El legislador no entra a definir qué es un medio de **comunicación a distancia**, pero da una lista meramente enunciativa en la que incluye:
- correo postal;
- internet;
- teléfono; y
- fax.

Precisiones El carácter abierto de la **lista** de los **medios de comunicación a distancia** ayuda a incluir futuros tipos de comunicaciones que surjan como consecuencia de la evolución tecnológica y además hace innecesario bajar al detalle de crear una lista exhaustiva. Otros medios pueden ser la radio, el teléfono inteligente, la videoconferencia, la venta por catálogo, el correo electrónico, etc.

Contrato fuera de establecimiento mercantil (LGDCU art.92.2; Dir 2011/83/UE art.2.8) Ni la LGDCU ni la Dir 2011/83/UE contienen una definición del contrato, pero se puede concretar mediante sus **características** que son: 877
- el lugar donde se celebra no es el habitualmente destinado al comercio;
- la iniciativa de la contratación es tomada por el empresario;
- el consumidor no ha manifestado previamente su deseo de contratar;
- existe encuentro físico entre empresario y consumidor al celebrar el contrato;
- la decisión del consumidor está influida por la sorpresa y rapidez de estos contratos que no permiten meditar sobre la necesidad del bien o servicio;
- afecta a todo tipo de contrato de consumo (no solo a la compraventa).

En cualquier caso, se aplica lo establecido para los contratos fuera de establecimiento mercantil los siguientes **tipos de contratos**:
Contrato con presencia física fuera de establecimiento mercantil, este contrato cumple las dos características más definitorias de los contratos fuera de establecimiento mercantil, esto es, la presencia física de empresario y consumidor al contratar y la realización del contrato en un lugar distinto al establecimiento mercantil habitual del empresario (ver nº 60). P.e. la venta a domicilio a puerta fría.
Contrato en el que el consumidor realiza una oferta, incluyen las oferta de contrato emitidas por un consumidor a un empresario fuera de establecimiento mercantil. Es indiferente que la oferta sea vinculante o no y que la oferta de contratación haya partido del propio consumidor o haya sido a instancias del empresario.
Contrato celebrado en establecimiento mercantil o mediante comunicación a distancia tras encuentro físico fuera de establecimiento mercantil, en este tipo de contratos, el consumidor y el empresario se encuentran fuera del establecimiento mercantil e inmediatamente después se dirigen al establecimiento para cerrar el contrato o este se cierra mediante comunicación a distancia. Es decir, este tipo de contratos incluye que se capte al consumidor en la calle y se le lleve hasta el establecimiento o se cierre el contrato mediante una llamada.
Contrato celebrado durante excursión promocional organizada por el empresario, se refiere a las excursiones organizadas con el fin de promocionar y vender productos o servicios al consumidor. P.e. una excursión organizada por una bodega para ver sus instalaciones en las que luego se intenta vender el vino.

Excepciones a la aplicación de la normativa (LGDCU art.93; Dir 2011/83/UE art.3.3) 880
La normativa dispuesta para los contratos a distancia y fuera de establecimiento mercantil, **no se aplica** en ningún caso a los siguientes **contratos**:
- de servicios sociales, se incluye la vivienda social, el cuidado de niños, el apoyo a familias y personas necesitadas, etc;
- de servicios de salud prestados por profesional sanitario, se incluye las recetas, dispensación de medicamentos y productos sanitarios con independencia de que se presten en instalaciones sanitarias;
- de actividades de juego por dinero que impliquen apuestas de dinero en juegos de azar, p.e. la lotería, casinos, etc.;
- de servicios financieros;

- de creación, adquisición o transferencia de inmuebles o derechos sobre los mismos;
- de construcción de edificios, transformación sustancial o alquiler de vivienda;
- de viajes combinados;
- de protección de consumidores y usuarios con respecto a contratos de aprovechamiento por turno de bienes de uso turístico, productos vacacionales de larga duración, etc.;
- que deban celebrarse ante fedatario público (p.e. notario);
- de suministro de productos alimenticios, bebidas o bienes de consumo corriente en el hogar suministrados físicamente mediante entregas frecuentes;
- de transporte de pasajeros;
- celebrados mediante distribuidores o instalaciones automáticos;
- con operadores de telecomunicaciones a través y para la utilización de teléfonos públicos o para el establecimiento de una única conexión de teléfono, internet o fax, p.e. las cabinas telefónicas, las conexiones wifi de pago en aeropuertos, etc.;
- de bienes vendidos por la autoridad judicial tras un embargo u otro procedimiento.

Esta lista es una **enumeración cerrada** y los contratos sobre materias que no estén incluidos en ella pueden caer bajo la aplicación de las previsiones para los contratos a distancia y fuera de establecimiento mercantil si cumplen con los requisitos para ello.

La exclusión de estos contratos debe su **explicación** a que se trata de servicios que afectan a asuntos sensibles (como la familia y la salud) prestados, de forma mayoritaria, por el Estado. Incluso en los casos en los que los servicios se prestan de forma privada, se excluyen en atención a su carácter social. También se excluye a los contratos que tienen regulación sectorial propia o no armonizada por la Unión Europea (loterías, contratos sobre inmuebles, etc.).

Precisiones **1)** Los **contratos de seguro o sobre valores mobiliarios** aunque antes estaban exentos de la aplicación de las normas de contratos a distancia o fuera de establecimiento mercantil, desde la entrada en vigor de la L 3/2014 (el 29-3-14) no lo están.

2) En lo relativo a los contratos de **servicios financieros celebrados a distancia**, existe una **nueva ordenación** en la Unión Europea establecida por la Dir (UE) 2023/2673, con fecha máxima de transposición es el 19-12-2025, que todavía no ha sido transpuesta al Derecho español. Sus principales **novedades** son:
- mejorar la información ofrecida al consumidor;
- facilitar el derecho de desistimiento en línea;
- garantizar el derecho a solicitar la intervención humana en sitios que tengan herramientas de información robotizadas como *chatbots*; y
- proteger a los consumidores de los *dark patterns* o elementos engañosos en la interfaz en línea.

2. Comunicaciones comerciales

(LGDCU art.94 a 96)

885 En las comunicaciones comerciales a distancia, siempre debe constar inequívocamente su **carácter comercial** para evitar confusiones sobre el origen de la oferta.

En las **comunicaciones telefónicas**, siempre que no estén prohibidas (ver nº 275), el empresario debe identificarse al inicio de la conversación e indicar de forma explícita y clara el objeto comercial de la llamada. No se pueden realizar llamadas comerciales antes de las 9 ni después de las 21 ni en festivos o fines de semana. Las llamadas deben hacerse desde un **número identificable**, es decir, no se pueden hacer con número oculto.

En el marco de una relación preexistente, el consumidor tiene **derecho de oposición** para no recibir nuevas ofertas. Este derecho de oposición no está limitado a las comunicaciones telefónicas, sino que también es extensible al fax u otros medios de comunicación como el correo electrónico.

En las comunicaciones comerciales por **correo electrónico u otros medios de comunicación electrónica** y en la contratación a distancia de bienes o servicios por medios electrónicos, se aplica además la L 34/2002 sobre servicios de la sociedad de

la información y comercio electrónico. En caso de **contradicción** entre ambas normativas, es de aplicación preferente la normativa específica sobre servicios de la sociedad de la información y comercio electrónico, salvo lo previsto sobre información precontractual (nº 891).
Las empresas **titulares de las técnicas de comunicación** (prestadores de servicios de intermediación) deben procurar, en la medida de sus posibilidades (y siempre que no se rijan por la normativa específica sobre servicios de la sociedad de la información), que los empresarios cumplan con sus obligaciones y respeten los derechos de los consumidores (LGDCU art.95).
Corresponde al empresario la **prueba** del cumplimiento de sus obligaciones, por lo que debe adoptar las medidas necesarias que le permitan identificar inequívocamente al consumidor con el que celebra el contrato (p.e. mediante un sistema de registro con usuario y contraseña en una web de venta online o pedir el DNI en la contratación telefónica).

3. Información precontractual

(LGDCU art.97 s.)

Antes de que el consumidor quede vinculado al contrato, el empresario debe facilitar de forma clara y comprensible (nº 538) información sobre las siguientes cuestiones: **891**
- **características principales** de los bienes o servicios, en la medida adecuada al soporte utilizado y a los bienes o servicios;
- **identidad** del empresario, incluido su nombre comercial;
- **dirección completa** del establecimiento del empresario y el número de teléfono, fax, correo electrónico y los detalles sobre otros **medios de comunicación en línea** cuando el empresario los facilite;
- **precio total** de los bienes o servicios, incluidos los impuestos y tasas, o, si el precio no puede calcularse de antemano, la forma en que se determina, así como todos los gastos adicionales (p.e. de transporte) o si ha sido personalizado sobre la base de una toma de decisiones automatizada;
- **coste de la comunicación** para celebrar el contrato, si se calcula de forma diferente a la tarifa básica (p.e. si para contratar tienes que llamar a un número 806);
- **procedimientos de pago**;
- **fecha** de entrega y ejecución;
- cuando proceda, el **sistema de reclamaciones** del empresario;
- **lengua** en las que podrá formalizarse el contrato;
- si existe un **derecho de desistimiento**, las condiciones, el plazo y los procedimientos para ejercer ese derecho, así como el modelo de formulario de desistimiento;
- **coste de la devolución** de los bienes en caso de desistimiento y, para los contratos a distancia, cuando los bienes, por su naturaleza, no puedan devolverse normalmente por correo, el coste de la devolución de los mismos;
- **garantía legal** de conformidad para los bienes (nº 598), que se extiende al contenido digital o servicios digitales;
- **asistencia posventa** al consumidor y usuario, servicios posventa y garantías comerciales, cuando sea el caso (nº 610);
- **códigos de conducta** pertinentes y la forma de conseguir ejemplares de los mismos, en su caso;
- **duración del contrato** o las condiciones de resolución;
- duración mínima de las **obligaciones del consumidor** derivadas del contrato;
- condiciones de los **depósitos u otras garantías** financieras que el consumidor tenga que pagar o aportar;
- **funcionalidad** de los contenidos digitales y las medidas técnicas de protección aplicables (p.e. si se está comprando un programa de ordenador, cuáles son sus funciones básicas);
- **interoperabilidad** relevante del contenido digital con los aparatos y programas conocidos por el empresario o que quepa esperar razonablemente que este pueda

conocer (p.e. si se está comprando un programa de ordenador, los sistemas operativos en los que funciona);
– **mecanismo extrajudicial de reclamación** y resarcimiento al que esté sujeto el empresario y los métodos para tener acceso al mismo.

Precisiones Se entiende por **código de conducta** el acuerdo o conjunto de normas no impuestas por disposiciones legales, reglamentarias o administrativas, en el que se define el comportamiento de aquellos empresarios que se comprometen a cumplir el código en relación con una o más prácticas comerciales o sectores económicos.
2) En el caso de una **subasta a distancia**, el incumplimiento en las obligaciones de información en el anuncio, como son la descripción veraz de los objetos y la identificación de sus calidades, suponen la **responsabilidad solidaria** del titular del bien subastado y de la empresa subastadora, aunque el comprador conozca y acepte las condiciones de venta (AP Pontevedra 28-12-18, EDJ 697837).

894 **Especialidades de los contratos a distancia** (LGDCU art.98; Dir 2011/83/UE art.8) Existen una serie de requisitos de **obligado cumplimiento** para el empresario en los contratos celebrados a distancia.
Si se trata de una **web de comercio electrónico**, el empresario debe, además de las indicaciones generales:
– indicar si hay restricciones de entrega (p.e. si no se envía a Canarias);
– especificar las modalidades de pago aceptadas (p.e. tarjeta, contra reembolso, transferencia bancaria, paypal...);
– resaltar de forma clara y destacada las obligaciones de pago (si hay) existentes para el consumidor antes de que se efectúe el pedido (p.e. los gastos de envío, impuestos, etc.);
– asegurarse de que el consumidor confirme expresamente que conoce la obligación de pago (p.e. teniendo que marcar una casilla);
– si la comunicación a distancia se hace en soporte que tiene espacio o tiempo limitado, debe facilitarse en ese soporte la información precontractual (características principales del bien, la identidad del empresario, el precio total, el derecho de desestimiento, etc.).

Precisiones Para consultar la **información adicional** en los contratos celebrados en **mercados en línea** ver nº 2325.

897 **Especialidades de los contratos fuera de establecimiento mercantil** (LGDCU art.99; Dir 2011/83/UE art.7) Al igual que con los contratos a distancia, hay una serie de requisitos de **obligado cumplimiento** en los contratos fuera de establecimiento mercantil.
El empresario debe facilitar al consumidor la información precontractual en papel u otro **soporte duradero** (si está de acuerdo el consumidor). La información debe estar redactada, al menos, en castellano.
Al igual que con la información precontractual, se debe facilitar una **copia o confirmación del contrato** por escrito o en otro soporte duradero si está de acuerdo el consumidor.
Corresponde al empresario la carga de la **prueba** del cumplimiento de sus obligaciones y tomar las medidas adecuadas y eficaces para identificar inequívocamente al consumidor con el que celebra el contrato.
En los contratos fuera de establecimiento mercantil, la **responsabilidad** del incumplimiento se extiende de forma solidaria tanto el empresario como el agente, comisionista o mandatario que actúen no nombre propio (nunca si actúan en nombre del empresario), así responden del cumplimiento de:
– las exigencias de información contractual;
– los requisitos formales del contrato;
– de las consecuencias de la anulación del contrato.

898 Si un consumidor o usuario desea que la prestación de **suministro de agua, gas, electricidad, calefacción**, comience durante la duración del periodo de desistimiento (nº 920), –cuando no estén envasados para la venta en un volumen delimitado o en cantidades determinadas– debe constar el consentimiento del consumidor para que el suministro dé comienzo durante el plazo de desistimiento, y el contrato imponga al consumidor o usuario una obligación de pago. El empresario le debe exigir que presente, en un soporte duradero, una **solicitud expresa** solicitando el comienzo del contrato, así como una declaración de que, una vez que el empresario haya ejecutado íntegramente el contrato, pierde su derecho de desistimiento.

4. Régimen del contrato

Existe una serie de **especialidades en la contratación** que son comunes a los dos tipos de contrato. 900

Respetando el carácter irrenunciable de los derechos de los consumidores, son válidas las cláusulas que amplían su protección y establecen **condiciones más ventajosas** (p.e. ampliando el plazo de desestimiento de 14 a 30 días naturales). Lo establecido en la LGDCU es por tanto un mínimo exigible que no se puede contravenir pero que se puede mejorar en el contrato (LGDCU art.92.3).

Cuando se contrata mediante **correo o medios electrónicos**, debe aplicarse además de la LGDCU la L 34/2002 de servicios de la sociedad de la información y comercio electrónico. En caso de contradicción, prevalece la L 34/2002 salvo para el contenido de la información que debe facilitarse al consumidor. Además, también se rigen por la L 34/2002 los servicios de intermediación de los prestadores de servicios de la sociedad de la información (ver nº 945 s.; LGDCU art.94).

Dado el tipo de contratación, resulta evidente que la oferta por sí sola no genera obligación para los consumidores, que pueden optar por el silencio como respuesta a la oferta. Dicho silencio se entiende como la no aceptación de la oferta y por lo tanto, se necesita un **consentimiento expreso** del consumidor. Este consentimiento expreso no siempre debe manifestarse a través de una declaración explícita, verbal o escrita, sino que también puede deducirse del comportamiento y de los actos del consumidor que muestren su voluntad de celebrar el contrato (p.e. el pago del precio). La carga de la **prueba** del consentimiento siempre corresponde al empresario (LGDCU art.101).

Precisiones El silencio puede entenderse como un consentimiento tácito siempre que la buena fe imponga un deber positivo de manifestación de la oposición a contratar (CC art.1262).

Obligación de entregar copia del contrato (LGDCU art.100) Los efectos del **incumplimiento** de la obligación de entregar copia del contrato son **comunes** a los contratos a distancia y fuera de establecimiento mercantil. 905

Si el contrato se celebra sin entregar copia al consumidor, según las exigencias para cada tipo de contrato, el consumidor puede instar la **anulación del contrato** vía acción o excepción. No se contempla una nulidad automática ya que esta podría ser perjudicial para el consumidor que estuviera interesado en mantener el contrato, más teniendo en cuenta la existencia del derecho de desistimiento que permite dejar sin efecto el contrato sin ninguna explicación ni justificación. La posibilidad de iniciar la nulidad corresponde exclusivamente al consumidor y el empresario no puede iniciarla basándose en su propio incumplimiento.

La anulación del contrato se hace sin ninguna referencia a sus **efectos**, por lo que hay que acudir al régimen común de anulabilidad de los contratos que implica la devolución recíproca de las prestaciones. Si el consumidor no puede devolver la cosa debe pagar su precio más intereses (CC art.1303 y 1307).

El principal problema del régimen común de anulabilidad es que se establece un **plazo** de 4 años para poder iniciar la nulidad por parte del consumidor. Este plazo es excesivo para un contrato de consumo, pero es posible fijar otro plazo diferente (CC art.1301).

Pago con tarjeta en contrato a distancia (LGDCU art.112; L 18/2014) El término tarjeta **engloba** tanto las tarjetas de crédito como las de débito y es el método de pago más frecuente en los contratos a distancia mediante la introducción del número de la tarjeta con ausencia de control del proveedor (normalmente un banco). 910

Se trata de proteger a los consumidores del uso indebido de la numeración de la tarjeta para compras a distancia por lo que hay que **diferenciar** entre:
- **Cargo debido**, cuando la compra sea realizada efectivamente por el consumidor. El consumidor debe responder por los daños y perjuicios causados al empresario en caso de anulación del cargo sin justificación.
- **Cargo indebido**, cuando el importe de la compra o servicio se carga fraudulenta o indebidamente. El titular de la tarjeta puede pedir la inmediata anulación del cargo pues el riesgo de la venta a distancia debe asumirlo el empresario.

915 **Ejecución del contrato** (LGDCU art.109, 110, 111 y 113) Uno de los principales problemas prácticos derivados de la ejecución de un **contrato a distancia** viene determinado por los **retrasos en la entrega** del bien o el servicio. Para evitar estos problemas, teniendo en cuenta que el pago normalmente se hace por adelantado a la entrega con tarjeta de crédito (nº 3348), se establece una serie de **mecanismos**:
1) **Información precontractual**, se el empresario debe indicar la fecha de entrega, pudiendo ser una fecha concreta o un plazo.
2) **Plazo máximo**, el empresario debe ejecutar el contrato en el plazo máximo de 30 días desde la celebración del contrato salvo que las partes fijen otro plazo (superior o inferior).
3) **Incumplimiento de la entrega**, si el bien está **disponible** y el empresario no lo envía estamos ante un incumplimiento contractual que da derecho a una indemnización por daños y perjuicios. Si el bien está **no disponible**:
- el empresario debe informar al consumidor sobre la indisponibilidad y la posibilidad de sustitución sin aumento de precio;
- el consumidor puede optar entre el bien de sustitución o la devolución del precio;
- si el consumidor opta por la devolución del precio y el empresario no lo hace sin demora indebida, el consumidor puede exigir el doble de la suma o daños y perjuicios si son mayores.
En los **contratos fuera de establecimiento mercantil**, la **responsabilidad** del incumplimiento se extiende de forma solidaria tanto el empresario como el agente, comisionista o mandatario que actúen no nombre propio (nunca si actúan en nombre del empresario.

5. Derecho de desistimiento

920 El **régimen legal** aplicable al derecho de desistimiento en los contratos a distancia y fuera de establecimiento mercantil, no es el general (nº 640), sino uno especial. Aun así, coincide en sus principales aspectos con el general.
El régimen general se puede **aplicar supletoriamente** cuando no existe previsión concreta en el régimen específico para este tipo de contratos.
En las ventas a distancia o fuera de establecimiento mercantil, el sentido del desistimiento es la necesidad de conceder al comprador una **segunda oportunidad** de confirmar la compra o desistir de ella al recibir el producto y comprobar si en verdad responde a sus expectativas. Se trata de proteger al comprador frente a su **falta de conocimiento directo** de lo adquirido en el momento de aceptar la propuesta contractual y perfeccionar la compraventa.

Precisiones 1) En las ventas en **subasta** es necesaria la advertencia de que no existe derecho de desistimiento, la **omisión informativa** sobre el derecho de desistimiento en la información precontractual da lugar a su posible ejercicio, correspondiendo la carga de la prueba de su cumplimiento al empresario (AP Pontevedra 28-12-18, EDJ 697837).
2) Es aplicable a los contratos a distancia, incluida la contratación por Internet, la determinación de que son nulas de pleno derecho las cláusulas que impongan al consumidor una **penalización** por el ejercicio de su derecho de desistimiento o la **renuncia** al mismo (LGDCU art.102; TSJ Sevilla 16-10-18, EDJ 694942).

923 **Plazo de ejercicio** (LGDCU art.102, 104 y 105) El plazo para el ejercicio del derecho de desistimiento en los contratos a distancia y fuera de establecimiento mercantil es, al igual que en el desistimiento general, de 14 naturales.

El plazo **se amplía** a 30 días naturales en los siguientes casos:
- contratos celebrados en el contexto de **visitas no solicitadas** efectuadas por el empresario en el domicilio del consumidor o usuario;
- **excursiones organizadas** por el empresario con el objetivo o efecto de promocionar o vender bienes o servicios.
Igualmente, está **condicionado** por la entrega por parte del empresario de la información sobre el derecho de desistimiento, esto es, las condiciones, el plazo y los procedimientos para ejercer ese derecho, así como el modelo de formulario de desistimiento.
El inicio del **cómputo del plazo** varía en función del tipo de contrato celebrado en los siguientes términos:

Tipo de contrato	Inicio del cómputo
Servicios	Día de celebración del contrato
Compraventa	Recepción del bien (1)
De múltiples bienes encargados en el mismo pedido y entregados por separado	Recepción del último de los bienes
De un bien compuesto por múltiples componentes o piezas	Recepción del último de los componente o piezas
Entrega periódica de bienes durante un plazo determinado	Recepción del primero de ellos
Suministro de agua, gas, electricidad, calefacción o de contenido digital (2)	Día de celebración del contrato

(1) Por el consumidor o un tercero indicado por él y que no sea el transportista.
(2) Agua, gas o electricidad, cuando no estén envasados para la venta en un volumen delimitado o en cantidades determinadas (botellas de agua, bombonas de gas). Calefacción mediante sistemas urbanos. Contenido digital que no se preste en un soporte material.

Forma de ejercicio (LGDCU art.106) El consumidor debe **comunicar** al empresario la decisión de desistir antes del transcurso del plazo señalado **mediante**: **926**
- el modelo de formulario de desistimiento que figura en la propia LGCDU como anexo B (nº 6110);
- cualquier tipo de declaración inequívoca en la que señale su decisión de desistir del contrato.
Ambas opciones se pueden cumplimentar y enviar **vía electrónica** a través del sitio web del empresario que debe acusar inmediato recibo del desistimiento en soporte duradero (LGDCU art.106.3).

Excepciones al derecho (LGDCU art.102 y 103) El derecho de desistimiento se aplica a todos los contratos con consumidores **excepto**: **929**
• **Prestación de servicios** una vez que el servicio ha sido **completamente ejecutado**. Es preciso que la ejecución del servicio haya comenzado con el consentimiento expreso del consumidor y con su reconocimiento de que una vez completamente ejecutado el servicio, habrá perdido su derecho a desistir (p.e. si se encarga por internet el impreso de unos folletos, no se puede desistir después de que se ha acabado la impresión).
• Bienes o servicios cuyo **precio pueda fluctuar** en el mercado financiero sin control del empresario y que puedan producirse durante el periodo de desistimiento (p.e. si se compran acciones no se puede desistir si baja el precio en 14 días).
• Bienes **personalizados** o confeccionados conforme a las especificaciones del consumidor (p.e. un traje hecho a medida):
• Bienes que se **deterioren o caduquen** con rapidez (p.e. una fórmula magistral de una farmacia con una vida muy breve).
• Bienes **desprecintados** tras su entrega que no puedan devolverse por razones de protección de la salud o de higiene (p.e. la ropa interior).

• Bienes **mezclados de forma indisociable** con otros bienes después de su entrega (p.e. si se compra pintura blanca y se tinta con posterioridad con un tinte comprado al efecto).
• **Bebidas alcohólicas** cuyo precio se ha acordado en el momento de celebrar el contrato de venta y que no puedan ser entregadas antes de 30 días, y cuyo valor real dependa de fluctuaciones del mercado que el empresario no pueda controlar.
• Operaciones de **reparación o mantenimiento urgente** en visitas solicitadas por el consumidor al empresario. Si en la visita para la **reparación urgente** el empresario presta algún **servicio adicional** a los solicitados específicamente por el consumidor o suministra bienes distintos de las piezas de recambio utilizadas, les es de aplicación el derecho de desistimiento a dichos servicios o bienes adicionales.
• **Discos, películas y programas informáticos desprecintados** después de la entrega (p.e. no se puede desistir de la compra de un disco una vez abierto, porque lo contrario permitiría copiar su contenido y devolverlo después;).
• **Prensa o revistas**, no se puede comprar un periódico y luego desistir de su compra pero sí se puede suscribir al periódico y luego cancelar la suscripción.;
• Contratos celebrados mediante **subastas públicas**.
• Servicios de **alojamiento** distinto a vivienda, **transporte de bienes**, **alquiler de vehículos**, **comida** o servicios relacionados con **actividades de esparcimiento**, si los contratos prevén una fecha o un periodo de ejecución específicos.
• **Contenido digital** que no se preste en un soporte material cuando la ejecución haya comenzado, si el contrato impone al consumidor o usuario una obligación de pago, cuando se den las siguientes condiciones:
- el consumidor o usuario ha otorgado su consentimiento previo para iniciar la ejecución durante el plazo del derecho de desistimiento;
- el consumidor o usuario haya expresado su conocimiento de que, en consecuencia, pierde su derecho de desistimiento; y
- el empresario haya proporcionado una confirmación

930 La exclusión de estos casos tiene múltiples **razones**:
- intervención de terceros,
- carácter personalizado del bien,
- dependencia del valor de bien de fluctuaciones del mercado,
- posible reproducción fraudulenta del producto o agotamiento de los efectos del contrato con su propia perfección.

Reconocer en este tipo de contratos un derecho de desistimiento únicamente puede perjudicar al empresario y puede ser utilizado por el consumidor, no como un mecanismo de protección ante la actuación del empresario, sino como un **mecanismo fraudulento** para dejar sin efecto contratos perfectos pero que pueden no resultarle interesantes en función de diversas circunstancias, lo que excede del fundamento del derecho de desistimiento (p.e. comprar un periódico, leerlo y después desistir).

A pesar de la exclusión legal, es posible que estos contratos incluyan en su contenido un **reconocimiento contractual** del derecho de desistimiento a favor del consumidor libremente ofertado por el empresario o pactado con el consumidor. A estos contratos no es posible aplicarles el régimen general del derecho de desistimiento, pero sí el ofertado en el contrato.

931 **Efectos** (LGDCU art.106, 107 y 108) El principal efecto derivado del derecho de desistimiento en los contratos es la **extinción de las obligaciones** de las partes.
Para evitar que el desistimiento suponga un **perjuicio** para el empresario o el consumidor se establece una serie de obligaciones y derechos de las partes.

934 **Obligaciones del empresario** Como consecuencia del ejercicio del derecho de desistimiento el empresario debe cumplir las siguientes **obligaciones**:
• **Reembolsar el pago**, sin demora indebida, en un plazo de 14 días desde el desistimiento. En caso de retraso injustificado, el consumidor puede reclamar que se le pague el doble del importe adeudado o por los daños y perjuicios si superan esa cantidad.

• **Recoger el bien**, a su cargo, cuando por la naturaleza del mismo no puede devolverse por correo y si los bienes se entregaron en el domicilio del consumidor.
Junto con estas obligaciones, el empresario tiene también una serie de **derechos**:
• **No abonar costes adicionales** cuando el consumidor ha seleccionado una modalidad más costosa de entrega que la ordinaria (p.e. envío urgente). La responsabilidad del empresario se limita al coste de la modalidad menos onerosa.
• **Retener el pago** hasta recibir el bien o hasta que el consumidor presente prueba de la devolución. No se da este derecho de retención en los casos en los que el empresario se ha ofrecido para recoger él mismo el bien.

En lo que respecta a los **datos personales del consumidor o usuario**, el empresario debe cumplir las obligaciones del Rgto (UE) 2016/679 y la LOPD. **935**
Debe **abstenerse de utilizar** cualquier contenido distinto de los datos personales, proporcionado o creado por el consumidor o usuario al utilizar los contenidos o servicios digitales suministrados por el empresario, **excepto** cuando dicho contenido cumpla alguna de las siguientes condiciones:
- no tenga ninguna utilidad fuera del contexto de los contenidos o servicios digitales suministrados por el empresario;
- esté exclusivamente relacionado con la actividad del consumidor o usuario durante el uso de los contenidos o servicios digitales suministrados por el empresario;
- haya sido agregado con otros datos por el empresario y no pueda desagregarse o sólo se pueda realizando esfuerzos desproporcionados; y
- haya sido generado conjuntamente por el consumidor o usuario y otras personas, y otros consumidores o usuarios puedan continuar haciendo uso del contenido.
Salvo en las situaciones establecidas (LGCU art.107.5.a, b y c), el empresario debe **poner a disposición del consumidor o usuario**, a petición de este, cualquier contenido distinto de los datos personales que el consumidor o usuario haya proporcionado o creado al utilizar los contenidos o servicios digitales suministrados por el empresario.
El consumidor o usuario tiene derecho a **recuperar dichos contenidos** sin cargo alguno, sin impedimentos por parte del empresario, en un plazo razonable y en un formato utilizado habitualmente y legible electrónicamente.

Obligaciones del consumidor El consumidor tiene, por un lado, una serie de **obligaciones** correlativas a los derechos del empresario: **937**
• **Devolver el bien** sin demora indebida, si el empresario no se ha ofrecido a recogerlo, en el plazo máximo de 14 días desde el desistimiento. Si el consumidor hace el envío dentro de ese plazo se considera efectuada la devolución aunque sea entregado efectivamente al empresario una vez pasado el plazo. P.e. si la devolución se hace por agencia de transporte en el día 13, se considera en plazo aunque el bien le llegue al empresario varios días después.
• **Asumir el coste** de la devolución del bien salvo que el empresario haya aceptado asumirlos o no le haya informado de que le corresponde al consumidor.
• **Responder de la disminución del valor** del bien cuando se debe a una manipulación distinta de la necesaria para establecer su naturaleza, sus características o funcionamiento. Por tanto, el consumidor no responde si la manipulación ha sido la imprescindible para determinar la utilidad del bien o si el empresario no le ha informado de su derecho de desistimiento como sanción al empresario incumplidor de sus obligaciones.
• **Pagar parcialmente la prestación** de un servicio que se ha empezado a prestar durante el plazo de ejercicio del derecho de desistimiento, a petición expresa del consumidor. P.e., si el consumidor contrata la suscripción de un diario y a los diez días decide desistir del servicio, debe abonar los diez días que se le ha prestado. El importe a pagar **se calcula** sobre la base del precio total acordado en el contrato. Sin embargo, si el precio total es excesivo (puede ser esa la causa del desistimiento), el importe proporcional se calcula sobre la base del valor de mercado de la parte ya prestada del servicio.

• **Abstenerse de utilizar el contenido o servicio digital** y de ponerlo a disposición de terceros. El empresario puede impedir al consumidor o usuario cualquier uso posterior a la fecha de desistimiento de los contenidos o servicios digitales, en particular haciendo que estos no sean accesibles para el consumidor o usuario o inhabilitándole la cuenta de usuario.
Por otro lado, el consumidor tiene los siguientes **derechos** correlativos a las obligaciones del empresario:
1) **Devolución del importe** de lo pagado al empresario sin demoras indebidas en un plazo de 14 días.
2) **No asumir ningún coste** en los siguientes supuestos:
• Suministro de **agua, gas, electricidad o calefacción** mediante sistemas urbanos si:
- no se ha informado sobre la existencia del derecho de desistimiento;
- no ha solicitado expresamente que la prestación del servicio se inicie durante el plazo de desistimiento.
• Suministro de **contenido digital** que no se presta en un soporte material si:
- no ha dado expresamente su consentimiento previo antes de que finalice el periodo de 14 días naturales;
- el consumidor no es consciente de que al dar su consentimiento renuncia a su derecho de desistimiento;
- el empresario no ha dado la información precontractual obligatoria (nº 898).
3) **No responder por el desistimiento**, con la única excepción de la elección de una modalidad de entrega más onerosa que la planteada por el empresario.

6. Especialidades del comercio electrónico

945 Los contratos celebrados por vía electrónica son contratos normales con la particularidad de firmarse por vía telemática y por tanto se **rigen** por las normas sobre contratos a distancia y la L 34/2002, de servicios de la sociedad de la información y de comercio electrónico (L 34/2002 art.23).
Al ser contratos normales, producen los mismos **efectos** que el resto de contratos si son concluidos de forma válida.
Si el tipo de contrato debe **constar por escrito**, basta que se contenga en un soporte electrónico para cumplir el requisito.
Los contratos electrónicos se **presumen celebrados** en:
- en caso de contratos celebrados con **consumidores**, la residencia habitual del consumidor;
- en caso de contratos entre **profesionales**, donde pacten las partes o donde esté establecido el prestador de servicios.
De cualquier modo, los **contratos internacionales** se rigen por la normativa que les corresponda según del derecho internacional privado.

Precisiones Para **mayor información** sobre el comercio electrónico ver nº 2200 s.

948 **Información precontractual** (L 34/2002 art.27) Además del cumplimiento de todos los requisitos en materia de información generales (nº 891 y nº 894), se debe poner a disposición del contratante, antes de iniciar el procedimiento de contratación y mediante técnicas adecuadas al medio de comunicación utilizado, de **forma permanente, fácil y gratuita**, información clara, comprensible e inequívoca **sobre**:
- los trámites para celebrar el contrato;
- si va a archivar el contrato de forma electrónica y si va a ser accesible;
- los medios para identificar y corregir errores en la introducción de los datos;
- la lengua o lenguas en que puede formalizarse el contrato;
- destinatario las condiciones generales a que, en su caso, deba sujetarse el contrato.
Esta información puede estar incluida directamente en la **página web** del empresario y cuando se acceda mediante dispositivos con pantallas de formato reducido (teléfonos inteligentes, tabletas, etc.), se cumple la obligación si se facilita de mane-

ra permanente, fácil, directa y exacta la dirección de Internet donde está la información.
No se tiene la **obligación** de facilitar esta información si:
- lo acuerdan los contratantes y ninguno es un consumidor;
- el contrato se ha celebrado mediante intercambio de correo electrónico u medio equivalente.

Información poscontractual (L 34/2002 art.28) El empresario debe **confirmar el contrato** mediante: 951
- envío de acuse de recibo por correo electrónico u otro medio equivalente en el plazo de 24 horas, p.e., se compra algo por internet y envían un correo electrónico confirmando la compra;
- un medio equivalente al utilizado durante la contratación, tan pronto como el aceptante haya completado dicho procedimiento, siempre que la confirmación pueda ser archivada, p.e. se compra algo por internet y se confirma la compra en la misma web con la opción de descargar en PDF, o imprimir la orden de compra.

Al igual que en el caso de la información precontractual, no es necesario la confirmación poscontractual si lo acuerdan los contratantes o si el contrato se celebra mediante intercambio de correo electrónicos.

SECCIÓN 2

Contrato de crédito al consumo

1000

La **regulación** del contrato de créditos al consumo viene determinada por el Derecho europeo. En España, se regula por la L 16/2011 de contratos de créditos al consumo (en adelante LCCo). 1005

No se establece una definición clara del contrato de crédito al consumo, sino que se limita a especificar su **objeto y partes**. Además, enumera una lista exhaustiva de los **contratos excluidos** de la aplicación de la norma (nº 1045 s.), e incluso señala casos de **aplicación parcial** a contratos que, en principio, sí pueden ser considerados como incluidos en la descripción legal (nº 1060).

Se trata de un tipo de crédito personal que tiene su **regulación específica** en la LCCo.

Precisiones En **Derecho europeo**, los créditos al consumo se regulan actualmente en la Dir (UE) 2023/2225, todavía sin transponer en el ordenamiento español. Se ha dispuesto como fecha límite de transposición el 20-11-2025, estableciéndose su aplicación a partir del 20-11-2026. Sus principales **novedades** son:
• **Información a los consumidores**. La publicidad de los contratos de crédito debe contener, en todos los casos, una advertencia clara y destacada para poner en conocimiento de los consumidores que tomar dinero prestado cuesta dinero. Se debe prohibir determinada publicidad, como la que incita a los consumidores a solicitar crédito sugiriendo que este mejoraría su situación económica o especificando que el crédito registrado en las bases de datos tiene poca o ninguna influencia en la evaluación de una solicitud de crédito.
• **Concesión de crédito no solicitada**. Se debe prohibir la concesión no solicitada de crédito, incluidas las tarjetas de crédito previamente aprobadas no solicitadas y enviadas a los consumidores, la introducción unilateral de una nueva posibilidad de descubierto o de descubierto tácito o el aumento unilateral del límite del descubierto, descubierto tácito o tarje-

ta de crédito del consumidor. Asimismo, debe prohibirse la concesión no solicitada de créditos en forma de contratos celebrados fuera del establecimiento.

• **Reembolso del crédito**. Se ha de realizar una evaluación y comprobación, con anterioridad a la celebración de un contrato de crédito, la capacidad del consumidor de reembolsar el crédito y su predisposición a ello. El calendario de reembolso debe adaptarse concretamente a las necesidades específicas del consumidor y a su capacidad de reembolso.

• **Derecho de desistimiento**. Los consumidores deben tener derecho de desistimiento sin penalización y sin obligación de justificación.

• **Finalización**. Las partes deben tener derecho a poner fin por el procedimiento habitual a un contrato de crédito de duración indefinida, y el prestamista debe poder retirar al consumidor el derecho a disponer de cantidades con cargo a un contrato de crédito de duración indefinida, por razones objetivamente justificadas, cuando así se disponga en el contrato. Asimismo, se debe permitir al consumidor liquidar sus obligaciones antes de la fecha convenida en el contrato de crédito.

1010 **Concepto y partes** El contrato de crédito al consumo puede **definirse** como cualquier contrato de financiación bajo la forma de pago aplazado, préstamo, apertura de crédito o cualquier otro medio equivalente de financiación, concluido por las **partes** siguientes:

- un prestamista, persona física o jurídica que actúa en el ejercicio de su actividad, profesión u oficio, y;
- un consumidor, si bien este solo puede ser una persona física, punto que le diferencia del concepto general de consumidor (nº 20).

1012 **Prestamista** El prestamista sustituye al concepto de **«empresario»** (nº 30). Puede ser tanto una persona física como jurídica y su actividad profesional debe incluir la concesión de créditos como un objeto social propio. El paradigma del prestamista está constituido por los **bancos o entidades financieras**, en la medida en que una de sus principales funciones es la de conceder préstamos.

1015 **Consumidor** En cuanto a la figura del «consumidor», lo determinante no es el propósito, ajeno o no, a la actividad empresarial o profesional, que le condujo a obtener el crédito, sino el **destino** efectivamente otorgado al crédito recibido. Por ello, quedan excluidas aquellas operaciones que no satisfagan necesidades personales, independientemente de que su actor sea o no comerciante desde el punto de vista del Derecho mercantil.

P.e. no puede calificarse como consumidor una empresa dedicada a la **promoción inmobiliaria**, siendo la operación que se formaliza un acto necesario para la realización del objeto de la compañía (AP Girona 12-1-11, EDJ 70599).

1017 **Intermediario de crédito** Junto con estos dos elementos personales, la LCCo incluye un tercero de carácter facultativo: un intermediario del crédito, que es la persona física o jurídica que no actúa como prestamista ni como consumidor, y que recibe una contraprestación económica en el transcurso de su actividad comercial o profesional, siendo sus **funciones**:

- presentar u ofrecer contratos de crédito;
- asistir a los consumidores en los trámites previos de los contratos de crédito;
- celebrar contratos de crédito con consumidores en nombre del prestamista.

Se trata de **profesionales independientes** especializados (p.e. consultores o asesores fiscales).

1020 El intermediario de crédito participa en la gestión, asistencia y concesión de los créditos al consumo. Y **puede actuar** en tres posiciones diferentes:

- en nombre propio del **consumidor** (labores de asesoramiento);
- en nombre y en representación del **prestamista** (labores de sustitución y con capacidad de contratación en su nombre), o;
- **libremente**, ejerciendo su actividad (labor de oferta de contratos de crédito sin dependencia de ninguna de las partes y limitándose a ponerlas en contacto sin participar en la contratación).

Otra característica de esta figura es que ha de ser siempre una **labor remunerada**, por lo que cualquier actividad de intermediación gratuita excluye a dicho intermediario de la aplicación de la ley.

Por lo que respecta a las **obligaciones** asumidas por esta figura, hay que señalar las siguientes: 1026
- indicar su publicidad y en la documentación destinada a los consumidores el alcance de sus **funciones y representación**, precisando en particular si trabajan en exclusiva con una o varias empresas o como intermediarios independientes:
- informar al consumidor de la **remuneración** que deba pagarle y acordar con el intermediario el importe de la misma, formalizado en papel u en otro soporte duradero (nº 65) y comunicar al prestamista el importe, a efectos de cálculo de la tasa anual equivalente (nº 70).

Forma de financiación En cuanto a la forma de financiación que puede ser obje- 1030
to de un contrato de crédito al consumo, se puede señalar los siguientes **medios**:
- préstamo (nº 65);
- pago aplazado (nº 65);
- anticipos de crédito (nº 55);
- tarjeta de crédito (nº 70);
- descuento bancario (nº 60).

Objeto del contrato de crédito al consumo En cuanto a la **naturaleza de la** 1035
operación a cuya financiación sirva la obtención del crédito, en la mayoría de los casos, su destino es financiar una compraventa, si bien también puede servir para financiar el pago de la retribución debida a quien presta al consumidor un servicio (p.e. un viaje de placer) o realiza en su favor una obra (p.e. mejoras en la vivienda habitual del consumidor) o satisface necesidades personales (p.e. la compra de una lavadora para su casa).

Precisiones Una cuestión que no resuelve la LCCo es qué sucede con los **bienes o servicios financiados** con el crédito que se destinan simultáneamente a la satisfacción de necesidades personales y a su integración en la actividad empresarial o profesional del acreditado. P.e. el **vehículo** adquirido con la financiación del concedente del crédito se destina los días particulares a la empresa que regenta el acreditado, mientras que los restantes días de la semana y los festivos es utilizado por su titular para atender necesidades personales suyas y de su familia. El hecho de que el crédito tenga un **destino mixto** no comporta la inaplicación de la ley, ni tampoco significa que el acreditado deje de reunir la condición de consumidor. Esta situación se soluciona atendiendo al destino principal o preponderante del crédito.

1. Contratos excluidos de la protección

(LCCo art.3 y 4)

Los contratos excluidos de la **regulación especial** que concede la LCCo se regulan 1045
por las normas generales de las obligaciones y contratos del Código civil o mercantil. Son contratos que no pueden calificarse de créditos al consumo.
El precepto legal se refiere a los contratos que **consistan en** el suministro de bienes de un mismo tipo o en la prestación continuada de servicios, siempre que el consumidor tenga la obligación de pagar por dichos bienes o servicios a plazos durante el periodo de su duración. Es el caso de la prestación de **servicios domésticos** (electricidad, gas, teléfono, etc).

Precisiones Se excluye, por ejemplo, el **crédito al consumo entre particulares**, es decir, aquel que es concedido por una persona física o jurídica al margen de su actividad, profesión u oficio (p.e. el préstamo hecho por un progenitor a su descendiente, o el que concede una asociación de esparcimiento o una sociedad mercantil– que no sea entidad de crédito– a uno de sus miembros).

1050 **Exclusión total de la LCCo** Asimismo, la norma enumera a continuación un **listado expreso** de contratos excluidos de su ámbito de aplicación:
• **Créditos sobre bienes inmuebles**:
- contratos garantizados con **hipoteca inmobiliaria**; o
- los que tenga por finalidad la de **adquirir o conservar** derechos de propiedad sobre terrenos o edificios edificados o edificables (contratos celebrados con empresarios de la construcción, por lo que no están destinados a necesidades de consumo).
• Créditos cuyo **importe sea inferior a 200 €**.
• Contratos de **arrendamiento o de arrendamiento financiero** en los que no se establece una obligación de compra por el arrendatario (se considera que existe obligación si el prestamista lo decide de forma unilateral).
• Contratos que tengan un **plazo de reembolso** pactado: 1) los contratos de descubierto que tengan que ser abonados por el consumidor en el plazo máximo de un mes; 2) los contratos en los que se tenga que reembolsar el crédito en menos de tres meses.
• **Contratos gratuitos**:
- libres de intereses;
- los ofrecidos por un empresario a sus empleados;
- los de pago aplazado de una deuda sin intereses; y
- los que deba entregar el consumidor un bien como garantía de seguridad, estando su responsabilidad limitada a dicho bien;
• Contratos de crédito que son el resultado de un **acuerdo alcanzado en los tribunales**;
• Contratos para la realización de **operaciones de inversión financiera**, solo en los casos en los que la empresa de inversión o la propia entidad de crédito participe en la operación.

Precisiones 1) La **exclusión por razón de la cuantía** se justifica por el escaso riesgo económico asumido por el consumidor, que no requiere una especial protección. Para evitar el **fraude** consistente en el fraccionamiento del importe total del crédito para no alcanzar la cifra de 200 €, se establece como única la cuantía de un mismo crédito, aunque aparezca distribuida en contratos diferentes. Para que entre en juego la **prevención** establecida es necesario que concurran simultáneamente los siguientes **requisitos**:
- que existan **dos o más contratos** diferentes de crédito al consumo;
- que sean **mismos sujetos**, el prestamista y el consumidor es la misma persona en distintos contratos;
- que la **finalidad** pretendida por el consumidor sea la adquisición de un mismo bien o servicio.
2) Sin embargo, no supone necesariamente que el préstamo tenga un **carácter gratuito**, si la concesión de un préstamo por parte de una de una entidad financiera de un crédito para el consumo es con un interés de tipo 0, ya que las entidades financieras pueden obtener una rentabilidad de las operaciones realizadas, pese a la inexistencia de tipos de interés, de los establecimientos que prestan los servicios (TS 4-3-11, EDJ 13874).

1060 **Exclusión parcial de la LCCo** (LCCo art.4) La norma incorpora una relación de contratos a los que les resulta de aplicación parcial la LCCo, determinándose de forma expresa qué **artículos se aplican** en cada caso, excluyéndose las demás previsiones legales.

Tipo de contrato	Artículos aplicables LCCo
Descubierto reembolsable en un plazo máximo de 3 meses	Disposiciones generales: art.1 a 7. Información básica en la publicidad: art.9.1 y 2.a y b. Obligaciones del prestamista: art.12 a 15. Forma y contenido del contrato: art.16.1, 2, 3 y 4. Obligación de información: art.17 y 19. Derechos de los contratos de crédito vinculados: art.29. Régimen sancionador: art.31 a 36.
Descubierto tácito	Disposiciones generales: art.1 a 7. Contrato: art.20. Régimen sancionador: art.34 a 36.
Descubierto excedido tácito	Disposiciones generales: art.1 a 7. Contrato: art.20. Régimen sancionador: art.34 a 36.
Crédito con pago aplazado o métodos de reembolso	Disposiciones generales: art.1 a 7 Información básica en la publicidad: art.9. Obligaciones del prestamista: art.12, 13 y 15. Forma y contenido del contrato: art.16.1.a, b, c, d, e, f, g, h, i, l y r, 19.2 y 4. Información: art.18. Contrato de descubierto tácito: art.20. Contratos de crédito de duración indefinida: art.27. Reembolso anticipado: art.30. Régimen sancionador: art.31 a 36.
Crédito superior a 75.000 euros	Disposiciones generales y derechos del consumidor: art.1 a 11. Obligaciones del prestamista: art.14 y 15. Régimen sancionador: art.32 a 36.

2. Derechos del consumidor

(LCCo art.9 a 13)

Se reconoce amplios derechos al consumidor dadas las especiales características del contrato de crédito al consumo y su sujeción a una norma especial. Su régimen es más completo que el previsto con carácter general (nº 205 s.). **1070**

Dichos derechos tienen un **carácter** imperativo e irrenunciable, bajo pena de nulidad.

Se establece una **previsión legal** en caso de que la ley elegida por las partes sea la de un **tercer Estado**: se siguen aplicando los derechos contenidos en la LCCo, con el único requisito de que el contrato tenga un **vínculo estrecho** con el territorio de un Estado miembro del Espacio Económico Europeo. Esto tiene por objeto crear un cuerpo homogéneo de derechos del consumidor en este tipo de contratos de crédito al consumo para toda la UE, superando las limitaciones nacionales (LCCo art.5). **1073**

Precisiones Se entiende que hay un **vínculo estrecho** cuando el prestamista o el intermediario de crédito ejerce sus actividades en uno o varios Estados miembros del Espacio Económico Europeo, o por cualquier medio de publicidad o comunicación, dirige esas actividades a uno o varios Estados miembros, estando el contrato de crédito comprendido en el marco de esas actividades.

En los contratos de crédito al consumo, el prestamista tiene la obligación de (LCCo art.14 y 15): **1075**

- proporcionar al cliente una **información individualizada** para garantizar que el contrato de crédito propuesto se ajusta a sus necesidades y a su situación financiera;
- evaluar la **solvencia del contratante**, basándose en la información facilitada por el consumidor o consultando las bases de datos de los ficheros de solvencia patrimonial y crédito prestamista;
- labores de **asistencia y asesoramiento** (advertencia de los riesgos en caso de impago o de endeudamiento excesivo).

La información que debe prestar el prestamista al consumidor difiere de la **oferta vinculante**. La oferta vinculante tiene el mismo contenido mínimo que la información precontractual, pero debe ser expresamente solicitada por el consumidor y es obligatoria para el prestamista tras su solicitud. El prestamista está obligado a mantener la oferta por un periodo de 14 días desde su entrega al consumidor (LCCo art.8).
Existe una **excepción** a la regla general de información precontractual, referida a los proveedores de bienes o servicios que solo actúen como intermediarios de crédito a título subsidiario, sin perjuicio de las obligaciones del prestamista de garantizar que el consumidor recibe esta información y asistencia.

Precisiones **1)** La **oferta vinculante** debe ser facilitada en documento separado al modelo de información normalizado europea sobre crédito al consumo.
2) Se considera que los **proveedores de bienes y servicios** actúan como intermediarios de crédito a título subsidiario si su actividad como intermediarios no constituye el objeto principal de su actividad comercial, empresarial o profesional. Se es excluye únicamente en atención a su falta de dedicación profesional a la concesión de créditos al consumo.

1077 **Información precontractual** (LCCo art.10, 11, 12, 13, anexo II y III) Antes de firmar el contrato, el consumidor debe recibir de forma **gratuita y por escrito**, o en algún otro soporte duradero (nº 65), información normalizada europea.
En atención al **tipo de contrato**, puede distinguirse dos tipos diferentes de regímenes que regulan el contenido de la información que debe ser facilitada al consumidor.
Existe también una **información normalizada europea** sobre el crédito al consumo que figura en la LCCo anexo II y III. La unificación opera en un **doble sentido**:
- el anexo es válido como información precontractual para todos los contratos de crédito al consumo; y
- es válido en toda la UE en el que se celebre el contrato.

Es documento de gran importancia por cuanto que con su entrega **se presume** que se han cumplido todos los requisitos de información, desplazando la carga de la prueba sobre el consumidor, en caso de conflicto.

1080 La información previa para la generalidad de los contratos debe incluir, como mínimo, los siguientes **datos** (LCCo art.10):
- **tipo de crédito**;
- **identidad** de las partes;
- **importe total** del crédito y las condiciones de la recepción del dinero;
- **duración** del contrato;
- **tipo deudor** (nº 70) y las condiciones de aplicación;
- importe, número y periodicidad de los pagos, el conocido como **cuadro de amortización** (nº 1167);
- **tasa anual equivalente** –a partir de ahora TAE– ilustrada mediante un ejemplo representativo (nº 70);
- importe, número y periodicidad de los **pagos**;
- **derecho de reembolso** anticipado o información sobre posibilidad de compensación;
- periodo de tiempo por el que queda **vinculado** el prestamista por la información precontractual;
- producto o servicio y su **precio al contado** (en caso de créditos en forma de pago diferido y contratos de crédito vinculados);
- **gastos** a cargo del consumidor (mantenimiento de la cuenta, pago de notario, **servicios accesorios** como la contratación de un seguro, etc.);
- el tipo de **interés de demora** y las consecuencias en caso de **impago**;
- si existe o no **derecho de desistimiento** (nº 1124 s.);
- si existen o no **procedimientos extrajudiciales de reclamación** (posibilidad de someter al sistema arbitral de consumo) y la forma en que el consumidor puede acceder a ellos.

Precisiones El consumidor también tiene derecho a recibir una **copia del proyecto** de contrato de crédito, salvo que el prestamista no esté dispuesto, en el momento de la solicitud, a celebrar el contrato de crédito con el consumidor. Cualquier **información adicional** que el prestamista pueda comunicar al consumidor se facilita en un documento aparte que puede adjuntarse a la información normalizada europea.

Contratación telefónica En el caso de **contratación telefónica**, la descripción de las características del servicio financiero debe incluir los siguientes elementos: **1087**
- **importe total** del crédito y las condiciones de la recepción del dinero;
- **duración** del contrato;
- producto o servicio y su **precio al contado** (en caso de créditos en forma de pago diferido y contratos de crédito vinculados);
- **tipo deudor** (nº 70) y las condiciones de aplicación;
- **tasa anual equivalente** ilustrada mediante un ejemplo representativo;
- cuadro de amortización (nº 1167);
- **servicios accesorios** al contrato de seguro, en particular, el contrato de seguro;
- **importe total** adeudado por el consumidor.

Si no se puede facilitar esta información por este medio, el prestamista debe hacer llegar al consumidor toda la información precontractual utilizando el formulario de **información normalizada europea** sobre el crédito al consumo inmediatamente después de la celebración del contrato (LCCo anexo II y III).
Respecto a los **contratos de descubierto y pago aplazado o reembolso** realizados vía telefónica, tienen una serie de especialidades (ver nº 1100).

Contratos de descubierto y pago aplazado o reembolso (LCCo art.12 y anexo III) Existe un régimen especial de información previa respecto a **determinados contratos**, en particular, para los contratos de descubierto y para los que se pacte el pago aplazado en caso de falta de pago. **1090**
Se trata de una información en la que se pone el punto de atención principal en las **condiciones del crédito** y en especial del descubierto y el tipo deudor aplicable a estos contratos. Es una información que debe ser **facilitada por** escrito o soporte duradero, o bien a través de otro modelo de información normalizada europea sobre el crédito al consumo, en este caso, el previsto en la LCCo Anexo III, presumiéndose igualmente que la entrega de este documento equivale al cumplimiento por el prestamista de la obligación de información precontractual.

• **Contratos de descubierto**: Además de los requisitos establecidos con carácter general en nº 1080, se exige: **1093**
- una indicación de que puede exigirse al consumidor el **reembolso** de la totalidad del importe del crédito en cualquier momento;
- los **gastos** aplicables desde el momento de la celebración de dichos contratos y, en su caso, las condiciones en que dichos gastos podrán modificarse;
- proporcionar una **información adicional periódica**; para que el consumidor esté constantemente informado sobre el estado de su saldo deudor, con el fin de evitar en último extremo un endeudamiento excesivo o descontrolado.

Por ello, con una **periodicidad** al menos trimestral, el prestamista debe remitir al consumidor un extracto de cuenta en papel o soporte duradero con **información extra** (LCCo art.19.1): **1095**
- período preciso al que se refiere el **extracto de cuenta;**
- los **importes** de los que se ha dispuesto y la fecha de disposición;
- la fecha y el saldo del **extracto anterior**;
- el **nuevo saldo**;
- la fecha y el importe de los **pagos efectuados** por el consumidor;
- el **tipo deudor** aplicado;
- los **recargos** que se hayan aplicado;
- en su caso, el **importe mínimo** que deba pagarse.

Precisiones 1) La información extra se refiere a **información actualizada** del desarrollo del crédito a lo largo de la vigencia del contrato que permite al consumidor, por un lado, controlar el importe de la deuda (disposiciones, pagos) y, por otro lado, el control del cumplimiento de las condiciones pactadas (tipo deudor, recargos aplicados); el **prestamista** está obligado a informar de los incrementos del tipo deudor o recargos que deba pagar el con-

sumidor con antelación suficiente a su entrada en vigor, salvo que dicha modificación derive de un tipo de referencia pactado y publicado oficialmente por el Ministerio de Economía y Hacienda (LCCo art.19.2).
2) En los casos de **descubierto tácito**, se debe facilitar la misma información precontractual y una información periódica, y si el descubierto se prolonga durante un periodo superior a un mes, es obligación del prestamista informar, sin demora, al consumidor de la existencia de dicho descubierto tácito, del importe del mismo, del tipo deudor y de las posibles penalizaciones y gastos aplicables. Se limita el **interés aplicable** al que resulte de una tasa anual equivalente no superior a 2,5 veces el interés legal del dinero.

1097 • **Contratos de pago aplazado o métodos de reembolso**: Para los contratos que prevean el prestamista y el consumidor pueden establecer acuerdos relativos al pago aplazado o métodos de reembolso cuando el consumidor se encuentre en situación de falta de pago del crédito inicial, siempre que con ello se eviten acciones judiciales relativas al impago, se prevé además lo siguiente:
- **tasa anual equivalente** ilustrada mediante un ejemplo representativo (nº 70);
- importe, número y periodicidad de los **pagos**;
- **derecho de reembolso** anticipado o información sobre posibilidad de compensación;
- periodo de tiempo por el que queda **vinculado** el prestamista por la información precontractual.

1100 En el caso de la **contratación telefónica**, y cuando el consumidor solicite disponer de la posibilidad de descubierto con efecto inmediato, la descripción de las características del servicio financiero debe incluir al menos:
• Para los contratos de **descubierto reembolsable** en el plazo de 1-3 meses (nº 1050):
- **importe total** del crédito;
- **tipo deudor** y condiciones de aplicación;
- una indicación de que puede exigirse al consumidor el **reembolso** de la totalidad del importe del crédito en cualquier momento.

• Para los contratos con **pago aplazado o métodos de reembolso**:
- **importe total** del crédito;
- **tipo deudor** y condiciones de aplicación;
- **tasa anual equivalente** ilustrada mediante un ejemplo representativo;
- **duración** del contrato de crédito.

1124 **Derecho de desistimiento** (LCCo art.28) La regulación específica del derecho de desistimiento presenta algunas **particularidades** respecto a la general de la LGDCU (nº 305).
El derecho de desistimiento no se establece con **carácter** obligatorio en todos los contratos de crédito al consumo, sino que se configura como meramente facultativo para el prestamista. Lo que sí es obligatorio es fijar en la **información precontractual** la existencia o ausencia de este derecho de desistimiento, de tal manera que el consumidor pueda conocer de forma clara si puede o no desistir del contrato que firma.
En el caso de que se conceda dicho derecho **por el prestatario**, es obligatorio que en el contrato que se firma se haga mención a:
- la existencia de este derecho;
- el plazo y demás condiciones para ejercerlo, incluida la información relativa a la obligación del consumidor a pagar el capital dispuesto y los intereses así como el importe del interés diario.

1130 Si el **consumidor** decide hacer uso de este derecho, tiene que cumplir con las siguientes formalidades:
- ejercicio en el plazo de 14 días naturales;
- comunicación al prestamista del ejercicio del derecho antes de que expire el plazo.

Precisiones 1) El **cómputo del plazo** se produce:
- desde la fecha de suscripción del contrato de crédito;
- si es posterior, desde la fecha en que el consumidor recibe las condiciones y la información contractual.

Se trata de un plazo **mínimo**, por lo que el prestamista puede conceder un plazo mayor.
2) Se entiende que se ha respetado el **plazo de comunicación** sí la notificación se ha enviado antes de la expiración del mismo, siempre que se haya efectuado mediante documento en papel o cualquier otro soporte duradero a disposición del prestamista o accesible para él.
3) En cuanto a la **forma de la comunicación** debe ser por cualquier medio que permita dejar constancia de la notificación. Se da preferencia a la forma escrita en cualquiera de sus manifestaciones (carta certificada, correo electrónico, etc.), sin perjuicio de que también es posible ejercitar el derecho de forma verbal (grabación de conversación telefónica por comunicación a un número que le haya sido indicado por el prestamista) siempre que dicha posibilidad haya sido ofrecida por el prestamista al comunicar las condiciones de ejercicio del derecho de desistimiento.

El consumidor debe, dentro del **plazo** de 30 días naturales siguientes al envío del documento de desistimiento, devolver el dinero prestado más el interés acumulado entre la fecha de disposición del crédito y la fecha de reembolso, calculados sobre la base del tipo deudor acordado. **1135**
Cuando la contratación del crédito proporciona un **servicio accesorio** vinculado con el contrato de crédito (p.e. la entidad financiera que concede el préstamo impone la contratación de un seguro de vida), si el consumidor desiste del crédito deja también de estar vinculado a este servicio accesorio, por lo que tiene el derecho a solicitar la compañía de seguros el reembolso de la parte de la prima no consumida.
El desistimiento no tiene **penalización** alguna, aplicándose el principio de indemnidad del consumidor (nº 280). El prestamista no puede reclamar al consumidor ninguna otra compensación, excepto los gastos no reembolsables abonados por este a la Administración Pública. Si se incluyen en el contrato otros gastos diferentes a los señalados, su inclusión determina que se tengan por no puestos.

Sistema arbitral de consumo (LCCo art.35) Al igual que para el resto de contratos con consumidores, el prestamista, el intermediario de crédito y el consumidor pueden someter sus **conflictos** al arbitraje de consumo, mediante adhesión al sistema arbitral de consumo o a otros sistemas de resolución extrajudicial de conflictos que figuren en la lista que publica la Comisión Europea y que respete los principios establecidos por la normativa europea. También pueden someterse a los mecanismos previstos en la legislación sobre protección de los clientes de servicios financieros, en la medida en que el prestamista o el intermediario de crédito estén sometidos a los mecanismos previstos en ella (nº 5260 s.). **1140**

3. Contrato

Para que el contrato de crédito al consumo sea válido tiene que cumplir necesariamente los siguientes **requisitos**: **1145**
- la **forma**, debe formalizarse por escrito (las partes deben recibir un ejemplar firmado del documento);
- **cuantía** del crédito, debe estar comprendido entre 200 y 75.000 €;
- **devolución** del crédito, el consumidor debe devolver la cantidad concedida más los intereses en varios plazos.

Precisiones Aunque se exija la **forma escrita**, en modo alguno se exige que deba constar en documento público, por lo que se aplica la ley a los contratos que, reuniendo las exigencias formales, se redacten por escrito en documento público o privado.

El **incumplimiento de la forma** escrita da lugar a la anulabilidad del contrato (LCCo art.21.1). **1147**
Cuadra mejor con los intereses del consumidor el concepto de **anulabilidad** y no el de nulidad absoluta. Ello se justifica en diversos **motivos**:

– la nulidad por ausencia de forma permitiría, además de poder ser **apreciada de oficio**, que el propio causante de la nulidad puede, si le conviene, instarla –p.e., la propia entidad de crédito o prestamista que concedió el crédito sin formalizarlo en los términos exigidos por la norma– dada la amplitud en la legitimación para reclamar la nulidad de un contrato;
– la cesación de los efectos aparentemente producidos llevaría también a una evidente **desprotección del consumidor**, que en puridad debería reintegrar inmediatamente el importe del préstamo o crédito de que hubiera podido disponer, poniéndolo en una posición más débil y perjudicial que la que tendría si se sostuviese el mantenimiento del contrato por voluntad del propio consumidor.

Precisiones La **finalidad de la forma escrita** es introducir certeza en el contenido y en los términos especialmente complejos en determinadas relaciones mercantiles, donde es preciso recurrir a conceptos o fórmulas respecto de las cuales no es indiferente que se produzcan discrepancias acerca de su exactitud, ya que pueden afectar seriamente al negocio mismo, de tal manera que se obtenga una mayor seguridad de la parte más débil en este particular tipo de relaciones jurídicas.

1150 El prestamista tiene obligación de entregar un **ejemplar del contrato**. En caso de **incumplimiento** de esta obligación, nada se dice en la norma, pero tratándose claramente de una obligación que corresponde al prestamista y constituyendo un derecho del consumidor la tenencia del mismo hay que entender que no genera la anulabilidad del contrato, sino que el contrato es válido y eficaz para las partes, sin perjuicio de que el consumidor pueda exigir la entrega posterior a la firma del contrato del ejemplar del mismo y, en su caso, incluso reclamar la correspondiente indemnización de **daños y perjuicios** ocasionados por la entidad de crédito por el incumplimiento de esta obligación.

1160 **Inexactitud de los datos del contrato** (LCCo art.21.4) Los datos exigidos en el documento contractual que sean inexactos, se modulan, en función del perjuicio que debido a tal inexactitud sufra el consumidor.
La **persona competente** para moderar equitativamente la sanción que proceda es el juez, en función del daño efectivamente sufrido por el consumidor debido a la inexactitud de cualquiera de esos datos.
El legislador impone la modulación del contrato en la línea de la LGDCU, de **integración del contrato** de consumo cuando se declare la nulidad de alguna de sus cláusulas.

Precisiones Se podía haber utilizado **otra expresión** más acorde con la tradición del Código Civil, como la de moderación equitativa, expresión legal contrastada en cuanto a su significado por una amplia jurisprudencia recaída en torno al CC art.1158, en sede de cláusula penal.

1163 Es una **norma abierta** en la que hay que valorar la importancia de la inexactitud detectada en el contrato, así como los posibles efectos aplicables a la misma; nunca puede declararse por estas inexactitudes la anulación del contrato, sino únicamente las **sanciones** previstas en nº 1165 y nº 1167.
Por tanto, ciertas inexactitudes **carecen de sanción** (p. e., error en la identidad o domicilio social de la partes, o en las consecuencias en caso de impago o la del nombre y dirección de la autoridad de supervisión competente) y en los casos que guarden una **semejanza de razón** en relación a los intereses (p.e. la inexactitud del tipo de interés de demora permite reducir el mismo al interés legal) o con los **plazos** (p.e. inexactitud sobre la duración del contrato

1165 **Omisión de la TAE** (LCCo art.21.2) La **omisión** de la TAE trae como consecuencia la reducción de la obligación del consumidor a abonar el interés legal en los plazos establecidos. Se produce, por tanto, como **sanción legal**, la ineficacia del pacto de intereses, cuya ausencia se sustituye entonces por el tipo de interés legal establecido en CC art.1108 y CCom art.316, sobre el criterio que proporcionan respecto de los intereses de demora, ante la ausencia de interés específicamente pactado para ese caso.

Ello tiene como **efecto** que el consumidor, ante la ausencia de esta mención en el contrato de crédito al consumo, solo está obligado al pago del principal prestado y del interés legal de dicha cantidad durante el plazo de duración pactado, sin que tenga por tanto que abonar ni el interés pactado (ni ordinario ni de mora) ni tampoco los gastos, cargas o seguros a los que se pueda hacer referencia en el contrato de crédito.

Omisión del cuadro de amortización (LCCo art.21.3) El cuadro de amortización es una mención obligatoria en los contratos incluidos en el ámbito de aplicación de la LCCo e **incluye** el importe, el número y la periodicidad de los pagos que deba realizar el consumidor para el reembolso del crédito. **1167**
Tiene la **finalidad** de que el consumidor conozca tanto el importe total, por todos los conceptos, que debe abonar por la operación, como el calendario de pago y el importe que debe afrontar en cada uno de los pagos acordados.
Al contrario de lo que se prevé en la ausencia de mención de la TAE, la omisión de la relación del cuadro de amortización para el reembolso del crédito recibe una **sanción** de mayor alcance, puesto que el deudor solo debe pagar el precio al contado o el nominal del crédito en los plazos convenidos.
Junto con la sanción general, el precepto establece una **especialidad** en el caso de que la omisión se refiera a los plazos, o éstos son inexactos, en cuyo caso se establece como sanción, añadida a la anterior, que el pago no puede ser exigido al consumidor antes de la finalización del contrato.

Precisiones Se desconoce el motivo por el que el legislador ha optado por dos **soluciones distintas** ante las infracciones de la omisión de la TAE o del cuadro de amortización. Su fundamento es el mismo, al tratarse en ambos casos de robustecer el principio de transparencia que se persigue para todas las operaciones financieras. Quizás se ha pretendido evitar que el consumidor pueda verse envuelto en la **complejidad de unos cálculos** que pueden proporcionarle una visión engañosa de la cuantía y el momento de los pagos que ha de afrontar, lo que sin duda se considera más grave que la simple omisión de la TAE.

4. Alteraciones del contrato

(LCCo art.18 a 31)

1170

Modificación unilateral del coste total del crédito (LCCo art.18 a 22) Existen determinados **factores que influyen** en los contratos de crédito al consumo y que están en relación directa con la propia duración temporal de la vida del contrato (variación de la solvencia del deudor, de las condiciones económicas), lo que justifica la posibilidad de modificar unilateralmente el coste del crédito. **1175**
No obstante, para **evitar abusos** contra el consumidor, se prevén las condiciones y requisitos necesarios para que pueda llevarse a cabo dicha modificación. Para ello hay que partir de la **prohibición general** según la cual el coste total del crédito no puede ser modificado en perjuicio del consumidor.
Las modificaciones se refieren al **tipo deudor** (p.e. del tipo de referencia) o de sus incrementos o recargos. La información debe comunicarse al consumidor antes de que el cambio entre en vigor, detallando el **importe de los pagos** tras la entrada en vigor del nuevo tipo deudor, y, si cambiara el número o la frecuencia de los pagos, los correspondientes detalles.

Sin embargo, la norma establece una **excepción** a este principio general, sometida a una serie de exigencias. Por tanto, para poder modificar el coste total de un crédito es preciso: **1180**
- que conste **por escrito** y en virtud de un acuerdo mutuo de ambas partes;

- la posible **variación** debe ser tanto al alza como a la baja;
- tiene que ir referida a un **índice concreto** de carácter objetivo;
- indicación de los **derechos de las partes** en orden a la modificación del coste total del crédito y el **procedimiento** para al que este debe ajustarse;
- el diferencial que se aplica al **índice de referencia** utilizado para la determinación del nuevo coste;
- la identificación del índice o del procedimiento para su **cálculo**, cuyos datos deben ser agregados de acuerdo con un procedimiento objetivo.

Cualquier **modificación distinta**, debe ser **notificada** por el prestamista al consumidor de forma individualizada, con la debida antelación, incluyendo el cómputo detallado, según el procedimiento de cálculo acordado, que da lugar a esa modificación, e indicando el procedimiento que el consumidor puede utilizar para reclamar ante el prestamista en caso de que discrepe del cálculo efectuado.

1190 **Reembolso anticipado** (LCCo art.30) El reembolso anticipado consiste en la facultad reconocida al consumidor para **liquidar anticipadamente**, de forma total o parcial y en cualquier momento de vigencia del contrato, las obligaciones derivadas del crédito concedido.

La norma encierra una clara **excepción al principio general** de que «la validez y el cumplimiento de los contratos no puede dejarse al arbitrio de uno de los contratantes» (CC art.1256), justificándose por el acusado **carácter proteccionista** de la legislación sobre consumo en general, y de la normativa europea y de esta Ley de Crédito al Consumo (LCCo).

Precisiones Conviene recordar que la posibilidad de un pago anticipado no constituye una novedad en nuestro Derecho, puesto que estaba **legislativamente prevista** de manera expresa desde treinta años atrás por la actualmente derogada Ley sobre Ventas de Bienes Muebles a Plazos (LVP), de 17 de julio de 1965, que lo venía admitiendo en su art.10, al señalar que «el comprador podrá, al vencimiento de cualquiera de los plazos, satisfacer anticipadamente el importe de la parte del precio pendiente de pago».

1197 Así, se establece un derecho de pago anticipado al consumidor de **carácter absoluto**, por cuanto que se impide la existencia de pactos que limiten su ejercicio al reembolso en un doble sentido:
- de fijar una **cantidad mínima** determinada (puede ser total o parcial a voluntad del consumidor), o bien;
- en relación al **momento de su ejercicio** (en cualquier momento de la vigencia del contrato).

Además, el consumidor tiene derecho a una **reducción** del coste total del crédito que comprenda los intereses y costes, incluso si éstos hubieran sido ya pagados, correspondientes a la duración del contrato que quede por transcurrir.

Si el consumidor paga su crédito antes del plazo establecido, la entidad bancaria puede cobrarle una **comisión de cancelación** en función del tiempo que reste para finalizar el contrato. Esta comisión no puede superar un porcentaje del dinero devuelto anticipadamente, si el tiempo transcurrido entre el reembolso y la terminación del contrato es:
- **mayor a 1 año**, no puede ser superior al 1%; o
- **menor a 1 año**, no puede ser superior al 0,5%.

En el caso de que el crédito reembolsado cuente con un **seguro vinculado**, la compañía de seguros tiene obligación de devolver al consumidor la parte de la prima no consumida.

1203 Existen una serie de casos en los que el prestamista **no puede reclamar** compensación alguna por el reembolso anticipado:
- si el reembolso se ha efectuado en cumplimiento de un **contrato de seguro** destinado a garantizar el reembolso del crédito;
- en caso de posibilidad de **descubierto;**
- si se produce dentro de un período para el que no se haya fijado el **tipo de interés deudor**.

Junto a este límite legal, la ley admite una **compensación extraordinaria**, siempre que el prestamista demuestre la existencia de pérdidas directas como consecuencia del reembolso anticipado del crédito, con el correlativo derecho del consumidor de pedir la reducción correspondiente si la compensación supera las pérdidas sufridas realmente.
La ley establece una presunción de cuáles son las **pérdidas** que puede reclamar el prestamista, al señalar que las mismas consisten en aplicar a la cantidad anticipada la diferencia entre el tipo de interés acordado inicialmente y el tipo de interés al que el prestamista pueda prestar el importe del reembolso anticipado en el mercado en el momento de dicho reembolso, teniendo en cuenta además el impacto del reembolso anticipado en los gastos administrativos. A estos efectos, se considera como **tipo de mercado** el Euribor al plazo más cercano a la fecha de vencimiento del préstamo.
Finalmente el régimen se completa con un **límite máximo de compensación**, en beneficio del consumidor, de forma que no puede superar la misma el importe del interés que el consumidor hubiera pagado durante el periodo de tiempo concedido entre el reembolso anticipado y la fecha pactada de finalización del contrato de crédito.

Precisiones La ley no establece **cuándo y ante quién** debe de solicitarse esta compensación excepcional, aunque lógicamente debe de entenderse que la misma puede ser solicitada cuando el prestamista lleve a cabo la liquidación del contrato como consecuencia del vencimiento anticipado, momento en el que el consumidor puede mostrar su disconformidad sin que pueda entenderse que esté obligado al pago del total reclamado sino solo de la cantidad que esté fijada en la ley o acreditada sin género de dudas por parte del prestatario. La diferencia solo puede ser reclamada por vía de acción ordinaria ante los tribunales de justicia en el que la carga de la prueba corresponde al empresario.

Cobro de lo indebido (LCCo art.25) El **precepto** distingue dos ideas bien diferencia- **1215**
das. El **primer caso** (apdo.1) responde a un simple criterio de restitución de lo indebidamente pagado de manera fortuita o errónea, junto con los rendimientos que le son propios, lo que conduce al pago de intereses. El **segundo caso** (apdo.2), establece un matiz sancionador, al establecerse un mínimo indemnizatorio, fijado en cinco puntos por encima del tipo de interés que corresponde aplicar.

Precisiones Esta expresa previsión **no puede confundirse con** el cobro de lo indebido previsto en CC art.1895 s. El cobro o pago de lo indebido es una manifestación de la prohibición del enriquecimiento injusto, ante la falta de causa de una atribución patrimonial, hecha generalmente por error del que adquiere y recibida igualmente por error o bien de mala fe por parte del adquirente. Supuesto distinto al contemplado en la LCCo, que surge a propósito de la **ejecución del contrato**, es decir, en el primer caso hay una simple relación de la vida social, mientras que en el segundo, hay una situación jurídica nacida de un negocio jurídico eficaz, en la que se ha pagado/cobrado una cantidad mayor de la debida.

Cesión de derechos (LCCo art.31) Cuando los derechos del prestamista en virtud **1220**
de un contrato de crédito o el propio contrato sean cedidos **a un tercero**, el consumidor tiene derecho a oponer contra él las mismas excepciones y defensas que le hubieren correspondido contra el acreedor originario, incluida la compensación.
Se impone al **prestamista** la obligación de informar al consumidor de la cesión del crédito realizada, salvo cuando el prestamista original siga prestando los servicios relativos al crédito al consumidor. Lo importante es que el consumidor sea consciente del cambio de prestamista, por lo que si la **notificación** es efectuada por el nuevo prestamista, la misma es igualmente válida.
Lo que la ley no establece es cuál es la **sanción aplicable** en caso de incumplimiento de esta obligación de informar de la cesión, pero se entiende que no se genera ningún efecto especial por este incumplimiento, ya que el consumidor se mantiene en su misma posición a pesar del cambio de prestamista.

Precisiones Se trata de que el consumidor no vea perjudicada su posición contractual como consecuencia de un **cambio de acreedor** sobre el que no debe de prestar consentimiento alguno al corresponder a la esfera de facultades del prestamista. Ello implica que el consumidor puede ejercitar todos los derechos que la ley le concede en relación al contrato de crédito al consumo, y en caso de conflicto en el cumplimiento de las obligaciones derivadas del contrato, su **posición procesal** tampoco se ve perjudicada al poder oponer todas las excepciones que tuviese frente al inicial prestamista, incluida la muy importante de compensación con relación a las deudas que aquel pudiera tener frente al consumidor.

5. Contratos vinculados

(LCCo art.23, 26 y 29)

1225 Existen créditos al consumo vinculados a la **operación principal** de la que traen causa como, por ejemplo, la contratación de un curso de enseñanza, la compra de un vehículo, la contratación de la realización de una reforma en la casa, la contratación de un paquete turístico, etc.

Los contratos vinculados **se caracterizan porque** el que el crédito contratado sirve exclusivamente para financiar un contrato relativo al suministro de bienes específicos o a la prestación de servicios específicos y ambos contratos constituyen una unidad comercial desde un punto de vista objetivo (LCCo art.29).

La **regulación** de este tipo de contratos se basa en:
- la Dir 2008/48/CE; y
- la LCCo.

1227 El consumidor que celebra estos contratos vinculados se coloca en una situación de **mayor desprotección** jurídica que la que tendría si adquiriera el bien o servicio pagando el precio a plazos, mediante un solo negocio jurídico celebrado con el suministrador, que en este caso financiaría el fraccionamiento y aplazamiento del pago.

El desdoblamiento de una única operación económica de consumo en dos contratos diferentes, compraventa y préstamo, **beneficia** (TS 24-11-16, EDJ 215409):

• Al **vendedor** que consigue una venta del bien o una prestación del servicio que no habría sido posible sin esa financiación, y lo hace sin necesidad de incurrir en los riesgos derivados de prestar servicios (los de financiación) ajenos a lo que es propiamente el sector del mercado en el que está especializado, la venta o la prestación de servicios distintos de los financieros.

• Al **financiador** que amplía su clientela y su negocio gracias a las operaciones que le facilita el vendedor o prestador de servicios con el que tiene el acuerdo y que le remite a sus clientes para celebrar el contrato que sirva para financiar la venta o prestación de servicios, sin necesidad de incurrir en los riesgos propios de ser el financiador quien tenga que realizar operaciones (la venta del bien o la prestación del servicio) que quedan fuera del sector de negocio, el financiero, en que está especializado.

Precisiones Por una **«unidad comercial»** se entiende que los dos contratos (adquisición y financiación) se pueden considerar como una sola operación, debido a que el prestamista y el proveedor colaboran para permitir al consumidor adquirir el bien o contratar el servicio. Por lo tanto, no puede quedar desligado en modo alguno el contrato de compraventa y el de financiación de la misma.

1230 Frente a estas ventajas para el vendedor y el financiador, si se aplicara estrictamente el **principio de relatividad de los contratos** a este supuesto de desdoblamiento contractual, el consumidor tendría menos beneficios que en una venta a plazos:

• Si **celebra el contrato solo con el vendedor** o prestador de servicios confiado en obtener la financiación del prestamista con el que aquel tiene concertado el acuerdo y finalmente este se la deniega, queda vinculado por el contrato de compraventa o adquisición del servicio y se ve obligado a pagar el precio, cuando no dispone del dinero necesario para hacer dicho pago.

• Si **celebra ambos contratos**, con el vendedor o prestador del servicio y con el financiador, y el bien o servicio no le es suministrado, o el que se le suministra no es conforme a lo pactado en el contrato, se ve obligado a pagar los plazos del préstamo de financiación pese a que el bien o servicio financiado no le ha sido facilitado o lo ha sido defectuosamente, porque el incumplimiento del vendedor es ajeno al financiador, de modo que de acuerdo con la regla clásica sobre la relatividad de los contratos (CC art.1257), el financiador podría seguir exigiendo el cumplimiento del contrato de préstamo pese a que el bien financiado no se hubiera suministrado o lo hubiera sido defectuosamente.

Eficacia de los contratos (LCCo art.26) Para proteger al consumidor y frente a la ventaja que suponen los contratos subordinados para el vendedor y el financiador (nº 1230), la eficacia de los contratos de consumo está **condicionada a** la efectiva obtención del crédito. Así, son nulos los pactos por los que se obliga al consumidor a un pago al contado o a otras fórmulas de pago, para el caso de que no se obtenga el crédito previsto. 1240

Además, se tienen por no puestas las cláusulas en las que el proveedor exige que el crédito únicamente puede ser **otorgado por prestamista determinado**.

Por lo que respecta a los efectos derivados de la **ineficacia** de dicho contrato de financiación vinculado, se establece una previsión general por el que las partes deben de restituirse recíprocamente las prestaciones realizadas, lo que implica la devolución del bien al proveedor en virtud del contrato de consumo y la devolución por este al prestamista de las cantidades percibidas por el contrato de crédito.

Junto con esta previsión, se establece una **indemnización a favor del empresario o prestamista** a quien no sea imputable la ineficacia del contrato, al que se le reconoce el derecho a deducir (LCCo art.23):

- el 10% del importe de los plazos pagados en concepto de indemnización por la tenencia de las cosas por el comprador;
- una cantidad igual al desembolso inicial por la depreciación comercial del objeto.

Por el **deterioro de la cosa** vendida, se reconoce el derecho del vendedor a solicitar la indemnización que corresponda.

Precisiones En caso de **financiación parcial**, deben de devolverse igualmente al consumidor las cantidades que este hubiera podido abonar al proveedor, e incluso, las que hubiera abonado al prestamista en virtud del contrato de financiación y durante la vigencia del mismo anterior a la ineficacia contractual.

Derechos del consumidor (LCCo art.29) Si el consumidor ejerce su **derecho a desistir** (nº 640), el contrato de crédito vinculado pierde eficacia y el consumidor deja de estar obligado al pago sin penalización alguna. 1255

Si el empresario incumple el contrato (el bien o servicio objeto del contrato no se entrega, se entrega de forma defectuosa o no es conforme a lo pactado), puede darse por zanjado tanto el contrato de compra o servicio como el crédito vinculado ya que existe una **conexión funcional** entre los contratos que conlleva la imposibilidad de dar un tratamiento autónomo a cada una de las relaciones contractuales conexas. Los contratos vinculados deben ser tratados de forma unitaria. Por ejemplo, en el caso en que se compra un vehículo y este es defectuoso, hasta que se facilite un vehículo en condiciones o se solucionen definitivamente las averías, no puede exigirse el pago de la cantidad que resta por abonar en el contrato de financiación (TS 24-11-16, EDJ 215409).

En este sentido, el consumidor no está obligado a abonar un **crédito vinculado a la prestación de un servicio** y solicitado a una entidad financiera, si el servicio finalmente no se ha prestado o se ha prestado de forma parcial y además, el dinero no lo recibió él, sino la empresa prestadora.

Precisiones 1) P.e. un hombre solicita un préstamo a una entidad financiera mediante un contrato de **préstamo vinculado con la clínica** donde se había de realizar un tratamiento odontológico; sin embargo, este solamente se lleva a efecto en una primera fase que fue abonada directamente por el paciente sin que continuara con él. Se considera que el demandado no está obligado a abonar cantidad alguna toda vez que, ni recibió el capital del préstamo ni recibió el **tratamiento dental** al que estaba vinculado el primero. Por el contrario, la clínica es quien debía recibir el importe señalado en el plan de financiación y, por tanto, el paciente no debe abonar lo reclamado por no haber recibido directamente el importe de las cantidades pactadas (AP Cáceres 27-4-16, EDJ 62612).

2) El consumidor no soporta la **carga de probar** la existencia de vinculación del préstamo con el contrato de consumo, sino que es la entidad financiera la responsable de justificar la inexistencia de vinculación.

1260 Se establece una **responsabilidad subsidiaria del prestamista** en el ejercicio de los derechos del consumidor. Así, el consumidor puede dirigirse contra el prestamista si:
- los bienes o servicios objeto del contrato no han sido entregados, en todo o en parte, o no son conforme a lo pactado en el contrato; y
- el consumidor ya ha reclamado judicial o extrajudicialmente contra el proveedor y no ha obtenido la satisfacción.

6. Especialidades según el tipo de contrato de crédito al consumo

(LCCo art.23, 26 y 29)

1275

1280 **Contratos de crédito de duración indefinida** (LCCo art.27) Normalmente, todos los contratos de crédito suelen tener una duración determinada, siendo la identificación de los **plazos pactados**, uno de los requisitos sobre los que más se incide tanto en la información como en el contenido del contrato. Ahora bien, dado que existen **otras formas de crédito** diferentes del simple contrato de préstamo (nº 1030), algunas de ellas pueden tener una duración indefinida.
Las principales **características** de este contrato son:
- el **consumidor** tiene derecho a finalizar este contrato, gratuitamente y en cualquier momento, por el procedimiento habitual o en la misma forma en que lo celebró; salvo que se pacte un plazo de **preaviso** (no puede ser superior a 1 mes);
- el **prestamista** tiene el mismo derecho a finalizar el contrato, si bien el **preaviso** es obligatorio (al menos dos meses); el plazo debe aparecer pactado en el contrato, y se exige que la **notificación** se realice mediante en papel o en soporte duradero.

1283 **Otro derecho** reconocido al prestamista es que puede, por pacto expreso, y por razones objetivamente justificadas, poner fin al derecho del consumidor a disponer de cantidades de un contrato de crédito de duración indefinida, **informándole** previamente o inmediatamente después de la terminación del contrato, mediante notificación en papel u otro soporte duradero.
Si se hubiera suscrito un contrato de **seguro accesorio** al de crédito, el contrato de seguro se extingue al mismo tiempo que este y el consumidor tiene derecho al reembolso de la parte de prima no consumida.

Precisiones No se comunica la información si esté **prohibida por** una norma de la Unión Europea o sea contraria a objetivos de orden público o de seguridad pública.

1284 **Crédito revolvente o «revolving»** El crédito revolvente o *revolving* **es** un crédito al consumo con interés de duración indefinida o de duración definida prorrogable de forma automática concedido a personas físicas en el que el crédito dispuesto no se satisface en su totalidad al final del período de liquidación pactado (O EHA/2899/2011 art.33 bis). Es decir, es una línea de crédito que se puede seguir usando según se va devolviendo lo prestado. El ejemplo más claro de crédito revolvente son las líneas de crédito personal que ofrecen las tarjetas de crédito.
En este tipo de créditos, además de la obligación de suministrar al cliente la **información** normalizada (L 16/2011), la entidad debe facilitar, en documento separado (O EHA/2899/2011 art.33 ter):
- una mención clara a la modalidad de pago establecida, señalando expresamente el término «revolving»;
- si el contrato prevé la capitalización de cantidades vencidas, exigibles y no satisfechas;

- si el cliente o la entidad tienen la facultad de modificar la modalidad de pago establecida, así como las condiciones para su ejercicio; y
- un ejemplo representativo de crédito con dos o más alternativas de financiación determinadas en función de la cuota mínima que pueda establecerse para el reembolso del crédito con arreglo al contrato.

Los **intereses** a pagar en los créditos revolventes suelen ser altos (normalmente superiores al 20% TAE), por lo que se ha cuestionado en numerosas ocasiones si son usureros. A este respecto, el TS 15-2-23, EDJ 513138 estableció que para el crédito *revolving* se ha de entender como interés usurario el que supere en 6 puntos porcentuales el tipo medio, por ser notablemente superior al normal del dinero (este criterio jurisprudencial ha seguido posteriormente por TS 27-10-23, EDJ 729395; 29-11-2023; 5-12-23, EDJ 771615).

Contratos de crédito con posibilidad de descubierto (LCCo art.4) En contrato de crédito con posibilidad de descubierto es aquel contrato mediante el que un prestamista pone a disposición de un consumidor fondos que superen el saldo en la cuenta a la vista del consumidor. 1290

La norma prevé **tres supuestos** diferentes en este tipo de contratos en los que viene a establecer una aplicación parcial de la propia LCCo para adaptarla a las características propias de este tipo de contrato de crédito especial (nº 1060).

También se prevé una serie de **especialidades** en relación con el **derecho de información**:
- **previa** al contrato (nº 1090);
- **obligatoria** durante la duración del contrato (nº 1093);
- **periódica**, al menos cada tres meses (nº 1095).

Contratos en los que se pacte pago aplazado por falta de pago Para este tipo de contratos la norma prevé dos **especialidades** con relación al régimen general: 1295
- no les resulta de aplicación toda la **normativa** de créditos al consumo, sino solo una parte de su articulado (nº 1060 s.);
- en relación con la **información precontractual**, se hace una remisión a lo previsto en nº 1097.

Especialidades en atención a la forma de contratación La norma contiene algunas específicas previsiones para los contratos de crédito al consumo que se conciertan por mecanismos de **comunicación a distancia** y que por ello tanto la información precontractual como el propio contenido del contrato debe de acomodarse a la forma en la que se celebró el mismo. Se puede distinguir: 1300

Contratación telefónica (LCCo art.10.6) En la contratación telefónica, el prestamista debe de incluir en su **información precontractual** la descripción de las características principales del servicio financiero, incluyendo los elementos señalados en nº 1087. 1305

En el caso de que el consumidor haya solicitado la posibilidad de disponer de **descubierto** de forma inmediata, la descripción de las características del producto financiero debe de adaptarse a lo establecido en nº 1100.

Contratación por comunicación a distancia que no permita facilitar la información precontractual (LCCo art.10.7) En caso de imposibilidad de entregar al consumidor la información prevista en nº 1087, el prestamista está obligado a facilitar al consumidor toda la información precontractual utilizando el formulario de **información normalizada europea** sobre crédito al consumo de forma inmediata después de celebrado el contrato, presumiéndose que se ha cumplido la obligación de información por la entrega de dicho formulario después del contrato (nº 1087). 1310

Vinculación a la contratación de otros servicios accesorios A lo largo del todo el texto legal se hace **diversas referencias** a contratos de crédito al consumo en los que se permite que la concesión del crédito aparezca condicionada a la cele- 1315

bración de otros contratos de servicios accesorios, diferentes del mismo crédito que es el objeto principal, especialmente la **contratación de seguros** para la cobertura de aquellos casos en los que se den circunstancias personales del consumidor que pueda incidir en la obligación de pago asumida (seguros de vida o incapacidad, etc.). En relación a los mismos se establecen las siguientes **previsiones**:
- si el **coste del servicio adicional** no puede ser calculado previamente a la celebración del contrato, se impone la necesidad de que en la publicidad se destaque especialmente esta obligación de forma clara y concisa, junto con la TAE (nº 3341);
- en la **información precontractual** se impone la obligación al prestamista de informar expresamente al consumidor de la necesidad de contratar el servicio accesorio, así como el coste y las condiciones alternativas que se aplicarían si no se llega a contratar dicho servicio accesorio (nº 1080);
- en los **contratos de crédito de duración indefinida**, expresamente declara extinguido el contrato de seguro accesorio al del crédito al mismo tiempo que se extinga el propio contrato de crédito, reconociendo el derecho del consumidor al reembolso de la parte de prima no consumida (nº 1283);
- si el consumidor ejercita el **derecho de desistimiento**, supone igualmente el cese de la vinculación del consumidor al contrato accesorio al de crédito, tanto si dicho servicio es prestado por el propio contratista o por un tercero (nº 1135);
- en el caso del **reembolso anticipado**, si existe un seguro vinculado, se reconoce la obligación de la aseguradora de devolver al consumidor la parte de prima no consumida (nº 1197).

7. Publicidad

(LCCo art.9)

1320 Como regla general, se aplica las previsiones establecidas con carácter general para los contratos con consumidores (nº 4000 s.) salvo que la información incluida en la publicidad indique el **tipo de interés o alguna cifra relacionada con el coste** del crédito para el consumidor; en tal caso, se exige que tal información básica se incluya en la publicidad y comunicaciones comerciales, así como en los anuncios y ofertas exhibidos en los locales comerciales, debiendo cumplir con los siguientes **requisitos**:

• **Redacción** clara, concisa y destacada mediante un ejemplo representativo. La información básica debe publicarse con una letra que resulte legible y con un contraste de impresión adecuado.

• **Contenido obligatorio mínimo** consistente en:
- tipo de deudor fijo o variable, así como los recargos incluidos en el coste total del crédito para el consumidor;
- importe total del crédito;
- tasa anual equivalente (nº 65);
- duración del contrato;
- precio al contado e importe de posibles anticipos (en los créditos con forma de pago aplazado de un bien o servicio);
- importe total adeudado por el consumidor y el importe de los pagos a plazos (nº 65).

Se prevén dos **supuestos especiales** relacionados con la **TAE**:
- contratos en los que el crédito se conceda en forma de descubierto y que deban reembolsarse previa petición o en el plazo de 3 meses, no es preciso incluir la TAE; y
- contratos en los que se condicione la concesión de crédito en las condiciones ofrecidas a la celebración de un contrato relativo a un servicio accesorio vinculado con el contrato de crédito, en particular un seguro, y el coste de ese servicio no pudiera determinarse de antemano, dicha condición debe mencionarse de forma clara, concisa y destacada, junto con la TAE.

SECCIÓN 3

Compraventa a plazos

Los contratos de compraventa a plazos se **definen** como aquellos en los que una parte entrega una cosa mueble corporal y la otra parte se obliga a pagar por ella un precio total o parcialmente aplazado en tiempo. El **aplazamiento** debe ser superior a 3 meses (L 28/1998 art.3). 1328
Este tipo de contratos con pago aplazado se **rigen** preferentemente por la LCCo y solo si no caen dentro de la aplicación del contrato de crédito al consumo se rigen por la L 28/1998, de venta a plazos de bienes muebles. En cualquier caso, la L 28/1998 es siempre de **aplicación supletoria** a la LCCo. Por todo ello, la aplicación real de la L 28/1998 es, en la práctica, reducida (L 28/1998 art.2).
Además, están **excluidos** expresamente de la aplicación de la L 28/1998(L 28/1998 art.5):
- las compraventas a plazos destinadas a la reventa al público y los préstamos cuya finalidad sea financiar tales operaciones;
- las ventas y préstamos ocasionales efectuados sin finalidad de lucro;
- los préstamos y ventas garantizados con hipoteca o prenda sin desplazamiento sobre los bienes objeto del contrato;
- los contratos de arrendamiento financiero o leasing.

Formalidades del contrato (L 28/1998 art.6 y 7) La compraventa a plazos debe constar de **forma** escrita para ser válida y se debe formalizarse un ejemplar por cada parte. 1330
Si se establece que la operación incluye la obtención de un **crédito de financiación**, la eficacia del contrato queda condicionada a la efectiva obtención del crédito y es nulo obligar al comprador a un pago si no se obtiene el crédito.
El comprador tiene **libertad** para pedir el crédito y se tienen por no puestas las cláusulas en las que el vendedor exija que el crédito únicamente pueda ser otorgado por un determinado concedente.
El contrato **debe contener** obligatoriamente:
- lugar y fecha;
- nombre, apellidos, razón social, y domicilio de las partes y, en los contratos de financiación, el nombre o razón social del financiador y su domicilio;
- descripción del objeto;
- precio de venta al contado, el desembolso inicial, la parte que se aplaza y la parte financiada por un tercero, así como el capital del préstamo;
- si se trata de operaciones con interés, fijo o variable, una relación del importe, el número y la periodicidad o las fecha de los para el reembolso de los plazos o del crédito y el pago de los intereses y los demás gastos, así como el importe total de estos pagos cuando sea posible;
- el tipo de interés nominal (nº 3341);
- la indicación de la tasa anual equivalente (nº 3341);
- la relación de elementos que componen el coste total del crédito, con excepción de los relativos al incumplimiento de las obligaciones contractuales, especificando cuáles se integran en el cálculo de la tasa anual equivalente;
- la cláusula de reserva de dominio (prohibición de enajenar el bien mientras no se pague su totalidad), si así se pacta, así como el derecho de cesión de la misma o cualquier otra garantía;
- el lugar de notificaciones, requerimientos y emplazamientos;
- la tasación del bien para que sirva de tipo, en su caso, a la subasta;
- la facultad de desistimiento.

1333 **Derecho de desistimiento** (L 28/1998 art.9) El consumidor tiene el derecho a desistir del contrato en un **plazo** de 7 días hábiles desde la entrega del bien, comunicándolo mediante carta certificada u otro medio fehaciente al vendedor y, en su caso, al financiador.

Para ejercer el derecho deben cumplirse una serie de **requisitos**:

- no haber usado del bien vendido más que a efectos de simple examen o prueba;
- devolverlo, dentro del plazo en el lugar, forma y estado en que lo recibió y libre de todo gasto para el vendedor;
- el deterioro de los embalajes, cuando fuese necesario para acceder al bien, no impide su devolución;
- proceder, si se ha pactado, a indemnizar al vendedor en la forma establecida contractualmente, por la eventual depreciación comercial del bien (la indemnización no puede ser superior a la quinta parte del precio de venta al contado);
- reintegrar el préstamo concedido en los términos acordados en los mismos para el caso de desistimiento;
- con el desistimiento se resuelve el contrato de financiación;
- en caso de adquisición de vehículos de motor susceptibles de matriculación puede excluirse mediante pacto el derecho de desistimiento, o modalizarse su ejercicio de forma distinta.

A pesar de que transcurran los 7 días para ejercer el desistimiento, el comprador puede **pagar anticipadamente**, de forma total o parcial, el préstamo sin que se le puedan exigir intereses no devengados. Salvo pacto, los pagos parciales anticipados no podrán ser inferiores al 20% del precio y aunque no se pueden exigir intereses no devengados, sí puede contemplarse una compensación que no puede exceder del:

- 1,5% del precio o del capital en los contratos con tipo de interés variable;
- 3% en los contratos con tipo de interés fijo.

CAPÍTULO 4

Comercio minorista

SECCIÓN 1

Consideraciones generales

A. Concepto

El comercio es una actividad de cambio mediante la cual se ponen a disposición de los consumidores finales los bienes del productor, a través de un mercado. La Ley **define** el comercio minorista como aquella actividad desarrollada profesionalmente con ánimo de lucro consistente en ofertar la venta de cualquier clase de artículos a los destinatarios finales de los mismos, utilizando o no un establecimiento (LOCM art.1). 1407
Es un sector que tradicionalmente ha estado **regulado**, fundamentalmente, por la legislación civil y mercantil, esto es, por normas de Derecho privado. No obstante, la creciente importancia de la actividad comercial dentro del sector servicios y la presencia en este ámbito de intereses generales dignos de protección han determinado que sea también objeto de interés por parte del Derecho público. La **Administración interviene** en el comercio de forma cada vez más intensa, mediante la aprobación de normas y la adopción de medidas de distinta naturaleza dirigidas a ordenar esta actividad y a regular la intervención del sector público en el mercado, así como las relaciones de los diversos agentes económicos e intereses implicados en la actividad comercial.

Los **principios generales** que proclama la Ley y que inspiran su regulación son, en concreto (LOCM art.3, 4 y 5): 1409
- **Libertad de empresa** (LOCM art.3): la actividad comercial se ejerce bajo el principio de libertad de empresa y en el marco de la economía de mercado (Const art.38).
- **Libre circulación de bienes** (LOCM art.4): se reconoce el principio de libre circulación de mercancías dentro del territorio español (Const art.139.2) y obliga a las distintas Administraciones públicas a adoptar las medidas adecuadas para evitar que la libertad de circulación de los bienes resulte falseada.
- **Libertad de establecimiento comercial** (LOCM art.5): principio amparado en la libertad de empresa y que consiste en la facultad de utilizar de forma legítima el suelo para la instalación de establecimientos. Los poderes públicos deben proteger la libre iniciativa empresarial para la instalación y acondicionamiento de los establecimientos comerciales en el marco de lo dispuesto en la legislación.

Precisiones No obstante ese principio de libertad de establecimiento comercial, la apertura de **grandes establecimientos comerciales** (nº 1573) está sujeta a una licencia comercial específica, cuyo otorgamiento corresponde al órgano competente de la Administración autonómica correspondiente, que puede también someter a autorización administrativa otros supuestos relacionados con la actividad comercial.

B. Distribución de competencias entre el Estado y las comunidades autónomas

1410 En este sector confluyen competencias estatales y autonómicas. La **regulación** del comercio minorista se incluye dentro de la materia comercio interior, que no está entre las exclusivas del Estado (Const art.149). Por ese motivo, las comunidades autónomas han incluido en sus estatutos de autonomía la competencia en esta materia como **exclusiva**, y han dictado sus **propias normas** reguladoras de los distintos aspectos que integran la ordenación de la actividad comercial (Const art.149.3).

Sin embargo, la **competencia exclusiva** de las comunidades autónomas en comercio interior, ha de comprenderse dentro del respeto a los títulos que se reservan al Estado, especialmente la coordinación de la planificación general de la actividad económica (Const art.149.1.13ª), que marcan los **límites** dentro de los cuales deben interpretarse las cláusulas estatutarias (TCo 124/2003).

Dado el **carácter básico** que tienen la Ley de horarios comerciales y muchos de los preceptos de la LOCM, las leyes autonómicas constituyen, en esos puntos concretos, un **desarrollo** de la normativa básica estatal.

El **Derecho estatal** tiene la siguiente aplicación en estos supuestos (Const art.149.3):
- en caso de conflicto, con el de las comunidades autónomas, **prevalece** en todo lo que no esté atribuido a la exclusiva competencia de estas.
- es, en todo caso, **supletorio** del derecho de las comunidades autónomas.

C. Régimen legal

1412

a. Legislación estatal

1415 En el ámbito estatal, la **principal regulación** en materia de comercio se encuentra recogida, además de en la Constitución (Const art.38, 51 y 139.2), en dos leyes:
- L 7/1996, de ordenación del comercio minorista (LOCM).
- L 1/2004, de horarios comerciales.

1417 **Ordenación del comercio minorista** La LOCM es la pieza clave del ordenamiento jurídico en materia de comercio interior.

El **principal objeto** de la Ley es establecer el régimen jurídico del comercio minorista y en regular determinadas ventas especiales (nº 2000) y actividades de promoción comercial (nº 1665), sin perjuicio de las leyes dictadas por las comunidades autónomas en el ejercicio de sus competencias en la materia (LOCM art.1).

Sus **objetivos principales** son:
- la protección del consumidor; y
- el fomento de la competencia en el sector.

En algunos aspectos, es una Ley restrictiva de la **libre competencia**, pero destaca, especialmente, por su **carácter protector**, no solo del consumidor, sino también de la pequeña empresa.

Pretende simplificar la regulación y limitar la **intervención de la Administración** en este ámbito, si bien, en algunas cuestiones, como la relativa a las grandes superficies comerciales (nº 1573), dicha intervención es más intensa. La legislación de las comunidades autónomas, ha de acomodarse a estos principios de libertad de gestión y actuación.

Horarios comerciales La existencia de una normativa reguladora de los horarios comerciales constituye una clara manifestación de la **intervención administrativa** en la actividad comercial, al constituir, en términos generales, una restricción al libre ejercicio de la misma (nº 2135 s.). 1419
Esta normativa tiende a limitar los **horarios y días de apertura** en que los titulares de los establecimientos comerciales pueden desempeñar dicha actividad.
Los **objetivos** que persigue la Ley son:
- promover unas adecuadas condiciones de competencia;
- mejorar la eficiencia en la distribución comercial minorista;
- lograr un adecuado nivel de oferta para los consumidores;
- conciliar la vida laboral y familiar de los trabajadores del comercio.

La Ley **permite que** cada comunidad autónoma establezca su propio régimen de horarios, adecuado a las características y al modelo de comercio de cada una de ellas. No obstante, existen reglas que en todo caso deben ser observadas en todo el territorio español (nº 2140).

b. Legislación autonómica

En materia de comercio, la **regulación más significativa** de las comunidades autónomas es la siguiente: 1421

Comunidad Autónoma	Normativa
Andalucía	- DLeg Andalucía 1/2012, sobre comercio interior - DLeg Andalucía 2/2012, sobre comercio ambulante - DLeg Andalucía 3/2012, sobre ferias comerciales oficiales
Aragón	- L Aragón 4/2015, de comercio - L Aragón 7/2005, de horarios comerciales y apertura en festivos - D Aragón 172/2005, por el que se aprueba el plan de ordenación de los equipamientos comerciales en gran superficie - L Aragón 1/2007, de actividades feriales oficiales
Asturias	- L Asturias 9/2010, de comercio interior - D Asturias 137/2005, por el que se aprueban las directrices sectoriales de equipamientos comerciales
Baleares	- L Baleares 11/2014, de comercio
Canarias	- DLeg Canarias 1/2012, de ordenación de la actividad comercial y de la licencia
Cantabria	- L Cantabria 1/2002, del comercio - D Cantabria 60/2004, de desarrollo de la L 1/2002
Castilla-La Mancha	- L Castilla-La Mancha 2/2010, de comercio minorista
Castilla y León	- DLeg Castilla y León 2/2014, de comercio - L Castilla y León 6/1997, de ferias comerciales oficiales. - D Castilla y León 82/2006, de desarrollo de la Ley de comercio
Cataluña	- L Cataluña 18/2017, de comercio, servicios y ferias
Extremadura	- L Extremadura 3/2002, de comercio - L Extremadura 8/2018, de comercio ambulante
Galicia	- L Galicia 13/2010, de comercio interior - L Galicia 13/2006, de horarios comerciales
La Rioja	- L La Rioja 3/2005, de ordenación de la actividad comercial y las actividades feriales - D La Rioja 20/1997, por el que se regula la licencia comercial específica para la apertura de grandes establecimientos comerciales
Madrid	- L Madrid 16/1999, de comercio interior - L Madrid 1/2008, de modernización del comercio - L Madrid 1/1997, reguladora de la venta ambulante - D Madrid 130/2002, que desarrolla la L Madrid 16/1999 - D Madrid 17/1998, que desarrolla la L Madrid 1/1997

Comunidad Autónoma	Normativa
Murcia	– L Murcia 11/2006, sobre régimen del comercio minorista – L Murcia 5/1997, de ferias – L Murcia 3/2014, de venta ambulante o no sedentaria
Navarra	– LF Navarra 17/2001, reguladora del comercio – LF Navarra 13/1989, de comercio no sedentario
País Vasco	– L País Vasco 7/1994, de la actividad comercial – D País Vasco 33/2005, de horarios comerciales – D País Vasco 58/2001, sobre implantación, modificación y ampliación de grandes establecimientos comerciales – D País Vasco de 10-9-80, regula el ejercicio de la venta ambulante fuera de establecimiento comercial permanente
C.Valenciana	– L C.Valenciana 3/2011, de comercio – DL C.Valenciana 1/2015, de horarios comerciales – D C.Valenciana 125/2014, sobre ferias comerciales

SECCIÓN 2

Características de los productos

1425

A. Concepto de producto

(LGDCU art.6 y 136)

1427 A los efectos del derecho de consumidores, se considera producto todo **bien mueble** que responda a la descripción del CC art.335 (LGDCU art.6).
Dicho artículo utiliza dos **criterios** para definir los bienes muebles:
• **Residual o por eliminación**: son muebles los bienes que no son inmuebles, es decir, los que no encajan en la enumeración de bienes inmuebles del CC art.334.
• **Movilidad o transporte**: son muebles los bienes que se pueden transportar de un punto a otro sin menoscabo de la cosa inmueble a que estuvieran unidos.
Asimismo, a los efectos de la **responsabilidad por daños**, la Ley considera producto cualquier bien mueble, aún cuando esté unido o incorporado a otro bien mueble o inmueble, así como el gas y la electricidad (LGDCU art.136).

Precisiones **1)** Los bienes son muebles o inmuebles y a estos efectos, los **bienes semovientes** (los que se mueven por sí mismos, se aplica especialmente al ganado), pueden considerarse bienes muebles, en tanto que no son inmuebles. Con las lógicas cautelas, esta solución también puede aplicarse a los llamados **bienes inmateriales** (p.e. archivos MP3, películas o libros electrónicos que se pueden descargar a través de Internet).
2) Los **animales de compañía** son considerados seres sintientes y, por tanto, solo les es aplicable el régimen de bien mueble cuando sea compatible con su naturaleza. Son apropiables y pueden ser objeto de comercio, pero los derechos y facultades sobre ellos deben ejercerse atendiendo a su bienestar y protección (CC art.333 bis; L 7/2023 art.24).

1429 En el Código de Comercio **no hay referencia única** al producto. Se emplean los términos: mercadería (CCom art.330), cosa mueble (CCom art.325), géneros (CCom art.327 y 328), efectos (CCom art.326 y 329) y frutos o productos (CCom art.326).
De todos ellos, pueden deducirse unas **notas comunes**, de modo que el producto susceptible de constituir objeto de un contrato mercantil ha de:
– tener valor propio, es decir, no meramente representativo, como ocurre con los títulos valores;

- ser mueble, normalmente fungible, en el sentido exacto de consumible y también de sustituible; y
- ser corporal, si bien se pueden añadir algunos **incorporales especiales** como algún tipo de actividad creadora intelectual (productos informáticos).

B. Información y etiquetado

(LGDCU art.18)

La Ley configura como un **derecho básico de los consumidores** el de ser informados de manera correcta sobre los diferentes bienes o servicios; así como la educación y divulgación para facilitar el conocimiento sobre su adecuado uso, consumo o disfrute (nº 325 s.). El etiquetado es un **elemento esencial** en ese derecho a la información. **1435**

Indicaciones obligatorias (LGDCU art.18.2 redacc RDL 1/2021) Todos los bienes puestos a disposición de los consumidores deben **incorporar**, acompañar o, en último caso, permitir de forma clara y comprensible, **información** veraz, eficaz y suficiente sobre sus características esenciales. Concretamente, la información debe referirse a: **1437**
- el nombre y dirección completa del productor;
- la naturaleza, composición y finalidad del producto;
- la calidad, cantidad, categoría o denominación usual o comercial del producto, si la tiene;
- la fecha de producción o suministro y lote, cuando sea exigible reglamentariamente, así como el plazo recomendado para el uso o consumo o fecha de caducidad; y
- las instrucciones o indicaciones para el correcto uso o consumo, así como la correcta gestión de sus residuos, advertencias y riesgos previsibles.

Además, en atención a las especiales circunstancias de un producto, o a las especificidades de ciertas clases o tipos de productos, se pueden establecer reglamentariamente **otras exigencias** (p.e. instrucciones de conservación).

Lengua Con carácter general, las indicaciones obligatorias del etiquetado y presentación de los bienes o servicios comercializados en España deben figurar, **al menos, en castellano**, lengua oficial del Estado. Sin perjuicio de que legal o reglamentariamente se puedan establecer **excepciones** (LGDCU art.18.3). **1439**

En el **ámbito autonómico** encontramos las siguientes reglas propias sobre el empleo de la lengua propia de la comunidad:

Comunidad	Normativa	Regulación
Baleares	L Baleares 7/2014 art.30	Al menos en una de las dos lenguas oficiales de la comunidad (catalán y castellano). En productos cuyos datos de etiquetado tengan relevancia para la salud o la seguridad de las personas, la información facilitada figurará al menos en castellano.
Cataluña	L Cataluña 22/2010 art.128.1.2	Los consumidores tienen derecho a recibir en catalán las informaciones necesarias para el consumo, uso y manejo adecuado de los bienes, especialmente, los datos obligatorios relacionados directamente con la salvaguardia de la salud y la seguridad.
Galicia	L Galicia 2/2012 art.46.2	Sin perjuicio de las exigencias legales y reglamentarias relativas a la utilización del castellano, en el etiquetado de los productos, así como en la publicidad, ofertas, promociones o comunicaciones comerciales realizadas en Galicia puede utilizarse cualquiera de los idiomas oficiales de la comunidad.

Comunidad	Normativa	Regulación
País Vasco	L País Vasco 6/2003 art.41.1	La información facilitada en etiquetas, envases e impresos con las instrucciones de uso, se debe expresar en euskera, en castellano, o en euskera y castellano conjuntamente, según el deseo del oferente. Sin perjuicio de lo que pueda establecer la legislación aplicable para supuestos específicos, por razones de protección de la salud y seguridad.

Precisiones **Otras leyes autonómicas**, no establecen la obligación de utilizar una lengua distinta al castellano, pero sí hacen referencia a su **lengua propia**. P.e. La L Asturias 11/2002 art.15 habla de proteger y fomentar el uso del bable; y la L C.Valenciana 1/2011 art.8.2 de fomentar el uso del valenciano en las relaciones de empresas y profesionales con los consumidores.

1442 **Inducción a error** (LGDCU art.18.1) El etiquetado y presentación de los productos, así como las modalidades de realizarlo, deben ser de tal naturaleza que no induzcan a error al consumidor y usuario. Especialmente, no deben inducir a error sobre:

- las **características del producto** y, en particular, sobre su naturaleza, identidad, cualidades, composición, cantidad, duración, origen o procedencia y modo de fabricación o de obtención;
- su contenido, y en especial respecto a los **alérgenos alimentarios**, debiendo ser el etiquetado claro y riguroso en la información exacta del contenido;
- sus **efectos o propiedades**, atribuyéndole las que no posea; o
- sus **características particulares**, sugiriendo que el bien las posee, cuando la realidad es que todos los bienes o servicios similares poseen esas mismas características.

Precisiones **1)** La prohibición de inducir a error guarda **relación con** la prohibición de publicidad ilícita (nº 4405).

2) La Dir (UE) 2024/825 sobre empoderamiento de los consumidores para la **transición ecológica**, que tiene una fecha máxima de transposición de 27-3-2026, entre otras cuestiones:

• Prohíbe afirmaciones medioambientales, en particular con el clima y la **neutralidad en carbono** si no están respaldadas por compromisos y metas claros disponibles públicamente y verificables.

• Prohíbe anunciar **beneficios irrelevantes** o no relacionados con el producto, por ejemplo, anunciar agua sin gluten.

• En caso de que se **comparen productos** en base a sus características medioambientales o sociales, exige que los comerciantes suministren información sobre los métodos de comparación y las medidas para mantener la información actualizada.

• Prohíbe la exhibición de **distintivos de sostenibilidad** que no se basen en un sistema de certificación o hayan sido establecidos por autoridades públicas.

• Se prohíben las **afirmaciones medioambientales genéricas** como «respetuoso con el medioambiente» o «verde» cuando no pueda demostrarse ningún comportamiento medioambiental excelente reconocido.

• Prohíbe hacer **afirmaciones medioambientales sobre la totalidad del producto** cuando solo se refiere a determinado aspecto, por ejemplo decir «fabricado con material reciclado», dando la impresión de que todo el producto está fabricado de material reciclado cuando solo el envase del producto está fabricado así.

• Considera publicidad engañosa el resaltar que un producto cumple con una **exigencia legal**, por ejemplo, que no contiene un químico, cuando dicho químico está prohibido por ley.

• Debe exhibirse de manera destacada una **etiqueta** recordando la **garantía legal de conformidad** sin que otras informaciones sobre garantías comerciales y servicios posventa puedan confundir al consumidor.

1444 **Normativa específica de determinados productos** Existe una **multiplicidad de normas** que se encuentran en relación directa con el derecho a la información de los consumidores y, en particular, aquellas que se ocupan de disciplinar el etiquetado de los productos.

Algunas de las **principales disposiciones** en la materia son las siguientes:

Contenido	Norma
Publicidad y marcado en la venta al público de **artículos al por menor**	D 2807/1972
Etiquetado de composición de los productos **textiles**	RD 928/1987
Reglamento de etiquetado, presentación y publicidad de **productos industriales** destinados a su venta directa a los consumidores y usuarios	RD 1468/1988
Etiquetado informativo de los **guantes**	OM 15-2-1990
Etiquetado informativo de artículos de **marroquinería, viajes y guardicionería**	OM 15-2-1990
Tolerancias admitidas para la indicación del grado alcohólico volumétrico en el etiquetado de las **bebidas alcohólicas** destinadas al consumidor final	RD 1045/1990
Procedimiento de autorización, registro y condiciones de dispensación de los **medicamentos** de uso humano fabricados industrialmente	RD 1345/2007
Reglamento sobre notificación de sustancias nuevas y clasificación, envasado y etiquetado de **sustancias peligrosas**	RD 363/1995
Etiquetado de los materiales utilizados en los componentes principales del **calzado**	RD 1718/1995
Etiquetado energético de las **secadoras de ropa electrodomésticas de tambor**	RD 574/1996
Etiquetado energético de las **lavadoras domésticas**	RD 607/1996
Regulación de productos **cosméticos**	RD 85/2018
Etiquetado energético de las **lavadoras-secadoras combinadas domésticas**	RD 701/1998
Etiquetado energético de los **lavavajillas domésticos**	RD 865/1998
Etiquetado energético de las **lámparas de uso doméstico**	RD 284/1999
Indicación de los **precios** de los productos ofrecidos a los consumidores y usuarios	RD 3423/2000
Regulación de la fabricación, presentación y comercialización de los productos del **tabaco** y los productos relacionados	RD 579/2017
Etiquetado energético de los **acondicionadores de aire** de uso doméstico	RD 142/2003
Etiquetado energético de los **hornos eléctricos** de uso doméstico	RD 210/2003
Reglamento sobre clasificación, envasado y etiquetado de **preparados peligrosos**	RD 255/2003
Etiquetado de composición de los **productos textiles**	RD 1523/2007
Cantidades nominales para **productos envasados** y al control de su contenido efectivo	RD 1801/2008
Proceso de elaboración, circulación y comercio de **aguas de bebida envasadas**	RD 1799/2010
Etiquetado e información referente al consumo de energía y de otros recursos por parte de los **productos relacionados con la energía**	RD 1390/2011

Productos alimenticios La **norma general** de etiquetado, presentación y publicidad de los productos alimenticios se recoge en el RD 1334/1999. 1446

El **etiquetado** y sus modos de realización deben ser de tal naturaleza que no induzcan a error al comprador. Especialmente, no deben inducir a error sobre las mismas cuestiones que con carácter general se recogen en el nº 1442. Si bien, en lo referente a las **características** del producto alimenticio, se hace especial hincapié en las indicaciones sobre su naturaleza, identidad, cualidades, composición, cantidad, duración, origen o procedencia y modo de fabricación o de obtención.

Específicamente, no deben inducir a error sobre **propiedades preventivas, terapéuticas o curativas** de una enfermedad humana, atribuyendo a un producto alimenticio dichas propiedades o mencionándolas (RD 1334/1999 art.4).

Estas prohibiciones se aplican igualmente a la **publicidad** y a la **presentación** de los productos alimenticios. En especial a la forma o al aspecto que se dé a estos o a su envase, al material usado para este y a la forma en que están dispuestos, así como al entorno en que estén expuestos.

1448 Las **indicaciones obligatorias del etiquetado** de los productos alimenticios son (RD 1334/1999 art.5):
- **denominación** de venta del producto (RD 1334/1999 art.6);
- lista de **ingredientes** (RD 1334/1999 art.7);
- **cantidad** de determinados ingredientes o categoría de ingredientes (RD 1334/1999 art.8);
- **grado alcohólico** en las bebidas con una graduación superior en volumen al 1,2% (RD 1334/1999 art.9);
- **cantidad neta**, para productos envasados (RD 1334/1999 art.10);
- **fecha de duración** mínima o la fecha de caducidad (RD 1334/1999 art.11);
- condiciones especiales de **conservación y de utilización**;
- **modo de empleo**, cuando su indicación sea necesaria para hacer un uso adecuado del producto alimenticio;
- **identificación de la empresa**: nombre, razón social o denominación del fabricante o envasador o de un vendedor establecido dentro de la UE y, en todo caso, su domicilio;
- **lote** (RD 1334/1999 art.12); y
- lugar de **origen o procedencia** (RD 1334/1999 art.13).

Además, hay categorías o tipos de productos alimenticios en cuyo etiquetado debe figurar una o varias **indicaciones obligatorias adicionales** (RD 1334/1999 anexo IV).

Tipo o categoría de los productos alimenticios	Indicación
Productos alimenticios de duración prolongada gracias a la utilización de gases de envasado autorizados en aplicación del RD 1111/1991.	«Envasado en atmósfera protectora».
Productos alimenticios que contienen uno o varios de los edulcorantes autorizados por el RD 1086/2020.	«Con edulcorante(s)». Esta mención acompañará a la denominación de venta.
Productos alimenticios que contienen a la vez uno o varios azúcares añadidos y uno o varios de los edulcorantes autorizados) por el RD 1086/2020.	«Con azúcar(es) y edulcorante(s)». Esta mención acompañará a la denominación de venta.
Productos alimenticios que contienen aspartamo.	«Contiene una fuente de fenilalanina».
Productos alimenticios a los que se han incorporado polioles en una proporción superior al 10%.	«Un consumo excesivo puede tener efectos laxantes».
Dulces o bebidas que contengan ácido glicirrícico o su sal amónica por adición de la sustancia o sustancias en sí, o de la planta del regaliz «Glycyrrhiza glabra», con una concentración superior o igual a 100 mg/kg o 10 mg/l.	Se añadirán las palabras «contiene regaliz» inmediatamente después de la lista de ingredientes, a menos que el término «regaliz» ya esté incluido en la lista de ingredientes o en el nombre con el que se comercializa el producto. A falta de una lista de ingredientes, la mención obligatoria se situará cerca del nombre con el que se comercializa el producto.
Dulces que contengan ácido glicirrícico o su sal amónica por adición de la sustancia o sustancias en sí, o de la planta de regaliz «Glycyrrhiza glabra», con una concentración superior o igual a 4 g/kg.	Se añadirá el mensaje siguiente después de la lista de ingredientes: «contiene regaliz: las personas que padezcan hipertensión deberían evitar un consumo excesivo». A falta de una lista de ingredientes, la mención obligatoria se situará cerca del nombre con que se comercializa el producto.
Bebidas que contengan ácido glicirrícico o su sal amónica por adición de la sustancia o sustancias en sí o de la planta del regaliz «Glycyrrhiza glabra», con concentraciones superiores o iguales a 50 mg/l, o superiores o iguales a 300 mg/l en el caso de las bebidas que contengan más del 1,2% en volumen de alcohol (1).	Se añadirá el mensaje siguiente después de la lista de ingredientes: «contiene regaliz: las personas que padezcan hipertensión deberán evitar un consumo excesivo». A falta de una lista de ingredientes, la mención obligatoria se situará cerca del nombre con el que se comercializa el producto.

(1) El nivel máximo se aplicará a los productos tal como se presentan listos para su consumo o reconstituidos de acuerdo con las instrucciones de los fabricantes.

Precisiones 1) Una gran superficie fue sancionada por publicidad engañosa por **promocionar vinos** induciendo al consumidor a pensar que tenía un **origen** gallego cuando no lo era, vulnerando las normas de publicidad de bienes y etiquetado (TSJ Galicia (Contencioso) 3-2-10, EDJ 19742).
2) Se denegó la autorización sanitaria a un producto como **complemento alimenticio** debido a la presencia de aceite de borraja en el producto (tradicionalmente un principio activo de medicamentos) lo que le excluía del ámbito alimentario. Además, el etiquetado del producto no cumplía con la obligación de informar sobre la forma química en la que se adicionan los minerales y vitaminas (TS (Contencioso) 9-12-10, EDJ 265295).

Cuando los productos alimenticios se presentan envasados, estas indicaciones obligatorias del etiquetado, tienen que **figurar en el envase** o en una etiqueta unida al mismo (RD 1334/1999 art.17.1). **1450**
Salvo en los pequeños envases (RD 1334/1999 art.14), tienen que figurar en el **mismo campo visual**, las indicaciones relativas a:
- denominación de venta;
- cantidad neta;
- marcado de fechas; y
- grado alcohólico, en su caso.

En todos los casos, deben ser fácilmente **comprensibles y visibles**, claramente legibles e indelebles. No pueden ser **disimuladas, tapadas o separadas** de ninguna forma por otras indicaciones o imágenes.
De estas indicaciones obligatorias del etiquetado de los productos alimenticios que se comercialicen en España, solo han de figurar **obligatoriamente en castellano** las relativas a (RD 1334/1999 art.5):
- la lista de ingredientes;
- las instrucciones para la conservación; y
- el modo de empleo.

Otras normas destacadas en materia de alimentos son las siguientes: **1454**

Norma	Contenido
RD 1086/2020	Condiciones de aplicación de las disposiciones de la Unión Europea en materia de **higiene de la producción y comercialización** de los productos alimenticios y se regulan actividades excluidas de su ámbito de aplicación
RD 418/2015	Regula la primera venta de los **productos pesqueros**
RD 496/2010	Norma de calidad para los productos de **confitería, pastelería, bollería y repostería**
RD 543/2016	Disposiciones de aplicación de los Reglamentos comunitarios sobre el sistema de etiquetado de la **carne de vacuno**

C. Denominaciones protegidas

Las denominaciones de origen e indicaciones geográficas constituyen unos mecanismos utilizados para lograr, al tiempo, la **promoción** de una clase de productos y su **protección** frente a la competencia desleal y las usurpaciones. **1456**
En la **legislación comunitaria** se regulan en los siguientes reglamentos:
- Rgto (UE) 1308/2013, por el que se crea la organización común de mercados de los productos agrarios y se encarga de la regulación de los nombres geográficos de vinos.
- Rgto (CE) 787/2019, sobre la definición, designación, presentación y etiquetado de las bebidas espirituosas, la utilización de los nombres de las bebidas espirituosas en la presentación y etiquetado de otros productos alimenticios, la protección de las indicaciones geográficas de las **bebidas espirituosas** y la utilización de alcohol etílico y destilados de origen agrícola en las bebidas alcohólicas.
- Rgto (UE) 1151/2012 sobre los regímenes de calidad de los **productos agrícolas y alimenticios**.

• Rgto (UE) 2021/49324 sobre financiación, gestión y seguimiento de la **política agrícola común**.
• Rgto (UE) 1308/2013, por el que se crea la **organización común de mercados agrícolas**.
• Rgto (UE) 251/2014, sobre la definición, designación, presentación, etiquetado y protección de las indicaciones geográficas, de los **productos vitivinícolas aromatizados**.
En nuestra **legislación nacional**, la materia se regula en la L 6/2015, de denominaciones de origen e indicaciones geográficas protegidas de **ámbito territorial supraautonómico**.
La propia Ley declara **aplicables con carácter prevalente** a su contenido, los Reglamentos UE junto con sus futuras modificaciones y Reglamentos de desarrollo así como cuantos pueda publicar posteriormente la UE en la materia (L 6/2015 disp.adic.5):
Las **técnicas de protección** empleada para la protección de los productos son:
- la denominación de origen protegida (DOP);
- la indicación geográfica protegida (IGP); y
- la especialidad tradicional garantizada (ETG).
La normativa establece las **siguientes DOP e IGP** (L 6/2015 art.10):
- DOP e IGP de productos vitivinícolas;
- IGP de bebidas espirituosas;
- IPGP de vinos aromatizados, bebidas aromatizadas a base de vino y cócteles aromatizados de productos vitivinícolas;
- DOP e IGP de otros productos de origen agrario o alimentario.

Precisiones La evocación frente a la que se protege a la DOP no se refiere únicamente a las palabras a través de las cuales puede evocarse una denominación registrada, sino también a todo signo figurativo que pueda traer a la mente del consumidor los productos amparados por la propia denominación registrada. Por tal razón, la **evocación de una denominación registrada** puede producirse mediante el uso de signos figurativos. La utilización de signos figurativos que evoquen la zona geográfica a la que está vinculada una denominación de origen puede constituir una evocación de esa denominación, incluso en el caso de que tales signos figurativos sean utilizados por un productor asentado en esa misma región pero cuyos productos, similares o comparables a los productos protegidos por dicha denominación de origen, no están amparados por esta última (TJUE 2-5-19, asunto C-614/17).
Por ejemplo, la evocación de la **zona geográfica** a la que viene referida la DOP «queso manchego» mediante la utilización de signos denominativos (como el término «Rocinante») y figurativos (la figura del Quijote, los paisajes manchegos) en el mismo producto para el que está registrada la DOP (el queso), supone una proximidad conceptual suficientemente directa y unívoca entre los signos denominativos y figurativos controvertidos (TS (Civil) 18-719, EDJ 648205).

1458 **Denominación de origen protegida (DOP)** Por denominación de origen protegida se entiende un nombre que **identifica** un producto que cuenta con las siguientes **características** (Rgto (UE) 1151/2012 art.5.1):
- es **originario** de un lugar determinado, una región o, excepcionalmente, un país;
- su **calidad o características** se deben fundamental o exclusivamente a un medio geográfico particular, con los factores naturales y humanos inherentes a él;
- sus **fases de producción** tienen lugar en su totalidad en la zona geográfica definida.

1460 **Indicación geográfica protegida (IGP)** Una indicación geográfica protegida es un nombre que **identifica** un producto que cuenta con las siguientes **características** (Rgto (UE) 1151/2012 art.5.2; Rgto (UE) 2023/2411 art.6):
- es **originario de un lugar determinado**, una región o un país;
- posee una **cualidad determinada**, una reputación u otra característica que puede esencialmente atribuirse a su origen geográfico;
- de sus **fases de producción**, una al menos tiene lugar en la zona geográfica definida.

Algunos nombres de IGP **pueden asimilarse a DOP**, aun cuando las materias primas que se utilicen para el producto procedan de una zona geográfica más amplia que la zona geográfica definida o de una zona distinta de esta. A estos efectos, únicamente se consideran **materias primas** los animales vivos, la carne y la leche.
Para que se pueda dar esta asimilación es necesario que se cumplan las siguientes **condiciones**:
- que la zona de producción de las materias primas esté delimitada;
- que existan condiciones específicas para la producción de las materias primas;
- que se apliquen medidas de control para garantizar el cumplimiento de las condiciones anteriores;
- que las denominaciones de origen en cuestión estén reconocidas como denominaciones de origen en el país de origen desde antes del 1-5-2004.

Precisiones Pueden ser objeto de una IGP no solo los **productos agrícolas** y alimenticios (Rgto (UE) 1151/2012), sino también los **productos artesanales o industriales** (Rgto (UE) 2023/2411)

Diferencias y semejanzas entre la DOP y la IGP Las figuras de la DOP y la IGP tienen dos **características en común**: 1462
- poseen un **nombre geográfico** (región, comarca o lugar) que se aplica al producto agrícola o alimenticio que procede de esa zona;
- existe un **vínculo o relación causa-efecto** entre las características específicas del producto y el medio geográfico de la zona.

En cuanto a las **diferencias** entre ambas, existen dos fundamentales:
- en un producto **con DOP** la producción, la transformación y la elaboración se realiza en la misma **zona geográfica**, sin embargo en un producto **con IGP** no es obligatorio que todas las fases se realicen en la misma zona geográfica;
- en un producto con DOP el **vínculo** es más estricto que en uno con IGP.

Especialidad tradicional garantizada (ETG) La mención «especialidad tradicional garantizada» no hace referencia al origen, sino que tiene por objeto proteger **métodos de producción y recetas tradicionales**. Su finalidad es ayudar a los productores a comercializar sus productos y a informar a los consumidores de los atributos que confieren **valor añadido** a sus recetas y productos tradicionales. 1464
Se pueden registrar como especialidades tradicionales garantizadas los nombres que describan un producto o alimento específico que cumplan las siguientes **condiciones** (Rgto (UE) 1151/2012 art.18.1):
- ser el resultado de un método de producción, transformación o composición que correspondan a la práctica tradicional aplicable a ese producto o alimento; o
- estar producido con materias primas o ingredientes que sean los utilizados tradicionalmente.

Además de lo anterior, debe (Rgto (UE) 1151/2012 art.18.2):
- haberse **utilizado tradicionalmente** para referirse al producto específico; o
- **identificar el carácter tradicional** o específico del producto.

Diferencias entre DOP e IGP con una ETG Las diferencias son las siguientes: 1466
1. La DOP/IGP protege un **nombre geográfico**, y la ETG no protege un nombre geográfico, sino el **nombre de un producto**.
2. En un producto con DOP/IGP la especificidad se debe al **origen** del producto, mientras que en uno con ETG se debe al **carácter tradicional**.
3. La DOP/IGP constituye un **derecho a la propiedad industrial**, mientras que la ETG no otorga derecho a la propiedad industrial sino el **derecho a incorporar en el etiquetado** del producto la indicación «Especialidad Tradicional Garantizada».

Régimen de protección registral Todas las denominaciones protegidas (DOP, IGP y ETG), **deben inscribirse** en el correspondiente registro comunitario para que los sistemas de protección desplieguen todos sus efectos. 1468

1470 **DOP e IGP** Una vez que una DOP o IGP está inscrita en el registro comunitario queda **protegida frente** a las siguientes actuaciones (Rgto (UE) 1151/2012 art.13; Rgto (UE) 2023/2411 art.40):

- La **utilización comercial**, directa o indirecta, de una denominación registrada para **productos no amparados** por el registro. Se protege en la medida en que los productos no amparados sean comparables a los productos registrados bajo dicha denominación o en la medida en que al usar la denominación se aprovechen de la reputación de la denominación protegida. P.e., una empresa acogida a una DOP vinícola, que comercializa vino de otra zona como si fuera de la protegida.
- La **usurpación, imitación o evocación**, aunque se indique el origen verdadero del producto y aunque la denominación protegida esté traducida o vaya acompañada de una expresión como «género», «tipo», método», «estilo», «imitación» o una expresión similar.
- Las **indicaciones falsas** en cuanto a la procedencia, el origen, la naturaleza o las características esenciales de los productos. Estas indicaciones falsas pueden estar en el envase o en el embalaje, en la publicidad o en los documentos relativos a los productos de que se trate. También se prohíbe la utilización de envases que por sus características puedan crear una impresión errónea acerca del origen del producto.
- Cualquier otra **práctica que pueda inducir a error** al consumidor sobre el auténtico origen del producto.

Precisiones Se prohíbe el **registro de una marca** cuyo uso infrinja las anteriores prohibiciones, y que se refiera a un producto del mismo tipo que la DOP o la IGP, si la solicitud de registro de la marca se presenta con **posterioridad** a la fecha de presentación a de la solicitud de registro de la DOP o la IGP (Rgto (UE) 1151/2012 art.14; Rgto (UE) 2023/2411 art.43).

1472 Dentro del procedimiento de **registro comunitario** se contempla una **protección transitoria** a nivel nacional de:

- En el caso de los **productos agroalimentarios**: hasta 10 años, como mecanismo de protección de carácter voluntario, que pueden solicitar las agrupaciones de productores o transformadores, una vez que la solicitud de registro ha sido transmitida a la Comisión Europea (Rgto (UE) 1151/2012 art.15.4).
Para ello es necesario que los **operadores** que lo solicitan hayan comercializado legalmente los productos en cuestión utilizando los nombres de que se trate de manera continuada durante al menos los 5 años anteriores a la presentación de la solicitud a las autoridades del Estado miembro.
- En el caso **productos artesanales e industriales**: hasta que se adopte una resolución o se retire la solicitud (Rgto (UE) 2023/2411 art.18).

1474 **ETG** Cuando lo inscrito en el registro comunitario es una ETG, los nombres registrados quedan **protegidos contra** todo uso indebido, imitación o evocación y contra cualquier otra práctica que pueda inducir a error al consumidor (Rgto (UE) 1151/2012 art.24.1).

1476 **Normas de etiquetado** Cuando una **DOP o IGP** se incluye en el Registro comunitario, en el etiquetado **deben figurar** los correspondientes signos distintos comunitarios. El nombre registrado del producto debe aparecer en el mismo campo visual.
También **pueden figurar** en el etiquetado las menciones «denominación de origen protegida» o «indicación geográfica protegida» o las correspondientes abreviaturas «DOP» o «IGP» (Rgto (UE) 1151/2012 art.12.3).
Adicionalmente también podrán figurar en el etiquetado (Rgto (UE) 1151/2012 art.12.4):
- una representación de la zona geográfica de origen;
- referencias textuales, gráficas o simbólicas al Estado miembro y/o a la región donde se ubique la zona geográfica de origen.

En el etiquetado de la **ETG** debe figurar el correspondiente símbolo comunitario (Rgto (UE) 1151/2012 art.23.3).

Además, el nombre del producto debe aparecer en el mismo **campo visual**. También puede figurar en el etiquetado la mención «especialidad tradicional garantizada» o la correspondiente abreviatura, «ETG».

D. Régimen de precios

(LGDCU art.6 y 136)

a. Indicación de los precios

(RD 3423/2000)

La **regulación** de esta materia se lleva a cabo por el RD 3423/2000, por el que se regula la indicación de los precios de los productos ofrecidos a los consumidores y usuarios. 1482
Incorporó a nuestro ordenamiento jurídico las Dir (CEE) 1979/581 y (CEE) 1988/314, derogadas ambas por la Dir (CE) 1998/6, relativa a la protección de los consumidores en materia de indicación de precios de los productos ofrecidos a los consumidores.

Obligación general (RD 3423/2000 art.1) Es obligatorio indicar el **precio de venta** y el **precio por unidad de medida** para todos los productos ofrecidos por los comerciantes a los consumidores, tanto si se trata de productos alimenticios como no alimenticios. 1484
La **finalidad** de esta obligación de indicar los precios es **doble**:
- mejorar la información de los consumidores; y
- facilitar la evaluación y comparación de precios.

Como **excepción**, la obligación general de indicar el precio **no se aplica** a los siguientes productos:
- los suministrados con ocasión de una prestación de servicios;
- los vendidos en subasta pública; y
- las antigüedades y las obras de arte.

No obstante, en cada caso hay que estar a lo previsto en su **normativa específica**.

Precisiones Se entiende por **antigüedades** los bienes muebles útiles u ornamentales, excluidas las obras de arte y los objetos de colección, que tengan más de cien años de antigüedad y cuyas características originales fundamentales no hubieran sido alteradas por modificaciones efectuadas durante los cien últimos años.
En cuanto a las **obras de arte**, se incluyen:
- las pinturas, dibujos y pinturas al pastel, incluidas las reproducciones, realizadas totalmente a mano con exclusión de los artículos manufacturados decorados a mano y de los dibujos industriales;
- las litografías, grabados y estampas firmadas y numeradas por el artista y obtenidas por medio de piedras litográficas, planchas u otras superficies grabadas totalmente ejecutadas a mano; y
- las obras originales de arte estatutario y escultórico, con exclusión de las reproducciones en serie de las obras de artesanía de carácter comercial.

Clases de precios Hay **dos tipos** de precios, el precio de venta y el precio por unidad de medida. 1486

Precio por unidad de medida (RD 3423/2000 art.2.b, 3.2 y 3) Por precio por unidad de medida **se entiende** el precio final incluidos el IVA y todos los demás impuestos, por un kilogramo, un litro, un metro, un metro cuadrado o un metro cúbico del producto o una unidad de producto, teniendo en cuenta que se puede emplear solo una unidad de medida para cada categoría de productos. 1488

Se **debe indicar** el precio por unidad de medida en: 1490
a) Todos los productos que deban llevar una **indicación de la cantidad** a cuya magnitud deben referirse.

b) Los productos comercializados **por unidades o piezas**, utilizándose en este caso el uno como referencia de la unidad.
Teniendo en cuenta las **particularidades** de venta de cada producto, se considera que:
- en el caso de los huevos la unidad de medida es la docena;
- en complementos alimenticios, tabaco o cosméticos, 100 g. o 100 ml;
- en **detergentes**, la cantidad necesaria para un lavado en condiciones normales;
- en el tabaco de pipa, 100 g.

En los **productos vendidos a granel** debe indicarse únicamente el precio por unidad de medida. Se entiende por producto vendido a granel, aquel que no ha sido envasado previamente y se mide en presencia del consumidor.

1491 Quedan **exceptuados** de la indicación del precio por unidad de medida aquellos productos en los que se considera que dicha indicación no aporta utilidad alguna.
La excepción incluye los siguientes productos:
- aquellos cuyo precio de venta sea idéntico al precio por unidad de medida (p.e. un cartón de 12 huevos);
- los que se comercializan en cantidades inferiores a 50 g o ml;
- los de diferente naturaleza que se vendan en un mismo envase y no se comercialicen individualmente productos iguales a los que lo forman;
- los que se comercialicen mediante venta automática;
- porciones individuales de helado;
- los vinos de mesa con indicación geográfica y los vinos con denominación de origen;
- las bebidas espirituosas con denominación geográfica; y
- los productos alimenticios de fantasía.

Precisiones Son **alimentos de fantasía** aquellos que por su creatividad y originalidad no son comparables con otros (p.e. una tarta por encargo imitando objetos reales).

1492 **Precio de venta** (RD 3423/2000 art.2.a y 3.1, 4 y 5) Por precio de venta **se entiende** el precio final de una unidad del producto o de una cantidad determinada del producto, incluidos el IVA y todos los demás impuestos. P. e. En una botella de leche de dos litros que se vende a dos euros, ese es el precio de venta, y un euro es el precio por unidad de medida (un litro).
Se **debe indicar** el precio de venta en todos los productos ofrecidos por los comerciantes a los consumidores, salvo en el caso de los productos vendidos a granel.
En todas las formas de **publicidad** que mencionen el precio de venta de los productos se debe indicar también el precio por unidad de medida, salvo en los supuestos en los que no es preciso indicar dicho precio.

1494 **Características y presentación de los precios** (RD 3423/2000 art.4) Los precios, tanto el de venta como el de unidad de medida tienen que cumplir una serie de **requisitos**. Deben ser:
- **inequívocos**, fácilmente identificables y claramente legibles; y
- **visibles** por el consumidor sin necesidad de que este tenga que solicitar dicha información.

Ambos precios, el de venta y el de unidad de medida, tienen que estar **situados en el mismo campo visual**.
Cuando la normativa requiera la indicación del **peso neto** y del **peso neto escurrido** de determinados productos envasados, basta la indicación del precio por unidad de medida del peso neto escurrido.

1496 **Inspección y régimen sancionador** (RD 3423/2000 art.5 y 6) La vigilancia e inspección sobre el **cumplimiento de las normas** relativas a indicación de precios **se lleva a cabo en** los lugares de venta al consumidor final y **se realiza por** los órganos de las comunidades autónomas competentes en materia de protección al consumidor.
Las **infracciones** en este ámbito se sancionan de acuerdo con lo previsto en la normativa reguladora de las infracciones y sanciones en materia de defensa del consumidor y de la producción agroalimentaria (nº 4500 s.).

b. Determinación de los precios

Regla general: libertad de precios La regla general es la **libre determinación** del precio, dentro del necesario respeto a lo dispuesto en la legislación sobre defensa de la competencia y con las excepciones previstas en leyes especiales (LCD art.17.2 y LOCM art.13.1). **1498**
En el **comercio minorista**, existen **reglas especiales** en materia de precios en los siguientes casos:
- la prohibición de venta a pérdida (nº 1587); y
- las ventas con precios reducidos para colectivos especiales (nº 1595).

Para los **grandes establecimientos** comerciales (nº 1595) no rige la prohibición de venta a pérdida de la LOCM, sin embargo, **se considera desleal** la venta realizada bajo coste, o bajo precio de adquisición cuando (LCD art.17.2):
- sea susceptible de inducir a error a los consumidores acerca del nivel de precios de otros productos o servicios del mismo establecimiento;
- tenga por efecto desacreditar la imagen de un producto o de un establecimiento ajenos;
- forme parte de una estrategia encaminada a eliminar a un competidor o grupo de competidores del mercado.

Intervención administrativa de precios (LOCM art.13.2) La intervención administrativa sobre los precios es hoy marcadamente **excepcional**, pues el principio general que rige la fijación de los precios entre las partes en una relación comercial es el de la libertad de pactos. Ello no obstante, existen ciertos productos sobre los que, por razones singulares, vinculadas a su importancia, la Administración ha venido ejerciendo una potestad de intervención o fijación de sus precios. **1500**
La Ley autoriza al Gobierno del Estado, previa audiencia de los sectores afectados, a **fijar los precios o los márgenes** de comercialización de determinados productos, así como someter sus modificaciones a control o a previa autorización administrativa, en los casos siguientes:
- cuando se trate de **productos de primera necesidad** o de materias primas estratégicas;
- cuando se trate de bienes producidos o comercializados en régimen de **monopolio** o mediante **concesión administrativa**;
- como medida complementaria de las políticas de **regulación de producciones** o de subvenciones u otras ayudas a empresas o sectores específicos; o
- cuando, en un sector determinado, se aprecie **ausencia de competencia efectiva**, existan obstáculos graves al funcionamiento del mercado o se produzcan situaciones de desabastecimiento. En este caso, el control de precios es excepcional y solo se realizará mientras persistan las circunstancias que aconsejaron la intervención.

Ámbito estatal (RDL 7/1996 anexo 1) Los **sectores** con precios autorizados son los siguientes: **1502**
- electricidad;
- gas canalizado para usos domésticos y comerciales;
- gases licuados del petróleo (costes de comercialización);
- especialidades farmacéuticas, excepto las publicitarias;
- productos postales;
- tarifas telefónicas;
- transporte público; y
- tarifas de RENFE.

Precisiones Se **liberalizaron** todos los precios autorizados de ámbito nacional que no quedaron incluidos en el RDL 7/1996 anexo 1 (p.e., los seguros agrarios).

La aprobación de **modificaciones** de precios autorizados es **competencia** de la Comisión Delegada del Gobierno para Asuntos Económicos (RDL 7/1996 art.16.1). **1503**
Con carácter general, es preceptivo el **informe** de la Dirección General de Política Económica. Como **excepción**, el informe es competencia de diferentes organismos en los siguientes productos o servicios:

Producto o servicio	Órgano competente
Electricidad	Comisión Nacional de la Energía
Telecomunicaciones	Comisión Nacional de los Mercados y la Competencia
Gas canalizado para usos domésticos y comerciales y gases licuados del petróleo	Ministerio de Industria

Para valorar las **solicitudes** de modificación de precios solicitadas se tienen en cuenta:
- la evolución de los costes del sector; y
- las ganancias de productividad.

Se establecen **marcos de crecimiento máximo** de los precios sectoriales, que se formulan en términos de variaciones del IPC minoradas en determinados porcentajes. P.e. se establece un crecimiento máximo del precio de las tarifas telefónicas del IPC menos un punto (IPC-1).
Excepcionalmente pueden utilizarse técnicas alternativas, siendo necesaria su previa justificación ante el órgano competente para informar las modificaciones de precios.

1504 **Ámbito autonómico** Los **sectores** con precios autorizados son los siguientes (RDL 7/1996 anexo 2):
- agua (abastecimiento a poblaciones);
- transporte urbano de viajeros;
- compañías ferroviarias de ámbito autonómico; y
- agua de regadío en las islas Canarias.

La **aprobación** de los precios autorizados de ámbito autonómico **compete** a las Comisiones Autonómicas y Provinciales de Precios.

E. Seguridad

1510

El deber general de no lesionar ni poner en peligro **la salud y la integridad física** de las personas es una pieza clave y tradicional de diversos sectores de nuestro ordenamiento. Se corresponde con el **derecho básico del consumidor** a la protección contra los riesgos que puedan afectar su salud o seguridad (nº 215).

1. Regulación

1512 Las **características** que han de cumplir los productos para no lesionar ni poner en peligro la salud y la integridad física de las personas, viene regulado, actualmente, con carácter general en la LGDCU y específicamente en el RD 1801/2003 sobre seguridad general de los productos. **A partir del 13-12-24** será aplicable directamente, en toda la Unión Europea, el Rgto (UE) 2023/988 relativo a la seguridad general de los productos.
Así, donde no exista legislación armonizada o donde esta no cubra determinados aspectos de seguridad, se aplica la Dir 2001/95/CE relativa a la seguridad general de los productos transpuesta mediante el RD 1801/2003. La Dir 2001/95/CE ha sido derogada por el Rgto (UE) 2023/988 sobre seguridad general de los productos, pero sus requisitos siguen en vigor hasta el 13-12-24 y, por lo tanto, también los del RD 1801/2003.

Hasta el 12-12-2024 El RD 1801/2003 **se aplica** a los productos destinados al consumidor, incluidos los ofrecidos o puestos a disposición de estos en el marco de una prestación de servicios, que cumplan estas **condiciones** (RD 1801/2003 art.1.2): 1513
- estar destinados a que los consumidores los consuman, manejen o utilicen directamente o que, en condiciones razonablemente previsibles, puedan ser utilizados por ellos aunque no les estén destinados; y
- ser suministrados o puestos a su disposición, a título oneroso o gratuito, en el marco de una actividad comercial, ya sea nuevo, usado o reacondicionado.

Se aplica, con **carácter supletorio**, a los riesgos, categorías de riesgos o aspectos de productos que cuenten con una normativa específica que regule su seguridad.
Asimismo, se aplica, sin perjuicio de lo establecido en materia de responsabilidad, a los daños ocasionados por **productos defectuosos** (nº 615), y a las obligaciones que para los empresarios surjan de conformidad con la legislación civil y mercantil en los supuestos de retirada y recuperación de los productos de los consumidores (nº 115).
Se **exceptúa** de este régimen a los productos usados que se suministren como antigüedades o para ser reparados o reacondicionados antes de su utilización, siempre que el proveedor informe de ello claramente a la persona a la que suministre el producto (RD 1801/2003 art.1.3).

A partir del 13-12-2024 El Rgto (UE) 2023/988 **se aplicará a** los productos que se introduzcan en el mercado o se comercialicen en la medida en que no existan disposiciones específicas con la misma finalidad en el Derecho de la Unión que regulen la seguridad de los productos de que se trate (Rgto (UE) 2023/988 art.2). 1514
Cuando los productos estén sujetos a **requisitos específicos de seguridad**, el Reglamento se aplicará únicamente a los aspectos, riesgos o categorías de riesgo que no estén cubiertos por esos requisitos.
Se **exceptúa** de este régimen a:
- medicamentos de uso humano o veterinario;
- alimentos;
- piensos;
- plantas y animales vivos, organismos modificados genéticamente y microorganismos modificados genéticamente en utilización confinada, así como productos procedentes de vegetales y animales directamente relacionados con su futura reproducción;
- subproductos animales y productos derivados;
- productos fitosanitarios;
- equipos en los que los consumidores montan o en los que viajan, cuando dichos equipos sean manejados directamente por un prestador de servicios en el contexto de un servicio de transporte prestado a los consumidores, y no por los propios consumidores;
- las aeronaves (Rgto (UE) 2018/1139 art.2.3.d);
- antigüedades; y
- productos que deban ser reparados o reacondicionados antes de su utilización si están claramente indicados como tales.

2. Evaluación de la seguridad de un producto

Antes de evaluar si un producto es seguro o no, debe entenderse qué se define como tal. 1515

Producto seguro (LGDCU art.11.2; RD 1801/2003 art.2.a; Rgto (UE) 2023/988 art.3.2) Se consideran seguros los bienes o servicios que, en condiciones de uso normales o razonablemente previsibles, incluida su duración y, si procede, puesta en servicio, instalación y mantenimiento, no presentan riesgo alguno para la salud o seguridad de las personas. 1516

El **parámetro de uso**, es el de **uso en condiciones normales**, esto es, según el destino del bien o servicio contratado. Por tanto, no podrá entenderse que se ha producido una infracción del derecho a la salud o seguridad cuando el consumidor o usuario haya llevado a cabo un **uso anormal o contrario** al fin para el que se diseñó el producto o el servicio. Al llevar a cabo esta actuación, el propio consumidor asume un riesgo que no puede pretender trasladar al empresario, pues ello implica, en la mayor parte de las ocasiones, desatender las instrucciones de uso del bien facilitadas por el empresario y que suponen el cumplimiento del deber de información que legalmente se le impone.
El empresario está obligado a poner en conocimiento de los consumidores y usuarios, por medios apropiados, los **riesgos** susceptibles de provenir de una **utilización previsible**. La información debe comprender, no solo los riesgos derivados de una utilización normal de la cosa o servicio sino incluso aquellos otros implícitos en una utilización previsible o solo meramente posible (AP Zaragoza 7-2-12, EDJ 15428).
Así, por ejemplo, en el caso de lesiones sufridas en una atracción de feria, si el damnificado participa activamente en el evento, tal conducta exime de responsabilidad al organizador, salvo que se pruebe alguna culpa o negligencia de este (AP Bizkaia 8-3-11, EDJ 179391).

1518 La norma únicamente admite los **riesgos mínimos** que sean compatibles con el uso del bien o servicio dentro de un nivel elevado de protección de la salud y seguridad de las personas, teniendo en cuenta, en particular, los siguientes elementos:
- Las **características** del producto, entre ellas su composición y envase.
- El **efecto sobre otros productos**, cuando razonablemente se pueda prever la utilización del primero junto con los segundos.
- La **información** que acompaña al producto. En particular, el etiquetado; los posibles avisos e instrucciones de uso y eliminación; las instrucciones de montaje y, si procede, instalación y mantenimiento, así como cualquier otra indicación o información relativa al producto.
- La **presentación y publicidad** del producto.
- Las **categorías de consumidores** que estén en condiciones de riesgo en la utilización del producto, en particular, los niños y las personas mayores.

El hecho de que sea posible alcanzar niveles superiores de seguridad, o que se puedan obtener otros productos que presenten menor grado de riesgo, no es razón suficiente para considerar que un producto es inseguro.

1522 **Producto inseguro o peligroso** (RD 1801/2003 art.3.5; Rgto (UE) 2023/988 art.3.3) Cualquier producto que no responda a los criterios anteriores tiene la consideración de producto inseguro.
A los efectos de la adopción de las correspondientes medidas administrativas de reacción, salvo prueba en contrario, **se presume** que un producto es inseguro cuando:
- El producto o las instalaciones donde se elabore carecen de las **autorizaciones u otros controles administrativos preventivos** necesarios establecidos con la finalidad directa de proteger la salud y seguridad de los consumidores y usuarios. En particular, cuando estando obligado a ello, el producto haya sido puesto en el mercado sin la correspondiente «declaración CE de conformidad», el «marcado CE» o cualquier otra marca de seguridad obligatoria.
- Carece de los datos mínimos que permiten **identificar al productor**.
- Pertenece a una **gama, lote o remesa de productos** de la misma clase o descripción donde se ha descubierto algún producto inseguro.

Precisiones: El Rgto (UE) 2023/988 (aplicable desde el 13-12-24) pasa a llamar a los productos inseguros como productos peligrosos.

1523 **Presunción de conformidad con los requisitos de seguridad** A los efectos del Rgto (UE) 2023/988, se presume con un producto es **conforme** con el requisito general de seguridad **cuando** (Rgto (UE) 2023/988 art.7):

– es conforme con las correspondientes normas europeas sobre seguridad de los productos o con partes de estas, en lo que respecta a los riesgos y categorías de riesgo cubiertos por tales normas, cuyas referencias se hayan publicado en el DOUE; o
– en ausencia de normas europeas, el producto es conforme con los requisitos nacionales, por lo que respecta a los riesgos y las categorías de riesgo cubiertos por los requisitos de salud y seguridad establecidos en el Derecho nacional del Estado miembro en el que se comercialice, a condición de que dicho Derecho cumpla lo dispuesto en el Derecho de la Unión.
En España, se considera que un producto que va a comercializarse es seguro cuando (RD 1801/2003 art.3):
• Cumple la normativa de obligado cumplimiento que fija los **requisitos de salud y seguridad**.
• Si **no existe normativa** de obligado cumplimiento aplicable o esta no cubre todos los riesgos o categorías de riesgos del producto, para evaluar su seguridad, garantizando siempre el nivel de seguridad que los consumidores pueden esperar razonablemente, **se han de tener en cuenta** los siguientes elementos:
– las normas técnicas nacionales que sean transposición de normas europeas no armonizadas;
– las normas UNE;
– las recomendaciones de la Comisión Europea que establezcan directrices sobre la evaluación de la seguridad de los productos;
– los códigos de buenas prácticas en materia de seguridad de los productos que estén en vigor en el sector, especialmente cuando en su elaboración y aprobación hayan participado los consumidores y la Administración pública; y
– el estado actual de los conocimientos y de la técnica.
La **conformidad de un producto** con las disposiciones normativas que le son aplicables o con alguno de los elementos anteriores, o que haya **superado los correspondientes controles** administrativos obligatorios, no impide a los órganos administrativos competentes adoptar alguna de las medidas de restablecimiento o garantía de la seguridad (nº 98 s.) si, pese a todo, resulta inseguro, ni exime a los productores y distribuidores del cumplimiento de sus deberes.

Precisiones Las **normas UNE** son especificaciones técnicas aprobadas por los organismos de normalización reconocidos, cuyas referencias son publicadas en el Boletín Oficial del Estado. La Administración debe armonizarlas, actualizarlas y suprimirlas, en su caso, de igual forma.

3. Obligaciones para garantizar la seguridad de los productos

(LGDCU art.13)

Los **estándares de protección e información** sobre los riesgos de la salud y seguridad deben ser ofrecidos por los empresarios que participan en la puesta a disposición de los bienes y servicios a los consumidores y usuarios. 1531
La Ley imputa directamente al empresario el cumplimiento de determinadas **obligaciones**, dentro de los límites de su actividad. Fija los **principios básicos** a los que debe de acomodarse la actuación del empresario.

Debe respetar las siguientes **prohibiciones**: 1532
• **Tener o almacenar** en instalaciones de producción, transformación, almacenamiento o transporte de alimentos o bebidas, productos reglamentariamente no permitidos.

• **Vender a domicilio** bebidas y alimentos. Tiene como excepción los adquiridos o encargados por los consumidores en establecimientos comerciales autorizados para venta al público; y la autorización de ventas directas a domicilio practicadas tradicionalmente.
• **Suministrar** bienes que carezcan de marcas de seguridad obligatorias o de los datos mínimos que permitan identificar al responsable del bien.
• **Importar** productos que no cumplan lo establecido en la normativa de protección de consumidores.
• **Utilizar** ingredientes, materiales y demás elementos susceptibles de generar riesgos para la salud y seguridad de las personas.

1534 Además de estas prohibiciones, la Ley impone al empresario el cumplimiento de determinadas **obligaciones**:
• Mantener un **control de forma** que permita comprobar con rapidez y eficacia el origen, distribución, destino y utilización de los bienes potencialmente inseguros, los que contengan sustancias clasificadas como peligrosas o los sujetos a obligaciones de trazabilidad.
• Cumplir la normativa sobre los casos, modalidades y condiciones en que puede efectuarse la **venta ambulante de bebidas y alimentos**.
• **Retirar, suspender o recuperar** de los consumidores, mediante procedimientos eficaces, cualquier bien o servicio que no se ajuste a las condiciones y requisitos exigidos o que, por cualquier otra causa, suponga un riesgo previsible para la salud o seguridad de las personas.
• **Controlar** los productos manufacturados susceptibles de afectar a la seguridad física de las personas, prestando a este respecto la debida atención a los **servicios de reparación y mantenimiento**.
La responsabilidad del empresario por productos y servicios defectuosos (nº 615 s.) está directamente **conectada con los derechos** de los consumidores a la protección de la salud y seguridad (nº 215), y a la reparación de los daños sufridos (nº 280).

a. Obligaciones del productor o fabricante

1537 **Hasta el 12-12-2024** (RD 1801/2003 art.4) Los productores tienen el deber de poner en el mercado únicamente productos seguros.
Son productores:
1. El **fabricante** de un producto cuando esté establecido en la UE. Se considerará también fabricante toda persona que se presenta como tal estampando en el producto su nombre, marca o cualquier otro signo distintivo, o toda persona que proceda al reacondicionamiento del producto.
2. El **representante del fabricante** cuando no esté establecido en la UE o, a falta de representante establecido en la Unión, el **importador** del producto.
3. Los demás **profesionales de la cadena de comercialización**, en la medida en que sus actividades puedan afectar a las características de seguridad del producto.
Dentro de los límites de sus respectivas actividades y en función de las características de los productos, **los productores deben**:
• **Informar** a los consumidores o usuarios por medios apropiados de los riesgos que no sean inmediatamente perceptibles sin avisos adecuados y que sean susceptibles de provenir de una utilización normal o previsible de los productos, habida cuenta de su naturaleza, sus condiciones de duración y las personas a las que van destinados. La facilitación de esta información, no obstante, no exime del cumplimiento de los demás deberes establecidos.
• **Mantenerse informados de los riesgos** que dichos productos puedan presentar e informar a los distribuidores convenientemente. Con este fin, deben registrar y estudiar aquellas reclamaciones de las que pudiera deducirse la existencia de un riesgo y, en su caso, realizar pruebas por muestreo de los productos comercializados o establecer otros sistemas apropiados.

• **Adoptar medidas para evitar los riesgos** cuando descubran o tengan indicios suficientes de que han puesto en el mercado productos que presentan para el consumidor riesgos incompatibles con el deber general de seguridad. Pueden consistir en informar a los consumidores mediante la publicación de avisos especiales, retirar los productos del mercado o recuperarlos de los consumidores.
• **Indicar**, en el producto o en su envase, los **datos de identificación** de su empresa y de la referencia del producto o, si procede, del lote de fabricación, salvo en los casos en que la omisión de dicha información esté justificada.

Cuando productores y distribuidores sepan que un **producto no es seguro**, deben comunicarlo inmediatamente a los órganos administrativos competentes de la comunidad autónoma afectada. Si el producto se ha suministrado a los consumidores de más de una comunidad autónoma, esta comunicación se ha de dirigir al órgano competente de la comunidad autónoma donde radique su domicilio social, que la transmitirá inmediatamente al Instituto Nacional del Consumo, para su traslado al resto de las comunidades autónomas afectadas. **1538**
La **comunicación** debe contener, al menos:
- los datos que permitan identificar con precisión el producto o lote de productos;
- una descripción completa del riesgo que presentan los productos;
- toda la información disponible que sea útil para localizar el producto; y
- una descripción de la actuación emprendida con el fin de prevenir los riesgos para los consumidores.

Los productores y los distribuidores, dentro de los límites de sus respectivas actividades, deben **colaborar** con los órganos administrativos competentes, a petición de estos, en las actuaciones emprendidas para evitar los riesgos que presenten los productos que suministren o hayan suministrado.
En particular, **deben** facilitar toda la información pertinente que se les demande, incluida aquella que pueda estar protegida por el secreto comercial e industrial, en el plazo máximo de 5 días, salvo que por la urgencia del caso concreto se indique uno inferior. La información amparada por el secreto comercial e industrial no será divulgada ni destinada a otra finalidad distinta a la que justifica su recepción.
Los productores y distribuidores deben **mantener bajo estricto control** los productos sometidos a medidas restrictivas, absteniéndose de disponer de ellos en cualquier forma hasta la autorización de los órganos administrativos competentes.

A partir del 13-12-2024 (Rgto (UE) 2023/9981 art.9) Debe entenderse como **fabricante** a toda persona física o jurídica que fabrica un producto o que manda diseñar o fabricar un producto y lo comercializa con su nombre o su marca. **1539**
Los fabricantes solo pueden lanzar al mercado productos fabricados conforme al requisito general de seguridad. Para ello, deben realizar previamente un **análisis de riesgos** y elaborar una documentación técnica para evaluar la seguridad.
La **documentación técnica** debe mantenerse actualizada y a disposición de las autoridades de vigilancia del mercado durante un periodo de 10 años.
Los productos deben llevar un **número de modelo, partida o serie** fácilmente visible que permita su identificación y si el tamaño y la naturaleza del producto no lo permite, debe figurar en el envase o en un documento que lo acompañe.
Los fabricantes deben:
- acompañar los productos de **instrucciones e información** relativa a la seguridad fácilmente comprensibles para los consumidores a no ser que el producto pueda utilizarse de forma segura sin dichas instrucciones;
- poner a disposición pública **canales de comunicación** (teléfono, correo electrónico, web...) que permita a los consumidores presentar reclamaciones e informar de cualquier accidente o problema de seguridad;
- investigar las reclamaciones presentadas y la información sobre accidentes recibida, llevando un registro interno.

Si, en algún momento, se **sospecha** o se tiene constancia que un **producto es peligroso** debe:
- adoptar las medidas correctivas necesarias, incluida la retirada o recuperación;

- informar a los consumidores; e
- informar a las autoridades de vigilancia a través del portal *Safety Business Gateway*;
- asegurarse de que otros operadores económics, personas responsables y prestadores de mercados en línea sean informados en tiempo oportuno.

Precisiones **1)** En los **canales de comunicación** puestos a disposición por el fabricante a los consumidores, debe tenerse en cuenta las necesidades de acceso de las personas con discapacidad.
2) El **registro interno** sobre reclamaciones y accidentes deben conservarse durante el tiempo estrictamente necesario para la investigación y nunca más de 5 años.

b. Obligaciones del distribuidor

1540 **Hasta el 12-12-2024** (RD 1801/2003 art.5) Los **distribuidores** tienen el deber de distribuir solo productos seguros (nº 1516), por lo que **no pueden suministrar productos cuando** sepan, o debieran saber, por la información que poseen y como profesionales, que no cumplen tal requisito.
Los distribuidores deben **actuar con diligencia** para contribuir al cumplimiento de los requisitos de seguridad aplicables, en particular, durante el almacenamiento, transporte y exposición de los productos.
Dentro de los límites de sus actividades respectivas, deben participar en la **vigilancia de la seguridad** de los productos puestos en el mercado, en concreto:
• Informando a los órganos administrativos competentes y a los productores sobre los riesgos de los que tengan conocimiento.
• Manteniendo, durante un plazo de 3 años después de haber agotado las existencias de los productos, y proporcionando la documentación necesaria para averiguar el origen de los productos, en particular la identidad de sus proveedores, y, en caso de no ser minoristas, su destino, y proporcionando aquélla, en su caso, a las autoridades que la soliciten.
• Colaborando eficazmente en las actuaciones emprendidas por los productores y los órganos administrativos competentes para evitar dichos riesgos.
Las obligaciones de **cooperación** con las autoridades y en el caso de que el distribuidor sepa que un **producto no es seguro**, son las mismas que en el caso del productor (nº 1538).

1541 **A partir del 13-1-2024** (Rgto (UE) 2023/9981 art.12) Debe entenderse como **distribuidor** a toda persona física o jurídica de la cadena de suministro, distinta del fabricante o el importador, que comercializa un producto.
Antes de comercializar un producto, el distribuidor debe comprobar que el fabricante o importador cumpla con sus obligaciones establecidas en el Rgto (UE) 2023/9981.
El distribuidor debe:
• Asegurarse de que las condiciones de **almacenamiento** o **transporte** no comprometen la seguridad del producto.
• Si tiene motivos para pensar que el **producto no es seguro**, no comercializarlo y:
- informar inmediatamente al fabricante o importador;
- asegurarse de que se toman las medidas necesarias para que el producto sea seguro, incluyendo su retirada o recuperación; e
- informar a las autoridades mediante el portal *Safety Business Gateway*.

c. Deberes de otros sujetos

1542 **Hasta el 12-12-2024** (RD 1801/2003 art.7) Los **organismos de control** deben facilitar a los órganos administrativos la información que requieran sobre protocolos, auditorías, actas, informes o certificados que emitan en el ámbito de la seguridad de productos.

A partir del 13-12-2024 (Rgto (UE) 2023/9981 art.10, 11 y 22) Se distinguen, además del fabricante o el distribuidor, los siguiente sujetos con obligaciones sobre la seguridad de los productos: 1543

• **Representante autorizado**: es toda persona física o jurídica establecida en la Unión que ha recibido un mandato escrito de un fabricante para actuar en su nombre en relación con tareas específicas relativas a las obligaciones del fabricante.
Los representantes autorizados **deben**:
- seguir el mandato del fabricante;
- proporcionar a las autoridades de vigilancia una copia del mandato si se lo solicitan;
- proporcional a las autoridades de vigilancia toda la documentación que acredite que el producto es seguro en lengua de dicha autoridad;
- informar al fabricante si sospecha que el producto es peligroso;
- en caso de notificación en el portal *Safety Business Gateway*, informar a las autoridades de las medidas adoptadas para eliminar los riesgos si el fabricante no ha proporcionado aún la información o si este le ha dado tal instrucción; y
- cooperar con las autoridades para eliminar eficazmente los riesgos de los productos.

• **Importador**: es toda persona física o jurídica establecida en la Unión que introduce un producto de un tercer país en el mercado de la Unión. 1544
Los importadores **deben**:
- asegurarse de que los productos son seguros antes de introducirlo en el mercado e informar al fabricante y las autoridades en caso de que no lo sean;
- indicar, con una nueva etiqueta en lugar visible y sin ocultar ningún dato obligatorio, su nombre, dirección postal y correo electrónico en que se les pueda contactar;
- asegurarse de que las condiciones de almacenamiento o transporte no comprometen la seguridad del producto;
- mantener, durante 10 años, copia de la documentación técnica y facilitarla a las autoridades de vigilancia si se la solicitan;
- cooperar con las autoridades y el fabricante para garantizar que el producto es seguro;
- si piensa que el producto no es seguro, informar al fabricante, a los consumidores y a la autoridad de vigilancia (mediante el portal *Safety Business Gateway*);
- asegurarse de que los canales de comunicación con el fabricante están a disposición pública y si no lo están, proporcionarlos;
- investigar todas las reclamaciones presentadas e información sobre accidentes e inscribirlas en un registro, informando de los resultados al fabricante, distribuidores y prestadores de servicios logísticos o de mercados en línea.

Precisiones **1)** En los **canales de comunicación** puestos a disposición a los consumidores, debe tenerse en cuenta las necesidades de acceso de las personas con discapacidad.
2) El **registro interno** sobre reclamaciones y accidentes deben conservarse durante el tiempo estrictamente necesario para la investigación y nunca más de 5 años.

• **Prestadores de mercados en línea** deben: 1545
- registrarse en el portal *Safety Gate*;
- designar un punto único de contacto que permita a los consumidores comunicarse directa y rápidamente con ellos en caso de problemas de seguridad de los productos;
- disponer de precesos internos relativos a la seguridad de los productos;
- adoptar las medidas necesarias para recibir y gestionar de las autoridades de vigilancia y actuar sin dilación indebida en un plazo máximo de 2 días hábiles;
- tener en cuenta la información periódica sobre productos peligrosos notificada por las autoridades de vigilancia;
- gestionar sin dilación las notificaciones sobre seguridad de productos en un plazo máximo de 3 días laborales;

- diseñar y organizar la interfaz en línea de manera que permita a los comerciantes que ofrecen el producto informar de los métodos para contactar al fabricante o persona responsable;
- suspender, durante un periodo de tiempo razonable, tras advertencia previa, a los comerciantes que ofrezcan frecuentemente productos peligrosos;
- cooperar con las autoridades de vigilancia, los comerciante y los operadores económicos para facilitar las medidas destinadas a eliminar o reducir los riesgos;
- ofrecer a los consumidores información adecuada y oportuna para la recuperación de productos peligrosos;
- informar sobre la decisión de retirar un producto peligroso al operador económico;
- cooperar con las autoridades y los operadores económicos para recuperar un producto peligroso;
- informar a través del portal de *Safety Business Gateway* acerca de la comercialización de productos peligrosos;
- cooperar en relación con los accidentes que se le notifiquen;
- permitir el acceso a sus interfaces de las herramientas en línea utilizadas por las autoridades de vigilancia para detectar productos peligrosos; y
- permitir la extracción por las autoridades de vigilancia de los datos de los vendedores cuando estos han establecido obstáculos -*data scraping*-.

d. Obligaciones de las Administraciones públicas

(LGDCU art.14, 15 y 16)

1547 Para la **efectividad de la protección** del consumidor y usuario, se establece la obligación de las Administraciones Públicas de garantizar este derecho mediante el **control** y el desarrollo reglamentario, el control y vigilancia, y, en su caso, la adopción de medidas de protección, ordinarias y extraordinarias (nº 98 s.).

SECCIÓN 3

Compraventa en establecimiento comercial

(LOCM art.8 a 17)

1550

El contrato de compraventa en establecimiento comercial **se rige** por las reglas generales de la contratación y por las que le sean específicamente aplicables. En este sentido, es preciso tener en cuenta las prescripciones relativas a este tipo de contratos contenidas en la Ley de Ordenación del Comercio Minorista, que atienden tanto a los elementos del contrato, como a su contenido.

a. Concepto de establecimiento comercial

1565 Tienen la consideración de establecimiento comercial (LOCM art.2):
- toda **instalación inmueble** de venta al por menor en la que el empresario ejerce su actividad de forma permanente (p.e. una tienda); y

- toda **instalación móvil** de venta al por menor en la que el empresario ejerce su actividad de forma habitual (p.e. un puesto de mercadillo).

Licencia Con carácter general, la **apertura, traslado o ampliación** de estableci- **1568**
mientos comerciales no está sujeta a régimen de autorización comercial (LOCM art.6), si bien puede establecerse la exigencia de una **autorización** -que se concede por tiempo indefinido- cuando las instalaciones o infraestructuras físicas necesarias para el ejercicio de la actividad sean susceptibles de **generar daños** sobre:
- el medio ambiente;
- el entorno urbano; o
- el patrimonio histórico-artístico.

El **otorgamiento de las autorizaciones** corresponde a la administración territorial competente. El procedimiento administrativo debe cumplir los siguientes **requisitos**:
• **Integrar todos los trámites** administrativos necesarios para la apertura, traslado o ampliación de los establecimientos comerciales.
• Resolver las solicitudes y notificar al interesado la resolución en un **plazo máximo** de 3 meses, transcurrido el cual, se entiende estimada la solicitud por silencio administrativo.
• Las autorizaciones **son transmisibles** por el titular, que debe comunicar la transmisión a la Administración concedente.
• Se prohíbe la **intervención de competidores**.

Las autorizaciones **no son necesarias** cuando las razones que motivan su otorgamiento puedan salvarse mediante la presentación de una **declaración responsable** o de una **comunicación previa**.

Los **requisitos** que contemplen las autorizaciones o declaraciones responsables **1570**
deben cumplir las siguientes condiciones:
- estar específicamente ligados a la instalación o infraestructura;
- estar justificados en razones imperiosas de interés general;
- ser no discriminatorios, proporcionados, claros e inequívocos, objetivos, hechos públicos con antelación, predecibles, transparentes y accesibles;
- atender, únicamente, a criterios basados en las razones que motivan la necesidad de autorización (nº 1568);
- no contener requisitos prohibidos en materia de libertad de establecimiento y circulación (L 17/2009 art.10 y L 20/2013 art.18); y
- no tener naturaleza económica.

Precisiones Entre otros, se considera que **tienen naturaleza económica** aquellos requisitos que supediten el otorgamiento de la autorización a la existencia de:
- una necesidad económica;
- una demanda en el mercado;
- un exceso de la oferta comercial.

También los que la supediten a:
- la evaluación de los efectos económicos, posibles o reales, de la actividad;
- la apreciación de si la actividad se ajusta a los objetivos de programación económica establecidos por la autoridad competente, o aquellos que puedan directa o indirectamente ir dirigidos a la defensa de un determinado modelo económico o empresarial dentro del sector.

Grandes superficies comerciales Tienen tal consideración los **estableci- 1573**
mientos comerciales, que se destinan al **comercio al por menor** de cualquier clase de artículos, y cuentan con una superficie útil para la exposición y venta al público superior a la que se fije en cada comunidad autónoma. Lo que diferencia a esta modalidad de establecimiento comercial de otras distintas es la **superficie**.

Con ligeras variantes, las comunidades autónomas, han seguido el criterio de la redacción original de la LOCM art.2.3 (modificada posteriormente en dos ocasiones) que **consideraba como grandes superficies** comerciales, en todo caso, los establecimientos que contaban con una superficie útil para la exposición y venta al público superior a los 2.500 m^2.

1573 (sigue) Con carácter general, la apertura de este tipo de establecimientos está sujeta a la obtención de una **licencia comercial específica**, cuyo otorgamiento y regulación corresponde a las comunidades autónomas.

Regulación autonómica:

Comunidad Autónoma	Denominación	Superficie útil
Andalucía DLeg Andalucía 1/2012 art.22	Grandes superficies minoristas	Superior a 2.500 m^2
Aragón L Aragón 4/2015 art.17	Grandes superficies comerciales	Superior a 2.500 m^2
Asturias L Asturias 9/2010 art.16	- Grandes equipamientos comerciales - Complejos comerciales o centros terciarios	- Grandes equipamientos comerciales: superior a 2.500 y menor de 10.000 m^2. - Complejos comerciales o centros terciarios: superior a 10.000 m^2.
Baleares L Baleares 11/2014 art.12	Grandes establecimientos comerciales.	1- Con carácter general; superior a: - 700 m^2 en la isla de Mallorca; - 400 m^2 en las islas de Menorca y de Ibiza; - 300 m^2 en la isla de Formentera. 2- Establecimientos dedicados de forma exclusiva a la exposición y la venta de: - automóviles y vehículos de motor, - maquinaria, - equipo industrial, - embarcaciones, - aeronaves, - muebles de todo tipo, - material de construcción y de elementos propios de cocina y baño; superior a: - 2.000 m^2 en la isla de Mallorca; - 1.500 m^2 en las islas de Menorca y de Ibiza; - 400 m^2 en la isla de Formentera.
Canarias DLeg Canarias 1/2012 art.41	Grandes establecimientos comerciales	Superior a: - 2.500 m^2 en las islas de Gran Canaria y Tenerife; - 1.650 m^2 en la isla de Lanzarote; - 1.250 m^2 en la isla de Fuerteventura; - 1.000 m^2 en la isla de La Palma; - 500 m^2 en las islas de La Gomera y El Hierro.
Cantabria L Cantabria 1/2002 art.6	Grandes establecimientos comerciales	Superior a 2.500 m^2
Castilla-La Mancha L Castilla-La Mancha 2/2010 art.11	Grandes establecimientos comerciales	Igual o superior a 2.500 m^2
Castilla y León DLeg Castilla y León 2/2014 art.15	Grandes establecimientos comerciales	Igual o superior a 2.500 m^2

1573 (sigue)

Comunidad Autónoma	Denominación	Superficie útil
Cataluña DL Cataluña 1/2009 art.6.1	- Grandes establecimientos comerciales - Grandes establecimientos comerciales territoriales	- Grandes establecimientos comerciales: igual o superior a 1.300 e inferior a 2.500 m^2. - Grandes establecimientos comerciales territoriales: igual o superior a 2.500 m^2.
Extremadura L Extremadura 3/2002 art.35.4	Grandes superficies comerciales	Igual o superior a 2.500 m^2
Galicia L Galicia 13/2010 art.29	Establecimientos comerciales de incidencia supramunicipal,	Igual o superior a 2.500 m^2
La Rioja L La Rioja 3/2005 art.26.1	Gran establecimiento comercial minorista	Por número de habitantes del municipio: - menos de 10.000: superior a 1.000 m^2; - entre 10.000 y 25.000: superior a 1.500 m^2; - más de 25.000: superior a 2.500 m^2.
Madrid L Madrid 16/1999 art.17	Grandes superficies comerciales	Igual o superior a 2.500 m^2
Murcia (1)		
Navarra LF Navarra 17/2001 art.19.3	Grandes establecimientos comerciales	Superior a 2.500 m^2
País Vasco L País Vasco 10/2019 art.3 D País Vasco 58/2001 art.1	Grandes establecimientos comerciales	Por número de habitantes del municipio: - municipios de categoría A (máxima centralidad) y población de derecho superior a 30.000 habitantes: 2.500 m^2 de superficie de venta y 3.500 m^2 de techo edificable; - municipios de categoría B (centralidad comarcal) y/o población de derecho superior a 10.000 habitantes e inferior a 30.000 habitantes: 1.800 m^2 de superficie de venta y 2.500 m^2 de techo edificable; - resto de municipios (categoría C) y/o población de derecho inferior a 10.000 habitantes: 700 m^2 de superficie de venta y 1.300 m^2 de techo edificable.
C.Valenciana L C.Valenciana 3/2011 art.33	Establecimientos comerciales de impacto territorial	Igual o superior a 2.500 m^2

(1) No los contempla actualmente, al haber derogado el DL Murcia 2/2016, el L Murcia 12/2009 art.8, que regulaba los establecimientos comerciales con impacto supramunicipal.

Precisiones Con carácter general, y teniendo en cuenta las diferentes normas autonómicas, se entiende por **superficie útil** para la exposición y venta al público la superficie total, esté cubierta o no, de los espacios destinados a exponer las mercancías con carácter habitual o permanente, o con carácter eventual o periódico, a la que puedan acceder las personas consumidoras para realizar las compras, así como la superficie de los espacios internos destinados al tránsito de personas (pasillos). El cómputo se realiza desde la puerta o acceso al establecimiento.

Generalmente, **no tienen esta consideración** de superficie útil para la exposición y venta al público, los espacios destinados exclusivamente a almacén, aparcamiento, o a prestación de servicios, ya sean estos últimos inherentes o no a la actividad comercial (información, atención al cliente, etc.).

b. Elementos personales

(LOCM art.8 y 9.1)

1575 Puede realizar ofertas comerciales todo aquel que ostente la condición de **comerciante minorista** (nº 1407).
Está **prohibido** ejercer la venta al por menor a las siguientes personas (LOCM art.8.1):
- las personas físicas y jurídicas a quienes les esté **específicamente prohibido** (jueces, fiscales, funcionarios de Hacienda...); y
- los empresarios individuales o sociales a quienes la normativa especial de su actividad les exija **dedicarse exclusivamente** a la misma.

1578 También **se prohíbe expresamente** la exposición y venta al comprador de mercancías que procedan de personas cuya actividad sea distinta a la comercial y tenga, como finalidad principal, la realización de préstamos, depósitos u operaciones de análoga naturaleza, adheridas a la oferta comercial de la mercancía, de tal forma que una no se pueda hacer efectiva sin la otra. P.e. venta de una vajilla unida a la concesión de un crédito para financiar su adquisición. Se presume la existencia de estas actuaciones cuando el comprador pueda realizar pedidos o adquirir mercancías en los establecimientos de aquellas (LOCM art.8.2). P.e. adquirir una vajilla en una oficina bancaria.

Precisiones Con esta prohibición se intenta evitar que aquellas **entidades que forman parte del sistema financiero** (o asimiladas) utilicen sus redes comerciales para realizar actividades que, con el pretexto de acompañar su actividad como tales, puedan perjudicar o incidan en aspectos puramente minoristas.

1580 El comerciante minorista queda **obligado a vender** los artículos ofrecidos o expuestos a **todo demandante** que cumpla las condiciones de adquisición (nº 1625).
La oferta comercial debe ser:
- completa;
- una declaración de voluntad recepticia;
- reconocible como tal oferta por los destinatarios;
- hecha con voluntad de obligarse.

c. Elementos reales

(LOCM art.9 y 13 a 15)

1582 Al igual que en los demás contratos de compraventa, son elementos reales de este contrato la cosa u objeto y el precio.

1583 **Objeto** Pueden ser objeto de este contrato, con carácter general, todos los artículos **ofrecidos públicamente a la venta** o expuestos en los establecimientos comerciales.
Es necesario que tales artículos **no estén fuera del comercio** (un parque público), y no sean ni **ilícitos** (drogas, armas, algunos medicamentos), ni **imposibles** (un viaje a Marte). Además, el objeto del contrato debe ser una **cosa determinada** en cuanto a su especie o susceptible de determinación sin necesidad de un nuevo convenio entre las partes (CC art.1271 a 1273). P.e. no se pueden vender manzanas, sin mayor especificación, o dejando su determinación a lo que acuerden las partes en una fecha determinada.
Su régimen es el propio de los **productos ofrecidos a consumidores** (nº 1427 s.).

1585 **Precio** (LOCM art.13, 14 y 15) La regla general es la **libre determinación** del mismo, dentro del necesario respeto a lo dispuesto en la legislación sobre defensa de la competencia y con las excepciones previstas en Leyes especiales (p.e. los libros).
Ello no obstante, existen ciertos productos sobre los que, por razones singulares, vinculadas a su importancia, la Administración ha venido ejerciendo una potestad de intervención o fijación de sus precios (nº 1500)

Existen además, reglas especiales en materia de precios propias del comercio minorista (nº 1498 s.).

Prohibición de venta a pérdida (LOCM art.14) Se prohíbe realizar ventas al público con pérdida cuando estas son desleales. Las ventas con pérdida **se consideran desleales** cuando: 1587
- es susceptible de inducir a error a los consumidores acerca del nivel de precios de otros productos del mismo establecimiento;
- tiene por efecto desacreditar la imagen de un producto o de un establecimiento ajeno;
- forma parte de una estrategia encaminada a eliminar a un competidor o grupo de competidores del mercado; o
- forma parte de una práctica comercial que contiene información falsa sobre el precio o su modo de fijación, o sobre la existencia de una ventaja específica con respecto al mismo, que induce o puede inducir a error al consumidor medio y le hace tomar la decisión de realizar una compra que, de otro modo, no hubiera realizado.

La realización de esta práctica tiene la consideración de **infracción grave** (LOCM art.65.1.c)

Se considera que **existe venta a pérdida** cuando: 1589

• El **precio de venta es inferior al de adquisición** que consta en factura, deducida la parte proporcional de los descuentos. Para calcular esta deducción, no se computan las retribuciones o las bonificaciones de cualquier tipo que signifiquen compensación por servicios prestados.

El precio al que se atiende es el **precio de adquisición que conste en la factura**, que se convierte así en el principal elemento probatorio para concluir si ha existido o no venta a pérdida. Ahora bien, la presunción de que el precio que figura en la factura es el precio de adquisición, **admite prueba en contrario**. Pesa sobre el comerciante la carga de probar que el precio que aparece en la factura es superior al de adquisición final.

• El **precio de venta es inferior al de reposición**, incrementado en el importe de los impuestos indirectos, cuando:
- es inferior al precio de adquisición; o
- en caso de que el artículo haya sido fabricado por el propio comerciante, inferior al coste efectivo de producción.

Se obvia el precio de adquisición y se está al precio de reposición, incrementado en el importe de los impuestos indirectos, en aquellos productos que tengan un **valor de mercado** que no responde al precio original pagado.

Precisiones 1) **Existe venta a pérdida** cuando el precio de venta aplicado es de 0, esto es, **se regala** el producto. El segundo de los términos esenciales de la comparación ha desaparecido, o mejor aún, se ha reducido completamente, de modo que cualquiera que sea el coste de producción, lo superará. Para escapar a la conclusión de que existe venta a pérdida, conclusión asentada en resultar el precio de venta inferior al coste de producción, ha de probarse que el coste de producción también es de 0 (AP Madrid 10-7-15, EDJ 143104).
2) El **coste efectivo de producción** es el coste de producir una unidad de más. No obstante, se admite la posibilidad de sustituir este valor por el coste medio variable.

La modificación de la LOCM art.14.1 por RDL 20/2018 ha suprimido la referencia expresa a las **excepciones de prohibición** de venta a pérdida incluidas en la norma: 1591
• Ventas de **saldos** (nº 1820 s.) y en **liquidación** (nº 1875).
• Venta con el fin de **alcanzar los precios de uno o varios competidores** con capacidad para afectar significativamente a sus ventas.
• Venta de **artículos perecederos** en las fechas próximas a su inutilización.

Actualmente, pueden realizarse ventas a pérdida, no solo en estos casos, sino siempre que la venta a pérdida no tenga el carácter de desleal y no incurra en ninguna de las causas de deslealtad indicadas en la norma (nº 1587).

Precios reducidos para colectivos especiales (LOCM art.15) Los establecimientos comerciales creados para suministrar productos a colectivos determinados y que 1595

reciben para esta finalidad cualquier tipo de ayuda o subvención, no pueden ofertar dichos productos al **público en general** ni a **personas distintas** a los referidos beneficiarios.
A las **cooperativas de consumidores y usuarios** (nº 140) les es de aplicación la prohibición de venta al público en general de los productos que oferten cuando reciben cualquier tipo de ayuda o subvención, a fin de evitar que puedan trasladar a sujetos distintos de sus miembros y beneficiarios los efectos de las ayudas recibidas.
Si la cooperativa realiza operaciones de venta con personas distintas de sus socios o beneficiarios constituye una conducta tipificada como **infracción** muy grave (LOCM art.65.1.d), si bien la **sanción** se gradúa en función del volumen de la facturación a la que afecte, la cuantía del beneficio obtenido, el grado de intencionalidad, el plazo de tiempo durante el que se haya venido cometiendo la infracción y la reincidencia. En ningún caso la sanción puede exceder del volumen total de facturación (LOCM art.68 y 69).

Precisiones La **razón de esta prohibición** radica en que, dadas las especialidades en materia de precios aplicables a estos establecimientos, si los mismos pudiesen vender a personas distintas de las que deben ser beneficiarias, provocarían una grave **distorsión de la competencia** en el sector. Desde esta perspectiva, lo que la Ley pretende es evitar el falseamiento de las reglas de competencia, que podría beneficiar a las cooperativas de consumo y perjudicar al resto de sus rivales económicos.

d. Elementos formales

(LOCM art.11)

1598 **Principio general de libertad de forma** Los contratos de compraventa en establecimiento comercial **no están sujetos a formalidad** alguna.
A pesar de ello, se reconoce con carácter general el **derecho del comprador** a exigir la entrega de un documento en el que consten, al menos, el objeto, el precio y la fecha del contrato (LOCM art.11.3).
Tal documento resultará útil para el comprador en caso de que necesite acreditar la existencia del contrato y **probar** que la transacción se realizó, que se hizo con arreglo a determinadas condiciones y, en su caso, que el objeto revestía especiales características. La prueba de este último extremo tiene especial relevancia en los supuestos de **devolución** del artículo adquirido, cuando este tenía algún tipo de defecto.
Sin embargo, se contemplan como **excepciones** al principio general de libertad de forma, los supuestos en los que existe obligación de emitir factura (nº 1600), y aquellos en los que es necesario que el contrato conste por escrito (nº 1610).

1600 **Obligación de emitir factura** Como excepción a la libertad de forma del contrato, hay supuestos en los que se exige la emisión de factura.

1602 **Efectos comerciales** (LOCM art.11.2) Específicamente, la LOCM establece la obligación formal de expedición de factura o de otro documento análogo en los siguientes supuestos:

1604 • **Venta con entrega aplazada**. En el caso de la venta aplazada, una vez perfeccionado el contrato, el comprador **satisface el precio** del artículo en venta o una parte del mismo, y la **entrega queda aplazada** a un momento posterior.
El comprador ya ha cumplido con su principal obligación, en tanto que el vendedor aún no lo ha hecho, por lo que es preciso evitar el **riesgo de incumplimiento** por su parte porque:
- no entregue el artículo adquirido;
- lo entregue con retraso; o
- al entregarlo vuelva a exigir el pago de un precio que ya fue abonado.

Para que el comprador disponga de alguna **prueba** de que pagó dicho precio y pueda obligar al vendedor a entregar el bien, se exige que el comerciante expida la factura o documento equivalente.

• **Venta con facultad de desistimiento del comprador.** Es preciso para poder ejercitar la facultad de desistimiento (nº 640 s.) que su existencia y condiciones de ejercicio consten en algún documento. De ahí la necesidad de expedir factura en estos casos. 1606

En las **ventas especiales** cuya regulación específica reconoce expresamente el derecho de desistimiento -por ejemplo, ventas a distancia y fuera de establecimiento mercantil (nº 860 s.)-, o bien se exige que el contrato adopte forma escrita o bien se presupone su exigencia. Por tanto, en estos supuestos la regla de la LOCM art.11.2 resulta superflua.

Si es importante, en cambio, en aquellas en que el derecho de desistimiento no se reconoce legalmente, sino que **deriva de una oferta-promoción** del comerciante, ya que, aun cuando el consumidor puede exigir conocer el contenido de la oferta, promoción o publicidad, sus derechos se ven reforzados gracias a la exigencia de que tal contenido figure en el contrato, en el comprobante recibido o en algún otro documento similar.

Efectos fiscales (RD 1619/2012) El Reglamento por el que se regulan las obligaciones de facturación, establece la **obligación de los empresarios o profesionales** de expedir factura por las entregas de bienes que realicen en el desarrollo de su actividad. 1608

La observancia de este requisito **no es imprescindible** para que el contrato sea válido y despliegue sus efectos, pero sí necesaria si se quiere **probar** la existencia del mismo.

En el caso de las ventas al por menor, la obligación de emitir factura puede sustituirse por la entrega de **factura simplificada** (tique) cuando su importe no exceda de 3.000 euros, IVA incluido (RD 1619/2012 art.4.2.a).

Las facturas deben ser expedidas en el **momento** de realizarse la operación (RD 1619/2012 art.11.1). Pueden expedirse por **cualquier medio**, en papel o en formato electrónico, que permita garantizar al obligado a su expedición la autenticidad de su origen, la integridad de su contenido y su legibilidad, desde su fecha de expedición y durante todo el periodo de conservación (RD 1619/2012 art.8).

Las facturas simplificadas o tiques y sus copias contendrán los siguientes **datos o requisitos**:

- número y, en su caso, serie;
- fecha de expedición;
- fecha en que se hayan efectuado las operaciones o en la que, en su caso, se haya recibido el pago anticipado, siempre que se trate de una fecha distinta a la de expedición de la factura;
- número de identificación fiscal, nombre y apellidos, razón o denominación social completa del obligado a su expedición;
- identificación del tipo de bienes entregados o de servicios prestados;
- tipo impositivo aplicado y, opcionalmente, también la expresión «IVA incluido»;
- contraprestación total; y
- si son rectificativas, la referencia expresa e inequívoca de la factura rectificada y de las especificaciones que se modifican.

Contratos en los que se exige forma escrita (LOCM art.11.1) Junto a los supuestos en que se exige la expedición de factura o documento análogo, se dejan a salvo las siguientes **excepciones** al principio general de libertad de forma: 1610

En la normativa **civil**, han de constar por escrito los contratos cuya **cuantía** sea **superior** a 9,02 (CC art.1280). No se trata de una exigencia de forma indispensable para la validez del contrato, ni tampoco a efectos de prueba, ya que se admiten otros modos de probar la existencia del contrato. En realidad, lo que este artículo hace es permitir a las partes contratantes **compelerse recíprocamente a documentar** un contrato ya existente y eficaz (CC art.1279). 1612

En la normativa **mercantil**, se establece, en relación con los contratos de cuantía superior a 9,02, que no basta por sí sola la mera **declaración de testigos** para probar 1614 su existencia (CCom art.51). No se exige la forma escrita, sino que se declara la insuficiencia, a efectos probatorios, de la prueba testifical, exigiéndose para acreditar la existencia del contrato alguna **prueba documental**.

1615 En la regulación del **comercio minorista**, no existe ningún supuesto en el que expresamente se **impongan requisitos formales** a cuyo cumplimiento queden supeditadas la validez o eficacia del contrato. Sí se exige la **documentación** de ciertos actos o contratos, lo que es tanto como imponer en tales casos la forma escrita, si bien es cierto que no se trata de un requisito de forma esencial para la existencia del contrato, lo que implica que la inobservancia de tal exigencia no acarrea por sí sola la nulidad del contrato.

Dicha formalidad debe ser atendida en los siguientes supuestos:

• **Adquisiciones de los comerciantes** (nº 1650 s.). Los comerciantes a quienes los proveedores entreguen las mercancías están **obligados a documentar** en el mismo acto la operación de entrega y recepción, con mención expresa de su fecha. Si se ha pactado un aplazamiento del pago superior a 60 días, el pago debe quedar instrumentado en documento que lleve aparejada acción cambiaria. Si el aplazamiento es superior a 90 días el documento será endosable a la orden (LOCM art.17.2 y 3).

• **Régimen de franquicia**. El franquiciador está igualmente obligado a entregar información escrita sobre todos los extremos relativos a la franquicia (LOCM art.62).

• **Venta en pública subasta** (nº 2100 s.). Se exige que el contrato de subasta se haga por escrito. También se exige la forma escrita para las ventas en pública subasta (LOCM art.57.4 y 60.2).

1616 En **leyes especiales**, se exige que consten por escrito, entre otros, los siguientes contratos:

• **Venta de bienes muebles a plazos**. Se trata de un requisito a cuyo cumplimiento queda **subordinada la validez** del contrato, lo que implica que la inobservancia de esta formalidad conlleva la nulidad del mismo. Se exige, además, que estos contratos se formalicen en tantos ejemplares como partes intervengan en ellos, entregándose a cada una de ellas su ejemplar debidamente firmado (L 28/1998 art.6).

• **Ventas a distancia o fuera de establecimiento** (nº 860 s.).

• Contratos relacionados con el **crédito al consumo** (nº 1000 s.).

e. Perfección del contrato

1620 La **aceptación** de una **oferta** por el destinatario, da lugar a la perfección del contrato de compraventa. El **nacimiento de las recíprocas obligaciones** de las partes a que da lugar la perfección del contrato se produce en el momento en que confluyen oferta y aceptación.

La **oferta pública** de venta y la **exposición de artículos** comerciales en un establecimiento constituyen una verdadera oferta, y no una mera invitación a ofrecer. Por ello, el comerciante que haga una oferta está **obligado a vender** a todo cliente que cumpla las condiciones de la adquisición (nº 1625).

1624 En la mayor parte de los casos, las **condiciones de adquisición** de los consumidores quedan reducidas al **pago del precio**, aunque existen supuestos en los que se exigen ciertas **condiciones adicionales**.

Así ocurre en los supuestos de venta de determinados objetos (armas, productos químicos) que, por su peligrosidad o por los riesgos que pueden implicar para determinados bienes jurídicos dignos de protección (seguridad, salud pública...), solo pueden ser vendidos a **quienes cumplan determinados requisitos**, normalmente, previa comprobación por parte del comerciante de que el comprador los reúne.

También pueden exigirse condiciones adicionales en función del **tipo de profesional que vende**. Así, por ejemplo, en el caso de ventas que llevan a cabo establecimientos comerciales creados para suministrar productos a colectivos determinados y que reciben para esta finalidad cualquier tipo de ayuda o subvención, los artículos no pueden ofrecerse al público en general, sino únicamente a los beneficiarios o socios de tales establecimientos (LOCM art.15). Por consiguiente, el comprador, además de pagar el precio correspondiente, debe **acreditar su condición de socio o beneficiario**.

f. Obligación de venta del producto ofertado

(LOCM art.9).

La primera obligación del comerciante es la de vender los artículos ofertados o expuestos. Dicha obligación surge en el momento en que el **comprador acepta la oferta.** Por **excepción**, no existe obligación de vender los siguientes objetos: **1625**
- los que se advierta, expresamente, que no se encuentran a la venta; o
- los que claramente formen parte de la instalación o decorado.

Se trata de supuestos en los que **no hay una auténtica oferta**. En ambos casos se exige que no haya dudas de que los referidos artículos no están en venta, bien porque se indique expresamente esta circunstancia, bien porque sea evidente que forman parte de la instalación o del decorado del establecimiento. La finalidad de estas exigencias consiste en evitar que el consumidor pueda razonablemente confiar en que el objeto exhibido está en venta.

Precisiones La **oferta pública de venta** o la exposición de artículos en establecimientos comerciales constituye a su titular en la obligación de proceder a su venta a favor de los demandantes que cumplan las condiciones de adquisición, atendiendo, en el segundo caso, al orden temporal de las solicitudes. Quedan exceptuados de esta obligación los objetos sobre los que se advierta expresamente que no se encuentran a la venta o que, claramente, formen parte de la instalación o decorado (TSJ Madrid (Contencioso) 5-10-00, EDJ 72943).

La Ley incluye dos **reglas especiales** que afectan a la obligación de vender (LOCM **1627**
art.9.2):
- los comerciantes no pueden **limitar la cantidad** de artículos que pueden ser adquiridos por cada comprador ni establecer precios más elevados o suprimir reducciones o incentivos para las compras que superen un determinado volumen; y
- si no se dispone en un establecimiento abierto al público de **existencias suficientes** para cubrir la demanda, se atenderá en primer lugar a quién primero lo haya solicitado.

Prohibición de limitar el número de artículos a la venta El comerciante puede **abaratar los precios**, bien bajándolos directamente, bien ofreciendo cualquier incentivo o ventaja unida a la adquisición del producto, pero en tales casos no puede limitar el número de productos que puede adquirir cada cliente **al precio de la oferta** o **con los incentivos** anunciados, pues estaría incumpliendo la obligación de venta que genera la oferta realizada. **1630**

También es ilícito hacer una **oferta promocional** –que, lógicamente, atrae a la clientela, restándosela a otros comerciantes– cuando se cuenta con un **stock mínimo** que no puede satisfacer las peticiones previsibles de los consumidores. En este caso se incumple la obligación de vender y se ejerce una **competencia desleal**, pues mientras haya existencias, el comerciante debe atender sin ningún tipo de discriminación todas las aceptaciones de la oferta comercial que hizo, que le vincula y le obliga a **vender en las condiciones anunciadas**.

La conducta comercial que mayores perjuicios puede ocasionar al consumidor y, asimismo, a la competencia, es el lanzamiento de la llamada «**oferta vacía**», esto es, de una oferta que carece de las existencias suficientes para cubrir la demanda razonablemente esperada y cuya finalidad real no es efectuar ventas en las condiciones ofertadas, sino **privar de su clientela a la competencia**. Estas conductas descritas pueden considerarse constitutivas de supuestos de **competencia desleal**, por tratarse de actos contrarios a las exigencias de la buena fe (LCD art.5).

Otra forma indirecta de ofertar un abaratamiento de los precios que no se corresponde exactamente con la realidad, es el hacer una **oferta promocional** de precios bajos y no admitir en el momento de la adquisición **los mismos medios de pago** que se admiten en las ventas no promocionales (en particular, el pago con tarjetas de

crédito, para evitar el cargo de las comisiones que los concedentes del crédito cobran en este caso a los comerciantes).
Excepcionalmente, cuando existan **circunstancias extraordinarias** o de **fuerza mayor** que lo justifiquen, los establecimientos comerciales pueden limitar con carácter la cantidad de artículos que pueden ser adquiridos por cada comprador. Estas medidas deben estar justificadas y adoptarse proporcionalmente para impedir el desabastecimiento y garantizar el acceso de los consumidores en condiciones equitativas (LOCM art.9.3).

1632 **Existencias insuficientes** Se trata con esta regla de **ordenar** los supuestos en que **no existen mercancías suficientes** para cubrir toda la demanda. Se establece un criterio de **prioridad temporal** para encauzar situaciones de saturación en la demanda de productos y que se completa con la prohibición de limitar el número de objetos a adquirir por los consumidores, así como la prohibición a la imposición de trabas, eliminación de incentivos a las compras o elevación de precios, que tengan como objetivo atentar contra la leal competencia.

g. Derechos del comprador

1635 Además del derecho a que le vendan el producto, el comprador cuenta con los siguientes derechos:
- de desistimiento;
- a que el producto responda a las características ofertadas;
- a la garantía; y
- al servicio postventa.

1638 **Derecho de desistimiento** (LOCM art.10 y LGDCU art.71) En los contratos celebrados en el comercio minorista, el derecho de desistimiento del consumidor está sometido al régimen general (nº 640) por remisión expresa de la LOCM art.10 a la LGDCU art.71.

1640 **Derecho a que el producto responda a las características ofertadas** (LOCM art.12.1; LGDCU art.115 s.) El consumidor que adquiere algún producto en establecimiento comercial tiene derecho a exigir que dicho producto reúna las características que le son propias, tal y como aparecen definidas en el contrato de compraventa.
La consecuencia lógica de este derecho es que el vendedor responde de cualquier **falta de conformidad** que exista en el momento de la entrega del bien, contenido o servicio digital, pudiendo el consumidor o usuario, mediante una simple declaración, exigir al empresario la subsanación de dicha falta de conformidad, la reducción del precio o la resolución del contrato (nº 598). Además, el consumidor y usuario tienen derecho a exigir la **indemnización de daños y perjuicios** si procede. El consumidor o usuario tiene derecho a suspender el pago de cualquier parte pendiente del precio del bien o del contenido o servicio digital adquirido hasta que el empresario cumpla con sus obligaciones
Cuando, a consecuencia de una **vulneración de derechos de terceros**, en particular de los derechos de propiedad intelectual, se impida o limite la utilización de los bienes o de los contenidos o servicios digitales, el consumidor o usuario podrá exigir igualmente, en el supuesto de su falta de conformidad, las medidas correctoras antes indicadas, salvo que una ley establezca en esos casos la rescisión o nulidad del contrato (LGDCU art.117 redacc RDL 7/2021).
El ejercicio de la **acción de responsabilidad** es incompatible con el ejercicio de las acciones derivadas del saneamiento previstas en el Código Civil (LGDCU art.116).

Precisiones El vendedor, que responde de la **calidad de los artículos vendidos** en la forma determinada en la legislación vigente, no ha cumplido con la carga que le incumbe de demostrar que la avería en el coche vendido surge de un mal uso de la usuaria dentro del periodo garantizado, motivo por el que aquel debe responder y asumir el coste de la reparación (AP Zaragoza (Civil) 19-6-07, EDJ 165807).

Productos conformes (LGDCU art.115 a 115 ter) Los bienes, los contenidos o servicios digitales que el empresario entregue o suministre al consumidor o usuario se considerarán conformes con el contrato cuando reúnan los siguientes **requisitos**, siempre que, por las circunstancias del caso, resulten aplicables y hayan sido instalados o integrados correctamente: 1642

- Requisitos **subjetivos** (LGDCU art.115 bis):

– se ajustan a la descripción, tipo de bien, cantidad y calidad y poseer la funcionalidad, compatibilidad, interoperabilidad y demás características que se establezcan en el contrato;

– son aptos para los fines específicos para los que el consumidor o usuario los necesite y que este haya puesto en conocimiento del empresario como muy tarde en el momento de la celebración del contrato, y respecto de los cuales el empresario haya expresado su aceptación. P.e. si se compra un reloj y se utiliza para practicar buceo, no existe responsabilidad del vendedor por los desperfectos derivados de tal uso, salvo que el cliente haya especificado que necesita un reloj para dicha práctica y el vendedor le haya asegurado que puede utilizarlo;

– son entregados o suministrados junto con todos los accesorios, instrucciones, también en materia de instalación o integración, y asistencia al consumidor o usuario en caso de contenidos digitales según disponga el contrato; y

– son suministrados con actualizaciones, en el caso de los bienes, o son actualizados, en el caso de contenidos o servicios digitales, según se establezca en el contrato en ambos casos.

- Requisitos **objetivos** (LGDCU art.115 ter):

– son aptos para los fines a los que normalmente se destinen bienes o contenidos o servicios digitales del mismo tipo;

– poseen la calidad y se corresponden con la descripción de la muestra o modelo del bien o son conformes con la versión de prueba o vista previa del contenido o servicio digital que el empresario hubiese puesto a disposición del consumidor o usuario antes de la celebración del contrato;

– se entregan o suministran junto con los accesorios, en particular el embalaje, y las instrucciones que el consumidor y usuario pueda razonablemente esperar recibir;

– presentan la cantidad y poseen las cualidades y otras características, en particular respecto de la durabilidad del bien, la accesibilidad y continuidad del contenido o servicio digital y la funcionalidad, compatibilidad y seguridad que presentan normalmente los bienes y los contenidos o servicios digitales del mismo tipo y que el consumidor o usuario pueda razonablemente esperar, dada la naturaleza de los mismos y teniendo en cuenta cualquier declaración pública realizada por el empresario, o en su nombre, o por otras personas en fases previas de la cadena de transacciones, incluido el productor, especialmente en la publicidad o el etiquetado.

Precisiones Dadas las continuas roturas sufridas por el producto suministrado por la demandada, se debe aplicar la normativa de protección de consumidores, y es obligación del vendedor entregar el producto de forma que sea conforme al contrato y a la **finalidad de lo comprado**, estando obligado el vendedor a responder frente al comprador, y no puede desplazarse la carga de probar las causas de la rotura al consumidor (AP Valencia (Civil) 27-4-07, EDJ 372093).

Exención de responsabilidad del vendedor (LGDCU art.115 ter) Como **excepción** a la regla general, el vendedor **no está obligado a responder** por faltas de conformidad, cuando: 1644

– en el momento de la celebración del contrato, el consumidor o usuario hubiese sido informado de manera específica de que una determinada característica de los bienes se apartaba de los requisitos objetivos de conformidad (nº 1642); y

– el consumidor o usuario hubiese aceptado de forma expresa y por separado dicha divergencia.

1646 **Derecho a la garantía** El consumidor dispone de dos **tipos** de garantías:
- legal (nº 598 s.);
- comercial (nº 604).

1648 **Servicio postventa** El productor, o en su defecto el importador, garantice en todo caso frente a los compradores la existencia de un adecuado **servicio técnico** para los bienes de carácter duradero que fabrica o importa, así como el suministro de **piezas de repuesto** durante un plazo determinado. Es lo que se conoce como servicio postventa (nº 610).

h. Compras de minoristas a mayoristas

(LOCM art.16 y 17)

1650 **Regla general** Aunque se habla de «comerciantes», sin ninguna precisión adicional, la doctrina entiende que se trata de comerciantes minoristas, cualquiera que sea el vendedor a quien adquieran la mercancía, quedando en cambio excluidos de este régimen las adquisiciones efectuadas por mayoristas o por fabricantes a otros fabricantes.

Las adquisiciones de toda clase de productos efectuadas por comerciantes minoristas se sujetan a lo dispuesto con **carácter general** en la legislación civil (CC art.1445 a 1536) y mercantil (CCom art.325 a 345). Además, se contemplan **especialidades** en la LOCM art.16 y 17.

Para el **minorista**, estas especialidades consisten en:

• A falta de plazo expreso, debe **efectuar el pago** del precio de las mercancías que compre antes de que transcurra un **período** de 30 días, contados a partir de la fecha de entrega.

• Queda obligado a **documentar**, en el mismo acto, la operación de entrega y recepción con mención expresa de su fecha.

Para el **mayorista** las especialidades afectan a las facturas y consisten en:

• Debe indicar en ellas el día en que debe producirse el **pago**.

• Debe **hacerlas llegar** a los comerciantes antes de que se cumplan 30 días desde la fecha de entrega y recepción de las mercancías. Se entiende como fecha de entrega de los **bienes consumibles**, aquella en la que efectivamente se haya producido, aunque inicialmente el título de entrega sea distinto del de compraventa, siempre que las mercancías hayan sido adquiridas finalmente por el receptor.

• Debe expresar si todas o alguna de las mercancías están afectadas por una **cláusula de reserva de dominio**. La reserva de dominio debe responder en todo caso a un **acuerdo entre proveedor y comerciante** documentado con anterioridad a la entrega.

1652 **Aplazamiento de pago** Sin perjuicio de las reglas generales, se admiten supuestos de aplazamiento de pago. Los aplazamientos difieren en función de los **productos** de que se trate. La **determinación** de dichos productos se encuentra recogida en el RD 367/2005, por el que se desarrolla el LOCM art.17.3, y se definen los productos de alimentación frescos y perecederos y los productos de gran consumo.

1654 **Productos de alimentación frescos y productos perecederos** (RD 367/2005 art.2) Se **definen** como productos de alimentación frescos y perecederos aquellos que por sus características naturales conservan sus cualidades aptas para comercialización y consumo durante un plazo inferior a 30 días o que precisan **condiciones de temperatura** regulada de comercialización y transporte.

Para estos productos los aplazamientos no excederán en ningún caso de 30 días.

1656 **Otros productos de alimentación** (RD 367/2005 art.3) Tienen esta consideración los demás **productos de alimentación de cualquier naturaleza**, sólidos, líquidos, naturales o transformados que, por sus características, aplicaciones, componentes, preparación y estado de conservación, sean susceptibles de ser habitual e idóneamente

utilizados para la normal nutrición humana, como fruitivos o también como productos dietéticos, en casos especiales de alimentación humana.
Se **incluyen** en esta definición las bebidas alcohólicas, las aguas envasadas, los refrescos, las sales, las especias, las infusiones, los edulcorantes y los aditivos utilizados para el consumo humano.
Por el contrario, se **excluyen** los productos que tengan la consideración de medicamentos y sea preceptiva su venta en farmacias.
Los **aplazamientos de pago** de estos productos de alimentación, no pueden exceder, en ningún caso, de sesenta días desde la fecha de entrega de las mercancías. Cabe no obstante, la posibilidad de **pacto expreso** en el que se prevean compensaciones económicas equivalentes al mayor aplazamiento y de las que el proveedor sea beneficiario, sin que, en ningún caso, pueda exceder el plazo de 90 días.

Productos de gran consumo no alimentarios (RD 367/2005 art.4) Tienen esta conside- **1658**
ración aquellos productos fungibles de compra habitual y repetitiva por los consumidores y que presenten alta rotación.
Se entiende por **compra habitual y repetitiva** la que corresponde a aquellas familias y categorías de productos que intervienen en el abastecimiento regular de los hogares para su consumo recurrente y que precisan de su compra varias veces al año.
Se entiende por productos que presentan **alta rotación** aquellos cuyo plazo promedio de permanencia en poder del comerciante, desde el suministro efectivo por el fabricante o mayorista hasta la venta final minorista, es inferior a 60 días.
Los **aplazamientos de pago** a los proveedores, siguen el mismo régimen que los productos de alimentación que no son frescos (nº 1654).

Precisiones Se **incluyen** en esta categoría productos de droguería y limpieza, de perfumería e higiene personal, y otros como los destinados a la alimentación de mascotas y demás animales de compañía, y las baterías y pilas de uso doméstico (RD 367/2005 Anexo II).

Mora del comerciante minorista (LOCM art.17.5) El **devengo de intereses** mora- **1660**
torios se produce en forma automática a partir del día siguiente al señalado para el pago o, en defecto de pacto, a aquel en el cual deba efectuarse. Se trata de una constitución en mora **prevista legalmente**, y no está sujeto a interpelación previa.
El **tipo aplicable** para determinar la cuantía de los intereses es el previsto en la L 3/2004 art.7 por la que se establecen medidas de lucha contra la morosidad en las operaciones comerciales. Sin embargo las partes pueden **acordar** en el contrato un tipo distinto, que en ningún caso será inferior al señalado para el interés anterior incrementado en un 50%.

Precisiones El Ministerio de Economía y Hacienda, **publica** semestralmente en el BOE el tipo de interés de demora que se aplicará durante los 6 meses siguientes a su fijación (L 3/2004 art.7).

SECCIÓN 4

Actividades de promoción de ventas

1665

A. Consideraciones generales

(LOCM art.18 a 23)

1670 Existe una serie de reglas que se aplican con carácter general a todas las actividades de promoción de ventas. Desde el punto de vista **territorial**, estas normas solo resultan aplicables en defecto de legislación autonómica específica (LOCM disp.final única), ya que se trata de actividades que quedan comprendidas dentro del concepto de «**comercio minorista**» y, por ende, dentro de la **competencia legislativa** exclusiva asumida por las **comunidades autónomas** en esta materia.

1672 **Uso de las denominaciones legales** (LOCM art.18.1 a 3) Bajo la denominación actividades de promoción de ventas, agrupa la Ley una serie de ventas que solo pueden desarrollarse **dentro de los límites** establecidos en la misma (LOCM art.18). La razón de este sometimiento estricto de las actividades de promoción de ventas a las prescripciones legales radica en la **especial necesidad de protección** que requiere en estos casos el consumidor, que, ante las ventajas inherentes a estas ventas, puede colocarse en una posición más vulnerable.

Las **denominaciones legales** únicamente **pueden emplearse** para anunciar las ventas que se ajusten a la regulación respectivamente establecida, quedando expresamente prohibida su utilización para anunciar ventas que no respondan al correspondiente concepto legal.

Lo mismo sucede con el empleo de **expresiones similares** para intentar soslayar la normativa. Expresiones como «semana de oro», «precios especiales», «semana del cliente», etc.

El uso de estas denominaciones puede ser **desleal** cuando, además de no ajustarse las ventas a la regulación establecida para cada una de las actividades de promoción de ventas, concurran las circunstancias previstas en la legislación de defensa de la competencia (LDC art.5) para ser considerada **engañosa** (LOCM art.18.3).

Precisiones La ley de protección de los precios para la adquisición de libros establece el **límite de prohibición de comercialización** a un precio inferior al 95% del precio fijo, pero no prohíbe otras formas de promocionar la venta. La actividad de promoción no implicó, en sentido propio, una rebaja del precio de los libros de texto, sino la oferta de su venta por el precio autorizado, si bien, con una prima consistente en la reducción del coste de otros productos distintos, diferida a la adquisición de los mismos y, por ello, condicionada a la libre decisión futura del comprador (AP Barcelona (Civil) 11-5-17, EDJ 108500).

1674 **Ejercicio simultáneo de actividades de promoción** (LOCM art.18.4) Las distintas actividades de promoción de ventas **pueden simultanearse** en un mismo establecimiento comercial. P.e., en periodo de rebajas (nº 1685) puede también hacerse una promoción de venta con obsequios (nº 1940). Como **excepción** la venta en liquidación (nº 1875), no se pueden simultanear con otras actividades de promoción.

Como **requisito** para que se puedan simultanear distintas promociones, es que exista la debida separación entre ellas y se respeten los deberes de información.

Información al consumidor (LOCM art.19) Las actividades de promoción de ventas están sometidas a unos deberes de información que **afectan** considerablemente a la **publicidad** de las mismas. 1676

La **finalidad** de estos deberes es reprimir la publicidad engañosa y para ello se establecen tres reglas distintas:

1) Es necesario indicar claramente en los anuncios de las ventas incluidas en el concepto de «actividades de promoción de ventas» la **duración** de las ventas y, en su caso, las **reglas especiales** aplicables a las mismas.

Respecto a las reglas especiales aplicables a estas ventas, no resulta imprescindible consignar todos los datos a los que se refiere el legislador, sino que basta con indicar aquellos que tengan **especial relevancia**.

2) Se prohíbe anunciar una **actividad promocional general** cuando la misma no incluya, al menos, la mitad de los artículos del establecimiento. En estos casos, no cabe anunciar la oferta como medida general, sino como medida referida exclusivamente a los artículos o sectores a los que realmente afecte. P.e., si una gran superficie dedicada a la venta de electrodomésticos tiene una oferta en lavadoras, debe anunciarlo así, no como ofertas especiales en general.

3) Se considera engañosa la oferta de **productos con premio o regalo**, cuando el consumidor no recibe real y efectivamente lo que razonablemente cabe esperar de acuerdo con la oferta realizada. Tiene especial trascendencia en los casos en que la oferta prevé la posibilidad de sustituir el regalo anunciado por otro de contenido análogo (nº 1940).

Precisiones Se impone una sanción por la inclusión de un folleto publicitario de **cláusulas no ajustadas a derecho**, por cuanto que, entre otras valoraciones sobre la licitud o no de la publicidad, se publicita una promoción especial, sin embargo, no se especifica la **duración de la oferta** (TSJ Madrid (Contencioso) 5-10-00, EDJ 72944).

Constancia de precios (LOCM art.20) Es obligatorio dejar constancia de la reducción de precios. Se exige que en **toda oferta** de artículos con reducción de precio **figure con claridad**, en cada uno de ellos, el precio anterior junto con el precio reducido. Se entiende por **precio anterior** el menor que haya sido aplicado sobre productos idénticos en los 30 días precedentes. A estos efectos no se tiene en consideración el precio que hubiese podido ser aplicado, con la finalidad de reducir el **desperdicio alimentario**, sobre productos idénticos cuyas fechas de caducidad o consumo preferente estuviesen próximas a vencer. 1678

Obviamente, no se aplica esta regla a los productos **puestos a la venta por primera vez**. Es el caso de las ofertas de lanzamiento (nº 1773).

La vulneración de esta regla constituye una **infracción leve** (LOCM art.64).

La **reducción de precios** es la que libremente decida el empresario. En ningún caso, se puede condicionar la utilización de estas actividades de promoción de ventas a una reducción porcentual mínima o máxima de los productos. P.e., una norma que regulara que en periodo de rebajas el mínimo de descuento tiene que ser del 10% y el máximo del 50.

Precisiones Esta norma se aplica a **todas las ventas en promoción**, no solo a las rebajas, ya que se caracterizan bien por una disminución de precios, bien por acompañar la adquisición del producto con una prestación complementaria (ventas con obsequio).

Determinación de los artículos ofertados (LOCM art.21) En el caso de que se oferten **artículos a precio normal y otros a precio reducido**, unos y otros tienen que estar suficientemente separados, de forma que no pueda, razonablemente, **existir error** entre los consumidores sobre cuales son objeto de la oferta y cuales mantienen su precio habitual. Adicionalmente, debe distinguirse, en su caso, la existencia de rebajas, saldos, liquidaciones, promociones u obsequios. 1680

La **falta de veracidad** en los anuncios promocionales es considerado infracción grave (LOCM art.65).

Precisiones Se sanciona la venta por la recurrente en su establecimiento de prendas deportivas sin indicar la duración de la venta en rebajas y promociones y sin **separar los artículos**

ofertados a precio normal y a precio reducido (TSJ Valladolid (Contencioso) 31-10-05, EDJ 205062).

B. Venta en rebajas

(LOCM art.24 a 26)

1685 La venta en rebajas es objeto de **regulación** tanto por la normativa estatal como por la autonómica. La LOCM no contiene una regulación completa de la venta en rebajas. En muchos casos, son las normas autonómicas las que desarrollan cuestiones silenciadas por la legislación estatal (normas sobre stocks, regulación de los medios de pago utilizables, régimen de publicidad de las rebajas...) (nº 1730 s.).

La regulación específicamente prevista en la LOCM para las ventas en rebajas se centra solo en dos **cuestiones**:

- la temporada de rebajas (nº 1700); y
- la calidad de los productos rebajados (nº 1705).

1690 **Concepto legal de venta en rebajas** (LOCM art.24) Se entiende que **existe** venta en rebajas cuando los artículos objeto de la misma se ofertan en el mismo establecimiento en el que se ejerce habitualmente la actividad comercial a un precio inferior al fijado antes de dicha venta.

Precisiones En el caso de que exista alguna **diferencia** entre el concepto de venta en rebajas previsto en la **normativa autonómica** y el de la **estatal**, debe prevalecer lo dispuesto en esta última.

1692 Los **elementos** que delimitan el concepto de venta en rebajas en sentido positivo son los siguientes:

• Este tipo de venta se refiere únicamente a la **distribución de productos**, no a la prestación de servicios. Se trata, además, de **bienes muebles**.

• La venta debe realizarse en el **mismo establecimiento** en el que se ejerce habitualmente la actividad comercial. No se exige que tenga lugar en el mismo establecimiento en que el producto fue anteriormente ofertado, sino en aquel o aquellos en el que el comerciante **desarrolle de forma ordinaria su actividad**. Ello permite incluir en las rebajas de un establecimiento productos que provienen de otros integrados en la misma empresa.

• El **precio** debe ser necesariamente **inferior al fijado con anterioridad** a la venta en rebajas. Por consiguiente, el precio de referencia es el menor que hubiese sido aplicado sobre productos idénticos en los 30 días precedentes (LOCM art.20.1).

1694 **Productos excluidos de la venta en rebajas** (LOCM art.24.2) Una de las finalidades básicas de la regulación de la venta en rebajas consiste en garantizar que los productos que se ofertan son **los mismos** y tienen la **misma calidad** que los que se ofertaron a precio no rebajado.

Por ese motivo, están **excluidas** de la definición legal de rebajas las ventas de **productos**:

• Que no se **hayan puesto a la venta con anterioridad** en condiciones de precio ordinario. Los productos que se ponen a la venta por primera vez (LOCM art.20.1), pueden ser objeto de otra actividad de promoción de venta (saldos, liquidación) pero no venderse en rebajas.

• **Deteriorados o adquiridos con objeto de ser vendidos a precio inferior** al ordinario.

Esta cuestión guarda íntima relación con la calidad de los productos rebajados (ver nº 1705).

Es preciso tener en cuenta lo establecido respecto del uso de las denominaciones legales (ver nº 1672).

1700 **Temporada de rebajas** (LOCM art.25) En contraste con la rigidez con la que la redacción original de la ley estatal fijaba la temporada de rebajas, limitada a dos

períodos del año y con una duración mínima y máxima, la redacción actual del LOCM art.25, dada por el RDL 20/2012, deja a la **libre decisión** de cada comerciante sobre:
- la fijación de los periodos de rebajas, que serán los periodos estacionales de mayor interés comercial según el criterio de cada comerciante; y
- la duración de cada periodo de rebajas.

No obstante, en algunas **comunidades autónomas** se mantiene la restricción del periodo de rebajas: **1702**

Comunidad Autónoma	Periodo de rebajas
Cantabria L Cantabria 1/2002 art.23.1 y 2	- Dos temporadas anuales. La primera a principios de cada año y la segunda en torno al período estival. - Duración mínima de una semana y máxima de 2 meses.
Cataluña L Cataluña 18/2017 art.20	- Dos períodos: invierno y verano. - Anualmente, antes del 30 de septiembre, la Generalidad debe recomendar las fechas de inicio y finalización de las temporadas del año siguiente, atendiendo, en cada momento, a las demandas del sector comercial.
Extremadura L Extremadura 3/2002 art.20	- Dos periodos al año, - Duración mínima de una semana y máxima de 2 meses.
Galicia L Galicia 13/2010 art.39	- Dos periodos al año - Duración mínima de una semana y máxima de 2 meses.
País Vasco L País Vasco 7/1994 art.24.1	- Dos períodos o temporadas por año - Duración máxima de 2 meses por temporada
C.Valenciana L C.Valenciana 3/2011 art.69	- Dos temporadas anuales; una al principio de año, y otra en torno al período estival de vacaciones. - Duración mínima de una semana y máxima de 2 meses.

Calidad de los productos rebajados (LOCM art.26.2) Uno de los aspectos más importantes de la regulación de la venta en rebajas consiste en **garantizar** que los productos ofertados tengan la **misma calidad** que los que se vendían en condiciones normales de precio. **1705**

Precisiones Los artículos de la venta en rebajas, promoción u oferta, deben de haber estado incluidos con anterioridad y, durante un plazo mínimo de un mes, en la **oferta habitual de ventas**. No podrán haber sido objeto de práctica de promoción alguna en el curso del mes que preceda a la fecha del inicio de la venta en rebajas (TCo 18/2016).

A fin de asegurar este principio de permanencia en la calidad, se exige que los artículos rebajados no sean **artículos deteriorados**. La prohibición es total y absoluta, no limitada a un determinado período temporal, y con ella se busca evitar que los productos deteriorados, que pueden ser objeto de venta de saldos (nº 1824), puedan serlo de la venta en rebajas. **1707**

Además, tampoco podrán venderse en rebajas los productos cuya venta excluye que a esta actividad de promoción de ventas se le pueda dar el nombre de rebajas (ver nº 1694), es decir, los productos: **1709**
- que no se hayan **puesto a la venta con anterioridad** en condiciones de precio ordinario; y
- los **adquiridos con objeto de ser vendidos a precio inferior** al ordinario.

Con estos requisitos se trata de evitar que puedan ofrecerse como rebajados productos que no formaban parte de la oferta del comerciante, o que fueron adquiridos por él con la intención de ofrecerlos **directamente rebajados**, pues normalmente tales productos tienen una **calidad inferior** a la que el consumidor asocia con el establecimiento o con productos que inicialmente fueron ofertados (nº 1694).

Precisiones El LOCM art.26.1 en el que se contemplaba la obligación de que los productos que se ofrecen en rebajas hayan estado **incluidos con anterioridad en la oferta** habitual de ventas, fue suprimido por la TCo 4-2-16. No obstante, se mantiene la prohibición, al excluir el LOCM art.24.1 de la denominación de venta en rebajas, los productos no puestos a la venta en condiciones de precio ordinario con anterioridad.

1715 **Régimen sancionador** Son **infracciones** los actos que atentan contra los intereses de los consumidores, pues generan en ellos la errónea creencia de que los productos ofertados reúnen unas características que en realidad no son tales. Por ello, las **asociaciones de consumidores** están **legitimadas** activamente para ejercer las acciones declarativas de deslealtad del acto, de cesación, de remoción de los efectos producidos por el acto y de rectificación de las informaciones engañosas, incorrectas o falsas (nº 175).

1721 La **graduación de las sanciones** se realiza especialmente en función de (LOCM art.69):
- el volumen de la facturación a la que afecte,
- la cuantía del beneficio obtenido,
- el grado de intencionalidad,
- el plazo de tiempo durante el que se haya venido cometiendo la infracción,
- la reincidencia, y
- la capacidad o solvencia económica de la empresa.

1723 **Infracciones leves** Son las siguientes acciones:
• La realización de ventas en rebaja fuera de los **casos autorizados** en la Ley (LOCM art.64.c).
• La **falta de indicación** en los artículos rebajados de los precios habituales de los mismos (LOCM art.64.d).
• El incumplimiento de las obligaciones establecidas en la LOCM o en las normas dictadas para su desarrollo que no sean objeto de sanción específica (LOCM art.64.h).
Estas infracciones llevan aparejadas la **sanción** de multa de hasta 6.000 (LOCM art.68.3).
La **reincidencia** por cuarta vez en la comisión de una falta leve genera que la última de las infracciones sea calificada como grave. En ningún caso la reincidencia en la comisión de faltas leves, sea cual sea su número, supone la comisión de una falta muy grave (LOCM art.67.2).

1725 **Infracciones graves** Se sancionan como tales las siguientes conductas:
• La **falta de veracidad en los anuncios** de las ventas en rebajas, calificando indebidamente como tales las correspondientes ventas u ofertas (LOCM 65.1.i).
• Ofertar como rebajados **artículos defectuosos o adquiridos expresamente** con tal finalidad (LOCM 65.1.j).
Se **sancionan** con multa de 6.000 a 3 0.000 (LOCM art.68.2).

1727 **Infracciones muy graves** Se considera infracción muy grave cualquiera de **las definidas como graves** cuando concurran las siguientes **circunstancias** (LOCM art.66):
• Que el **volumen de la facturación** realizada o el **precio** de los artículos ofertados a que se refiere la infracción sea superior a 601.012,32.
• Que exista reincidencia.
Se entiende que **hay reincidencia** cuando, en el término de un año, se comete más de una infracción de la misma naturaleza, siempre que hayan sido declaradas por resolución firme (LOCM art.67.1).
Se **sancionan** con multa de 30.000 a 900.000 (LOCM art.68.1).
En el caso de la **tercera reincidencia** de infracciones calificadas como muy graves, las comunidades autónomas pueden decretar el cierre temporal de la empresa, el establecimiento o la industria infractora por un período máximo de un año, determinando las medidas complementarias para su plena eficacia (LOCM art.68.5).

1730 **Regulación autonómica** Además de la normativa relativa a la fijación y duración de los periodos de rebajas con que cuentan algunas de ellas (nº 1702), las comunidades autónomas presentan las siguientes **normas propias** en la regulación de las rebajas:

Andalucía (DLeg Andalucía 1/2012 art.66 a 69). 1732
• El comerciante está obligado a disponer de **existencias suficientes** de productos idénticos a los ofertados como rebajados para ofrecer al público en las mismas condiciones prometidas. Las existencias tienen que **guardar relación** con la duración de la oferta y a la importancia de la publicidad.
• Las reducciones de precios se tienen que consignar **exhibiendo el precio rebajado** junto al precio habitual y sin superponerlo.
• Cuando se trate de una **reducción porcentual** de un conjunto de artículos, bastará con el anuncio genérico de la misma sin necesidad de que conste individualmente en cada artículo ofertado.
• Tanto en la publicidad como en la información ofrecida a las personas consumidoras sobre las ventas en rebajas, se indicarán las **fechas** de comienzo y final de las mismas.
• Los artículos objeto de la venta en rebajas deben haber **estado a la venta** con un mes de antelación a la fecha de inicio de la venta en rebaja.

Aragón (L Aragón 4/2015 art.33 a 35). 1734
• Las reducciones de los precios deben consignarse **exhibiendo**, en porcentaje o en cifra, el precio rebajado junto al precio habitual practicado por el mismo vendedor.
• La Administración autonómica puede exigir, de oficio o a petición del comprador o de una asociación de consumidores, la **prueba de la autenticidad** del precio indicado como habitual.
• La venta en rebajas y su duración deben **exponerse de forma que sea visible** desde el exterior, incluso cuando el establecimiento permanezca cerrado.

Asturias (L Asturias 9/2010 art.34 y 35). 1736
• Se debe **exponer en el exterior** del establecimiento un anuncio del período de rebajas, con indicación de las **fechas** de inicio y finalización.
• No se puede anunciar la venta en rebajas de un establecimiento comercial cuando la misma **afecta a menos de la mitad** de los artículos existentes, sin perjuicio de que pueda **anunciarse la de cada artículo** en concreto, en cuyo caso los artículos rebajados tienen que estar **identificados y diferenciados** del resto.

Baleares (L Baleares 11/2014 art.35). 1738
• Las **fechas** de las rebajas se tienen que **exhibir** en los establecimientos comerciales en un lugar visible al público.
• Las reducciones de los precios **se tienen que consignar** haciendo figurar de forma clara el precio habitual y el reducido o el porcentaje de descuento.

Canarias (DLeg Canarias 1/2012 art.30 a 32). 1740
• Las reducciones de los precios deben consignarse **exhibiendo**, junto al precio habitual practicado por el mismo vendedor, el precio rebajado.
• La consejería competente puede **exigir la prueba** de haberse aplicado los precios indicados como habituales. La petición puede hacerse de oficio o a petición del comprador, de un comerciante competidor, de una asociación de consumidores o de una asociación de empresarios.
• Los comerciantes están obligados a aceptar los mismos **medios de pago** que admiten habitualmente.
• Los comerciantes tienen que disponer de un ***stock* suficiente** de productos idénticos para ofrecer al público en las mismas condiciones prometidas en la venta de que se trate.
• El ***stock*** tienen que estar **en relación con la duración** de la venta anunciada y la importancia de la publicidad.
• En establecimientos abiertos al público, la venta no se puede realizar en un **periodo de tiempo** inferior a una jornada completa de horario comercial.
• En la publicidad de las ventas con rebajas, salvo la que se haga en los escaparates, se tiene que hacer constar la **fecha** de iniciación y finalización de las mismas y una referencia concreta a la **oferta** que se realiza.

1742 **Cantabria** (L Cantabria 1/2002 art.22 a 25).
No presenta ninguna otra especialidad respecto a la normativa general, que la relativa a la fijación y duración de los periodos de rebajas (nº 1702).
Las ventas en rebajas deben **anunciarse** en el exterior del establecimiento con esta denominación.

1744 **Castilla-La Mancha** (L Castilla-La Mancha 2/2010 art.31 a 33).
• No pueden ofrecerse en rebajas **artículos obsoletos**, sin perjuicio de que se ofrezcan en el mismo establecimiento como saldos.
• Las reducciones de los precios se tienen que consignar **exhibiendo** junto al precio habitual el precio rebajado de los mismos productos comercializados en el establecimiento.

1746 **Castilla y León** (DLeg Castilla y León 2/2014 art.27).
Las **fechas** elegidas como inicio y fin de la venta en rebajas deben **exhibirse** en los establecimientos comerciales en un lugar visible al público.

1748 **Cataluña** (L Cataluña 18/2017 art.20).
• Los productos destinados a la venta en rebajas deben haber sido **puestos a la venta con anterioridad** en el mismo establecimiento, durante un mes, como mínimo, justo antes de la fecha de inicio de dicha modalidad de venta.
• No pueden venderse en rebajas **productos defectuosos**, deteriorados o desparejados o que sufran un deterioro grave de su valor comercial debido a la obsolescencia técnica o de la reducción objetiva de las posibilidades de su utilización.
• No pueden destinarse a la venta en rebajas las unidades de un producto adquiridas con esta **finalidad**.
• La venta en rebajas debe **anunciarse** con esta denominación y con el detalle del período durante el que se llevará a cabo este tipo de venta.

1750 **Extremadura** (L Extremadura 3/2002 art.20).
• Pueden ser **anunciadas** con 7 días **de antelación** como máximo.
• Las fechas de rebajas deben **exhibirse** al público en los establecimientos comerciales en sitio visible, incluso cuando permanezcan cerrados.
• No pueden calificarse como rebajas las promociones que afecten a **artículos que se hayan ofertado como saldos** de forma ocasional o permanente.

1752 **Galicia** (L Galicia 13/2010 art.38 a 40).
• Las **fechas** de comienzo y final de rebajas, se tienen que indicar en sitio visible al público, incluso cuando los establecimientos comerciales permanezcan cerrados.
• Los letreros y etiquetas deben **exhibir**, de forma bien visible, el precio anterior y el nuevo precio o, en substitución de este último, el porcentaje de reducción.

1754 **La Rioja** (L La Rioja 3/2005 art.48 a 51).
• Los comerciantes están obligados a aceptar los **mismos medios de pago** que admiten habitualmente.
• La duración de la venta anunciada y la importancia de la publicidad estará en relación con el **stock de artículos** en rebaja.
• Tanto en la publicidad como en la información ofrecida a los consumidores, se tienen que indicar las **fechas** de comienzo y final de las mismas en sitio legible al público, incluso cuando los establecimientos permanezcan cerrados.
• Solo pueden ser **anunciadas** con 8 días de **antelación** como máximo al inicio de las mismas.
• Únicamente durante los 10 últimos días de las ventas en rebaja, las empresas o establecimientos pueden utilizar expresiones publicitarias que hagan referencia concreta a la **oferta final** de la venta de rebajas.

1756 **Madrid** (L Madrid 16/1999 art.34).
• Las **fechas** de las rebajas elegidas deben **exhibirse** en los establecimientos comerciales en sitio visible al público, incluso cuando permanezcan cerrados

• Las reducciones de los precios **se consignarán** exhibiendo junto al precio anterior el precio rebajado de los mismos productos comercializados en el establecimiento.

Murcia (L Murcia 11/2006 art.44 a 47). **1758**
• Deben reportar al consumidor final **ventajas económicas** reales, cuya realidad corresponde acreditar al comerciante ante la Administración competente.
• El comerciante ha de procurar **información clara, veraz y suficiente** sobre el contenido y las condiciones. La información y la publicidad no puede contener **cláusulas abusivas** y en particular **de desvinculación** basadas en errores tipográficos y, en general, de imprenta.
• El comerciante minorista debe informar sobre el **día inicial y final** de la misma en su establecimiento y en la difusión publicitaria que, en su caso, realice respecto de la citada actividad.
• La **disponibilidad y existencias** de los productos objeto de la actividad promocional ha de ser suficiente.
• El comerciante tiene la obligación de **informar al consumidor sobre los medios de pago** admisibles en la operación, a través de su publicidad general en la exposición visible desde el exterior del establecimiento.
• El comerciante tiene que hacer constar en cada uno de los productos el **precio ordinario** con que se ha valorado el artículo con anterioridad y el **precio rebajado**.
• Cuando se trate de una **reducción porcentual** de un conjunto de artículos, basta con el anuncio genérico de la oferta sin necesidad de que conste individualmente en cada artículo ofertado.

Navarra (LF Navarra 17/2001 art.46). **1760**
• Las **fechas** de rebajas deben ser **expuestas** en el exterior de cada establecimiento comercial en lugar visible al público, incluso cuando dichos establecimientos permanezcan cerrados.
• No pueden ofrecerse en rebajas **artículos obsoletos**, sin perjuicio de que se ofrezcan en el mismo establecimiento como saldos.

País Vasco (L País Vasco 7/1994 art.24). **1762**
Debe **señalarse de forma inequívoca**, en cada producto, el **precio anterior** y el que se ofrece como rebajado.

Comunidad Valenciana (L C.Valenciana 3/2011 art.68 a 70). **1764**
Las **fechas** de inicio y final de rebajas elegidas deben **exhibirse** en los establecimientos comerciales en sitio visible al público, al menos desde el comienzo al final de la venta promocional.

C. Venta de promoción o en oferta

(LOCM art.27)

La venta en promoción o en oferta **se define** legalmente de forma negativa o residual **1770**
como aquella que no esté contemplada específicamente en otra forma concreta de promoción de ventas (nº 1665 s.).
A la venta en promoción le son expresamente aplicables las **reglas generales** sobre las ventas en promoción (nº 1665 s.).

Requisitos No se trata de cualquier venta que no encaje en ninguna de las otras **1772**
modalidades definidas en la Ley, sino solo de aquellas que reúnen dos **requisitos**, relativos al precio o condiciones, y a la finalidad perseguida con ellas.

Precio Las ventas deben realizarse por **precio inferior** o en **condiciones más favo- 1773**
rables que las habituales.
El **precio** debe ser inferior al habitual, pero a diferencia de lo que ocurre en el caso de las ventas en liquidación (nº 1875 s.) y las ventas de saldos (nº 1820 s.), no cabe hacer las ventas de promoción o en oferta **bajo coste** (nº 1587).

La **determinación del precio habitual** a tomar como referencia, varía según los casos:

• Cuando el producto ya ha sido **puesto a la venta anteriormente** por el comerciante, el precio de referencia es el que se exigía con anterioridad, el que se hubiera aplicado sobre productos idénticos durante los 30 días precedentes, que debe figurar junto al precio reducido (nº 1678).

• Si el producto es **puesto a la venta por primera vez** –supuesto habitual en caso de lanzamiento de nuevos productos o apertura de nuevos establecimientos–, el precio de referencia puede ser:
. el aplicado por sus competidores respecto del mismo producto;
– el futuro precio que pretenda exigirse en condiciones de normalidad, una vez finalizada la promoción.

1774 **Condiciones** Las **opciones** son múltiples. A título de ejemplo, pueden mencionarse algunas frecuentes como:
– el establecimiento de **facilidades en el pago**, por ejemplo, la financiación de la compra a un plazo mayor del habitual en el mercado o con intereses más bajos;
– la inclusión por el mismo precio de **extras no incluidos** previamente en la oferta del producto –especialmente en el caso de venta de vehículos a motor o de aparatos electrónicos–;
– la prestación gratuita de **asistencia técnica** tras la adquisición, más allá de lo que se venía haciendo y de lo que es habitual en el mercado; o
– ofrecer otros productos de distinta naturaleza a modo de **obsequio**, así la participación en **sorteos** u otro tipo de juegos y premios;
– el **descuento en especie** (ofertas dos por uno o similares).

1775 **Potenciación de la venta de determinados productos** La finalidad de la venta debe ser **potenciar la venta** de ciertos productos. La promoción constituye un mecanismo eficaz para **dar a conocer un producto** en el mercado. Ofrecerlo a un precio más bajo de aquel al que será vendido en un momento posterior permite atraer a los consumidores que, una vez han adquirido el producto y comprobado sus ventajas, pueden decidir, en su caso, comprarlo de nuevo, ya a su precio de mercado.

Es una técnica especialmente indicada para lanzar al mercado productos consumibles –por ejemplo, refrescos– o productos cuya adquisición convierte al comprador en potencial consumidor de los productos accesorios –ordenadores–.

1776 **Desarrollo de uno o varios comercios o establecimientos** La venta en promoción también puede ser utilizada para dar a conocer un nuevo establecimiento, **atrayendo a los consumidores** para que conozcan su gama de productos y sus instalaciones.

En todos estos casos, resulta necesario evitar posibles **abusos**, para lo cual es necesario limitar temporalmente la oferta, evitar que se realice bajo coste para no causar daños innecesarios a los competidores, y limitar las posibilidades de engaño sobre la verdadera calidad de los productos ofertados.

1780 **Régimen sancionador** Son **infracciones leves**:

• No hacer figurar en los artículos en promoción los precios de los mismos (LOCM art.64.d).

• El incumplimiento de las obligaciones establecidas en la LOCM o en las normas dictadas para su desarrollo, cuando no sea objeto de sanción específica (LOCM art.64.h).

Las **sanciones y la reincidencia**, reciben idéntico tratamiento que en el caso de las rebajas (nº 1723)

1783 El régimen es idéntico al de las rebajas en el caso de las infracciones **graves** (nº 1725) y **muy graves** (nº 1727).

Regulación autonómica Las comunidades autónomas presentan las siguientes **normas propias** en la regulación de la venta en promoción. 1784

Aragón (L Aragón 4/2015 art.40). 1786
• Los productos o artículos ofrecidos no deben estar afectados por causa alguna que **reduzca su valor**.
• Los comerciantes deben disponer de **existencias suficientes** para satisfacer la demanda previsible.
• La aplicación del descuento no se traducirá en ningún caso en un **trato discriminatorio** de los diferentes compradores.

Baleares (L Baleares 11/2014 art.33). 1790
• La venta tiene que ir precedida o acompañada de la suficiente **información al público**, en la cual tienen que figurar con claridad:
- el producto o los productos objeto de la promoción;
- las condiciones de venta.
• El comerciante debe disponer de **existencias suficientes** para hacer frente a la oferta.
• Los artículos que se quieran vender como productos en promoción no pueden **estar deteriorados**, ni **ser de calidad inferior** a la de los mismos productos que tengan que ser objeto de una futura oferta ordinaria a precio normal.

Canarias (DLeg Canarias 1/2012 art.38). 1792
• Los productos o artículos ofrecidos no deben estar afectados por causa alguna que **reduzca su valor**.
• El comerciante debe contar con **existencias suficientes** para satisfacer la demanda previsible.
• La oferta de descuento de un determinado producto **debe mantenerse** un mínimo de 24 horas.
• La aplicación del descuento no se traducirá en ningún caso en un **trato discriminatorio** hacia los diferentes compradores cuando cumplan las condiciones previstas en relación con los descuentos citados.
• Los artículos iguales no podrán sufrir **incremento de precio** de venta al público, **en razón del número** de unidades adquiridas.

Cantabria (L Cantabria 1/2002 art.30 y 31). 1794
• Los artículos sobre los que se aplique descuento no pueden estar **deteriorados o ser de peor calidad** que los que se hubiesen comercializado con anterioridad.
• Todo **anuncio** de venta con descuento debe especificar:
- su duración;
- en su caso, las reglas especiales aplicables a la promoción; y
- los productos afectados, salvo cuando se desarrolle este tipo de promoción en un establecimiento remodelado y se encuentren incluidos en la misma, al menos, la mitad de los artículos puestos a la venta.
• Debe disponerse de **existencias suficientes** para afrontar la demanda.

Castilla-La Mancha (L Castilla-La Mancha 2/2010 art.39). 1796
• Si la promoción ofrece la **entrega de dos o más unidades** de producto por un precio global inferior al que correspondiera, antes de la reducción del precio, al número total de unidades incluidas en la oferta, el comerciante está obligado a anunciar el precio anterior y el precio reducido por unidad de producto.
• Cuando se trate de una **promoción limitada a un número** de unidades de uno o varios artículos, el comerciante ha de informar claramente sobre el número total de unidades objeto de la promoción en el establecimiento comercial y debe tener en **existencias** la cantidad de artículos anunciada en la oferta.

1798 **Castilla y León** (DLeg Castilla y León 2/2014 art.31 y D Castilla y León 82/2006 art.16).
• En la **información al público** sobre este tipo de actividad comercial se deben reflejar las **ventajas o incentivos** que concurren en el artículo o grupos de artículos ofertados.
• Si tiene por objeto dar a conocer un **nuevo producto o servicio**, este debe ser efectivamente nuevo en el mercado o no haberse prestado nunca en el establecimiento comercial que realiza tal tipo de actividad comercial de promoción y solo versará sobre este producto o servicio.

1799 **Cataluña** (L Cataluña 18/2017 art.24 a 26 redacc L Cataluña 15/2020).
• Debe limitarse a un **número determinado de productos** del establecimiento, o, en su caso, de la correspondiente sección, con las siguientes excepciones:
- actividades de carácter promocional, con una periodicidad anual y una duración máxima de 2 días, siempre que estas actividades sean una práctica común en todos los sectores comerciales o en alguno de ellos y estén directamente relacionadas con tradiciones culturales o se trate de eventos promocionales incorporados de forma generalizada a los usos comerciales; e
- inauguración de un nuevo establecimiento.
• En los anuncios de ventas en promoción con finalidad incentivadora **debe detallarse** la duración, los productos que son objeto de los mismos y cualquier condición especial inherente a la promoción.
• En caso de que la actividad de promoción afecte a productos o servicios vendidos anteriormente en el mismo establecimiento en condiciones habituales, deber indicarse, como **precio anterior a la promoción**, el precio menor aplicado el mes anterior sobre productos o servicios idénticos (L Cataluña 18/2017 art.24 redacc L Cataluña 15/2020).

1800 **Extremadura** (L Extremadura 3/2002 art.24).
• Si la promoción se presenta mediante la **entrega de dos o más unidades** de producto por un precio global inferior al anterior a la reducción, al número total de unidades incluidas en la oferta, el comerciante está obligado a anunciar el precio anterior y el precio reducido por unidad de producto.
• Cuando se trate de una promoción **limitada a un número de unidades** de uno o varios artículos, el comerciante ha de informar claramente sobre el número total y debe tener en **existencias** la cantidad de artículos anunciada en la oferta.
• En su caso, el comerciante debe informar de manera expresa al comprador sobre la **existencia de restricciones en el número** de unidades promocionadas que puede adquirir.

1802 **Galicia** (L Galicia 13/2010 art.46 y 47).
• Los artículos sobre los que se aplique el descuento no pueden estar **deteriorados o ser de peor calidad** que los que se hayan comercializado con anterioridad.
• El **periodo máximo** de duración de una venta con descuento en un establecimiento remodelado será de 3 meses desde la fecha de su reapertura.
• Cuando esta actividad fuera dirigida a la promoción de determinados productos, su **duración** no podrá ser inferior a un día ni superior a 30.
• Los productos promocionados no podrán ser objeto de **nuevas ventas con descuento**, salvo en los establecimientos de alimentación.
• Todo **anuncio de venta con descuento** deberá especificar:
- su duración;
- las reglas que se aplicarán; y
- los productos afectados, salvo para el supuesto de que se celebre este tipo de promoción en un establecimiento remodelado y que se hallen incluidos en la referida promoción, al menos, la mitad de los artículos puestos a la venta.

1804 **La Rioja** (L La Rioja 3/2005 art.57).
• Los productos con descuento no pueden estar **deteriorados ni ser de peor calidad** que los mismos productos que vayan a ser objeto de futura oferta a precio normal.

• El comerciante debe disponer de **existencias suficientes** para hacer frente a la oferta, durante al menos un día.

Murcia (L Murcia 11/2006 art.44 a 47). 1806
Se aplican las mismas reglas generales que para la venta en rebajas (nº 1758)

País Vasco (L País Vasco 7/1994 art.28). 1808
• La venta en promoción tendrá que ir precedida o acompañada de **información suficiente**, en la que deberán figurar con claridad:
- los productos o servicios objeto de promoción;
- las condiciones de la promoción; y
- el período de vigencia de la promoción.
• El vendedor tiene que disponer de **existencias suficientes** para satisfacer la demanda previsible, y la duración de la publicidad no excederá de la disponibilidad de existencias del producto ofertado.
• Los productos o servicios objeto de venta promocional no podrán estar afectados por ninguna **causa que reduzca su valor**.

Comunidad Valenciana (L C.Valenciana 3/2011 art.71 y 72). 1810
• Solo pueden **anunciarse** con las expresiones «descuentos», «ofertas» o «promoción», si bien, a continuación se podrá especificar el motivo de las mismas.
• Se entiende por **descuento en especie** toda promoción publicitaria consistente en el ofrecimiento de una prestación adicional de la misma naturaleza que la prestación principal. En particular, constituyen descuentos en especie las promociones publicitarias en las que se utilizan expresiones del tipo «3 x 2», «2 x 1» o mediante la referencia a un porcentaje determinado de cantidad suplementaria.
• El ofrecimiento de un descuento en especie **no puede defraudar las expectativas** creadas en los destinatarios mediante la exigencia de un precio superior al que venía exigiéndose para la adquisición de la prestación principal, a no ser que de ello se informe de forma clara, suficiente y explícita en la publicidad.

D. Venta de saldos

(LOCM art.28 y 29)

Concepto (LOCM art.28.1) La venta de saldos **tiene por objeto** productos que, por su **pérdida de valor comercial** no pueden ofertarse en el mercado en condiciones normales de precio. 1820

La Ley habla de pérdida de valor de mercado como consecuencia de la concurrencia de uno o varios de los siguientes **factores**: 1824
- deterioro;
- desperfecto;
- desuso; u
- obsolescencia.

El **deterioro o desperfecto** de los productos puede ser derivada de golpes, roturas, un mal almacenamiento, o el mero transcurso del tiempo.
El **desuso o la obsolescencia** se producen cuando los productos han sido sustituidos por otros como consecuencia del avance de la técnica o del cambio de gusto o tendencia de los consumidores. Existen múltiples y claros ejemplos en el mundo de las telecomunicaciones, la informática o la telefonía.
Se trata de **causas tasadas**, por lo que si la pérdida de valor comercial se produce por otro motivo distinto, su venta no puede considerarse venta de saldos.
Expresamente la ley excluye los **excedentes de producción o de temporada** por el solo hecho de serlo. Es decir, si simplemente son excedentes y no presentan ninguna de las anteriores características que mermen su valor.
La pérdida de valor determina que la única forma de dar salida a estos artículos sea ofrecerlos a un **precio inferior** al que tendrían si conservaran de forma óptima sus

características y cualidades, siendo posible incluso que ese precio sea **inferior al de coste** (LOCM art.14.1).

Precisiones 1) Tanto la legislación estatal como la autonómica distinguen esta modalidad de venta de otras similares, como son, en particular, las ventas en rebajas (nº 1685 s.) y en liquidación (nº 1875 s.), y las ventas en promoción (nº 1770 s.).
2) El carácter de *numerus clausus* de esta enumeración puede producir consecuencias absurdas, como la **imposibilidad de incluir en las ventas de saldos** los productos desparejados –zapatos– o conjuntos de productos que forman un todo y que, por falta de algún elemento, están incompletos –un juego de té, una vajilla...–. Estos productos pueden no haber sufrido deterioro o desperfecto alguno, ni haber caído en desuso, ni ser obsoletos, pero, evidentemente, el simple hecho de carecer de su correspondiente pareja o de ser lotes incompletos hace que su valor de mercado se vea disminuido. Al no concurrir ninguno de los factores previstos en la Ley, no pueden venderse como saldos ni a pérdida.

1826 **Determinación del precio de mercado** Para que los productos puedan ser vendidos como saldos, es preciso que las causas mencionadas hayan determinado una **reducción real, actual y manifiesta** de su valor de mercado. De ahí la importancia de fijar las **reglas o criterios** que deben seguirse para la determinación del precio de mercado:
• En el caso de **productos deteriorados o con desperfectos**, atendiendo al valor al que los comerciantes venden en el mercado esos mismos productos, cuando están íntegros y no han sufrido alteración en sus características.
• Si se trata de **productos que han caído en desuso**, tomando como referencia el precio al que es vendido ese producto sin ser almacenado.
• Cuando se venden **productos obsoletos**, el precio de mercado es el que tenían cuando no lo eran, atendiendo siempre, como es lógico, a un momento anterior.

1828 **Prohibiciones** (LOCM art.28.2) La Ley establece que no se pueden vender como saldos:
• Productos cuya venta bajo tal régimen implique **riesgo o engaño** para el comprador. Se trata de evitar que puedan ser vendidos como saldos productos tan defectuosos o deteriorados que pongan en situación de peligro anormal a quien los adquiera. En cuanto al engaño, debe considerarse prohibida la venta hecha en condiciones tales que no se permita al comprador **conocer las verdaderas características o condiciones** en que se encuentra el artículo ofertado. Guarda relación con la obligación de información que la LOCM y la normativa autonómica imponen al vendedor (nº 1830).
• Productos que se venden realmente a un **precio que no es inferior** al habitual. **Precio habitual** es aquel al que se vendía el producto cuando estaba en condiciones de normalidad. Las ventas de saldos se sujetan a las **reglas sobre constancia de precios** (nº 1678), por ello, dado que la venta de saldos implica una reducción del precio, debe **figurar de forma clara** en cada uno de los artículos ofertados y junto al precio reducido el precio anterior, salvo que se trate de productos ofertados por primera vez o de una reducción porcentual de un conjunto de artículos. En este caso, basta con el anuncio genérico del porcentaje del precio que se reduce.

1830 **Deber de información** (LOCM art.29) Se exige que el vendedor **anuncie la venta** identificándola como venta de saldos o venta de restos. Adicionalmente, como regla especial, si lo que se ofertan son **productos deteriorados o defectuosos**, se le impone la obligación de **indicar de manera precisa** y ostensible tal circunstancia.
Además, en las ventas de saldos deben observarse también las obligaciones de información que con carácter general rigen en todas las actividades de promoción de ventas (nº 1676).
La LOCM no establece la necesidad de obtener **autorización administrativa** para la realización de las ventas de saldos, ni el deber de comunicar tal actividad a la Administración. Tampoco impone el deber de obtener autorización para la apertura y funcionamiento de establecimientos que se dediquen habitualmente a la venta de saldos. En cambio, algunas **normas autonómicas** sí exigen que la venta de saldos ocasional sea comunicada a la Administración con anterioridad a su realización y de que

se obtenga la correspondiente autorización para el ejercicio continuado de la actividad de venta de saldos en establecimiento mercantil o en puestos de venta no sedentaria dedicadas a esta actividad (nº 1838).
La LOCM tampoco contiene otras **reglas específicas** respecto de los **saldos realizados en establecimientos** que practiquen la venta de saldos con **carácter habitual**. La normativa autonómica, por el contrario, sí contiene algunas normas específicas sobre esta materia, ya sea regulando la compatibilidad entre el ejercicio habitual de la venta de saldos con otros tipos de actividades mercantiles, ya sea imponiendo la obligación de indicar en el rótulo del establecimiento que este se dedica exclusivamente a la venta de saldos, si concurre tal circunstancia (nº 1838).

Régimen sancionador Son **infracciones leves**: **1832**
• No hacer figurar en los artículos rebajados como consecuencia de la venta de saldos los precios habituales de los mismos.
• El incumplimiento de las obligaciones establecidas en la LOCM o en las normas dictadas para su desarrollo, cuando no sea objeto de sanción específica (LOCM art.64.h).
Las **sanciones y la reincidencia**, reciben idéntico tratamiento que en el caso de las rebajas (nº 1723)

El régimen es idéntico al de las rebajas en el caso de las infracciones **graves** (nº 1725) y **muy graves** (nº 1727). **1836**

Regulación autonómica Las comunidades autónomas presentan las siguientes **normas propias** en la regulación de la venta de saldos. **1838**

Andalucía (DLeg Andalucía 1/2012 art.71 a 75) **1840**
• General
La **publicidad** de la venta de saldos debe **informar** claramente de:
- la procedencia y motivos que la justifican;
- en su caso, de la existencia de taras o deterioros en los artículos ofrecidos, pérdida de actualidad, o limitación del surtido a determinadas tallas, colores o modelos.
• Venta de saldos con **carácter habitual, permanente o exclusivo**:
- El establecimiento tiene que estar dedicado exclusivamente a este tipo de venta.
- En el rótulo del establecimiento tiene que constar claramente esta circunstancia.
• Venta de saldos con **carácter no habitual o exclusivo**:
- Los establecimientos deben indicar en su publicidad las fechas de inicio y termino de la venta de saldos.
- No se pueden saldar productos adquiridos para tal fin, ni aquellos otros que no hubieran estado puestos a la venta con anterioridad.

Aragón (L Aragón 4/2015 art.38 y 39) **1844**
• General.
- El comerciante está obligado a advertir al comprador de las circunstancias concretas que concurren en los productos.
• Venta de saldos con **carácter habitual, permanente o exclusivo**.
Los comerciantes deben:
- rotular de manera clara el establecimiento o puesto de venta en que vayan a efectuar la oferta de ventas en saldo con el indicativo «ventas de saldos o venta de stocks» exclusivamente;
- comunicar al Registro de Actividades Comerciales de Aragón el tipo de artículos a ofertar y los lugares donde va a realizarse la oferta.
• Venta de saldos con **carácter no habitual o exclusivo.**
Los comerciantes deben:
- comunicar a la Administración autonómica su deseo de llevar a cabo una venta de saldos, indicando la fecha prevista de inicio de la oferta y el tipo de producto ofrecido;
- no hacer publicidad de esta modalidad de venta hasta transcurridos 7 días de la presentación de la comunicación;

- exponer en lugar visible del establecimiento o puesto ambulante una copia sellada de la comunicación;
- Los artículos de saldo deben estar físicamente separados de aquellos que no lo estén.

1846 **Asturias** (L Asturias 9/2010 art.36 a 38)

• General

- No se considera venta de saldos la de productos que no hayan pertenecido al comerciante 10 meses antes de la fecha de comienzo de este tipo de actividad comercial.
- Todo comerciante podrá ofrecer la venta de saldos de sus propios artículos, con carácter permanente, siempre que estén debidamente separados del resto de los artículos y del resto de las promociones.
- El comerciante puede practicar la venta de saldos en un establecimiento distinto del habitual.
- Se debe proporcionar al comprador información clara y precisa sobre el origen, calidad, estado y garantías de los artículos ofertados.

• Venta de saldos con **carácter habitual, permanente o exclusivo**.

Estos establecimientos son los únicos que pueden saldar artículos ajenos o adquiridos específicamente con la finalidad de ser vendidos como saldo.

• Venta de saldos con **carácter no habitual o exclusivo.**

El comerciante debe comunicarlo a la Consejería competente en materia de comercio con una antelación de 10 días a su inicio efectivo.

Debe **exponer al público** una copia de esta notificación.

La comunicación **tiene que expresar**:

- la identificación de la persona titular del establecimiento;
- el domicilio del establecimiento donde se quiere practicar la venta ocasional de saldos;
- la superficie útil de exposición y venta al público del establecimiento y porcentaje de esta que se destinará a la venta de saldos;
- la causa o causas de deterioro, desperfecto, desuso u obsolescencia de los artículos que se incluyen en esta venta;
- el porcentaje que los productos saldados representan sobre el total del establecimiento;
- la fecha de inicio del plazo en el que se llevará a cabo este tipo de venta especial.

1848 **Baleares** (L Baleares 11/2014 art.37)

• Venta de saldos con **carácter habitual, permanente o exclusivo**.

- En el exterior de los establecimientos se tiene que señalar claramente que están dedicados principalmente a la venta de saldos con carácter habitual y permanente.
- Pueden ofrecer artículos ajenos y artículos adquiridos específicamente con la finalidad de ser vendidos como saldos o restos.

• Venta de saldos con **carácter no habitual o exclusivo.**

En el lugar de venta debe **figurar la denominación** de saldos o restos y se tiene que hacer constar la **fecha de inicio y de finalización**.

1850 **Canarias** (DLeg Canarias 1/2012 art.35 a 37)

• General

- Incluye los productos desparejados.
- La venta no puede prolongarse una vez agotado el stock, debiendo cesar inmediatamente la publicidad al respecto.

• Venta de saldos con **carácter habitual, permanente o exclusivo**.

Los comerciantes deben cumplir las siguientes condiciones:

- rotular de manera clara el establecimiento o puesto de venta en que vayan a efectuar la oferta de ventas en saldo con el indicativo «venta de saldos» exclusivamente;
- comunicar a la consejería competente en materia de comercio el tipo de artículos a ofertar y los lugares en que vaya a realizarse la oferta.

• Venta de saldos con **carácter no habitual o exclusivo.**

Es preciso diferenciar claramente los productos que se saldan del resto de productos del establecimiento.

Cantabria (L Cantabria 1/2002 art.26 y 27) **1852**

• Venta de saldos con **carácter habitual, permanente o exclusivo**.

- Los establecimientos pueden realizar la venta como saldos de artículos que no pertenecieran al comerciante 6 meses antes de la fecha de comienzo de esta venta;
- deben indicar su dedicación a la venta de saldos de forma que sea claramente visible desde el exterior del local.

• Venta de saldos con **carácter no habitual o exclusivo.**

Los establecimientos no pueden realizar la venta como saldos de artículos que no pertenecieran al comerciante 6 meses antes de la fecha de comienzo de esta venta.

Cataluña (L Cataluña 18/2017 art.22) **1854**

• General

La venta de saldos incluye la venta de productos que se hallan en alguna de las siguientes **circunstancias**:

- estar defectuosos, deteriorados o desparejados, con relación al producto original puesto a la venta con anterioridad;
- ser productos tecnológicos que sufren una depreciación en su valor comercial por obsolescencia técnica, porque se han dejado de fabricar o debido a la reducción objetiva de las posibilidades de su utilización.

• Venta de saldos con **carácter permanente**.

Es precisa la comunicación previa, de acuerdo con la reglamentación específica.
Consiste en una declaración responsable con el siguiente contenido (D Cataluña 106/2008 art.51):

- Identificación de la empresa titular del establecimiento y, si procede, empresa o grupo de empresas al que pertenece;
- Domicilio del establecimiento donde se quiere realizar la venta permanente de saldos y superficie de venta de este:
- Indicación de que la empresa se dedica exclusivamente a esta actividad.
- Descripción y procedencia de los productos que se pretende ofertar como saldos, detallando específicamente cuales son las características que permiten identificarlos como tales.

Extremadura (L Extremadura 3/2002 art.21) **1856**

• General

Se considera venta de saldos la venta a precios reducidos de restos de fábrica.
La publicidad de la venta de saldos debe ir acompañada de información suficiente sobre las concretas circunstancias que la motivan y las ventajas de precio que suponen.

• Venta de saldos con **carácter habitual, permanente o exclusivo**.

Pueden saldar artículos adquiridos específicamente con la finalidad de ser vendidos como tales.

• Venta de saldos con **carácter no habitual o exclusivo**.

Los productos ofertados deben haber formado parte de las existencias del vendedor.

Galicia (L Galicia 13/2010 art.41 y 42) **1858**

• General

La venta de saldos debe publicitarse señalando, al menos, las circunstancias y causas concretas que la motivan.

• Venta de saldos con **carácter habitual, permanente o exclusivo**.

- Los comerciantes pueden vender como saldos, artículos ajenos o adquiridos específicamente con la finalidad de ser vendidos como saldos.
- Los establecimientos deben indicar de forma que sea claramente visible desde el exterior del local su dedicación específica y exclusiva a la venta de saldos.

• Venta de saldos con **carácter no habitual o exclusivo.**

No se pueden vender como saldos, artículos que no pertenecieran al comerciante 4 meses antes de la fecha de comienzo de esta venta.

1860 **La Rioja** (L La Rioja 3/2005 art.54 a 56)
• General
- El comerciante está obligado a advertir al comprador por escrito y en lugar visible de las circunstancias concretas que concurran en los productos.
- La venta de saldos no puede prolongarse una vez agotado el stock, debiendo cesar inmediatamente la publicidad al respecto.
• Venta de saldos con **carácter habitual, permanente o exclusivo**.
- Los comerciantes deben cumplir las siguientes condiciones:
- rotular de manera clara el establecimiento o puesto de venta en que vayan a efectuar la oferta de ventas en saldo con el indicativo venta de saldos exclusivamente;
- comunicar a la consejería competente en materia de comercio el tipo de artículos a ofertar y los lugares en que vaya a realizarse la oferta.
• Venta de saldos con **carácter no habitual o exclusivo.**
Los productos objeto de la venta de saldo deben estar claramente diferenciados del resto de los productos.

1862 **Madrid** (L Madrid 16/1999 art.38)
• General
Los comerciantes tienen que informar de la duración de los saldos y en el caso de ser permanentes se hace constar tal circunstancia.
• Venta de saldos con **carácter habitual, permanente o exclusivo**.
- Los establecimientos pueden saldar artículos ajenos y artículos adquiridos específicamente con la finalidad de ser vendidos como saldos o restos;
- deben indicar claramente su actividad en el exterior.
• Venta de saldos con **carácter no habitual o exclusivo**.
Los productos que se venden como saldos tienen que estar debidamente señalizados y separados del resto de las promociones.

1864 **Murcia** (L Murcia 11/2006 art.44 a 47) Se aplican las mismas reglas generales que para la venta en rebajas (nº 1758), con la salvedad de **excluir** específicamente la venta de saldos del requisito de reportar al consumidor final **ventajas económicas** reales.

1868 **Navarra** (LF Navarra 17/2001 art.47)
• General
Todo comerciante puede ofrecer venta de saldos de sus propios artículos, con **carácter permanente**, siempre que estén debidamente **separados del resto** de los artículos y del resto de promociones.
• Venta de saldos con **carácter habitual, permanente o exclusivo**.
- Los establecimientos pueden saldar artículos ajenos y artículos adquiridos específicamente con la finalidad de ser vendidos como saldos;
- deben indicar claramente su actividad en el exterior.
• Venta de saldos con **carácter no habitual o exclusivo.**
Los artículos ofertados como saldos deben pertenecer al comerciante 6 meses **antes de la fecha de comienzo** de este tipo de actividad comercial.

1870 **País Vasco** (L País Vasco 7/1994 art.25) Este tipo de venta y su publicidad debe ir acompañada de **información suficiente** de las circunstancias y causas concretas que la motivan.

1872 **Comunidad Valenciana** (L C.Valenciana 3/2011 art.79 a 82)
• General
La venta de saldos incluye los productos desparejados.
• Venta de saldos con **carácter habitual, permanente o exclusivo**.
El establecimiento comercial debe:
- estar dedicado principalmente a este tipo de ventas;
- indicar claramente en el exterior su actividad, informando de forma destacada sobre su naturaleza en el rótulo del establecimiento;
- podrán saldar artículos ajenos y artículos adquiridos específicamente con la finalidad de ser vendidos como saldos o restos.

• Venta de saldos con **carácter no habitual o exclusivo.**
- Los artículos objeto de la venta de saldos deben haber formado parte de las existencias del vendedor, al menos, con 6 meses de antelación al inicio de la oferta, salvo que se trate de productos defectuosos o deteriorados.
- La venta de saldos se hará separándolos claramente del resto de productos del establecimiento comercial.

E. Venta en liquidación

(LOCM art.30 y 31)

Concepto (LOCM art.30.1) Se entiende por venta en liquidación la venta de **carácter excepcional** y de **finalidad extintiva** de determinadas existencias de productos, que tiene lugar en ejecución de una decisión judicial o administrativa, o es llevada a cabo por el comerciante, o por el adquirente del negocio, en alguno de los casos fijados por la ley. 1875

Estas ventas deben ser **anunciadas** con esta denominación u otra equivalente, siendo necesario que el anuncio **indique la causa** de la venta. No se exige, en cambio, en la normativa estatal que la venta en liquidación se realice en el propio establecimiento del comerciante.

Los **criterios** que definen la venta en liquidación son:
- **excepcionalidad**, que se refleja en el carácter tasado de las causas admitidas legalmente para su realización, así como en la naturaleza de tales causas, de claro carácter excepcional, y en la imposibilidad de repetir la venta en liquidación en dilatados plazos.
- **finalidad extintiva** de las existencias.

No es requisito esencial que los **precios sean inferiores** a los exigidos habitualmente, aunque la práctica habitual en estos casos es la reducción de los mismos, dado el interés del vendedor en dar salida a las mercaderías en el tiempo más breve posible. De ahí que se admitan las ventas en liquidación **bajo coste o a pérdida** (nº 1587).

Precisiones La LOCM no establece la **incompatibilidad entre los saldos y la venta en liquidación**. Ambas son modalidades de venta que deben realizarse a pérdida y pueden realizarse conjuntamente, siempre que guarden las debidas precauciones para evitar engaños al consumidor. No obstante, en estos casos deben separarse los productos afectados por la liquidación de los productos ofertados como saldos, de tal modo que puedan distinguirse unos de otros (LOCM art.21).

Supuestos admitidos (LOCM art.30.1) La venta en liquidación solo puede tener lugar en ejecución de una decisión judicial o administrativa, o cuando la lleva a cabo el comerciante, o el adquirente del negocio por cualquier título, en alguno de los cuatro **casos excepcionales** que la Ley enumera con carácter **tasados**. 1877

Se consideran **desleales por engañosas** las prácticas comerciales relativas a las ventas en liquidación cuando no sea cierto que el empresario o profesional se encuentre en alguno de los supuestos previstos en la LOCM o que, en cualquier otro supuesto, afirmen que el empresario o profesional está a punto de cesar en sus actividades o de trasladarse sin que vaya a hacerlo (LDC art.22.3).

Cese de la actividad de comercio (LOCM art.30.1. a) El cese puede ser **total o parcial**. 1879
En ambos casos, la **comprobación** de que la liquidación tiene realmente como causa la cesación de la actividad comercial **se realiza con posterioridad**, si se reanuda la misma actividad comercial.

• El **cese total** tiene lugar en los supuestos de **cierre de negocio**, esto es, en aquellos en que se pone fin a la actividad comercial, ya sea por muerte o jubilación del comerciante, ya por concurso o por la simple voluntad del comerciante. 1881

La actividad del comerciante requiere habitualmente el **mantenimiento en stock** de las mercancías necesarias para hacer frente a los pedidos, por lo que es lógico que, en el momento en que se toma tal decisión, existan diversas **mercancías sobrantes** que el comerciante desea convertir en unidades monetarias. De ahí que sea habitual que, tras un período de oferta de tales mercancías en condiciones normales de precio, se opte por recurrir a una modalidad de venta de carácter promocional que permita **poner fin a las existencias** de forma rápida y liquidar las mercancías, reduciendo de esta forma los costes de tener abierto el establecimiento.

1882 • El **cese parcial** de la actividad de comercio no implica el cierre del negocio, sino tan solo la **extinción de una parte** del mismo. Así sucede, por ejemplo, en el caso de establecimientos que venden dos tipos de productos relacionados (droguería y perfumería, por ejemplo) y se opta por suprimir alguno de ellos, por su escasa rentabilidad.

Al igual que en el caso de la cesación total, en este supuesto el comerciante deberá **deshacerse de los stocks sobrantes** de la forma más eficiente, lo que requiere hacer la oferta más atractiva de lo que sería en condiciones normales mediante una reducción sustancial de los precios de los productos.

Dado que en este supuesto la liquidación **no afecta a todos los productos**, es preciso **indicar** la clase de mercancías objeto de liquidación, debiendo **separarse suficientemente** los productos en liquidación de los restantes, de forma que no pueda inducirse a error respecto a los que están en liquidación y los que no (LOCM art.21).

1883 **Transformaciones en la actividad comercial** (LOCM art.30.1.b) La Ley se refiere concretamente a dos **supuestos**:

- cambio de ramo o actividad de comercio;
- modificación sustancial en la orientación del negocio.

En ninguno de estos casos el comerciante finaliza la actividad comercial, sino que decide **sustituir** la que realiza por otra, o **modificar** en modo relevante la estrategia o la dirección del negocio.

En el caso de **cambio de ramo o actividad de comercio**, existirá un **stock** de los artículos que hasta el momento se ofertaban y que constituían el objeto de la actividad comercial que se abandona. En la **modificación sustancial en la orientación** del negocio, también habrá en el stock del comerciante ciertos **productos que no se adecuan** a la nueva orientación del negocio. Por ello, los efectos de esta situación resultan equiparables a los que se producen en los casos de cesación y se podrá realizar la venta en liquidación de los stocks procedentes de la antigua actividad.

Sin embargo, las **consecuencias** del cambio de orientación del negocio pueden variar de unos supuestos a otros:

• En todos los casos en que la modificación de la orientación del negocio determine que determinados productos del stock existente **dejen de ser adecuados** a la nueva orientación, existe la posibilidad de realizar una venta en liquidación.

• Por el contrario, **no dan lugar a una venta en liquidación** las modificaciones sustanciales de la orientación comercial que impliquen simplemente la **adición de nuevas actividades** a las ya existentes y que no afecten a las que ya existían. Y ello porque el hecho de que se mantenga la actividad hasta entonces desempeñada hace que **no exista un stock** incompatible con la nueva orientación comercial, con lo que la venta en liquidación no está justificada.

La modificación **debe ser en todo caso sustancial**. Aun cuando se trata de un concepto jurídico indeterminado, es posible concluir que solo es sustancial cuando el cambio de orientación dé lugar a que una parte significativa del stock sea **incompatible con la nueva orientación** del negocio, la que justifica la realización de una venta en liquidación. Por ello, la venta en liquidación carece de sentido cuando no haya stocks incompatibles o cuando, aun existiendo, supongan un porcentaje irrelevante.

Precisiones Ejemplo de **sustitución de actividad** es convertir una tienda de productos de alimentación en una zapatería.

Ejemplo de **modificación relevante** es convertir una tienda de productos de alimentación en una de delicatessen. Pero ello siempre que lo que se haga sea la conversión de tienda de productos de alimentación en una de delicatessen, no si lo que se hace es añadir una sección de delicatesen, por grande que sea, a una tienda de productos de alimentación, que sigue funcionando también como tal. En ese caso no hay stock.

Cambio de local o realización de obras de importancia (LOCM art.30.1.c) En estos supuestos, es necesario que el cambio de local o la realización de obras determine la **necesidad de liquidar el stock** del que dispone el comerciante. La necesidad de liquidación surge en el caso de que el **coste de traslado** del local antiguo al nuevo o el de **almacenamiento** durante el tiempo que duren las obras, resulte excesivamente oneroso para el comerciante. 1884

Esta causa de liquidación no supone **supresión o modificación** alguna de la actividad comercial, sino que el comerciante continúa realizando en el nuevo local o en el local reformado la misma actividad que venía desarrollando con anterioridad.

Concurrencia de fuerza mayor (LOCM art.30.1.d) La LOCM se refiere a cualquier causa de fuerza mayor que **cause grave obstáculo** al normal desarrollo de la actividad comercial. Se trata de una causa que **no impide** que la actividad comercial **continúe realizándose**, pero sí que se haga en condiciones de normalidad. También se exige que las alteraciones producidas por la fuerza mayor sean **relevantes o graves**. Si **impide** la realización de la actividad comercial, se está ante un supuesto de cese de la actividad de comercio del (nº 1879). 1885

La doctrina distingue la fuerza mayor del **caso fortuito**. Existe caso fortuito cuando se producen hechos que, aun siendo imprevisibles o aun produciéndose raramente, entran dentro de los **propios o connaturales a la actividad** realizada –en este caso, la comercial– aunque se produzcan raramente. En cambio, hay fuerza mayor cuando el suceso ocurrido sea **extraño a la actividad** propia del comerciante, siendo por ello totalmente imprevisible e insuperable (así, una riada, un corte de luz, constituyen supuestos de fuerza mayor).

Precisiones Otro **ejemplo** de supuesto de fuerza mayor que puede dar lugar a la necesidad de liquidar las existencias, es aquel en el que, como consecuencia de **dificultades sobrevenidas de distribución** (fallos técnicos, una huelga de transporte), se generen stocks imprevistos que no podrán ser absorbidos cuando cesen los efectos de la fuerza mayor y que impiden que pueda continuarse la actividad comercial en condiciones de normalidad. En este caso estaría autorizada la venta en liquidación de esos stocks imprevistos.

Productos excluidos de la venta en liquidación (LOCM art.30.2) La Ley establece la prohibición de que sean objeto de ventas en liquidación los siguientes productos: 1886

- Los que **no formen parte de las existencias** del establecimiento. Con esta regla se evita que, una vez iniciada la venta en liquidación –y debido, tal vez, a su éxito– el comerciante aproveche para adquirir stocks de terceros con ánimo de liquidarlos en su establecimiento.
- Los que fueron **adquiridos por el comerciante con objeto de incluirlos** en la liquidación.

Cese de la venta por desaparición de la causa que motivó la liquidación 1887
(LOCM art.30.3) Esta regla es especialmente relevante en los casos en que la liquidación es **consecuencia de**:

- Un **cambio de local** (nº 1883) que no implique cambio ni modificación de la actividad comercial (nº 1881). Una vez el comerciante **cierre el local antiguo**, deja de poder continuar la venta en liquidación, en la medida en que estaba justificada por la necesidad de evitar los costes de transporte de los productos de un local a otro y habida cuenta de que la decisión de cerrar el viejo local implica la asunción por el comerciante de los costes de transporte, o subsidiariamente de almacenamiento de los productos que no hayan sido liquidados.
- La **realización de obras de importancia** en el local (nº 1883). La **causa** que justifica la venta en liquidación en este caso: evitar asumir los costes de almacenamiento externo de las mercaderías, **desaparece con el fin de las obras**, cuando se abre nuevamente el negocio o se recupera la totalidad del espacio para la actividad comercial en el caso de reformas parciales y puede reanudarse la actividad en condiciones de normalidad.

• La concurrencia de una **causa de fuerza mayor** (nº 1885). En el mismo sentido, la desaparición o fin del grave obstáculo a la actividad comercial, generado por la fuerza mayor, produce igualmente el fin de la liquidación.

1889 **Duración de la liquidación** (LOCM art.31.1) Se recogen ciertas reglas en materia de duración y reiteración de este tipo de ventas:
La **duración máxima** de la venta en liquidación es de un año.
No obstante, debe cesar la liquidación:
- en el caso de que desaparezca la causa que la motivó (nº 1887); o
- cuando **se liquidan** efectivamente los productos objeto de la misma. Con ello quiere evitarse que, bajo la apariencia de la venta en liquidación, el comerciante ponga a la venta **otros productos** que, lejos de ser objeto de liquidación, constituyen el objeto de la actividad comercial normal, subsistente o modificada. También la de productos excluidos de la liquidación (nº 1886).

1891 **Reiteración de la liquidación** (LOCM art.31.2) En cuanto a la **reiteración** de la liquidación, el comerciante no puede, proceder a una nueva liquidación en el mismo establecimiento de productos similares a la anterior en el curso de los 3 años siguientes.
Se trata de una restricción con la que se pretende **evitar posibles abusos** del comerciante que enmascare una política comercial continuada de promoción de ventas bajo la apariencia de sucesivas ventas en liquidación. Ello le permitiría, además, realizar de forma continua **ventas a pérdida**, prohibidas con carácter general.
Se **exceptúan** de esta regla las liquidaciones que tengan lugar:
- en ejecución de decisión judicial o administrativa;
- por cese total de la actividad; o
- por causa de fuerza mayor.

1892 **Prohibición de ejercer el comercio** La modificación del (LOCM art.31) por RDL 20/2012, suprimió el anterior apartado 2, en el que se **prohibía al vendedor** ejercer el comercio en la misma localidad, sobre productos similares a los que hubiesen sido objeto de liquidación por cese de actividad, en el curso de los 3 años siguientes a la finalización de la venta en liquidación.
Con esta prohibición se trataba de impedir que el comerciante realizara una **liquidación fraudulenta**, y una vez liquidado el stock reanudara la venta normal.
No obstante, la **reanudación de las ventas** por el comerciante después de la liquidación por cese, siguen estando en contra del **carácter extintivo** que el LOCM art.30.1 sigue predicando para este tipo de ventas en liquidación.

1893 **Deberes de información, comunicación y autorización administrativa** (LOCM art.30.4) Los **anuncios** de las ventas en liquidación deben **indicar la causa** de esta, exigencia que puede reputarse cumplida con el mero señalamiento de la clase de causa (p e. «liquidación por cambio de local», liquidación por cierre», etc.).
El comerciante que realiza la venta en liquidación está sometido a especiales obligaciones de información.
En los anuncios relativos a la venta en liquidación, debe **especificarse**:
- su duración; y
- los productos a los que afecta. En este sentido, si la oferta no comprende, al menos, la mitad de los artículos puestos a la venta, la venta en liquidación no puede ser anunciada como una medida general, sino que debe especificarse en los anuncios los artículos o sectores a los que afecta (LOCM art.19.2).
En el caso de que la liquidación comporte reducción de precios, queda sometida a las reglas sobre la constancia de precios (nº 1678).

Precisiones Junto a estas obligaciones de información, hay que tener en cuenta las recogidas en las normas autonómicas (nº 1900).

1894 **Régimen sancionador** Son **infracciones leves**:
• No hacer figurar en los artículos rebajados como consecuencia de la liquidación los precios habituales de los mismos.

• El incumplimiento de las obligaciones establecidas en la LOCM o en las normas dictadas para su desarrollo, cuando no sea objeto de sanción específica (LOCM art.64.h).
Las **sanciones y la reincidencia**, reciben idéntico tratamiento que en el caso de las rebajas (nº 1723)

El régimen es idéntico al de las rebajas en el caso de las infracciones **graves** (nº 1725) y **muy graves** (nº 1727). **1896**

Regulación autonómica Las comunidades autónomas presentan las siguientes **normas propias** en la regulación de las ventas en liquidación. **1900**
Andalucía (DLeg Andalucía 1/2012 art.76 a 78).
• Las ventas en liquidación han de efectuarse en el **mismo establecimiento** comercial en el que los productos hayan sido habitualmente objeto de venta. **Se exceptúan** los casos de fuerza mayor, de resolución judicial o administrativa que lo impida o cuando las causas que originen dicha venta así lo exijan.
• Los **productos** objeto de las ventas en liquidación no podrán estar afectados por ninguna causa que reduzca su valor.
• La venta en liquidación se limita a los productos o artículos que formen parte de las **existencias** del establecimiento.
• La venta en liquidación ha de ser **comunicada** a la consejería competente en materia de comercio interior con 10 días de antelación a su inicio, indicando la causa, fecha de comienzo, duración de la misma y relación de mercancías.
• Debe **exhibirse** en un lugar visible del establecimiento comercial una copia de la comunicación efectuada, debidamente sellada.

Aragón (L Aragón 4/2015 art.36 y 37). **1902**
• Para que se pueda proceder a una venta en liquidación será necesario que se **comunique** dicha decisión la Administración de la comunidad autónoma, precisando la causa y la duración máxima de la venta en liquidación.
• El comerciante debe **exhibir** en un lugar visible del establecimiento la comunicación, debidamente sellada.

Asturias (L Asturias 9/2010 art.39). **1906**
• No se pueden **anunciar** ventas en liquidaciones con **antelación** superior a una semana de la fecha de inicio de la misma.
• El comerciante debe **indicar en el exterior** del establecimiento la **fecha** de inicio de la venta en liquidación y las causas de la misma.
• El comerciante que practique una liquidación deberá **comunicar** este hecho a la Consejería competente en materia de comercio con una antelación de 10 días a su inicio efectivo, expresando la **causa** de la liquidación, la **duración** prevista y los **artículos** ofertados. Una copia de esta notificación debe estar **expuesta** al público.

Baleares (L Baleares 11/2014 art.36). **1908**
• En el supuesto de que una empresa sea titular de **diversos establecimientos** comerciales de la misma actividad, el cese total o parcial de la actividad de comercio tiene que ser de todos. El cierre total o parcial de un solo punto de venta no tiene la consideración de cese total o parcial, sino de **cambio de local**.
• La liquidación por la **realización de obras** de importancia solo es posible cuando estas requieran el cierre del local.
• La liquidación en los supuestos de **fuerza mayor** solo es posible cuando obstaculice el desarrollo normal del negocio por un periodo continuado como mínimo de un mes.
• La liquidación de los productos se tiene que **efectuar en el mismo local** o locales afectados donde se vendía habitualmente, excepto en los casos de cierre inminente del local y en los de fuerza mayor.
• Los **anuncios de venta** en liquidación tienen que indicar su causa y la fecha de inicio y de finalización.

• Se debe **comunicar** al órgano competente en materia de comercio este tipo de venta de carácter excepcional.

1910 **Canarias** (DLeg Canarias 1/2012 art.33 y 34).
• Incluye como **causas** de venta en liquidación:
- la venta de existencias del establecimiento de un **comerciante fallecido** realizada por sus herederos o responsables del negocio;
- la de un **establecimiento traspasado**, realizada tanto por el transmitente, como por el adquirente.
• Para que pueda tener lugar una venta en liquidación será preciso que, con 30 días de antelación, se **comunique** dicha decisión a la consejería competente en materia de comercio, precisando la causa de la misma.

1912 **Cantabria** (L Cantabria 1/2002 art.28 y 29).
• La **duración máxima** de la venta en liquidación será de 3 meses, salvo en el caso de cese total de la actividad, que será de un año.
• En el curso de los 3 años siguientes a la finalización de una venta en liquidación el vendedor **no podrá ejercer el comercio** en la misma localidad sobre productos similares a los que hubiesen sido objeto de liquidación por cese de negocio o cambio de actividad.

1914 **Castilla-La Mancha** (L Castilla-La Mancha 2/2010 art.36 a 38).
El comerciante que practique una liquidación, deberá **comunicar** este hecho a la Consejería competente en materia de comercio, con una antelación de 10 días a su inicio efectivo, expresando la causa de la liquidación, la duración prevista y el lugar donde se realiza.

1916 **Castilla y León** (DLeg Castilla y León 2/2014 art.29).
• Las ventas en liquidación se deben realizar en el **mismo establecimiento** comercial o locales afectados donde los productos hayan sido habitualmente objeto de venta, salvo en los casos de fuerza mayor, de resolución judicial o administrativa que lo impida o cuando las causas que originen dicha venta así lo exijan.
• La liquidación motivada por la realización de **obras de importancia**, solo procede cuando las mismas requieran el **cierre del local**.
• En el supuesto de que un empresario sea titular de **varios establecimientos** comerciales el cese total o parcial de la actividad de comercio deberá ser de todos ellos. El cierre total o parcial de un solo punto de venta no tendrá la consideración de cese total o parcial, sino de **cambio de local**.
• La venta en liquidación deberá ser **comunicada** a la Administración autonómica en los términos establecidos reglamentariamente.

1918 **Cataluña** (L Cataluña 18/2017 art.21).
• Se autoriza la venta en liquidación de la totalidad o de una parte de los **stocks heredados** de un comerciante difunto efectuada por los herederos o responsables del negocio.
• La **duración máxima** de la venta en liquidación es de un año.
• Las liquidaciones pueden realizarse en **cualquier época** del año.
• Es necesaria la **previa comunicación** a la Administración autonómica, como mínimo, 15 días antes de la fecha solicitada para el inicio de la liquidación y deben hacerse constar las causas que la motivan.

1920 **Extremadura** (L Extremadura 3/2002 art.22).
La venta en liquidación ha de realizarse en el **mismo establecimiento** en que los productos hayan sido habitualmente objeto de venta, salvo en caso de fuerza mayor y de cierre inminente del local.

1922 **Galicia** (L Galicia 13/2010 art.43 a 45).
• Las ventas en liquidación deben efectuarse en el **mismo establecimiento** comercial o locales afectados donde los productos hayan sido habitualmente objeto de

venta, salvo en los casos de fuerza mayor, de resolución judicial o administrativa que lo impida o cuando las causas que hubiesen originado dicha venta así lo exigieran.
• Para que pueda tener lugar una liquidación será preciso que, con15 días de antelación, se **comunique** al departamento territorial de la consejería competente en materia de comercio, precisando la **causa** que motiva la venta de liquidación, la **fecha** de su comienzo, la **duración** y la fecha de finalización.
• Ha de **exhibirse** en lugar visible del establecimiento comercial una copia de la comunicación.
• Los anuncios de liquidación, tanto en el punto de venta como en la publicidad que se lleve a cabo, deberán expresar la **fecha** de comienzo y la duración de la liquidación.
• La **duración máxima** de la venta en liquidación será de 6 meses, salvo en el caso de cesación total de la actividad, que será de un año.
• En el curso de los 3 años siguientes a la finalización de una venta en liquidación, la persona vendedora **no podrá ejercer el comercio** en la misma localidad sobre productos similares a los que hubieran sido objeto de liquidación por cese o cambio de actividad.

La Rioja (L La Rioja 3/2005 art.52 y 53). **1924**
• En el supuesto de que una empresa sea titular de **diversos establecimientos** comerciales de la misma actividad, el cese total o parcial de la actividad de comercio deberá ser de todos los de una misma ciudad. El cierre total o parcial de un solo punto de venta no tendrá la consideración de cese total o parcial sino de **cambio de local**.
• En el curso de los 3 años siguientes a la finalización de una venta en liquidación, el vendedor **no podrá ejercer el comercio** en la misma localidad, sobre productos similares a los que hubiesen sido objeto de liquidación por cese o cambio de actividad.
• Para que pueda tener lugar una liquidación será preciso que, con 15 días de antelación, se **comunique** dicha decisión a la consejería competente en materia de Comercio, precisando la **causa** de la misma, **fecha** de comienzo, **duración** de la misma y relación de **mercancías**.
• Los anuncios de las ventas en liquidación deberán indicar la **fecha** de inicio y finalización.

Madrid (L Madrid 16/1999 art.35). **1926**
• En el supuesto de que una empresa sea titular de **varios establecimientos** comerciales, el cese total o parcial de la actividad de comercio deberá ser de todos ellos. El cierre total o parcial de un solo punto de venta no tendrá la consideración de cese total o parcial sino de cambio de local.
• La liquidación por la realización de **obras de importancia** solo será posible cuando las mismas requieran el **cierre del local**.
• La liquidación en los supuestos de **fuerza mayor** solo será posible cuando obstaculice el desarrollo normal del negocio por un período continuado como mínimo de un mes.
• La liquidación de los productos debe efectuarse en el **mismo local** o locales afectados donde se vendía habitualmente, salvo en los casos de cierre inminente de local y de los de fuerza mayor.

Murcia (L Murcia 11/2006 art.44 a 47). **1928**
Se aplican las mismas reglas generales que para la venta en rebajas (nº 1758).

Navarra (LF Navarra 17/2001 art.48). **1930**
• En el supuesto de que una empresa sea titular de **varios establecimientos** comerciales el cese total o parcial de la actividad de comercio deberá ser de todos ellos. El cierre total o parcial de un solo punto de venta no tendrá la consideración de cese total o parcial, sino de cambio de local.

• La liquidación por la realización de **obras de importancia** solo será posible cuando las mismas requieran el **cierre del local**.
• La liquidación de los productos debe efectuarse en el **mismo local** o locales afectados donde se vendía habitualmente, salvo en los casos de cierre inminente de local y de los de fuerza mayor.
• El comerciante que practique una liquidación deberá **comunicar** este hecho al Departamento de Industria y Tecnología, Comercio, Turismo y Trabajo del Gobierno de Navarra con una antelación de 10 días a su inicio efectivo, expresando la causa de la liquidación, la duración prevista y las mercancías ofertadas.
• Una copia de la notificación deberá estar **expuesta** al público.
• El comerciante puede **solicitar una prórroga** de un mes y siempre por causa justificada.

1932 **País Vasco** (L País Vasco 7/1994 art.26 y 27).
• Solo contempla expresamente como venta en liquidación la motivada por:
- cese total o parcial, definitivo o temporal, de la actividad comercial; o
- cierre o transformación del local.
• En la **publicidad debe indicarse**:
- la fecha de comienzo y duración de la misma; y
- el precio anterior y el que se ofrece para cada artículo u otro tipo de incentivo que se aplique a la liquidación.
• La venta en liquidación ha de ser **comunicada** al Departamento competente en materia de comercio con 7 días de antelación a su inicio, indicándose la causa, la fecha de comienzo y la duración de la misma y relación de mercancías.
• Las ventas en liquidación habrán de efectuarse en el **mismo establecimiento** comercial en el que los productos hayan sido habitualmente objeto de venta, salvo en caso de fuerza mayor o de resolución judicial o administrativa que lo impida o que las causas que originen dicha venta así lo exijan.
• Para denominar una venta en liquidación deberá transcurrir un período de doce meses **desde la finalización de la anterior**, salvo que venga propiciada por causa de siniestro o fuerza mayor.

1934 **Comunidad Valenciana** (L C.Valenciana 3/2011 art.77 a 78).
• En ningún caso la oferta podrá inducir al comprador a creer que la venta en liquidación se hace a **precios reducidos** cuando tal reducción no sea cierta con relación a los precios habitualmente practicados antes de la liquidación.
• El **periodo** de liquidación no sobrepasará los 3 meses.
• En el curso de los 3 años siguientes a la finalización de una venta en liquidación, el vendedor **no podrá ejercer el comercio** en la misma localidad, sobre productos similares a los que hubiesen sido objeto de liquidación por cese o cambio de actividad.

F. Venta con obsequio o prima

(LOCM art.32 a 34)

1940 La **venta con obsequio** es aquella en la que el vendedor **ofrece a los compradores un premio** cualquiera, ya sea de forma automática o mediante la participación en un sorteo. La **finalidad** de este tipo de oferta es la de promover las ventas.
La **venta con prima**, por su parte, es aquella que **ofrece cualquier incentivo o ventaja** vinculado a la adquisición de un bien o servicio.
En todo caso, **cuando el incentivo consista en un sorteo**, las prescripciones de la LOCM se aplican sin perjuicio de lo dispuesto en la legislación sectorial correspondiente.

1942 **Supuestos de práctica desleal** (LOCM art.32.3) La venta con obsequio o con prima puede considerarse **desleal por engañosa** si la información de la misma contiene **información falsa** o información que, aun siendo veraz, **induzca o pueda inducir a error** a los destinatarios por su contenido o presentación (LCD art.5).

Es necesario que la información falsa, o que pueda inducir a error, sea susceptible de **alterar el comportamiento** económico del consumidor; es decir, sea lo que principalmente le motive a comprar.
También es necesario que incida sobre los **derechos legales o convencionales del consumidor** o los riesgos que este pueda correr.
Precisa la Ley que, cuando el empresario o profesional **indica en una práctica comercial** que está vinculado a un código de conducta (la entrega del regalo o premio), el incumplimiento de los compromisos asumidos en dicho código, se considera desleal, siempre que **el compromiso sea firme y pueda ser verificado**, y, en su contexto fáctico, esta conducta sea **susceptible de distorsionar** de manera significativa el comportamiento económico de sus destinatarios (LCD art.5.2).
También se consideran desleales por engañosas **prácticas como**:
- Ofrecer un premio, de forma automática, o en un concurso o sorteo, **sin conceder** los premios descritos u otros de calidad y valor equivalente (LCD art.22.4).
- Describir un bien o servicio como «gratuito», «regalo», «sin gastos» o cualquier fórmula equivalente, si el consumidor o usuario **tiene que abonar dinero** por cualquier concepto distinto del coste inevitable de la respuesta a la práctica comercial y la recogida del producto o del pago por la entrega de este (LCD art.22.5).
- Crear la impresión falsa, incluso mediante el uso de prácticas agresivas, de que el consumidor o usuario ya ha ganado, ganará o conseguirá un premio o cualquier otra ventaja equivalente si realiza un acto determinado, cuando en realidad **no existe tal premio o ventaja**, o la realización del acto relacionado con la obtención del premio o ventaja equivalente está sujeto a la obligación, por parte del consumidor o usuario, de **efectuar un pago** o incurrir en un gasto (LCD art.22.6).

Precisiones La conducta realizada es constitutiva de un **acto de competencia desleal**. La empresa vendedora se ha prevalido en el mercado de una significativa ventaja competitiva. La violación de sistema de precio fijo y limitación de descuento establecido en la Ley del Libro constituye una ventaja significativa en un aspecto tan relevante en el mercado como es el precio de los productos (AP Madrid (Civil) 21-2-20, EDJ 552662).

Entrega de obsequios (LOCM art.33) El objeto **tiene que ser entregado** al comprador siempre que reúna los requisitos exigidos para ello. El vendedor es libre para establecer ciertas **condiciones para la obtención** del objeto (p. e., puede limitar la oferta temporalmente, o exigir que se cumplan ciertas prescripciones formales, como reunir y enviar un determinado número de etiquetas o códigos de barras del producto). **1944**
Una vez **verificado el cumplimiento** de tales requisitos, el vendedor dispone de un **plazo máximo** de 3 meses para proceder a la entrega al comprador de los bienes o servicios en que consistan los obsequios o incentivos promocionales. Este plazo tiene carácter máximo, porque opera como techo, pero también subsidiario, ya que solo opera en defecto del que establezcan las comunidades autónomas, que pueden prever uno inferior (nº 1960 s.).
El **día inicial** de este plazo es la fecha en que el comprador reúne los requisitos exigidos. Si se exige como requisito previo la **solicitud expresa** al vendedor de la entrega del obsequio, el plazo comienza a computarse desde el momento en que el empresario recibe tal solicitud.

Cuando el ofrecimiento se ha hecho en los **envases de los productos**, el derecho a obtener la prima ofrecida (generalmente reclamar el obsequio) puede ejercerse, como mínimo, durante los 3 meses siguientes a la fecha de caducidad de la promoción. **1946**
Aun cuando el precepto habla solo de «fecha de caducidad de la promoción», cabe también que el *dies a quo* sea, en lugar de la fecha de terminación de la promoción, el momento en el que se agoten las existencias.

En el caso de que los obsequios ofrecidos formen parte de un **conjunto o colección**, la empresa responsable de la oferta está obligada a canjear cualquiera de aquellos **1948** por otro distinto, a no ser que en la oferta pública del incentivo se haya establecido otro procedimiento para obtener las diferentes piezas de la colección.

Es un supuesto de **prima diferida**, concretamente aquel en el que gracias a más de una compra pueden **obtenerse varios obsequios**, que se integran en un conjunto o colección. Con esta regla se pretende facilitar al comprador la obtención de los distintos obsequios que integran ese conjunto o colección, partiendo de la base de que tal conjunto confiere un valor añadido a los obsequios aisladamente considerados. Es ese **mayor valor** el que atrae la atención del consumidor, que normalmente desea completar el conjunto o colección. Precisamente por ello, se obliga en estos casos al oferente a «canjear cualquiera de los productos por otro distinto» en caso de que, una vez entregado el obsequio al comprador, este quiera cambiarlo por otro. De esta forma, es el vendedor quien elige en primer término cuál será el artículo a entregar, pudiendo distribuirlos según los criterios comerciales que más le convengan (existencias, características...). Solo en caso de que el obsequio entregado no satisfaga al comprador, el oferente debe canjearlo por otro.

1950 **Prohibición de ofertas conjuntas** (LOCM art.34) Está prohibido ofrecer conjuntamente y como una unidad de contratación **dos o más clases o unidades** de artículos.

No obstante, como **excepción** a esta regla general, no se aplica esta prohibición cuando:

- exista una relación funcional entre los artículos ofertados;
- sea práctica comercial común vender ciertos artículos en cantidades superiores a un determinado mínimo;
- se ofrezca, simultáneamente, la posibilidad de adquirir los artículos por separado y a su precio habitual; o
- se trate de lotes o grupos de artículos presentados conjuntamente por razones estéticas o para ser destinados a la realización de obsequios.

1953 **Régimen sancionador** Constituye **infracción leve** el incumplimiento de las obligaciones establecidas en la LOCM o en las normas dictadas para su desarrollo, cuando no sea objeto de sanción específica (LOCM art.64.h).

Las **sanciones y la reincidencia**, reciben idéntico tratamiento que en el caso de las rebajas (nº 1723)

1956 El régimen es idéntico al de las rebajas en el caso de las infracciones **graves** (nº 1725) y **muy graves** (nº 1727).

1960 **Regulación autonómica** Las comunidades autónomas presentan las siguientes **normas propias** en la regulación de las ventas con obsequio o prima.

1962 **Andalucía** (DLeg Andalucía 1/2012 art.63 y 64)

• Durante el período de la oferta de venta con prima, queda prohibido **modificar al alza el precio**, así como la **disminución de la calidad** del producto.

• Las **bases por las que se rigen** los concursos, sorteos o similares, deben constar en el envase o envoltura del producto de que se trate o, en su defecto, estar debidamente acreditadas ante notario, siendo obligatoria la difusión en los medios de comunicación de las personas ganadoras de los premios vinculados a la oferta.

• Cuando un comerciante comunique a cualquier consumidor que ha sido **favorecido por sorteo** con un premio, no puede **condicionar** directa o indirectamente su entrega a la compra de nuevos productos.

• El vendedor debe disponer de **existencias suficientes** de los productos ofertados para satisfacer la demanda previsible. No obstante, si se agotan durante la promoción las existencias de algunos de los productos ofertados, el comerciante debe sustituirlo por otro de similares condiciones y características.

1964 **Aragón** (L Aragón 4/2015 art.32)

• Durante el período de duración de la oferta con prima está prohibido **modificar el precio o la calidad** del producto principal al que aquella acompaña.

• En todo momento la Administración pública puede dirigirse a los comerciantes que practiquen esta modalidad de venta, de oficio o a petición de los compradores, asociaciones de consumidores u otros comerciantes, para exigirles la **información** necesaria sobre la **veracidad** de la oferta, duración y, en general, para poder constatar el cumplimiento de la legislación vigente.

Asturias (L Asturias 9/2010 art.40) 1965
• Durante el período de la oferta de venta con obsequio o prima, está prohibido **modificar al alza el precio**, así como la **disminución de la calidad** del producto.
• Las **bases por las que se rigen** los concursos, sorteos o similares deben constar en el envase o envoltorio del artículo de que se trate o, en su defecto, estar debidamente acreditadas ante notario o ante la Dirección General competente en materia de comercio, siendo obligatoria la difusión en los medios de comunicación de los ganadores de los premios vinculados a la oferta.
• Los bienes o servicios en que consistan los objetos o incentivos promocionales **deben entregarse** al comprador al tiempo de la compra o en un **plazo máximo** de 3 meses, a contar desde que el comprador reúna los requisitos exigidos.
• La comunicación a cualquier persona que haya resultado **agraciada con un premio** deberá advertir inexcusablemente que este no se encuentra **condicionado** a la adquisición de determinados artículos o servicios.

Baleares (L Baleares 11/2014 art.34) 1966
• Durante el periodo de oferta de venta con obsequio queda prohibido **modificar al alza el precio**, así como **disminuir la calidad** del producto.
• El **número de existencias** con que cuente el comerciante para hacer frente a la obligación de entrega de los obsequios, así como **las bases** por las que se regulan los concursos, sorteos o similares tienen que **constar en el envase o envoltorio** del producto de que se trate o, si este falta, tienen que ser divulgados adecuadamente.
• Los bienes o servicios en que consistan los objetos o incentivos promocionales se **deben entregar** al comprador en el momento de la compra o bien en un plazo máximo de un mes a contar desde que el comprador cumpla los requisitos exigidos.

Canarias (DLeg Canarias 1/2012 art.29) 1968
• Durante el período de duración de la oferta con prima, queda prohibido **modificar el precio o la calidad** del producto principal al que aquélla acompaña.
• Las Administraciones públicas pueden dirigirse a los comerciantes que practiquen esta modalidad de venta en cualesquiera de sus variantes, de oficio o a petición de los comerciantes competidores, cámaras oficiales de comercio o asociaciones de empresarios, de los compradores o asociaciones de consumidores, para exigirles la **información** necesaria para comprobar la **veracidad** de la oferta, su duración, la suficiencia de la información facilitada sobre la misma, el mantenimiento del precio y de la calidad del producto o servicio ofertado y cualquier otro dato relevante para poder apreciar el cumplimiento de lo dispuesto en la ley.
• Las **bases** por las que se rigen los concursos, sorteos o similares, deben constar en el envase o envoltura del producto de que se trate o, en su defecto, estar debidamente registradas ante notario, siendo obligatoria la difusión en los medios de comunicación de los ganadores de los premios vinculados a la oferta.
• Cuando un comerciante comunica a cualquier consumidor que ha sido **favorecido por sorteo** con un premio o bien con la entrega de un obsequio, no puede **condicionar** directa o indirectamente la entrega de los citados premios u objetos a la compra de productos o servicios.
• Todos los sorteos destinados a premiar la participación voluntaria o involuntaria de consumidores deben estar **autorizados** por la autoridad competente.

Cantabria (L Cantabria 1/2002 art.32 y 33) 1970
• La comunicación a cualquier persona que haya resultado **agraciada con un premio**, deberá advertir inexcusablemente que no se encuentra **condicionado** a la adquisición de determinados productos o servicios.

1972 **Castilla-La Mancha** (L Castilla-La Mancha 2/2010 art.40 y 41)

• La comunicación a una o más personas de que han sido **agraciadas con un premio** o la promesa de entrega de un obsequio no puede estar **condicionada** a la adquisición de un producto o servicio.

• Las **bases** de los sorteos o concursos deben ponerse en conocimiento de los compradores o anunciarse que están depositadas notarialmente y no podrán ser modificadas durante el período de vigencia de la oferta.

1974 **Castilla y León** (DLeg Castilla y León 2/2014 art.30)

• Durante el período de duración de la venta con obsequio no puede **variarse ni el precio ni la calidad** del producto.

• El **número de existencias** con las que debe contar el comerciante para afrontar la entrega de los obsequios, y las **bases** por las que se regulan los concursos, sorteos o similares, deben **constar en el envase** o envoltorio del producto de que se trate o, en su defecto, estar debidamente divulgadas.

• La comunicación a una o más personas de que han sido **agraciadas con un premio** o la promesa de entrega de un obsequio no puede estar **condicionada** a la adquisición de un producto o servicio.

• Los bienes o servicios en que consistan los obsequios o incentivos promocionales **deben entregarse** al comprador en el momento de la compra o bien en un **plazo máximo** de 2 meses, a contar desde que el comprador reúna los requisitos exigidos.

1976 **Cataluña** (L Cataluña 18/2017 art.25)

• En ningún caso tienen la **consideración de obsequio** los cupones, cheques u otros documentos expresados en valor dinerario que pueden deducirse del importe de futuras adquisiciones de productos o servicios.

1978 **Extremadura** (L Extremadura 3/2002 art.25)

• Las **bases** por las que se rigen los concursos, sorteos o similares, serán de estricto cumplimiento por quien hace la venta y deben **constar en el envoltorio** o envase de que se trate o, en su defecto, constar en acta notarial con anterioridad al inicio de la promoción, siendo obligatoria la **publicación de los ganadores** en un medio de difusión apropiado al ámbito de la promoción.

• Cuando un comerciante comunique a un comprador que ha sido **favorecido por sorteo** con un premio, no podrá **condicionar** directa o indirectamente su entrega a la compra de otros productos.

1980 **Galicia** (L Galicia 13/2010 art.48)

• Durante el periodo de duración de la venta con obsequio queda prohibido **modificar el precio** al alza, así como **disminuir la calidad** del producto.

• El **número de existencias** con las que ha de contar la persona comerciante para afrontar la entrega de los obsequios, así como las **bases** por las que se regirán los concursos, sorteos o similares, deben **constar en el envase** o envoltorio del artículo de que se trate o, en su defecto, estar debidamente acreditadas ante notario, siendo obligatoria la **difusión** de las personas ganadoras de los premios vinculados a la oferta.

• En la comunicación obligatoria a cualquier persona de que fue **agraciada con un premio** se deberá señalar clara y expresamente que no se encuentra **condicionada** a la adquisición de producto o servicio alguno.

1982 **La Rioja** (L La Rioja 3/2005 art.45 y 46)

• Durante el período de duración de la oferta con obsequio, queda prohibido **modificar el precio o la calidad** del producto principal al que aquella acompaña.

• Las **bases** por las que se regirán los concursos, sorteos o similares, deben **constar en el envase o envoltorio** del producto de que se trate o, en su defecto, estar debidamente registradas ante notario, siendo obligatoria la difusión de los ganadores de los premios, vinculados a la oferta en un plazo máximo de un mes tras terminar la misma.

• En la comunicación a cualquier persona de que ha sido **agraciada con un premio**, se deberá señalar clara y expresamente que no se encuentra **condicionada** a la adquisición de ningún producto o servicio.
• Los bienes o servicios en que consisten los objetos o incentivos promocionales **deben entregarse** al comprador en el momento de la compra, o bien, en un **plazo máximo** de 2 meses, a contar desde que el comprador reúna los requisitos exigidos.

Madrid (L Madrid 16/1999 art.33) 1984
• Durante el período de oferta de venta con obsequio queda prohibido **modificar al alza el precio**, así como **disminuir la calidad** del producto.
• El **número de existencias** con las que cuenta el comerciante para hacer frente a la obligación de entrega de los obsequios, así como las **bases** por las que se regulan los concursos, sorteos o similares, deben **constar en el envase o envoltorio** del producto de que se trate o, en su defecto, estar debidamente divulgadas.
• Los bienes o servicios en que consisten los objetos o incentivos promocionales, **deben entregarse** al comprador al tiempo de la compra o en un **plazo máximo** de 2 meses, a contar desde que el comprador reúna los requisitos exigidos.

Navarra (LF Navarra 17/2001 art.49) 1986
• La **calidad** de los objetos o servicios que se promocionen no podrá ser de calidad distinta a los que posteriormente serán objeto en la venta ordinaria.
• Está prohibida la **modificación al alza del precio** durante el periodo de la oferta de venta con obsequio.
• El **número de existencias** con las que cuenta el comerciante para hacer frente a la obligación de entrega de los obsequios, así como las **bases** por las que se regulan los concursos, sorteos o similares, deben **constar en el envase o envoltorio** del producto de que se trate o, en su defecto, estar debidamente divulgadas y no pueden ser modificadas durante el periodo de vigencia de la oferta.
• Los bienes o servicios en que consistan los objetos o incentivos promocionales **deben entregarse** al comprador al tiempo de la compra o en un **plazo máximo** de 2 meses a contar desde que el comprador reúna los requisitos exigidos.
• Está prohibida la **entrega** del obsequio **condicionada** a la adquisición de cualquier otro producto o servicio.

País Vasco (L País Vasco 7/1994 art.31) Cuando un comerciante comunique a cualquier consumidor o usuario que ha sido **agraciado por sorteo** con un premio o bien con la entrega de un obsequio, no puede **condicionar**, directa o indirectamente, su entrega a la compra de productos o servicios. 1987

Comunidad Valenciana (L C.Valenciana 3/2011 art.73) 1988
• En ningún caso podrán ofrecerse obsequios o regalos con fines publicitarios ni organizarse prácticas comerciales análogas cuando, por las circunstancias en que se realicen, pongan al consumidor en el **compromiso de contratar** la prestación principal.
• En las ventas con obsequios, en las que **la entrega** de la prestación adicional **se supedita al canje** de uno o, normalmente, varios cupones, vales, sellos y otros documentos incorporados a la prestación principal, se dará a conocer con precisión el objeto del obsequio y las condiciones de obtención.
• Las **bases** por las que se rigen los concursos, sorteos o similares, deben **constar en el envase o envoltura** del producto de que se trate o, cuando no sea posible reproducirlas en su integridad, estar debidamente acreditadas ante notario y ser accesibles para sus destinatarios. En la publicidad debe hacerse mención expresa a la existencia de estas bases, así como al procedimiento para su obtención.
• Las **bases contendrán** no solo las condiciones de participación e informaciones acerca de los premios, sino también la descripción completa del procedimiento técnico para realizar el sorteo o concurso en el caso en que se reduzca significativamente la posibilidad de conseguir el premio.

• No se creará la **impresión falsa** de que el consumidor **ha ganado ya**, ganará o conseguirá el obsequio, un premio o cualquier ventaja equivalente si realiza un acto determinado cuando en realidad:
- no existe tal premio o ventaja equivalente;
- la realización de una acción relacionada con la obtención del premio o ventaja equivalente está sujeta a la obligación, por parte del consumidor, de efectuar un pago o la adquisición de determinados productos o servicios.

• En la **oferta conjunta** de diferentes productos o servicios de dos o más clases como unidad de contratación que se presente al público como oferta promocional, el consumidor deberá **beneficiarse** de una reducción de precio, que, para el caso de que los productos o servicios pudieren adquirirse de forma separada, resultará de la confrontación de su precio global con los precios de cada producto o servicio individual.

• Cuando los productos o servicios se ofrecen habitualmente por separado, debe mantenerse la posibilidad de su adquisición individualizada.

G. Oferta de venta directa y venta de restos de temporada o excesos de producción

(LOCM art.35)

1990 La venta directa o venta a precio de fábrica es, aquélla en la que el vendedor es directamente el **fabricante o mayorista**, y el comprador un **consumidor** final.
Para que pueda desarrollar esta modalidad de promoción, es necesario que el vendedor tenga la condición de fabricante o mayorista, y para ello es necesario que reúna las **circunstancias** siguientes:

1991 • **Fabricar** realmente la totalidad de los productos puestos a la venta. La exigencia de que el **fabricante** haya fabricado la «totalidad» de los productos, admite cierto margen de **flexibilización**, a fin de evitar resulte desproporcionada.
Se pueden admitir los siguientes casos:
- que el fabricante no haya fabricado todos los productos ofrecidos, siempre que aquellos que no haya fabricado representen un **porcentaje poco significativo** y se haga constar que proceden de otro fabricante;
- que el fabricante no haya participado en **todo el proceso productivo** de transformación de las materias primas. Así, si se añade a un producto fabricado por el oferente algún adorno o accesorio procedente de un tercero, aquel seguirá siendo considerado fabricante a estos efectos.

1992 • **Vender** fundamentalmente a comerciantes minoristas. Puede entenderse que vende «fundamentalmente» a comerciantes minoristas cuando más del 50% del volumen de sus ventas es fruto de operaciones con minoristas, siendo irrelevante el número de contratos que haya celebrado. Por ejemplo, una marca, Nike, que normalmente vende al publico a través de minoristas y que en este tipo de venta vende directamente al público.

1993 • **Precios** ofertados iguales a los que aplica a otros comerciantes, mayoristas o minoristas, según los casos. No suele existir un **precio final único** para mayoristas o minoristas, sino que el precio exigido a cada uno es el resultado de la suma y la resta de unos componentes que pueden variar considerablemente en función de diversos factores (hacer descuentos por volumen de pedidos, dar facilidades de pago, dar una especial publicidad dentro del establecimiento a los productos –por ejemplo, colocándolos en el escaparate–, asumir costes de almacenamiento o transporte...). Por consiguiente, puede aplicarse un precio distinto a un mismo producto cuando las condiciones de adquisición varían y justifican esa diferencia de trato.

Precisiones No debe confundirse este tipo de ventas con las llamadas «**ventas directas**» entendidas como aquellas que se realizan a través del marketing directo –por teléfono, por fax, por correo, por catálogo...– (nº 871).

Regulación autonómica Las comunidades autónomas presentan las siguientes **normas propias** en la regulación de las ventas de oferta directa. 1994

Andalucía (DLeg Andalucía 1/2012 art.74).
Considera establecimientos de **venta de restos de fábrica** aquellos que se dediquen exclusivamente a la venta directa y permanente por el fabricante, bien por sí mismo o a través de comerciante minorista que venda o distribuya su marca.
Con independencia de su denominación comercial, los establecimientos que se dediquen a esta actividad deben **insertar expresamente** en todos sus instrumentos promocionales la fórmula «establecimiento de venta de restos de fábrica».
Estos comercios tendrán a disposición de la Administración competente los **documentos acreditativos** de sus adquisiciones a proveedores o suministradores, al efecto de que pueda comprobarse el cumplimiento de las normas vigentes.

Aragón (L 4/2015 art.27). 1995
Mediante la modalidad de **outlet** se lleva a cabo la venta de bienes que estén fuera de temporada o descatalogados, siempre que no comporten riesgo ni daño para el adquirente.
La venta está sujeta a las siguientes normas:
• Los bienes no pueden tener la consideración de **saldos** (nº 1820 s.).
• La venta tiene que hacerse en **condiciones más ventajosas** que las habituales.
• En los artículos debe **figurar el precio** anterior de venta junto al precio actual.
• La venta se tienen que realizar en **establecimientos** con la denominación de **outlet** y deben estar convenientemente publicitados como tales en un lugar visible al público en general. En estos establecimientos está prohibida la venta de productos distintos de estos.
• Si las ventas se realizan en **establecimientos no dedicados exclusivamente** a esta modalidad de venta, dichos productos deben estar físicamente separados.

Baleares (L Baleares 11/2014 art.38). 1996
La venta de artículos excedentes de producción o de temporada que no tengan la condición de saldos, se puede anunciar y se puede efectuar bajo las **denominaciones comerciales** *outlet*, *factory* o establecimiento de restos de fábrica, tanto en establecimientos dedicados principalmente a este tipo de venta como en secciones de un establecimiento claramente separadas y diferenciadas del resto de artículos del establecimiento.
Únicamente los establecimientos **dedicados principalmente** a este tipo de venta pueden utilizar las denominaciones comerciales *outlet*, *factory* o establecimiento de restos de fábrica.
No pueden venderse **productos expresamente fabricados** para ser distribuidos en este tipo de establecimientos.
Los **precios de venta** de estos artículos deben ser inferiores al precio de venta de los de los circuitos convencionales.

Cataluña (L Cataluña 18/2017 art.27). 1997
La venta de excedentes de producción o de temporada **la puede realizar** tanto minoristas como el propio fabricante o mayorista.
En la venta realizada por el propio fabricante, se tienen que cumplir las siguientes condiciones:
• Acreditar que los productos **proceden** de excedentes de producción. También pueden ofrecerse saldos (nº 1820 s.), pero tienen que estar debidamente identificados.
• Los establecimientos de **carácter permanente** dedicados exclusivamente a la venta de excedentes de producción o de temporada pueden utilizar, en el rótulo exterior donde figura el nombre del establecimiento, la denominación venta de excedentes o *outlet*.
• Los **precios** de los productos ofrecidos en los establecimientos y espacios dedicados a la venta de excedentes de producción o de temporada deben ser inferiores al

precio de venta en los circuitos comerciales convencionales. Pueden ser reducidos sucesivamente desde el momento en que se ponen a la venta, pero en ningún caso pueden ser incrementados de nuevo.
• No se pueden vender productos **fabricados expresamente** para ser distribuidos bajo la denominación venta de excedentes o *outlet* o cualquier otra de carácter similar.

1998 **Galicia** (L Galicia 13/2010 art.50 y 51).
La venta no puede realizarse en la fábrica o almacén, sino en un **establecimiento comercial** específicamente habilitado a tal fin.

1999 **Comunidad Valenciana** (L C.Valenciana 3/2011 art.82).
La Ley incluye la venta de artículos **excedentes de producción o de temporada** que no tengan la condición de saldos, por no aparecer manifiestamente disminuido su valor de mercado, bajo la denominación de *outlet*, *factory* o tiendas o centros de fabricante, tanto en establecimientos dedicados exclusivamente a este tipo de venta como en secciones de un establecimiento. En este segundo caso, deberán estar claramente diferenciadas del resto de artículos del establecimiento.
La oferta se realiza aplicando una **reducción evidente** de su precio de mercado.

SECCIÓN 5

Ventas especiales

2000

A. Venta a distancia y fuera de establecimiento mercantil

(LGDCU art.92)

2005 Son **contratos celebrados a distancia** con los consumidores, los que se realizan con las siguientes condiciones:
- en el marco de un **sistema organizado** de venta a distancia;
- **sin** la **presencia física simultánea** de empresario y consumidor;
- utilizando exclusivamente una o más **técnicas de comunicación a distancia** hasta el momento de la celebración del contrato y en la propia celebración del mismo. Tienen la consideración de técnicas de comunicación a distancia, entre otras: el correo postal, Internet, el teléfono o el fax.

Son **contratos celebrados fuera del establecimiento mercantil**, los celebrados con consumidores **con** la **presencia física simultánea** del empresario y del consumidor, en un **lugar distinto** al establecimiento mercantil del empresario.
También merecen la calificación de contratos celebrados fuera del establecimiento mercantil, los siguientes contratos:
- aquellos en los que el consumidor realiza una **oferta** con la presencia física del empresario y en lugar distinto al establecimiento mercantil;
- los celebrados en el establecimiento mercantil del empresario o mediante el uso de cualquier medio de comunicación a distancia, inmediatamente después de que haya existido **contacto personal e individual** con el consumidor y usuario en un lugar que no sea el establecimiento mercantil;
- los celebrados durante una **excursión** organizada por el empresario con el fin de promocionar y vender productos o servicios al consumidor y usuario.

Precisiones Su **estudio de conjunto** se realiza en nº 860 s.

B. Venta automática

(LOCM art.49 a 52)

Concepto y delimitación La venta automática es la forma de **distribución detallista**, en la cual se pone a disposición del consumidor el producto o servicio para que este lo adquiera accionando cualquier tipo de **mecanismo** y previo **pago** de su importe. 2010

Los **elementos característicos** de la venta automática son:

- puesta de un servicio a disposición del usuario;
- adquisición mediante manipulación de un mecanismo electrónico;
- pago previo del importe.

Otro elemento típico de la venta automática es el de la **falta de intervención de un tercero** en la operación. Por ello se excluyen del concepto la adquisición de gasolina con autoservicio o el contrato de aparcamiento por horas, dado que en estos casos hay presencia directa del empresario o de sus auxiliares, desapareciendo así un requisito esencial de la venta automática. Además, falta la necesaria conexión directa e inmediata entre las prestaciones obtenidas y la máquina empleada.

El ejemplo más evidente de venta automática es el de la adquisición de productos alimenticios, bebidas o tabaco por medio de **máquinas expendedoras** situadas en establecimientos de ocio, locales públicos, centros de enseñanza... Asimismo, se incluyen en esta categoría las adquisiciones de **billetes de transporte o entradas** para espectáculos y la obtención del tique de aparcamiento en un parquímetro.

Aunque la máquina expendedora se encuentre **ubicada** en el establecimiento del vendedor o, en general, en un establecimiento comercial, la operación no pierde la condición de venta automática.

Precisiones Es problemática la inclusión en esta modalidad de venta especial de las **operaciones en cajeros automáticos.** Quedan fuera las realizadas en el seno de la **relación contractual de cuenta corriente** con la entidad de crédito o de la relación de tarjeta de crédito con la entidad emisora. La utilización del cajero es manifestación de un acto de ejercicio de facultades, cumplimiento de obligaciones y prestación y pago de servicios previamente aceptados como integrantes de dicha relación contractual.

Por el contrario, las operaciones en cajeros automáticos que se realizan **al margen de esta relación contractual**, como, por ejemplo, la adquisición de entradas de cine, si reúne los elementos característicos de la venta automática. Sin embargo, la inclusión de este tipo de operaciones en el ámbito de esta categoría de venta especial resulta problemática, dada su falta de adecuación a las circunstancias y equipos típicamente incluidos en dicho ámbito.

Requisitos exigidos para el ejercicio de la actividad comercial de venta automática (LOCM art.49.2) Requisito esencial para la realización de este tipo de actividad comercial es que las máquinas de venta automática cumplan la **normativa técnica** que les resulta de aplicación. Dicha normativa varía en función de los productos ofertados. 2012

Precisiones **1)** Tras la reforma del (LOCM art.49.2) por la L 1/2010, cumplir la **normativa técnica** es el único requisitos que se debe cumplir para llevar a cabo la venta automática. Con anterioridad la norma exigía:

- Previa homologación por la comunidad autónoma.
- Autorización específica de las autoridades competentes por razón del producto objeto de la actividad comercial y la de las autoridades competentes en materia de comercio.

2) En el caso de máquina expendedora de **alimentos**, hay que tener en cuenta tanto el envasado como la elaboración, conservación y manipulación. La normativa es muy estricta. Con carácter general resultan aplicables las siguientes normas:

- Registro General Sanitario de Empresas Alimenticias y Alimentos (RD 191/2011).
- Seguridad alimentaria y nutrición (L 17/2011).
- Higiene, de la producción y comercialización de los productos alimenticios (RD 640/2006).
- Higiene para la elaboración, distribución y comercio de comidas preparadas (RD 3484/2000).
- Envases y Residuos de Envases (L 11/1997).
- Código Alimentario Español (D 2484/1967).

2014 **Advertencias obligatorias** (LOCM art.50) Para protección de los consumidores y usuarios, en todas las máquinas de venta **debe figurar** con claridad información que garantice el respeto a los derechos básicos que la legislación les reconoce (nº 205 s.).

Es **obligatoria** la siguiente **información**:

• La **referida al producto y al comerciante** que lo ofrece. Incluye la siguiente información:
- el tipo de producto que expenden;
- el precio;
- la identidad del oferente; y
- la dirección y teléfono donde se atienden las reclamaciones.

• La **relativa a la máquina** que expende el producto. Incluye la siguiente información:
- el tipo de monedas que admite;
- las instrucciones para la obtención del producto deseado; y
- la acreditación del cumplimiento de la normativa técnica aplicable.

2016 **Recuperación del importe y responsabilidad** (LOCM art.51 y 52) Todas las máquinas de venta deben permitir al consumidor la **recuperación automática** del importe introducido en el caso de que no se le facilite el artículo solicitado, ya sea por error, inexistencia de mercancías o mal funcionamiento de la máquina.

Con esta regla se intenta proporcionar al consumidor un **mecanismo de protección** eficaz pero, al tiempo, poco oneroso para las empresas explotadoras de máquinas automáticas.

2018 El titular de la máquina es **responsable** frente al comprador del cumplimiento de las obligaciones derivadas de la venta automática.

Además, cuando las máquinas de venta están instaladas en un local destinado al desarrollo de una empresa o actividad privada, los titulares de la misma **responden solidariamente** con el de la propia máquina. Es el modo más eficaz de proporcionar al consumidor una protección adecuada, ya que dicho titular –o, en su caso, sus auxiliares– es el único que está en disposición de actuar de manera rápida en caso de reclamaciones de los consumidores (por ejemplo, por falta de devolución del importe introducido cuando el producto no ha sido dispensado, por discrepancia entre lo solicitado y lo recibido de la máquina, por falta de adecuación del producto a las características esperables, por entrega de un producto en mal estado, caducado o defectuoso...).

No obstante, esta responsabilidad no alcanza a la indemnización de **daños y perjuicios** causados por el carácter defectuoso del producto suministrado.

La **solidaridad** no se aplica a las máquinas situadas fuera de establecimiento o edificación, esto es, **en la vía pública**, al faltar el presupuesto básico para la posible atribución de responsabilidad a un sujeto. Tampoco es aplicable a los supuestos de aparatos de venta situados en **recintos de carácter público** o dedicados a actividades que no son estrictamente privadas (estaciones, puertos, centros públicos de enseñanza, centros sanitarios, oficinas públicas...).

Resulta irrelevante el **tipo de relación** que vincule al titular del establecimiento con el de la máquina (arrendamiento de una parte separada del local para la instalación de la máquina de venta, cesión de parte del derecho a situar una máquina de venta en una porción de pared del local a cambio de una prestación económica, explotación conjunta por parte del titular del local y el de la máquina...).

2020 **Regulación autonómica** Las comunidades autónomas cuentan con normativa propia en la materia, que coincide básicamente con la regulación estatal. Además, cuentan con las siguientes **normas propias**.

Andalucía (DLeg Andalucía 1/2012 art.49 a 53).
Las **empresas** que se dedican a la explotación de máquinas automáticas deben cumplir los siguientes **requisitos particulares**:
- enviar a la Consejería competente en materia de comercio interior, una relación semestral de las máquinas instaladas en la que se detalle la localización de las mismas; y
- garantizar mediante fianza la capacidad de atender a las posibles reclamaciones por errores en la dispensación de las máquinas automáticas que exploten.

También **deben tener expuesto**, claramente visible:
- el nombre o razón social, domicilio de la persona empresaria a quien pertenecen, así como la indicación del lugar y teléfono de contacto;
- el número de inscripción en el Registro de Comerciantes y Actividades Comerciales de Andalucía;
- la descripción de las condiciones de funcionamiento y de los productos ofertados; y
- el precio de los productos, así como los tipos de monedas que admite para la obtención de los mismos.

Aragón (L 4/2015 art.22). **2022**
- El **pago** puede realizarse mediante cualquier medio admitido en el tráfico comercial.
- En el caso de que la máquina expida **productos de alimentación**, se deben exponer de manera clara y visible los números de los registros obligatorios para vender este tipo de productos.

Asturias (L Asturias 9/2010 art.46).
No se pueden comercializar **productos alimenticios** que no estén envasados y etiquetados conforme a la normativa específica vigente y cuyas condiciones de conservación no sean las allí indicadas e, igualmente.
Tampoco puede llevarse a cabo la venta automática de **bebidas alcohólicas o tabaco** en los supuestos en que su normativa específica lo prohíba.

Baleares (L Baleares 11/2014 art.39).
Se prohíbe la venta automática de **bebidas alcohólicas** a personas menores de 18 años. Las máquinas de venta tienen que incorporar los mecanismos técnicos adecuados para impedirles el acceso.

Canarias (DLeg Canarias 1/2012 art.25 y 26).
Las máquinas tienen que ser **homologadas** por la autoridad administrativa competente.
Los **comerciantes** deben cumplir los **requisitos administrativos** que la Ley canaria exige para el ejercicio de cualquier actividad comercial (DLeg Canarias 1/2012 art.6 y 7).
En el caso de **productos alimentarios**, únicamente están autorizados para su venta automática los que estén envasados, que llevarán la identificación que esté prescrita por la normativa vigente en materia de etiquetaje y de comercialización.

Cantabria (L Cantabria 1/2002 art.48 a 51). **2024**
- Todas las máquinas para la venta automática han de cumplir la normativa vigente en materia de **homologación**.
- No pueden comercializarse productos que no estén **envasados y etiquetados** conforme a la normativa vigente.
- Las empresas dedicadas a la venta automática que tienen su domicilio social en Cantabria, con independencia de que sus productos se comercialicen fuera de su ámbito territorial, deben **comunicar el inicio de su actividad** en el plazo de 3 meses al Registro de ventas especiales.

Castilla-La Mancha (L Castilla-La Mancha 2/2010 art.45 y 46).
No se pueden comercializar productos alimenticios que no estén envasados y etiquetados conforme a la normativa aplicable.
A efectos informativos, la empresa que tenga el domicilio social en Castilla-La Mancha, **comunicará** a la Consejería competente en materia de comercio el **comienzo de su actividad**, en el plazo máximo de 3 meses, a contar desde su inicio.

Castilla y León (DLeg Castilla y León 2/2014 art.36 a 38).
No se puede comercializar **productos alimenticios** que no estén envasados y etiquetados conforme a la normativa aplicable sobre la materia y cuyas condiciones de conservación no sean las indicadas.

Cataluña (L Cataluña 18/2017 art.17).
No quedan sujetos al régimen general de **horarios comerciales** (nº 2172):
– los establecimientos comerciales o de prestación de servicios que llevan a cabo la venta mediante máquinas automáticas con carácter complementario o residual, si la compraventa puede materializarse desde la vía pública;
– los establecimientos dedicados esencialmente a la prestación de servicios mediante máquinas automáticas.
No obstante, los ayuntamientos pueden acordar la obligatoriedad de **cerrar en horario nocturno**, por razones de orden público.

Extremadura (L Extremadura 3/2002 art.16).
Los distintos modelos de máquinas para la venta automática deberán ser objeto de **previa homologación** por la Consejería competente en razón de la materia.

2026 **Galicia** (L Galicia 13/2010 art.68 y 69).
En el caso de **productos alimentarios**, únicamente están autorizados para su venta automática los que estén envasados, los cuales llevarán la identificación que estuviese prescrita por la normativa vigente en materia de etiquetado y comercialización.

La Rioja (L La Rioja 3/2005 art.39).
Las máquinas tienen que ser **homologadas** por la autoridad administrativa competente.

Madrid (L Madrid 16/1999 art.39).
No se pueden comercializar **productos alimenticios** que no estén envasados y etiquetados conforme a la normativa aplicable.

Navarra (LF Navarra 17/2001 art.50).
Remite expresamente a la regulación estatal.

País Vasco (L País Vasco 7/1994 art.29).
Para la venta a través de máquinas automáticas de **bebidas alcohólicas y tabaco** es necesario cumplir lo previsto en la normativa sobre prevención, asistencia y reinserción en materia de drogodependencias.
La venta automática de **productos alimenticios** solo se permite cuando estos se encuentran envasados y etiquetados según la normativa específica vigente.

Comunidad Valenciana (L C.Valenciana 3/2011 art.55).
No presenta ninguna particularidad respecto a la regulación estatal.

C. Venta ambulante o no sedentaria

(LOCM art.53 a 55;

2030 **Concepto y caracteres** Se considera venta ambulante o no sedentaria la realizada por comerciantes, fuera de un establecimiento comercial permanente, cualquiera que sea su periodicidad y el lugar donde se celebre (LOCM art.53).
La definición legal tiene **alcance en todo el territorio español**, ya que el LOCM art.53 constituye legislación civil y mercantil y es de aplicación general, por ampararse en

la competencia exclusiva del Estado para regular el contenido del derecho privado de los contratos, resultante de la Const art.149.1 reglas 6 y 8 (LOCM disp.final).
Comprende las siguientes **modalidades de venta:**
- mercadillos;
- mercados ocasionales o periódicos;
- vía pública; y
- ambulante en camiones-tienda.

El **sujeto activo** necesariamente debe ser un **comerciante**, a diferencia de algunos textos autonómicos, que mencionan también a los agricultores y artesanos.
La venta puede tener por **objeto** cualquier tipo de producto, no excluyéndose ninguno de ellos. Por el contrario, algunas Leyes autonómicas sí excluyen ciertos productos alimenticios.
Al ser una venta que se realiza por un comerciante que carece de sede física fija, esta circunstancia dificulta las posibles **reclamaciones que los consumidores** quieran interponer, y además puede afectar a determinados **intereses generales** (salud, ocupación de la vía pública...). Como consecuencia de ello, se establece un sistema de **autorizaciones administrativas** con el que se pretende salvaguardar adecuadamente la protección de los referidos intereses afectados.
La venta ambulante o no sedentaria, en tanto que se realiza fuera de un establecimiento comercial permanente, podría **confundirse** con los contratos celebrados fuera de los establecimientos mercantiles (nº 897). Para diferenciar ambas modalidades, se recurre al criterio de la **iniciativa de la venta.** En el caso de las **ventas celebradas fuera de establecimiento mercantil**, el consumidor no toma la iniciativa para la compra, sino que se ve sorprendido por el empresario e inducido por él a celebrar un contrato que, de otro modo, no habría concluido (es el caso de la venta a domicilio). Por el contrario, en las **ventas ambulantes o no sedentarias**, es el consumidor el que toma la iniciativa para la contratación, acudiendo al correspondiente lugar de venta (p.e. un mercadillo).

Autorización municipal (LOCM art.54) Corresponde a los ayuntamientos otorgar las autorizaciones para el ejercicio de la venta ambulante en sus respectivos términos municipales. **2034**
La autorización debe definir, al menos las siguientes **circunstancias**:
- el plazo de validez;
- los datos identificativos del titular;
- el lugar o lugares en que puede ejercerse la actividad;
- los horarios;
- las fechas en las que se puede llevar a cabo; y
- los productos autorizados para la venta.

Es el ayuntamiento el que determina la **zona de emplazamiento**, sin que pueda ejercerse la actividad comercial fuera de ella.
Los puestos de venta no pueden situarse en los siguientes lugares:
- accesos a edificios de uso público;
- establecimientos comerciales e industriales; o
- lugares que dificulten el acceso y la circulación.

La Ley prohíbe las autorizaciones por tiempo indefinido. La autorización para el ejercicio de la venta ambulante o no sedentaria tiene una **duración limitada** que debe permitir la amortización de las inversiones y una remuneración equitativa de los capitales invertidos (LOCM art.54). **2038**
Otorgada la autorización, no se produce una **renovación** automática, ni hay ningún tipo de ventaja para el vendedor cesante o las personas que estén especialmente vinculadas con él.
Las Administraciones públicas pueden **comprobar e inspeccionar**, en todo momento, los hechos, actividades, transmisiones y demás circunstancias de la autorización concedida. En caso de incumplimiento de la normativa pueden ser **revocadas** unilateralmente por los ayuntamientos.

El **procedimiento** para el otorgamiento de la autorización y para la cobertura de las vacantes, es determinado por cada ayuntamiento, respetando, en todo caso, el régimen de concurrencia competitiva. Tiene que garantizar la **transparencia**, la **imparcialidad** y la **publicidad** adecuada del inicio, desarrollo y fin del proceso (LOCM art.54).
A fin de garantizar la eficacia del sistema, se tipifica como **infracción grave** la conducta consistente en ejercer una actividad comercial sin previa autorización en el caso de que esta fuera preceptiva, o no realizar las comunicaciones o notificaciones a la administración comercial exigidas por la normativa vigente (LOCM art.65.1.a).

Precisiones **1)** Los ayuntamientos pueden imponer **restricciones justificadas** en el ejercicio del comercio ambulante para ordenarlo, pero no tienen en absoluto la posibilidad de prohibir incondicionalmente su ejercicio a quien cumple con las condiciones básicas establecidas en la ley (TSJ Granada 31-3-08, EDJ 210825).
2) La retirada de un puesto de venta ambulante por **carecer de autorización** es procedente, ya que la retirada de las instalaciones, elementos y géneros no se basa en la comisión de una infracción, sino en el incumplimiento del requisito de autorización previa (TSJ Aragón 20-9-02, EDJ 79413).

2044 **Requisitos de los comerciantes** Los comerciantes que quieran ejercer la venta ambulante, tienen que reunir los requisitos que se exigen en la **declaración responsable** que se requiere firmar en la presentación de la solicitud de autorización.
Son los siguientes:
• Estar dado de **alta** en el epígrafe correspondiente del **IAE** y estar al corriente en el pago de la tarifa. En caso de estar exentos del impuesto, estar dados de alta en el censo de obligados tributarios.
• Estar al corriente en el pago de las cotizaciones de la **Seguridad Social**.
• Acreditar el cumplimiento de las obligaciones establecidas en la legislación vigente en materia de **autorizaciones de residencia y trabajo**, cuando se trate de vendedores procedentes de terceros países.
• Reunir las condiciones exigidas por la **normativa reguladora del producto** o productos objeto de la venta.

Precisiones La circunstancia de estar dado de **alta** y al corriente del pago del **IAE** o, en su caso, en el censo de obligados tributarios, debe ser **acreditada**, a opción del interesado, bien por él mismo, bien mediante autorización a la Administración para que verifique su cumplimiento
No es necesaria la acreditación documental de los otros requisitos detallados en la declaración responsable, sin perjuicio de las **facultades de comprobación** que tienen atribuidas las Administraciones públicas.

2046 **Requisitos de identificación** Como mecanismo para garantizar la defensa de los intereses de los consumidores, quienes ejercen el comercio ambulante deben tener expuestos en forma fácilmente visible para el público los siguientes datos (LOCM art.55):
- los **personales** del comerciante;
- el documento en el que conste la **autorización** municipal; y
- una **dirección** para la recepción de las posibles reclamaciones.

Esta exigencia persigue dos **finalidades** distintas:
- permite a la Administración **comprobar** que el titular de la licencia para la venta ambulante coincide realmente con la persona que está ejerciendo la actividad comercial; y
- facilita a los compradores el **ejercicio de sus derechos**, mitigando con ello la situación de indefensión en que le coloca la ausencia de establecimiento de carácter permanente, dado que conoce el nombre y los apellidos del comerciante, así como otros datos relevantes a estos efectos.

2048 **Regulación autonómica** Las comunidades autónomas cuentan con normativa propia en la materia, que coincide básicamente con la regulación estatal. Además, cuentan con las siguientes **normas propias**.

Andalucía (DLeg Andalucía 1/2012 art.44.2; DLeg Andalucía 2/2012) 2050
Están **excluidas** expresamente, las siguientes actividades:
- el comercio en **mercados ocasionales**, que tienen lugar con motivo de fiestas, ferias o acontecimientos populares, durante el tiempo de celebración de los mismos;
- el comercio tradicional de **objetos usados**, puestos temporeros y demás modalidades de comercio no contemplados en los apartados anteriores;
- las actividades ambulantes **industriales y de servicios** no comerciales;
- los mercados tradicionales de **flores, plantas y animales**;
- las actividades comerciales que entran dentro del ámbito de aplicación de la L Andalucía 15/2005, de **artesanía**.

La **duración** de la autorización es por un periodo de 15 años. Puede ser **prorrogado**, a solicitud de la persona titular, por otro plazo idéntico, una sola vez.

En las autorizaciones expedidas por los ayuntamientos, además de las menciones comunes a la normativa estatal (nº 2034), también se tiene que **hacer constar**:
- las personas con relación familiar o laboral que vayan a desarrollar la actividad en nombre del titular;
- la modalidad de comercio ambulante autorizada;
- la indicación precisa del lugar, fecha y horario en que se va a ejercer la actividad;
- el tamaño, ubicación y estructura de los puestos donde se va a realizar la actividad comercial;
- en la modalidad de comercio itinerante, el medio transportable o móvil en el que se ejerce la actividad y los itinerarios permitidos.

Los **comerciantes** deben cumplir las siguientes **obligaciones**:
- contratar un **seguro de responsabilidad civil** que cubra los riesgos de la actividad comercial;
- poseer el certificado acreditativo de la formación como **manipulador de alimentos**, si se van a vender productos para la **alimentación** humana;
- tener a disposición de la autoridad competente las **facturas y comprobantes de compra** de los productos objeto de comercio;
- tener a disposición de las personas consumidoras y usuarias las **hojas de quejas y reclamaciones**, de acuerdo con el modelo reglamentariamente establecido.

Los **municipios** donde se lleve a cabo el ejercicio del comercio ambulante deben contar con una **ordenanza reguladora** de la actividad que desarrolle los preceptos recogidos en la ley y establezca el régimen interno de funcionamiento de los mercadillos.

Las ordenanzas han de contemplar los siguientes extremos:
- las modalidades de comercio ambulante que se puedan realizar en los espacios públicos de su municipio;
- la duración de la autorización;
- los lugares donde se puede realizar la actividad;
- las fechas y horarios autorizados;
- el número, tamaño, estructura y localización de los puestos;
- las tasas que en su caso puedan establecer los Ayuntamientos para la tramitación de las licencias que autoricen el ejercicio del comercio ambulante en su municipio;
- el procedimiento para el otorgamiento de la autorización.

Aragón (L 4/2015 art.23 a 25) 2052
No pueden ser **objeto de venta ambulante** los bienes o productos cuya propia normativa lo prohíba, especialmente los de carácter alimenticio, con excepción de los ofrecidos directamente por el productor, y aquellos otros que, por razón de su presentación u otros motivos, no cumplan la normativa técnico-sanitaria y de seguridad.

Las **ordenanzas municipales** reguladoras del régimen de venta ambulante deben **especificar** lo siguiente:
- delimitación de los perímetros urbanos donde podrá realizarse;
- determinación del número máximo de puestos de venta ambulante y de las autorizaciones a conceder por la administración municipal;
- superficie y ubicación concreta de los puestos;

– controles que aseguren un efectivo cumplimiento de las obligaciones contempladas por la legislación vigente;
– descripción de las distintas modalidades de venta ambulante con arreglo a las categorías establecidas en la Ley.

2054 **Asturias** (L Asturias 9/2010 art.47 a 51)

Las **ordenanzas municipales** de venta ambulante o no sedentaria deben determinar:
– las zonas de emplazamiento o lugares en que puede ejercerse la actividad, así como los horarios y las fechas en las que aquélla se podrá llevar a cabo;
– las modalidades de venta ambulante o no sedentaria admitidas;
– el número total de puestos o autorizaciones;
– los productos que podrán ser ofrecidos en venta;
– la tasa a pagar por la concesión de la autorización;
– el régimen interno de funcionamiento;
– el régimen sancionador.

2056 **Baleares** (L Baleares 11/2014 art.44 a 54)

Todos los productos pueden ser **objeto de venta** no sedentaria siempre que cumplan la normativa en materia de protección de la salud pública, de seguridad alimentaria y de seguridad de los consumidores, excepto que lo prohíba expresamente la normativa vigente.

Para el ejercicio de la venta ambulante o no sedentaria en mercados periódicos la **duración** de la autorización no puede ser superior a un año. Excepcionalmente, la autorización puede ser superior a este plazo en caso de inversiones, en los supuestos establecidos por cada ayuntamiento. En todo caso, la duración de la autorización no puede ser superior a 7 años.

La vigencia de la autorización municipal para los **mercados ocasionales** y para la venta en circunstancias especiales se debe limitar a la duración del acontecimiento específico.

La **renovación de la autorización** no es automática, sino que se debe solicitar a instancia de parte.

La autorización **no es transmisible**. Excepcionalmente, se puede transmitir en caso de defunción o imposibilidad sobrevenida al titular de llevar a cabo la actividad, en favor de las siguientes personas:
– el cónyuge o pareja de hecho, los ascendientes y descendientes en primer grado;
– los trabajadores por cuenta del titular de la autorización municipal que acrediten una antigüedad mínima de un año.

Es necesaria la **comunicación previa** de la transmisión al ayuntamiento competente. El sustituto tiene que **cumplir los requisitos** para el ejercicio de la venta ambulante y **continuar la actividad** de venta ambulante durante el resto del periodo de vigencia de la autorización.

Las **ordenanzas municipales** que regulan la venta ambulante o no sedentaria tienen que especificar:
– la zona de emplazamiento para el ejercicio de la venta ambulante o no sedentaria;
– los días y los horarios en que se puede ejercer la actividad;
– el tipo de productos autorizados;
– las condiciones de los puestos de venta y de sus productos;
– el número máximo de autorizaciones que se pueden conceder;
– la duración de la autorización;
– el procedimiento y los criterios para otorgar las autorizaciones;
– los criterios excepcionales a considerar con ocasión de la celebración de fiestas y acontecimientos públicos;
– el régimen de inspección, infracción y sanción.

Canarias (DLeg Canarias 1/2012 art.15 y 19 a 26) 2058
Las autorizaciones tienen una **duración** de 8 años. Son **prorrogables** mediante acto expreso, por otros 8 años.
Los ayuntamientos fijan el **número de licencias** de vendedores no sedentarios disponibles para cada una de las distintas modalidades, y determinan los **días y horario** correspondientes para el ejercicio de la actividad.

Cantabria (L Cantabria 1/2002 art.52 a 57) 2060
Para la **concesión de la autorización** para el ejercicio de la venta ambulante, se exige que el peticionario acredite cumplir los requisitos de las reglamentaciones de cada tipo de productos. En su caso, estar en posesión del carné de manipulador de alimentos.
Para conceder las autorizaciones, tienen **prioridad** los comerciantes que tengan concertado un **seguro de responsabilidad civil** por los daños que puedan causar con sus productos.
Si la ordenanza prevé una **reserva de puestos**, debe utilizar para ello criterios objetivos.
Las autorizaciones tienen una **duración máxima** de 5 años.
Si el titular es una **persona física**, pueden desarrollar la venta, además del propio titular, sus familiares o dependientes dados de alta en el correspondiente régimen de Seguridad Social. En el supuesto de **fallecimiento** de la persona física titular de la autorización, siempre puede sucederle en la titularidad el heredero que se designe.
Si el titular es una **sociedad**, esta debe indicar al ayuntamiento el nombre de la persona, socio o dependiente que desarrollará la actividad, quien debe estar dado de alta en el régimen de la Seguridad Social que corresponda.
La delimitación por los ayuntamientos de aquellos lugares donde pueda ejercerse la venta ambulante requiere audiencia previa de la **Cámara de Comercio** correspondiente.
Los ayuntamientos tienen que cuidar de que los lugares destinados al ejercicio de la venta ambulante se encuentren en las debidas condiciones de **limpieza y salubridad** y de que cuenten con una adecuada dotación de infraestructuras.
Solo puede autorizarse la venta de **productos alimenticios** cuando se cumplan las condiciones higiénico-sanitarias que establezca la legislación sectorial sobre la materia para cada tipo de producto. Además, no se pueden vender alimentos o productos alimenticios no envasados por quien carezca del carné de manipulador de alimentos.
Las **ordenanzas municipales** de venta ambulante deben determinar:
- los lugares y períodos en los que puede desarrollarse la venta ambulante;
- las modalidades de venta ambulante admitidas, teniendo en cuenta las características de cada municipio;
- los requisitos para el ejercicio de la venta ambulante;
- el régimen de autorizaciones;
- el número total de puestos o autorizaciones;
- los productos que podrán ser ofrecidos a la venta;
- la tasa a pagar por la concesión de la autorización;
- el régimen interno de funcionamiento del mercadillo;
- el régimen sancionador; y
- la relación de derechos y deberes de los comerciantes ambulantes.

Castilla-La Mancha (L Castilla-La Mancha 2/2010 art.52 a 55) 2062
En las autorizaciones expedidas por los ayuntamientos, además de las menciones comunes a la normativa estatal (nº 2034), también se tiene que **hacer constar**:
- las **personas** con relación familiar o laboral que vayan a desarrollar en su nombre la actividad;
- la **modalidad** de comercio ambulante autorizada;
- el **tamaño, ubicación y estructura** de los puestos donde se va a realizar la actividad comercial;

– en la modalidad de **comercio itinerante**, el medio transportable o móvil en el que se ejerce la actividad y los itinerarios permitidos.
La **duración** de la autorización es por un periodo máximo de 15 años.
Los ayuntamientos deben **verificar** que las personas físicas o jurídicas que han solicitado la autorización municipal están dadas de alta en el correspondiente epígrafe del impuesto de actividades económicas y en el régimen de la seguridad social que corresponda.
En el caso de que los objetos de venta consistan en **productos para la alimentación humana**, los comerciantes deben estar en posesión del carné de manipulador de alimentos.
Los ayuntamientos entregan a las personas autorizadas para el ejercicio del comercio ambulante dentro de su término municipal, una **placa identificativa** con los datos esenciales de la autorización.
Los ayuntamientos en cuyo espacio público se autorice el ejercicio del comercio ambulante deberán contar con una **ordenanza reguladora** de la actividad.
Las **ordenanzas municipales** pueden establecer el régimen interno de funcionamiento de los mercadillos y, en todo caso, han de contemplar:
– las modalidades de comercio ambulante que se puedan realizar en los espacios públicos de su municipio;
– el número, tamaño, estructura y localización de los puestos.
Los **comerciantes** deben tener:
• A disposición de la autoridad competente, las **facturas y comprobantes** de compra de los productos objeto de comercio.
• A disposición de los consumidores, las **hojas de quejas y reclamaciones**.

2064 **Castilla y León** (DLeg Castilla y León 2/2014 art.40 a 42)
Las **ordenanzas municipales** de venta ambulante deben determinar:
– los lugares y periodos en los que puedan desarrollarse las diferentes modalidades de venta ambulante;
– el número de puestos o licencias;
– los productos que podrán ser ofrecidos a la venta;
– la tasa a pagar por la concesión de la licencia;
– el régimen interno de funcionamiento del mercadillo; y
– el régimen sancionador aplicable.

2066 **Cataluña** (L Cataluña 18/2017 art.14 y 15 redacc L Cataluña 15/2020)
Corresponde a los ayuntamientos, mediante **ordenanza municipal**:
– autorizar la venta y la prestación de servicios mediante estructuras o puestos desmontables o vehículos tienda en espacios de titularidad pública, cualquiera que sea su modalidad;
– determinar las fechas y la periodicidad;
– delimitar el perímetro donde se celebran, y el número total de puestos, las dimensiones, la oferta y las condiciones de los vendedores ambulantes para acceder a los mismos. Si un ayuntamiento **no dispone de ordenanza** municipal reguladora, se entiende que el municipio no autoriza esta modalidad de venta en espacios de titularidad pública.
Las autorizaciones tienen una **duración** mínima de 15 años para permitir la amortización de las inversiones y una remuneración equitativa de los capitales invertidos y prorrogables expresamente por períodos idénticos. Solo pueden ser revocadas por incumplimiento de la Ley o de las ordenanzas municipales.
El ayuntamiento, por razones de interés público, puede acordar cerrar el mercado o modificar su estructura.
Las autorizaciones **son transmisibles** por las siguientes causas:
– cese voluntario de la actividad, incluida la jubilación;
– situaciones sobrevenidas no atribuibles a la voluntad del vendedor ambulante;
– cesión a favor del cónyuge, o a favor de un familiar de hasta el segundo grado; o
– muerte del titular, en los términos y con las limitaciones que las ordenanzas municipales establezcan.

Las **ofertas de transmisión** por las dos primeras causas deben ser presentadas al ayuntamiento, indicando los datos del puesto y el importe solicitado para la transmisión. El ayuntamiento debe trasladar estas ofertas, de forma prioritaria, a los vendedores ambulantes que, a pesar de reunir los requisitos para acceder a plazas de características similares en los mercados que se celebren en el municipio, hayan quedado excluidos por razón de puntuación en el último concurso de concurrencia competitiva convocado por el propio ayuntamiento. Si hay varios interesados, se adjudica por sorteo.
Si no existen vendedores ambulantes que reúnan los requisitos adecuados para acceder a la plaza ofrecida, los ayuntamientos deben convocar una **oferta pública**, detallando las características de la plaza y el importe solicitado para la transmisión. Si existen varios interesados que reúnen las condiciones para optar a la plaza ofrecida en transmisión, debe adjudicarse por sorteo.
El ayuntamiento tiene **derecho de tanteo** sobre las ofertas que le sean presentadas en virtud de lo establecido en este apartado.

Extremadura (L Extremadura 8/2018) 2068
Están **excluidas** de esta forma de venta las siguientes actividades comerciales (L Extremadura 8/2018 art.2):
- las realizadas dentro de los recintos ocupados por una feria comercial;
- el comercio en mercados ocasionales, con motivo de fiestas, ferias o acontecimientos populares;
- los puestos autorizados en vía pública de carácter fijo y estable que desarrollen su actividad comercial de manera habitual y permanente mediante la oportuna concesión administrativa, que se rigen por su normativa específica;
- ventas en mercadillos benéficos; y
- el comercio tradicional de objetos usados.

La **duración de la autorización** es por un periodo de 7 años, con el fin de garantizar a las personas físicas o jurídicas titulares de la autorización la amortización de las inversiones y una remuneración equitativa de los capitales invertidos. Es **prorrogable**, a solicitud de la persona titular, por otro plazo idéntico, una sola vez, siempre que cumpla los requisitos establecidos en la ordenanza municipal correspondiente.
En las autorizaciones se tiene que **hacer constar** (L Extremadura 8/2018 art.5):
- el nombre y apellidos de la persona titular de la autorización si es persona física, o denominación social si es persona jurídica, y la dirección donde se atenderán, en su caso, las reclamaciones de los consumidores;
- DNI, NIF o pasaporte o tarjeta de residencia, domicilio a efectos de posibles reclamaciones y, en su caso, personas con relación familiar o laboral que van a desarrollar en su nombre la actividad;
- la duración de la autorización;
- la modalidad de comercio ambulante autorizada;
- el lugar, fecha y horario en que se va a ejercer la actividad;
- el tamaño, ubicación y estructura de los puestos donde se va a realizar la actividad comercial;
- mención de los artículos que pretende vender; y
- en la modalidad de comercio itinerante, el medio transportable o móvil en el que se ejerce la actividad y los itinerarios permitidos.

La autorización se otorga a **título personal**, y debe ejercer la actividad comercial la persona titular de la misma. Si el titular es persona jurídica, la actividad comercial se desempeña por las personas físicas que haya indicado, los cuales constarán, obligatoriamente, en la autorización municipal.
Pueden hacer uso de la autorización, de forma **ocasional y por causa debidamente justificada**, los familiares de la misma para que le asistan en el ejercicio de su actividad que deben constar, necesariamente, en la autorización municipal.
Las autorizaciones son **transmisibles** a familiares de primero y segundo grado de parentesco o causahabientes, en los casos de fallecimiento, jubilación, enfermedad o incapacidad laboral. La transmisión únicamente faculta para la venta de la misma

clase de artículos o productos, y su vigencia queda limitada al periodo restante del plazo establecido en la autorización que se transmite (L Extremadura 8/2018 art.10).
Los titulares de la autorización municipal, deben cumplir las siguientes **obligaciones**, en el ejercicio de su actividad comercial (L Extremadura 8/2018 art.8):
- cumplir las condiciones exigidas en la normativa reguladora de los productos objeto de comercio, en especial de aquellos destinados a alimentación humana;
- tener expuesto al público, en lugar visible, la placa identificativa y los precios de venta de las mercancías;
- tener a disposición de la autoridad competente las facturas y comprobantes de compra de los productos objeto de comercio que acredite la procedencia de sus mercancías, en un plazo no superior a 5 días hábiles; y
- tener a disposición de los consumidores hojas de quejas y reclamaciones.

Corresponde a los ayuntamientos garantizar el cumplimiento de las disposiciones de **policía y vigilancia** de las actividades desarrolladas en los espacios públicos destinados al comercio ambulante en sus municipios. En ningún caso se puede autorizar la venta no sedentaria o ambulante en instalaciones fijas no desmontables, ni en calles peatonales comerciales, ni en aquellos lugares en que cause perjuicio manifiesto al comercio establecido.

2069 La **ordenanza municipal** tiene que determinar, al menos, los siguientes extremos (L Extremadura 8/2018 art.13):
- la delimitación del emplazamiento en donde se va a realizar este tipo de venta;
- el número máximo de puestos y su distribución, así como su superficie:
- la periodicidad, fechas y horario en que se puede realizar la actividad comercial;
- las distintas modalidades de venta ambulante o no sedentaria que se autorizan;
- el número máximo de autorizaciones a conceder por mercado o mercadillo en el conjunto del término municipal;
- el período de vigencia de las autorizaciones;
- los familiares o personas habilitadas para el ejercicio de la actividad comercial, así como las condiciones y requisitos para la transmisibilidad de las autorizaciones;
- la determinación de si es necesario según el tipo de actividad, seguro de responsabilidad civil;
- el procedimiento de concesión de las autorizaciones;
- las causas y procedimiento de extinción y revocación de las autorizaciones;
- el procedimiento sancionador aplicable a las infracciones y sanciones establecidas;
- el plazo para la resolución expresa del procedimiento de autorización, así como los efectos del silencio administrativo; y
- las tasas para la tramitación de las licencias.

2070 **Galicia** (L Galicia 13/2010 art.70 a 78)

Para obtener la autorización municipal, además de los **requisitos** generales (nº 2044) los comerciantes deben cumplir los siguientes:
- disponer de seguro de responsabilidad civil; y
- las personas jurídicas, acreditar el CIF, acta de constitución, estatutos y escritura de poder otorgada a la persona que firma la solicitud de autorización en representación de la empresa.

No pueden ser objeto de venta ambulante o no sedentaria los **bienes o productos** cuya propia normativa lo prohíba y aquellos otros que, en razón a su presentación u otros motivos, no cumplan la normativa técnico-sanitaria y de seguridad.

En todo caso, no se pueden vender **productos alimentarios** no envasados por quien carezca del certificado acreditativo de haber recibido formación en materia de manipulación de los mismos.

Los ayuntamientos tienen que cuidar de que los **lugares** destinados al ejercicio de la venta ambulante se hallen en **idóneas condiciones** de limpieza y salubridad. Además, deben ejercer el **control higiénico y sanitario**, en especial de los productos perecederos y de alimentación.

Las autorizaciones se otorgan por **tiempo determinado**, siendo su **plazo máximo** de duración de 5 años prorrogables de forma expresa por idénticos periodos. Pueden concederse tanto a **personas físicas como jurídicas** (sociedades mercantiles o cooperativas). Son **transferibles** previa comunicación a la administración competente, sin que la transmisión afecte al periodo de vigencia, que se mantiene por el tiempo que reste hasta la finalización del plazo de duración.
Corresponde a los ayuntamientos la **inspección y sanción** en materia de venta ambulante, sin perjuicio de las competencias atribuidas a otras administraciones.
Los ayuntamientos tienen que contar con **ordenanzas municipales** de venta ambulante, en las que se determinen, como mínimo:
- los lugares y periodos en que puede celebrarse la venta ambulante;
- la tipología admitida;
- los requisitos para el ejercicio de la venta ambulante;
- el régimen de autorizaciones;
- la previsión del número de puestos o licencias;
- los productos que pueden ser ofrecidos a la venta;
- la tasa a pagar por la concesión de la licencia;
- el régimen interno de funcionamiento del mercado;
- el régimen sancionador; y
- la relación de derechos y deberes de las personas comerciantes ambulantes.

La Rioja (L La Rioja 3/2005 art.29 y 35 a 37) **2072**
No pueden ser **objeto de venta** los bienes o productos cuya propia normativa lo prohíba, especialmente los de carácter alimenticio y aquellos otros que, por razón de su presentación u otros motivos, no cumplan la normativa técnico-sanitaria y de seguridad.

Madrid (L Madrid 1/1997) **2074**
La norma **regula** la estructura de los puestos, horario de instalación, obligación de recogida y limpieza, longitud mínima, espacios de separación, pasillo central y aparcamiento de los vehículos de los vendedores.
El **lugar de celebración** tiene que disponer de los siguientes **servicios** (L Madrid 1/1997 art.11):
- tomas de agua;
- contenedores suficientes de basuras;
- primeros auxilios;
- balanza de repeso; y
- aseos desmontables si no se habilitan al efecto los de algún edificio público localizado en los alrededores.

Para el ejercicio de la venta ambulante los comerciantes deben cumplir, además de los coincidentes con la normativa estatal (nº 2044), los siguientes **requisitos propios** (L Madrid 1/1997 art.5):
- Disponer de póliza contratada de **seguro de responsabilidad civil**, que cubra posibles riesgos derivados del ejercicio de la actividad. La suscripción no tiene carácter preceptivo, pero es un criterio preferente a la hora de proceder a la autorización de los puestos.
- Estar **inscritos** en el Registro de Comerciantes Ambulantes de la Comunidad de Madrid.

Con carácter **previo a la autorización** municipal para la implantación, ampliación, traslado o reforma de un mercadillo es preciso que se emitan, con carácter preceptivo, los siguientes **informes** (L Madrid 1/1997 art.6):
- grado de adecuación a la **normativa higiénico-sanitaria**; e
- **impacto comercial** que se genera, teniendo en cuenta el equipamiento comercial existente en la zona, la adecuación de este a la estructura y necesidades de consumo de la población, así como la densidad de la misma. Siempre que sea posible, se evitará la instalación de los puestos a una distancia inferior a 5 metros de los establecimientos comerciales o industriales de la zona, de sus escaparates o exposiciones.

Cada ayuntamiento fija, entre otras cuestiones:
- el **número de puestos** del mercadillo, pudiendo reservar como máximo un 10% para empresarios radicados en el municipio que, sin pertenecer al sector comercio, pretenden ejercer la actividad o comercializar los artículos por ellos producidos o fabricados (artesanos);
- su distribución sectorial; y
- las dotaciones e instalaciones mínimas exigibles velando por su conservación y mantenimiento.

Ninguna persona física o jurídica puede ser titular de más del 5% de los puestos autorizados en un mismo mercadillo.

Para la venta de **productos de alimentación**, el comerciante tiene que estar en posesión del carné de manipulador. Está prohibida la venta en los siguientes casos:
- incumplimiento de la normativa específica que regule la comercialización de cada grupo de producto;
- productos no sometidos a proceso de transformación en enclaves aislados en la vía urbana; y
- mercadillos en los que el ayuntamiento carezca de los medios suficientes para garantizar la observancia de las condiciones higiénicas y sanitarias correspondientes.

2075 En la **autorización de cada comerciante** se tienen que hacer constar las siguientes cuestiones (L Madrid 1/1997 art.9):
- nombre y apellidos del peticionario si es persona física o denominación social si es persona jurídica;
- identificación, en su caso, de las personas con relación laboral autorizada, que vayan a desarrollar la actividad en nombre del titular;
- NIF/CIF, documento nacional de identidad o pasaporte o tarjeta de residencia para ciudadanos comunitarios, o permiso de residencia y trabajo para los no comunitarios;
- domicilio de la persona física o domicilio social de la persona jurídica;
- descripción precisa de artículos que pretende vender;
- descripción detallada de las instalaciones o sistemas de venta;
- número de metros que precisa ocupar;
- declaración jurada de no haber sido sancionado por comisión de falta muy grave en el ejercicio de su actividad en los 2 años anteriores; y
- modalidad del comercio ambulante de las reguladas en esta Ley, para que se solicita autorización.

Las autorizaciones son **transmisibles** y tienen una **duración mínima** de 15 años. Los titulares están obligados a **acreditar anualmente** estar al corriente de sus obligaciones con la Seguridad Social y la Administración Tributaria, así como el seguro de responsabilidad civil.

El día de celebración del mercadillo y el horario de venta al público se tienen que **exponer en lugar visible** del propio edificio del ayuntamiento y en los alrededores de la zona autorizada para su colocación.

Si el día de celebración coincide con alguna **festividad o acontecimiento** en el lugar de su ubicación, el ayuntamiento decide el día en que haya de celebrarse el mercadillo en esa semana (L Madrid 1/1997 art.11).

2076 **Murcia** (L Murcia 3/2014)

Están **excluidas** de la consideración de venta ambulante o no sedentaria las siguientes ventas (L Murcia 3/2014 art.3):
- las realizadas en puestos en vía pública de **naturaleza fija y estable**, que desarrollen su actividad comercial con carácter habitual y permanente, mediante la oportuna concesión administrativa otorgada por los ayuntamientos (kioscos);
- las realizadas en **recintos feriales** o con motivo de la celebración de certámenes feriales, así como las denominadas ferias *outlets*; y
- las realizadas en **puestos aislados ubicados en suelo privado;**

- la de **enseres y vehículos usados** u objetos de coleccionista en suelo público, siempre que los artículos a la venta sean de propiedad del vendedor y no hayan sido adquiridos para su reventa.
La instalación de un **mercadillo sobre suelo privado** también precisa de autorización del ayuntamiento, previa tramitación del correspondiente procedimiento administrativo (L Murcia 3/2014 art.16).
La autorización municipal se otorga a **título personal**, debiendo ejercer la actividad comercial el titular de la misma. Se contemplan dos **excepciones** (L Murcia 3/2014 art.5):
- si el titular es **persona jurídica**, la actividad comercial se desempeña por las personas físicas que indique el representante legal de la misma como titular y suplente; y
- si el titular es **persona física**, pueden hacer uso de la autorización, de forma ocasional y por causa debidamente justificada, los familiares del titular para que le asistan en el ejercicio de su actividad.
La **residencia en el municipio** no puede ser requisito de la autorización, ni puede considerarse como un mérito que otorgue ventajas al solicitante en el procedimiento de selección.
Los ayuntamientos pueden **reservar** hasta un 15% de las **plazas disponibles** en los mercados para ser adjudicadas a instituciones sin ánimo de lucro y a solicitantes en riesgo de exclusión social por su situación socioeconómica y familiar.
El **periodo** por el que se otorgan las autorizaciones es el siguiente (L Murcia 3/2014 art.8):
• En los mercados de venta ambulante un mínimo de 8 años y un máximo de 12, **prorrogable** por un periodo máximo de otros 12 años.
• En el resto de modalidades de venta no sedentaria, el que establezcan las ordenanzas municipales, que en ningún caso puede superar el de 12 años.
Las autorizaciones son **transmisibles** a otras personas físicas o jurídicas en el caso de cese voluntario de actividad del titular de la autorización, previa solicitud al ayuntamiento concedente. El nuevo titular debe cumplir los requisitos exigidos para el desarrollo de la actividad. La transmisión únicamente faculta para la venta de la **misma clase de artículos** o productos autorizados al titular cedente y la **vigencia** queda limitada al periodo restante del plazo establecido en la autorización que se transmite.
En los casos de **disolución y cese** en la actividad de una **persona jurídica**, tienen derecho preferente en la trasmisión de las autorizaciones de las que fuera titular quienes vinieran ejerciendo la venta por cuenta y en nombre de esta.
En los casos de **fallecimiento, incapacidad laboral, o jubilación** del titular, pueden subrogarse los familiares habilitados por la ordenanza municipal o las personas que ejercen la actividad comercial y que constan en la correspondiente autorización (L Murcia 3/2014 art.11).
Las autorizaciones municipales para el ejercicio de la venta no sedentaria **se extinguen**, previo procedimiento administrativo correspondiente y sin que causen derecho a indemnización alguna, por las siguientes causas (L Murcia 3/2014 art.12):
- término del plazo para el que se otorgó;
- renuncia expresa del titular; o
- fallecimiento, incapacidad laboral, jubilación o disolución de la persona jurídica titular, sin perjuicio de su posibilidad de transmisión o subrogación.
Las autorizaciones pueden ser **revocadas** por los ayuntamientos por las causas que se concreten en la ordenanza municipal y la Ley.
En caso de **vacantes**, antes de iniciar el proceso de adjudicación, los ayuntamientos pueden ofertar el cambio de puesto a los titulares de autorizaciones que lo hayan solicitado.

Para el ejercicio de la venta ambulante o no sedentaria, los comerciantes deben **cumplir las condiciones** generales (nº 2044), y las siguientes propias de la comunidad (L Murcia 3/2014 art.6 y 7): **2077**

- disponer de un **seguro de responsabilidad civil** que cubra los riesgos del ejercicio de la actividad;
- estar en posesión del certificado acreditativo de la formación como manipulador de alimentos, cuando se trate de **venta de alimentos**;
- expedir **tiques de compra** a los consumidores que lo soliciten, en los que se incluirán los datos identificativos del comerciante, producto adquirido y su precio;
- tener a disposición de la autoridad competente la autorización municipal y las **facturas y comprobantes** de compra o documentación que acredite la procedencia de sus mercancías; y
- tener a disposición de los consumidores y usuarios las correspondientes **hojas de reclamaciones**.

En los municipios donde se lleve a cabo la venta no sedentaria o ambulante, en cualquiera de sus modalidades, los ayuntamientos deben regularla mediante la correspondiente **ordenanza**, en la que al menos se determinen los siguientes extremos (L Murcia 3/2014 art.14):
- delimitación del emplazamiento;
- número máximo de puestos y su distribución, así como su superficie;
- periodicidad, fechas y horario en que se puede realizar la actividad comercial;
- las distintas modalidades de venta ambulante o no sedentaria que se autorizan;
- número máximo de autorizaciones a conceder por mercado o mercadillo;
- periodo de vigencia de las autorizaciones;
- familiares o personas habilitadas para el ejercicio de la actividad comercial, así como las condiciones y requisitos para la transmisibilidad de las autorizaciones otorgadas;
- el alcance y límite mínimo de la cobertura del seguro de responsabilidad civil que cubre los riesgos del ejercicio de la actividad;
- el procedimiento de concesión de las autorizaciones a comerciantes para cada tipo de venta ambulante, así como los criterios de selección y de provisión de vacantes;
- el modelo de declaración responsable de cumplimiento de los requisitos para el ejercicio de la actividad comercial de venta ambulante;
- las causas y procedimiento de extinción y revocación de las autorizaciones;
- el procedimiento sancionador aplicable a infracciones y sanciones; y
- el plazo para la resolución expresa del procedimiento de autorización, así como los efectos del silencio administrativo.

2078 **Navarra** (LF Navarra 13/1989)

Están **excluidas** de la consideración de venta ambulante o no sedentaria las siguientes ventas (LF Navarra 13/1989 art.2):
- las realizadas dentro de los recintos ocupados por una **feria comercial**;
- la de objetos de **artesanía** realizada por los propios productores, con motivos de fiestas, ferias y acontecimientos populares; o
- la realizada con motivo de las **fiestas patronales** de la localidad.

Las autorizaciones se realizan por **tiempo limitado** (LF Navarra 13/1989 art.4).

El titular de la autorización debe poseer un **seguro de responsabilidad civil** que cubra los riesgos de esta actividad.

No puede concederse autorización para la venta de aquellos **productos** cuya normativa reguladora lo **prohíba**. Especialmente se prohíbe la venta de determinados **productos alimenticios** y la de aquellos que por sus especiales características y a juicio de las autoridades competentes conlleven **riesgo sanitario**, salvo que se disponga de las **instalaciones adecuadas** de transporte y frigoríficas. El comerciante debe poseer el carnet de manipulador de alimentos (LF Navarra 13/1989 art.6).

La venta de **productos con alguna deficiencia** de fabricación o de producción oculta exige que estas circunstancias sean advertidas mediante carteles claramente visibles para el consumidor (LF Navarra 13/1989 art.7).

País Vasco (L País Vasco 7/1994 art.15 a 19; D País Vasco 10-9-80) 2080
La autorización municipal tiene las siguientes **características**:
• Ser **personal e intransferible**.
• Tener un **período de vigencia** no superior a un año.
• Indicar las siguientes **circunstancias**:
- ámbito territorial;
- lugar o lugares en que puede ejercerse;
- fechas y horario; y
- productos autorizados, que no pueden referirse más que a artículos textiles, de artesanado y de ornato de pequeño volumen.
• Ser **revocable** cuando el ayuntamiento considere conveniente en atención a la desaparición de las circunstancias que lo motivaron, sin que ello dé origen a indemnización o compensación alguna.
• Tener **prioridad** los comerciantes con domicilio en el municipio, a la hora de la concesión.
No pueden ser objeto de venta el pescado, la carne, frescos o congelados, ni los embutidos. Para autorizar la venta de los restantes **productos alimenticios** debe tenerse en cuenta el cumplimiento del Código Alimentario (D 2484/1967).

Comunidad Valenciana (L C.Valenciana 3/2011 art.43 a 47) 2082
Las **ordenanzas municipales** reguladoras de la actividad deben especificar:
- los perímetros o lugares determinados, públicos o privados, donde se puede realizar la venta no sedentaria;
- el procedimiento y criterios que se consideran para la autorización de la venta no sedentaria, y que atienden, en particular, a los intereses de los consumidores y de los ciudadanos, como su movilidad y la adecuada prestación de los servicios públicos;
- los criterios excepcionales que han de considerarse con ocasión de la celebración de las fiestas de la población y la organización de eventos públicos;
- el régimen de las diferentes modalidades de venta no sedentaria;
- el régimen de la venta no sedentaria realizada en espacios de titularidad privada; y
- el régimen de infracciones y sanciones.
También pueden contemplar la regulación de la **venta directa por los agricultores y ganaderos** de los productos agropecuarios en estado natural y en su lugar de producción, con sujeción, en todo caso, a los requisitos aplicables establecidos por la normativa vigente.

D. Venta en pública subasta

(LOCM art.56 a 61)

Concepto y caracteres (LOCM art.56) La venta en pública subasta consiste en **ofertar**, pública e irrevocablemente, la venta de un bien a favor de quien ofrezca, mediante el **sistema de pujas** y dentro del plazo concedido al efecto, el precio más alto por encima de un mínimo, ya se fije este inicialmente o mediante ofertas realizadas en el curso del propio acto. 2100
Se recogen expresamente tres **modalidades de ventas en subasta**:
• Subastas **inglesas**. La adjudicación se produce tras una sucesión de pujas ascendentes por encima de un mínimo de salida. Son las más corrientes en el tráfico privado de bienes; es un instrumento de uso cada vez más frecuente en el ámbito privado de las obras de arte y antigüedades.
• Subastas **holandesas**. Comienzan con un máximo de salida que va descendiendo, sucesivamente hasta que algún comprador lo acepta. adjudicándose a la primera puja que se produzca en los sucesivos precios. Es frecuente en el sector pesquero.
• Subastas **con sobre cerrado**. Pueden ser:
- al **primer precio**. Los potenciales compradores presentan las ofertas con sobre cerrado. El bien, se adjudica al mejor postor siendo el precio el de su oferta. Su característica es que en el momento de presentar las ofertas los potenciales com-

pradores no conocen las oferta de los demás y solo puede presentar una única oferta;
- al **segundo precio**. Es igual a la anterior pero con la diferencia que el precio a pagar no es el del ganador, sino el de la segunda oferta más alta presentada.

2102 La oferta pública de venta tiene que ser **irrevocable** a favor de la persona que ofrezca el precio más alto por encima del mínimo fijado inicialmente. Dicha exigencia se entiende cumplida cuando se publica la **estimación mínima** que, necesariamente es igual o superior al **precio de reserva** (precio por debajo del cual el objeto subastado no se adjudica), estimación a partir de la cual los compradores tienen la certeza absoluta de que la oferta es irrevocable.
Tiene que ser irrevocable **incluso por debajo del precio mínimo** publicitado en el catálogo como estimación baja, una vez se cubre el precio de reserva (AP Madrid 27-3-09, EDJ 77997).
Si **no se alcanza el precio de reserva** no cabe hablar de revocación de la oferta, pues la oferta solo es irrevocable una vez se cubre dicho valor, aun cuando los licitadores solo tengan la certeza de que se supera el precio de reserva si se alcanza la estimación baja del catálogo que es precio mínimo ofertado en el catálogo.

2104 El régimen de la LOCM **se aplica** a las subastas efectuadas por:
- empresas que se dedican con habitualidad y profesionalidad a la celebración de subastas, cualquiera que sea la propiedad de los bienes subastados; o
- comerciantes al por menor de los bienes que constituyen su ramo o negocio, incluso si no concurren las notas de habitualidad y profesionalidad (referidas a la actividad de subasta, no al comercio minorista).
Quedan **excluidas** expresamente las **subastas judiciales**, que se someten a la Ley de Enjuiciamiento Civil, y las **administrativas**, que se rigen por el Reglamento General de Recaudación (RD 939/2005). Las de títulos de deuda pública se regirán también por su normativa específica.

Precisiones En el caso de las subastas que tienen lugar en **lonjas, puertos, mercados** y demás lugares donde tradicionalmente se realizan este tipo de ventas, también se incluyen en el ámbito de la LOCM, si se dan las notas de habitualidad y profesionalidad.

2105 **Obligaciones del subastador o empresa de subastas** (LOCM art.57) El subastador desempeña su función en el conjunto de la subasta **por cuenta y en nombre** del propietario del bien. Para ello, no es necesario que manifieste de forma expresa que actúa en nombre ajeno ni que identifique a la persona por cuenta de la cual se subasta el bien. Y ello porque, salvo indicación clara en contrario, se presume que el subastador actúa por cuenta y en nombre ajenos.

Precisiones No se excluye la posibilidad de que el subastador pueda **subastar bienes propios**, pero incluso en este caso, su posición es distinta a la de los demás propietarios de bienes incluidos en la subasta. Uno de los principales problemas que este supuesto plantea es que los deberes de **imparcialidad del subastador** pueden verse comprometidos cuando subasta bienes propios, riesgo este que se mitiga informando a los potenciales licitantes acerca de la condición de propietario que ostenta el subastador respecto de determinados artículos. Además, el subastador debe tener **vedadas ciertas posibilidades** que están abiertas al propietario ordinario, como, por ejemplo, la de fijar un precio de reserva, cuyo importe no se hace público.

2106 Del **contrato de subasta** se derivan **obligaciones** de diverso carácter para el subastador. La principal es la de llevar a efecto el conjunto de actividades o **actuaciones preparatorias** de facilitación, organización y realización de la subasta. Además, pueden surgir **otras obligaciones** de modo colateral o accesorio, por determinación voluntaria de las partes.

2108 **Obligación de examinar y valorar el bien a subastar** El subastador está obligado a examinar y valorar el bien presentado por el propietario, con el fin de apreciar sus características, estado, origen (en su caso), y hacer su estimación económica. Ello le

permite insertarlo y describirlo adecuadamente en el **catálogo de la subasta**, así como **establecer su precio** de estimación y precio de salida en la subasta.
La apreciación y descripción del bien para el catálogo constituye simultáneamente una **obligación frente al propietario** y una **facultad** perteneciente a la esfera de actuación profesional independiente del subastador. La **descripción** debe hacerse conforme a la terminología y procedimientos usuales en el sector para el tipo de bien que sea, de acuerdo a su criterio profesional.
El **propietario del bien** debe **suministrar** al subastador toda la **información** de que disponga y que pueda ser relevante a efectos de evaluar las características y calidades del bien. Esta información ha de ser **tenida en cuenta** por la empresa subastadora en el momento de realizar su evaluación y descripción, pero no es vinculante.
El subastador tiene que **verificar** la veracidad de las características descritas por el dueño del bien. Si no lo hace y se limita a reproducir lo que afirma el propietario, puede incurrir en **responsabilidad** en caso de que se detecte una inexactitud entre la realidad y la descripción ofrecida.
Además, la empresa subastadora debe **comprobar**, en su caso, el cumplimiento de los requisitos establecidos en la legislación para la protección del **tesoro artístico, histórico y bibliográfico** de España (LOCM art.57.3).
En el cumplimiento de estas obligaciones, el subastador debe emplear la **diligencia** exigible a un profesional cuya competencia comprende el análisis, valoración y descripción de un cierto tipo de bienes. El subastador debe realizar un adecuado **estudio y apreciación** de cada bien recibido para venta utilizando la pericia técnica y los conocimientos profesionales a los que debe acomodar su actividad. Pero no puede garantizar la fiabilidad absoluta de su estimación. No obstante este deber de diligencia, es posible que surjan diversos **problemas de responsabilidad** del subastador frente al dueño del bien en los siguientes supuestos:
• **Falta de veracidad** de la descripción del lote subastado. El propietario se puede ver afectado por una reclamación del adquirente del bien (por vicios de la cosa, por incumplimiento, por error). Es posible exigir responsabilidad al subastador si la falta de veracidad le es imputable.
• **Defectuosa valoración y estimación de un cierto bien**. Cuando se fija un determinado valor a un bien acorde a unas supuestas características, averiguándose en un momento posterior al de la adjudicación que se trataba de un bien de mayor valor (por ejemplo, de una cómoda más antigua, de la primera edición de un libro, o de un cuadro perteneciente a un autor consagrado). En este caso, la responsabilidad del subastador por no observar la diligencia técnica exigible concurre con la del propietario, que debe conocer, cuando menos, el origen y procedencia de los bienes en su dominio, y proporcionar toda la información disponible a efectos de la catalogación y tasación.
• **Omisión de algún factor que podría hacer subir el interés hacia un bien**. El subastador debe, con carácter general, lograr una descripción que aproveche al máximo las potencialidades del lote en cuestión. Además, tiene un incentivo para realizar una descripción atractiva para el público, en forma de porcentaje sobre el precio de venta. Cuestión distinta es que incurra en **negligencia**, describiendo de forma inadecuada o manifiestamente insuficiente un cierto lote y que, a resultas de ello, el lote quede sin vender (así, por ejemplo, si al describir una antigüedad omite la época a la que corresponde).

Obligación de custodia y conservación de los bienes (LOCM art.57.2) El nacimiento de **2110**
las obligaciones de custodia y conservación tiene como presupuesto la **entrega de la cosa** al subastador. Una vez entregada, ha de conservarla y custodiarla con la **diligencia** correspondiente a la naturaleza de los bienes y los riesgos que a la misma puedan afectar, en términos análogos a los del depositario (CC art.1766) y del comisionista (CCom art.266).
Se trata de una regla de carácter dispositivo, que admite **pacto en contrario**. Es frecuente que las condiciones generales de la empresa de subastas estipulen que los costes derivados de la custodia y la responsabilidad que esta pueda generar (las primas de seguro, fundamentalmente) corran a cargo del propietario.

Precisiones Suele establecerse en estos casos que la **falta de pago** de las primas de estos seguros **exonera a la subastadora** de toda responsabilidad por pérdida o deterioro de los bienes, si bien parece lógico que ello no elimine por sí solo los deberes de conservación y custodia, sino que eventualmente se reflejará en las cuantías indemnizatorias.

2112 **Obligación de preparar, organizar y celebrar la subasta** Esta obligación comienza con la comunicación al público del **anuncio de subasta**, utilizando los medios usuales y proporcionados al número y valor de los lotes. Culmina en el **acto de la subasta**, que es dirigido por el subastador (o por uno de sus auxiliares) y debe desarrollarse con arreglo a los usos y las condiciones generales de contratación de la empresa de subastas, en lo relativo a presentación de los lotes, forma de pujar, cuantía de las pujas, modo de adjudicar, etc.

Esta obligación comprende también la de **hacerse cargo de los gastos** de preparación, organización y ejecución de la subasta, que, en principio, corren de cuenta de la empresa subastadora, sin que el propietario deba entregar por este concepto remuneración adicional alguna –al margen de precio o gratificación a que se haya obligado en pago por los servicios prestados por el subastador–. Esta obligación **incluye** los siguientes gastos:

- custodia (lo que engloba las primas de seguro);
- tasación;
- exhibición o exposición pública;
- inclusión en catálogo; u
- otros de tipo administrativo y de gestión.

No están comprendidos, en cambio, los que puedan resultar de **prestaciones adicionales** solicitadas por el propietario del bien (restauración de la pieza, principalmente, pero también su transporte hasta la propia empresa de subastas).

Aun cuando la regla general es que estos gastos sean asumidos por el subastador, **cabe pacto en contrario**, siempre que sea expreso.

Lo normal es que la empresa de subastas esté **apoderada por el propietario** para:

- celebrar el contrato rematando los lotes;
- expedir el documento acreditativo de la venta; y
- recibir el pago del precio por el rematante.

En tal caso, el subastador queda también sometido a la **obligación de rendir cuentas** de las cantidades recibidas.

2114 **Obligación de garantizar la concurrencia efectiva entre licitadores** El subastador debe procurar que el desarrollo de la subasta contemple una concurrencia efectiva entre los licitadores que permita alcanzar un **precio de remate transparente y competitivo**. Para ello debe utilizar los medios que procedan en cada caso, para evitar **maniobras concertadas** de grupos de licitadores, dirigidas a **reducir el precio** de remate (rechazo de pujas, retraso en la salida de lotes o, incluso, expulsión de la sala).

2116 **Obligación de respetar el precio de reserva fijado por el propietario** El precio de reserva es un valor que **no se da a conocer** a los participantes en la subasta, que queda reservado al ámbito de la entidad subastadora y del vendedor-proveedor, por debajo del cual el bien o lote no será adjudicado. Nunca puede exceder la **estimación mínima** que conste en el catálogo. Si la puja más alta recibida **no alcanza el precio de reserva,** el lote no se adjudica a ningún postor (queda «adjudicado al vendedor», en expresión común en este ámbito). Constituye un **límite al poder del subastador**, que este no puede traspasar legítimamente según su contrato con el propietario. Es una parte integrante del mecanismo de la subasta y, por ello, de relevancia necesaria en la eficacia de la venta.

Precisiones El subastador, si así lo estima conveniente, puede **rematar el lote al mejor postor**, a pesar de que no se haya llegado al precio de reserva. Es necesario, que el propietario reciba una cantidad igual a la que le correspondería si el bien se hubiera adjudicado en la reserva. En este caso, el subastador puede preferir **renunciar a una parte de su retribución** y pagar la diferencia entre la mejor postura y la reserva, a que la venta no se realice y perder toda la comisión.

Obligaciones del propietario del bien subastado La primera y más elemental obligación del propietario del bien subastado consiste en el **pago al subastador** de la **retribución convenida**, que normalmente es la **comisión** estipulada en las condiciones generales de la casa de subastas. **2118**

La **cuantía** y el **momento de abono** de la retribución son los que hayan acordado las partes. Lo más frecuente es que la comisión pactada solo se devengue una vez se perfecciona válidamente el contrato de venta en subasta (es decir, con la eficaz adjudicación al mejor postor). La posterior **falta de consumación o cumplimiento** por cualquiera de las partes en el contrato de compraventa (el dueño del bien y el adjudicatario) no afecta al derecho a la retribución del subastador.

Normalmente, la retribución se especifica en las condiciones generales de contrato de la casa subastadora, insertas en el **catálogo de la subasta**. Por ello, cuando no se edita un catálogo, se hace más difícil acreditar el hecho de que el licitador ha tenido la efectiva posibilidad de conocer la existencia y el contenido de dichas condiciones generales, en cuanto requisito necesario de su incorporación como fundamento de la obligación de pago de la retribución al subastador.

Además, el propietario está obligado al cumplimiento de las siguientes obligaciones:

- **Suministrar verazmente la información** que se halle en su poder y que sea pertinente para la estimación y descripción de la pieza y, en general, para que el bien sea subastado ventajosamente.
- **Describir de forma veraz** el objeto a subastar.
- **No participar en la subasta**. El propietario ha de facilitar que la celebración de la subasta se desarrolle normalmente y que el precio de remate se determine de modo transparente, lo que se traduce en la **prohibición de pujar** en la subasta indirectamente o mediante persona interpuesta, tratando con ello de **elevar artificialmente el precio** de adjudicación.

Si el propietario **incumple sus obligaciones**, el **rematante** puede:

- Impugnar el contrato de compraventa por dolo del vendedor y exigir de este la indemnización de los daños a la confianza.
- Solicitar como indemnización el pago de la diferencia entre lo que hubiera pujado en ausencia de las posturas fraudulentas del vendedor y el precio de remate que ha pagado efectivamente.

La **empresa de subastas**, por su parte, en caso de que el adquirente anule el contrato, debe devolver la comisión recibida, pudiendo reclamar frente al propietario el lucro cesante derivado de la puja ilegítima.

Obligaciones formales (LOCM art.57.4 y 60) En esta modalidad de venta no se aplica el principio general de libertad de forma en materia de tratos precontractuales. Por el contrario se sigue un **procedimiento reglado y vinculante** para los potenciales contratantes, en aras de la obtención del precio más objetivo posible. **2120**

La exigencia de documentación escrita no implica la necesidad de cumplir una obligación formal de carácter esencial solemne, sino que constituye un **requisito de prueba**.

El **encargo de subasta** debe documentarse por escrito. En él se harán constar los siguientes datos:

- identidad de las partes;
- objeto y condiciones de la venta; y
- retribución de la empresa subastadora.

También se han de incluir las condiciones que van a regir el **contrato de compraventa con el adjudicatario**, que habitualmente son las que ha establecido previamente la casa de subastas en sus condiciones generales.

En cuanto el bien es adjudicado, debe **consignarse la adjudicación por escrito**, procediéndose a la entrega del mismo una vez satisfecho el precio del remate o la parte del mismo determinada en los correspondientes anuncios.

Además, la venta en pública subasta debe formalizarse necesariamente mediante documento público o privado que, en su caso, puede ser otorgado por la empresa subastadora como mandataria del propietario del bien subastado.

2122 **Oferta de venta en subasta** (LOCM art.58) La oferta de subasta suele venir integrada por una variedad de elementos y actos. Es práctica habitual que la empresa subastadora, que periódicamente organiza y celebra actos de subasta, prepare, elabore, publique y distribuya un **catálogo** donde se enumeren y describan los **lotes** que van a ser sacados a subasta, junto con la indicación del lugar, fecha y hora de la misma, mencionando igualmente los **períodos de exposición** de los lotes para su examen directo por los potenciales licitadores.

También contribuyen a dar a conocer la subasta los **anuncios de subasta** que, con los datos del acto y los de la clase de bienes a subasta, se insertan en los medios de comunicación para su difusión pública.

La **propuesta de subasta** suele hacerse a través de los anuncios contenidos en los catálogos o difundidos públicamente a través de diversos medios, si bien nada impide que no se edite el catálogo y que únicamente se emitan los anuncios de subasta, conjugados con un tiempo de exhibición pública y una descripción oral de cada lote antes de procederse a su subasta.

El **catálogo de la subasta** es una lista detallada de todos los artículos que se venden en ella. **Lote** es un objeto individual o un grupo de objetos ofrecidos para la venta en subasta como una sola unidad (por ejemplo, una colección de sellos o un grupo de cuadros).

Precisiones **1)** El incumplimiento en las obligaciones de **información en el anuncio de la subasta**, como son la descripción veraz de los objetos y la identificación de sus calidades, suponen la responsabilidad solidaria del titular del bien subastado y de la empresa subastadora, aunque el comprador conozca y acepte las condiciones de venta (AP Pontevedra (Civil) 28-12-18, EDJ 697837).

2) Procede la resolución contractual por incumplimiento ya que no se indica en la **oferta del catálogo** que las cualidades del cuadro fueran simplemente supuestas, causando en el adquirente la convicción de que el cuadro era obra, sin sombra de duda, del pintor anunciado (AP Barcelona (Civil) 25-6-13, EDJ 149950).

2123 La oferta de venta en subasta debe contener una **descripción veraz** de los objetos que salen a la misma, con identificación de si sus calidades son ciertas o, simplemente, supuestas o adveradas por determinado experto. Constituye el **deber de información** del subastador (nº 2108).

La descripción debe cubrir los extremos que indiquen los usos, a tenor del tipo de objeto y de su entidad, y con respeto a la forma y la terminología correspondientes a los buenos usos aplicables según el objeto. No impone un determinado modo de descripción, ni el concreto grado de detalle con que debe hacerse la descripción. Basta con que la información suministrada por la empresa subastadora permita a los potenciales licitadores hacerse una **representación suficientemente precisa** de los lotes como para poder formarse un criterio lo suficientemente fundado como para pujar con conocimiento de causa y, eventualmente, adquirir.

La descripción se **inserta en el contrato de compraventa** en subasta, conformando la prestación debida. Por ello, **la cosa entregada** ha de corresponderse con la descrita en el catálogo (o en cualquier otra modalidad de anuncio de la subasta empleada por el subastador). Si el objeto entregado no reúne las características y calidades atribuidas en la descripción, manifestándose una **discrepancia relevante** entre lo previsto y lo real, el vendedor ha de **responder frente al comprador**, que puede además dejar sin efecto el contrato de compraventa por error en el consentimiento, cuando la discrepancia se refiere a un elemento o cualidad que puede ser calificado de esencial o sustancial.

El propietario vendedor, **no está obligado a aceptar sin más la descripción** hecha por el subastador y a padecer sus consecuencias negativas. En caso de estar en **desacuerdo** con la descripción realizada, puede solicitar su corrección o su mejora y, de no ser atendidas sus peticiones por la empresa de subastas, puede **retirar el lote**. Lo que no puede hacer es desconocer los **efectos contractuales** de la descripción una vez subastado el objeto, alegando su no participación en el proceso de evaluación y descripción del artículo o su disconformidad con la descripción realizada en el catálogo. La opción que tiene es **reclamar al subastador** por incumplimiento del contrato de subasta, si este ha ejecutado negligentemente sus tareas a este respecto, y puede obtener la indemnización de los daños y perjuicios que de esa falta de diligencia se le hubieran derivado.

Precisiones La integración de la descripción en la esfera de lo contractualmente debido no se ve debilitada ni eliminada por **cláusulas contenidas en las condiciones generales** de la casa de subastas, en las que se advierta que toda manifestación contenida en el catálogo y referida a la atribución y descripción de los objetos, en cuanto a sus características principales, constituye una mera opinión y en ningún caso una atribución de hechos o cualidades. Tampoco son relevantes formulaciones generales que declaran que los objetos se venden en el **estado en que se encuentran**, y con todos sus defectos e imperfecciones, o las que advierten que se trata de **bienes usados** y que, por tanto, no están en perfectas condiciones, como tampoco las que impongan a los potenciales licitadores la **obligación de comprobar el estado** y calidades de las piezas en el momento en que los lotes son exhibidos públicamente.

Relaciones entre la empresa subastadora y los licitadores (LOCM art.59) **2124**
Los **efectos contractuales** de la descripción de los lotes no se agotan en la relación de compraventa entre el dueño y el adjudicatario, ni tampoco en la responsabilidad interna del subastador frente al propietario, sino que alcanzan también a las relaciones entre la empresa de subastas y el adjudicatario de los bienes. Y ello porque la empresa subastadora ha de cumplir con la obligación de describir verazmente los bienes a subasta, pudiendo ser exigida la responsabilidad por incumplimiento de este deber por el adquirente de los mismos.
Con carácter general, la empresa subastadora no puede exigir a los licitadores la **constitución de fianza** alguna, salvo que se haya consignado esta condición expresamente en los anuncios de la subasta. En tal caso, la exigencia de fianza debe ajustarse a las siguientes reglas:
• En ningún caso, el importe puede ser superior al 5% del **precio de salida** de los bienes en cuya licitación se quiera participar.
• La empresa subastadora tiene una obligación de **devolver la fianza** a los licitadores a quienes no hubiese sido adjudicado el remate dentro del **plazo** máximo de 3 días a contar desde la finalización del acto.
• Al **rematante** se le debe **reintegrar la fianza**, salvo que no satisfaga el precio en las condiciones en que se hizo la adjudicación. En tal caso, pierde la fianza constituida que, en defecto de pacto, corresponde al titular del bien subastado, una vez deducido el premio o comisión atribuible a la empresa subastadora, sin perjuicio del derecho del vendedor a exigir el cumplimiento del contrato.

Irreivindicabilidad de bienes muebles adquiridos en subasta (LOCM **2126**
art.61.1; CCom art.85) Se aplica a la venta en subasta la **posición inatacable** del comprador de objetos vendidos en almacén o tienda abierta al público (CCom art.85).
También queda a salvo, en su caso, el **derecho del propietario** para exigir **responsabilidades** civiles –y, en su caso, penales– que le correspondan frente a quien hubiera vendido indebidamente los bienes. Estas reclamaciones pueden dirigirse contra el vendedor y la persona que ha encargado la subasta, con independencia de que conocieran o no la venta indebida y de si participaron o no en ella.

Responsabilidad solidaria del subastador y el propietario del bien (LOCM **2128**
art.61.2) En el caso de que haya incumplido las obligaciones de información que le incumben (nº 2123), el subastador responde solidariamente el propietario del bien por la **falta de conformidad** del bien subastado con el anuncio de la subasta (nº 2122), así como por los **vicios o defectos ocultos** de la cosa vendida (AP Tarragona (Civil) 28-10-20, EDJ 736030).

En el ámbito de las subastas, se entiende por **vicios ocultos** tres tipos distintos de **2130**
anomalías.
• **Error en la declaración del subastador**. Se produce cuando ha valorado adecuadamente la pieza pero, al introducir su descripción en el catálogo o anuncio de la subasta, incurre en un error (así, por ejemplo, cuando se ha comprobado que una

cómoda es del s. XVIII y, por error, figura en el catálogo como pieza del s. XVII). En este caso no puede hablarse de vicio oculto, ya que la discrepancia entre la descripción contenida en el catálogo y las cualidades reales del lote **pueden ser advertidas** sin dificultad por cualquiera que examine la pieza. Existe, ciertamente, un defecto o anomalía, pero no está «oculto». No obstante, ello no impide que el comprador pueda reclamar frente al vendedor por las consecuencias derivadas del error padecido o de la falta de conformidad entre el objeto y su descripción, pero debe tratarse de un **error esencial**. Además, la casa de subastas es también responsable en caso de haber actuado negligentemente, por no haber advertido el error en el propio acto de la subasta.

• **Error en la descripción de las características del objeto.** Consiste en atribuirle ciertas **cualidades que no le corresponden** (así, cuando se describe un escritorio como mueble del s. XVIII, cuando en realidad se trata de una réplica de principios del s. XX). La existencia o no de vicio oculto depende de la mayor o menor **entidad de la falta de concordancia** entre descripción y realidad, así como de la facilidad para detectar desde fuera la defectuosa atribución. El vendedor debe **responder** en todo caso de la falta de conformidad de lo entregado con lo contratado, al igual que ha de hacerlo el subastador cuando la inexacta estimación y descripción hayan sido producto de su negligencia.

• **Error por no apreciar defectos**. Se produce cuando la descripción del bien contenida en el catálogo es adecuada y pertinente, pero **el bien que se entrega** adolece de determinados defectos que **disminuyen su uso o su valor**. Éste es el supuesto típico de concurrencia de vicios ocultos, en el sentido que esta expresión tiene en el CC art.1485, lo que hace inexcusable la **sujeción del vendedor al saneamiento**. La del **subastador**, en cambio, es más discutible. Depende, en la mayoría de los casos, de cómo haya desarrollado su labor de descripción y sus tareas preparatorias de estimación y estudio de la pieza se extienden a la clase de defecto de que se trata.

La responsabilidad solidaria es extiende también a la garantía frente a las **falsificaciones deliberadas**. La obligación de examen y valoración del bien (nº 2108) se concentran en este caso en la identificación e indicación de lo que es falso o imitado. De hecho, es frecuente que las principales casas de subasta se comprometan a **reintegrar a los adquirentes** el precio y la comisión pagados, si el comprador puede acreditar que el objeto es producto de una imitación, copia o falsificación que se ha hecho con el propósito de engañar en cuanto a su autoría, antigüedad, procedencia, etc. Por el contrario, la garantía no se presta si la falsificación no puede ser detectada con los medios técnicos o las opiniones expertas que existían en el momento de describirse el bien para el catálogo.

2133 **Subastas en salas especializadas en objetos de arte o de valor** (LOCM art.58.2) Para este tipo de subastas, se recogen dos reglas especiales:

• Cuando se oferte la venta en subasta de una **imitación** o de un artículo que, aunque aparentemente precioso, no lo sea en realidad, debe hacerse **constar expresamente**, esta circunstancia en **dos momentos**:

– en los **anuncios de la subasta** o, en su caso, en la descripción del lote contenida en el catálogo;

– en las **invitaciones en las pujas** que realiza el subastador en el acto de la subasta pública.

Se impone al subastador la obligación de proceder a una **doble advertencia** de no autenticidad, que se extiende a todos los objetos para los que puede tener sentido, dado la posible confusión en que pueden incurrir los potenciales adquirentes. Esto incluye, por ejemplo, las pinturas, dibujos y grabados (que pueden ser copiados, falsificados y reproducidos), las joyas, gemas y piedras preciosas (susceptibles de imitación o falsificación), los libros (que pueden ser facsimilados) y los muebles de época (que pueden ser objeto de reproducciones modernas), entre otros.

• Se tiene que identificar con claridad si las **calidades de la pieza** son ciertas o bien simplemente supuestas o adveradas por determinado experto. Se establece la presunción de que si el lote se ofrece acompañado del nombre o las iniciales de un cierto autor, o si se indica que la pieza subastada ha sido firmada por el mismo, se pre-

sume que se está describiendo como un **original del artista** y, por tanto, de su mano, salvo que se hagan constar con claridad las oportunas advertencias.
La **atribución de cualidades** puede realizarse de diferentes maneras:
- de **forma directa** (por ejemplo, indicando el autor de la obra o la época a la que pertenece);
- de **modo indirecto** (la valoración por un cierto precio puede ser indicativa de ciertas cualidades, como, por ejemplo, que se trata de una pieza de época y no de una reproducción, aunque ello no se advierta explícitamente); o
- por **omisión**, en relación con los usos admitidos (p. ej., en relación a un libro antiguo ilustrado, no indicar la falta de alguna lámina implica una descripción como completo).

Esta presunción está pensada fundamentalmente para las **obras de arte plástico**, pero nada impide que pueda extenderse su aplicación a otros objetos, como los manuscritos, los objetos de artesanía o los muebles de ebanistas de reconocido prestigio. Se trata, no obstante, de una presunción que **admite prueba en contrario**.

Regulación autonómica Son pocas las comunidades autónomas que cuentan con una regulación propia de las subastas, y en aquellas en las que existe esa regulación, las diferencias con la normativa estatal son mínimas. Presentan las siguientes **normas propias** en la regulación de la venta en subasta. **2134**

Andalucía (DLeg Andalucía 1/2012 art.57 y 58).
Excluye expresamente las subastas que se llevan a cabo en lonjas, puertos y lugares similares.
La venta en pública subasta realizada de forma ocasional debe ser comunicada a la Consejería competente en materia de comercio interior con una antelación mínima de 10 días a la fecha en que vaya a tener lugar.

Cantabria (L Cantabria 1/2002 art.58 a 63).
Excluye expresamente las subastas que se llevan a cabo en lonjas, puertos y lugares que se rigen por su normativa específica.

Castilla-La Mancha (L Castilla-La Mancha 2/2010 art.50).
La venta en subasta pública debe ser comunicada a la Consejería competente en materia de comercio con una antelación mínima de 10 días a la fecha en que vaya a tener lugar.

Cataluña (L Cataluña 18/2017 art.15 redacc L Cataluña 15/2020).
Quedan **excluidas** las subastas de títulos, así como las judiciales y administrativas, que se rigen por su normativa específica.
La venta en subasta pública de **bienes integrantes del patrimonio cultural catalán** queda sujeta a los requisitos y condicionantes específicos establecidos por la normativa sectorial reguladora del patrimonio cultural catalán.

Galicia (L Galicia 13/2010 art.79 y 80).
Excluye expresamente las subastas que se lleven a cabo en lonjas y lugares similares.
La actividad de venta en subasta pública debe ser **comunicada** previamente al ayuntamiento en cuyo ámbito territorial va a ser celebrada.
En el caso de empresas que se dediquen con carácter permanente a esta actividad, la autorización se concede por una sola vez y con carácter temporal ilimitado, sin perjuicio de la oportuna revocación de la misma por incumplimiento de las condiciones requeridas y, en cualquier caso, previo oportuno expediente administrativo.

La Rioja (L La Rioja 3/2005 art.40).
Excluye expresamente las subastas que se lleven a cabo en lonjas y lugares similares.
La venta en pública subasta realizada en forma ocasional debe ser **comunicada** en las condiciones que reglamentariamente se determinen, con una antelación mínima de 10 días a la fecha de realización, al ayuntamiento en cuyo ámbito territorial vaya a realizarse.

Comunidad Valenciana (L C.Valenciana 3/2011 art.57 y 58).
No presenta ninguna especialidad respecto a la normativa estatal.

E. Venta multinivel y en pirámide

(LOCM art.22 y 23)

2134.1 Las denominadas venta multinivel y venta en pirámide **son** formas especiales de comercio de apariencia similar pero de muy diferentes consecuencias prácticas. Ambas son objeto de regulación, junto con las actividades de promoción de ventas (nº 1665 s.), por la normativa de ordenación del comercio minorista, lo que implica la existencia de un consumidor en la última fase del proceso comercial en el que tienen lugar.

2134.2 **Venta multinivel** (LOCM art.22) La venta multinivel es una **forma especial de comercio** en la que un fabricante o un comerciante mayorista vende sus bienes o servicios:
- a través de una red de comerciantes y/o agentes distribuidores independientes, pero coordinados dentro de una misma red comercial; y
- cuyos beneficios económicos se obtienen mediante un único margen sobre el precio de venta al público, que se distribuye mediante la percepción de porcentajes variables sobre el total de la facturación generada por el conjunto de los vendedores integrados en la red comercial, y proporcionalmente al volumen de negocio que cada componente haya creado.

Los **comerciantes** y los **agentes distribuidores independientes** se consideran en todo caso empresarios a los efectos previstos en la LGDCU y otras leyes complementarias.
Queda **prohibido** organizar la comercialización de bienes y servicios **cuando**:
• Constituya un acto desleal con los consumidores conforme a lo previsto en la Ley de Competencia Desleal.
• No se garantice adecuadamente que los distribuidores cuenten con la oportuna contratación laboral o cumplan con los requisitos que vienen exigidos legalmente para el desarrollo de una actividad comercial.
• Exista la obligación de realizar una compra mínima de los productos distribuidos por parte de los nuevos vendedores, sin pacto de recompra en las mismas condiciones.

El fabricante o mayorista titular de la red no puede condicionar el acceso a la misma al abono de una cuota o canon de entrada que no sea equivalente a los productos y material promocional, informativo o formativo entregados a un precio similar al de otros homólogos existentes en el mercado y que no pueden superar la cantidad que se determine reglamentariamente.
En los supuestos en que exista un pacto de recompra, los productos se tendrán que admitir a devolución siempre que su estado no impida claramente su posterior comercialización.

2134.3 **Venta en pirámide** (LOCM art.23; LCD art.24) También llamada «venta en cadena» o «venta en bola de nieve», es un supuesto concreto de venta multinivel **prohibido** por la LOCM. En particular, queda prohibido crear, dirigir o promocionar un plan de venta piramidal, entendida ésta como aquélla en la que el consumidor o usuario realice una contraprestación a cambio de la oportunidad de recibir una compensación derivada fundamentalmente de la entrada de otros consumidores o usuarios en el plan, y no de la venta o suministro de bienes o servicios.
La **característica definitoria** de esta modalidad de venta es que la remuneración de los distribuidores se obtiene mediante el reclutamiento o incorporación a la red de nuevos distribuidores independientes, ofreciéndose productos o servicios de forma gratuita o a un precio inferior al de mercado a cambio de que se consiga la adhesión de nuevos distribuidores.
En ciertas modalidades de la venta en pirámide se puede ofrecer al consumidor captado como vendedor participar en un **porcentaje de las ventas** que efectúen los distribuidores que ingresen en la red gracias a su intermediación (aunque también los

vendedores que hayan ingresado con anterioridad y estén en una posición más fuerte participarán de los beneficios de otros).

Precisiones El **principal incentivo** del distribuidor consiste en captar nuevos revendedores que vendan productos en la red, en lugar de venderlos él mismo. Otro de los inconvenientes de esta modalidad de venta es que usualmente desemboca en situaciones de saturación del mercado, ya que los revendedores y las comisiones que llegan hasta el organizador de la red, crecen en proporción geométrica, dando lugar a una situación en que se hace muy difícil encontrar nuevos revendedores. Llegado ese momento, los consumidores que están en la base de la pirámide, por haberse integrado en su estructura en último lugar, no son capaces de encontrar nuevas personas dispuestas a incorporarse a la red como revendedores. Se trata de un negocio aleatorio en el que la persona que se incorpora a la red corre el riesgo de que, en el momento de su adhesión, el mercado ya esté saturado y no pueda encontrar nuevas incorporaciones.

Estas prácticas tienen la consideración de **engañosas** y, por ende, son constitutivas **2134.4**
de conductas desleales (LCD art.24).
Las **condiciones** contractuales **contrarias a esta prohibición** se consideran nulas de pleno derecho, con los efectos que dicha nulidad conlleva en el ámbito del Derecho privado. En este sentido, procede señalar que la principal consecuencia de la nulidad de un contrato es la recíproca restitución de las prestaciones (CC art.1303 y 1307).
Esta previsión constituye un mecanismo dirigido a reforzar la eficacia de la prohibición de venta en pirámide. Se trata de una **nulidad de pleno derecho**, insubsanable e imprescriptible, aunque cabe entender que es solo parcial, pues no se predica del contrato en su conjunto, sino de las condiciones contractuales que vulneren lo dispuesto en la LCD art.24.
Este matiz permitiría, por ejemplo, considerar nula únicamente la cláusula que imponga la **obligación de afiliación de nuevos integrantes** de la red de distribución en los términos prohibidos y salvar la validez del resto del contrato.
Esta **regla** resulta **aplicable en** todo el territorio español, ya que se dicta al amparo de la competencia exclusiva del Estado para regular el derecho mercantil de la competencia, reconocida en la Const art.149.1.6 (LOCM disp.final única).

Precisiones **1)** En la mayoría de las ocasiones resultará **difícil deslindar** las cláusulas que regulan el **sistema de distribución**, de las que se aplican en particular a las operaciones o transacciones llevadas a cabo. En tales casos, la única posibilidad sería considerar nulo el contrato en su conjunto.
2) No contempla la LOCM el supuesto de ventas en pirámide en que **únicamente circula dinero**. Fue el caso del «Titan Bussiness Club écheme», en el que se pagaba una cuota de 3.000 libras por ingresar y se adquiría el derecho a percibir un porcentaje sobre las cuotas de los miembros reclutados por el nuevo socio o por aquéllos introducidos por los reclutados por este.
3) Hasta la **reforma** introducida por la L 29/2009, la LOCM hacía referencia a **dos tipos** de ventas en pirámide:
- aquélla en la que hay ofrecimiento de productos o servicios gratis o a un precio inferior a su valor de mercado; y
- aquélla en que la obtención del beneficio se basa en la progresión geométrica del número de personas reclutadas o inscritas.

SECCIÓN 6

Horarios comerciales

2135

La regulación de los horarios comerciales es uno de los ámbitos en los que más **2137**
intensamente **interviene la Administración**, a fin de intentar **conciliar** adecuadamente los **intereses contrapuestos** de pequeños y grandes comerciantes.

Los **pequeños** comerciantes normalmente prefieren que se restrinjan los horarios de venta al público.
Los **grandes** comerciantes suelen considerar más beneficiosa la existencia de un régimen de libertad que les permita aprovechar mejor su potencial de oferta sin restricción alguna.
Estos intereses de los comerciantes se tienen que conciliar además con los de los **consumidores**, a los que beneficia un sistema de libertad de horarios.

a. Regulación estatal

(L 1/2004)

2140 La **norma básica** sobre horarios comerciales de atención al público, es la L 1/2004, de horarios comerciales. Es una norma dictada por el Estado en ejercicio de sus competencias sobre bases de ordenación de la economía (Const art.149.1.13).
La Ley establece un **marco general**, dejando el **desarrollo** y concreción a las comunidades autónomas (nº 2155 s.).

2145 **Régimen general** En materia de horarios comerciales, la norma estatal establece, con carácter general, un **principio de libertad de horarios**, en el marco que desarrolle la respectiva ley autonómica.
Cada **comerciante**, puede fijar libremente el **horario** de apertura y cierre dentro de los **días laborables** de la semana, respetando el **límite máximo** del horario global que, en su caso, establezca cada comunidad autónoma (L 1/2004 art.1).
Están **excluidas** del ámbito de aplicación de la Ley, las farmacias y los estancos, que se rigen por su normativa específica (L 1/2004 art.5.6).

2147 **Horarios de apertura y cierre** Es **competencia** de las **comunidades autónomas** la regulación de los horarios de apertura y cierre de los locales comerciales en sus respectivos ámbitos territoriales (L 1/2004 art.2). La **Ley estatal** impone un **límite** que ha de ser respetado en todo caso, al prohibirles restringir el horario global en el que los comercios pueden desarrollar su actividad, durante los días laborables, a menos de 90 horas (L 1/2004 art.3.1).
Dentro de ese límite máximo que fija la comunidad autónoma, el **horario concreto** de apertura y cierre diario de su establecimiento lo decide libremente cada comerciante (L 1/2004 art.3.2). Las comunidades autónomas pueden establecer la **obligación de informar** al público sobre dicho horario comercial (L 1/2004 art.3.3).
En el caso de que una comunidad autónoma **no haga uso** de la facultad para fijar dicho límite, se entiende que los comerciantes disponen de plena libertad para determinar las horas de apertura de sus establecimientos (L 1/2004 disp.adic.1ª).

2149 **Domingos y festivos** (L 1/2004 art.4) La Ley estatal establece un **número mínimo** de 16 al año, durante los cuales pueden permanecer abiertos los establecimientos comerciales.
La **competencia autonómica**, en este aspecto concreto, se limita a la posibilidad de **modificar el número** señalado, incrementándolo o reduciéndolo, según las necesidades comerciales, pero sin que en ningún caso pueda **limitarse por debajo** de 10 el número mínimo de domingos y festivos de apertura autorizada.
La **determinación** de los domingos o días festivos en los que pueden permanecer abiertos al público los comercios, con el mínimo anual antes señalado, corresponde a cada comunidad autónoma para su respectivo ámbito territorial. Para ello deben atender de forma prioritaria al **atractivo comercial** de los días para los consumidores, de acuerdo con los siguientes criterios:
- la coincidencia de dos o más días festivos continuados;
- los períodos de rebajas;
- la mayor afluencia turística en la comunidad autónoma; y
- la campaña de Navidad.

En las comunidades autónomas que se decida **no ejercitar** estas opciones, se entiende que los comerciantes disponen de plena libertad para determinar los domingos y festivos de apertura de sus establecimientos (L 1/2004 disp.adic.2ª).
Dentro de los límites que fije la comunidad autónoma, corresponde a **cada comerciante** decidir qué domingos o días festivos abre su establecimiento.

Régimen especial de horarios (L 1/2004 art.5) Junto al régimen general, la Ley estatal prevé un régimen especial de horarios aplicable a **determinados establecimientos** comerciales, que tienen **plena libertad** para determinar los días y horas en que permanecen abiertos al público y no están, por tanto, sujetos a las escasa limitaciones o imposiciones que sí operan respecto de los restantes establecimientos. **2150**
En concreto, se prevé este régimen especial para los siguientes establecimientos:
• Establecimientos de **venta** de:
- pastelería y repostería, pan y platos preparados;
- prensa;
- combustibles y carburantes; y
- floristerías y plantas.
• **Tiendas de conveniencia**. Se consideran tiendas de conveniencia aquellas que tienen una superficie útil para la exposición y venta al público no superior a 500 m^2, permanecen abiertas al público al menos 18 horas al día y distribuyen su oferta, en forma similar, entre libros, periódicos y revistas, artículos de alimentación, discos, vídeos, juguetes, regalos y artículos varios.
• Tiendas instaladas en **puntos fronterizos, estaciones y medios de transporte** marítimo, marítimo y aéreo.
• Establecimientos ubicados en **zonas de gran afluencia turística**. Se consideran zonas de gran afluencia turística, aquellas áreas en las que concurre alguna de las siguientes **circunstancias**:
- concentración de plazas en alojamientos y establecimientos turísticos o bien en el número de segundas residencias respecto a las que constituyen residencia habitual;
- declaración como Patrimonio de la Humanidad o en que se localice un bien inmueble de interés cultural integrado en el patrimonio histórico artístico;
- áreas de influencia de zonas fronterizas;
- celebración de grandes eventos deportivos o culturales de carácter nacional o internacional;
- proximidad a áreas portuarias en las que operen cruceros turísticos y registren una afluencia significativa de visitantes;
- ser áreas de turismo de compras; o
- cuando concurran circunstancias especiales que así lo justifiquen.
La determinarán las zonas de gran afluencia turística se realiza las comunidades autónomas, a propuesta de los ayuntamientos correspondientes.
• Establecimientos de **reducida dimensión**, que disponen de una superficie útil para la exposición y venta inferior a 300 m^2, excluidos los pertenecientes a empresas o grupos de distribución que no tengan la consideración de pequeña y mediana empresa.

Precisiones Los **acuerdos** que adopten los ayuntamientos en el marco del procedimiento de declaración de **zona de gran afluencia turística** son **recurribles** ante la jurisdicción contencioso-administrativa, en aquellos supuestos en que, en razón del contenido de la resolución, se infiera que la decisión municipal pone fin al procedimiento para los interesados que promovieron dicho expediente y puede producir perjuicios irreparables a sus derechos e intereses legítimos (TS 5-12-19, EDJ 771419).

Régimen sancionador (L 1/2004 art.5) La Ley estatal defiere a las **comunidades autónomas** la **competencia** de establecer el sistema sancionador aplicable a las infracciones de la normativa que dicten en relación con calendarios y horarios comerciales. **2152**

b. Regulación autonómica

2155 Corresponde a las comunidades autónomas la regulación de los horarios para la apertura y cierre de los locales comerciales, en sus respectivos ámbitos territoriales, con **sujeción a los principios generales** establecidos en la LOCM (LOCM art.2).

2156 **Andalucía** (DLeg Andalucía 1/2012 art.15 a 20)

Horario semanal. El horario en el que los comercios pueden desarrollar su actividad durante los días laborables de la semana es de un máximo, de 90 horas.

Régimen de domingos y días festivos. Los domingos y días festivos en que los comercios pueden permanecer abiertos al público es de 16 días a partir del año 2022. Las corporaciones locales, por acuerdo motivado del órgano correspondiente, pueden permutar hasta 2 de los domingos y festivos habilitados en el calendario anual regional por otros en atención a las necesidades comerciales de su término municipal (DLeg Andalucía 1/2012 art.19 redacc DL Andalucía 2/2020).

Publicidad de horarios. En todos los establecimientos comerciales debe figurar la información de los horarios de apertura y cierre, exponiéndolos en lugar visible, tanto en el interior del establecimiento como en el exterior, incluso cuando el local esté cerrado.

Establecimientos con libertad de horario. Son los siguientes establecimientos (DLeg Andalucía 1/2012 art.20 redacc DL Andalucía 2/2020):

- de venta de pastelería y repostería, pan y platos preparados, elaboración y venta de churros, patatas fritas, frutos secos y dulces, prensa, floristerías y plantas;
- dedicados exclusivamente a la venta de productos culturales y deportivos ubicados en el interior de museos o establecimientos culturales o deportivos;
- venta de combustibles y carburantes;
- los integrados en instalaciones de prestación de servicios turísticos, dedicados exclusivamente al servicio de las personas usuarias de las mismas;
- las denominadas tiendas de conveniencia; y
- los instalados en puntos fronterizos, en estaciones y medios de transporte terrestre, marítimo y aéreo, que tengan acceso restringido para los viajeros y los situados dentro de los establecimientos de alojamiento turístico. En el caso de no existir zonas restringidas, la libertad horaria solo se aplicará a un total de 500 m^2 de superficie útil de exposición y venta al público

2158 **Aragón** (L Aragón 7/2005)

Horario semanal. El horario global en que los establecimientos comerciales podrán desarrollar su actividad durante el conjunto de días laborables de la semana es de 90 horas.

Puede ser **ampliado** por el Departamento competente en materia de comercio de forma motivada. La **ampliación puede ser** con carácter general para todo el comercio, o para sectores concretos, o para determinados establecimientos que reúnan circunstancias particulares por razón de su tamaño o situación geográfica, o cualquier otro factor que redunde en beneficio de la actividad comercial.

Régimen de domingos y días festivos. El número de domingos y días festivos en que los comercios pueden permanecer abiertos al público es de 10.

Puede ser **ampliado** por el Departamento competente en materia de comercio de forma motivada.

Publicidad de horarios. Los días y horas de apertura y cierre de cada establecimiento comercial deben exponerse para público conocimiento e información, de forma que sea visible desde el exterior, incluso cuando el establecimiento se encuentre cerrado.

Establecimientos con libertad de horario. Coincide básicamente con la legislación estatal (nº 2150).

Asturias (L Asturias 9/2010 art.22 a 26) 2160

Horario semanal. Los establecimientos comerciales pueden permanecer abiertos al público durante el conjunto de días laborables de la semana hasta un máximo de 90 horas.

Régimen de domingos y días festivos. Los establecimientos comerciales pueden permanecer abiertos al público durante un máximo de 10 domingos o días festivos al año.

Publicidad de horarios. Los titulares de establecimientos comerciales están obligados a exponer en sus escaparates o en cualquier otro lugar de su establecimiento legible desde el exterior, el horario de apertura y cierre que tengan establecido.

Establecimientos con libertad de horario. Coincide básicamente con la legislación estatal (nº 2150).

Coincidencia con ferias y mercados. Los **establecimientos comerciales de proximidad** situados en localidades en las que los mercados y ferias periódicas se celebren en domingos y festivos pueden permanecer abiertos el mismo horario del mercado o feria, previo acuerdo de la mayoría del comercio local, siempre y cuando se mantengan cerrados al día siguiente.

Precisiones Son **establecimientos comerciales de proximidad** los establecimientos individuales o colectivos dedicados al comercio al por menor de cualquier sector y, en todo caso, los dedicados a la venta de productos de consumo cotidiano de alimentación, bebidas, higiene personal, limpieza, artículos de hogar y prensa, y que tengan una superficie útil de exposición y venta al público inferior a 2.500 m^2 (L Asturias 9/2010 art.16.1.a).

Baleares (L Baleares 11/2014 art.17 a 24) 2162

Horario semanal. Los establecimientos comerciales pueden permanecer abiertos al público durante el conjunto de días laborables de la semana hasta un máximo de 90 horas.

Régimen de domingos y días festivos. El número anual de domingos y otros festivos en que los comercios pueden permanecer abiertos al público es de 16 días.

Los ayuntamientos pueden sustituir, para sus términos municipales, hasta 2 días del total de domingos y festivos que cada año se determinen.

Publicidad de horarios. Todos los establecimientos comerciales tienen que exponer la información de los días y el horario diario de abertura y de cierre, en un lugar y de manera visible, tanto en el interior como en el exterior, incluso cuando el establecimiento esté cerrado.

Establecimientos con libertad de horario. Coincide básicamente con la legislación estatal (nº 2150). **Añade** los establecimientos situados dentro de establecimientos hoteleros, y los establecimientos del entorno inmediato (300 metros lineales) de los mercados y mercadillos.

Canarias (DLeg Canarias 1/2012 art.12) 2164

Horario semanal. Los comercios no podrán permanecer abiertos al público durante un número de horas que exceda de 90 en el conjunto de días laborables de la semana.

Régimen de domingos y días festivos. A lo largo del año, los establecimientos comerciales no podrán abrir al público durante más de 10 días que tengan la consideración de domingos o festivos.

Publicidad de horarios. Los comerciantes están obligados a exponer un detalle claro y exacto de los días en que permanecerán abiertos al público y su horario de apertura y cierre. Se tiene que exponer en los escaparates o en otro lugar de sus establecimientos visible desde el exterior, incluso cuando estén cerrados.

Establecimientos con libertad de horario. Coincide básicamente con la legislación estatal (nº 2150).

Coincidencia con ferias y mercados. Los establecimientos comerciales situados en aquellas zonas en que tengan lugar ferias y mercados de marcado carácter tradicional pueden permanecer abiertos, previa autorización del respectivo ayuntamiento, los domingos y festivos en que se celebre la correspondiente feria o mercado.

2166 **Cantabria** (L Cantabria 1/2002 art.14 y 15)
Horario semanal. El horario global en que los establecimientos comerciales podrán abrir al público durante el conjunto de días laborables de la semana es de 90 horas, como máximo.
Régimen de domingos y días festivos. El número máximo de domingos y días festivos en que los comercios podrán permanecer abiertos al público es de 10.
Publicidad de horarios. Todos los establecimientos comerciales deben exponer, en lugar visible para el público, el calendario de días laborables y el horario de apertura y cierre.
Establecimientos con libertad de horario. Coincide básicamente con la legislación estatal (nº 2150). **Añade** los establecimientos dedicados a la venta de **productos culturales**, entendiendo como tales los libros, soportes musicales, vídeos, obras de arte, antigüedades, sellos y recuerdos de artesanía popular.

2168 **Castilla-La Mancha** (L Castilla-La Mancha 2/2010 art.17 a 22)
Horario semanal. El horario en el que los establecimientos comerciales pueden desarrollar su actividad durante los días laborables de la semana es de 90 horas, como máximo. Como **excepción**, cuando los días 24 y 31 de diciembre sean laborables, el horario de cierre de los establecimientos comerciales puede prolongarse hasta las 20,00 horas, como máximo.
Régimen de domingos y días festivos. Los domingos y días festivos en los que los establecimientos comerciales pueden permanecer abiertos al público son 12 al año.
Publicidad de horarios. En todos los establecimientos comerciales debe figurar la información a los consumidores de los horarios de apertura y cierre, exponiéndolos en lugar visible desde el exterior, incluso cuando el local esté cerrado.
Establecimientos con libertad de horario. Coincide básicamente con la legislación estatal (nº 2150). **Añade** los establecimientos dedicados en exclusiva a la venta de **productos típicos y de artesanía** popular.

2170 **Castilla y León** (DLeg Castilla y León 2/2014 art.7; D Castilla y León 82/2006)
Horario semanal. El horario global en el que los comercios pueden desarrollar su actividad durante el conjunto de días laborables de la semana es de 90 horas semanales. En aquellas semanas que incluyan algunos de los festivos expresamente autorizados para la apertura, se añaden las horas correspondientes a tales días.
Régimen de domingos y días festivos. El número mínimo de domingos y días festivos en que los comercios pueden permanecer abiertos al público es de 10. No pueden incluirse los días 1 de enero, 1 de mayo y 25 de diciembre. Pueden establecerse **excepciones** al régimen general en los municipios en los que concurran tradiciones comerciales históricas.
Publicidad de horarios. En todos los establecimientos comerciales se tiene que exhibir, en un lugar visible desde el exterior de los mismos, el horario de apertura y cierre, así como los domingos y festivos de apertura autorizada, con su correspondiente horario, en los que el establecimiento permanecerá abierto al público.
Establecimientos con libertad de horario. Coincide básicamente con la legislación estatal (nº 2150). **Añade** los establecimientos comerciales dedicados exclusivamente a la **venta del libro** durante la celebración del Día del Libro, la Feria del Libro, o eventos culturales similares relacionados con esta actividad.

2172 **Cataluña** (L Cataluña 18/2017 art.36 a 39 redacc L Cataluña 15/2020)
Horario semanal. Los establecimientos comerciales de venta al público de mercancías pueden establecer libremente el horario comercial de su actividad teniendo en cuenta lo siguiente:
• No pueden permanecer abiertos, ni llevar a cabo actividades de venta en los siguientes periodos:
- de octubre a mayo, ambos incluidos, de las 21.00 h a las 6.00 h;
- de junio a septiembre, ambos inclusive, de las 22.00 h a las 7.00 h.
• El número de horas semanales en que los establecimientos comerciales pueden permanecer abiertos es de 75, como máximo.

• Deben permanecer cerrados con carácter general los días: **2172** (sigue)
- 1 y 6 de enero;
- domingo y lunes de Pascua;
- 1 de mayo;
- 24 de junio;
- 11 de septiembre;
- 25 y 26 de diciembre.

Régimen de domingos y días festivos. El número de domingos y festivos en que pueden permanecer abiertos los establecimientos comerciales es de 8 al año. Además, cada ayuntamiento debe fijar 2 festivos más para su ámbito territorial municipal.

Publicidad de horarios. Los establecimientos comerciales deben exponer el horario adoptado de modo que la información sea visible al público, incluso con el establecimiento cerrado.

Establecimientos con libertad de horario. Coincide básicamente con la legislación estatal (nº 2150).

Como **especialidades**:

• En el caso de establecimientos instalados en **estaciones y medios de transporte** terrestre, marítimo y aéreo, exige que solamente sean accesibles desde el interior.

• En los establecimientos dedicados a la **venta de combustibles y carburantes**, precisa que la excepción no afecta a los establecimientos comerciales anexos, salvo que se limiten, esencialmente, a la venta de recambios y otros productos complementarios de la automoción.

Añade los siguientes establecimientos comerciales:
- los instalados en **puestos fronterizos**;
- los de **venta ambulante** (nº 2066);
- los **integrados en recintos de afluencia turística**, como museos, exposiciones, monumentos, centros recreativos turísticos, parques de atracciones o temáticos, a los que están directamente vinculados por el producto comercializado;
- los **integrados en establecimientos hoteleros** siempre y cuando la actividad que lleven a cabo tenga carácter permanente y no se pueda acceder a ellos directamente desde la calle;
- los de **venta personalizada o en régimen de autoservicio**, cuyos titulares sean pequeñas o medianas empresas que no pertenezcan a grupos empresariales, siempre y cuando la superficie de venta no supere los 150 m^2 y cuenten con una oferta orientada esencialmente a productos de compra cotidiana de alimentación, o estén situados en municipios de menos de 5.000 habitantes, y la superficie de venta no supere los 150 m^2;
- los dedicados esencialmente y de forma habitual a la venta de **productos pirotécnicos**, que pueden permanecer abiertos al público, además de los días laborables, todos los domingos y festivos del mes de junio durante un máximo de 12 horas dentro de la franja horaria comprendida entre las 7 h y las 22 h;
- los dedicados esencialmente a la venta de **productos culturales o de ocio**, con una superficie de venta que no supere los 300 m^2, cuyos titulares sean pequeñas o medias empresas que no pertenezcan a grupos empresariales.
- las **actividades comerciales efímeras**, solo si están directa y exclusivamente vinculadas por el producto comercializado a un evento cultural, deportivo o ferial con el que coincide en el tiempo, independientemente de la modalidad comercial en la que se lleve a cabo;
- los establecimientos dedicados esencialmente y de forma habitual a la **venta de libros** pueden permanecer abiertos al público los días 22 y 23 de abril, con motivo del día de Sant Jordi, si uno de estos 2 días o ambos cae en festivo.

Coincidencia con ferias y mercados. Los establecimientos situados en el entorno inmediato de los mercados de venta ambulante, pueden abrir durante el mismo horario en el que se realiza el mercado.

2174 **Extremadura** (L Extremadura 3/2002 art.28 a 33)

Horario semanal. El horario global dentro del cual los establecimientos comerciales minoristas establecidos en Extremadura pueden desarrollar su actividad, durante los días laborables de la semana, no puede exceder de 90 horas.

Régimen de domingos y días festivos. El número de domingos y festivos en que pueden permanecer abiertos los establecimientos comerciales es de 8 al año. Además los ayuntamientos pueden añadir 2 domingos o festivos hábiles para la actividad comercial.

Publicidad de horarios. En todos los establecimientos comerciales debe figurar la información del calendario laboral y horario de apertura y cierre en sitio visible, tanto en el interior como en el exterior, incluso cuando estén cerrados.

Establecimientos con libertad de horario. Coincide básicamente con la legislación estatal (nº 2150). Como **especialidad**, en el caso de las **tiendas de conveniencia**, la **oferta alimentaria** no puede representar más del 40% del surtido, ni ocupar más del 35% de espacio de venta.

Añade los establecimientos dedicados a la venta exclusiva de **productos culturales.**

Precisiones Se consideran **productos culturales** los libros en soporte escrito o informático, la música de cualquier formato, periódicos, revistas, instrumentos musicales, cintas de vídeo, sellos, monedas, medallas conmemorativas, billetes para coleccionistas, artículos de dibujo y bellas artes, obras de arte, antigüedades, recuerdos y de artesanía popular, así como todos aquellos cuya finalidad sea cultivar, desarrollar y formar los conocimientos humanos y el ejercicio de sus facultades intelectuales.

2176 **Galicia** (L Galicia 13/2006)

Horario semanal. El horario global en que los establecimientos comerciales pueden desarrollar su actividad durante el conjunto de días laborables de la semana será de 90 horas, como máximo.

La **franja horaria** en que se puede desarrollar la actividad comercial es entre las 8.00 y las 24.00 horas. Como **excepción**, los días 24 y 31 de diciembre, si son laborales, el horario de cierre de los establecimientos comerciales se realizará, como máximo, a las 20.00 horas.

Régimen de domingos y días festivos. Los domingos y días festivos en que los establecimientos comerciales pueden permanecer abiertos al público es de 10 al año, como máximo.

Los establecimientos comerciales han de permanecer cerrados los días 1 de enero, 1 de mayo, 17 de mayo, 25 de julio y 25 de diciembre.

Publicidad de horarios. En todos los establecimientos comerciales ha de figurar la información a los consumidores de los horarios de apertura y cierre, exponiéndose en lugar visible desde el exterior, incluso cuando el local estuviera cerrado.

Establecimientos con libertad de horario. Coincide básicamente con la legislación estatal (nº 2150). Como **especialidades**:

• En los establecimientos ubicados en **puntos fronterizos, estaciones y medios de transporte** terrestre, marítimo y aéreo, no se aplica el régimen de libertad de horarios cuando se trate de centros comerciales orientados a atraer una demanda comercial ajena a la propia de tales puntos de venta.

• En los establecimientos dedicados, principalmente, a la **venta de combustibles y carburantes**, no se aplica la excepción en el caso de que existan establecimientos comerciales cuya oferta principal no estuviera vinculada a la venta de combustibles y carburantes.

Añade los siguientes establecimientos comerciales:

• Los ubicados en **locales o recintos de afluencia turística**, como museos, monumentos y centros recreativos turísticos, y a los cuales estén directamente vinculados por el producto comercializado.

• Los ubicados en **establecimientos hoteleros**, siempre que la actividad que desarrollen tenga carácter permanente y no pueda accederse a ellos directamente desde la calle.

Coincidencia con ferias y mercados. Los establecimientos comerciales ubicados en el entorno inmediato de celebración de ferias y mercados tradicionales, pueden abrir durante el mismo horario en que tenga lugar dicho mercado.
Especialidad del Día de las Letras Gallegas. Se autoriza a los establecimientos dedicados a la **venta de libros** para que abran el día 17 de mayo de cada año, con ocasión de la celebración del Día de las Letras Gallegas.

La Rioja (L La Rioja 3/2005 art.19 y 20) 2178

Horario semanal. El horario global en que los comercios pueden desarrollar su actividad durante el conjunto de días laborables de la semana es de 90 horas, como máximo.
Régimen de domingos y días festivos. No fija un número máximo. Se determinan anualmente por la Consejería competente en materia de comercio, en atención a las necesidades comerciales de La Rioja, de acuerdo con lo establecido en la legislación básica estatal (nº 2149). Para 2019 se fija en 10 días (Resol La Rioja 1488/2018).
Publicidad de horarios. Los titulares de establecimientos comerciales están obligados a exponer en sus escaparates o en cualquier otro lugar de su establecimiento legible desde el exterior, el horario de apertura y cierre que tengan establecido.
Establecimientos con libertad de horario. Coincide básicamente con la legislación estatal (nº 2150).

Madrid (L Madrid 16/1999 art.26 a 31; D Madrid 130/2002) 2180

Horario semanal. El horario global en que los comercios pueden desarrollar su actividad durante el conjunto de días laborables de la semana es de 90 horas, como máximo.
Régimen de domingos y días festivos. Cada comerciante determina con plena libertad y sin limitación legal alguna, los festivos de apertura en los que desarrollará su actividad comercial (L Madrid 2/2012 art.6).
Publicidad de horarios. En todos los establecimientos comerciales debe figurar la información del calendario y horario de apertura y cierre en sitio visible, tanto en el interior como en el exterior, incluso cuando el establecimiento esté cerrado.
Establecimientos con libertad de horario. Coincide básicamente con la legislación estatal (nº 2150). **Añade** los establecimientos dedicados:
- a la elaboración y venta de **churros, patatas fritas, frutos secos y dulces**.
- exclusivamente a la venta de **productos culturales**, así como los que presten servicios de esta naturaleza; y
- la celebración de **exposiciones, certámenes comerciales** para la actividad de lanzamiento de un nuevo producto, siempre que no se venda y que se comunique como mínimo con un mes de antelación a la fecha prevista de su realización a la Consejería competente en materia de certámenes comerciales.

Establece la **limitación** de que en estos establecimientos no se puede vender en domingos o festivos otros artículos que aquellos que hayan justificado, en su caso, la consideración de establecimiento con libertad de apertura en festivos. Es decir, un supermercado que pueda abrir en festivo para vender pan, solo puede vender pan, no el resto del género del establecimiento.
Coincidencia con ferias y mercados. Los pequeños y medianos establecimientos situados en el entorno inmediato de los mercados y mercadillos de venta ambulante autorizados que tradicionalmente se celebren en domingos y festivos, pueden permanecer abiertos en el mismo horario que estos.

Precisiones Son **productos culturales** aquellos cuya finalidad sea cultivar, desarrollar y formar los conocimientos humanos y el ejercicio de sus facultades intelectuales. Tienen dicha consideración los siguientes: libros en soporte escrito o informático, la música en cualquier formato, periódicos, revistas, instrumentos musicales, cintas de vídeo, sellos, monedas, medallas conmemorativas, billetes para coleccionistas, artículos de dibujo y bellas artes, obras de arte, antigüedades, recuerdos y de artesanía popular.

2182 **Murcia** (L Murcia 11/2006 art.36 a 41)
Horario semanal. El horario de apertura y cierre de los establecimientos comerciales de venta al público es de libre fijación por los comerciantes.
Régimen de domingos y días festivos. El número de domingos y días festivos en el que los comercios pueden permanecer abiertos al público es de 16 días al año.
Publicidad de horarios. En los establecimientos comerciales deben exponerse los días de apertura semanal y los horarios de apertura y cierre, de forma perfectamente visible, tanto en el interior como en el exterior del establecimiento, incluso cuando el local esté cerrado.
Establecimientos con libertad de horario. Coincide básicamente con la legislación estatal (nº 2150). **Añade** los establecimientos dedicados exclusivamente a la venta de **productos culturales**.

2184 **Navarra** (LF Navarra 17/2001 art.32 a 36)
Horario semanal. El horario global en el que los comercios pueden desarrollar su actividad durante el conjunto de días laborables de la semana no puede superar las 90 horas.
El **horario de apertura y cierre** de los establecimientos comerciales en días laborables, lo fija libremente por cada comerciante, con el límite de que la jornada comercial tiene que ser, como máximo, de 15 horas.
Régimen de domingos y días festivos. El número de domingos y festivos que se consideran hábiles es de 10.
Publicidad de horarios. En todos los establecimientos comerciales debe figurar la información del calendario y horario de apertura y cierre en sitio visible, tanto en el interior como en el exterior, incluso cuando esté cerrado el establecimiento.
Establecimientos con libertad de horario. Remite a la legislación estatal (nº 2150).
Añade los establecimientos dedicados a:
• La celebración de **exposiciones y certámenes comerciales** para lanzamiento de un nuevo producto, siempre que no se venda y que se comunique como mínimo con un mes de antelación a la fecha prevista de su realización al Departamento competente en materia de certámenes.
• Exclusivamente a la venta de **productos culturales** ubicados tanto en el interior de museos o un local destinado a exposiciones o muestras culturales, como en local independiente de los mismos.

Precisiones Son **productos culturales** aquellos cuya finalidad es cultivar, desarrollar y formar los conocimientos humanos y el ejercicio de sus facultades intelectuales.

2186 **País Vasco** (D País Vasco 33/2005)
Únicamente regula los horarios de los **grandes establecimientos comerciales**. Se entiende por tales los establecimientos de venta al por menor que cuenten con una **superficie de venta** al público superior a 400 m^2.
Al resto de establecimientos se le aplica directamente la legislación estatal (nº 2140 s.).
Horario semanal. La norma autonómica establece un máximo de 72 horas semanales. Esta cifra es **inferior al mínimo** de 90 horas que establece la legislación estatal (nº 2147), por lo que no puede considerarse aplicable al ser la **normativa estatal básica** en esta materia y prohibir expresamente que las comunidades autónomas restrinjan el horario a menos de 90 horas.
Régimen de domingos y días festivos. El número máximo de domingos y festivos en los que se pueden desarrollar la actividad comercial no puede superar los 8 días, con un número máximo de horas de apertura de 12 horas.
Esta cifra también es **inferior al mínimo** de 10 domingos y festivos de apertura autorizada por debajo del cual las comunidades autónomas no pueden limitar el número de dieciséis fijado por la legislación estatal (nº 2149), por lo que no puede considerarse aplicable al ser la **normativa estatal básica** en esta.
Son inhábiles los siguientes festivos:
- 1 de enero;
- 6 de enero;

- 1 de mayo;
- 25 de diciembre; y
- la fiesta patronal de cada territorio histórico en los mismos.

Publicidad de horarios. Los horarios y días de apertura al público se expondrán de modo que resulten visibles para las personas consumidoras desde el exterior de los establecimientos.

Establecimientos con libertad de horario. No tienen regulación propia, por lo que le es directamente aplicable la legislación estatal (nº 2150).

Precisiones El hecho de que **el horario global semanal** y el **número de domingos y festivos** de apertura sea **inferior al de la normativa estatal**, obedece, sin duda, a la falta de adaptación de la normativa autonómica a la modificación de la L 1/2004 por el RDL 20/2012, que elevó de 72 a 90 el horario global, y de 8 a 10 el límite por debajo del cual las comunidades autónomas no pueden fijar el número de domingos y festivos de apertura autorizada.

Comunidad Valenciana (L C.Valenciana 3/2011 art.17 a 23) 2188

Horario semanal. El horario global en que los establecimientos comerciales podrán desarrollar su actividad durante el conjunto de días laborables de la semana será, como máximo, de 90 horas.

Régimen de domingos y días festivos. Cada año se habilitan 11 domingos o festivos en los que los establecimientos pueden permanecer abiertos al público para desarrollar su actividad comercial.

En ningún caso se podrá abrir al público los domingos y festivos siguientes:

- 1 de enero;
- 6 de enero;
- 1 de mayo;
- 9 de octubre; y
- 25 o 26 de diciembre cuando este sea declarado festivo por traslado de la fiesta de Navidad.

Publicidad de horarios. Los establecimientos comerciales deben exponer, en los accesos y de manera visible desde el exterior del local, los días y horas de apertura y de cierre.

Establecimientos con libertad de horario. Coincide básicamente con la legislación estatal (nº 2150). **Añade** los establecimientos dedicados principalmente a la venta de **productos culturales**.

Horarios excepcionales. Los horarios excepcionales son aquellos que se conceden, **a petición del ayuntamiento** interesado, en virtud de **circunstancias especiales no periódicas** que incrementan las **oportunidades de negocio** del comercio local por incrementos puntuales y excepcionales de la demanda, debido a la mayor afluencia de visitantes, en fechas concretas.

Estos horarios excepcionales, no pueden superar un **máximo** de dos domingos o festivos al año en cada municipio, sin que ello compute en el límite de 10 domingos y festivos.

Precisiones Son establecimientos dedicados principalmente a la **venta de productos culturales** aquellos que dedican al menos el 80% de su superficie comercial a la oferta de productos cuya finalidad sea cultivar, desarrollar y formar los conocimientos humanos y el ejercicio de sus facultades intelectuales.

Tienen la consideración de productos culturales, los libros en soporte escrito o informático, periódicos, revistas, soportes de grabación musical, instrumentos musicales, DVDs, artículos de colección, artículos de dibujo y bellas artes, antigüedades, obras de arte, productos de artesanía popular, trajes regionales y souvenirs.

CAPÍTULO 5

Comercio electrónico

El comercio electrónico **se caracteriza porque** los contratos (compraventa de bienes o prestación de servicios) se formalizan por vía telemática mediante el intercambio de datos a través de Internet, formalizando el contrato en soporte electrónico. 2201
La **importancia** que ha adquirido este mecanismo de contratación en los últimos años ha generado un gran interés entre los legisladores de todo el mundo, quienes han tratado de adaptar sus respectivos ordenamientos jurídicos a este fenómeno global.

A. Marco normativo

Debido al **carácter trasnacional** de la contratación electrónica, su eficacia depende en gran medida de la existencia de una normativa común que dote de seguridad a la contratación con independencia de donde residan las partes contratantes, para lo cual se hace preciso armonizar a nivel internacional sus principios y reglas básicas. 2205

1. Normativa internacional

Con el objeto de elaborar un marco jurídico uniforme y fomentar el desarrollo del comercio internacional, determinadas organizaciones intergubernamentales elaboraron un **catálogo de recomendaciones** sin fuerza obligatoria o de *soft law*. 2210
Las **recomendaciones** se caracterizan por su flexibilidad y adaptabilidad a los cambios en el campo tecnológico, por lo que han ayudado a los legisladores nacionales a establecer un punto de partida en la elaboración de un marco normativo armonizado entre los diferentes países.
Entre otros **organismos internacionales** que han contribuido a la homogeneización del marco internacional del comercio electrónico están los siguientes:
• Organización para la Cooperación y el Desarrollo Económico (OCDE):
- Declaración Ministerial sobre la Protección al Consumidor en el Contexto del Comercio Electrónico de 8-10-1998; y
- Recomendación del Consejo concerniente a las Directrices para la Protección de los Consumidores en el Contexto del Comercio Electrónico de 9-12-1999.
• Comisión de las Naciones Unidas para el Derecho Mercantil Internacional (CNUDMI):
- Resol 51/162 de la Asamblea General de las Naciones Unidas de 16-12-96 sobre la ley modelo sobre comercio electrónico;
- Convención de las Naciones Unidas sobre la Utilización de las Comunicaciones Electrónicas en los Contratos Internacionales de Nueva York en 2007.
• Cámara de Comercio Internacional (CCI).
• Organización Mundial del Comercio (OMC).

2. Normativa europea

2235 A nivel europeo, la contratación electrónica se regula por las siguientes directivas:
- Dir 2000/31/CE relativa a determinados aspectos jurídicos de los servicios de la sociedad de la información, en particular el **comercio electrónico** en el mercado interior (Directiva sobre comercio electrónico).
- Dir 2011/83/UE sobre los **derechos** de los **consumidores**.
- Dir (UE) 2019/770 sobre aspectos de los contratos de suministro de **contenidos y servicios digitales**.
- Dir (UE) 2019/771 sobre aspectos de los contratos de **compraventa de bienes**.
- Rgto (UE) 2018/389, por el que se modifica la Dir (UE) 2015/2366 en lo relativo a las normas técnicas de regulación para la **autenticación reforzada de clientes** y unos estándares de comunicación abiertos comunes y seguros.
- Rgto (UE) 2019/1150 sobre el fomento de la equidad y la transparencia para los usuarios profesionales de servicios de **intermediación en línea**, conocido como Reglamento P2B.
- Rgto (UE) 2022/2065 relativo a un mercado único de **servicios digitales**.

Precisiones **1)** El objeto de las directivas europeas es garantizar el buen funcionamiento del **mercado interior** mediante la supresión de las disparidades jurídicas entre los Estados miembros. Las Dir (UE) 2019/770 y Dir (UE) 2019/771 deben, con idéntico objetivo, complementarse mutuamente.
2) La Dir (UE) 2024/825 modifica la Dir 2005/29/CE y la Dir 2011/83/UE en lo que respecta al empoderamiento de los consumidores para la **transición ecológica** mediante una mejor protección contra las prácticas desleales y mediante una mejor información.

3. Normativa española

2240 Las Directivas de la Unión Europea han sido objeto de **transposición** en España mediante las siguientes normas:

Directiva	Norma de transposición
Dir 2000/31/CE	LSSI (1)
Dir 2011/83/UE	L 3/2014 (2)
Dir (UE) 2019/770	RDL 7/2021
Dir (UE) 2019/771	RDL 7/2021
Dir (UE) 219/2161	RDL 24/2021

(1) La **LSSI no se aplica** a los servicios mencionados en su art.5. Tampoco se aplica a los contratos relativos al Derecho de **familia** y **sucesiones**, ni a los contratos, negocios o actos jurídicos en los que la Ley determina para su validez, o para la producción de determinados efectos, la forma **documental pública** o que requieran por ley la intervención de órganos jurisdiccionales, notarios, registradores de la propiedad y mercantiles o autoridades públicas (actos de jurisdicción voluntaria). En ambos casos, esos contratos se rigen por su legislación específica (LSSI art.23.4).
(2) La Dir 2011/83 ha sido **modificada** por la Dir 2024/825 cuyo contenido aún no ha sido transpuesto al Derecho español. La fecha máxima de transposición es el 27-3-2026.

B. Modalidades de comercio electrónico

2250 La **casuística** del comercio electrónico da lugar a diversas modalidades de contratación en función de la forma de ejecución del contrato, de la emisión de declaración de voluntad o de las propias partes del contrato.

2253 **Clasificación según la forma de ejecutar el contrato** Atendiendo a la forma de ejecutar los contratos realizados por vía electrónica cabe diferenciar entre:
- **Comercio electrónico directo**, constituido por contratos electrónicos en los que todas sus fases (pedido, pago y entrega del bien o la prestación del servicio) se realizan de forma telemática a través de Internet mediante distintos tipos de dispositivos

(PC, smartphone, tablet, etc.). La entrega del bien o la prestación del servicio se producen mediante la transmisión de datos de un sistema informático a otro por medio de la red (p.e., la compra de un libro virtual).
• **Comercio electrónico indirecto**, donde la contratación propiamente dicha se hace por vía electrónica, pero la entrega del bien o la prestación del servicio se realiza de forma física, lo que implica que su ejecución es diferida. Por ejemplo, la compra de un libro de papel a través de Internet requiere la entrega física del mismo al comprador. A su vez, se puede contratar electrónicamente un servicio cuya prestación requiere de una ejecución física, por ejemplo, el envío de comida a domicilio, el alquiler de un coche, la contratación de la estancia en un hotel o la compra de billetes de transporte.

Clasificación según la forma de manifestar el consentimiento Los contratos electrónicos producen todos los **efectos** previstos por el ordenamiento jurídico, cuando concurran el consentimiento y los demás requisitos necesarios para su validez (LSSI art.23). **2255**
Ahora bien, existen diversas formas de manifestar el consentimiento a través de medios electrónicos, lo que determina la existencia de diferentes categorías de contratos:
- hay contratos que se perfeccionan mediante el envío de correos electrónicos;
- otros con un simple «*clic*» sobre un icono destinado al efecto; y
- en otros casos se presta el consentimiento de forma tácita al acceder y navegar por la página web.

• Consentimiento mediante **correo electrónico**: las partes manifiestan su voluntad y aceptación mediante el uso del lenguaje tradicional y la escritura. Sin embargo, a diferencia de lo que sucede con los contratos tradicionales, el consentimiento se presta a través de medios electrónicos en lugar del papel.

Precisiones La correspondencia por correo electrónico es un medio hábil para **manifestar la oferta o la aceptación** y para concertar contratos y puede ser aportada en juicio como prueba de la contratación (AP A Coruña 14-5-15, EDJ 83050; AP Cáceres 9-10-14, EDJ 226963; AP Murcia 23-11-20, EDJ 776724).

• Consentimiento mediante ***clickwrap agreements***: son acuerdos en los que los usuarios manifiestan su aceptación a través de sistemas automatizados, es decir, a través de un «*clic*» sobre un icono que en la mayoría de los casos contiene expresiones inequívocas como «aceptar», «comprar» o «finalizar». **2258**
Los *clickwrap* **se emplean en** la compra de bienes o servicios (p.e., la compra de licencias de software).
• Consentimiento mediante ***browsewrap agreements***: son contratos en los que el consentimiento expreso se reemplaza por la mera navegación, visita o acceso al contenido de una página web. El consentimiento, por tanto, se presta conforme a la teoría general de los contratos, de acuerdo con la cual el consentimiento no tiene por qué ser expreso, sino que puede deducirse tácitamente de un acto expreso, como es la propia navegación.
Los *browsewrap* **se emplean para** la aceptación de los «Términos de Uso» de muchos sitios o páginas web.

Precisiones **1)** Si el acuerdo con el usuario incluye previsiones en torno al tratamiento de sus **datos personales** no cabría el consentimiento tácito conforme al RGPD considerando 32 que establece que el silencio, las casillas ya marcadas o la inacción no constituye consentimiento.
2) El rellenado de un **formulario de registro y compra** o pedido online habilitado por una empresa en la página web en la que oferta sus productos, comporta, una vez remitido a dicha empresa vía online, la aceptación a la oferta de venta, en cuanto que en dicho formulario, aparte de los datos personales, se delimitan los propios del producto a adquirir, sus características y su precio (AP Salamanca 12-1-16, EDJ 3087).

Clasificación según las partes contratantes Se pueden distinguir los contratos suscritos entre dos empresarios (B2B) y los suscritos entre un empresario y un consumidor (B2C). **2260**

Los **contratos B2B** (business to business) son los celebrados exclusivamente **entre empresas**. Los requisitos exigidos para la contratación, incluida la electrónica, son más laxos que los requeridos para los contratos con consumidores.
Estos contratos se encuentran sometidos a la LSSI, sin embargo, las partes gozan de una gran autonomía para regular sus relaciones jurídicas, pudiendo evitar ciertas obligaciones cuando así lo acuerden las partes. En particular, están exonerados de la obligación de información pre y postcontractual cuando ambos contratantes así lo acuerden (LSSI art.27.2 y 28.3).
En cuanto a las relaciones P2P (*peer to peer*) o B2B2C (*business to business to consumer*) desarrolladas en la Unión Europea, hay que tener en cuenta lo dispuesto en el Rgto (UE) 2019/1150, que resulta aplicable a proveedores de servicios de intermediación en línea (PSI) como los ***marketplace***, servicios de software en línea (***appstores***) y servicios de búsqueda que faciliten o cuyos servicios se propongan a usuarios profesionales y sitios web corporativos. El Reglamento viene a establecer determinadas obligaciones para asegurar que los PSI facilitan términos y condiciones claros y de fácil acceso, y que comunican con carácter previo y antelación suficiente los cambios a sus condiciones generales de servicio.

2263 Los **contratos B2C** (*business to consumer*) son los celebrados **entre una empresa y un consumidor**. Se rigen por la LSSI y por la LGDCU, que establece obligaciones adicionales de información al consumidor.
Además, en función del ámbito al que se refiera el contrato, se aplican **otras normas**, como por ejemplo el RD 870/2013 por el que se regula la venta a distancia al público, a través de sitios web, de medicamentos de uso humano no sujetos a prescripción médica; o la L 22/2007 sobre comercialización a distancia de servicios financieros destinados a los consumidores. Estas disposiciones prevén un régimen especial de protección atendiendo a la naturaleza del producto que es objeto de comercialización.

C. Características del contrato electrónico

2270 Los contratos celebrados por vía electrónica producen todos los **efectos** previstos por el ordenamiento jurídico cuando concurren el consentimiento y los demás requisitos necesarios para su validez (LSSI art.23.1).
Los contratos electrónicos se **rigen** por la LSSI Tít.IV, y en lo que no regula esta ley se rigen por la normativa general de contratos (CC o CCom, según el contrato sea civil o mercantil) y por el resto de normas que sean aplicables en función de diversas circunstancias, como:
- las personas que intervienen en el contrato (p.e., si el comprador o el destinatario del servicio es un consumidor, se aplica la LGDCU, y particularmente los art.92 a 113);
- la materia a la que se refiere el contrato (p.e., si se comercializan por vía electrónica servicios financieros, se aplica la L 22/2007 –LCDSFC–); o
- la utilización de condiciones generales de contratación, en cuyo caso se aplica la LCGC.

2273 **Oferta contractual** La oferta es el primer paso en la contratación, y **consiste en** el ofrecimiento de venta de un producto o la prestación de un servicio por parte de una empresa. Puede dirigirse a un público determinado o indeterminado.
La empresa que realiza una oferta queda **vinculada** por la misma cuando su destinatario la acepta sin modificaciones dentro de su plazo de validez. De hecho, el consentimiento se manifiesta por el concurso de la oferta y de la aceptación sobre la cosa y la causa que han de constituir el contrato (CC art.1262).
Las ofertas o propuestas de contratación realizadas por vía electrónica son válidas durante el **período** que haya fijado el oferente o, a falta de indicación de plazo, durante todo el tiempo que la oferta es accesible a sus destinatarios (LSSI art.27.3).

Para que la oferta sea vinculante para el oferente, debe contener la **información suficiente** para que pueda perfeccionarse el contrato mediante la aceptación de la oferta: identificación del oferente, características del producto o servicio, así como el precio y la forma de pago.
En los **contratos de consumo**, el contenido de la oferta, de la promoción o de la publicidad de un producto o servicio es exigible por el consumidor, aunque dicho contenido no figure en el contrato celebrado o en el justificante de la contratación. Es decir, el contenido de la oferta completa o integra el contrato. No obstante, si el contrato contiene **cláusulas más beneficiosas** que la oferta, prevalecen dichas cláusulas sobre el contenido de la oferta (LGDCU art.61).

Precisiones **1)** La **mera información sobre bienes o servicios** ofrecidos por el empresario no constituye una oferta si no constan los demás elementos y la voluntad de contratar. En tales supuestos, estaríamos ante la invitación a realizar ofertas de compra.
2) Cuando una empresa vende sus productos o servicios a través de un ***marketplace***, debe atenerse a las reglas de dicho mercado, establecidas dentro del principio general de la autonomía de la voluntad (CC art.1255), lo que implica, entre otras cosas, que tenga que respetar las políticas del sitio web acerca de publicidad, comunicaciones comerciales y ofertas.
3) El **valor vinculante de los folletos** publicitarios resulta especialmente relevante cuando el objeto de la venta es inexistente al tiempo de contratar, como en el caso de la **venta sobre plano** de una vivienda en construcción, en que la publicidad forma parte esencial de la oferta contractual (TS 11-6-13, EDJ 127304; 30-5-11, EDJ 95943; AP Málaga 17-10-13, EDJ 262597; AP Burgos 6-6-17, EDJ 125312).

En el ámbito de la contratación de **servicios financieros a distancia destinados a consumidores**, existen normas especiales relativas a la forma en que debe canalizarse la oferta. En concreto, el proveedor o prestador del servicio debe comunicar al consumidor todas las condiciones contractuales y la información legalmente exigible en soporte papel u otro soporte duradero accesible al consumidor (LCDSFC art.9). **2275**
Se entiende por **soporte duradero** todo instrumento que permita al consumidor almacenar la información dirigida personalmente a él, de modo que pueda recuperarla fácilmente durante un período de tiempo adecuado para los fines para los que la información está destinada y que permita la reproducción sin cambios de la información almacenada.

Precisiones **Son servicios financieros** los bancarios, de crédito o de pago, servicios de inversión, operaciones de seguros privados y planes de pensiones, mediación en seguros (LCDSFC art.4.2).

Consentimiento El consentimiento es uno de los elementos esenciales de los contratos, junto al objeto y la causa, y **se manifiesta por** el concurso de la oferta y de la aceptación sobre la cosa y la causa del contrato (CC art.1262). Cuando concurre la oferta y su aceptación, el contrato queda perfeccionado y vincula por tanto a las partes que lo han suscrito. **2278**
Se configura la **confirmación de la recepción de la aceptación** como una información que el oferente está obligado a realizar en un momento posterior a la perfección del contrato, y no como un visto bueno del pedido por parte del oferente, por lo que, una vez emitida la aceptación, éste no puede alegar que el contrato no se ha perfeccionado por no haber quedado registrado o por quedar supeditado a una aceptación posterior (LSSI art.28; AP Sevilla 17-9-10, EDJ 325460).

Precisiones La **falta de armonización a nivel europeo** en materia de perfeccionamiento del contrato ha dado lugar a que cada país tenga sus propias reglas, siguiendo alguna de las teorías, como:
- La **teoría de la emisión**, en virtud de la cual el contrato se entiende perfeccionado desde el momento en que el aceptante *emite* su declaración de voluntad de aceptación.
- La **teoría de la cognición**, conforme a la cual el contrato se perfecciona cuando la declaración de aceptación es *conocida* por el oferente.
- La **teoría de la recepción**, según la cual la perfección se produce cuando el oferente *recibe* la aceptación.

El **Código Civil** acoge, en sus diversos párrafos, las tres teorías expuestas sobre la perfección del contrato. Los contratos electrónicos se perfeccionan desde que el destinatario manifiesta su consentimiento, esto es, desde que lo emite –párrafo tercero– (CC art.1262).

2283 Con el fin de que el usuario de un sitio web sepa de **forma inequívoca** que está prestando su **consentimiento**, se suele insertar en la web un icono o texto resaltado sobre el que hay que pulsar (hacer «clic»), que incluye términos como «acepto», «finalizar», «deseo contratar», «efectuar pago» o expresiones similares que dejan claro que se están aceptando unos determinados términos y condiciones o que se está adquiriendo un producto o servicio. Al hacer «clic» en la casilla correspondiente se acepta el pago del precio consignado, lo que conlleva la prestación del consentimiento por el adquirente (JM Palma de Mallorca núm 2, 7-11-16, EDJ 214200; AEPD Resol E/01722/2018, de 29 de mayo).

Asimismo, con el objeto de que el usuario pueda conocer todos los términos del contrato y acceder a la información que le debe facilitar el empresario, es habitual que tenga que **desplazar el cursor** hasta el final del clausulado y la información antes de poder prestar el consentimiento mediante el clic en la casilla (*checkbox*) habilitada al efecto.

En el **sistema browsewrap** la aceptación se presume emitida por el mero acceso y navegación por la página web, por lo que suele utilizarse como medio de aceptación de «condiciones de uso» o de los «términos del servicio» de dicho sitio web, y no propiamente para la adquisición de bienes o servicios.

Las **condiciones de uso** por lo general incluyen cláusulas de exoneración o limitación de responsabilidad del prestador del servicio, requisitos para darse de alta o de baja como usuario, reserva de derechos de propiedad intelectual, cláusulas sobre resolución de controversias, así como las propias reglas de uso del servicio.

Precisiones Se pone en **duda la validez** del browsewrap como medio de prestación del consentimiento debido a que, por lo general, el usuario no es consciente de que lo está prestando. En la medida que nuestro ordenamiento permite la aceptación tácita, derivada de actos concluyentes (*facta concludentia*), las dudas sobre la validez no provienen de su legalidad, sino del desconocimiento por parte de quien accede a una página web de los efectos que se derivan de ese acceso.

2285 **Forma del contrato** Con carácter general, los contratos se rigen por el principio de **libertad de forma** (CC art.1278; CCom art.51), de manera que, salvo las excepciones previstas en la ley, son válidos los contratos con independencia de su forma, sea verbal o escrita, y dentro de esta última mediante contrato privado o documento público. Todo ello sin perjuicio de que, a efectos de prueba, conviene documentar los contratos con un nivel de solemnidad proporcional a la importancia del contrato.

Por su propia naturaleza, el contrato electrónico **suele documentarse** en soporte electrónico, equivalente al contrato escrito (LSSI art.23.3), el cual es admisible en juicio como prueba documental (LSSI art.24.2).

No obstante, cuando la Ley exija para la validez del contrato, o para la producción de determinados efectos, **documento público** (p.e., en la contratación inmobiliaria), o requiera la intervención de órganos jurisdiccionales, notarios, registradores de la propiedad y mercantiles o autoridades públicas (p.e., para la formalización de actos de jurisdicción voluntaria), entonces el contrato debe cumplir los requisitos establecidos por su legislación específica.

Precisiones Son válidos los contratos realizados por vía electrónica aunque **no** exista **previo acuerdo** entre las partes sobre la utilización de medios electrónicos (LSSI art.23.2; AP Badajoz 13-1-16, EDJ 3902).

2287 **Lugar de celebración del contrato** (LSSI art.29) En el ámbito de la contratación electrónica, cuando interviene un **consumidor** el contrato se presume celebrado en el lugar de su residencia habitual; y si únicamente intervienen **empresarios** o profesionales, se presume, salvo pacto en contrario, celebrado en el lugar de establecimiento del prestador de servicios.

La LSSI no regula ninguna cuestión relativa a la **ley aplicable** ni a la **jurisdicción competente**, por lo que estas cuestiones se rigen por la normativa general, integrada por los tratados internacionales en los que España es parte, la normativa europea, el CC (art.10.5), la LOPJ (art.22 quinquies.a), la LEC y las disposiciones específicas en materia de consumidores (LGDCU art.90).

Precisiones 1) La ley establece simples **presunciones** de lugar de celebración del contrato, por lo que las partes pueden fijar como tal lugar otro distinto al señalado por la LSSI.
2) El lugar de celebración del contrato no determina, por sí mismo, el **fuero judicial** (esto es, el tribunal competente para dirimir un conflicto). El fuero se rige por lo dispuesto en la LOPJ, LEC y, en su caso, en los tratados internacionales. Con carácter general, se puede señalar que un consumidor residente en España tiene que ser demandado ante los tribunales españoles del lugar donde reside, y un prestador que ofrece sus servicios en territorio español puede ser demandado en España.

Ejecución de contratos electrónicos (LGDCU art.109 a 113) Salvo que las partes acuerden otra cosa, el empresario debe ejecutar el pedido a más tardar en el **plazo** de 30 días naturales a partir de la celebración del contrato. **2290**
En caso de que el **bien o servicio** contratado **no** esté **disponible**, pueden suceder dos cosas:
• El empresario puede informar al consumidor de la falta de disponibilidad, en cuyo caso el consumidor tiene derecho a **recuperar el importe** abonado. En caso de retraso injustificado en la devolución del importe, el consumidor tiene derecho al doble del importe adeudado, sin perjuicio de su derecho a ser indemnizado por los daños y perjuicios sufridos en lo que exceda de dicha cantidad.
• El empresario puede suministrar sin aumento de precio un bien o servicio de **características similares** o de **calidad superior**, si el consumidor fue informado expresamente de tal posibilidad. En este caso, el consumidor puede ejercer sus derechos de desistimiento y resolución en los mismos términos que si se tratara del bien o servicio inicialmente requerido.

D. Información contractual

Con el fin de proteger a los destinatarios del comercio electrónico y, sin perjuicio de las obligaciones de información que sean aplicables en función de la materia objeto del contrato (p.e., las obligaciones establecidas en la normativa del mercado de valores cuando se trate de la comercialización de productos de inversión), el prestador de servicios de la sociedad de la información está sujeto a **obligaciones específicas** de información cuando realiza la operación por vía electrónica. Hay obligaciones previas a la formalización del contrato y posteriores. Además, cuando el destinatario tiene la condición de consumidor o usuario, debe facilitar la información exigida por la LGDCU. **2300**

1. Precontractual

2305

Obligaciones de información de la LSSI (LSSI art.27) Todo prestador de servicios de la sociedad de la información debe facilitar la información sobre sí mismo exigida por la LSSI art.10 (entre otros, su nombre o denominación social, domicilio y datos de contacto, NIF y en su caso datos de la autorización administrativa, inscripción registral o colegial). Adicionalmente, cuando realiza actividades de contratación electrónica, **antes de la formalización del contrato** debe informar sobre las características del servicio, y en concreto sobre: **2308**
- los pasos o trámites que deben seguirse para celebrar el contrato;
- si va a archivar el documento electrónico en que se formalice el contrato;
- si tal documento va a ser accesible;
- los medios técnicos para identificar y corregir errores en la introducción de datos; y

- la lengua o lenguas en que podrá formalizarse el contrato.

La obligación de información se entiende **cumplida cuando** es incluida por el prestador en su página o sitio de Internet. A tal fin, los prestadores de servicios de la sociedad de la información suelen incluir un enlace en una zona visible con expresiones como «Condiciones de uso» o «Términos y Condiciones», evitando la inclusión de enlaces en la zona de bajo tráfico de la página que obligue a desplazar el cursor hasta el final de la pantalla, así como enlaces que por sus dimensiones o su color resulten difícilmente visibles.

Se ha considerado que **no es válida la información** precontractual:

- insertada en una página web de cuya existencia no se ha informado al comprador (AP Zaragoza 20-11-08, EDJ 352813); o
- incluida en la página web de una entidad bancaria si no consta que le haya sido entregada o comunicada al destinatario (AP Pontevedra 1-6-15, EDJ 104618; AP Sta. Cruz de Tenerife 17-6-15, EDJ 186797).

Precisiones 1) El prestador debe poner a disposición del destinatario las **condiciones generales** a que, en su caso, deba sujetarse el contrato (p.e., contratos de seguro), de manera que puedan ser almacenadas y reproducidas por el destinatario.

En los contratos de seguro, esta obligación se extiende a todas las condiciones del contrato y no solo a la póliza matriz (AP Córdoba 19-4-16, EDJ 130233; AP Valencia 23-10-17, EDJ 316559).

2) Las **ofertas** de contratación por vía electrónica **duran** el tiempo que fije el que hace la oferta, y, en su defecto, el tiempo en que las mismas sean accesibles a los destinatarios.

3) Con el fin de facilitar la contratación electrónica mediante dispositivos que cuenten con **pantallas de formato reducido** (p.e., smartphone), se entiende cumplida la obligación de información cuando se facilite de manera permanente, fácil, directa y exacta la dirección de Internet en que dicha información es puesta a disposición del destinatario.

2310 Con respecto a la puesta a disposición de medios técnicos para la **identificación y corrección de errores** en los datos introducidos, es habitual que cuando esos datos pueden ser verificados (p.e., datos bancarios), la página web disponga de mecanismos que impidan proseguir con el pedido, en caso de ser incorrectos.

Si por el contrario se trata de datos no verificables (teléfono, dirección, etc.) los que han sido introducidos de forma errónea, suelen habilitarse direcciones de correo del prestador destinadas a su corrección, o en el caso de plataformas cerradas como *marketplaces*, se suele permitir al usuario modificar datos desde su propio perfil.

El prestador queda **excluido** de facilitar la citada información precontractual en uno de estos dos casos:

a) Cuando ninguno de los contratantes tiene la condición de **consumidor**, y así lo acuerdan.

b) Cuando el contrato se ha celebrado exclusivamente a través del intercambio de **correo electrónico** o equivalente (p.e., por medio de SMS).

2313 **Obligación de información en materia de consumo** (LGDCU art.12, 60, 97 y 98)

Cuando el destinatario de la contratación electrónica tiene la condición de **consumidor**, el empresario, además de las obligaciones de información impuestas por la LSSI, debe suministrar la información exigida por la normativa de consumo (LGDCU), la cual a su vez establece:

- obligaciones generales de información (ver nº 535 s.); y
- obligaciones específicas para los contratos celebrados a distancia, como son los contratos formalizados por vía electrónica en el marco de un sistema organizado de venta o prestación de servicios (Libro segundo, Tít. III).

2320 **Información al consumidor en los contratos a distancia** (LGDCU art.97) Además de las anteriores obligaciones de información general en el ámbito de consumo, en los contratos realizados a través de Internet con un consumidor, cuando se realizan en el marco de un **sistema organizado de venta o prestación de servicios a distancia**, sin la presencia física simultánea del empresario y del consumidor (LGDCU art.92.1), se debe facilitar al consumidor el modelo de formulario de desistimiento del contrato, e informar, en su caso:

- del coste de devolución de los bienes en caso de desistimiento;
- del coste de la utilización del sistema electrónico de contratación, si tal coste no está ya incluido en el precio del bien o servicio;
- de la existencia de códigos de conducta; y
- de la existencia y condiciones de los depósitos u otras garantías financieras que el consumidor tenga que pagar o aportar a solicitud del empresario.

Sobre esta materia, ver la AP Girona 13-5-19, EDJ 576950.

En los contratos a distancia, tanto la información general como la específica en materia de consumo, forman **parte integrante del contrato** (LGDCU art.97.5).

Precisiones Para **más información** sobre contratos a distancia con consumidores ver nº 860 s.

La información anterior ha de facilitarse de **forma clara y comprensible**, y debe en todo caso respetar el principio de buena fe en las transacciones comerciales (LGDCU art.98). El empresario cumple con su obligación de poner a disposición del consumidor esta información cuando la incluye en su página o sitio de Internet (LSSI art.27). **2323**

Cuando el contrato implica una **obligación de pago** para el consumidor, antes de que efectúe el pedido el empresario debe informarle de manera clara y **destacada** acerca de las características principales de los bienes o servicios, su precio, la duración del contrato y en su caso las obligaciones de permanencia o duración mínima del contrato (LGDCU art.98.2; AP Valencia 28-5-18, EDJ 532066).

Igualmente, se exige que los sitios web de comercio electrónico indiquen de modo claro y legible, a más tardar al inicio del procedimiento de compra, si existe alguna **restricción de entrega** y cuáles son las **modalidades de pago** aceptadas (LGDCU art.98.3).

Precisiones **1)** Cuando la **información** contenida en las condiciones generales de la página web del prestador del servicio es **contradictoria** con la remitida por correo electrónico al consumidor, prevalece ésta por ser personalizada (AP Barcelona 30-1-09, EDJ 34411).

2) El empresario debe asegurarse de que el consumidor, al efectuar el pedido, es consciente de que implica una obligación de pago. Si la realización del pedido se hace activando un botón o una función similar, el botón o la función similar deben **etiquetarse**, de manera que quede totalmente clara la existencia de la obligación de pago (p.e., utilizando la expresión «pedido con obligación de pago»). En caso contrario, el consumidor no queda obligado por el contrato o pedido.

Información adicional para contratos celebrados en mercados en línea (LGDCU art.99 bis) En los contratos celebrados en mercados en línea se debe incluir además (LGDCU 895 art.97 bis): **2325**

- **Información general**, facilitada en una sección específica de la interfaz en línea que sea fácil y directamente accesible desde la página en la que se presenten las ofertas, relativa a los principales parámetros que determinan la clasificación de las ofertas presentadas al consumidor o usuario como resultado de la búsqueda y la importancia relativa de dichos parámetros frente a otros.
- Si el **tercero** que ofrece los bienes, servicios o contenido digital tiene la **condición de empresario o no**, con arreglo a su declaración al proveedor del mercado en línea.
- Cuando el tercero que ofrece los bienes, servicios o contenido digital **no sea un empresario**, la mención expresa de que la normativa en materia de protección de los consumidores y usuarios no es de aplicación al contrato.
- Cuando proceda, **cómo se reparten las obligaciones** relacionadas con el contrato entre el tercero que ofrece los bienes, servicios o contenido digital y el proveedor del mercado en línea, entendiéndose esta información sin perjuicio de cualquier responsabilidad que el proveedor del mercado en línea o el tercero empresario tenga en relación con el contrato en virtud de otra normativa de la Unión Europea o nacional.
- En su caso, las **garantías y seguros** ofrecidos por el proveedor del mercado en línea.
- Los métodos de **resolución de conflictos** y, en su caso, el papel desempeñado por el proveedor del mercado en línea en la solución de controversias. La carga de la

prueba en relación con el cumplimiento de estos requisitos de información incumbe al empresario.

Precisiones A estos efectos, se considera (LGDCU art.20 bis.3):
- **mercado en línea**: un servicio que emplea programas (software), incluidos un sitio web, parte de un sitio web o una aplicación, operado por el empresario o por cuenta de éste, que permite a los consumidores o usuarios celebrar contratos a distancia con otros empresarios o consumidores;
- **proveedor** de un mercado en línea: todo empresario que pone a disposición de los consumidores o usuarios un mercado en línea;
- **clasificación**: la preeminencia relativa atribuida a los bienes y servicios, en su presentación, organización o comunicación por parte del empresario, independientemente de los medios tecnológicos empleados para dicha presentación, organización o comunicación

2. Postcontractual

2330 La LSSI establece obligaciones específicas de información tras la conclusión de un contrato electrónico, las cuales han de complementarse con otras obligaciones adicionales de información cuando interviene un consumidor.

2333 **Obligaciones de información de la LSSI** (LSSI art.28) El oferente (esto es, el empresario que ha ofrecido el producto o servicio) está obligado a **confirmar** la recepción de la aceptación al que la hizo, por alguno de los siguientes medios:
- El envío de un **acuse de recibo** por correo electrónico u otro medio de comunicación electrónica equivalente (SMS, MMS, mensajería instantánea) a la dirección que el aceptante haya señalado, en el plazo de las veinticuatro horas siguientes a la recepción de la aceptación; se presume que su destinatario tiene constancia del envío del acuse de recibo desde que es almacenado en el servidor en que está dada de alta su cuenta de correo electrónico, o en el dispositivo utilizado para la recepción de comunicaciones; o
- La confirmación de la aceptación recibida tan pronto como el aceptante haya completado el procedimiento de contratación, siempre que la confirmación pueda ser archivada por su destinatario. Esta confirmación debe remitirla por un **medio equivalente** al utilizado en el procedimiento de contratación.

Como **excepción**, no es necesario que el oferente confirme la recepción de la aceptación en uno de estos dos casos:
- Cuando ambos contratantes así lo acuerdan y ninguno de ellos tiene la consideración de consumidor.
- Cuando el contrato se ha celebrado exclusivamente mediante intercambio de correo electrónico u otro tipo de comunicación electrónica equivalente (SMS o MMS), salvo que estos medios hayan sido empleados con el exclusivo propósito de eludir el cumplimiento de esta obligación.

Precisiones Esta segunda posibilidad faculta a los oferentes a sustituir el envío de correos electrónicos por la aparición de una **pantalla emergente** que permite al aceptante descargar y almacenar la información relativa a la confirmación de la contratación.

2335 **Obligaciones de información en materia de consumo** (LGDCU art.98.7) Cuando en un contrato a distancia, como es el electrónico, interviene un consumidor, el empresario debe facilitarle la **confirmación del contrato** celebrado en un soporte duradero y en un plazo razonable después de la celebración del contrato, a más tardar en el momento de entrega de los bienes o antes del inicio de la ejecución del servicio.

Tal confirmación debe **incluir**:

a) Toda la información exigida precontractualmente con carácter general a los contratos a distancia, salvo si el empresario ya ha facilitado la información al consumidor en un soporte duradero antes de la celebración del contrato a distancia; y

b) Cuando proceda, la confirmación del previo consentimiento expreso del consumidor y del conocimiento por su parte de la pérdida del derecho de desistimiento, lo que sucede cuando adquiere un contenido digital sin soporte material, y su ejecución comienza con el previo consentimiento del consumidor sabiendo que no tiene derecho de desistimiento.

Precisiones El hecho de que la empresa facilite la información postcontractual al consumidor mediante un **hipervínculo a un sitio de Internet** de la propia empresa, no cumple la Dir 97/7/CE art.5.1 (actual Dir 2011/83/UE art.7 y 8), que reconoce el derecho de los consumidores, una vez concluido el contrato, a recibir confirmación del producto o servicio adquirido por escrito o mediante cualquier otro soporte duradero de la información relativa al contrato (TJUE 5-7-12, caso «Content Services»).
A *sensu contrario*, se entiende que cuando la ley no imponga la obligación de facilitar o recibir en un soporte duradero una información, la misma puede facilitarse mediante un enlace o hipervínculo.

E. Condiciones generales de contratación

Las condiciones generales de contratación son **cláusulas predispuestas** cuya incorporación al contrato es impuesta por una de las partes, con independencia de la autoría material de las mismas, de su apariencia externa, de su extensión y de cualesquiera otras circunstancias. Se redactan con la finalidad de ser incorporadas a una pluralidad de contratos (LCGC art.1). **2345**
En el ámbito de la **contratación electrónica**, el prestador de servicios debe poner a disposición del destinatario, con carácter previo al inicio del procedimiento de contratación, las condiciones generales a que, en su caso, deba sujetarse el contrato, de manera que éstas puedan ser almacenadas y reproducidas por el destinatario (LSSI art.27.4). Se trata de una obligación exigible tanto a los contratos de consumo como a los realizados entre empresas.
El incumplimiento de esta obligación constituye una infracción grave (LSSI art.38.3.e).

Con carácter **previo** al inicio del procedimiento de contratación, el prestador de servicios debe poner a disposición del destinatario las condiciones generales a que, en su caso, deba sujetarse el contrato, de manera que éstas puedan ser almacenadas y reproducidas por el destinatario (LSSI art.27.4). **2348**
En la contratación con **consumidores** esta información debe facilitarse mediante **soporte duradero**.
Como particularidad de la contratación electrónica con consumidores, para que las condiciones generales sean válidas debe constar la **aceptación** del consumidor a todas y cada una de las cláusulas del contrato, sin necesidad de firma convencional. Inmediatamente después, el empresario debe enviar al consumidor un **justificante de la contratación** efectuada, ya sea por escrito o –salvo oposición expresa del consumidor– en soporte electrónico. La carga de la prueba del cumplimiento de esta obligación corresponde al predisponente (esto es, al empresario que incluye en su contratación condiciones generales).

Precisiones Para **más información** sobre las condiciones generales en los contratos de consumo ver nº 690 s.

F. Derecho de desistimiento

(LGDCU art.68 y 102 a 108)

El derecho de desistimiento es la **facultad del consumidor** de dejar sin efecto el contrato celebrado, notificándolo en el plazo legalmente previsto a la otra parte, sin necesidad de justificar su decisión y sin penalización. **2350**
La facultad de desistir del contrato es un **derecho irrenunciable** del consumidor, de manera que una eventual renuncia sería nula, así como son nulas las cláusulas que le imponen una penalización por el ejercicio del mismo.

Precisiones Para **más información** sobre el derecho de desistimiento ver nº 640 s.

Devolución y gastos (LGDCU art.107 y 108) Una el consumidor ha ejercitado el derecho de desistimiento, el empresario debe reembolsarle el precio pagado y los costes **2353**

2353 (sigue) de entrega dentro de un **plazo** de 14 días naturales tras recibir la comunicación de desistimiento. No obstante, en caso de que el consumidor hubiese seleccionado una modalidad de entrega diferente a la modalidad menos costosa de entrega ordinaria, el empresario no está obligado a reembolsar los costes adicionales que de ello se deriven.

En caso de **retraso injustificado** en la devolución del importe adeudado, el consumidor tiene derecho al doble de dicha cantidad, así como a una indemnización por los daños y perjuicios sufridos que excedan de esa cantidad.

Una vez ejercitado su derecho de desistimiento, el **consumidor está obligado** a:

- **Devolver los productos** adquiridos dentro de los 14 días naturales siguientes a la fecha en que ha comunicado el desistimiento. La devolución puede hacerse al empresario o persona autorizada.
- Asumir los **costes** de la **devolución**, salvo que el empresario haya aceptado asumirlos o no le haya informado de que corresponde al consumidor asumir tales costes.
- Responsabilizarse de la **disminución de valor** de los bienes cuando los ha manipulado de forma distinta a la necesaria para establecer la naturaleza, características y funcionamiento de tales bienes.

Precisiones En los contratos de venta, el empresario puede **retener el reembolso** de las cantidades mientras no reciba los bienes o mientras el consumidor no le pruebe que los ha devuelto, salvo que el empresario se haya ofrecido a recoger él mismo los bienes.

CAPÍTULO 6

Regulación sectorial

SECCIÓN 1

Vivienda

La vivienda es un **bien** de **primera necesidad**, solo precedida en la escala de las necesidades humanas por la alimentación, lo que explica la preocupación de los poderes públicos en su regulación. 2513
La seguridad, la salubridad, la promoción de viviendas y los derechos de sus adquirentes, entran dentro del ámbito del **derecho de consumo**.

A. Compraventa y arrendamiento

(RD 515/1989)

Cuando la adquisición de viviendas se realiza en el curso de una operación de promoción de **carácter empresarial** la responsabilidad contractual que puede surgir para la entidad promotora se ve influenciada por la legislación protectora de los consumidores y usuarios. Las posibles acciones que el comprador tiene en el Código Civil para **reclamar** por defecto de cabida o por vicios ocultos, e incluso por una falta de entrega, deben completarse con lo que se desprende de las disposiciones de consumidores y usuarios en cuanto a la necesidad de informar debidamente al consumidor sobre las características de la vivienda que adquiere. 2520

1. Publicidad de promociones de vivienda

En la actividad tendente a la adquisición o arrendamiento de una vivienda destaca por su importancia la publicidad, que actúa como **reclamo** para atraer la atención de los **consumidores** como clientes potenciales. 2523
Se entiende por publicidad toda **forma de comunicación** realizada por una persona física o jurídica, pública o privada, en el ejercicio de una actividad comercial, industrial, artesanal o profesional con el fin de promover de forma directa o indirecta la contratación de bienes muebles o inmuebles, servicios, derechos y obligaciones. Los **destinatarios** de la publicidad son las personas a las que se dirige el mensaje publicitario o las que este alcance.
Se trata de que el **comprador** tenga una representación cumplida de lo que va a adquirir y que el **vendedor** asuma la obligación esencial y constitutiva de entregar la cosa vendida, una vez que esta ha alcanzado la existencia real y física, cumpliendo de

esa forma lo ofertado en la memoria de calidades y en la publicidad que se integran en el contenido del contrato (TS 8-3-11, EDJ 13873).
El **derecho a la información** de los adquirentes de vivienda se regula de forma detallada tanto en la normativa de protección del consumidor (LGDCU), como específicamente en la legislación de vivienda (RD 515/1989).

2528 **Forma** (RD 515/1989 art.2) La oferta, promoción y publicidad dirigida a la venta y arrendamiento de viviendas **debe ajustarse** a las verdaderas características, condiciones y utilidad de la vivienda, así como a las condiciones jurídicas o económicas de la contratación. El **desconocimiento** de esta obligación de construir conforme a lo ofertado en la publicidad, constituye un verdadero incumplimiento de la obligación de entrega.
La **infracción** de esta normativa puede dar lugar, aparte de los efectos civiles, a una sanción administrativa, al constituir una infracción de la norma reglamentaria (RD 515/1989 art.11). **Es sancionable** la diferencia entre la oferta publicitaria y el producto realmente prestado. Basta, no obstante, que haya una **información deliberadamente confusa** para que haya sanción.
Toda oferta, promoción o publicidad no puede ser **engañosa** (nº 4020). Debe cumplir las siguientes **condiciones:**
- ajustarse a las verdaderas características, condiciones y utilidad de la vivienda;
- expresar si esta se encuentra en construcción o si la edificación ha concluido; y
- no debe inducir a error a sus destinatarios, ni silenciar datos fundamentales.

El vendedor tiene que adecuarse a la normativa publicitaria en vigor, veraz y no engañosa, en lo que se refiere a las **características físicas y jurídicas de la vivienda** (TS 30-5-11, EDJ 95943; AP Madrid 12-4-19, EDJ 725891).

Precisiones Es indiferente que los consumidores soliciten el cumplimiento del compromiso y no pidan una **sanción** por publicidad engañosa para que esta última se lleve a cabo por parte de la **Administración**, independientemente de la petición de dichos consumidores (TSJ Valencia 11-10-00, EDJ 63983; TSJ Baleares 4-2-00, EDJ 5120).

2531 Respecto a la diferencia entre **publicidad y oferta** la normativa se refiere indistintamente a la oferta, promoción y publicidad. El término publicidad debe entenderse utilizado en un sentido amplio, incluyendo entonces la típica promoción de ventas, ya se incluya esta en un mensaje publicitario en sentido usual, ya se haga llegar al consumidor de cualquier otra manera, por ejemplo folletos publicitarios. Publicidad y promoción se refieren indistintamente a mensajes sugestivos dirigidos al consumidor en general, que se ofrecen o se localizan en una etapa previa y separada de la específica perfección contractual.
Por el contrario, el término **oferta** debe, a riesgo de quedar absorbido por los otros dos, ser referido a la oferta de contrato en sentido propio, como **declaración de voluntad** que contiene los elementos contractuales necesarios y precisos para que la aceptación del destinatario se produzca sin necesidad de nuevo concurso del oferente.

2540 **Contenido mínimo** (RD 515/1989 art.8) En el caso de que se entreguen **folletos o documentos similares**, en ellos han de constar, al menos, los siguientes **datos**:
- ubicación de la vivienda;
- datos del vendedor;
- descripción de la vivienda con expresión de su superficie útil;
- memoria de calidades o de los materiales empleados;
- datos registrales del inmueble; y
- precio total de la vivienda, la información relativa al precio de venta y sobre las garantías de las cantidades entregadas a cuenta en edificaciones en construcción, con indicación del período de validez que tienen tales menciones, con expresión clara de los lugares en los que se encuentra a disposición del público la información anteriormente mencionada.

Precisiones En caso de **discordancia** en la interpretación de las cláusulas contractuales de compraventa de vivienda, tienen prevalencia las hojas de calidades sobre la documentación gráfica del proyecto (TS 30-5-11, EDJ 95943).

Efectos contractuales de la publicidad (RD 515/1989 art.3.2) La publicidad que realizan los promotores y vendedores de viviendas tiene carácter contractual. La **información que se incluye en la oferta o promoción** es exigible, aunque posteriormente no figuren en el contrato características o elementos que estaban en la publicidad. Por este motivo es importante guardar cualquier folleto o documentación con el fin de exigir el cumplimiento de lo ofertado previamente. 2544

Tanto los planos como los folletos de propaganda entregados al adquirente, tienen **valor normativo** (TS 28-2-13, EDJ 25404; AP Castellón 8-4-11, EDJ 139136; AP A Coruña 17-1-12, EDJ 3711). El adquirente **puede exigir** cuantos datos, características y condiciones relativas a la construcción de la vivienda, a su ubicación, servicios e instalaciones, adquisición, utilización y pago se encuentren incluidos en la oferta, promoción y publicidad de las mismas, aun cuando no consten finalmente en el contrato.

La publicidad o el folleto no responde, o al menos únicamente, a una mera función de promoción, sino que constituye una auténtica **oferta publicitaria** (TS 1-10-12, EDJ 212332). Se trata de una información concreta, que contiene datos objetivos, referidos a características relevantes. Aunque no es oferta en sentido estricto, ya que no recoge todos los elementos esenciales, es incuestionable su importancia en la integración de contracto, dada su repercusión relevante en la formación del consentimiento (TS 23-7-13, EDJ 150000; 12-7-11, EDJ 146912; AP Madrid 20-3-19, EDJ 594300).

En el caso de la primera transmisión de viviendas, se exige una documentación completa en la que se defina, en planta a escala, la vivienda y el trazado de todas sus instalaciones, así como los materiales empleados en su construcción, lo que revela la trascendencia **integradora del contrato** que tienen el proyecto y la memoria de calidades de la obra.

Precisiones **1)** El comprador se atiene a los folletos impresos de propaganda difundidos por la empresa constructora al ser **muy parco el contrato privado** suscrito por las partes en elementos descriptivos, de acuerdo con el principio de buena fe proclamado en el CC art.1258 al creerlos, con todo fundamento, vinculantes para la empresa (TS 27-1-97, EDJ 411).
2) Mientras no se excluyan expresamente en el contrato, se entienden incluidas en el contrato la **zona deportiva y piscina** cuando así lo comprendía la oferta pública de venta (TS 19-2-81, EDJ 1344).
3) Existe un incumplimiento de la constructora cuando en la publicidad utiliza para el reclamo de los compradores la existencia de **vistas al mar** pero estas pueden verse obstaculizadas por otras edificaciones (TS 6-2-20, EDJ 507626).

2. Información a facilitar al consumidor

(RD 515/1989 art.4 a 9; LGDCU art.60 redacc RDL 1/2021)

Antes de que el consumidor y usuario quede vinculado por un contrato y oferta, el **empresario** debe facilitarle de forma clara y comprensible, salvo que resulte manifiesta por el contexto, la información relevante, veraz y suficiente sobre las **características principales** del contrato, en particular sobre sus condiciones jurídicas y económicas. 2549

Se requiere que la información sea:

• **Veraz**: deben evitarse conceptos oscuros o equívocos, que no induzcan, ni puedan inducir a error a sus destinatarios, de modo tal que afecte a su comportamiento económico. Es el presupuesto necesario para que el comprador pueda primero formar y luego prestar cabalmente el consentimiento a la compraventa celebrada (AP Toledo 30-4-20, EDJ 568122).

• **Completa**: no ha silenciar datos fundamentales de los inmuebles objeto de la compraventa. Especialmente debe expresar si la vivienda se encuentra terminada o en construcción. El silencio puede constituir publicidad engañosa, si puede inducir a error a los destinatarios. La información exigida no queda suficientemente satisfecha si el promotor se limita a entregar determinadas fotografías o información catastral, o si se remite a los datos que constan en el Registro de la Propiedad, o en general, por medio de documentos a los que se reenvía, pero que no se tienen a disposición del adquirente al tiempo al tiempo de contratar.

Cuando la información se dirija a **personas consumidoras vulnerables** debe suministrarse en un formato fácilmente accesible, garantizando en su caso la asistencia necesaria, de forma que aseguren su adecuada comprensión y permitan la toma de decisiones óptimas para sus intereses.

Es una obligación basada en elementales **exigencias de la buena fe**, pues es obvio que el empresario que ofrece el bien dispone de una información y conocimientos de las que el adquirente carece, lo que debe ser remediado si se quiere que este pueda estar en condiciones mínimas de decidir con conocimiento de causa.

2557 **Información general para venta y arrendamiento de vivienda** (RD 515/1989 art.4) Desde el momento en que se contacta con el consumidor para la compraventa o arrendamiento de una vivienda, ha de exigirse una **adecuada** información sobre la promoción inmobiliaria de conformidad con la normativa (TSJ Castilla-León 7-9-00, EDJ 50089).

Los que realizan las actividades de venta y arrendamiento sujetas al RD 515/1989, deben tener a disposición del público, y en su caso, de las autoridades competentes, la información siguiente:

2560 **Datos identificativos del vendedor o arrendador** (RD 515/1989 art.4.1) Identificación de la persona física o jurídica que actúa como vendedor o arrendador, haciendo constar tanto el nombre o razón social como el domicilio. En caso de tratarse de **persona jurídica**, deben recogerse también los datos de inscripción en el Registro Mercantil de dicha sociedad.

2561 **Planos** (RD 515/1989 art.4.2) El promotor debe tener a disposición del público el **plano general** del emplazamiento de la vivienda y **plano de la vivienda** misma, así como descripción y trazado de las redes eléctrica, de agua, gas, calefacción y garantías de las mismas, y de las medidas de seguridad contra incendios con que cuente el inmueble.

Los planos o proyectos de obra o de ejecución de la vivienda cumplen un **papel normativo** y no meramente descriptivo ya que se integran en el contenido del contrato (nº 2544). La finca ha de hallarse situada, configurada, orientada y deslindada tal y como aparece en el gráfico o plano, de manera que las diferencias con la realidad se traducen en cuestiones de orden jurídico (AP Cádiz 8-5-12, EDJ 141504; AP Soria 26-2-02, EDJ 9088).

> Precisiones Los **planos** son un **elemento técnico**, resultante de la medición hecha sobre el terreno, y esencial de proyecto básico pues de las correspondientes mediciones depende la volumetría, ubicación de las construcciones, distribución de volúmenes, etc. La **Memoria** tiene un carácter más **genérico y descriptivo**, incluyendo generalmente referencias a la normativa aplicable, justificación de las medidas adoptadas, programación de la obra, relación de calidades, etc. (AP Santa Cruz de Tenerife, 8-9-11, EDJ 273765).

2564 **Descripción de la vivienda** (RD 515/1989 art.4.3) Otro de los datos que debe de estar a disposición del público y por tanto publicitarse es la descripción de la vivienda, con expresión de su superficie útil y descripción general del edificio en el que se encuentra, de las zonas comunes y de los servicios accesorios.

La **superficie útil** es la superficie del suelo de la vivienda delimitada por el perímetro definido por la cara interior de sus cerramientos con el exterior o con otras viviendas o locales. Es la superficie que se puede pisar dentro de la casa. Comprende todo el interior de una vivienda, incluidos los armarios empotrados. Incluye la mitad de la superficie del suelo o de los espacios exteriores de uso privativo de la vivienda, como es el caso de terrazas, balcones y tendederos. Excluye la superficie ocupada en planta por cerramientos interiores fijos (tabiques, pilares, etc.) o móviles (puertas); superficie que no se puede pisar.

La **superficie construida** es la suma total de los metros cuadrados que están dentro del perímetro de la vivienda sin excluir el espacio ocupado por los elementos interiores. La medianera se parte al 50%, es decir al compartir pared con algún vecino el perímetro se mide desde la mitad de la medianera. Incluye zonas no transitables (galerías, conductos de ventilación, tabiques, muros, bajadas de desagües, etc.). No se computan como superficie construida los espacios con una altura inferior a un metro y medio. Se incluyen los elementos exteriores al 100 o al 50% según se trate de cerramiento de fachada o de cerramiento compartido con otras viviendas o locales.
La **superficie total** es la superficie de la vivienda más la de los elementos de la comunidad divididos entre todos los propietarios.
Si únicamente se recoge la **referencia a la superficie**, sin expresar si dicha superficie corresponde a los **metros construidos** o los metros **útiles**, debe interpretarse que se trata de superficie útil, ya que legalmente se exige que se suministre este dato. Si no consta claramente en la cláusula de qué tipo de superficie se trata, debe interpretarse en contra de la parte que la ha redactado (TS 20-3-02, EDJ 4705).

Precisiones 1) Es **nulo** el contrato de compraventa por **error** esencial del comprador, consistente en la creencia de que compraba una vivienda, en tanto que el inmueble objeto del contrato consistía en un apartamento turístico (AP Málaga 14-5-12, EDJ 192214). **2567**
2) Para que una reducción en la superficie de la vivienda sea causa suficiente para solicitar la **resolución del contrato**, dicha reducción debe ser de tal entidad que frustre la finalidad que los compradores perseguían con el negocio (AP Santa Cruz de Tenerife 8-9-11, EDJ 273765).

Materiales empleados (RD 515/1989 art.4.4) Deben tenerse también a disposición del público la referencia de los materiales empleados en la construcción de la vivienda, incluidos los aislamientos térmicos y acústicos, y del edificio y zonas comunes y servicios accesorios. La **memoria de calidades**, pasa a integrar la voluntad contractual, y determina los términos del cumplimiento exigible a la vendedora o arrendadora (AP Santa Cruz de Tenerife 28-4-20, EDJ 727595). **2572**
Si los **términos** empleados en esta memoria son **imprecisos** o no suficientemente claros, debe estarse a la interpretación más favorable para el consumidor (AP Lleida 25-4-02, EDJ 24870).
La **buena fe y el justo equilibrio** de las prestaciones del contrato exigen que aquello que se ofertó se cumpla y que no se ejecute menos de lo prometido u ofertado ni de calidad diferente. Una vez integrada la memoria en el contrato, las características y calidades ofrecidas son perfectamente exigibles y su incumplimiento constituye un incumplimiento contractual y legal. Cualquier **modificación** de la memoria de calidades debe ser **autorizada por el comprador** no pudiendo el promotor descargarse de responsabilidad en otros agentes de la construcción (TSJ Castilla-La Mancha 4-1-01, EDJ 1559)

Instrucciones (RD 515/1989 art.4.5; L 38/1999 art.7) Es también obligatorio poner a disposición del público tanto las instrucciones sobre el **uso y conservación** de las instalaciones que exijan algún tipo de actuación o conocimiento especial, como las instrucciones sobre **evacuación** del inmueble en caso de emergencia. Esta misma información debe ir reflejada posteriormente en el **Libro del Edificio**. **2575**

Registro de la Propiedad (RD 515/1989 art.4.6) Resulta obligada la información acerca de los **datos de inscripción del inmueble** en el Registro de la Propiedad, o en su caso la expresión de no estar inscrito en el mismo. La identificación registral del inmueble permite al consumidor recabar la información sobre el estado registral de la finca, tomando conocimiento de esta forma de los diferentes actos o negocios jurídicos que se hayan llevado a cabo sobre la finca que pretende adquirir o arrendar, y si los mismos siguen teniendo efectos sobre la finca y el alcance de los mismos. **2578**

Precio total y forma de pago (RD 515/1989 art.4.7) Por último deben ponerse a disposición del público, y en su caso de las autoridades competentes, el **precio** total o **renta** de la vivienda y **servicios accesorios** y forma de pago (nº 2609). **2581**

2586 **Información especial para la venta de viviendas** (RD 515/1989 art.5) Además de la información general para venta y arrendamiento (nº 2557 s.), en los supuestos de promoción de vivienda para su venta el promotor tiene obligación de poner a disposición del público o de las autoridades competentes, determinada información específica.

A la firma del contrato de compraventa, el adquirente de la vivienda tiene derecho a recibir a costa del vendedor copia de todo estos documentos (RD 515/1989 art.9).

2589 **Autorizaciones y licencias administrativas** (RD 515/1989 art.5.1.1) En relación con las **normas urbanísticas**, se requieren **copias** de las autorizaciones legalmente exigidas para la construcción de la vivienda y de la cédula urbanística, así como de la licencia de ocupación de la vivienda, zonas comunes y servicios accesorios.

Está implícito en toda venta de vivienda, el **derecho del adquirente** a recibir no solo la simple edificación, sino también la correspondiente urbanización como requisito de adecuada habitabilidad, que es la finalidad pretendida (AP Valencia 1-7-11, EDJ 17517).

2592 **Información sobre la comunidad de propietarios** (RD 515/1989 art.5.1.2) Otra información importante a aportar por los promotores son los **estatutos** y las **normas de funcionamiento** de la comunidad de propietarios, en su caso, así como la información de los contratos de servicios y suministro de la comunidad. Si la comunidad ya está en funcionamiento, se tiene que facilitar por el vendedor un extracto de cuentas y obligaciones de la vivienda.

Los propietarios están obligados a contribuir a los gastos generales de la comunidad con arreglo a la **cuota de participación** fijada en el título o a lo que se haya establecido en la junta de propietarios. Deben, en la misma proporción, colaborar en el mantenimiento de los servicios comunitarios así como de sus cargas y responsabilidades que no puedan individualizarse (LPH art.9).

2595 **Tributos que gravan la vivienda** (RD 515/1989 art.5.1.3) Es obligatorio tener a disposición del público y de las autoridades competentes información en cuanto al pago de los tributos que gravan la **propiedad o utilización** de la vivienda.

Entre ellos deben tenerse en cuenta el impuesto sobre el valor añadido (IVA), el impuesto sobre transmisiones patrimoniales y actos jurídicos documentados (ITP y AJD), el impuesto sobre el incremento del valor de los terrenos de naturaleza urbana (plusvalía) y el impuesto sobre bienes inmuebles (IBI).

2598 **Forma del contrato** (RD 515/1989 art.5.1.4) El contrato debe ser **claro y sencillo**. Debe estar a disposición del público o de las autoridades competentes, la forma en que está previsto documentar el contrato con sus **condiciones generales y especiales**, haciendo constar de modo especialmente legible lo siguiente:

• Que el consumidor no debe soportar los **gastos derivados de la titulación** que correspondan legalmente al vendedor.

El que construye debe soportar los **gastos financieros** de dicha construcción, sin trasladar dicho coste directamente a quien adquiere la vivienda (TSJ Madrid 25-5-98, EDJ 16132).

• Los **requisitos de forma** del contrato del CC art.1280.1, conforme al cual deben constar en documento público los actos y contratos que tengan por objeto la creación, transmisión, modificación o extinción de derechos reales sobre bienes inmuebles. Los contratantes pueden compelerse recíprocamente a llenar la forma del contrato cuando la ley exija el otorgamiento de escritura u otra forma especial.

• El derecho del consumidor de **elección de notario**, aunque no puede imponer el que carezca de conexión razonable con alguno de los elementos personales o reales del negocio debido a su competencia territorial.

2601 **Fecha de entrega prevista y fase en que se encuentra la edificación** (RD 515/1989 art.5.1.5.) En el caso de que la vivienda, las zonas comunes o los elementos accesorios **no se hallen totalmente terminados** ha de constar con claridad la fecha prevista de

entrega y la fase en que se encuentra la edificación (AP Málaga 30-11-04, EDJ 247766).
Tal información es relevante para los adquirentes, ya que los mismos suelen organizar la **disposición de sus bienes** en previsión a esa fecha prevista de entrega.
La fecha de entrega no puede ser una mera aproximación ni dejarse al arbitrio del vendedor. La **ausencia de determinación** es una causa no subsanable que vicia el consentimiento prestado y puede dar lugar a la nulidad del contrato suscrito (AP Valencia 7-10-10, EDJ 319385).
Los términos para fijar la fecha no son solo orientativos sino al contrario, es una de las obligaciones que debe cumplir el vendedor. Solo queda exento el promotor en los supuestos de **fuerza mayor** no imputable a la promotora (AP León 21-5-21, EDJ 632185).

Arquitecto y constructor (RD 515/1989 art.5.1.6) Entre la información a facilitar se encuentra el nombre y domicilio del arquitecto y el nombre o razón social y el domicilio del constructor cuando se trate de primera transmisión. Este dato es importante por si en el futuro aparecen **vicios o defectos en la construcción** y deben reclamarse extrajudicial o judicialmente los mismos. **2604**

Precio de venta (RD 515/1989 art.6) En la nota explicativa puesta a disposición del público y de las autoridades competentes, se debe expresar con **claridad** y **detalle** el precio total de la venta, incluyendo en su caso, los honorarios del agente y el impuesto sobre el valor añadido o el impuesto de transmisiones patrimoniales y actos jurídicos documentados, según corresponda. **2609**
En la nota explicativa donde se deja constancia del precio total, se deduce cualquier **cantidad entregada a cuenta** o por cuenta del adquirente antes de la formalización de la operación (RD 515/1989 art.6.2).

Precisiones Cuando no se hace mención expresa al pago de los **honorarios del agente** de la propiedad inmobiliaria se entiende que los vendedores no incluyen dichos honorarios en el precio que fijan como total del inmueble por lo que los adquirentes no deben hacer frente a dichos honorarios (AP Valencia 15-7-00, EDJ 47065; AP Burgos 13-9-01, EDJ 42165).

Forma de pago (RD 515/1989 art.6.1) Se ha de expresar la forma de pago. No solo es importante para el adquirente conocer el precio exacto de la venta que pretende llevar a cabo, sino que también lo es el tener cabal conocimiento de las diversas **modalidades de pago** que se le ofrecen así como las **garantías** que en su caso debe prestar. **2612**
En caso de aplazamiento del pago, ha de constar el **tipo de interés** aplicable y las cantidades que corresponde abonar por principal e intereses y la fecha del vencimiento de unos y otros. Es contraria a la buena fe la **indeterminación** de la cantidad aplazada y del tipo de interés anual sobre saldos pendientes de amortización. Si no consta la forma de pago, se considera que el contrato es nulo de pleno derecho por falta de objeto (AP Valencia 6-7-02, EDJ 45749).
Si se prevé la **subrogación del consumidor** en alguna operación de crédito no concertada por él, con garantía real sobre la propia vivienda (supuesto habitual en el que el adquirente se subroga en la hipoteca concertada en su día por el promotor), **se debe indicar con claridad** el notario autorizante de la correspondiente escritura, fecha de esta, datos de su inscripción en el Registro de la Propiedad y la responsabilidad hipotecaria que corresponde a cada vivienda, con expresión de vencimientos y cantidades, a fin de que el adquirente que se va a subrogar en la hipoteca tenga pleno conocimiento de las cargas hipotecarias por las que va a responder la vivienda que adquiere.
Si el comprador no quiere dicha subrogación y prefiere constituir otro préstamo hipotecario, los **gastos de cancelación** de la hipoteca en la que no se subrogue deben ser de cuenta del vendedor, resultando abusiva cualquier cláusula que disponga lo contrario.

3. Contratos de compraventa o arrendamiento

(RD 515/1989 art.9 y 10)

2622 El consumidor al celebrar un contrato de compraventa o de arrendamiento de vivienda se encuentra protegido desde una **doble vertiente**:
- a través del derecho que le asiste a la **entrega**, a la firma del contrato, de los **documentos** en que conste la información;
- a través de la **redacción del propio contrato**, que debe regirse por los principios de claridad y sencillez, y sin remisión a textos o documentos que no se faciliten previa o simultáneamente a la celebración del contrato y que respondan asimismo a los principios de buena fe y justo equilibrio de las contraprestaciones.

2625 **Claridad y sencillez** (RD 515/1989 art.10.1) Los documentos contractuales de compraventa de vivienda, tanto se **negocien directamente** y de forma individual entre las partes, tanto como si se trata de **contratos de adhesión**, deben ir redactados con la debida claridad y sencillez, con posibilidad de **comprensión directa** y sin reenvíos a textos o documentos que no se faciliten previa o simultáneamente a la conclusión del contrato, y a los que, en todo caso, debe hacerse referencia expresa en el documento contractual.

Precisiones En los contratos de adhesión, si una **cláusula** se considera **oscura**, tal oscuridad solo es atribuible a quien la provoca al redactar el contrato y consecuentemente tiene que asumir la responsabilidad de ello, debiendo interpretarse la cláusula en el sentido más beneficioso a quien no generó la duda, que, en este caso, es el comprador (AP Santa Cruz de Tenerife 24-9-10, EDJ 366777; AP Cantabria 18-5-10, EDJ 211698).

2628 **Buena fe y justo equilibrio de las contraprestaciones** (RD 515/1989 art.10.2; LGDCU art.80.1.c) Los contratos deben responder a los principios de buena fe y justo equilibrio de las contraprestaciones. Estos principios **excluyen** en todo caso la utilización de **cláusulas abusivas** (nº 800 s.), es decir, todas aquellas estipulaciones no negociadas individualmente que causen, un desequilibrio importante de los derechos y obligaciones de las partes que se deriven del contrato en perjuicio del consumidor (AP Murcia 17-1-12, EDJ 3829; AP Cáceres 19-6-12, EDJ 140004).
La importancia del **desequilibrio contractual** no debe centrarse exclusivamente en el aspecto cuantitativo o dinerario, también debe verse si las cláusulas protegen únicamente los intereses del empresario sin la debida contrapartida. Es una desviación sustancial de las **obligaciones recíprocas** de las partes que impone condiciones más gravosas, sin justificación, para el consumidor (AP Navarra 27-4-11, EDJ 349170).

2631 **Cláusulas prohibidas** (RD 515/1989 art.10.2) La relación que se hace en la normativa de consumidores y usuarios es **meramente enunciativa** y no impide la apreciación del carácter de abusivo de cualesquiera otras cláusulas que no negociadas individualmente y en contra de las exigencias de la buena fe causen, en perjuicio del consumidor, un desequilibrio importante en los derechos y obligaciones de las partes que se deriven del contrato.
No siempre una cláusula introducida de forma unilateral por el promotor la convierte en nula sin más. Incluso pueden ser **beneficiosas para el comprador**, es el caso de aquella disposición en la que el promotor es el agente urbanizador y quien asume los gastos de esa actividad, repercutiendo ese gasto en el precio final de las viviendas que formen parte de la promoción (AP Segovia 30-6-11, EDJ 193330).

Precisiones **1)** Una estipulación no negociada individualmente, que limita los derechos de los consumidores, recibe la sanción de la nulidad convirtiendo en **indebido y restituible lo pagado** por el consumidor por el concepto de que se trata (AP Asturias 30-12-11, EDJ 319760).
2) Resulta abusiva una cláusula, que otorga a la promotora la facultad de **modificar unilateralmente** el contrato en aspectos sustanciales, lo que vulnera, el principio general por el cual la validez y el cumplimiento de los contratos no pueden dejarse al arbitrio de uno de los contratantes (CC art.1256) (TS 4-12-98, EDJ 26408).

Casos de pago diferido (RD 515/1989 art.10.a) Están expresamente prohibidas las cláusulas que: 2634
- **no reflejen con claridad** la cantidad aplazada, el tipo de interés anual sobre los saldos pendientes de amortización y las condiciones de amortización de los créditos concedidos;
- **omitan** la cantidad aplazada, el tipo de interés anual sobre los saldos pendientes de amortización y las condiciones de amortización de los créditos concedidos;
- las que de cualquier forma faculten al vendedor a **incrementar el precio aplazado** durante la vigencia del contrato.

No se debe considerar como falta de determinación en plazos de las cantidades a abonar como principal e intereses, si las cláusulas están redactadas con claridad y las **cifras** son **deducibles** con simples operaciones aritméticas (AP Baleares 31-1-02, EDJ 8732).

Incremento del precio por servicios, accesorios, financiación, etc. (RD 515/1989 art.10.b) Están prohibidas las cláusulas que impongan un incremento del precio que **no correspondan a prestaciones adicionales efectivas** que puedan ser libremente aceptadas o rechazadas por el comprador con independencia del contrato principal. 2637
Se consideran a tales efectos:
- Las reformas de obra por causas no previsibles al aprobarse el proyecto de construcción que originen una modificación del precio estipulado. Esta modificación debe **comunicarse previamente a los adquirentes** que deben dar su conformidad. Se debe establecer la cuantía exacta que suponen las obras.
- Las reformas que **propongan los adquirentes** han de ser objeto de formalización en documento donde se tiene que describir su contenido y repercusiones que tengan en el precio y plazo que se hubiese convenido.

Se considera abusiva la **repercusión del coste** de las tasa de suministro al consumidor, al margen del precio de adquisición (AP Asturias 6-5-10, EDJ 119850).

Repercusión de fallos, defectos o errores administrativos o bancarios (RD 515/1989 art.10.c) Tienen la consideración de prohibidas las cláusulas que supongan la repercusión al comprador de fallos, defectos o errores administrativos o bancarios que no le sean directamente imputables. 2640

Gastos de titulación (RD 515/1989 art.10.d) Se prohíbe la inclusión en los contratos de compraventa de viviendas la imposición, en la **primera venta** de las mismas, de la **obligación de abonar** los gastos derivados de la preparación de la titulación que por Ley o por naturaleza corresponden al vendedor (obra nueva propiedad horizontal, hipotecas para financiar su construcción o su división o cancelación). 2643

Los gastos de **formalización de la escritura pública** y de la denominada **plusvalía** –el impuesto municipal sobre el incremento del valor de los terrenos–, no pueden incluirse dentro de los gastos de titulación, por lo que se puede pactar que sea el comprador quien se haga cargo de ellos (AP Burgos 13-9-01, EDJ 42165).

4. Cantidades anticipadas

(L 38/1999 disp.adic.1ª)

La **compraventa de viviendas por construir** presenta la **ventaja** para el comprador de poder realizar el pago de forma parcial y fraccionada aunque anticipadamente a la entrega de los inmuebles. Estos pagos anticipados presentan, sin embargo, el **inconveniente** de que, por vicisitudes de la construcción, se pueda frustrar el fin perseguido, con el consiguiente riesgo de que los pagos anticipados se pierdan. 2648

Por ello y con el objeto de proteger al adquirente de la vivienda y la devolución de las cantidades anticipadas en caso de que el vendedor no cumpla, se establecen ciertas **garantías de pago**.

La protección del adquirente se realiza, básicamente con la imposición al promotor de dos **obligaciones fundamentales**:

1) Garantizar la **devolución de las cantidades** entregadas más los intereses legales y los impuestos aplicables, desde el mismo momento de la obtención de la licencia de edificación, para el caso de que la construcción no se inicie o no llegue a buen fin en el plazo convenido para la entrega (nº 2659).
2) Percibir las cantidades anticipadas por los adquirentes a través de una **cuenta especial** abierta en una entidad de crédito únicamente para este fin. Para la apertura de estas cuentas, la entidad de crédito, bajo su responsabilidad, tiene que exigir la garantía a que se refiere la condición anterior (nº 2674).

Precisiones La **responsabilidad de las entidades de crédito**, no es una responsabilidad a todo trance a modo de garante superpuesto siempre al avalista, sino que nace del incumplimiento de su deber de control sobre los ingresos en las cuentas del promotor en la propia entidad de crédito, siendo lo relevante el conocimiento de la existencia de tales ingresos a cuenta del precio de venta de viviendas sujetas a tal régimen, lo que tiene lugar en cuanto se advierta la posibilidad de que se reciben cantidades a cuenta por la compra de las viviendas (TS 25-1-21, EDJ 502330).

a. Información contractual

(L 38/1999 disp.adic.1ª.3)

2650 En la **publicidad de la promoción** de viviendas con percepción de cantidades a cuenta, con anterioridad a la iniciación de las obras o durante el período de construcción, es obligatorio hacer constar que el promotor ajustará su actuación y contratación al cumplimiento de los requisitos establecidos en la L 38/1999, haciendo **mención expresa** de la entidad aseguradora o avalista garante, así como de la entidad de crédito en la que figura abierta la cuenta especial en la que han de ingresarse las cantidades anticipadas.

2651 En los **contratos** para la adquisición de viviendas en que se pacte la entrega al promotor de cantidades anticipadas, **se debe hacer constar** expresamente (L 38/1999 disp.adic.1ª.3):
a) La **obligación del promotor** de devolver al adquirente las cantidades percibidas a cuenta, incluidos los impuestos aplicables, más los intereses legales, en los siguientes casos:
- si la construcción no se inicia o termina en los plazos convenidos que se determinen en el contrato (TS 20-7-20, EDJ 617243);
- si no se obtiene la cédula de habitabilidad, licencia de primera ocupación o el documento equivalente que faculte para la ocupación de la vivienda.

b) Referencia al **contrato de seguro o aval** con el que se garantiza dicha obligación, con indicación de la denominación de la entidad aseguradora o de la entidad avalista.
c) Designación de la entidad de crédito y de la cuenta a través de la cual se ha de ingresar el adquirente las cantidades que se hubiese comprometido a anticipar como consecuencia del contrato.

b. Garantías de las cantidades entregadas a cuenta

2659 Las personas físicas y jurídicas que promueven la construcción de toda clase de viviendas, incluidas las que se realicen en régimen de comunidad de propietarios o sociedad cooperativa, y que pretenden obtener de los adquirentes entregas de dinero para su construcción, deben **garantizar**, desde la obtención de la licencia de edificación, la devolución de las cantidades entregadas más los intereses legales.
La garantía de devolución se puede realizar:
- mediante **contrato de seguro de caución** suscrito con entidad aseguradora (nº 2665);
- mediante **aval solidario** emitido por entidad de crédito debidamente autorizada (nº 2671).

En la práctica, resulta más **frecuente** que la devolución de las cantidades anticipadas se garantice mediante aval bancario.
Deben diferenciarse dos **relaciones contractuales** diferentes:

- la efectuada entre la entidad promotora-vendedora;
- la formalización del contrato de seguro o aval bancario que debe cumplimentar la entidad promotora.

Ambas tienen la **finalidad** de defender los derechos del comprador-consumidor y hacer efectivo el reintegro de sus anticipos del pago del precio para el caso de que la vivienda no se construya o no se pueda ocupar (TS 8-3-01, EDJ 1689).

Precisiones **1)** La expresión «**toda clase de viviendas**» elimina cualquier duda que pudiera reducir el nivel de protección de los compradores por razón de la forma de promoción o del régimen de la vivienda que compren, pero no puede equipararse a «toda clase de compradores» para, así, extender la protección a los profesionales del sector inmobiliario o a los compradores especuladores, pues entonces no se entendería la razón de que se atribuya el carácter de irrenunciables a los derechos que la Ley otorga a los compradores (TS 26-7-21, EDJ 646136). **2662**

2) El comprador puede dirigirse **simultáneamente** contra el **vendedor** y su **aseguradora** para exigirles solidariamente la devolución de las cantidades anticipadas y, también, contra el **avalista** o el **asegurador** sin tener que demandar al promotor por incumplimiento (TS 3-7-13, EDJ 179898; 7-5-14, EDJ 96067; 23-9-15, EDJ 163152).

3) La responsabilidad de los **administradores** de una sociedad promotora es **solidaria**, frente a los compradores, por el daño consistente en no haber podido estos recuperar las cantidades anticipadas por no haberse constituido la garantía correspondiente (TS 23-5-14, EDJ 80794).

Contrato de seguro de caución (L 38/1999 disp.adic.1ª.2.1) Para que un contrato de seguro de caución pueda servir como garantía de las cantidades anticipadas en la construcción y venta de viviendas debe cumplir los siguientes **requisitos**: **2665**

• Se ha de suscribir una **póliza de seguro individual** por cada adquirente, en la que se identifique el inmueble para cuya adquisición se entregan de forma anticipada las cantidades o los efectos comerciales.

No obstante, la **ausencia** de los correspondientes **avales individuales** no impide que la obligación de restituir las cantidades entregadas, con sus intereses, quede cubierta a favor de los compradores que han concertado un contrato de compraventa y entregado esas cantidades a cuenta, al amparo de la existencia de la **póliza colectiva** (TS 23-9-15, EDJ 163152; 21-12-16, EDJ 230593).

• La **suma asegurada** debe incluir la cuantía total de las cantidades anticipadas en el contrato de compraventa, de adhesión a la promoción o fase de la cooperativa o instrumento jurídico equivalente, incluidos los impuestos aplicables, incrementada en el interés legal del dinero desde la entrega efectiva del anticipo hasta la fecha prevista de la entrega de la vivienda por el promotor.

No es posible establecer **límites cuantitativos** en la póliza de seguro, pues la misma debe garantizar la devolución de todas las cantidades entregadas a cuenta. Tampoco puede contener límites inferiores a las sumas entregadas por los compradores y/o a los intereses legales (TS 25-11-14, EDJ 204312; 3-7-13, EDJ 179898).

• Debe ser **tomador** del seguro el promotor, a quien le corresponde el pago de la prima por todo el periodo de seguro hasta la elevación a escritura pública del contrato de compraventa, de adhesión a la promoción o fase de la cooperativa o instrumento jurídico equivalente.

• Corresponde la condición de **asegurado** al adquirente o adquirentes que figuren en el contrato de compraventa.

• El asegurador **no puede oponer** al asegurado las **excepciones** que puedan corresponderle contra el tomador del seguro. La falta de pago de la prima por el promotor no es, en ningún caso, excepción oponible.

• La **duración del contrato** no puede ser inferior a la del compromiso para la construcción y entrega de las viviendas. En caso de que se conceda prórroga para la entrega de las viviendas, el promotor puede prorrogar el contrato de seguro mediante el pago de la correspondiente prima, debiendo informar al asegurado de dicha prórroga.

• La **entidad aseguradora** puede comprobar durante la vigencia del seguro los documentos y datos del promotor-tomador que guarden relación con las obligaciones contraídas frente a los asegurados.

2668 • Si la construcción **no se inicia o no llega a buen fin** en el plazo convenido, el asegurado, siempre que haya requerido de manera fehaciente al promotor para la devolución de las cantidades aportadas a cuenta, puede reclamar directamente al asegurador. Igualmente puede reclamar al asegurador, cuando no resulte posible la reclamación previa al promotor.
El asegurador debe **indemnizar** al asegurado en el **plazo** de 30 días a contar desde que formule la reclamación.
• En **ningún caso son indemnizables** las cantidades que no se acredite que fueron aportadas por el asegurado, aunque se hayan incluido en la suma asegurada del contrato de seguro, por haberse pactado su entrega aplazada en el contrato de cesión.
• El **asegurador** puede reclamar al promotor-tomador las cantidades satisfechas a los asegurados, a cuyo efecto **se subroga** en los derechos que correspondan a estos.
• Si la **entidad aseguradora** satisface la indemnización al asegurado como consecuencia del siniestro cubierto por el contrato de seguro, el promotor no puede enajenar la vivienda sin haber resarcido previamente a la entidad aseguradora por la cantidad indemnizada.
En todo lo no específicamente dispuesto, es de aplicación la L 50/1980, de contrato de seguro.

2671 **Aval solidario** (L 38/1999 disp.adic.1ª.2. 2) El promotor también puede garantizar la devolución de las cantidades entregadas mediante un aval solidario **emitido por entidad de crédito** debidamente autorizada.
Para que un aval pueda servir como garantía de las cantidades anticipadas en la construcción y venta de viviendas, debe ser **emitida y mantenida en vigor** por la entidad de crédito, por la **cuantía total** de las cantidades anticipadas en el contrato de compraventa, de adhesión a la promoción o fase de la cooperativa o instrumento jurídico equivalente, incluidos los impuestos aplicables, incrementada en el interés legal del dinero desde la entrega efectiva del anticipo hasta la fecha prevista de la entrega de la vivienda por el promotor.
En caso de que la **construcción no se inicie o no llegue a buen fin** en el plazo convenido, por cualquier causa, el beneficiario, puede exigir al avalista el abono de dichas cantidades. Para ello es necesario que haya requerido de manera fehaciente al promotor para la devolución de las cantidades entregadas a cuenta, incluidos los impuestos aplicables, y sus intereses, y que este, en el plazo de 30 días, no haya procedido a su devolución. El beneficiario puede **reclamar directamente** al avalista cuando no resulte posible la reclamación previa al promotor.
El aval garantiza la devolución de los anticipos en caso de **falta de terminación** de la **edificación** dentro del plazo pactado, y con mayor razón la garantiza cuando el vendedor supedita el otorgamiento de escritura pública al pago de un precio mayor que el estipulado o pretende entregar la vivienda con cargas hipotecarias cuando se pactó libre de cargas (TS 7-5-19, EDJ 573583).
El **avalista** es una figura autónoma, por lo que una vez se acredita el incumplimiento tardío de la obligación garantizada por el aval, no se puede entrar a valorar si la demora es excesiva o no. Incumplida la obligación de entrega en plazo, el avalista debe devolver las cantidades entregadas a cuenta, debidamente reclamadas, resultando indiferente que el retraso haya sido más o menos breve (TS 7-5-14, EDJ 96067).
Se produce la **caducidad del aval** si transcurre un plazo de 2 años, desde el incumplimiento por el promotor de la obligación garantizada sin que haya sido requerido por el adquirente para la rescisión del contrato y la devolución de las cantidades anticipadas.

Ingreso en cuenta diferenciada (L 38/1999 disp.adic.1ª.1.b) Además de garantizar la devolución de las cantidades anticipadas, las personas físicas o jurídicas que promueven la construcción de toda clase de viviendas, han de percibir las cantidades anticipadas por los adquirentes a través de una **cuenta especial** abierta al efecto en una entidad de crédito. 2674

El hecho de que el comprador no haya ingresado las cantidades anticipadas en la cuenta especial, no excluye la cobertura del seguro, dado que es una obligación que legalmente se impone al vendedor. Es **irrenunciable el derecho** del comprador a que las cantidades ingresadas en esa cuenta especial queden así aseguradas, por lo que no puede establecer la póliza el desplazamiento al comprador de una obligación que solo corresponde al vendedor (TS 13-1-15, EDJ 8547).

Para la **apertura** de estas cuentas la entidad de crédito tienen que exigir, bajo su responsabilidad, la constitución de la garantía de las cantidades mediante seguro o aval.

Estas cuentas deben estar, además, **separadas** de cualquier otra clase de fondos pertenecientes al promotor, que únicamente puede disponer de ellas para las atenciones derivadas de la construcción de las viviendas y únicamente se puede ingresar el dinero de la promoción y gastar para la construcción de las viviendas, sin que sea posible darles **ninguna otra finalidad** ni incluir otros ingresos o fondos.

Precisiones 1) Comete delito de **apropiación indebida** quien recibe cantidades a cuenta y no las entrega o ingresa en cuenta separada (TS Penal 25-2-16, EDJ 12964; 12-2-16, EDJ 5997).

2) La garantía se extiende a las cantidades entregadas en **efectivo** o mediante cualquier **efecto cambiario**, cuyo pago se ha de domiciliar en la cuenta especial prevista en la Ley.

Responsabilidad de la entidad de crédito La entidad de crédito que admitan ingresos de los compradores en una cuenta del promotor sin exigir la apertura de una cuenta especial y la correspondiente garantía, **responden** frente a los compradores por el total de las cantidades anticipadas e ingresadas en la cuenta o cuentas que el promotor tenga abiertas en dicha entidad (TS 9-7-19, EDJ 646215; TS 21-12-15, EDJ 237517). 2677

Esta responsabilidad de las entidades de crédito, supone la imposición legal de un **especial deber de vigilancia** sobre el promotor al que concede el préstamo a la construcción, para que los ingresos se hagan en la única cuenta que tenga con la entidad, especialmente si provienen de particulares, sean derivados a la cuenta especial que el promotor debe abrir en esa misma o en otra entidad pero, en cualquier caso, constituyendo la garantía que la entidad correspondiente tiene que exigir. Se trata de una **colaboración activa** de las entidades de crédito. De otra forma, bastaría con recibir los ingresos de los compradores en una sola cuenta del promotor, destinada a múltiples atenciones, para que el sistema protector de los compradores de la Ley perdiera toda su eficacia.

La responsabilidad no se extiende a la entidad bancaria que no ha sido la **receptora directa** de las cantidades anticipadas. La obligación se impone a la entidad financiera a través de la cual la promotora percibe los anticipos de los adquirentes, pero no a la entidad financiadora de la promoción ni a las entidades de crédito que pudieran percibir los fondos posteriormente (TS 7-7-16, EDJ 104629; 16-1-15, EDJ 10751).

Precisiones Ante la **insolvencia de la promotora**, se permite a los compradores, reclamar a la entidad de crédito la devolución de las cantidades anticipadas. Es requisito para el ejercicio de esta acción la producción de un **daño** que viene representado por el perjuicio económico del comprador. Esta acción encuentra su causa en la falta de diligencia de la entidad de crédito por la omisión de la obligación legal de exigir al promotor la constitución de las garantías para la apertura de cuentas o depósitos en la entidad y, muy especialmente, si se trata de la única entidad financiadora de la promoción inmobiliaria (AP Burgos 25-10-12, EDJ 280160).

c. Extinción por mutuo disenso

2682 La extinción por mutuo disenso de los contratos de compraventa de vivienda **extingue también** la garantía de las cantidades anticipadas a cuenta del precio siempre que ese mutuo disenso sea anterior al vencimiento del plazo establecido para (TS 28-5-21, EDJ 588239; 29-3-21, EDJ 528749):
- el **inicio de la construcción**; o
- la **entrega de la vivienda**, si esta ya se hubiera iniciado cuando se celebró el contrato de compraventa.

2685 La garantía de las cantidades anticipadas no puede subsistir si el contrato de compraventa se extingue por mutuo disenso antes de la fecha establecida para la **entrega de la vivienda**, ya que la obligación del fiador se extingue al mismo tiempo que la del deudor (CC art.1847), y el riesgo asegurado en el seguro de caución, es el incumplimiento por el tomador del seguro de sus obligaciones legales o contractuales (LCS art.68).

Precisiones No es correcta la **equiparación** entre la extinción del contrato por **mutuo acuerdo** o mutuo disenso y el **incumplimiento objetivo** que frustra la finalidad del contrato por causa ajena a la culpabilidad del promotor (TS 23-3-15, EDJ 51648).

d. Incumplimiento de la obligación

2690 El aval o garantía y el depósito en cuenta especial de las sumas anticipadas por los adquirentes, constituye una **obligación legal**, de carácter esencial, que atañe o compete al vendedor de la vivienda en construcción. Su vulneración resulta grave o esencial (TS 7-5-14, EDJ 96067; AP Lugo 24-7-20, EDJ 657199). Su incumplimiento, así como la falta del depósito en cuenta especial de las sumas anticipadas da lugar a una **sanción** de hasta el 25% de las cantidades cuya devolución debe ser asegurada o la que corresponde según lo dispuesto en la normativa propia de las comunidades autónomas.
El incumplimiento de estas obligaciones constituye **infracción** en materia de consumo, aplicándose lo dispuesto en el régimen sancionador general sobre **protección de los consumidores** y usuarios, previsto en la legislación general y en la normativa autonómica correspondiente (nº 4500 s.).
No se trata de una **obligación meramente accesoria** del contrato cuyo incumplimiento queda reducido al ámbito de una infracción administrativa y, por tanto, ajeno al cauce del incumplimiento resolutorio del mismo. Por el contrario, se trata de una obligación legal, de carácter **esencial**, que atañe o compete al vendedor de la vivienda en proyecto o en construcción y que forma parte del contenido de la reciprocidad del contrato; construcción de la vivienda y pago de la misma (TS 11-4-13, EDJ 67714).
Además se imponen al promotor, incluido el supuesto de comunidad de propietarios o sociedad cooperativa, las sanciones que pudieran corresponder por infracciones conforme a la legislación específica en **materia de ordenación de la edificación**.
Durante la **ejecución de la obra** proyectada, el aval o seguro operan como **obligaciones bilaterales**, de forma que el futuro adquirente **puede**:
- oponer una excepción a la entrega de la cantidad anticipada, si este no se otorga;
- proceder a la resolución del contrato si, entregada o dispuesta dicha cantidad, el vendedor se niega a otorgar el preceptivo aval.

2692 La **acción de incumplimiento** nace desde que los adquirentes sufren el daño (objetivamente), advirtiendo su existencia, e intentan recuperar las cantidades que han anticipado y se les comunica que no se les devuelven por falta de aval (TS 13-4-21, EDJ 533248; 16-1-15, EDJ 10751).

Precisiones **1)** Han de rechazarse aquellas **cláusulas** que dejen totalmente vacía o hagan imposible la ejecución o cumplimiento de la garantía, o del aval prestado (AP Valladolid 29-3-12, EDJ59216).
2) Se permite una **acción individual** contra los administradores de la empresa constructora o promotora, cuando en el ejercicio de sus funciones, incumplen normas específicas que se

imponen a su actividad social y tienden a proteger al más débil, en este caso, al comprador de una vivienda que anticipa su precio antes de serle entregada, y sufre directamente el daño como consecuencia del incumplimiento de sus obligaciones (TS 23-5-14, EDJ 80794). La **responsabilidad directa de los administradores** proviene del carácter imperativo de la norma que han incumplido y de la importancia de los intereses jurídicos protegidos por dicha norma. Ello supone que incumbe a los administradores asegurarse del cumplimiento de esta exigencia legal, y que su incumplimiento les sea directamente imputable (TS 3-3-16, EDJ 16309).

3) En relación con las **cooperativas de vivienda**, se reconoce al cooperativista el derecho a recuperar las cantidades anticipadas si no ha obtenido la imperativa garantía de su devolución, pero no con cargo a la cooperativa demandada, ya que en tal caso el incumplimiento lo soportarían todos los demás cooperativistas que se encuentren en su misma situación. Cuando existe una sociedad mercantil profesionalmente dedicada a la gestión de cooperativas, la responsabilidad frente a los cooperativistas por la omisión de la garantía recae muy especialmente sobre ella, por su condición de profesional, aun cuando en puridad no sea la perceptora de las cantidades anticipadas y aun cuando solidariamente con ella tenga también que responder el consejo rector de la cooperativa (TS 12-7-16, EDJ 110057).

En el **ámbito penal**, el mero incumplimiento de las obligaciones legales, no constituye, por sí solo, delito de apropiación indebida. Se incurre en las responsabilidades administrativas legalmente previstas y, además, de concurrir los demás elementos de tipo penal de la **apropiación indebida**, se incurre en responsabilidad penal. Ello sucede cuando se acredita que el preceptor de las cantidades anticipadas, además de incumplir las obligaciones legales, hace suyas tales cantidades dándoles el destino que hubiese querido. Se **consuma el delito** cuando ante la concreta petición de devolución de las cantidades entregadas por la persona concernida, tal reintegro no se produce, con lo que se llega al punto sin retorno de definitivo incumplimiento de la obligación de o bien invertir el dinero en la obra comprometida, o de devolver el dinero al que lo entregó. **Por el contrario**, si incumple las obligaciones de abrir la cuenta especial y dedicar la cantidad a la obra comprometida, y la dedica o la confunde con otros patrimonios de otras promociones, pero ante la petición de devolución de lo recibido, entrega las cantidades adelantadas, o acredita el destino de ese dinero a la ejecución de la obra comprometida (aunque no acabada), entonces puede existir responsabilidad administrativa derivada del incumplimiento de tales obligaciones, pero no delito de apropiación indebida porque no se ha llegado al punto sin retorno de no entrega y no construcción (TS Penal 20-1-17, EDJ 1989; 14-7-16, EDJ 110777). **2694**

Además, la posibilidad de sancionar estas conductas como apropiación indebida no excluye la posibilidad de sancionar por **otro tipo delictivo** si en la recepción de las cantidades a cuenta media engaño (TS Penal 6-3-14, EDJ 30174). Nada impide considerar constitutivos de **estafa** hechos consistentes en afirmar a los compradores que se ha constituido o se va a constituir la garantía, o que se dará cumplimiento a las previsiones legales respecto al percibo de cantidades anticipadas, sin que exista voluntad de hacerlo (TS Penal 5-6-17, EDJ 96269).

e. Cancelación de las garantías

(L 38/1999 disp.adic.1ª.5)

Una vez expedida la **cédula de habitabilidad**, la **licencia de primera ocupación** o el documento equivalente que faculten para la ocupación de la vivienda por el órgano administrativo competente y acreditada por el promotor la entrega de la vivienda al adquirente, se cancelan las garantías otorgadas por la entidad aseguradora o avalista. **2696**

Para que se cancelen las garantías el promotor debe **entregar la vivienda** y con ella la **documentación** administrativa que la hace apta para ser utilizada como tal.

En tanto no se cumple con esta condición la garantía permanece **vigente**.

Si no se produce la entrega en **plazo**, el adquirente puede reclamar al asegurador o avalista el abono de la indemnización correspondiente, siempre que haya requerido de manera fehaciente al promotor para la devolución de las cantidades aportadas a cuenta y este no haya procedido a su devolución.

Como **excepción**, también se produce la cancelación de las garantías sin existir entrega de las viviendas en el supuesto en que el **promotor cumpla las condiciones anteriores**, es decir, si finaliza la obra en plazo y la vivienda dispone de la documentación necesaria, y el adquirente **rehúsa** recibir la vivienda.

2699 En el caso de que la compraventa se extinga por **mutuo disenso** de las partes (nº 2682), se extingue también la garantía de las cantidades anticipadas a cuenta del precio siempre que ese mutuo disenso sea **anterior** al vencimiento del plazo para el inicio de la construcción o, **si esta ya se hubiera iniciado**, cuando se celebró el contrato de compraventa, al vencimiento del plazo establecido para la entrega de la vivienda.

B. Contratos de crédito inmobiliario

2700

1. Normativa reguladora

2705 Los préstamos con garantía hipotecaria u otro derecho real de garantía sobre un inmueble de uso residencial, se rigen por la L 5/2019, reguladora de los contratos de crédito inmobiliario (en adelante, LCCI) y por el RD 309/2019, por el que se desarrolla parcialmente la L 5/2019.

2707 **Ámbito de aplicación** (LCCI art.2) En el **ámbito subjetivo** de la Ley se incluyen las siguientes personas:

• **Prestatario, fiador o garante**, siempre que sea una persona física.

• **Prestamista**: persona física o jurídica que realiza dicha actividad de manera profesional, es decir, que intervenga en el mercado de servicios financieros con carácter empresarial o profesional o, aun de forma ocasional, con una finalidad exclusivamente inversora.

• **Intermediario de crédito inmobiliario**: persona física o jurídica que no actúa como prestamista, ni fedatario público, y desarrolla una actividad comercial o profesional remunerada, consistente en poner en contacto, directa o indirectamente, a una persona física con un prestamista. Además, realiza alguna de las siguientes funciones con respecto a los contratos de préstamo:

- presentar u ofrecer a los prestatarios los contratos de préstamo;
- asistir a los prestatarios realizando los trámites previos u otra gestión precontractual respecto de dichos contratos de préstamo;
- celebrar los contratos de préstamo con un prestatario en nombre del prestamista.

• **Representante designado**: persona física o jurídica que realiza las actividades propias de un intermediario de crédito inmobiliario en nombre y por cuenta de un único intermediario, bajo la responsabilidad plena e incondicional de este.

2709 El **ámbito objetivo** de la Ley incluye los siguientes contratos:

• La concesión de préstamos con **garantía hipotecaria u otro derecho real de garantía** sobre un inmueble de uso residencial. A estos efectos, también se entienden como inmuebles para uso residencial aquellos elementos tales como trasteros, garajes, y cualquier otros que, sin constituir vivienda como tal, cumplen una función doméstica.

• La concesión de **préstamos cuya finalidad** sea adquirir o conservar derechos de propiedad sobre terrenos o inmuebles construidos o por construir, siempre que el prestatario, el fiador o garante sea un consumidor.

También es de aplicación la Ley a los supuestos de **subrogación de deudor** en la obligación personal cuando la misma se produce con ocasión de la transmisión del bien hipotecado, y a los de **novación modificativa** del contrato de préstamo (LCCI disp.adic.6ª).

La LCCI **no se aplica** a los siguientes contratos de préstamo: **2711**
- concedidos por un empleador a sus empleados, a título accesorio y sin intereses o cuya TAE sea inferior a la del mercado, y que no se ofrezcan al público en general;
- concedidos sin intereses y sin ningún otro tipo de gastos, excepto los destinados a cubrir los costes directamente relacionados con la garantía del préstamo;
- concedidos en forma de facilidad de descubierto y que tengan que reembolsarse en el plazo de un mes;
- resultado de un acuerdo alcanzado ante un órgano jurisdiccional, arbitral, o en un procedimiento de conciliación o mediación;
- relativos al pago aplazado, sin gastos, de una deuda existente, siempre que no se trate de contratos de préstamo garantizados por una hipoteca sobre bienes inmuebles de uso residencial;
- hipoteca inversa.

La concesión de préstamos o créditos hipotecarios, **distintos a los previstos en la LCCI**, se rigen por la L 2/2009, por la que se regula la contratación con los consumidores de préstamos hipotecarios, cuando se dan las siguientes circunstancias (L 2/2009 art.1.1): **2712**
- el **prestatario** es un consumidor;
- el **prestamista** es una persona física o jurídica que realiza esta actividad de manera profesional, y no es una entidad de crédito.
- el contrato está incluido en el ámbito de aplicación de la L 28/1998, de **venta a plazos de bienes muebles**.

Las medidas previstas en el RDL 6/2012, de **medidas urgentes de protección de deudores hipotecarios sin recursos** se aplican a los contratos de préstamo o crédito garantizados con hipoteca inmobiliaria cuyo deudor, fiador o avalista, se encuentre situado en el **umbral de exclusión** (nº 2848 s.)

En cuanto al **ámbito temporal** de aplicación, como regla general, las disposiciones de la Ley no tienen **aplicación retroactiva** a los contratos anteriores a su entrada en vigor (16-6-2019), con las siguientes **excepciones** (LCCI disp.trans.1ª): **2714**
- contratos que sean objeto de novación o de subrogación con posterioridad a su entrada en vigor;
- derecho de reembolso anticipado, en caso de novación del tipo de interés aplicable o de subrogación de un tercero en los derechos del acreedor;
- contratos en los que se incluyan cláusulas de vencimiento anticipado, salvo que el deudor alegue que la previsión que contiene resulta más favorable para él.

Carácter imperativo Las disposiciones de la LCCI y sus normas de desarrollo tienen carácter imperativo, por lo que los derechos que reconoce son **irrenunciables e indisponibles** para las partes contratantes, salvo que la norma expresamente establezca lo contrario (LCCI art.3). **2715**

Cualquier **pacto entre** el **prestatario y** los **prestamistas**, intermediarios de crédito o sus representantes designados, cuya finalidad, o efecto sea reducir o menoscabar en cualquier forma la protección otorgada por la Ley, se considera nulo de pleno derecho (LCCI art.44.3).

También son nulos de pleno derecho los actos realizados en **fraude** de lo dispuesto en la Ley, y en particular la renuncia previa de los derechos que la Ley reconoce al deudor, fiador, garante o hipotecante no deudor.

El registrador de la propiedad tiene que **denegar la inscripción** de las cláusulas de los contratos que sean contrarias a normas imperativas o prohibitivas o hayan sido declaradas nulas por abusivas por sentencia del Tribunal Supremo con valor de

jurisprudencia o por sentencia firme inscrita en el Registro de Condiciones Generales de la Contratación (LH art.258.2).
Las obligaciones establecidas en la Ley y sus normas de desarrollo tienen carácter de **normas de ordenación y disciplina** para los prestamistas, intermediarios y sus representantes designados, ya sean personas físicas o jurídicas (LCCI art.44.2).
Las **Administraciones públicas** tienen la obligación de velar en todo momento por la correcta aplicación de la legislación en materia inmobiliaria e hipotecaria, especialmente en lo concerniente a las operaciones inmobiliarias sobre vivienda habitual o en las que sean partícipes los consumidores (LCCI art.45).
Para evitar actuaciones irregulares por parte de prestamistas e intermediarios, la Ley establece un completo sistema de **infracciones** (LCCI art.46) y **sanciones** (LCCI art.47).

2. Régimen de las entidades prestamistas e intermediarias

2720

2722 La actuación de los prestamistas, intermediarios de crédito inmobiliario y representantes designados, ha de ser honesta, imparcial, transparente y profesional.
Tiene que **respetar los derechos e intereses** de los prestatarios en los siguientes aspectos (LCCI art.5.1):
- elaboración de productos crediticios;
- concesión de préstamos;
- prestación de servicios de intermediación o de asesoramiento sobre el préstamo o servicios accesorios;
- ejecución de los contratos de préstamo.

a. Formación del personal

(LCCI art.16)

2725 El **personal** al servicio de estas entidades debe reunir en todo momento los **conocimientos y competencias** necesarios y actualizados sobre los productos que comercializan. El Ministerio competente tiene que establecer los **requisitos mínimos**.
Especialmente, los conocimientos y competencias **deben referirse** a:
- la elaboración, oferta o concesión de contratos de préstamo;
- la actividad de intermediación de crédito;
- la prestación de servicios de asesoramiento (nº 2735);
- la ejecución de los contratos de préstamo;
- los servicios accesorios incluidos en los contratos de préstamo;
- los productos de venta vinculada o combinada (nº 2780 s.).

El prestamista o intermediario de crédito inmobiliario que actúe en régimen de **libre prestación de servicios**, también debe cumplir con estos requisitos mínimos de conocimientos y competencias.

b. Remuneración del personal

(LCCI art.18)

La política de remuneración del personal responsable de la evaluación de la solvencia y de la concesión de los préstamos, tiene que cumplir los siguientes **principios**: **2730**
- ser compatible con una gestión sana y eficaz del riesgo, sin ofrecer incentivos para asumir riesgos que rebasen el nivel tolerado por el prestamista;
- no depender de la cantidad o de la proporción de solicitudes aceptadas;
- no incumplir la obligación de actuar de manera honesta, imparcial, transparente y profesional, respetando los derechos y los intereses de los prestatarios.

Los **procedimientos internos** de los prestamistas para la aplicación de las políticas de remuneración se deben recoger por escrito y poner a disposición de la autoridad competente cuando esta los solicite. Tienen que asegurar que los objetivos que inciden en la retribución o en los incentivos fijados son compatibles con el tiempo necesario para realizar una **evaluación adecuada** de la solvencia y para informar debidamente al prestatario. En particular, deben establecer medidas detalladas para evitar que el **factor de mayor ponderación** en la remuneración sea un tipo determinado de contratos de préstamo, de tipos de interés o de servicios accesorios.

c. Servicios de asesoramiento

(LCCI art.19; RD 309/2019 art.3 y 4)

Antes de la prestación de servicios de asesoramiento, se tiene que facilitar al prestatario la siguiente **información** (LCCI art.19.3): **2735**
- **conjunto de productos** que se toman en consideración, de modo que el prestatario sepa si la recomendación que se le hace se basa solo en la gama de productos propia del asesor, o en un conjunto más amplio de productos disponibles en el mercado;
- los **gastos** que se le facturarán por los servicios de asesoramiento o el método empleado para calcularlo, si su importe no puede determinarse en el momento en que se comunica la información.

La prestación del servicio requiere la **previa determinación contractual** de su contenido, alcance y condiciones (LCCI art.19.5). En particular la cuantía de la **retribución** que quien preste el servicio va a recibir de:
- el prestatario, si bien, si el servicio de asesoramiento es gratuito para él, debe señalarse expresamente;
- directa o indirectamente del prestamista o prestamistas a los que puedan extenderse las recomendaciones que formule.

El asesoramiento tienen que cumplir los siguientes **requisitos** (LCCI art.19.4):
- Se tiene que basar en la **información sobre la situación personal y financiera del prestatario**, así como sobre sus preferencias y objetivos, y en cualquier requisito específico que este haya dado a conocer, así como en hipótesis razonables sobre los riesgos para su situación durante la vigencia del contrato de préstamo, de modo que puedan recomendar contratos de préstamo adecuados (LCCI art.19.4.a y 5.2).
- Se han de tomar en consideración un **número suficientemente grande de contratos de crédito**, de su gama de productos o de los disponibles en el mercado, y recomendar uno o varios de ellos que sean adecuados a las necesidades, situación financiera y circunstancias personales del prestatario.
- Actuar en el **mejor interés del prestatario**, informándose de sus necesidades y circunstancias, y recomendándole contratos de préstamo adecuados.
- Facilitar al prestatario una **copia** en papel o en otro soporte duradero de la recomendación que se le ha formulado.

d. Información al consumidor

2740 La Ley establece obligaciones de información de las entidades prestamistas o intermediarias a favor de los prestatarios, que no pueden suponer coste adicional alguno para los mismos (LCCI art.5.3).

2742 **Información en la publicidad** (LCCI art.6) Toda la publicidad relativa a contratos de préstamo, que indique un tipo de interés o cualquier cifra relacionada con el coste del préstamo para el prestatario, **debe ser** fácilmente legible o claramente audible, y **debe especificar** de forma clara, concisa y destacada las siguientes cuestiones:
- la identidad del prestamista o, en su caso, del intermediario de crédito o representante designado;
- el tipo deudor, indicando si es fijo, variable o una combinación de ambos, junto con información sobre los gastos incluidos, en su caso, en el coste total del préstamo para el prestatario;
- el importe total del préstamo;
- la TAE (nº 2805);
- el sistema de amortización y la fórmula de cálculo de las cuotas de amortización de principal y de intereses suficientemente detalladas como para que el prestatario pueda verificar con claridad la corrección de los importes cobrados;

Cuando proceda, **también debe constar**:
- que el contrato de préstamo está garantizado por una hipoteca o por otra garantía real sobre bienes inmuebles de uso residencial, o por un derecho relativo a un bien inmueble;
- la opción del deudor de poder dar en pago el inmueble hipotecado en garantía del préstamo, con carácter liberatorio de la totalidad de la deuda derivada del mismo;
- la duración del contrato de préstamo;
- el importe de los pagos a plazos;
- el importe total adeudado por el prestatario;
- el número de pagos a plazos;
- una advertencia sobre el hecho de que las posibles fluctuaciones del tipo de cambio podrían afectar al importe adeudado por el prestatario.

Si la celebración de un contrato relativo a un **servicio accesorio**, en particular un seguro, es obligatoria para obtener el préstamo o para obtenerlo en las condiciones ofrecidas, y el coste de ese servicio no puede determinarse de antemano, dicha obligación debe mencionarse también de forma clara, concisa y destacada, junto con la TAE.

2744 **Información precontractual** (LCCI art.10) El prestamista y, en su caso, el intermediario de crédito o su representante designado, tienen que ofrecer al prestatario la **información personalizada** que necesite para:
- comparar los préstamos disponibles en el mercado;
- evaluar sus implicaciones;
- tomar una decisión fundada sobre la conveniencia de celebrar o no el contrato de préstamo.

El prestatario debe recibir la información necesaria sobre sus necesidades, situación financiera y preferencias, con **suficiente antelación**, nunca inferior a 10 días naturales, respecto del momento en que quede vinculado por cualquier contrato u oferta de préstamo.

Esta información personalizada se facilita mediante la **Ficha Europea de Información Normalizada** (FEIN) que se recoge en el Anexo I de la Ley.

2746 **Información general** (LCCI art.9; RD 309/2019 art.7 y 8) Los prestamistas o los intermediarios de crédito vinculados deben facilitar, en todo momento, información general clara y comprensible sobre los contratos de crédito.

Se tienen que facilitar en **soporte** de papel o cualquier otro soporte duradero o en formato electrónico,

Esta información general **debe especificar** las siguientes cuestiones:

- la **identidad y dirección** geográfica de quien emite la información;
- los **fines** para los que puede emplearse el crédito;
- las **formas de garantía**, cuando proceda, incluyendo la posibilidad de que esté situada en otro Estado miembro;
- la **duración** posible de los contratos de crédito;
- las formas de **tipo deudor** disponible, indicando si este es fijo o variable o una combinación de ambos, con una breve descripción de las características de los tipos fijos y variables, incluyendo sus implicaciones para el prestatario;
- cuando puedan contratarse créditos en **moneda extranjera** (nº 2818 s.), una indicación de la misma, explicando las implicaciones que tiene para el prestatario la denominación de un crédito en moneda extranjera;
- un **ejemplo representativo** del importe total del crédito, del coste total del crédito para el prestatario, del importe total adeudado por el prestatario y de la TAE (nº 2805);
- una indicación de **otros posibles costes** para el prestatario, no incluidos en el coste total del crédito, que deban pagarse en relación con un contrato de crédito;
- la gama de las diversas opciones existentes para **reembolsar el crédito** al prestamista (incluyendo el número, la periodicidad y el importe de las cuotas de reembolso);
- cuando proceda, una declaración clara y concisa de que el incumplimiento de los términos y condiciones de los contratos de crédito no garantiza el **reembolso** del importe total del crédito en virtud del contrato de crédito;
- una descripción de las condiciones relacionadas directamente con el **reembolso anticipado** (nº 2824 s.);
- una indicación de si es necesario **evaluar el bien inmueble** y, si procede, quién es responsable de garantizar que se lleve a cabo la evaluación, y de si se originan costes conexos para el prestatario;
- una indicación de los **servicios accesorios** que el prestatario esté obligado a contratar para obtener el crédito o para obtenerlo en las condiciones ofrecidas y, si ha lugar, la aclaración de que los servicios accesorios pueden contratarse con un proveedor distinto del prestamista;
- una advertencia general sobre las posibles **consecuencias de no cumplir** los compromisos asociados al contrato de crédito;
- cuando proceda, la opción del deudor de poder **dar en pago** el inmueble hipotecado en garantía del préstamo, con carácter liberatorio de la totalidad de la deuda derivada del mismo;

Los prestamistas tienen obligaciones periódicas de información que deben cumplir en cada **liquidación de intereses o de comisiones** que practiquen por sus servicios. En dichas liquidaciones se debe expresar: **2747**
- el **tipo de interés nominal** aplicado en el periodo ya devengado y, en su caso, el que se vaya a aplicar en el periodo que se inicia;
- las **comisiones** aplicadas en el período al que se refiere la liquidación, con indicación concreta de su concepto, base y período de devengo;
- cualquier **otro gasto** incluido en la liquidación; y
- cuantos **antecedentes** sean precisos para que el prestatario pueda comprobar la liquidación efectuada y calcular los costes asociados.

Asimismo, durante el mes de enero de cada año se debe remitir a los prestatarios una **comunicación** recogiendo la información sobre comisiones y gastos devengados, y tipos de interés efectivamente aplicados y cobrados durante el año anterior.

Cuando se produzca la **modificación del interés aplicable** al préstamo, el prestamista ha de informar al prestatario con una antelación mínima de 15 días naturales antes de que esta modificación se aplique.

Información de los intermediarios de crédito inmobiliario (LCCI art.35) Con **antelación suficiente** a la prestación de cualquiera de las actividades propias de la intermediación de crédito inmobiliario, el intermediario de crédito o el representante **2748**

designado tienen que facilitar al prestatario, como mínimo, la información siguiente en papel o cualquier otro soporte duradero:
- la **identidad y domicilio** del intermediario de crédito inmobiliario;
- el **registro** en el que está inscrito, número de registro, y medios para comprobar esa inscripción;
- si está **vinculado** a uno o más prestamistas o trabaja exclusivamente para ellos, en cuyo caso tiene que indicar los nombres de los prestamistas en nombre de los cuales actúa;
- si ofrece o no **servicios de asesoramiento** y si estos son independientes;
- la **remuneración** que, en su caso, debe abonarle el prestatario por sus servicios o, cuando ello no sea posible, el método para calcular dicha remuneración;
- los **procedimientos** a disposición de los prestatarios u otros interesados para realizar **reclamaciones extrajudiciales** contra los intermediarios de crédito inmobiliario y, en su caso, las vías de acceso a dichos procedimiento;
- las **comisiones** u otros incentivos que el prestamista o un tercero han de abonarle por sus servicios en relación con el contrato de préstamo;
- cuando el intermediario de crédito cobre una **remuneración** al prestatario y reciba adicionalmente una comisión del prestamista o de un tercero, debe informar al prestatario si la remuneración se deduce o no, total o parcialmente, de la comisión.

2749 **Conservación de la información** (LCCI disp.adic.4ª) Las personas que realizan las actividades de préstamo o intermediación, están obligadas a conservar los documentos en los que se plasma la información precontractual entregada al prestatario en cumplimiento de las obligaciones establecidas, al objeto de **acreditar el cumplimiento** de dichas obligaciones.

Deben conservarla durante un **plazo mínimo** de 6 años desde el momento de la finalización de los efectos del contrato respecto del prestatario. Al final de dicho periodo, tienen que notificar al prestatario de manera fehaciente su **derecho a recibir** dicha documentación. Si este la requiere, tienen que la ponerla a su disposición.

La misma obligación de conservación existe respecto de la información precontractual relativa a productos o servicios que sean objeto de **venta vinculada o combinada** (nº 2780) exigida por la normativa sectorial correspondiente en cada caso.

En el caso de **subrogación o de cesión** del contrato, el prestamista que suscribió el préstamo debe seguir conservando la documentación precontractual durante el mismo plazo, y copia de la misma si se la requiere el cesionario o prestamista que se subroga, a costa de este. Tanto el prestamista inicial como el prestamista que se subroga o el cesionario están obligados a facilitar dicha documentación al prestatario, si es reclamada por este.

e. Evaluación de la solvencia del prestatario

(LCCI art.11 y 12)

2750 **Antes de celebrar** un contrato de préstamo, los prestamistas deben evaluar en profundidad la solvencia del potencial prestatario, fiador o garante; ponderando los factores pertinentes para verificar su capacidad para cumplir con las obligaciones derivadas del préstamo.

Entre otros factores, **se valorará**:
- la situación de empleo;
- los ingresos presentes y los previsibles durante la vida del préstamo;
- los activos en propiedad;
- el ahorro;
- los gastos fijos y los compromisos ya asumidos;
- el nivel previsible de ingresos a percibir tras la jubilación, si una parte sustancial del crédito o préstamo se continuará reembolsando una vez finalizada la vida laboral.

En los **préstamos hipotecarios**, la evaluación de la solvencia no se puede basar predominantemente en el valor de la garantía que exceda del importe del préstamo o en

la hipótesis de que el valor de dicha garantía aumentará, a menos que la finalidad del contrato de préstamo sea la construcción o renovación de bienes inmuebles de uso residencial.
Solo se puede poner el **préstamo a disposición del prestatario** si el resultado de la evaluación de la solvencia indica que es probable que las obligaciones derivadas del contrato se cumplirán según lo establecido en él.

Para llevar a cabo esta evaluación, el potencial prestatario debe **facilitar la información** que le especifique el prestamista de manera clara y directa en la fase precontractual. El prestamista debe informar de la necesidad de facilitar, en el plazo designado al efecto, la información correcta para responder a la solicitud de información, y que dicha información tiene que ser suficientemente completa y pertinente para poder llevar a cabo una evaluación adecuada de su solvencia. La información ha de ser **proporcionada y limitada** a lo necesario para la realización de una evaluación adecuada de la solvencia, con los límites establecidos en la normativa de protección de datos. **2752**
Además, el prestamista debe **consultar el historial crediticio** del cliente acudiendo a la Central de Información de Riesgos del Banco de España, así como a alguna de las entidades privadas de información crediticia en los términos y con los requisitos y garantías previstos en la legislación de protección de datos personales.
Se advertirá al prestatario de que **el préstamo no se puede conceder** cuando no es posible llevar a cabo la evaluación de la solvencia debido a que no facilita la información o la verificación necesaria para llevar a cabo dicha evaluación.

Si se **deniega la solicitud** de préstamo, el prestamista debe informar por escrito y sin demora al potencial prestatario y, en su caso, al fiador o avalista de su respectivo resultado. Les debe advertir, de forma motivada de dicha denegación y, si procede, de que la decisión se basa en un tratamiento automático de datos. **2754**
Si la denegación se base en el resultado de una **consulta de una base de datos** tiene que entregar al potencial prestatario una copia del resultado e informarle del resultado de dicha consulta y de los pormenores de la base de datos consultada, como son el nombre, el responsable, así como del derecho que le asiste de acceder y rectificar, en su caso, los datos contenidos en la misma.

La **incorrecta evaluación de la solvencia** no otorga al prestamista la facultad de resolver, rescindir o modificar ulteriormente el contrato de préstamo, salvo que se demuestre que el prestatario ha ocultado o falsificado conscientemente la información. **2756**
Tampoco pueden los prestamistas resolver, rescindir o modificar el contrato de préstamo en detrimento del prestatario debido a que fuera incompleta la información facilitada por el prestatario antes de celebrarse dicho contrato.

Antes de cualquier **aumento significativo** del importe total tras la celebración del contrato de préstamo, los prestamistas deben reevaluar la solvencia del prestatario basándose en información actualizada, a menos que el préstamo adicional ya estuviera considerado e incluido en la evaluación de solvencia inicial. **2758**

f. Obligación de transparencia

(LCCI art.14 y 15)

Como obligación general de transparencia, las cláusulas contractuales utilizadas en los contratos de préstamo inmobiliario que tengan el carácter de **condiciones generales de la contratación** (nº 720 s.), deben inscribirse en el Registro de Condiciones Generales de la Contratación. Además, tienen que estar disponibles en la página web de los prestamistas, si disponen de ella, y tenerlas gratuitamente a disposición de los prestatarios y potenciales prestatarios en sus establecimientos abiertos al público (LCCI art.7). **2760**

2762 **Documentación** (LCCI art.14.1) El prestamista o intermediario de crédito, debe entregar al prestatario o potencial prestatario, con una **antelación mínima** de 10 días naturales al momento de la firma del contrato, la siguiente documentación:

• La **Ficha Europea de Información Normalizada** (FEIN), contenida en el Anexo I de la Ley, que tiene la consideración de oferta vinculante para la entidad durante el plazo pactado hasta la firma del contrato que, como mínimo, deberá de ser de 10 días.

• La **Ficha de Advertencias Estandarizadas** (FiAE) en la que se le informa de la existencia de las cláusulas o elementos relevantes. En su caso, **debe incluir**, al menos, una referencia a:

- los índices oficiales de referencia utilizados para fijar el tipo de interés aplicable;
- la existencia de límites mínimos en el tipo de interés aplicable como consecuencia de la variación a la baja de los índices o tipos de interés a los que aquel está referenciado;
- la posibilidad de que se produzca el vencimiento anticipado del préstamo como consecuencia del impago y los gastos derivados de ello;
- la distribución de los gastos asociados a la concesión del préstamo;
- que se trata de un préstamo en moneda extranjera.

• Si se trata de un préstamo a tipo de **interés variable**, un documento separado con una referencia especial a las cuotas periódicas a satisfacer por el prestatario en diferentes escenarios de evolución de los tipos de interés.

• Una copia del **proyecto de contrato**, cuyo contenido debe ajustarse al de los documentos anteriores. Tiene que incluir, de forma desglosada, la totalidad de los gastos asociados a la firma del contrato.

• Información clara y veraz de los **gastos** que corresponden al prestamista y los que corresponden al prestatario (nº 2795).

• Cuando se requiere al prestatario la suscripción de una **póliza de seguro** en garantía del cumplimiento de las obligaciones del contrato de préstamo, así como la suscripción de un seguro de daños respecto del inmueble objeto de hipoteca y del resto de seguros previstos en la normativa del mercado hipotecario, se debe entregar al prestatario por escrito las condiciones de las garantías del seguro que se exige.

• Cuando esté previsto que el préstamo se formalice en **escritura pública**, la advertencia al prestatario de la obligación de recibir asesoramiento personalizado y gratuito del notario que elija para la autorización de la escritura pública del contrato de préstamo, sobre el contenido y las consecuencias de la información contenida en la documentación que se entrega.

2764 **Información** Además de la documentación, el prestamista debe suministrar al prestatario toda la información que sea necesaria. En particular, tiene que responder a las **consultas** que le formule el prestatario acerca del contenido, significado y trascendencia práctica de los documentos entregados. Las **explicaciones** deben contener ejemplos de aplicación práctica de las cláusulas financieras, en diversos escenarios de coyuntura económica, en especial de las relativas a tipos de interés y, en su caso, de los instrumentos de cobertura de riesgos financieros que se vayan a suscribir con ocasión del préstamo.

2766 **Comprobación del cumplimiento de la obligación de transparencia** (LCCI art.15) El prestatario ha de **comparecer ante el notario** por él elegido, como tarde el día anterior al de la autorización de la escritura pública del contrato, para obtener **asesoramiento presencial**. La obligación de comparecencia y las normas de protección al prestatario se extienden a toda persona física que sea **fiadora o garante** del préstamo.

Si **no queda acreditado** documentalmente el cumplimiento en tiempo y forma de la obligación de entrega de documentación (nº 2762) e información (nº 2764), o si **no comparece el prestatario** para recibir el asesoramiento en el plazo señalado, el notario expresa en el acta esta circunstancia. En este caso, no puede autorizarse la escritura pública de préstamo.

La documentación (nº 2762) junto a una **manifestación firmada** por el prestatario, en la que declara haberla recibido la documentación y que le ha sido explicado su contenido (nº 2764), debe **remitirse al notario** elegido por el prestatario. La remisión de la documentación se tiene que realizar por **medios telemáticos seguros**, que deben cumplir las siguientes **exigencias mínimas** (LCCI art.14.1): 2768
- permitir al notario comprobar fehacientemente la fecha en que los documentos firmados por el prestatario se incorporaron a la aplicación;
- garantizar que no se ocasiona ningún coste, directo o indirecto, para el cliente;
- quedar organizado de modo que el cliente pueda dirigirse a cualquier notario de su libre elección para que este, con carácter previo a la firma del préstamo, extraiga la documentación para preparar y autorizar el acta y la escritura.

El notario **verifica la documentación** acreditativa del cumplimiento de los requisitos, y en caso de que quede acreditado su cumplimiento, **hace constar en acta notarial** previa a la formalización del préstamo hipotecario las siguientes cuestiones: 2770
- el cumplimiento de los plazos legalmente previstos de puesta a disposición del prestatario de los documentos;
- las cuestiones planteadas por el prestatario y el asesoramiento prestado por el notario.

En todo caso, debe informar en el acta, de que ha prestado asesoramiento relativo a las **cláusulas específicas** recogidas en la FEIN y en la FiAE, de manera individualizada y con referencia expresa a cada una, sin que sea suficiente una afirmación genérica.

En presencia del notario, el prestatario tiene que **responder a un test** que tiene por objeto concretar la documentación entregada y la información suministrada.

El **contenido del acta** se presume veraz e íntegro, y hace prueba del asesoramiento prestado por el notario y de la manifestación de que el prestatario comprende y acepta el contenido de los documentos descritos, a efectos de cumplir con el principio de transparencia en su vertiente material.

En la escritura pública del préstamo el notario autorizante inserta una **reseña identificativa del acta**, en la que expresa el número de protocolo, notario autorizante y su fecha de autorización, así como la afirmación del notario bajo su responsabilidad, de acuerdo con el acta, de que el prestatario ha recibido en plazo la documentación y el asesoramiento previsto en la Ley.

La actuación notarial, en ningún caso exime al prestamista de dar al prestatario las oportunas explicaciones y aclaraciones sobre los efectos y cargas derivadas del préstamo, conforme a lo previsto en la Ley. 2772

g. Tasación del inmueble

(LCCI art.13)

Los **inmuebles aportados en garantía** han de ser objeto de una tasación adecuada antes de la celebración del contrato de préstamo. 2775

La tasación **se puede realizar por**:
- una sociedad de tasación;
- el servicio de tasación de una entidad de crédito;
- un profesional homologado independiente del prestamista o del intermediario de crédito inmobiliario.

Para realizarla se **tienen que utilizar** normas de tasación fiables y reconocidas internacionalmente conforme a la OM ECO/805/2003.

Precisiones **1)** La Ley concede al Ministerio competente un plazo de 6 meses para evaluar la conveniencia de **modificar** la OM ECO/805/2003, con la finalidad de incorporar, adicionalmente a las ya previstas, otras tipologías avanzadas de tasación (LCCI disp.adic.10ª.2).
2) Las **sociedades de tasación** y los **servicios de tasación** de las entidades de crédito están regulados en el RDL 24/2021.
3) La **homologación de profesionales de tasación**, se regula en el RD 775/1997. La Ley faculta al Gobierno para aprobar en el plazo de 6 meses desde su entrada en vigor un nuevo

régimen de homologación de profesionales que pueden realizar tasaciones (LCCI disp.adic.10ª.1).

h. Venta vinculada o combinada

(LCCI art.4.25, 4.26 y 17)

2780 Se produce una **venta vinculada** cuando se ofrece de forma conjunta una hipoteca con otros productos, como seguros, cuentas o planes de pensiones. Con carácter general están **prohibidas**. Todo contrato vinculado al préstamo, en perjuicio del prestatario, es nulo. Sin embargo, la nulidad de las cláusulas del contrato de préstamo que afecten a productos vinculados no determina la nulidad del préstamo.

Se contemplan las siguientes **excepciones**:

• **Ventas vinculadas concretas** en las que el prestamista pueda demostrar que los productos vinculados o las categorías de productos ofrecidos, en condiciones similares entre sí, que no se presenten por separado, acarrean un claro beneficio a los prestatarios, teniendo debidamente en cuenta la disponibilidad y los precios de los productos pertinentes ofrecidos en el mercado.

• La suscripción de una **póliza de seguro** en garantía del cumplimiento de las obligaciones del préstamo, así como la suscripción de un seguro de daños respecto del inmueble objeto de hipoteca y del resto de seguros previstos en la normativa del mercado hipotecario. El prestamista debe aceptar **pólizas alternativas** de todos los proveedores que ofrezcan unas condiciones y un nivel de prestaciones equivalentes a la propuesta por él, tanto en la suscripción inicial como en cada una de las renovaciones. La aceptación por el prestamista de una póliza alternativa, distinta de la propuesta por su parte, no puede suponer un empeoramiento de cualquier naturaleza en las condiciones del préstamo.

• Vincular el préstamo a que el prestatario, su cónyuge, pareja de hecho, o un pariente por consanguinidad o afinidad hasta el segundo grado de parentesco contrate ciertos **productos financieros** establecidos por orden de la persona titular del Ministerio competente, siempre que sirva de soporte operativo o de garantía a las operaciones de un préstamo y que el deudor y los garantes reciban información precisa y detallada.

2782 En las **prácticas vinculadas autorizadas** por la autoridad competente, el prestamista **debe informar** al prestatario de manera expresa y comprensible de las siguientes cuestiones:

- que está contratando un producto vinculado;
- el beneficio y el riesgo de pérdidas, especialmente en los productos de inversión, que supone para el prestatario su contratación;
- los efectos que la cancelación anticipada del préstamo o cualquiera de los productos vinculados produciría sobre el coste conjunto del préstamo y el resto de los productos o servicios vinculados.

2784 En las **ventas combinadas**, los productos se presentan por separado: es decir, la hipoteca por un lado, y el resto de productos combinados (seguros, cuentas o planes de pensiones) por otro, de modo que el prestatario pueda advertir las diferencias entre una oferta y otra.

Antes de la contratación de un producto combinado, el prestamista tiene que **informar al prestatario** de manera expresa y comprensible, de los siguientes extremos:

- que está contratando un producto combinado;
- el beneficio y riesgos de pérdida, especialmente en los productos de inversión, que supone para el prestatario su contratación, incluyendo escenarios simulados;
- la parte del coste total que corresponde a cada uno de los productos o servicios;
- los efectos que la no contratación individual o la cancelación anticipada del préstamo o cualquiera de los productos combinados produciría sobre el coste conjunto del préstamo y el resto de los productos o servicios combinados;
- las diferencias entre la oferta combinada y la oferta de los productos por separado.

i. Quejas y reclamaciones

(LCCI disp.adic.1ª)

Las quejas y reclamaciones que presenten los potenciales prestatarios, prestatarios o garantes, relacionadas con sus intereses y derechos legalmente reconocidos, y que deriven de presuntos incumplimientos de la Ley, sus normas de desarrollo, de los estándares o de las buenas prácticas y usos financieros que resulten aplicables, **se resuelven** por la entidad de resolución de litigios de consumo en el sector financiero regulada en la L 7/2017 disp.adic.1ª. **2785**
Hasta la constitución de dicha entidad, el **servicio de reclamaciones del Banco de España**, atenderá las quejas y reclamaciones que se presenten (LCCI disp.trans.5ª).

3. Formalización del contrato

(LCCI art.22)

Los contratos de préstamo se tienen que formalizar en papel o en otro soporte duradero. **2790**
Si están **garantizados con hipoteca** constituida sobre un inmueble de uso residencial situado en territorio nacional, deben formalizase en escritura pública, pudiendo adoptar el formato electrónico conforme a la legislación notarial. En ellos tienen que constar, además de los elementos esenciales del contrato, los datos y los elementos que se determinen por el Gobierno mediante real decreto.
El **notario** no puede autorizar la escritura pública si no se ha otorgado el acta en el que verifica la documentación (nº 2770). Una vez autorizada la escritura de préstamo, **entregará o remitirá** telemáticamente al prestatario, sin coste, copia simple de aquella. En la escritura se hace constar una dirección de correo electrónico del prestatario para la práctica de estas comunicaciones (LCCI disp.adic.8ª).
El **registrador** de la propiedad, mercantil y de bienes muebles no pueden inscribir ninguna escritura que se refiera a préstamos regulados por la LCCI en la que no conste la reseña identificativa del acta (nº 2760). Practicada la inscripción, **remitirán** gratuitamente y de forma telemática al prestatario nota simple literal de la inscripción practicada y de la nota de despacho y calificación, con indicación de las cláusulas no inscritas y con la motivación de su respectiva suspensión o denegación (LCCI disp.adic.8ª).
Denegará la inscripción de las cláusulas de los contratos que sean contrarias a normas imperativas o prohibitivas o hayan sido declaradas nulas por abusivas por sentencia del Tribunal Supremo con valor de jurisprudencia o por sentencia firme inscrita en el Registro de Condiciones Generales de la Contratación (LH art.258.2).

En la **inscripción del derecho real de hipoteca** se tiene que expresar el importe del principal de la deuda y, en su caso, el de los intereses pactados, o, el importe máximo de la responsabilidad hipotecaria, identificando las obligaciones garantizadas, cualquiera que sea la naturaleza de estas y su duración. Las cláusulas de vencimiento anticipado (nº 2830) y demás **cláusulas financieras** de las obligaciones garantizadas por la hipoteca, en caso de calificación registral favorable de las mismas y de las demás cláusulas de trascendencia real, se hacen constar en el asiento en los términos que resulten de la escritura de formalización (LH art.12). **2792**

4. Pago de gastos

Solo **pueden repercutirse gastos** o percibirse comisiones por servicios relacionados con los préstamos que hayan sido solicitados en firme o aceptados expresamente por un prestatario o prestatario potencial y siempre que respondan a servicios efectivamente prestados o gastos habidos que puedan acreditarse. **2795**
Los gastos del contrato **se distribuyen** entre el prestamista y el prestatario, del siguiente modo (LCCI art.14.1.e):

Gasto	Responsable del pago
Tasación del inmueble (nº 2775).	Prestatario.
Gestoría.	Prestamista.
Aranceles notariales de la escritura de préstamo hipotecario.	Prestamista.
Copias de la escritura de préstamo hipotecario.	Quien las solicite.
Impuesto de transmisiones patrimoniales y actos jurídicos documentados.	De conformidad con lo establecido en la normativa tributaria aplicable, cuando se trata de escrituras de préstamo con garantía hipotecaria, se considera sujeto pasivo al prestamista (LITP art.29).

Si se pacta una **comisión de apertura**, se devenga una sola vez y engloba la totalidad de los gastos de estudio, tramitación o concesión del préstamo u otros similares inherentes a la actividad del prestamista ocasionada por la concesión del préstamo (LCCI art.14.3).

En el caso de préstamos **en divisas** o moneda extranjera (nº 2818), la comisión de apertura incluye, asimismo, cualquier comisión por cambio de moneda correspondiente al desembolso inicial del préstamo.

Precisiones El **inicio del plazo de prescripción** de la acción que puede ejercitar el consumidor para obtener la restitución de las cantidades indebidamente pagadas en cumplimiento de una cláusula contractual abusiva, empieza cuando este tiene constancia del carácter abusivo, no en el momento de liquidación del último pago (TJUE 25-1-24).

2796 Para los **contratos celebrados con anterioridad a 16-6-2019** la doctrina jurisprudencial declara (TS 23-1-19, EDJ 501276):

- **Comisión de apertura**: constituye, junto con el interés remuneratorio, uno de los dos principales pagos que el prestatario ha de pagar por la concesión y disfrute del préstamo.
- **Notario y registrador**: corresponde pagar al prestatario los gastos de aranceles notariales de la escritura de préstamo hipotecario. Corresponden al prestamista los aranceles registrales.
- **Gestoría o gestión**: no existe norma legal o reglamentaria que atribuya su pago al prestamista o al prestatario. En la práctica, se trata una serie de gestiones derivadas de la formalización del préstamo hipotecario que no necesitan el nombramiento de un gestor profesional, ya que pueden llevarse a cabo por el banco o por el cliente. Cuando se recurre a los servicios de un gestor, las gestiones se realizan en interés o beneficio de ambas partes, por lo que el gasto generado por este concepto debe ser sufragado por mitad.

Precisiones En cuanto a los **efectos de la nulidad** de la cláusula abusiva que atribuye al consumidor la totalidad de los gastos e impuestos generados en la formalización de los préstamos hipotecarios, como son pagos que han de hacerse a terceros –notario, registrador de la propiedad– como honorarios por su intervención profesional con relación al préstamo hipotecario, la declaración de abusividad no puede conllevar que esos terceros dejen de percibir lo que por ley les corresponde, por lo que el pago de esas cantidades debe correr a cargo de la parte a la que correspondiera según la normativa vigente en el momento de la firma del contrato (TS 23-1-19, EDJ 501277; 23-1-19, EDJ 501268; 23-1-19, EDJ 501272; 23-1-19, EDJ 501277; 14-9-20, EDJ 655496; TJUE 16-7-20).

2797 Si durante la duración del préstamo se producen una o varias **subrogaciones**, el prestamista subrogado debe ser **reintegrado** por el prestamista subrogante en la parte proporcional del impuesto y los gastos que le correspondieron en el momento de la constitución del préstamo al subrogado conforme a los apartados anteriores. Para **calcular el importe** que corresponde como compensación, se aplican las siguientes reglas:

Impuesto de actos jurídicos documentados y documentos notariales	Se debe efectuar la liquidación del impuesto que correspondería a una base imponible integrada por la cantidad total garantizada entendiendo por tal la constituida por el importe del préstamo pendiente de amortización en la fecha de la subrogación y los correspondientes intereses, indemnizaciones, penas por incumplimiento y otros conceptos análogos, que se hayan establecido. El subrogante debe reintegrar al subrogado el importe resultante de dicha liquidación.
Resto de gastos	Se debe prorratear su liquidación entre la suma del importe del préstamo y los correspondientes intereses, indemnizaciones, penas por incumplimiento y otros conceptos análogos, que se hayan establecido. El subrogante debe reintegrar al subrogado la parte de dicha suma que corresponda al préstamo pendiente de amortización.

Cuando la **obtención del crédito**, o su obtención en las condiciones ofrecidas, esté **supeditada a** la apertura o al mantenimiento de una cuenta, los costes de apertura y mantenimiento de dicha cuenta, de utilización de un medio de pago para transacciones y operaciones de disposición de crédito y los demás costes relativos a las operaciones de pago, se incluyen en el coste total del crédito para el prestatario (LCCI art.8.2). **2798**

5. Cuestiones del contrato

2800

a. Tasa anual equivalente

(LCCI art.8)

La Tasa Anual Equivalente (TAE) es el coste total del préstamo para el prestatario. **2805**
Se expresa como porcentaje anual del importe total del préstamo concedido, más los costes aparejados, si ha lugar (LCCI art.4.14).
El **cálculo de la TAE** se realiza partiendo del supuesto de que el contrato de crédito estará vigente durante el período de tiempo acordado y que el prestamista y el prestatario cumplirán sus obligaciones en las condiciones y en los plazos acordados en el contrato de crédito. Para calcularlo se utiliza la siguiente fórmula matemática (LCCI Anexo II):

$$\sum_{k=1}^{m} C_k(1+X)^{-t_k} = \sum_{l=1}^{m'} D_l(1+X)^{-S_l}$$

En los contratos de crédito que contienen cláusulas que permiten **modificaciones del tipo deudor** y, en su caso, de los gastos incluidos en la TAE que no sean cuantificables en el momento del cálculo, la TAE se calcula partiendo del supuesto de que el tipo deudor y los demás gastos se mantendrán sin cambios con respecto al nivel fijado en el momento de la celebración del contrato. El prestatario debe **ser informado** de las posibles repercusiones de las variaciones en los importes adeudados y en la TAE al menos mediante la FEIN. Esto se hace facilitando al prestatario una TAE adicional que ilustre los posibles riesgos vinculados a un aumento significativo del tipo deudor.
Cuando el **tipo deudor no está limitado**, dicha información va acompañada de una **advertencia** en la que se pone de relieve que el coste total del crédito para el prestatario, mostrado en la TAE, puede variar.

2807 Para los contratos de crédito para los que se acuerda un **tipo deudor fijo** en relación con el período inicial mínimo de 5 años, al final del cual se llevará a cabo una negociación sobre el tipo deudor con objeto de acordar un nuevo tipo fijo durante otro período pertinente, el **cálculo de la TAE adicional ilustrativa** indicada en la FEIN, afecta únicamente al período inicial de tipo fijo y se basa en el supuesto de que, al final del período del tipo deudor fijo, se haya reembolsado el capital pendiente.

b. Intereses

(LCCI art.21)

2810 El tipo de interés del préstamo **no puede** ser modificado en perjuicio del prestatario durante la vigencia del contrato, salvo acuerdo mutuo de las partes formalizado por escrito. Si existe acuerdo, la **variación del coste** del préstamo se debe ajustar, al alza o a la baja, a la de un índice de referencia objetivo, sin perjuicio del carácter abusivo que pueden tener las cláusulas que prevean la posibilidad de modificación unilateral por el prestamista (LGDCU art.85.3).

Si el contrato de préstamo tiene un **tipo de interés variable**, los prestamistas pueden utilizar como **índice o tipo de referencia** objetivo para calcular el tipo aplicable, alguno que cumpla las siguientes **condiciones**:

- ser claro, accesible, objetivo y verificable por las partes en el contrato de préstamo y por las autoridades competentes;
- calcularse a coste de mercado;
- no ser susceptible de influencia por el propio prestamista, o en virtud de acuerdos con otros prestamistas o prácticas conscientemente paralelas;
- que los datos que sirven de base al índice o tipo se agreguen de acuerdo con un procedimiento matemático objetivo.

Sin perjuicio de la libertad contractual, pueden ser aplicados por los prestamistas los **índices o tipos de interés de referencia** (p.e. el Mibor) que publique el Ministerio competente, por sí o a través del Banco de España (LCCI art.14.5; L 10/2014 art.5).

El **interés remuneratorio** en estas operaciones no puede ser negativo (LCCI art.21).

2812 **Cláusulas suelo** (LCCI art.21.3; RDL 7/2017) Las cláusulas suelo, son un pacto lícito, sujeto al principio de libertad de pacto, cuyo uso es legítimo, pero pueden ser nulas por falta de trasparencia en los casos en que su redacción o ubicación en el contrato, impidan al cliente conocer sus efectos (TS 9-5-13, EDJ 53424):

Están sometidas a un **doble control de transparencia** que incluye:

- la transparencia documental o gramatical, de manera que la cláusula sea clara y legible para el consumidor;
- que el adherente conozca o pueda conocer con sencillez tanto la carga económica que realmente supone para él la cláusula como sus consecuencias jurídicas.

La falta de transparencia provoca un **desequilibrio sustancial** en perjuicio del consumidor, incompatible con las exigencias de la buena fe (TS 24-3-15, EDJ 44467).

Los **efectos** que produce la falta de transparencia son:

- la eliminación del contrato de las cláusulas abusivas, manteniéndose en vigor el resto del contenido del contrato.
- el derecho del consumidor a obtener la restitución íntegra de las cantidades que haya abonado indebidamente a la entidad bancaria sobre la base de la cláusula suelo (TJUE 21-12-16, asunto C-307/15).

Precisiones La TJUE 21-12-16, asunto C-307/15 corrigió la doctrina establecida por la TS 9-5-13, EDJ 53424, que limitaba los efectos de la declaración de nulidad de las cláusulas abusivas a la fecha de la sentencia, negando carácter retroactivo a lo indebidamente percibido por la entidad prestamista durante el período anterior al 9-5-2013. La TS 20-2-17, EDJ 9042 adapta la jurisprudencia del TS a lo establecido por el TJUE.

2812.1 La validez o nulidad de la cláusula suelo en un préstamo hipotecario depende de la **información** que la entidad financiera haya proporcionado al prestatario, antes de celebrar el contrato, **sobre los efectos** de dicha cláusula si los índices de referencia bajan del mínimo pactado. Si la entidad ha informado de forma comprensible al

cliente que el préstamo que va a suscribir tiene un interés mínimo fijo, cualquiera que sea la bajada del índice de referencia, la cláusula será válida (AP Barcelona 27-2-19, EDJ 515125). Por el contrario, si la entidad prestamista no informa antes de la celebración del contrato de las cargas jurídicas y económicas de tal disposición, procederá declarar la nulidad de la cláusula suelo por no supera el control de transparencia (TS 4-3-19, EDJ 515059).
Es necesaria una información precontractual suficiente que incida en la **transparencia** de la cláusula inserta en el contrato que el consumidor ha decidido suscribir; y la intervención del notario al autorizar la escritura no dispensa de tal obligación (TS 9-12-21, EDJ 777904, entre otras).
Así, la inclusión de una cláusula suelo en un **apartado individualizado** del contrato, cuyo texto se encuentra **resaltado en negrita y subrayado**, pueden servir para considerar superado el control de incorporación de la cláusula suelo, pero no el control de transparencia ya que la utilización de negrita en algunos pasajes es un recurso tipográfico que en la escritura se utiliza con carácter general en la generalidad de las cláusulas y apartados de las mismas, que aparecen encabezados en negrita y también se usa la negrilla en algunas partes de su contenido (TS 1-2-18, EDJ 3698; 30-5-18, EDJ 89396).

También sería procedente declarar su nulidad, cuando se incluya como un **simple** **2812.2**
inciso dentro de un extenso y farragoso apartado referido a los intereses del préstamo, que ocupa varias páginas, en un préstamo que se oferta, *prima facie*, como un préstamo a interés variable, referenciado a un índice oficial como es el Euribor. Pues ese simple inciso de apenas unas líneas modifica completamente la economía del contrato, y debe constar que se advierte claramente al prestatario de esa circunstancia cuando se le oferta el préstamo.
En el caso de una cláusula suelo contenida en un **contrato online**, supera el control de transparencia si el prestatario tuvo información precontractual adecuada y suficiente, tanto en la página web de la entidad bancaria, como en los documentos que esta le remite mediante correos electrónicos, sobre la existencia y las consecuencias jurídicas y económicas de la misma (TS 21-7-23, EDJ 636105).
El TJUE reconoce **efectos retroactivos** plenos a la declaración de nulidad de las cláusulas suelo contenidas en los préstamos hipotecarios celebrados por aquellos. Los efectos restitutorios no quedan circunscritos exclusivamente a las cantidades pagadas con posterioridad a la declaración judicial de abusividad, pues tal restricción no es compatible con el Derecho de la Unión, ya que supone una protección incompleta e insuficiente del consumidor (TJUE 21-12-16, asuntos acumulados C-154/15, C-308/15, C-307/15).

Precisiones Se admite la posibilidad de que una cláusula potencialmente nula, como la cláusula suelo, pueda ser **modificada con posteridad** por las partes, pero si esta modificación no ha sido negociada individualmente, sino predispuesta por el empresario, en ese caso debería cumplir, entre otras exigencias, con las de transparencia. De esta forma, la cláusula estipulada en un contrato celebrado entre un profesional y un consumidor para la solución de una controversia existente, mediante la que el consumidor renuncia a hacer valer ante el juez nacional las pretensiones que hubiera podido articular en ausencia de esta cláusula, puede ser calificada como abusiva cuando, en particular, el consumidor no haya podido disponer de la información pertinente que le hubiera permitido comprender las consecuencias jurídicas que se derivaban para él de tal cláusula (TJUE 9-7-20 ; TS 5-11-20, EDJ 698701; 5-11-20, EDJ 705110; 9-2-21, EDJ 504528; 28-9-21, EDJ 697184).

Procedimiento de reclamación (RDL 7/2017 art.3) Los consumidores que tenían estas **2813**
cláusulas en sus contratos de préstamo hipotecario pueden reclamar las cantidades indebidamente pagadas mediante un procedimiento **previo a la vía judicial**.
El procedimiento, de **carácter gratuito**, implantación obligatoria para la entidad bancaria y voluntaria para el consumidor, comienza con la **solicitud** de este, y requiere el acuerdo de las partes en un plazo máximo de 3 meses desde que se formule reclamación por parte del consumidor, el cual, dentro de ese mismo plazo debe tener las cantidades a devolver a su disposición. Durante este período no cabe ejercitar ninguna otra acción, judicial o extrajudicial; de hecho, cualquier procedimiento

judicial que se incoe en este plazo, ha de quedar en suspenso hasta la resolución de la reclamación previa.

En caso de llegar a un **acuerdo**, estas cantidades pueden ser devueltas en efectivo o a través de medidas compensatorias, siempre que sean aceptadas por el consumidor. La formalización de la **escritura pública y** la **inscripción** registral derivadas del acuerdo devengan exclusivamente los derechos arancelarios notariales de un documento sin cuantía y los registrales de una inscripción mínima, con independencia de la base.

Se entiende que el procedimiento extrajudicial ha **concluido sin acuerdo** cuando el banco, finalizado el plazo de 3 meses:

- no responde a la reclamación;
- rechaza expresamente la solicitud del consumidor;
- el consumidor no está de acuerdo con el cálculo o la cantidad ofrecida por la entidad; o
- no ha puesto la cantidad comprometida a disposición del consumidor.

Si el **consumidor rechaza** la **cantidad propuesta**, y posteriormente interpone demanda judicial, solo se condena en costas a la entidad bancaria cuando la sentencia que resuelva el procedimiento judicial contenga un pronunciamiento más favorable que la oferta recibida de dicha entidad. Si el consumidor interpusiera directamente la demanda, sin reclamación previa, el allanamiento de la entidad bancaria antes de contestar a la demanda presupone que no existe mala fe procesal y, por tanto, no cabe su condena en costas (LEC art.395.1); en ese momento, de ser el allanamiento parcial y habiendo consignado la cantidad que estuviera dispuesta a pagar, solo cabe la condena en costas de la entidad si, finalmente, la sentencia fuera más favorable para el consumidor.

2814 **Interés de demora** (LCCI art.25; LH art.114) El interés de demora es el interés remuneratorio más 3 puntos porcentuales a lo largo del período en el que aquel resulte exigible. Está sujeto a las siguientes **condiciones**:

- las reglas relativas al interés de demora no admiten pacto en contrario;
- solo **puede devengarse** sobre el principal vencido y pendiente de pago;
- no puede ser **capitalizado** en ningún caso, salvo en el supuesto de ejecución sobre la cantidad restante del préstamo tras adjudicación en subasta de vivienda habitual hipotecada, contemplado en la LEC art.579.2.a).

2816 Los intereses de demora no pueden ser superiores a 3 veces el interés legal del dinero y solo pueden devengarse sobre el principal pendiente de pago en los siguientes **supuestos** (LH art.114.3):

- contratos de **préstamos o créditos para** la **adquisición de vivienda habitual**, garantizados con hipoteca constituida sobre la misma vivienda celebrados antes del 16-6-2019; y
- préstamos o créditos, suscritos a partir de 16-6-2019, concluidos por una persona física que esté garantizado mediante hipoteca sobre bienes inmuebles para uso residencial.

La fijación legal de este **límite máximo** no impide apreciar el carácter eventualmente abusivo de tal cláusula, ya que un tipo de interés de demora inferior a 3 veces el interés legal del dinero no es necesariamente equitativo. El límite cuantitativo no puede ser la única referencia para determinar el límite al interés moratorio convencional en los préstamos hipotecarios, puesto que el juez puede acudir a otros **criterios** para decidir en cada caso sobre la abusividad de la cláusula, tales como (TS 22-4-15, EDJ 69484):

- la comparación del tipo pactado con las normas nacionales aplicables en defecto de acuerdo;
- la consideración de si el profesional podía razonablemente estimar que el consumidor hubiera aceptado esa cláusula en una negociación individual, entre otras posibles.

La **consecuencia de la anulación** de la cláusula de intereses moratorios, por establecer un tipo de interés de demora abusivo, no supone que no se aplique o se anule la cláusula del mismo contrato que establece el tipo de **interés remuneratorio** (TJUE 7-8-18, asunto C-94/2017; TS 28-11-18, EDJ 645231).

c. Préstamo en moneda extranjera

(LCCI art.20)

En los contratos de préstamo inmobiliario que se denominen en moneda extranjera el prestatario tiene **derecho a convertir el préstamo** a una moneda alternativa. **2818**
La **moneda alternativa** tiene que ser:
- la moneda en que el prestatario percibe la mayor parte de los ingresos o tiene la mayoría de los activos con los que ha de reembolsar el préstamo, según lo indicado en el momento en que se realizó la evaluación de la solvencia más reciente relativa al contrato de préstamo;
- la moneda del Estado miembro en el que el prestatario sea residente en la fecha de celebración del contrato de préstamo o en el momento en que se solicita la conversión.

El prestatario tiene que **optar** por una de estas dos alternativas en el momento de solicitar el cambio.
El **tipo de cambio** utilizado en la conversión es el tipo de cambio vigente en la fecha en que se solicita la conversión, salvo que contractualmente se establezca otra cosa. A estos efectos, y salvo que el contrato de préstamo disponga otra cosa, el tipo de cambio utilizado para la conversión es el publicado por el Banco Central Europeo en la fecha en que se solicita la conversión.
En lugar del derecho a convertir el préstamo, si el prestatario **no tiene la consideración de consumidor** puede pactar con su prestamista algún sistema de limitación del riesgo de tipo de cambio al que esté expuestos en virtud del contrato.

Periódicamente, los prestamistas tienen que **informar al prestatario** del importe adeudado, con el desglose del incremento que, en su caso, se haya producido y del derecho de conversión en una moneda alternativa y las condiciones para ejercer tal conversión. También le informará, en su caso, de los mecanismos contractualmente aplicables para limitar el riesgo de tipo de cambio a que está expuesto. **2819**
La información se tiene que facilitar en los **plazos** que se establezcan por orden del Ministerio competente. **En todo caso**, se facilita cuando el valor del importe adeudado por el prestatario o el de las cuotas periódicas difiera en más del 20% del importe que habría correspondido de haberse aplicado el tipo de cambio entre la moneda del contrato de préstamo y el euro vigente en la fecha de celebración del contrato. Es decir, si el importe adeudado conforme al tipo de cambio del momento del contrato es de 100, el prestamista tiene que informar en el momento en el que el valor, aplicando el tipo de cambio de ese momento, es de 120 o más.

El **incumplimiento** de cualquiera de estas exigencias y requisitos, produce, en favor del prestatario consumidor, la nulidad de las cláusulas multidivisa y le permiten solicitar la modificación del contrato, de modo tal que se considere que el préstamo fue concedido desde el principio en la moneda en la que el prestatario percibe la parte principal de sus ingresos. **2820**

El prestamista debe **informar adecuadamente** a los prestatarios sobre los siguientes **riesgos inherentes** a estos contratos derivados de las **fluctuaciones en la cotización** de la divisa extranjera respecto del euro (TS 15-11-17, EDJ 231487): **2822**
- que el incremento en el **importe de las cuotas** del préstamo puede llegar a ser tan considerable que ponga en riesgo su capacidad de afrontar el pago en caso de una fuerte depreciación del euro respecto de la divisa;
- que supone un **recálculo constante del capital prestado**, que puede provocar que, en caso de devaluación considerable de la moneda de pago frente a la nominal, pese al pago de las cuotas mensuales de amortización, en el momento de dar por vencido anticipadamente el préstamo, se adeude al banco un capital en euros significativamente mayor que el que fue entregado al concertar el préstamo;

La **ausencia de dicha información** determina la nulidad parcial del contrato, eliminando las referencias a la denominación en divisas del préstamo, que queda como un préstamo concedido en euros y amortizado en euros.

d. Reembolso anticipado

(LCCI art.23)

2824 En cualquier momento anterior a la finalización del término pactado, el prestatario puede reembolsar de forma anticipada total o parcialmente la cantidad adeudada. Las partes pueden convenir un **plazo de comunicación previa** que no puede exceder de un mes.

Si el prestatario comunica al prestamista su **voluntad de reembolsar anticipadamente** la totalidad o parte del préstamo, este le tiene que facilitar la información necesaria para evaluar esta opción. Tiene que hacerlo en el **plazo** máximo de 3 días hábiles, y en papel o en otro soporte duradero. En esta información se tienen que **cuantificar**, al menos, las consecuencias que tiene para el prestatario la liquidación total o parcial de sus obligaciones antes de la terminación del contrato, exponiendo con claridad las hipótesis que se han tomado en consideración para su elaboración. Tales hipótesis deben ser razonables y justificables.

2825 El prestatario **tiene derecho** a una reducción del coste total del préstamo que comprenda los intereses y los costes correspondientes al plazo que quede por transcurrir hasta el momento de su extinción.

Se extingue el **contrato de seguro accesorio** al de préstamo del que sea beneficiario el prestamista, salvo que el prestatario comunique expresamente a la compañía aseguradora su deseo de que el contrato de seguro mantenga su vigencia y designe para ello un nuevo beneficiario, teniendo derecho el prestatario a la devolución de la parte de la prima no consumida por parte de quien la percibió.

El prestamista tiene que **informar** de estos derechos en la documentación precontractual y contractual del préstamo inmobiliario y del contrato de seguro.

Precisiones Se entiende por seguro accesorio el que se ofrece por el prestamista al prestatario junto con el contrato de préstamo con la finalidad de cubrir los riesgos que puedan afectar a su capacidad de reembolso del mismo.

2826 El prestamista no puede **cobrar compensación o comisión** por reembolso o amortización anticipada total o parcial en los préstamos. No obstante, se contemplan las siguientes excepciones:

• Contratos de préstamo a **tipo de interés variable**. Las partes pueden establecer contractualmente una compensación o comisión a favor del prestamista para alguno de los dos siguientes supuestos que son excluyentes entre sí:

Reembolso o amortización anticipada total o parcial del préstamo durante los **5 primeros años** de vigencia del contrato.	La compensación o comisión a favor del prestamista no puede exceder del importe de la pérdida financiera que pueda sufrir, con el límite del 0,15% del capital reembolsado anticipadamente.
Reembolso o amortización anticipada total o parcial del préstamo durante los **3 primeros años** de vigencia del contrato.	La compensación o comisión a favor del prestamista no puede exceder del importe de la pérdida financiera que pueda sufrir, con el límite del 0,25% del capital reembolsado anticipadamente.

• En caso de **novación del tipo de interés** aplicable o de **subrogación de un tercero** en los derechos del acreedor, siempre que en ambos casos suponga la aplicación durante el resto de vigencia del contrato de un tipo de interés fijo en sustitución de otro variable. La compensación o comisión por reembolso o amortización anticipada **no puede superar**:

– durante los 3 primeros años de vigencia del contrato, la pérdida financiera que pueda sufrir el prestamista, con el límite del 0,15% del capital reembolsado anticipadamente;

– transcurridos los 3 primeros años de vigencia del contrato, el prestamista no puede exigir compensación o comisión alguna.

• Contratos de préstamo a **tipo de interés fijo**. Se puede establecer contractualmente una compensación o comisión a favor del prestamista con los siguientes límites:

Reembolso o amortización anticipada total o parcial del préstamo durante los **10 primeros años** de vigencia del contrato o desde el día que resulta aplicable el tipo fijo.	La compensación o comisión no puede exceder del importe de la pérdida financiera que pueda sufrir, con el límite del 2% del capital reembolsado anticipadamente.
Reembolso o amortización anticipada total o parcial del préstamo desde el **fin del período anterior** hasta el final de la vida del préstamo.	La compensación o comisión no puede exceder del importe de la pérdida financiera que pueda sufrir, con el límite del 1,5% del capital reembolsado anticipadamente.

La **pérdida financiera** sufrida por el prestamista se calcula, proporcionalmente al capital reembolsado, por diferencia negativa entre el capital pendiente en el momento del reembolso anticipado y el valor de mercado presente del préstamo. **2827**

El **valor presente de mercado** del préstamo se calcula como la suma del valor actual de las cuotas pendientes de pago hasta la siguiente revisión del tipo de interés y del valor actual del capital pendiente que quedaría en el momento de la revisión de no producirse la cancelación anticipada.

El **tipo de interés de actualización** es el de mercado aplicable al plazo restante hasta la siguiente revisión. El contrato de préstamo especificará el índice o tipo de interés de referencia que se empleará para calcular el valor de mercado de entre los que determine el Ministerio competente.

e. Vencimiento anticipado

(LCCI art.24; LH art.129 bis)

En estos contratos, el prestatario **pierde el derecho al plazo** y se produce el vencimiento anticipado del contrato y la posibilidad de ejercicio de la acción hipotecaria, si **concurren conjuntamente** los siguientes requisitos: **2830**

• Que el prestatario **se encuentre en mora** en el pago de una parte del capital del préstamo o de los intereses.

• Que la **cuantía de las cuotas vencidas** y no satisfechas equivalgan al menos a:

Cuantía	Momento de la mora	
3% del capital concedido.	Dentro de la primera mitad de la duración del préstamo.	Se considera cumplido este requisito cuando las cuotas vencidas y no satisfechas equivalen al impago de 12 plazos mensuales o un número de cuotas tal que suponga que el deudor ha incumplido su obligación por un plazo al menos equivalente a 12 meses.
7% del capital concedido.	Dentro de la segunda mitad de la duración del préstamo.	Se considera cumplido este requisito cuando las cuotas vencidas y no satisfechas equivalen al impago de 15 plazos mensuales o un número de cuotas tal que suponga que el deudor ha incumplido su obligación por un plazo al menos equivalente a 15 meses.

• Que el prestamista **requiera el pago** al prestatario, concediéndole un plazo de al menos un mes para su cumplimiento, y con la advertencia de que, de no ser atendido, reclamará el reembolso total adeudado del préstamo.

Estas reglas no admiten pacto en contrario.

Para los **contratos celebrados antes del 16-6-2019**, en los que se incluyan cláusulas de vencimiento anticipado, es de aplicación lo previsto en la LCCI art.24, salvo que el deudor alegue que la previsión que contiene el contrato le resulta más favorable. **2832**

No es de aplicación este artículo a los contratos cuyo vencimiento anticipado se haya producido con anterioridad a la entrada en vigor de la Ley, se hubiese instado o no un procedimiento de ejecución hipotecaria para hacerlo efectivo, y esté este suspendido o no.

f. Subrogación

(L 2/1994 art.2)

2840 El **deudor** puede subrogar en el contrato a otra entidad financiera sin el consentimiento de la entidad acreedora, cuando tome prestado el dinero de aquella por escritura pública, para pagar la deuda, haciendo constar su propósito en la escritura.

La **entidad que va a subrogarse** debe presentar al deudor una **oferta vinculante** en la que consten las condiciones financieras del nuevo préstamo hipotecario. La aceptación de la oferta por el deudor implica su autorización para que la oferente se lo notifique a la entidad acreedora y la requiera para que le entregue, en el plazo máximo de 7 días naturales, certificación del importe del débito del deudor por el préstamo hipotecario en que se ha de subrogar.

La **entidad acreedora**, una vez que entrega la certificación y durante los 15 días naturales siguientes a esa fecha, puede ofrecer al deudor una **modificación de las condiciones** de su préstamo, en los términos que estime convenientes.

Durante ese plazo no se puede formalizar la subrogación. Transcurrido el plazo de 15 días sin que el deudor formalice con la entidad acreedora la novación modificativa del préstamo hipotecario, puede otorgarse la **escritura de subrogación**. Para ello es suficiente con que la entidad subrogada declare en la misma escritura haber pagado a la acreedora la cantidad acreditada por esta, por capital pendiente e intereses y comisión devengados y no satisfechos. A la escritura se incorpora un **resguardo de la operación** bancaria realizada con tal finalidad solutoria.

En ningún caso, la entidad acreedora puede negarse a recibir el pago. Si hay **discrepancia** en cuanto a la cantidad debida, y sin perjuicio de que la subrogación surta todos sus efectos, se resuelve por el siguiente **procedimiento judicial**:

- el juez competente para entender del procedimiento de ejecución, a petición de la entidad acreedora o de la subrogada, las cita dentro del término de 8 días, a una comparecencia;
- después de oírlas, admite los documentos que se presenten, y acuerda, dentro de los 3 días, lo que estime procedente.

El auto que dicte es **apelable** en un solo efecto, y el recurso se sustancia por los trámites de apelación de los incidentes.

6. Protección de deudores hipotecarios sin recursos

(RDL 6/2012; RDL 27/2012; L 1/2013 redacc RDL 6/2020)

2848 Los deudores que se encuentran en el umbral de exclusión y que por especiales circunstancias en las que están inmersos tienen serias dificultades para hacer frente a los compromisos de pago de su vivienda gozan de una serie de **medidas de protección**, que se han canalizado y materializado con la promulgación de varias **disposiciones**:

- RDL 6/2012, de medidas urgentes de protección de deudores hipotecarios sin recursos;
- RDL 27/2012, de medidas urgentes para reforzar la protección a los deudores hipotecarios;
- L 1/2013, de medidas para reforzar la protección a los deudores hipotecarios, reestructuración de deuda y alquiler social.

2851 **Umbral de exclusión** (RDL 6/2012 art.3) Se considera situados en el umbral de exclusión a aquellos deudores de un crédito o préstamo garantizado con **hipoteca** sobre su **vivienda habitual**, cuando concurren en ellos todas las siguientes circunstancias:

• Que el conjunto de los **ingresos** de los miembros de la unidad familiar no supere el límite de 3 veces el Indicador Público de Renta de Efectos Múltiples anual de 14 pagas. Se entiende por **unidad familiar** la compuesta por el deudor, su cónyuge no separado legalmente o pareja de hecho inscrita y los hijos que residen en la vivienda, con independencia de su edad e incluyendo los vinculados por una relación de tutela, guarda o acogimiento familiar.
• Que en los 4 años anteriores al momento de la solicitud, la unidad familiar haya sufrido una **alteración significativa de sus circunstancias económicas**, en términos de esfuerzo de acceso a la vivienda, o hayan sobrevenido en dicho período circunstancias familiares de **especial vulnerabilidad**.
• Que la **cuota hipotecaria** resulte superior al 50% de los ingresos netos que percibe el conjunto de los miembros de la unidad familiar.

Precisiones 1) Se produce una **alteración significativa de las circunstancias económicas** cuando el esfuerzo que represente la carga hipotecaria sobre la renta familiar se haya **multiplicado** por al menos 1,5; salvo que la entidad acredite que la carga hipotecaria en el momento de la concesión del préstamo era igual o superior a la carga hipotecaria en el momento de la solicitud de la aplicación del Código de Buenas Prácticas (nº 2854).
2) La unidad familiar se encuentran en una circunstancia de **especial vulnerabilidad** en los siguientes casos:
- familia numerosa;
- unidad familiar monoparental con hijos a cargo;
- unidad familiar de la que forme parte un menor de edad;
- unidad familiar en la que alguno de sus miembros tenga declarada discapacidad superior al 33%, situación de dependencia o enfermedad que le incapacite acreditadamente de forma permanente, para realizar una actividad laboral.
- unidad familiar con la que convivan, en la misma vivienda, una o más personas que estén unidas con el titular de la hipoteca o su cónyuge por vínculo de parentesco hasta el tercer grado de consanguinidad o afinidad, y que se encuentren en situación personal de discapacidad, dependencia, enfermedad grave que les incapacite acreditadamente de forma temporal o permanente para realizar una actividad laboral;
- unidad familiar en que exista una víctima de violencia de género;
- deudor mayor de 60 años, aunque no reúna los requisitos para ser considerado unidad familiar.

Las medidas previstas se aplican igualmente a los **fiadores y avalistas** hipotecarios del deudor principal, respecto de su vivienda habitual y con las mismas condiciones que las establecidas para el deudor hipotecario (RDL 6/2012 art.2). **2852**
Los fiadores, avalistas e hipotecantes no deudores que se encuentren en el umbral de exclusión pueden exigir que la entidad acreedora **agote el patrimonio del deudor** principal, antes de reclamarles la deuda garantizada, aun cuando en el contrato hubieran renunciado expresamente al beneficio de excusión (RDL 6/2012 art.3 bis).

Código de Buenas Prácticas (RDL 6/2012 art.5) El Código de Buenas Prácticas tiene por objeto establecer medidas tendentes a procurar la **reestructuración de la deuda hipotecaria** de quienes padecen extraordinarias dificultades para atender el pago de su vivienda. **2854**
Es de **adhesión voluntaria** por parte de las entidades de crédito o de cualquier otra entidad que, de manera profesional, realice la actividad de concesión de préstamos o créditos hipotecarios.
Las entidades han de **comunicar** su adhesión a la Secretaría General del Tesoro y Política Financiera. Desde la adhesión y una vez que se produzca la acreditación por parte del deudor de que se encuentra situado dentro del umbral de exclusión son de **obligada aplicación** las previsiones del Código de Buenas Prácticas.
La adhesión se entiende producida por un **plazo** de 2 años, prorrogable automáticamente por períodos anuales, salvo denuncia expresa de la entidad adherida.
Las entidades adheridas antes de la **entrada en vigor de la LCCI**, se consideran adheridas al Código en la redacción dada en dicha Ley, salvo que en el plazo de un mes desde su entrada en vigor comuniquen expresamente a la Secretaría General del Tesoro y Financiación Internacional el acuerdo de su órgano de administración por el que solicitan mantenerse en el ámbito de aplicación de la versión previa que

corresponda. En los 10 días siguientes al transcurso del plazo anterior, la Secretaria de Estado de Economía y Apoyo a la Empresa, publicará el listado de entidades adheridas en la sede electrónica de la Secretaría General del Tesoro y Financiación Internacional y en el Boletín Oficial del Estado. Las posteriores variaciones se publicarán trimestralmente en la sede electrónica de la Secretaría General del Tesoro y Financiación Internacional y en el Boletín Oficial del Estado, salvo que no hubiera modificación alguna (LCCI disp.adic.11ª).

Las entidades adheridas han de **informar** adecuadamente a sus clientes sobre la posibilidad de acogerse a lo dispuesto en el Código. En particular, deben comunicar por escrito la existencia de este Código, con una descripción concreta de su contenido, y la posibilidad de acogerse a él para aquellos clientes que hayan incumplido el pago de alguna cuota hipotecaria o manifiesten dificultades en el pago de su deuda hipotecaria.

El **deudor de un crédito** o préstamo garantizado con hipoteca que se hubiese beneficiado de las medidas de reestructuración como de las previsiones del Código de Buenas Prácticas sin reunir los requisitos exigidos es **responsable** de los daños y perjuicios que se hayan podido producir, así como de todos los gastos generados por la aplicación de estas medidas de flexibilización, sin perjuicio de las responsabilidades de otro orden a que la conducta del deudor pudiera dar lugar.

El Código de Buenas Prácticas se aplica en las siguientes fases:

2860 **Medidas previas a la ejecución hipotecaria** (RDL 6/2012 anexo.1) Como medida previa a la ejecución, los deudores pueden solicitar la **reestructuración de la deuda** para alcanzar la viabilidad de la deuda a medio y largo plazo.

Se puede solicitar incluso **iniciado el procedimiento** de ejecución, hasta el anuncio de la subasta.

La entidad en el **plazo** de un mes debe ofrecer al deudor un plan de reestructuración de la deuda, el cual debe incluir:

- una **carencia** en la amortización de capital de 4 años;
- la **ampliación** del plazo de amortización hasta 40 años desde la concesión del préstamo;
- la **reducción** del tipo de interés aplicable a Euribor + 0,25 puntos durante la carencia; y
- la **posibilidad** de pedir medidas adicionales si el plan resulta inviable.

Potestativamente, las entidades pueden **reunificar** el conjunto de las deudas contraídas por el deudor.

2863 **Medidas complementarias** (RDL 6/2012 anexo.2) Si, pese a la refinanciación, resulta **inviable** el pago de la deuda el deudor puede solicitar una **quita** en el capital pendiente de amortización que la entidad tiene facultad para aceptar o rechazar en el plazo de un mes a contar desde la acreditación de la inviabilidad del plan.

Se **considera inviable** cualquier reestructuración que suponga para la unidad familiar una cuota mensual superior al 50% de sus ingresos.

Pueden solicitar la quita:

- los deudores antes y durante **el procedimiento de ejecución**, aunque se haya anunciado la subasta; y
- los deudores que, estando incluidos en el umbral de exclusión, no han podido optar a la **dación en pago** por presentar la vivienda cargas posteriores a la hipoteca.

La entidad puede emplear alguno de los siguientes **métodos para calcular la quita**:

- reducción en un 25%;
- reducción equivalente a la diferencia entre capital amortizado y el que guarde con el total del capital prestado la misma proporción que el número de cuotas satisfechas por el deudor sobre el total de las debidas;
- reducción equivalente a la mitad de la diferencia existente entre el valor actual de la vivienda y el valor que resulte de sustraer al valor inicial de tasación dos veces la diferencia con el préstamo concedido, siempre que el primero resulte inferior al segundo.

Medidas sustitutivas (RDL 6/2012 anexo. 3) Los deudores en ámbito de exclusión social pueden solicitar la **dación en pago**, si ninguna de las dos fases anteriores resulta viable. El **plazo** es de 12 meses desde la solicitud de la reestructuración. 2866

Supone la **cancelación** total de la deuda garantizada con la hipoteca y de las responsabilidades personales del deudor y de terceros frente a la entidad por razón de la misma deuda.

La **entrega** de la vivienda puede hacerse a la propia entidad o a tercero que esta designe.

El deudor puede **permanecer** un plazo mínimo de 2 años como **arrendatario** pagando una renta anual equivalente al 3% del importe de la deuda pendiente en el momento de la dación.

No es aplicable cuando ya se haya anunciado la **subasta** o si la vivienda está **gravada** con cargas posteriores.

Segundo código de buenas prácticas para deudores hipotecarios en riesgo de vulnerabilidad (RDL 19/2022) Se establece un nuevo Código de Buenas Prácticas, de naturaleza coyuntural y transitoria, con **duración** de 24 meses, para la adopción de medidas urgentes para deudores hipotecarios en riesgo de vulnerabilidad. 2867

Este código **se aplica a** las personas físicas que sean titulares de préstamos o créditos garantizados con hipoteca inmobiliaria sobre la vivienda habitual del deudor o del hipotecante no deudor, cuyo precio de adquisición no exceda de 300.000 euros, constituidos hasta el 31-12-2022.

El Código de Buenas Prácticas es de **adhesión** voluntaria y las entidades o prestamistas comunicaron su adhesión a la Secretaría General del Tesoro y Financiación Internacional (ECM Resol 9-2-24).

Así, a partir **hasta el 31-12-2024** (RDL 19/2022 disp.adicional 1ª):

- No se devengan compensaciones o comisiones por **reembolso o amortización anticipada** total y parcial de los préstamos y créditos hipotecarios a tipo de interés variable (L 5/2019 art.23.5 y 6).
- No se devenga durante este período ningún tipo de comisiones por la **conversión de tipo variable a tipo fijo** o con un primer período fijo de, al menos, 3 años de dichos préstamos y créditos.

Los **derechos arancelarios** y demás conceptos notariales y registrales derivados de la formalización e inscripción de las novaciones que se realicen al amparo de este código de buenas prácticas deben ser satisfechos, en todo caso, por el acreedor y se bonifican en los siguientes términos:

- Por el **otorgamiento de la escritura** se devengará el arancel correspondiente a las escrituras de novación hipotecaria (RD 1426/1989 anexo I, aptdo 1.1.f), reducido en un 75%, sin que se devengue cantidad alguna a partir del quinto folio de matriz y de copia, sea copia autorizada o copia simple. El arancel mínimo previsto será de 10 euros y el máximo de 30 euros por todos los conceptos.

b) Por la práctica de la **inscripción** se aplicará el arancel previsto para las novaciones modificativas (RD 1427/1989 anexo I art.2.1.g). Al resultado se le aplicará una bonificación del 75%. El **arancel mínimo** previsto será de 10 euros y el máximo de 20 euros por todos los conceptos.

La novación del contrato tendrá los efectos previstos en la L 2/1994 art.4.3 –subrogación y modificación de préstamos hipotecarios–, con respecto a los préstamos y créditos novados.

C. Aprovechamiento por turno

(L 4/2012)

2870

2871 El **contrato de aprovechamiento** por turno de bienes inmuebles es aquel en virtud del cual un consumidor adquiere, a **título oneroso**, la facultad de disfrutar, con carácter exclusivo, durante un **período específico** de cada año, consecutivo o alterno, un alojamiento dotado, de modo permanente, con el mobiliario adecuado al efecto, así como del derecho a la prestación de los servicios complementarios. El alojamiento tiene que ser susceptible de **utilización independiente** por tener salida propia a la vía pública o a un elemento común del edificio en el que está integrado. La facultad de disfrute **no comprende** las alteraciones del alojamiento ni de su mobiliario (L 4/2012 art.23.1).

El contrato tienen que ser de **duración** superior a un año, y el **período anual de aprovechamiento** no puede ser nunca inferior a 7 días seguidos (L 4/2012 art.23.3).

La **regulación normativa** de esta figura se contiene en la L 4/2012, que regula los contratos de comercialización, venta y reventa de derechos de aprovechamiento por turno de bienes de uso turístico, y de productos vacacionales de larga duración, así como los contratos de intercambio, cuando se celebren entre un empresario y un consumidor. Regula igualmente el contenido y régimen de los propios derechos de aprovechamiento por turno.

En lo que se refiere al **ámbito espacial** de aplicación, cuando la ley aplicable al contrato entre un empresario y el adquirente (según el Rgto CE/593/2008) es la ley de un Estado no miembro del Espacio Económico Europeo, el consumidor puede invocar la protección jurídica que le otorga la L 4/2012, en cualquiera de los siguientes casos:

a) Cuando alguno de los inmuebles en cuestión está situado en el territorio de un Estado miembro del Espacio Económico Europeo.

b) Cuando el contrato, no está directamente relacionado con un bien inmueble, y sí con las actividades que el empresario ejerce en un Estado miembro o que tienen proyección en un Estado miembro.

2873 **Bienes susceptibles de aprovechamiento por turno** El **régimen de aprovechamiento** por turno solo puede recaer sobre un edificio, conjunto inmobiliario o sector de ellos arquitectónicamente diferenciado, que cuente, al menos, con 10 alojamientos. Todos los alojamientos independientes que lo integren, con la necesaria **excepción de los locales**, deben estar sometidos a dicho régimen. Se permite, no obstante, que un mismo conjunto inmobiliario esté sujeto, al mismo tiempo, a un régimen de derechos de aprovechamiento por turno y a otro tipo de explotación turística, siempre que los derechos de aprovechamiento por turno recaigan sobre alojamientos concretos y para períodos determinados. En este caso el edificio, conjunto inmobiliario o sector de ellos arquitectónicamente diferenciado debe adecuarse tanto a la normativa relativa al régimen de aprovechamiento por turno como a la normativa del tipo de explotación que corresponda.

Los **turnos de aprovechamiento** pueden tener o no la misma duración. Además, debe quedar **reservado para reparaciones, limpieza** u otros fines comunes un período de tiempo que no puede ser inferior a 7 días por cada uno de los alojamientos sujetos al régimen.

2874 **Sujetos intervinientes** En cuanto a los **sujetos**, la normativa **se aplica** al propietario, promotor y a cualquier persona física o jurídica que participe profesionalmente en la transmisión o comercialización de derechos de aprovechamiento por turno.

Se entiende por **adquirente** la persona física o jurídica a la que se transfiere el derecho objeto del contrato, es decir, la destinataria del derecho objeto del contrato.

A estos efectos es **empresario** toda la persona física o jurídica que actúa con fines relacionados con su actividad económica, negocio, oficio o profesión y cualquier persona que actúa en nombre o por cuenta de un empresario.
El **consumidor** es toda persona física o jurídica que actúa en un ámbito ajeno a su actividad económica, negocio, oficio o profesión. El hecho de que revenda el contrato y obtenga beneficio, no le excluye de dicha consideración. Para excluirle debe realizar la actividad lucrativa habitualmente (TS 16-1-17, EDJ 534).

1. Constitución y formalización del régimen

(L 4/2012 art.25 s)

Requisitos para la constitución (L 4/2012 art.25.1 y 25.2) El régimen de aprovechamiento por turno debe ser constituido por el **propietario registral del inmueble**. 2876
Para poder hacerlo, debe cumplir los siguientes requisitos:
- Inscribir la conclusión de la obra en el **Registro de la Propiedad** y haberla incorporado al Catastro Inmobiliario. En el caso de que la obra esté iniciada, debe haber inscrito la declaración de obra nueva en construcción.
- Cumplir con los requisitos establecidos para ejercer la **actividad turística** y disponer de las licencias de apertura y las de primera ocupación de los alojamientos, zonas comunes y servicios accesorios que sean necesarias para el destino. En el caso de que la **obra** esté **iniciada**, basta haber obtenido la licencia de obra y la necesaria para la actividad turística.
- Celebrar el contrato con una **empresa de servicios** que reúna los requisitos que a estas se exijan, salvo que el propietario, cumpliendo los mismos requisitos, haya decidido asumirlos directamente.
- Concertar los **seguros o garantías** establecidas así como las garantías por daños materiales por vicios o defectos de la construcción previstas en la LOE, si es el constructor o promotor del inmueble, o en otro caso haber facilitado información del mismo a los titulares de los derechos de aprovechamiento por turno.

Se debe contratar además, a favor de los futuros adquirentes, un **aval bancario** o un **seguro de caución** que garanticen la devolución de las cantidades entregadas a cuenta para la adquisición del derecho, si la obra no ha sido finalizada en la fecha fijada o no se ha incorporado el mobiliario descrito en la escritura reguladora cuando el adquirente del derecho opte por la resolución del contrato (nº 2665, nº 2671).
Las **cantidades** así recibidas son **independientes** de las que deba satisfacer el propietario o promotor en concepto de **indemnización** de daños y perjuicios, consecuencia del incumplimiento de sus obligaciones.
No puede quedar liberado el aval constituido ni extinguirse el contrato, mientras no esté inscrita el **acta notarial** donde conste inscrita la finalización de la obra.

Formalización (L 4/2012 art.25.3 y 4, 26) El régimen de aprovechamiento por turno de un inmueble se ha de constituir mediante su formalización en escritura pública y se ha de inscribir en el **Registro de la Propiedad**. 2879
Los **notarios** no pueden autorizar una escritura reguladora de un régimen de aprovechamiento por turno y los **registradores** no pueden inscribirla mientras no se les acredite el cumplimiento de los requisitos exigidos por la norma.

La **escritura pública** reguladora del régimen de aprovechamiento por turno debe expresar, al menos, las siguientes circunstancias (L 4/2012 art.26): 2882
- La **descripción de la finca** sobre la que se constituye el régimen de aprovechamiento por turno y del edificio o edificios que en ella existen, con reseña de los servicios comunes a los que tienen derecho los titulares de los aprovechamientos. Si la construcción está únicamente comenzada, se indica la fecha límite para la terminación de la misma.
- La **descripción** de cada uno de los **alojamientos** que integran cada edificación, a los que se ha de dar una numeración correlativa con referencia a la finca. Si el inmueble se ha de destinar a explotación turística, al tiempo que se constituye sobre

él un régimen de aprovechamiento por turno, se ha de determinar cuáles de los alojamientos son susceptibles de ser gravados con derechos de aprovechamiento por turno y para qué períodos al año.

- **En cada alojamiento** destinado a aprovechamiento por turnos se ha de expresar:
- el **número** de alojamientos;
- la **duración**, del turno, indicando el día y hora inicial y final;
- la **cuota** que corresponda a cada turno con relación al alojamiento, si está previamente constituida la división horizontal, o con relación al total del inmueble, si no lo está;
- el **mobiliario** que tiene destinado cada alojamiento, así como su valor;
- los días del año no configurados como turnos de aprovechamiento por estar reservados, en ese alojamiento, a **reparaciones y mantenimiento**;
- a **cada aprovechamiento** se le ha de dar también un número correlativo respecto a cada alojamiento.
- La referencia a los **servicios** que se han de prestar y que son inherentes a los derechos de aprovechamiento por turno, expresando que estos se asumen directamente por el propietario o por una empresa de servicios.
- Los **estatutos** a los que se somete el régimen de aprovechamiento por turnos, si se han establecido.
- La **situación registral**, **catastral**, **urbanística** y, en su caso, turística del inmueble. Se ha de acompañar la certificación catastral descriptiva y gráfica del inmueble, así como el plano de distribución de los distintos alojamientos en la respectiva planta.
- La **retribución** de los servicios y, en su caso, los gastos de comunidad.
- La **duración** del régimen.

2883 Además, **deben incorporarse** a la escritura, originales o por testimonio notarial, el contrato celebrado con la empresa de servicios y los contratos de seguro.

En el caso de encontrarse el **inmueble en construcción**, debe incorporarse documento acreditativo de haberse constituido el aval (nº 2671) o el seguro de caución (nº 2665). Asimismo, la terminación de la obra debe hacerse constar en el Registro de la Propiedad en el plazo de 3 meses, a contar desde su conclusión. Para realizar tal constancia, es necesario aportar las licencias de apertura y edificación que no se aportaron en el momento de inscribir la obra nueva en construcción.

El **propietario** o **promotor**, una vez inscrita la terminación de la obra, debe notificar el hecho a quienes adquirieron derechos de aprovechamiento por turno sobre el inmueble en cuestión, mientras este último se encontraba en construcción.

La persona o personas físicas **otorgantes** de la escritura son responsables de la realidad de los contratos incorporados.

2885 **Inscripción** (L 4/2012 art.27) El registrador está obligado a abrir **folio independiente** a los distintos alojamientos destinados a aprovechamiento por turnos, aunque en la escritura reguladora no consten como fincas independientes, y aunque no se haya hecho la división horizontal del inmueble.

Al inscribir la **primera adquisición** de un derecho de aprovechamiento por turno puede inscribirse la subrogación en la parte proporcional del **crédito hipotecario** que pese sobre la totalidad del inmueble sin necesidad del consentimiento del acreedor, cuando al constituirse la hipoteca se pactó un sistema objetivo de distribución de la responsabilidad hipotecaria entre todos los derechos de aprovechamiento por turno.

Quien **solicite una certificación** relativa al inmueble puede pedir que se acompañen los contratos incorporados en la escritura reguladora (contrato de servicios y contrato de seguro), ya que el registrador habrá archivado los mismos, haciéndolo constar en la inscripción y en toda la publicidad que dé, tanto del inmueble, como de los derechos de aprovechamiento por turno. Cualquier modificación que se realice en los contratos y documentos anteriores, siempre que esté permitida por la Ley, no es válida mientras no se haga constar en el Registro de la Propiedad.

Presentada la escritura reguladora para su inscripción en el Registro de la Propiedad, el registrador debe **suspender la inscripción** de aquellos apartados o artículos

de los estatutos que impongan a los titulares de los derechos de aprovechamiento por turno alguna obligación o limitación contraria a lo establecido en la Ley.
Solo cabe la **modificación del régimen** por el propietario registral, con el consentimiento de la empresa de servicios y de la comunidad de titulares, debiendo constar tal modificación en escritura pública e inscribirse en el Registro de la Propiedad.

Precisiones También se prevé la inscripción del régimen configurado bajo **otra modalidad contractual** de naturaleza personal o de tipo asociativo constituido al amparo y en los términos contenidos en las normas de la UE (en particular, el Rgto CE/593/2008, sobre la ley aplicable a las obligaciones contractuales) y en los convenios internacionales en que España sea parte.
Concretamente se establece que, para facilitar la **publicidad y mejor conocimiento general** de dichos regímenes y de sus normas reguladoras, y con efectos meramente publicitarios, los citados regímenes obligacionales constituidos al amparo de la normativa internacional, así como sus normas reguladoras pueden, si su propietario titular registral lo considera oportuno, ser publicitados en el Registro de la Propiedad donde radique el inmueble.
Dicha publicitación, que consistirá en dar publicidad al régimen existente conforme a las normas de la L 4/2012, se hará por medio de **escritura pública**, a otorgar por el propietario del inmueble, donde haga constar las características del régimen existente y sus normas reguladoras (L 4/2012 art.23.8).

2. Promoción y transmisión

(L 4/2012 art.7, 8 y 9)

El legislador ha mostrado una especial preocupación por la **situación de desequilibrio** que se produce habitualmente entre las partes contratantes cuando una de ellas es un empresario que tiene toda una estructura económica y jurídica concebida en apoyo de su actuación y otra un consumidor que acude al otorgamiento de alguno de los contratos ofertados por los mencionados empresarios, normalmente vía publicitaria (AP Barcelona 24-10-00, EDJ 61668). **2890**
Por ello, el empresario ha de informar al consumidor, de acuerdo con la **normativa de consumo** sobre cómo puede solicitar información genérica y gratuita, así como los derechos que le asisten.

Publicidad y requisitos de información (L 4/2012 art.7) En los **anuncios y ofertas** exhibidos en los establecimientos abiertos al público, así como en las comunicaciones comerciales y demás publicidad sobre estos contratos debe constar dónde puede obtener el consumidor la información precontractual prevista en la Ley. **2895**
En toda invitación a cualquier **acto promocional o de venta** en que se ofrezca al consumidor un contrato de aprovechamiento debe indicarse claramente, la finalidad y naturaleza de dicho acto. La información precontractual ha de estar a **disposición del consumidor** en todo momento durante el acto promocional.
En relación con la obligación de información ha de tenerse en cuenta la **prohibición** de que se lleve a cabo **publicidad engañosa** (nº 4020), desleal y subliminal (nº 4030), considerándose publicidad engañosa aquella que induce o puede inducir a error a sus destinatarios, pudiendo afectar a su comportamiento económico (AP Valencia 29-12-01, EDJ 73439).

Información precontractual (L 42/2012 art.9) Con **suficiente antelación** a la prestación del consentimiento por el consumidor a cualquier oferta de contrato de aprovechamiento por turno de bienes inmuebles, el empresario debe facilitarle información precisa y suficiente, de forma clara y comprensible mediante el **formulario de información formalizado** recogido en la Ley (L 42/2012 Anexo.I). **2900**
Además, se ha de informar al consumidor, de forma explícita, sobre el **derecho de desistimiento** y el plazo para ejercitarlo (nº 2935 s.); así como sobre la prohibición del **pago de anticipos** (nº 2949) durante dicho periodo (L 4/2012 art.13).
La información que se ha de proporcionar al consumidor, ya sea con carácter previo al contrato o para la formalización del mismo, así como durante su vigencia, ha de constar en **papel** o en cualquier otro **soporte duradero**. Se entiende por soporte duradero todo instrumento que permita al consumidor o al empresario almacenar la

información que se le haya dirigido personalmente, de forma que pueda consultarla en el futuro mientras que sea necesario en atención a la finalidad de la información y que permita reproducirla sin alteraciones.

La información se tiene que redactar en la **lengua** o en una de las lenguas del Estado miembro en que resida el consumidor o del que este sea nacional, a su elección, siempre que se trate de una lengua oficial de la Unión Europea. Si el consumidor es residente en España o el empresario ejerce aquí sus actividades, el contrato debe redactarse además en castellano y, en su caso, a petición de cualquiera de las partes, puede redactarse también en cualquiera de las otras lenguas españolas oficiales en el lugar de celebración del contrato.

El empresario puede publicar íntegramente la información precontractual en la **página web** de la empresa, o en la página web de una asociación profesional o empresarial de su elección. Es responsable de su permanente actualización y debe mantener operativa dicha página mientras dure la comercialización de los derechos objeto de esa información.

2903 **Información sobre los derechos adquiridos** Se ha de informar sobre las siguientes cuestiones:

- las condiciones que rigen el **ejercicio del derecho** objeto del contrato en el territorio del Estado o Estados miembros en los que estén situados el bien o los bienes de que se trata, e información sobre si se han cumplido esas condiciones o, en caso contrario, las condiciones que quedan por cumplir;
- las **restricciones** a que está sometida la **capacidad del consumidor** de utilizar cualquier alojamiento de dicho conjunto en cualquier momento, en caso de que el contrato prevea derechos de ocupación de un alojamiento seleccionado de entre un conjunto de alojamientos.

2906 **Información sobre los bienes** Se ha de informar sobre las siguientes cuestiones:

- en caso de que el contrato se refiera a un **bien inmueble específico**, una descripción precisa y detallada del bien y de su ubicación; en caso de que el contrato se refiera a **varios bienes** (complejos turísticos), una descripción apropiada de los bienes y de su ubicación; en caso de que el contrato se refiera a un alojamiento que no sea un bien inmueble, una descripción apropiada del alojamiento y de sus instalaciones;
- los **servicios** (por ejemplo, electricidad, agua, mantenimiento, recogida de basuras) de los que puede disfrutar el consumidor, y las **condiciones** de tal disfrute;
- las **instalaciones comunes** como piscinas, saunas, etc., a las que el consumidor tiene o podría tener acceso en su momento y las condiciones de este acceso.

2909 **Requisitos adicionales para los alojamientos en construcción** Se ha de informar sobre las siguientes cuestiones:

- el **estado de terminación** del alojamiento y de los servicios que lo hacen completamente operativo (conexiones de gas, electricidad, agua y teléfono) y cualesquiera instalaciones de que puede disfrutar el consumidor;
- **plazo para la terminación** del alojamiento y de los servicios que lo hacen completamente operativo y una estimación razonable del plazo para la terminación de cualesquiera instalaciones de que puede disfrutar el consumidor;
- el **número del permiso** de construcción y el nombre y la dirección completa de la autoridad o autoridades competentes;
- una **garantía** relativa a la **terminación del alojamiento** o una garantía relativa al reembolso de cualquier pago efectuado en caso de que no se termine y, si procede, las condiciones que rigen el funcionamiento de tales garantías.

2912 **Información sobre los costes** Se ha de dar la siguiente información:

- una **descripción** precisa y adecuada de todos los costes asociados al contrato; la **forma** en que los costes se asignan a los consumidores y cómo y cuándo pueden incrementarse dichos costes; el **método** para el cálculo de la suma correspondiente a las cargas relativas a la ocupación del bien, las **cargas** legales obligatorias (por

ejemplo, impuestos y contribuciones) y los **gastos generales** de carácter administrativo (por ejemplo, gestión, mantenimiento y reparaciones);
- cuando proceda, información sobre la **existencia de cargas**, hipotecas, gravámenes o cualquier otra anotación registral que grave el derecho al alojamiento.

Información sobre la rescisión del contrato Se ha de informar sobre las siguientes cuestiones: **2915**
- las **modalidades** de rescisión de contratos accesorios y consecuencias de dicha rescisión;
- **condiciones** de rescisión del contrato, consecuencias de la misma e información sobre la responsabilidad del consumidor por todo coste que pueda derivarse de dicha rescisión.

Información adicional Se ha de informar sobre las siguientes cuestiones: **2918**
- la forma en que se organizan el **mantenimiento y las reparaciones** del bien, así como su **administración y gestión**, incluida la posibilidad de que el consumidor influya y participe en las decisiones relativas a estas cuestiones y las modalidades de esta participación;
- si es posible o no afiliarse a un **sistema de reventa** de los derechos contractuales, el sistema pertinente, y los costes relacionados con la reventa por medio de dicho sistema;
- la **lengua** o lenguas que pueden utilizarse para la comunicación con el comerciante relativa al contrato. Por ejemplo, en relación con las decisiones de gestión, el incremento de los costes y el tratamiento de las solicitudes de información y las reclamaciones; y
- la posibilidad de recurrir a un medio de **resolución extrajudicial** de litigios.

Contenido del contrato (L 4/2012 art.30) En el contrato celebrado por toda persona física o jurídica en el marco de su actividad profesional y relativo a derechos de aprovechamiento por turno de bienes inmuebles se han de expresar al menos los siguientes extremos: **2921**

- **Información precontractual** facilitada al consumidor (nº 2900 s.), debidamente firmada por este.
- Identidad, domicilio y firma de cada una de las **partes**.
- **Fecha** de celebración del contrato.
- **Datos de la escritura** reguladora del régimen, indicando otorgamiento, el notario autorizante y el número de su protocolo, y los datos de inscripción en el Registro de la Propiedad.
- Referencia expresa a la **naturaleza real o personal** del derecho transmitido, haciendo constar la fecha de extinción del régimen.
- **Identificación** del bien **inmueble** mediante su referencia catastral, descripción precisa del edificio, de su situación y del alojamiento sobre el que recae el derecho, con referencia expresa a sus datos registrales y al turno que es objeto del contrato, con indicación de los días y horas en que se inicia y termina.

- Expresión de que la **obra** está **concluida** o se encuentra en **construcción**. En este último caso, ha de indicarse: **2922**

- fase en que se encuentra la construcción;
- plazo límite para la terminación del inmueble:
- referencia a la licencia de obra e indicación y domicilio del ayuntamiento que la ha expedido;
- fase en que se encuentran los servicios comunes que permiten la utilización del inmueble;
- domicilio indicado por el adquirente donde se le ha de notificar la inscripción de la terminación de la obra y la fecha a partir de la cual se computa la duración del régimen;
- memoria de las calidades del alojamiento objeto del contrato;
- relación detallada del mobiliario y ajuar con que contará el alojamiento, así como el valor que se le ha atribuido a efectos del aval;

– referencia expresa a dicho aval o seguro, con indicación de la entidad donde se ha constituido o con quien se ha contratado y que el mismo puede ser ejecutado o reclamado por el adquirente en el caso de que la obra no esté concluida en la fecha límite establecida al efecto o si no se incorpora al alojamiento el mobiliario establecido.
• **Precio** que debe pagar el adquirente y la cantidad que conforme a la escritura reguladora debe satisfacer anualmente, una vez adquirido el derecho, a la empresa de servicios o al propietario que se haya hecho cargo de estos en la escritura reguladora. También se ha de expresar el importe de los **impuestos** que lleva aparejada la adquisición, así como una indicación somera de los **honorarios** notariales y registrales para el caso de que el contrato se eleve a escritura pública y se inscriba en el Registro de la Propiedad.
• **Servicios e instalaciones** comunes que el adquirente tiene derecho a disfrutar y, en su caso, las condiciones para ese disfrute.
• Existencia o no de la posibilidad de participar en **servicios de intercambio** de períodos de aprovechamiento. Si existe esta posibilidad, se expresarán los eventuales costes.

2924 • **Nombre o razón social**, con los datos de la inscripción en el Registro Mercantil en el caso de que se trate de sociedades, y el domicilio del:
– propietario o promotor;
– transmitente, con indicación precisa de su relación jurídica con el propietario o promotor en el momento de la celebración del contrato;
– adquirente;
– empresa de servicios;
– tercero que se hubiera hecho cargo del intercambio, en su caso. Este tercero, si es una persona jurídica, deberá tener sucursal abierta e inscrita en España.
• **Duración del régimen**, con referencia a la escritura reguladora y a la fecha de la inscripción de esta. Si el inmueble está en construcción, con referencia a la fecha límite en que se ha de inscribir el acta de terminación de la obra.
• Expresión del **derecho** que asiste al **adquirente** a:
– comprobar la titularidad y cargas del inmueble, solicitando la información del registrador competente, cuyo domicilio y número de fax constará expresamente;
– exigir el otorgamiento de escritura pública;
– inscribir su adquisición en el Registro de la Propiedad.
• **Domicilio o dirección electrónica** designado expresamente por las partes contratantes para la práctica de toda clase de requerimientos y notificaciones.
• **Lugar y firma** del contrato.
• Si existe la posibilidad de participar en un sistema organizado de **cesión a terceros** se expresarán los eventuales costes, al menos aproximados, que dicho sistema supone para el adquirente.

Precisiones Aunque con referencia al régimen establecido por la L 4/2012, se ha entendido que la falta de determinación en el contrato del **alojamiento que constituye su objeto** determina la nulidad del referido contrato (TS 15-1-15, EDJ 26769)

2927 El **inventario**, y en su caso, las condiciones generales no incluidas en el contrato, así como las cláusulas estatutarias inscritas, han de figurar como **anexo inseparable** suscrito por las partes.
Los propietarios, promotores o cualquier persona física o jurídica que se dedique profesionalmente a la transmisión de derechos de aprovechamiento por turno deben conservar a disposición de las organizaciones de consumidores y, en su caso, de las autoridades turísticas, las **traducciones de los documentos** que deben entregar a cualquier adquirente y de las cláusulas que tengan la consideración de condiciones generales.
Junto con el contrato se ha de entregar al adquirente el **certificado de eficiencia energética** del edificio o de la parte adquirida, según corresponda.

Asimismo, ha de tenerse en consideración la normativa de consumidores y usuarios en lo que se refiere a **cláusulas abusivas**, teniendo en cuenta que son todas aquellas estipulaciones no negociadas individualmente y todas aquellas prácticas no consentidas expresamente que, en contra de las exigencias de la buena fe causen, en perjuicio del consumidor y usuario, un desequilibrio importante de los derechos y obligaciones de las partes que se deriven del contrato. 2930

Precisiones Cuando en el contrato no se concretan la **naturaleza real o personal** del derecho adquirido por los actores, ni el **período** de la semana adquirida, ni tampoco el **alojamiento turístico** en que esta iba a tener lugar, ni sus características, provoca en los adquirentes desconocimiento o cuando menos un equivocado conocimiento de tales circunstancias provocado por la sociedad demandada, lo que da lugar a la nulidad del contrato (TS 15-1-15, EDJ 26769; AP Madrid 23-9-13, EDJ 185278).

Derecho de desistimiento (L 4/2012 art.12) La **finalidad** de **protección al consumidor** adquirente de derechos de aprovechamiento por turno de bienes inmuebles alcanza su máximo grado de expresión en el derecho de desistimiento, unilateral y sin expresión de causa, de forma tal que el consumidor puede desistir sin necesidad de justificación alguna (AP Valladolid 11-10-00, EDJ 4487; AP Alicante 17-10-00, EDJ 49088). 2935

Esta forma de **contratación en masa** debido a las técnicas de venta agresiva, sin duda impide realizar una opción sosegada y reflexiva sobre las condiciones esenciales y accesorias del objeto del contrato y por ello es esencial contar con la garantía del derecho de desistimiento; para que transcurrido un plazo prudencial y, en su caso, con el debido asesoramiento técnico, se pueda calibrar adecuadamente el alcance de la compra y desligarse o retractarse válidamente del vínculo concertado (AP Alicante 17-10-00, EDJ 49088).

El **plazo** para su ejercicio es de 14 días naturales y se computa: 2938

a) Desde la fecha de **celebración del contrato** o de cualquier contrato preliminar vinculante, si en ese momento el consumidor recibe el documento contractual o, en otro caso, desde la recepción posterior de dicho documento.

b) Desde que se entrega al consumidor el **formulario de desistimiento** debidamente cumplimentado, si el empresario no lo ha cumplimentado y entregado al consumidor. Vence, en cualquier caso, transcurrido un año y 14 días naturales siguientes a la celebración del contrato o de cualquier contrato preliminar vinculante o a la recepción posterior del documento contractual.

c) Desde que se facilita al consumidor la **información precontractual**, incluidos sus formularios, si el empresario no la ha facilitado. Vence transcurridos 3 meses y 14 días naturales siguientes a la celebración del contrato o de cualquier contrato preliminar vinculante si en ese momento el consumidor recibe el documento contractual o, en otro caso, a la recepción posterior de dicho documento.

La **forma** en que el consumidor ha de notificar el desistimiento al empresario ha de ser fehaciente, por escrito en papel u otro soporte duradero, pudiendo utilizar el formulario previsto legalmente. La expedición o envío de la notificación debe hacerse dentro del plazo legal y es eficaz cualquiera que sea la fecha de recepción por el empresario. 2941

El ejercicio del derecho de desistimiento por el consumidor produce los siguientes **efectos**: 2944

- deja sin efecto el contrato;
- los contratos accesorios quedan automáticamente sin eficacia, incluidos los de intercambio o de reventa;
- el consumidor no soporta coste alguno ni ha de pagar ninguna contraprestación correspondiente al servicio que pudiera haberse llevado a cabo con anterioridad a la fecha del ejercicio de desistimiento.

2949 **Prohibición del pago de anticipos** (L 4/2012 art.13) Antes de que concluya el **plazo de desistimiento**, se prohíbe expresamente:
- el pago de anticipos;
- la constitución de garantías;
- la reserva de dinero en cuentas;
- el reconocimiento expreso de deuda;
- cualquier contraprestación a favor del empresario o de un tercero a cargo del consumidor.

La prohibición de los anticipos durante el período de desistimiento encuentra su **justificación** en el interés del legislador de simplificar el ejercicio del derecho, de modo que tal desistimiento tenga efecto por la propia manifestación de voluntad del contratante sin necesidad de recuperar cualesquiera cantidades entregadas, con lo que se elimina el riesgo de que tal recuperación no se produzca o quede demorada (TS 19-11-15, EDJ 221920; AP Valencia 29-12-01, EDJ 73439).

Los actos realizados en contra de esta prohibición son **nulos** de pleno derecho y el consumidor puede reclamar el duplo de las cantidades entregadas o garantizadas por tales conceptos.

Precisiones 1) Los tribunales equiparan la prohibición de aceptar anticipos a la de recibir **letras de cambio, cheques u otros documentos de pago**, independientemente de su vencimiento posterior al periodo de desistimiento. El objetivo es permitir la libre toma de decisión por el adquirente, sin utilizar sutiles formas de influir en su voluntad como las mencionadas (AP Palencia 10-5-02, EDJ 30961).
2) La prohibición se extiende expresamente a la **entrega realizada a tercero**, cuando el pago no se hace directamente al transmitente sino a un fiduciario (TS 19-11-15, EDJ 221920).

2951 Los **préstamos concedidos al adquirente** por el transmitente o por un tercero que haya actuado de acuerdo con él, quedan resueltos cuando el primero ejercite su facultad de desistimiento o resolución (L 4/2012 art.15.2).

No pueden incluirse en los préstamos cláusulas que impliquen una **sanción o pena** impuesta al adquirente para el caso de desistimiento o resolución.

Si el adquirente se **subroga en un préstamo** concedido al transmitente, ejercitado el desistimiento o resolución, subsiste el préstamo a cargo de este.

La nulidad del contrato de aprovechamiento se extiende al préstamo vinculado a él. Se entiende que la referencia a la resolución incluye todos los supuestos de ineficacia contractual (TS 28-4-15, EDJ 69483)

2954 **Formalización del contrato** (L 4/2012 art.11 y 31) Los contratos se tienen que formalizar:
- por **escrito**;
- en **papel** o en otro soporte duradero;
- en un **tamaño tipográfico** y con un contraste de impresión adecuado que resulte fácilmente legible, en la lengua o en una de las lenguas del Estado miembro en que resida el consumidor o del que este sea nacional, a su elección, siempre que se trate de una lengua oficial de la UE.

2955 La **información precontractual** facilitada al consumidor, debidamente firmada por este, forma parte integrante del contrato y no se puede alterar a menos que las partes dispongan expresamente lo contrario o cuando los cambios se deban a circunstancias anormales, imprevisibles y ajenas a la voluntad del empresario y cuyas consecuencias no se hubieran podido evitar pese a toda la diligencia empleada. Estos cambios se tienen que comunicar al consumidor, en papel o en cualquier otro soporte duradero fácilmente accesible para él, antes de que se celebre el contrato y deben constar explícitamente en él (nº 2921).

Además, en el **contrato ha de figurar** la identidad, el domicilio y la firma de cada una de las partes, y la fecha y el lugar de celebración del contrato.

Las **cláusulas contractuales** correspondientes al derecho de desistimiento y a la prohibición del pago de anticipos han de firmarse aparte por el consumidor en un formulario normalizado.
El consumidor ha de recibir al menos una **copia** del contrato con sus anexos en el momento de su celebración.

El contrato puede **inscribirse** en el Registro de la Propiedad, siempre que se celebre o formalice mediante **escritura pública**. Tanto la inscripción como la escritura pública, no son obligatorias sino potestativas. El notario debe advertir al adquirente de su **derecho al desistimiento**, lo que puede hacerse por medio de acta notarial, y de los demás derechos que le reconoce la Ley. El notario no puede autorizar la escritura, ni el registrador inscribir el derecho si el contrato no cumple con los requisitos de forma y contenido que se exigen legalmente (nº 2921). **2956**

Nulidad del contrato (CC art.6; LGDCU art.78; L 4/2012 art.12.7 y 13.3) En determinados supuestos, se declara **expresamente** la nulidad del contrato. **2958**
Como **norma general**, el carácter imperativo de los derechos reconocidos a los consumidores hace que la **renuncia** a tales derechos sea nula, siendo asimismo nulos los actos realizados en fraude de ley.
La **falta de ejercicio** del derecho de desistimiento en el plazo fijado no es obstáculo para el posterior ejercicio de las acciones de nulidad, resolución legal o contractual que procedan conforme a derecho.
Asimismo, son nulos de pleno derecho y el consumidor puede reclamar el duplo de las cantidades entregadas en el caso de que se hagan **pagos anticipados**, o reserva de dinero en cuentas, antes de que concluya el plazo de desistimiento (nº 2935).
Es nulo de pleno derecho el **contrato** por virtud del cual se constituye o transmite cualquier otro derecho, real o personal, por tiempo superior a un año y relativo a la utilización de uno o más inmuebles durante un período determinado o determinable al año, **al margen de lo dispuesto en la ley**, debiéndole ser devueltas al adquirente o cesionario cualesquiera rentas o contraprestaciones satisfechas, así como indemnizados los daños y perjuicios sufridos (TS auto 13-1-21, EDJ 501305; TS 16-9-20, EDJ 659507). Concretamente, cuando se trata de **eludir la aplicación** de la L 4/2012 utilizando otras fórmulas (p.e. contratos de adhesión a un club), pero, aun así es evidente que se está contratando un aprovechamiento por turno de bienes inmuebles de uso turístico (TS 27-11-17, EDJ 243401). En este caso deben ser devueltas al adquirente o cesionario cualesquiera rentas o contraprestaciones satisfechas, así como indemnizados los daños y perjuicios sufridos.
La nulidad ha sido **jurisprudencialmente** admitida en los siguientes supuestos:
- por **voluntad viciada** por desconocimiento del verdadero objeto del contrato (AP Baleares 14-2-12, EDJ 40572; AP Alicante 26-1-10, EDJ 53861).
- por **falta de contenido mínimo** del contrato (TS 30-1-18, EDJ 3687; AP Santa Cruz de Tenerife 2-5-19, EDJ 656578).
- por entregar un **alojamiento distinto** del pactado contractualmente (AP Barcelona 1-9-99, EDJ 39660).

Sin embargo, la nulidad no ha sido estimada en casos en los que la voluntad se manifiesta con bastante **posterioridad** a la formalización de contrato (AP Las Palmas 6-7-99, EDJ 27708).
En cambio, puede ser válida cualquier **otra modalidad contractual** de constitución del derecho de naturaleza personal o de tipo asociativo, que tenga por objeto la utilización de uno o varios alojamientos para pernoctar durante más de un periodo de ocupación, constituidas al amparo y en los términos contenidos en las **normas de la UE** (en particular, Rgto CE/593/2008, sobre la ley aplicable a las obligaciones contractuales) y en los **convenios internacionales** en que España sea parte. A todas estas modalidades contractuales les resulta de aplicación lo dispuesto en el Título I de la Ley.

Precisiones Cuando no se no adquiere simplemente la prestación de unos servicios (lo que se conoce como **paquete vacacional**), sino la integración en una comunidad (membresía), mediante el abono de una cuota de entrada y cuotas periódicas de mantenimiento, parece evidente que se está contratando un aprovechamiento por turno de bienes inmuebles de uso turístico, si bien mediante una fórmula que pretende eludir la aplicación de la normativa específica en la materia (TS 24-5-18, EDJ 109036; TS 16-1-17 EDJ, 534; 23-11-17, EDJ 243397; AP Santa Cruz de Tenerife 12-4-21, EDJ 67042).

3. Derechos y obligaciones de las partes

2959 Al titular del derecho de aprovechamiento por turno le corresponden las siguientes **facultades** (L 4/2012 art.33):

a) La **libre disposición** de su derecho, sin más **limitaciones** que las derivadas de las leyes, y sin que la transmisión del mismo afecte a las obligaciones derivadas del régimen.

b) Cuando participe profesionalmente en la **transmisión o comercialización** de derechos reales constituidos sobre los mismos queda sujeto a lo legalmente dispuesto en relación con las **condiciones de promoción y transmisión**. Los adquirentes de estos derechos quedan subrogados en los que correspondan al titular del derecho de aprovechamiento por turno y, en especial, en los que le corresponden frente al propietario del inmueble. Se trata de evitar que, acogiéndose a la libertad de disposición de los derechos de aprovechamiento de bienes inmuebles por turno, se puedan comercializar estos sin cumplir todos los requisitos que exige la Ley, dado que el adquirente puede disponer de su derecho y no está obligado a proporcionar toda la información y requisitos que se exigen a quien constituyó el régimen. Se trata de **evitar el fraude de ley** de conformidad con el eje principal de la Ley en su política de protección al consumidor.

Además en este caso, si el derecho de aprovechamiento por turno no está inscrito a favor del transmitente o cedente, el adquirente o cesionario puede **solicitar la inscripción** del derecho de aprovechamiento por turno a nombre del transmitente o cedente (RH art.312). Los **gastos** originados por la inscripción son a cargo del transmitente, que es a nombre de quien se ha de inscribir el derecho. El adquirente de estos derechos, que obliga al transmitente a inscribir su derecho, no está obligado a inscribir posteriormente su adquisición.

c) Los titulares se agrupan en una **comunidad de titulares**, cuya constitución se debe prever en la escritura reguladora del régimen. Los acuerdos que adopte la misma deben aprobarse por mayoría de dos tercios de los titulares si modifican el régimen constituido; para los demás acuerdos basta la mayoría simple. Cada persona tiene tantos votos como derechos de los que es titular. Si no resulta mayoría o el acuerdo resulta gravemente perjudicial para los interesados, el juez debe proveer a instancia de parte lo que corresponda.

Son de aplicación supletoria las normas de la Ley de propiedad horizontal.

2960 **Resolución por falta de pago de las cuotas** (L 4/2012 art.32) Se concede un derecho **a favor del propietario** para resolver el contrato en caso de que el adquirente titular del derecho de aprovechamiento por turno, una vez requerido, no atienda al pago de las cuotas debidas por razón de los **servicios** prestados durante, al menos, un año.

Esta facultad de resolución puede ejercitarse a instancia de la empresa de servicios, siempre que se requiera fehacientemente de pago al deudor, bajo **apercibimiento** de proceder a la resolución del mismo si no satisface íntegramente la deuda en un **plazo** de 30 días naturales.

La **notificación** ha de remitirse al deudor a su domicilio registral o, en su defecto, al que conste a tal finalidad en el contrato.

Cabe pactar la **renuncia** a este derecho con el propietario.

El derecho del transmitente tiene una **limitación**, puesto que para poder ejercerlo, debe consignar, a favor del titular del derecho, la parte proporcional del precio correspondiente al tiempo que le reste hasta su extinción; es decir, que si el adquirente no paga el primer año las cuotas, y el contrato es por plazo de 50 años, debe devolverle 49 partes del precio total. No obstante, se permite el establecimiento de una **cláusula penal** por la que el transmitente pueda retener todas o parte de las cantidades que debería devolver al adquirente, cuyo cumplimiento siempre queda sujeto a la facultad moderadora de los tribunales (CC art.1154).

Responsabilidad por el incumplimiento de los servicios (L 4/2012 art.34) El **propietario** o **promotor** es responsable, frente a los titulares de derechos de aprovechamiento por turno, de la efectiva prestación de los servicios. En caso de incumplimiento por la empresa de servicios, el propietario o promotor debe resolver el contrato y exigir el resarcimiento de daños y perjuicios. 2961

La **acción de resolución** corresponde al propietario o promotor. Una vez resuelto el contrato celebrado con la primitiva empresa de servicios, el propietario o promotor debe asumir directamente la prestación del servicio o contratarla con otra empresa de servicios. Cualquier **alteración del contrato** no perjudica, en ningún caso, a los titulares de los derechos de aprovechamiento por turno.

Precisiones De nada sirve la titularidad de un período de aprovechamiento si el inmueble no está en perfectas **condiciones para permitir el alojamiento** (limpieza, mobiliario, ajuar doméstico, etc.). Aunque el propietario no sea quien efectivamente presta los servicios, sí responde de la realización de dicha prestación. Así, si la empresa de servicios incumple sus obligaciones, cualquier titular de un derecho de aprovechamiento por turno, puede reclamar del propietario la prestación de los servicios y las indemnizaciones correspondientes si no las efectúa. Por tanto, si no es el propietario quien presta los servicios y quiere minimizar los problemas que le puedan sobrevenir por la mala gestión o prestación de la empresa contratada, debe exigir a esta, **garantía** suficiente para cubrir las posibles responsabilidades que pueda producir en el promotor o propietario un incumplimiento en la prestación de servicios.

Acción de cesación (L 4/2012 art.21) La acción de cesación se configura como un método efectivo para la protección de los intereses colectivos y de los intereses difusos de consumidores y usuarios. Esta acción se dirige a obtener una sentencia cuyo objetivo sea hacer cesar o evitar la reiteración de una conducta contraria a la Ley. 2962

En este ámbito, se prevé expresamente el ejercicio de esta acción contra las **conductas contrarias** a lo prevenido en la L 4/2012 que lesionen intereses de los consumidores.

El **ejercicio** de la acción de cesación corresponde, aunque también admite simplemente la **personación** en acciones ya instadas, a los siguientes **organismos**:

- Instituto Nacional de Consumo o entidades autonómicas y municipales competentes en materia de defensa de los consumidores.
- Asociaciones de consumidores y usuarios.
- Ministerio Fiscal.
- Entidades de otros Estados miembros de la Unión Europea que se constituyan para la defensa de los consumidores y usuarios y que se encuentren incluidas en la lista publicada a tal fin.

4. Regulación autonómica

Alguna comunidades autónomas cuentan con su propia regulación del aprovechamiento por turno de bienes inmuebles. Es el caso de: 2963

- Andalucía (nº 2964);
- Baleares (nº 2965);
- Canarias (nº 2966);
- Cataluña (nº 2967); y
- Comunidad Valenciana (nº 2968).

Andalucía (L Andalucía 13/2011 art.49; DL Andalucía 13/2020 art.6.2; D Andalucía 194/2010 art.10.1) 2964
En esta comunidad se establece que, en caso de comercialización en régimen de aprovechamiento por turno de las unidades de alojamiento de **cualquier establecimiento de alojamiento turístico**, el establecimiento debe someterse al principio de unidad de explotación y a las demás prescripciones de la L Andalucía 13/2011 y a su normativa de desarrollo, en función del tipo de establecimiento y de la clasificación

que le corresponda, además de a la legislación específica reguladora del aprovechamiento por turno.
El **período anual de aprovechamiento** no puede superar el que se establezca en la normativa de desarrollo de cada tipo de alojamiento turístico.
El alojamiento de uso turístico en régimen de aprovechamiento por turno es **compatible con la explotación hotelera**, en un mismo inmueble, siempre que estén clasificados en similar categoría y se cumplan los siguientes requisitos:
• Que entre las unidades de alojamiento de los grupos de hoteles y hoteles-apartamentos y las explotadas en régimen de aprovechamiento por turno exista total **independencia de acceso** y estén perfectamente delimitadas y señalizadas las distintas zonas del inmueble.
• Que en toda **actividad publicitaria** se advierta claramente a los usuarios el tipo o grupo de cada uno de los establecimientos.
Respecto de los establecimientos de **apartamentos turísticos**, se permite la clasificación de un establecimiento en el grupo edificios/complejos cuando parte de los apartamentos del edificio o complejo tengan la consideración de inmuebles de uso turístico en régimen de aprovechamiento por turno, siempre que se clasifiquen en la misma categoría y que la empresa explotadora del establecimiento asuma la prestación de los servicios de estos últimos.

2965 **Baleares** (L Baleares 8/2012 art.34) Los establecimientos turísticos que quieran comercializar en régimen de aprovechamiento por turnos las unidades de alojamiento de cualquiera de los establecimientos de alojamiento turístico están sometidos a lo dispuesto sobre el principio de **unidad de explotación** y a las demás prescripciones de la L Baleares 8/2012 y su normativa de desarrollo, en función del tipo de establecimiento y de la clasificación que les corresponda.
Reglamentariamente se pueden establecer las características, las condiciones, los requisitos y el periodo anual máximo de aprovechamiento, en función del tipo de establecimiento de alojamiento turístico.

2966 **Canarias** (L Canarias 7/1995 art.46; D Canarias 272/1997) Los servicios de alojamiento turístico pueden ofertarse como **alojamientos en régimen de uso a tiempo compartido**, fórmula comercial consistente en la utilización sucesiva de un mismo alojamiento por personas que lo comparten por períodos de tiempo.
Esta modalidad de alojamiento turístico es objeto de una **completa regulación**, desde el punto de vista administrativo, por el D Canarias 272/1997, que establece normas relativas a:
- la autorización de la explotación de este tipo de alojamientos;
- la clasificación de los alojamientos, que serán los propios de la modalidad hotelera o de apartamento turístico, según la tipología que se adopte;
- la publicidad y captación de clientes;
- la promoción de la oferta de esta actividad turística;
- la explotación turística de los alojamientos, que debe llevarse a cabo por una empresa inscrita en el Registro general de empresas, actividades y establecimientos turísticos;
- los servicios de prestación obligatoria y las garantías para responder del cumplimiento de las obligaciones económicas.

Las **promociones** que al efecto se efectúen en Canarias han de reunir los siguientes **requisitos**:
• No utilizar sistemas agresivos de publicidad y captación de clientes.
• Recoger expresamente en su publicidad el derecho de resolver el contrato durante un plazo que en ningún caso puede ser inferior a 10 días naturales, o el mínimo señalado por la legislación estatal sobre la materia.
• Tener a disposición de los interesados la documentación que acredite fehacientemente la titularidad, disponibilidad y sistema de atribución de usos de los alojamientos. Quienes tengan atribuida la explotación deben acreditar, ante los clientes y ante la Administración turística, el título jurídico por el cual los propietarios de las unidades alojativas le han concedido el derecho de explotación.

• Garantizar el adecuado mantenimiento de los alojamientos, edificios y zonas comunes a lo largo de toda la duración del contrato.
• El régimen de unidad de explotación de este tipo de alojamientos se rige por un reglamento específico (D Canarias 272/1997 art.20).
• El Gobierno de Canarias debe establecer un distintivo de exhibición obligatoria, señalar el montante de la fianza que legalmente deba depositarse, y reglamentar esta actividad como parte de la oferta turística de Canarias.
• Las empresas explotadoras deben constituir fianza de conformidad con lo establecido por vía reglamentaria.
Esta modalidad de alojamiento es **compatible** con la hotelera o con los apartamentos turísticos, siempre que concurran las siguientes circunstancias:
• Que la empresa explotadora sea la misma para ambas modalidades alojativas.
• Que los edificios o conjunto de edificaciones en que se compatibilicen las modalidades alojativas tengan asignadas categorías equivalentes.

Cataluña (CCC art.554-1 a 554-12) Los titulares, en la **comunidad por turnos**, tienen el derecho de gozar del bien sobre el que recae, con carácter exclusivo, por unidades temporales discontinuas y periódicas. **2967**
Los **turnos** son unidades temporales, discontinuas y periódicas, no inferiores a una semana de duración, y que sirven de módulo para determinar el aprovechamiento y las obligaciones de las partes.
Pueden ser **objeto** de comunidad por turnos los siguientes bienes:
- los **edificios** destinados a viviendas unifamiliares dotados del mobiliario y las instalaciones suficientes que, por su naturaleza, sean susceptibles de un uso reiterado y divisible en turnos;
- los **barcos, aeronaves no comerciales** y otros bienes muebles identificables de forma clara y equipados adecuadamente que sean susceptibles de un uso reiterado y divisible en turnos.
No pueden ser objeto de este aprovechamiento los edificios divididos en régimen de **propiedad horizontal** ni los elementos privativos que forman parte de los mismos, salvo que se trate de edificios con menos de siete elementos privativos y se constituya una comunidad por turnos para cada unidad o elemento
Por ello, sus **notas características** son:
• La existencia del turno, que delimita la participación de los titulares en la comunidad.
• La configuración de una organización para el ejercicio de los derechos y el cumplimiento de los deberes de los titulares de los turnos.
• La exclusión de la acción de división y de los derechos de adquisición de carácter legal entre los titulares.
Solo se constituye esta comunidad por turnos mediante **título de constitución**. Es preciso que, en el momento del otorgamiento, haya finalizado la construcción del bien sobre el que recae y haya sido amueblado y equipado adecuadamente.
La **extinción** de este régimen tiene lugar:
- voluntariamente, por acuerdo unánime de los titulares; y
- forzosamente, por el transcurso del plazo fijado por el título de constitución, que no puede ser inferior a 3 ni superior a 50 años, así como por la pérdida o destrucción del bien.

Comunidad Valenciana (L C.Valenciana 15/2018 art.67) Los establecimientos turísticos que comercialicen sus unidades de alojamiento bajo el régimen de aprovechamiento por turnos a que se refiere la L 4/2012, están sometidos al principio de unidad de explotación, a las prescripciones de la L C.Valenciana 15/2018 y sus normas de desarrollo, en función del tipo, modalidad y clasificación del establecimiento de que se trate. **2968**

SECCIÓN 2

Energía

2970

2973 La protección de los consumidores y usuarios en **materia energética** es una cuestión tomada en consideración con especial interés tanto por el legislador interno como comunitario, dada la especial posición en que estos se encuentran en dicho ámbito.

Los consumidores y usuarios de gas y electricidad son **consumidores menos formados** que en otros ámbitos del mercado, debido a las características de los bienes y servicios suministrados, y a la tradicional configuración del sector como una actividad reservada al servicio público.

El **uso de la energía** (tanto eléctrica como la de gas) ha pasado de ser un servicio que no tenía una gran importancia en el ámbito económico familiar a ser una de las mayores preocupaciones de la microeconomía española. Es por ello que se entiende necesario el conocimiento básico del funcionamiento del mercado, de los contratos, así como de las facturas y los distintos conceptos que los integran, debido a que precisamente este tipo de producto de consumo es, por su propia naturaleza, de difícil comprensión y control por parte de los consumidores y usuarios.

Por ello, se ha querido **reforzar** el catálogo de **derechos** de los consumidores y usuarios de la energía, fundamentalmente a través de las directivas comunitarias, para garantizar una protección efectiva de los mismos en un **mercado energético liberalizado**.

Son derechos de los consumidores y usuarios de la energía eléctrica y del gas natural los establecidos como **derechos básicos** de los consumidores (nº 200 s.); además, se añaden los reconocidos por las normas vigentes en los sectores de **electricidad** (L 24/2013) e **hidrocarburos** (L 34/1998) que reconocen entre otros, el derecho a recibir a cambio de pago un suministro seguro de gas o de electricidad; el derecho a ser informado sobre las condiciones del contrato, el precio del suministro, etc.

A. Electricidad

(L 24/2013; Dir (UE) 2019/944)

2975

2976 La regulación del sector eléctrico en España ha estado impulsada, desde los años 80, por las decisiones adoptadas en materia energética a nivel europeo. Frente a una tradición de servicio público fuertemente arraigada en España se ha ido alzando otra que ha determinado la apertura de las fronteras y la **creación de un mercado único**, más competitivo, seguro y garante de los derechos de los consumidores en el seno de la UE.

A partir de 1998 se inició el procedimiento de **liberalización** dentro del **sector energético** de España. Este proceso de liberalización del mercado ha venido a afectar de forma directa a los consumidores y usuarios ya que modifica sustancialmente las relaciones de los mismos con las empresas que tradicionalmente le prestaban los suministros eléctricos y de gas. Son los consumidores y usuarios quienes eligen libremente a sus comercializadores.

Las distintas **directivas europeas** adoptadas en la materia han ido determinando la **transformación** constante del **derecho interno** en materia de electricidad hasta llegar a la situación actual, de tal manera que el Derecho comunitario ha impuesto al legislador español avanzar aún más en el proceso de liberalización del sector eléctrico diseñando un modelo de suministro eléctrico basado en el denominado **precio voluntario para el pequeño consumidor**: precio máximo que pueden cobrar los comercializadores que asumen las obligaciones de suministro de referencia a aquellos consumidores que, de acuerdo con la normativa vigente, cumplan los requisitos para que les resulten de aplicación.

Normativa aplicable La legislación aplicable en materia de derechos de los consumidores en materia de energía eléctrica y suministro eléctrico está integrada por un gran número de normas de las que interesa destacar solo las directamente aplicables a la **energía eléctrica** en general y al **suministro de electricidad** en particular: **2980**

- L 24/2013, del sector eléctrico;
- RD 216/2014, que establece la metodología de cálculo de los precios voluntarios para el pequeño consumidor de energía eléctrica;
- RD 897/2017, por el que se regula la figura del consumidor vulnerable, el bono social y otras medidas de protección para los consumidores domésticos de energía eléctrica; y
- Dir (UE) 2019/944, sobre normas comunes para el mercado interior de la electricidad.

1. Contrato de suministro de electricidad

El suministro de energía eléctrica es la **entrega** de energía a través de las redes de transporte y distribución mediante **contraprestación económica** en las condiciones de regularidad y calidad que resulten exigibles. **2985**

Sujetos intervinientes (L 24/2013 art.6 redacc RDL 5/2023) Los sujetos intervinientes en las actividades destinadas al suministro de energía eléctrica son los siguientes: **2990**

a) **Productor**: persona física o jurídica que tiene la función de generar energía eléctrica, así como construir, operar y mantener las centrales de producción.

b) **Operador del mercado**: sociedad mercantil que asume la gestión del sistema de ofertas de compra y venta de energía eléctrica en el mercado diario de energía eléctrica (L 24/2013 art.29).

c) **Operador del sistema**: sociedad mercantil que garantizar la continuidad y seguridad del suministro eléctrico y la correcta coordinación del sistema de producción y transporte; es el gestor de la red de transporte (L 24/2013 art.30).

d) **Transportista**: sociedad mercantil que tiene la función de transportar energía eléctrica, así como construir, mantener y maniobrar las instalaciones de transporte.

e) **Distribuidor**: coincide en muchos casos con el productor. Es el encargado de la canalización de la electricidad a la red general y de las pequeñas subestaciones a los hogares. Las empresas distribuidoras no se eligen, tocan según la zona de distribución.

f) **Empresa comercializadora** (nº 3030 s.).

g) **Consumidor** (nº 3005 s.).

h) **Titular de instalaciones de almacenamiento**: es aquel sujeto que posee instalaciones en las que se difiere el uso final de electricidad a un momento posterior a cuando fue generada, o que realiza la conversión de energía eléctrica en una forma de energía que se pueda almacenar para la subsiguiente reconversión de dicha energía en energía eléctrica.

i) **Agregador independiente**: se trata de un participante en el mercado de producción de energía eléctrica que presta servicios de agregación y que no está relacionado con el suministrador del cliente, entendiéndose por agregación aquella actividad realizada por personas físicas o jurídicas que combinan múltiples consumos o electricidad generada de consumidores, productores o instalaciones de almacenamiento para su venta o compra en el mercado de producción de energía eléctrica.

j) **Comunidades de energías renovables**: entidades jurídicas basadas en la participación abierta y voluntaria, autónomas y efectivamente controladas por socios o miembros que están situados en las proximidades de los proyectos de energías renovables que sean propiedad de dichas entidades jurídicas y que estas hayan desarrollado, cuyos socios o miembros sean personas físicas, pymes o autoridades locales, incluidos los municipios y cuya finalidad primordial sea proporcionar beneficios medioambientales, económicos o sociales a sus socios o miembros o a las zonas locales donde operan, en lugar de ganancias financieras.
k) **Comunidades ciudadanas de energía**: entidades jurídicas basadas en la participación voluntaria y abierta, cuyo control efectivo lo ejercen socios o miembros personas físicas, autoridades locales o pequeñas empresas, y cuyo objetivo principal consiste en ofrecer beneficios medioambientales, económicos o sociales a sus miembros, socios o a la localidad en la que desarrolla su actividad, más que generar una rentabilidad financiera.

2995 **Información previa al contrato** La empresa que haga una **oferta contractual**, antes de formalizar el contrato, debe informar al usuario de lo siguiente:
- nombre o razón social y domicilio completo de la empresa responsable de la oferta;
- precio final completo de la oferta, incluidos impuestos;
- fecha de duración del contrato;
- procedimiento que tiene el consumidor para darse de baja;
- garantías;
- derecho de desistimiento, cuando proceda.

2996 **Formalización del contrato** El contrato de suministro de electricidad debe formalizarse por **escrito**
Si el usuario recibe ofertas por **teléfono** o por **internet** y decide contratar por estos canales, la empresa debe enviarle el contrato por escrito inmediatamente después de haber contratado. Si contrata en casa también le han de entregar el contrato por escrito.
En los tres casos (contratación telefónica, por Internet o en casa), el usuario puede **revocar** el contrato en el plazo de 7 días desde que se firma.
Las **ofertas contractuales** que hagan las empresas en el mercado libre deben ser concretas, claras, veraces y contener el precio final completo del kilovatio, incluidos todos los conceptos de facturación como los impuestos y otros costes añadidos.

3000 **Contenido** (L 24/2013 art.44.1.d) El **contenido mínimo** del contrato debe ser el siguiente:
• la identidad y la dirección del **suministrador**;
• los **servicios** prestados, el nivel de calidad propuesto y el plazo para la conexión inicial;
• el tipo de servicio de **mantenimiento** propuesto;
• la **forma** de obtener información actualizada sobre todas las tarifas aplicables y los gastos de mantenimiento;
• la **duración** del contrato, las condiciones para la renovación y la terminación de los servicios y del contrato y, cuando esté permitido, la resolución del contrato sin costes;
• los **acuerdos** de compensación y reembolso aplicables si no se cumplen los niveles de calidad contratados, incluida la facturación incorrecta y retrasada;
• el método para iniciar un **procedimiento** de tramitación de **reclamaciones** y de resolución;
• las cláusulas bajo las cuales se pueden **revisar las condiciones** establecidas en el contrato;
• la información actualizada sobre **precios y tarifas** aplicables y, en su caso, disposición oficial donde se fijen los mismos;

• la información completa y transparente sobre las **ofertas comerciales**, incluyendo de manera expresa la duración de los descuentos promocionales y los términos o precios sobre los que estos se aplican.
En el contrato deben figurar las **condiciones generales** y las **particulares** que ha ofrecido la empresa.
Las **condiciones generales** del contrato tienen que ser equitativas, transparentes y adecuadas a lo establecido en la normativa vigente en materia de contratos con los consumidores (nº 690 s.). Se tienen que explicar en un lenguaje claro y comprensible y no pueden incluir **obstáculos no contractuales** al ejercicio de los derechos de los clientes. Tienen que darse a conocer y comunicarse con antelación a la celebración del contrato (L 24/2013 art.44.1.d).

Precisiones La abusividad al informar de la **modificación en los precios y tarifas** depende de la posibilidad de que el consumidor tome conciencia de ella, por lo que si la modificación pasa desapercibida para un consumidor razonablemente atento y perspicaz, no cumple las exigencias mínimas de comunicación (TS 4-12-23, EDJ 770022).

2. Consumidores

(L 24/2013 art.6.1.g, 44, 45 y 45 bis)

El **consumidor doméstico** es la persona física o jurídica que adquiere la energía para su propio consumo y para la prestación de servicios de recarga energética de vehículos. Están excluidas de esta definición las actividades comerciales o profesionales. 3005
Todos los consumidores pueden contratar el suministro de electricidad de dos formas:
- mediante un **contrato de suministro** con un comercializador que incluya el acceso a redes. Es la más común y prácticamente la única utilizada por los pequeños consumidores;
- mediante un **contrato de acceso a redes** con el distribuidor y un contrato de adquisición de energía con un comercializador.

Precisiones El **autoconsumo** de energía eléctrica es el consumo de energía proveniente de instalaciones de generación conectadas en el interior de una red de un consumidor o a través de una línea directa de energía eléctrica asociadas a un consumidor (L 24/2013 art.9)

Protección del consumidor vulnerable (L 24/2013 art.45 y 45 bis; RD 897/2017) Son considerados consumidores vulnerables la persona titular de un punto de suministro de electricidad en su vivienda habitual que, siendo persona física, esté acogida al precio voluntario para el pequeño consumidor (PVPC) y cumpla alguno de los siguientes **requisitos** (RD 897/2017 art.3): 3010
- que la renta conjunta anual de la unidad de convivencia a la que pertenezca sea igual o inferior a 1,5 veces el Indicador Público de Renta de Efectos Múltiples (IPREM) de 14 pagas;
- estar en posesión del título de familia numerosa;
- que el consumidor y, en el caso de formar parte de una unidad de convivencia, todos los miembros de la misma que tengan ingresos, sean pensionistas por jubilación o incapacidad permanente, percibiendo la cuantía mínima y no perciban otros ingresos cuya cuantía agregada anual supere los 500 euros;
- que el consumidor o algún miembro de su unidad de convivencia sea beneficiario del Ingreso Mínimo Vital conforme a lo establecido en la L 19/2021; o
- que la unidad de convivencia está integrada por un único progenitor y, al menos, un menor.

Precisiones El multiplicador de renta respecto al **índice del IPREM se incrementa**:
• Cuando la unidad de convivencia esté formada por **más de una persona**, se incrementa en 0,3 por cada miembro adicional mayor de edad que conforme la unidad de convivencia y 0,5 por cada menor de edad de la unidad de convivencia.
• Cuando se acredite alguna de las siguientes **circunstancias especiales**, se incrementan, en cada caso, en 1 si el consumidor o alguno de los miembros de la unidad familiar:
- tiene discapacidad igual o superior al 33%;

- es víctima de violencia de género;
- tiene la condición de víctima de terrorismo; y
- se encuentra en situación de dependencia reconocida de grado II o III.

3011 **Consumidor vulnerable severo** (RD 897/2017 art.3.4) Cuando se cumplen los requisitos para ser consumidor vulnerable, además, se es consumidor vulnerable severo si el consumidor o la unidad de convivencia tiene una renta anual inferior o igual:
- al 50% del umbral que corresponda del IPREM, aplicados los incrementos pertinentes;
- una vez el IPREM a 14 pagas, en el caso de que sean pensionistas; o
- dos veces el IPREM a 14 pagas en el caso de que se sea familia numerosa.

3012 **Consumidor en riesgo de exclusión social** (RD 897/2017 art.4) Se denomina consumidor en riesgo de exclusión social al consumidor que reúne los **requisitos** para ser vulnerable severo y que, además, sea atendido por los servicios sociales de una Administración autonómica o local que financie al menos el 50% del importe de su factura.
El suministro a un consumidor en riesgo de exclusión social que esté acogido a la tarifa de último recurso (TUR) correspondiente es considerado **suministro de electricidad esencial** (nº 3015).

3014 **Bono social** (RD 897/2017 art.6 a 11; RDL 8/2021 art.5) El bono social es un **descuento** del 25% (40% para consumidores vulnerables severos) fijado por el Gobierno sobre el precio voluntario para el pequeño consumidor (PVPC), y pretende proteger a los hogares con menos posibilidades económicas.
Tienen derecho al bono social aquellos consumidores que, siendo personas físicas, cumplan cualquiera de estos cuatro **requisitos**:
- hogares con una **potencia contratada** inferior a 3kW y que la vivienda sea declarada como habitual del solicitante;
- **familias** con todos sus integrantes **en desempleo**: se consideran en situación de desempleo aquellos solicitantes y miembros de la unidad familiar que, sin tener la condición de pensionista, no realizan ninguna actividad laboral por cuenta ajena o propia;
- **familias numerosas**; o
- **pensionistas** con 60 o más años, con una pensión mínima por jubilación, incapacidad permanente o viudedad.

3015 **Suministro mínimo vital** (L 24/2013 art.45 bis) Se establece el **suministro mínimo vital** como instrumento de protección social frente a la situación de pobreza energética, mediante el que se establece una potencia límite que garantiza unas condiciones mínimas de confort, que no podrá ser superada durante un periodo de 6 meses en los que el suministro no podrá ser interrumpido.
El suministro mínimo vital resultará de aplicación a los consumidores vulnerables que hayan incurrido en el **impago de** sus **facturas** una vez hayan transcurrido los 4 meses desde el primer requerimiento sin que el pago se hubiera hecho efectivo (L 24/2013 art.52.3).

Precisiones La **potencia límite** asociada al **suministro mínimo vital** se establece en 3,5 kW, que resultará de aplicación solo en aquellos casos en los que la potencia contratada sea superior a dicha potencia límite (RD 897/2017 art.19.5 redacc RDL 17/2021).

3018 **Consumidor electrointensivo** (RD 1106/2020) Un consumidor electrointensivo es aquel que realiza un uso intensivo de la electricidad, un elevado consumo en horas de baja demanda eléctrica, mantiene una curva de consumo estable y predecible y reune los siguientes **requisitos** (RD 1106/2020 art.3):
- contratar su energía en el **mercado de producción** de energía eléctrica por cualquiera de las modalidades previstas;
- haber consumido, durante al menos 2 de los 3 años anteriores un **volumen anual** de energía eléctrica superior a 1 GWh;
- haber consumido en las horas correspondientes al **periodo tarifario** valle al menos el 46%;

– operar en un **sector o subsector** que pertenezca a uno de los códigos de Clasificación Nacional de Actividades Económicas (CNAE) incluidos en el RD 1106/2020 anexo;
– tener un cociente durante al menos 2 de los 3 años anteriores entre el consumo anual y el valor añadido bruto de la instalación correspondiente al punto de suministro para el cual tenga la categoría de consumidor electrointensivo superior a 0,25 kWh/€.
Los consumidores electrointensivos están **obligados** a:
– tener un **consumo predecible**, para lo que deben aportar al Operador del Sistema, ya sea directamente o a través de su comercializadora, su previsión de consumo mensualmente con una precisión de su programa horario de consumo superior al 75% en media mensual y disponer de los equipos, sistemas y comunicaciones requeridos por la normativa (RD 1106/2020 art.10);
– disponer, en el plazo máximo de 2 años de un **sistema de gestión de la energía** auditado y certificado según la norma UNE-EN ISO50001:2018 (RD 1106/2020 art.11);
– acreditar la contratación de, al menos, un 10% de su consumo anual de electricidad mediante instrumentos a plazo, directa o indirectamente, de electricidad de origen renovable con una duración mínima de 5 años (RD 1106/2020 art.12).
– cumplir las obligaciones de los beneficiarios de ayudas a la industria electrointensiva (RD 1106/2020 art.13; RDL 20/2018 art.5).

Precisiones **1)** El procedimiento para el envío y cálculo de la **precisión de** los **programas de consumo** de los consumidores electrointensivos se recoge en la DG Política Energética y Minas Resol 16-9-21.
2) Para los sistemas de los **territorios no peninsulares**, las referencias acerca del **mercado eléctrico** deben entenderse como la participación en el despacho técnico de energía, de acuerdo con las condiciones y requisitos del RD 738/2015 que regula la actividad de producción de energía eléctrica y el procedimiento de despacho en los sistemas eléctricos de los territorios no peninsulares.

Mecanismo de compensación (RD 1106/2020 art.15 s.) Se establece un mecanismo de compensación para los consumidores electrointensivos pertenecientes a los sectores del RD 1106/2020 anexo, **en razón de** la intensidad de su uso de electricidad y su exposición al comercio internacional, hasta un máximo del 85% de los costes imputables en los cargos de la retribución específica a energías renovables y cogeneración de alta eficiencia y de la retribución específica en los territorios no peninsulares repercutidos en los precios del suministro de electricidad. **3019**
Los **costes subvencionables** se determinan tomando de la facturación anual por cargos correspondiente al año anterior, la cuantía de la parte correspondiente a la financiación de apoyo para la electricidad procedente de fuentes renovables, cogeneración de alta eficiencia o extracoste de los territorios no peninsulares correspondientes a los consumos destinados a actividades en los sectores por orden de la persona titular del Ministerio con competencia en la materia (RD 1106/2020 art.20).
El **importe de la ayuda** concedida puede abonarse en euros, por punto de suministro o instalación, para el año, para cada tipo de ayuda, a financiación de apoyo para la electricidad procedente de fuentes renovables, a la cogeneración de alta eficiencia o al extracoste de los territorios no peninsulares (RD 1106/2020 art.21).

Derechos y obligaciones de los consumidores de electricidad (L 24/2013 art.44) **3020**

Los consumidores tienen los siguientes **derechos**:
• **Acceso y conexión** a las redes de transporte y distribución de energía eléctrica en el territorio español.
Los consumidores no pueden estar conectados directamente a un sujeto productor salvo a través de una **línea directa** y en los casos que reglamentariamente se establezcan para la aplicación de las modalidades de suministro con autoconsumo.
• Realizar las **adquisiciones** de energía eléctrica previstos en la normativa.
• **Elegir** su suministrador. Pueden contratar el suministro con:
– las correspondientes empresas de comercialización;
– otros sujetos del mercado de producción. Estos consumidores directos en mercado han de contratar la energía en el mercado de producción y el correspondiente

contrato de acceso a las redes directamente con el distribuidor al que están conectadas sus instalaciones o con el distribuidor de la zona en caso de estar conectado a la red de transporte.
• **Formalizar** un **contrato** de acceso con la empresa distribuidora o un contrato de suministro con la empresa suministradora de electricidad (nº 2995 s.).

3022 • Ser debidamente avisados de forma transparente y comprensible de cualquier intención de **modificar las condiciones del contrato** e informados de su derecho a rescindir el contrato sin coste alguno cuando reciban el aviso.
• Ser notificados sobre cualquier **revisión de los precios** derivada de las condiciones previstas en el contrato en el momento en que esta se produzca.
• Elegir el **modo de pago**. En el caso de sistemas de pago anticipado se han de reflejar adecuadamente las condiciones de suministro y el consumo probable.
• Ser atendidos en **condiciones no discriminatorias** en las solicitudes de nuevos suministros eléctricos y en la ampliación de los existentes.
• Recibir el servicio con los **niveles de seguridad**, regularidad y calidad que se determinen reglamentariamente.
• Ser suministrados a unos **precios** fácil y claramente comparables, transparentes y no discriminatorios. A este efecto, deben recibir las **facturas** con un desglose que incluya, al menos los siguientes **conceptos**:
- coste de la energía;
- peajes de acceso a las redes de transporte y distribución y cargos que correspondan;
- tributos que graven el consumo de electricidad;
- suplementos territoriales cuando correspondan.
• Recibir información transparente sobre los precios y **condiciones generales** aplicables al acceso y al suministro de energía eléctrica.
• Realizar el **cambio de suministrador** sin coste alguno y en los plazos legal y reglamentariamente establecidos.
• Disponer de **procedimientos** para tramitar sus **reclamaciones** de acuerdo a lo establecido en la L 24/2013 y en la demás normativa sobre atención al consumidor aplicable.
• Estar informados del **consumo real** de electricidad y de los costes correspondientes de acuerdo a lo que reglamentariamente se establezca, sin coste adicional.
• Recibir la **liquidación de la cuenta** después de cualquier cambio de suministrador de electricidad, en el plazo de 42 días como máximo a partir de la fecha en que se produzca el cambio de suministrador.
• Disponer de un **servicio de asistencia telefónica** gratuito facilitado por el distribuidor al que estén conectados sus instalaciones, en funcionamiento las 24 horas del día, al que puedan dirigirse ante posibles incidencias de seguridad en las instalaciones.
Dicho número debe figurar claramente identificado en las facturas y en todo caso debe ser facilitado por el comercializador o, en su caso, por el distribuidor al consumidor.

3024 Además de las que reglamentariamente se determinen, en relación al suministro, los consumidores tienen las siguientes **obligaciones**:
• Garantizar que las instalaciones y aparatos **cumplen los requisitos** técnicos y de seguridad establecidos en la normativa vigente, garantizando el **acceso** a los mismos en los términos que se determinen.
• Contratar y efectuar el **pago** de los suministros, de acuerdo a las condiciones establecidas en la normativa.
• Permitir al personal autorizado por la empresa distribuidora la **entrada** en el local o vivienda a que afecta el servicio contratado en horas hábiles o de normal relación con el exterior, para realizar las actuaciones propias de distribuidor.

3. Empresa comercializadora

(L 24/2013 art.6.1.f y 46)

Una empresa comercializadora es la encargada de vender al consumidor la energía que compra y facturar todos los costes que la electricidad engloba. Estos costes son pagados por la comercializadora a la empresa de suministro y al operador de red responsable del transporte. Las comercializadoras se pueden elegir y operan en el mercado libre con precios no regulados por el gobierno. **3030**

Son **obligaciones** de las empresas comercializadoras en relación al suministro y respecto a los consumidores: **3032**

- Formalizar los **contratos de suministro** con los consumidores de acuerdo a la normativa en vigor que resulte de aplicación.
- Realizar las **facturaciones** a sus consumidores de acuerdo a las condiciones de los contratos que hubiera formalizado en los términos que se establezcan en las disposiciones reglamentarias de desarrollo de esta ley, y con el desglose que se determine.
- Tomar las medidas adecuadas de **protección del consumidor** de acuerdo con lo establecido reglamentariamente.
- Preservar el **carácter confidencial de la información** de la que tenga conocimiento en el desempeño de su actividad, cuando de su divulgación puedan derivarse problemas de índole comercial, sin perjuicio de la obligación de información a las Administraciones públicas.
- Informar a sus clientes acerca del **origen de la energía suministrada**, así como de los impactos ambientales de las distintas fuentes de energía y de la proporción utilizada entre ellas.
- Informar a sus clientes sobre sus derechos respecto de las vías de **solución de conflictos** de que disponen en caso de litigio. A estos efectos las empresas comercializadoras deben ofrecer a sus consumidores, la posibilidad de solucionar sus conflictos a través de una entidad de resolución alternativa de litigios en materia de consumo.
- Disponer de un **servicio de atención al cliente** que recoja sus quejas, reclamaciones e incidencias en relación al servicio contratado u ofertado, así como solicitudes de información sobre los aspectos relativos a la contratación y suministro o comunicaciones. Se ha de poner a disposición del consumidor una dirección postal, un servicio de atención telefónica y un número de teléfono, ambos gratuitos, y un número de fax o una dirección de correo electrónico al que los mismos puedan dirigirse directamente.

Este servicio de atención a los consumidores debe adecuarse a los parámetros mínimos de calidad establecidos en la legislación de defensa de los consumidores y usuarios.

La empresa comercializadora no puede desviar llamadas realizadas al número de teléfono gratuito mencionado a números que impliquen un coste para los consumidores.

- Cumplir los plazos que se establezcan reglamentariamente para las actuaciones que les corresponden realizar en caso de **cambio de suministrador**.
- Realizar ofertas a los consumidores con derecho al **precio voluntario para el pequeño consumidor** en las que el precio del suministro de energía eléctrica sea fijo para un periodo determinado, sin perjuicio de las revisiones que procedan de los peajes, cargos y otros costes regulados. A estos efectos, están obligadas a formalizar los contratos con los consumidores que lo soliciten conforme a un modelo de contrato normalizado.
- En el supuesto de **impago de la factura eléctrica**, ha de remitir al órgano que designe cada comunidad autónoma, el listado de los puntos de suministro de electricidad, en baja tensión, de hasta 10 kW de potencia contratada, a los que se haya requerido el pago para que puedan ser adoptadas las medidas necesarias que en su caso se consideren oportunas en relación con la figura del **consumidor vulnerable**,

el bono social y otras medidas de protección para los consumidores domésticos de energía eléctrica. s)

- No **realizar publicidad** no solicitada en visitas domiciliarias sobre sus productos, excepto en el caso de que el destinatario haya solicitado por iniciativa propia recibir información sobre el servicio por dicho medio.
- No realizar prácticas de **contratación en el domicilio del cliente** de forma directa, salvo que exista una petición expresa por parte del cliente y a propia iniciativa para establecer la cita.

Precisiones El mero **corte del suministro eléctrico**, sin comunicación previa al consumidor, no es causa suficiente para que el consumidor reclame a la empresa suministradora una indemnización de daños y perjuicios. Le incumbe la carga de probar los daños que reclama y que estos son derivados del incumplimiento (AP Madrid 1-3-16, EDJ 47889).

3035 Son **derechos** de las empresas comercializadoras en relación al suministro y respecto a los consumidores:

- Facturar y **cobrar** el suministro realizado.
- Exigir que los **equipos de medida** de los usuarios reúnan las condiciones técnicas y de seguridad que reglamentariamente se determinen, así como el buen uso de los mismos.

B. Gas natural

(L 34/1998)

3050 Con la liberación del mercado energético, las personas consumidoras tienen también **libertad** para contratar el servicio de **gas natural** con la **empresa comercializadora** que más les convenga.

3052 **Normativa aplicable** La legislación en materia de gas natural es, igualmente **extensa** que la relativa a la energía eléctrica, dada la complejidad que rodea la reglamentación del sector energético.

Las principales novedades que derivan de la incorporación del Derecho comunitario se ponen de manifiesto en la **liberalización del mercado** con objeto de mejorar la eficiencia del sector y aumentar el número de comercializadores.

Para ello, se ha acometido la **supresión del sistema tarifario de gas natural** y la transformación del sistema en orden a que los consumidores conectados a gasoductos cuya presión sea menor o igual a 4 bares, con independencia de su consumo anual, tengan acceso o derecho al suministro de último recurso.

Este mercado está regulado por la L 34/1998, del **Sector de Hidrocarburos**, la cual ha venido sufriendo diversas modificaciones para dar lugar a la situación de liberalización del mercado tal y como actualmente opera en España.

3054 **Suministro de gas natural** Los consumidores tienen derecho de acceso y conexión a las redes de transporte y distribución de gas natural en las condiciones establecidas en la normativa de aplicación (L 34/1998 art.57).

Desde 2008, las **tarifas** de gas natural, es decir, los precios de venta, dejan de ser precios regulados y comienzan a ser precios libremente pactados entre el consumidor y el comercializador.

Las empresas que pueden vender gas natural a los consumidores son las **empresas comercializadoras** que son las encargadas de gestionar y distribuir el gas natural desde las centrales hasta los puntos de consumo, así como de gestionar los contratos y facturar el suministro.

Los **propietarios** de las redes de distribución de gas natural deben permitir su uso a cualquier compañía comercializadora de gas natural autorizada.

Con carácter general, los precios de venta de gas natural son precios libremente pactados entre el consumidor y el comercializador.

Los consumidores que se determine tienen derecho a acogerse al suministro a unos precios que son fijados y revisados por el Ministro competente, y que tienen la consideración de **tarifa de último recurso**. La tarifa de último recurso es el precio que cobran los comercializadores de último recurso a los consumidores que tienen derecho a acogerse a ella (L 34/1998 art.57.2).

Protección de consumidores vulnerables (RDL 15/2018 art.5 a 10) El Ministro competente puede establecer condiciones específicas de suministro para determinados consumidores que, por sus características económicas, sociales o de suministro, tengan la consideración de **clientes vulnerables** (L 34/1998 art.57.3). 3055

Bono social térmico Con el **objetivo** de compensar los gastos necesarios para compensar los gastos térmicos ocasionados a los consumidores más vulnerables por el uso de la calefacción y el agua caliente o cocina, se creó el programa de concesión directa de ayudas denominado «Bono social térmico». 3056
Son **beneficiarios** de este bono, sin necesidad de realizar ningún trámite ni solicitud, los beneficiarios del bono social eléctrico (nº 3012) a 31 de diciembre del año anterior, así como aquellos que antes de dicha fecha hubiesen presentado la solicitud completa y si finalmente se resolvió favorablemente.
Consiste en un **pago único anual** y la **cuantía** de la misma depende del grado de vulnerabilidad y de la zona climática en la que se ubique su vivienda habitual. En caso de tratarse de un consumidor vulnerable severo o en riesgo de exclusión social, la ayuda se incrementa en un 60% con respecto a la que le corresponde por su zona climática.

Contrato de suministro de gas Los contratos de suministro de **gas** deben formalizarse **siempre por escrito**, con la **firma** de la persona consumidora. Si se realiza por **teléfono** es importante solicitar una **copia** del contrato. 3057
Si se contrata fuera del establecimiento comercial, por ejemplo en el caso de la **venta a domicilio**, solo se puede formalizar el contrato con la **firma** por parte de la persona consumidora. Para evitar cualquier tipo de fraude, conviene no entregar ningún documento o factura con datos personales.
En el contrato debe aparecer la siguiente **información**:
- Identidad y dirección del **suministrador**.
- **Servicios** que se van a prestar, **calidad** propuesta y plazo para la **conexión inicial**.
- Tipo de servicio de **mantenimiento** ofrecido.
- Forma de obtener información actualizada sobre **tarifas** aplicables y **gastos de mantenimiento**.
- **Duración del contrato**, condiciones para la renovación y la rescisión de los servicios y del contrato y, cuando esté permitido, el desistimiento del contrato sin costes.
- Acuerdos de **compensación y reembolso** aplicables si no se cumplen los niveles de calidad contratados, incluida la facturación incorrecta y retrasada.
- **Método** para iniciar un procedimiento de **resolución de conflictos**.
- Información sobre los **derechos** de las personas consumidoras, incluida la tramitación de las reclamaciones, claramente comunicada mediante las facturas o los sitios de Internet de las compañías de gas natural.

En cualquier caso, toda la información anterior debe comunicarse a la persona consumidora **antes** de la celebración o confirmación del contrato.

Derechos de los consumidores de gas natural (L 34/1998 art.57 bis) En relación con el suministro de gas, los consumidores tienen los siguientes derechos: 3060
- Realizar **adquisiciones** de gas.
- **Elegir el suministrador** para la compra del gas natural.
- Solicitar la **verificación** del buen funcionamiento de los equipos de medida de su suministro.
- Disponer de un servicio de **asistencia telefónica facilitado** por el distribuidor al que estén conectados sus instalaciones, en funcionamiento las 24 horas del día, al que puedan dirigirse ante posibles incidencias de seguridad en sus instalaciones.
- Tener un **contrato** con el comercializador (nº 3056).
- Ser debidamente avisados, de forma transparente y comprensible, de cualquier **intención de modificar** las condiciones del contrato e informados de su derecho a rescindir el contrato cuando reciban el aviso. Los clientes pueden **rescindir** el con-

trato sin coste alguno si no aceptan las nuevas condiciones que les haya notificado su comercializador de gas.

• Recibir información transparente sobre los **precios, tarifas y condiciones** generales aplicables al acceso y al uso de los servicios de gas.

• Poder escoger libremente el **modo de pago**, de forma que no se produzca ninguna discriminación indebida entre consumidores. Las condiciones generales tienen que ser equitativas y transparentes. Se han de explicar en un lenguaje claro y comprensible y no incluirán obstáculos no contractuales al ejercicio de los derechos de los clientes, por ejemplo, una documentación contractual excesiva. Se protege a los clientes contra los métodos de venta abusivos o equívocos.

3062 • **Cambiar** de suministrador sin coste alguno.

• Disponer de **procedimientos** para tramitar sus **reclamaciones**. Todos los consumidores tienen derecho a un buen nivel de servicio y de tramitación de las reclamaciones por parte del suministrador del servicio de gas. Tales procedimientos de solución extrajudicial permiten la resolución equitativa y rápida de los litigios, preferiblemente en un plazo de 3 meses y contemplarán, cuando esté justificado, un sistema de reembolso y/o compensación.

• Ser informados de sus derechos a que se les suministre gas natural de una **determinada calidad** a precios razonables.

• Tener a su disposición sus **datos de consumo** y poder, mediante acuerdo explícito y gratuito, dar acceso a los datos de medición a cualquier empresa de suministro registrada. La parte encargada de la gestión de datos está obligada a facilitar estos datos a la empresa, utilizando los formatos y procedimientos desarrollados reglamentariamente. No pueden facturarse al consumidor costes adicionales por este servicio.

• Ser informados adecuadamente del **consumo real de gas** y de los costes correspondientes con la frecuencia que se establezca reglamentariamente, de manera que les permita regular su propio consumo de gas. La información se ha de facilitar con el tiempo suficiente, teniendo en cuenta la capacidad del equipo de medición del cliente. No pueden facturarse al consumidor costes adicionales por este servicio.

• Recibir una **liquidación de la cuenta** después de cualquier cambio de suministrador de gas natural, en el plazo máximo de 6 semanas a partir de la fecha del cambio de suministrador.

SECCIÓN 3

Banca

3300

3303 En el sector financiero se da una importante **asimetría** en la relación entre el banco y los clientes. Esta asimetría se añade, además, a la contraposición de intereses entre las dos partes en diversos temas como los servicios de pago, los créditos, etc. que puede generar importantes desajustes en el mercado (la ganancia del banco es el pago/pérdida del cliente).

Por lo tanto, los consumidores (en desventaja informativa) necesitan de una **protección adicional** para que sus intereses económicos queden protegidos y el mercado opere de manera correcta. Es por ello que uno de los principios clave que inspiran toda la legislación financiera y la actividad supervisora en el ámbito del mercado de

productos y servicios bancarios es la protección al cliente bancario. Este principio implica que el cliente debe disponer de información suficiente para fundamentar su decisión de contratación, y esta información debe ser veraz.
La protección del consumidor en el sector financiero tiene una **doble vertiente**:
- una vertiente **indirecta** de protección a través de la existencia de fondos de garantía de depósitos que garantizan la solvencia de las entidades bancarias que están sometidas a un régimen legal muy estricto y exigente (para evitar casos de quiebras);
- otra vertiente **directa** y especial de protección, más allá de la recogida en la defensa general de consumidores, que intenta paliar la desventaja informativa fomentando la transparencia en las relaciones entidad-cliente.

Precisiones El sector bancario se caracteriza porque la contratación con consumidores se realiza mediante **cláusulas predispuestas e impuestas** por la entidad bancaria, y por tanto, no negociadas individualmente con el consumidor, lo que determina la procedencia del control de abusividad previsto en la Dir 1993/13/CEE y en la LGDCU, salvo que se pruebe el supuesto excepcional de que el contrato ha sido negociado y el consumidor ha obtenido contrapartidas apreciables a la inserción de cláusulas beneficiosas para el predisponente (TJUE 16-1-14; TS 22-4-15, EDJ 69484).

Cuadro normativo La LGDCU, la LCGC y otras leyes complementarias, son de **plena aplicación** a los contratos bancarios, en especial a las cláusulas no negociadas individualmente (LGDCU art.80; nº 690 s.). **3306**
La normativa, con el fin de proteger los legítimos intereses de la clientela activa y pasiva de las entidades de crédito y sin perjuicio de la libertad de contratación, ha ido avanzando en determinadas áreas por lo que está regulado en numerosa normativa, **destacando**:
• RDL 6/2012, de medidas urgentes de protección de deudores hipotecarios sin recursos (nº 2848 s.).
• OM EHA/2899/2011, de transparencia y protección del cliente de servicios bancarios, desarrollada por la Circ 5/2012 del Banco de España (BE).
• L 16/2011, de contratos de crédito al consumo (nº 1000 s.).
• OM ECE/1263/2019, sobre transparencia de las condiciones y requisitos de información aplicables a los servicios de pago.
• OM EHA/1718/2010, de regulación y control de la publicidad de los servicios y productos bancarios.
• L 2/2009, sobre contratación con los consumidores de préstamos o créditos hipotecarios y de servicios de intermediación para la celebración de contratos de préstamo o crédito.
• RDL 19/2018, de servicios de pago y otras medidas urgentes en materia financiera.
• L 9/2012, de reestructuración y resolución de entidades de crédito.
• LMV.
Otra normativa con incidencia en la contratación bancaria con consumidores son:
• L 28/1998, de venta a plazos de bienes muebles (nº 1320 s.).
• LDC, que concede legitimación activa a cualquier persona que participe en el mercado, cuyos intereses económicos resulten directamente perjudicados o amenazados por el acto de competencia desleal.
• L 44/2002, de medidas de reforma del sistema financiero que afirma que el servicio de reclamaciones del BE debe atender las quejas y reclamaciones de los usuarios de servicios financieros.
• RDL 16/2012, que crea el Fondo de Garantía de Depósitos de Entidades de Crédito (nº 3368).

a. Información al cliente

3310

3313 **Información precontractual** (OM EHA/2899/2011 art.6, 7 y 9) La formación de la voluntad al contratar y la prestación de un **consentimiento válido** eficaz exigen adquirir plena conciencia de lo que significa el contrato y de los derechos y obligaciones que adquieren. Por ello, la **fase precontractual** tiene una importancia relevante en la que los contratantes deben tener toda la información necesaria para valorar adecuadamente el contrato y actuar en consecuencia, ya sea en contratos más o menos simples, p.e. la apertura de una cuenta corriente, o en contratos complejos, p.e. productos de inversión como los swaps (AP La Rioja 9-11-20, EDJ 776791).

El grado de **complejidad del contrato** aumenta el nivel de exigencia de información de la entidad financiera que lo ofrece (TS 5-10-20, EDJ 675041).

En general, el banco debe dar las **explicaciones adecuadas** a todo cliente explicaciones para comprender los términos esenciales del servicio bancario ofertado y adoptar una decisión informada, teniendo en cuenta sus necesidades y su situación financiera. La falta de esta explicación adecuada puede ser motivo de anulación del contrato, p.e. el caso de falta de información sobre la evolución de los tipos de interés y las condiciones en que podía cancelarse anticipadamente el contrato y cuál podría ser su coste (AP Madrid 23-7-20, EDJ 672925).

Además, el banco debe entregar un **ejemplar del contrato** en que se formaliza el servicio recibido y conservarlo para facilitarlo siempre que el cliente se lo solicite.

En cualquier caso, las entidades deben facilitar, con la debida antelación en función del contrato u oferta, toda la información precontractual de **forma** (ver nº 538):

- gratuita;
- clara;
- oportuna;
- suficiente;
- objetiva; y
- no engañosa.

Cuando se **incumple la obligación de informar** sobre el producto contratado y los riesgos asociados al mismo se está ante un posible error en el consentimiento que puede ser causa de nulidad del contrato de productos financieros (TS 25-2-16, EDJ 10556; AP Madrid 24-1-20, EDJ 520636).

3316 **Captación de fondo reembolsable** (OM EAH/2899/2011 art.7.3) Cuando el contrato es sobre servicios de captación de fondos reembolsables, es decir aquellos en que el banco recibe dinero del cliente, se debe informar sobre:

- el **tipo de interés** nominal, TAE o equivalente del coste o remuneración total efectivos en términos de intereses anuales (ver nº 3341);
- la **periodicidad** con que se devengan intereses, las fechas de devengo y liquidación de los mismos, la fórmula para obtener el coste o la remuneración, el importe de los intereses devengados y, en general, cualquier otro dato necesario su cálculo;
- las **comisiones** y gastos repercutibles que se apliquen, con indicación concreta de su concepto, cuantía, fechas de devengo y liquidación, así como cualquier dato necesario para el cálculo del importe (ver nº 3338);
- la **duración** del depósito o préstamo o crédito y la condiciones para su prórroga;
- las normas relativas a las **fechas valor** aplicables;
- los derechos y obligaciones que corresponden a la entidad de crédito para la **modificación del tipo de interés** o de las comisiones o gastos repercutibles aplicados; y los derechos de los que goza el cliente si se produce tal modificación;
- los derechos y obligaciones del cliente en cuanto a la **cancelación** del depósito o préstamo o al reembolso anticipado y el coste total que el uso de tales facultades suponen;

- las consecuencias para el cliente del **incumplimiento** de sus obligaciones, especialmente, del impago en caso de crédito o préstamo; y
- todos los demás datos que establezca el **BE**.

Asesoramiento sobre inversiones y gestión de carteras (LMV art.204 y 205) Cuando se preste el servicio de asesoramiento sobre inversiones o de gestión de carteras a **clientes no profesionales**, el banco realizar un **test de conveniencia** y obtener la información necesaria sobre: **3319**
- los conocimientos y experiencia del cliente en el ámbito de inversión que se trate;
- la situación financiera del cliente; y
- los objetivos de inversión del cliente con la finalidad de que la entidad pueda recomendarle los servicios e instrumentos financieros que más le convengan.

En el caso de **clientes profesionales**, el banco no tiene obligación de obtener información sobre los conocimientos y experiencia del cliente.

La entidad debe proporcionar por escrito o mediante otro soporte duradero una **descripción** de cómo se ajusta la recomendación realizada a las características y objetivos del inversor.

Para facilitar la actividad supervisora de la CNMV, se exige que los bancos lleven un **registro de clientes evaluados** y productos no adecuados que reflejen, para cada cliente, los productos cuya conveniencia ha sido evaluada con resultado negativo (CNMV Circ 3/2013 art.215).

En este tipo de contratos sobre inversiones, el banco responde por el **retraso** en la **facilitación de la información** que puede producir un retardo en las decisiones de desinversión y, por tanto, producir pérdidas. P.e. en un caso en que existía un contrato de asesoramiento general sobre la inversión de dinero y activos; el banco no informó adecuadamente a los clientes sobre los motivos de la caída de la cotización de las acciones de una compañía, privándose con ello a los inversores de la opción de decidir la venta de sus títulos antes del desplome definitivo de las cotizaciones (TS 14-11-16, EDJ 208761).

Precisiones **1)** El que el cliente del banco sea **administrador de una sociedad** y esté habituado a los negocios no le convierte en un **profesional** experto financiero, sino que lo único que se puede presumir es que conoce la realidad mercantil que constituye el objeto de su empresa, que no es necesariamente equivalente al mercado financiero (AP Valencia 28-12-20, EDJ 814440; AP Las Palmas 30-3-20, EDJ 591132).

2) La condición de **registrador** del cliente no le convierte, por sí sola, en un **inversor experto** con conocimientos específicos sobre la naturaleza y riesgos asociados a los productos financieros complejos, por más que de su cualificación profesional pueda presumirse un conocimiento profundo del Derecho registral y del tráfico patrimonial. La condición de registrador del cliente no le convierte, por sí sola, en un inversor experto con conocimientos específicos sobre la naturaleza y riesgos asociados a los productos financieros complejos, por más que de su cualificación profesional pueda presumirse un conocimiento profundo del Derecho registral y del tráfico patrimonial (TS 11-1-19, EDJ 500359).

Servicios bancarios vinculados (OM EHA/2899/2011 art.12) Las entidades de crédito que comercializan servicios bancarios vinculados a la contratación de otro servicio, financiero o no (p.e. la contratación de un seguro de vida junto a una hipoteca), deben informar al cliente, de manera expresa y comprensible, sobre la **posibilidad o no de contratar** cada servicio de manera independiente y en qué condiciones. **3322**

En caso de que resulte **imposible la contratación separada**, se debe informar al cliente de la parte del coste total que corresponde a cada uno de los servicios (si el coste es conocido por la entidad) y de los efectos que su no contratación individual o cancelación anticipada producen sobre el coste total del servicio.

La falta de información adecuada sobre los servicios vinculados puede conducir a la **nulidad** de los contratos, p. e. en el caso de un contrato clip o *swap* vinculado a una hipoteca que se vendía como un de seguro contra las subidas de interés, cuando en realidad se trata de un producto complejo como son las permutas financieras, la de información vicia el consentimiento al desconocer el riesgo que supone en relación con el préstamo bancario (AP Valladolid 1-6-12, EDJ 130542).

Además, sobre todo en caso de contratos de consumo vinculados a la prestación de otro servicio (p.e. la compra de un ordenador a plazos que lleva asociado un préstamo bancario), la **nulidad del contrato principal** (la compra del ordenador) lleva aparejada la nulidad del vinculado (el préstamo bancario) (AP Barcelona 28-5-21, EDJ 631652; AP Salamanca 15-5-20, EDJ 577570).

Precisiones No se trata de **contratos vinculados** cuando ambos contratos no responden a una misma operación económica ni uno tiene carácter accesorio e instrumental del otro sin constituir una unidad económica, con igual interés y funcionalidad. P.e. el caso de un contrato de seguro de vida y un contrato de prestación de servicios con determinada funeraria (AP León 8-2-11, EDJ 25431).

3325 **Comunicaciones con el cliente** (OM EHA/2899/2011 art.8 y 15) Las comunicaciones de las entidades de crédito con los clientes respecto los servicios bancarios que presta, **deben**:
- reflejar de manera clara y fiel los términos en que se desarrollan los servicios;
- no destacar ningún beneficio potencial del servicio ocultando expresamente los riesgos inherentes al mismo;
- resultar suficiente para que el destinatario más habitual de la misma comprenda adecuadamente los términos esenciales del servicio; y
- no omitir ni desnaturalizar ninguna información relevante.

Si la entidad de crédito tiene derecho de **modificar unilateralmente el contrato** de servicio bancario, debe comunicarlo al cliente con un **plazo**:
- No inferior a un mes los términos exactos de la modificación.
- No inferior a 10 días en los supuestos de modificaciones de límites de disposición en tarjeta de crédito por impago.

Si la **modificación** es más **favorable** para el cliente pueden aplicarse inmediatamente.

Cuando la comunicación sea de una **liquidación de intereses** o comisiones por servicios, en el documento de liquidación se debe expresar con claridad y exactitud:
- el tipo de interés nominal aplicado en el periodo devengado y el que se vaya a aplicar en el periodo que se inicia;
- las comisiones aplicadas, con indicación concreta de su concepto, base y período de devengo;
- cualquier otro gasto incluido en la liquidación;
- los impuestos retenidos; y
- cuantos antecedentes sean precisos para que el cliente pueda comprobar la liquidación efectuada y calcular el coste del servicio.

Adicionalmente, las entidades de crédito deben remitir a sus clientes una **comunicación anual**, durante el mes de enero de cada año en la que, de manera completa y detallada, se recoja la información del año anterior sobre:
- sobre comisiones y gastos devengados; y
- tipos de interés efectivamente aplicados a cada servicio bancario.

Respecto a las **cuentas corrientes**, las entidades de crédito deben comunicar gratuitamente al cliente, como mínimo mensualmente, el **extracto** de todos los **movimientos** con información relativa a la fecha, concepto e importe de la operación.

b. Deber de diligencia

(OM EHA/2899/2011 art.13)

3330 En todos los servicios bancarios, las entidades bancarias deben poner los **medios necesarios** para ejecutar las órdenes de los clientes sin demoras ni retrasos, empleando para ello la máxima diligencia. La diligencia del banco no se mide por el **rasero** general de un buen cabeza de familia, sino por la más especializada y estricta medida de la pericia del profesional en el ejercicio de su arte (*lex artis*) o la del ordenado empresario y representante leal (AP Baleares 17-7-13, EDJ 155911).

La **falta de actuación diligente** puede producirse por falta de rapidez (especialmente en circunstancias que la requieran) o por inacción total. P.e. si el banco no traspasa un ingreso efectuado por el cliente o no actúa con diligencia ante la presentación a

pago de una letra de cambio, y con ello genera daños y perjuicios, incurre en una mala praxis y debe indemnizar por los perjuicios ocasionados (CC art.1101; AP Madrid 12-7-12, EDJ 165047; AP Alicante 22-10-07, EDJ 345863; AP Barcelona 19-1-12, EDJ 23111).
Esta diligencia es también exigible en la **corrección** de los **errores** detectados, sea por la entidad o sus clientes, así como en la comunicación del resultado de las solicitudes de contratación de operaciones que planteen los clientes.

c. Comisiones e intereses

Comisiones (OM EHA/2899/2011 art.3) En principio, las comisiones percibidas por servicios prestados por las entidades de crédito son de libre fijación pero solo pueden **cobrarse por** servicios solicitados en firme o aceptados expresamente y **siempre que** respondan a servicios efectivamente prestados o gastos reales. P.e. en el caso de unas elevadas comisiones por descubierto que no respondían a ningún servicio prestado por el banco (AP A Coruña 4-6-19, EDJ 644693). **3338**
Además, inmediatamente antes de que un servicio bancario vaya a ser prestado a un cliente a través de un **medio de comunicación a distancia** (teléfono, web, correo electrónico...) o de un **cajero automático** o similar, se debe indicar, mediante un mensaje claro, perfectamente perceptible y gratuito, la comisión aplicable por cualquier concepto y los gastos a repercutir y se ofrecerá al cliente, gratuitamente también, la posibilidad de desistir de la operación solicitada. Si el servicio es prestado a través de un cajero de un banco diferente, como el banco puede ignorar la comisión real que se va a cargar, puede sustituirse esta información por el valor máximo de la comisión y demás gastos adicionales a que pueda quedar sujeta la operación solicitada, indicando que el importe finalmente cargado puede ser inferior, dependiendo de las condiciones estipuladas particularmente. P.e. cuando se retira dinero en efectivo en un cajero que no es de tu banco y te cobran una comisión, siempre debe indicarlo antes de hacer la operación.

Banco XXX

Sacar dinero

La entidad emisora de su tarjeta le cobrará 2,00 euros por esta operación

XXX no le cobra ninguna comisión por los reintegros que realice en nuestros cajeros y cobrará 2,00 euros a la entidad emisora

¿Desea continuar?

◁ No Si ▷

Las **comisiones más habituales** actualizadas deben estar a disposición de los clientes de manera que se facilite la comparación entre entidades. Esta información debe estar disponible en todos los establecimientos comerciales de las entidades de crédito, en sus web y en la página del BE, y deberá estar a disposición de los clientes, en cualquier momento y gratuitamente.

3341 **Cálculo de intereses** (OM EHA/2899/2011 art.4, 31 y Anexo V) Al igual que las comisiones, los intereses pueden **fijarse libremente** entre las entidades de crédito y los clientes, cualquiera que sea la modalidad y plazo de la operación.
Las entidades de crédito deben poner a disposición de los clientes, debidamente actualizados, los **tipos de interés habitualmente aplicados** a los servicios que prestan con mayor frecuencia, en un formato unificado. También debe incluirse la información de manera sencilla y que facilite la comparación entre entidades, la tasa anual equivalente (TAE) u otra expresión equivalente de la operación (BE Circ 5/2012 anejo 1).
La **TAE** iguala, sobre una base anual, al valor actual de todos los compromisos (disposiciones de crédito, reembolsos y gastos) asumidos por la entidad y por el cliente.
El cálculo de la TAE no es sencillo y se calcula de acuerdo con la siguiente **fórmula matemática:**

$$\sum_{k=1}^{m} C_k (1+X)^{-t_k} = \sum_{l=1}^{m'} D_l (1+X)^{-s_l}$$

– X es la TAE,
– m es el número de orden de la última disposición de crédito;
– k es el número de orden de una operación de disposición de crédito, por lo que 1 ≤ k ≤ m;
– Ck es el importe de la disposición de crédito número k;
– tk es el intervalo de tiempo, expresado en años y fracciones de año, entre la fecha de la primera operación de disposición de crédito y la fecha de cada una de las disposiciones siguientes, de modo que t1 = 0;
– m' es el número de orden del último reembolso o pago de gastos:
– l es el número de orden de un reembolso o pago de gastos;
– D1 es el importe de un reembolso o pago de gastos; y
– sl es el intervalo de tiempo, expresado en años y fracciones de año, entre la fecha de la primera disposición de crédito y la de cada reembolso o pago de gastos.
Para **calcular** la **TAE:**
• Se determina el **coste total** del préstamo para el cliente, exceptuando los gastos que este tendría que pagar por el incumplimiento de alguna de sus obligaciones con arreglo al contrato de crédito.
• Si **obligatorio abrir una cuenta** para obtener el préstamo, los costes de mantenimiento de dicha cuenta, los costes relativos a la utilización de un medio de pago que permita efectuar operaciones de pago y de disposición de crédito, así como otros costes relativos a las operaciones de pago, se incluyen en el coste total del crédito para el cliente, salvo que los costes de dicha cuenta se hayan especificado de forma clara y por separado en el contrato de préstamo o cualquier otro contrato suscrito con el cliente.
• Debe partirse del supuesto de que el contrato de préstamo tendrá **vigencia** durante el período de tiempo acordado y que la entidad y el cliente cumplirán sus obligaciones en las condiciones y en los plazos que se hayan acordado en el contrato.
• Si el contrato permite **modificaciones del tipo de interés** (p.e. créditos a interés variable), se calcula partiendo del supuesto de que el tipo de interés y los demás gastos se computan al nivel fijado en el momento de la firma del contrato

Precisiones **1)** Una forma sencilla de calcular la **TAE** es usar la **calculadora** del BE en https://clientebancario.bde.es/pcb/es/menu-horizontal/podemosayudarte/simuladores/.
2) En el caso de los **créditos *revolving***, se ha de entender como **interés** usurario el que supere en 6 puntos porcentuales el tipo medio correspondiente a la categoría a la que corresponda la operación crediticia (TS 15-2-23, EDJ 513138; 27-10-23, EDJ 729395; 29-11-2023; 5-12-23, EDJ 771615; 6-2-24, EDJ 504361).

3) Para **mayor información** sobre los **créditos *revolving*** o revolventes ver nº 1284, mientras que para las **cláusulas suelo** ver nº 2812 s.

Destaca también el tipo de interés nominal o **TIN** que indica los intereses de un producto en un periodo de tiempo determinado teniendo en cuenta solo el principal. Es un tipo simple mientras que la TAE es compuesta y tiene en cuenta los gastos. **3342**
Este interés se cobra en cada recibo y se sumará a la parte de capital que se amortiza y no tiene en cuenta ningún tipo de gasto asociado a la operación, únicamente es el interés que se ha acordado con la entidad financiera para esa operación. De este modo, conociendo el TIN, si se divide entre el número de pagos, se obtiene el **interés a pagar** en cada uno de esos periodos.
Esta **información** unificada debe estar **disponible** en todos los establecimientos comerciales de las entidades de crédito, en sus páginas web y en la página del BE, a disposición de los clientes en cualquier momento y gratuitamente.
Si el banco permite **descubiertos tácitos** (que la cuenta entre en números rojos) debe publicar los tipos que son de aplicación a todas las operaciones de esa naturaleza (BE Circ 5/2015; LCCC art.20).

d. Servicios de pago

Son considerados servicios de pago las siguientes **actividades comerciales** (RDL 19/2018 art.1.2): **3345**
- **Ingreso de efectivo** en una cuenta de pago y todas las operaciones necesarias su gestión.
- **Retirada de efectivo** de una cuenta de pago y todas las operaciones necesarias para su gestión.
- **Operaciones de pago**, incluida la transferencia de fondos, a través de una cuenta de pago en el proveedor de servicios de pago del usuario u otro proveedor de servicios de pago:
  - adeudos domiciliados, incluidos los adeudos domiciliados no recurrentes;
  - pago mediante tarjeta de pago o dispositivo similar; y
  - transferencias, incluidas las órdenes permanentes.
- Operaciones de pago cuando los fondos estén cubiertos por una **línea de crédito** abierta para un usuario de servicios de pago:
  - adeudos domiciliados, incluidos los adeudos domiciliados no recurrentes;
  - operaciones de pago mediante tarjeta de pago o dispositivo similar; y
  - transferencias, incluidas las órdenes permanentes.
- Emisión de instrumentos de pago o adquisición de operaciones de pago.
- Envío de dinero.
- Servicios de **iniciación de pagos**.
- Servicios de **información sobre cuentas**.

Los **pagos** de los servicios se efectúa en la **moneda** que se acuerde y cuando se ofrece un servicio de cambio de divisa con anterioridad al comienzo de la operación de pago, la parte que ofrece el servicio debe informar de todos los gastos, así como del tipo de cambio que se empleará para la conversión de la moneda para proceder al pago (OM ECE/1263/2019 art.4).
Los proveedores de servicios de pago que ofrecen **cambio de divisas** deben hacer públicos los tipos de cambio, comisiones y gastos, incluso mínimos, aplicables a las operaciones.
El proveedor de servicios de pago debe facilitar al usuario de servicios de pago, de un modo fácilmente accesible para él, y de manera gratuita, toda la **información y condiciones** relativas a la prestación de los servicios de pago (RDL 19/2018 art.29 y 30).
Cuando una cuenta de pago se ofrezca como **parte de un paquete**, junto con otro producto o servicio no asociado a una cuenta de pago, el proveedor de servicios de pago debe informar al usuario si es o no posible obtener la cuenta de pago sin adquirir el paquete y, si se puede, le debe facilitar por separado información sobre los costes y las comisiones asociadas a cada uno de los otros productos y servicios ofrecidos en ese paquete que pueda adquirirse por separado.

3347 **Instrumentos de pago** Los instrumentos de pago se **definen** como cualquier dispositivo personalizado o conjunto de procedimientos acordados entre el usuario de servicios de pago y el proveedor de servicios de pago y utilizados para iniciar una orden de pago (RDL 19/2018 art.3.23). Algunos de los más usados son:
- tarjetas de crédito/débito;
- transferencias bancarias;
- letra de cambio;
- cheques;
- pagarés; y
- créditos documentarios.

3348 Los **usuarios** de los instrumentos de pago tienen una serie de **obligaciones** (RDL 19/2018 art.41):
- usarlo de acuerdo a las condiciones establecidas, en particular, en cuanto reciba el instrumento de pago, el usuario debe tomar todas las medidas razonables a fin de proteger los elementos de seguridad personalizados de que vaya provisto (p.e. el PIN de la tarjeta de crédito);
- en caso de extravío, sustracción o utilización no autorizada, notificarlo sin demoras indebidas.

Respecto del plazo para notificar la **pérdida o robo** del instrumento de pago, el uso de fórmulas en el contrato como «de forma inmediata», «urgentemente», «de inmediato», «a la mayor brevedad», son imprecisas, inciertas y abusivas (TS 16-12-09, EDJ 327236; AP Madrid 7-4-17, EDJ 97232).

Cuando se produce un **pago no autorizado** y el usuario tiene conocimiento, debe comunicarlo sin tardanza injustificada al proveedor de servicios de pago, a fin de poder obtener la rectificación. La comunicación debe hacerse en un plazo de máximo 13 meses salvo que el proveedor no proporcione o haga accesible la información correspondiente a la operación de pago.

3349 Por su parte, los **proveedores** tienen también una serie de **obligaciones** (RDL 19/2018 art.42):
- comprobar que los elementos de seguridad solo son accesibles para el usuario;
- abstenerse de enviar instrumentos de pago no solicitados, salvo que se trate del reemplazo de uno que vaya a caducar;
- garantizar medios adecuados y gratuitos para comunicar el extravío, o solicitar un desbloqueo;
- impedir cualquier utilización del instrumento de pago tras la notificación de extravío;
- ofrecer la posibilidad notificar la pérdida o robo gratuitamente y cobrar, si acaso, únicamente los costes de sustitución; y
- soportar los riesgos derivados del envío del instrumento de pago al usuario.

3350 **Pagos no autorizados** (RDL 19/2018 art.45 y 46) Si se ejecuta una operación de pago no autorizada, el proveedor de servicios de pago debe devolver al usuario el **importe de la operación** no autorizada como máximo al final del día hábil siguiente salvo si tiene motivos razonables para sospechar la existencia de fraude.

Pueden determinarse **otras indemnizaciones** económicas de conformidad con la normativa aplicable al contrato celebrado entre el usuario y el proveedor de servicios.

El usuario puede quedar obligado a soportar, hasta un máximo de 50 euros, las pérdidas derivadas de operaciones de pago no autorizadas resultantes de la utilización de un **instrumento de pago extraviado, sustraído o apropiado indebidamente** por un tercero, salvo que:
- no le resulte posible detectar la pérdida, la sustracción o la apropiación indebida de un instrumento de pago antes de un pago; o
- la pérdida se deba a la acción o inacción de empleados o de cualquier agente, sucursal o entidad al que se hayan externalizado actividades.

El usuario queda exento de toda responsabilidad si el pago no autorizado se realiza de forma no presencial usando únicamente los **datos impresos en el instrumento de pago** (p.e. usando el número de la tarjeta de crédito, su fecha de caducidad, etc. comprando en internet).
En cualquier caso, el usuario debe **soportar todas las pérdidas** si:
- actúa de manera fraudulenta; o
- incumple, deliberadamente o por negligencia grave sus obligaciones de uso o de comunicación de extravío o robo.

Precisiones **1)** El usuario debe a **comunicar** el pago no autorizado sin tardanza injustificada. Y corresponde presumir que el titular de la cuenta corriente tiene **conocimiento de los pagos** por las habituales comunicaciones del banco y por la mínima diligencia exigible a cualquier titular de una cuenta bancaria (AP Madrid 22-12-17, EDJ 301653).
2) La entidad bancaria es responsable del uso fraudulento de una tarjeta si presta inadecuadamente el servicio que ofrece a sus clientes de **bloqueo y cancelación de la tarjeta** y no cabe atribuir a al usuario una negligencia grave en el cumplimiento de sus deberes (AP Santa Cruz de Tenerife 28-3-18, EDJ 529575).

e. Publicidad de servicios bancarios

Se considera como actividad publicitaria sobre servicios bancarios toda forma de comunicación que (OM EHA/1718/2010 art.2): **3355**
- ofrezca productos o servicios bancarios;
- divulgue información sobre tales productos o servicios; o
- llame la atención del público sobre servicios de gestión u otro tipo que preste la entidad accesoriamente aunque no tengan la condición de servicios de inversión.
P.e. un anuncio que ofrezca «Ahorre con Banco X. Depósito a 4 meses 3,50% TAE»
Por lo tanto, en sentido contrario, aunque aparezcan entidades bancarias, **no se considera** como actividad publicitaria:
- las campañas publicitarias corporativas con información genérica sobre la entidad o su objeto social destinadas a darse a conocer al público;
- el contenido de las páginas propias del banco en internet, o en otro medio de difusión, que resulte necesario para llevar a cabo la contratación de una operación; o
- la información sobre las características específicas de las operaciones figuren en las páginas operativas de la entidad en internet en las cuales se lleven a cabo.
P.e. una publicidad genérica donde se diga «Banco X: su banco de confianza».
El **medio** en la que se lleva a cabo la comunicación puede ser cualquiera: prensa, radio, televisión, correo electrónico, internet, carteles interiores o exteriores, vallas, octavillas, circulares y cartas que formen parte de una campaña de difusión, llamadas telefónicas, visitas a domicilio o cualquier otro sistema de divulgación.

La publicidad de servicios bancarios tiene una serie de **principios** a los que debe sujetarse atendiendo a la complejidad del servicio o producto ofrecido, así debe (OM EHA/1717/2010 art.4; OM EHA/2899/2011 art.5): **3357**
- ser **clara, suficiente, objetiva y no engañosa** (nº 4020) y quedar explícito y patente el carácter publicitario del mensaje;
- expresar su **coste o rendimientos** usando la TAE si es sobre depósitos o créditos y alude a su coste o rentabilidad (nº 3341);
- cuando la publicidad englobe cualquier tipo de oferta de operaciones, **productos o servicios a realizar por otra empresa**, hacer mención expresa de la empresa; u
- si una **empresa no entidad de crédito** oferta productos o servicios bancarios, debe asegurarse de que esta publicidad indica con claridad la entidad de crédito cuyos servicios se ofrecen.

Con independencia de las acciones que correspondan en el marco de lo previsto por la legislación general de publicidad, el BE tiene potestad administrativa de requerir la **cesación o rectificación** de la publicidad que no se ajuste a la normativa reguladora de los productos y servicios bancarios. En su caso, la rectificación se debe efectuar por los mismos medios empleados para la difusión de la campaña y con idéntico **3359**

alcance, todo ello sin perjuicio de las responsabilidades en que pudiera haber incurrido la entidad.
Adicionalmente, el BE puede requerir que se incluyan en la publicidad cuantas **advertencias** estime necesarias con relación al producto o servicio publicitado. P.e. en el caso de varias entidades de intermediación financiera que publicaron un **anuncio calculadamente ambiguo** en varios periódicos locales que silenciaba datos fundamentales de los productos ofertados omitiendo cualquier información mínima sobre las condiciones económicas de los productos ofertados se les obligó a publicar un resumen de la sentencia en el diario local donde se anunció originalmente, en los tablones de anuncios de sus delegaciones y oficinas y en su página web (TS 19-6-18, EDJ 105223).

f. Especialidades en contratos

3365

3368 **Contrato de depósito** (OM EHA/2899/2011 art.16 y 17; RDL 16/2011 art.10) El depósito bancario puede tener por **objeto** cualquiera de los posibles en todo depósito mercantil; esto es, dinero, títulos, mercancías, joyas, etc.
Son **depósitos bancarios de dinero** aquellos contratos por los que el cliente entrega una cantidad de dinero a la entidad de crédito, la cual se obliga a devolverla, bien en cualquier momento a petición del cliente (depósito a la vista), bien en un plazo prefijado (depósito a plazo).
Hay que destacar como **características** de todo depósito bancario de dinero:
- que el dinero objeto del depósito pasa a ser propiedad de la entidad de crédito depositaria; y
- que la entidad depositaria aplica ese dinero a sus operaciones activas y de inversión.

Normalmente, las entidades de crédito retribuyen estos depósitos con un **interés** cuya cuantía depende de variables muy diversas.
Los **establecimientos financieros de crédito** tienen vetada la posibilidad de celebrar este contrato, pues no pueden captar fondos reembolsables del público (L 3/1994 disp.adic.1ª). En consecuencia, no les es de aplicación la legislación sobre garantía de depósitos (RD 309/2020 art.6.1).
Los contratos de depósito deben incluir una referencia al **Fondo de Garantía de Depósitos** al que se encuentra adherida la entidad. Las entidades españolas están adheridas obligatoriamente al Fondo de Garantía de Depósitos de Entidades de Crédito que tiene por objeto garantizar los depósitos en dinero y en valores u otros instrumentos financieros constituidos con el límite de 100.000 euros. La publicidad realizada por las entidades de crédito para la comercialización de depósitos deberá incluir una referencia al Fondo de Garantía de Depósitos al que se encuentra adherida la entidad si no es el español.
Los contratos de **depósitos a plazo** estructurados o híbridos deben recoger, de forma explícita y clara, la obligación de reembolsar el principal del depósito al vencimiento por parte del banco, así como el tipo de interés nominal, la TAE (nº 3341) u otra expresión equivalente en términos de intereses anuales, teniendo en cuenta los efectos sobre la remuneración tanto del contrato principal como del derivado implícito.
El banco, en virtud del contrato de depósito, tiene la **responsabilidad** por los menoscabos, daños y perjuicios de las cosas depositadas, de su conservación y riesgos, que naturalmente comprende, entre otros, la desaparición del numerario. P.e. en el caso en que se abonen cheques al portador, sin las condiciones debidas, es responsable el banco por realizar los abonos (TS 19-6-12, EDJ 119456; AP Madrid 2-3-21, EDJ 558777; 20-11-20, EDJ 768428).

Precisiones 1) Los **establecimientos financieros de crédito** son entidades que se dedican a realizar operaciones de crédito en un ámbito muy específico: leasing (arrendamiento financiero con opción de compra), factoring (cesión de una cartera de créditos), crédito al consumo, crédito hipotecario, tarjetas, avales, etc. La **especialización** de su actividad, que se limita a la realización de operaciones crediticias en diversas modalidades, la gestión o emisión de tarjetas de crédito y la concesión de avales y garantías les imposibilita captar depósitos del público y, por ello, no hace falta que estén en un Fondo de Garantía de Depósitos. Se **regulan** en la L 5/2015, de fomento de la financiación empresarial que establece las condiciones para su creación (similares a las de los bancos, aunque con exigencias de capital inferiores) y su régimen jurídico.
2) El contrato incluye un **deber especial de custodia** de la caja a cambio de una remuneración. El incumplimiento imputable al banco de la custodia desencadena su obligación de reparar el daño si el contenido de la caja desaparece total o parcialmente. En cuanto al **valor del contenido**, el carácter de esta modalidad de depósito hace que se otorgue preferencia a la declaración del depositante sobre la del banco, salvo prueba en contrario (TS 26-2-18, EDJ 9570).
3) La naturaleza jurídica del contrato bancario de **alquiler de cajas de seguridad** no es la de depósito en su variedad de depósito cerrado, sino la de un contrato atípico, surgido de la conjunción de prestaciones del arriendo de cosas y de depósito, en el que la finalidad pretendida por el cliente no es el mero goce de la cosa arrendada, sino el de la custodia y seguridad de lo que se guarda en la caja, que se consigue de una forma indirecta, a través del cumplimiento por el banco de una prestación consistente en la vigilancia de la misma y de su integridad a cambio de una remuneración. La entidad bancaria no asume la custodia de ese contenido, sino del daño que la ruptura, sustracción o pérdida de la caja pueda ocasionar al cliente. Es claro que la situación más análoga a la descrita es la determinada por la existencia de un depósito cerrado y sellado (TS auto 14-4-21, EDJ 532274).

Comercialización de servicios financieros a distancia Se comprenden dentro de este tipo de contratos aquellos que se celebran entre un proveedor y un consumidor y las ofertas relativas a los mismos siempre que generen **obligaciones** para el consumidor. **3370**

El **objeto** es la prestación de todo tipo de servicios financieros a los consumidores, en el marco de un sistema de venta o prestación de servicios a distancia organizado por el proveedor, cuando utilice exclusivamente técnicas de comunicación a distancia, incluida la propia celebración del contrato.

Se entiende por **proveedor** toda persona física o jurídica, privada o pública, que, en el marco de sus actividades comerciales o profesionales, presta un servicio financiero a distancia. Asimismo se considera proveedor a quien intervenga por cuenta propia como intermediario en cualquier fase de la comercialización.

Se consideran como **consumidor** la persona física que, en los contratos a distancia, actúa con un propósito ajeno a su actividad empresarial o profesional.

Información previa al contrato (L 22/2007 art.7) El proveedor del servicio financiero debe suministrar al consumidor, con **tiempo suficiente** y **antes** de que este asuma cualquier obligación derivada de la oferta o del contrato a distancia, al menos, la información siguiente: **3373**

- En cuanto al propio **proveedor**:

– la identidad y actividad principal del proveedor, la dirección geográfica en que el proveedor esté;
– si interviene un representante del proveedor establecido en el mismo país que el consumidor, su identidad, la calidad con la que actúa, dirección, teléfono, fax y correo electrónico a los cuales pueda dirigirse el consumidor, así como la identidad completa del proveedor;
– si las relaciones comerciales del consumidor son con algún profesional distinto del proveedor, la identidad de dicho profesional, la condición con la que actúa respecto al consumidor y la dirección que proceda para las relaciones del consumidor con el profesional;
– si el proveedor está inscrito en un registro público, el registro en el que esté inscrito y su número de registro; y

– si el proveedor o una determinada actividad del proveedor está sujeta a un régimen de autorización, los datos de la correspondiente autoridad de supervisión.

3376 • En cuanto al **servicio financiero**:
– una descripción de las principales características del servicio financiero;
– el precio total que debe pagar el consumidor (comisiones, cargas y gastos, impuestos pagados a través del proveedor) o, cuando no pueda indicarse un precio exacto, la base de cálculo que permita al consumidor comprobar el precio;
– una advertencia que indique que el servicio financiero está relacionado con instrumentos que implican riesgos especiales (escasa o nula liquidez, posibilidad de que no se reembolsen íntegramente los fondos depositados, etc);
– la indicación de que puedan existir otros impuestos o gastos que no se paguen a través del proveedor o que no los facture él mismo;
– toda limitación del período durante el cual la información suministrada sea válida;
– las modalidades de pago y de ejecución;
– cualquier coste suplementario específico para el consumidor inherente a la utilización de la técnica de comunicación a distancia, en caso de que se repercuta dicho coste; y
– si se trata de planes de pensiones se ha de informar al consumidor de que las cantidades aportadas y el ahorro generado se han de destinar únicamente a cubrir las situaciones previstas en el contrato.

3379 • En cuanto al **contrato a distancia**:
– la existencia o no de derecho de desistimiento y, de existir, su duración y las condiciones para ejercerlo;
– las instrucciones para ejercer el derecho de desistimiento;
– la duración contractual mínima, en caso de contratos de prestación de servicios financieros permanentes o periódicos;
– información acerca de cualquier derecho que puedan tener las partes a resolver el contrato anticipadamente o unilateralmente con arreglo a las condiciones del contrato, incluidas las penalizaciones que pueda contener el contrato en ese caso;
– el Estado o Estados miembros en cuya legislación se basa el proveedor para establecer relaciones con el consumidor, antes de la celebración del contrato;
– las cláusulas contractuales, relativas a la ley aplicable al contrato a distancia y a la jurisdicción competente para conocer el asunto; y
– la lengua o las lenguas en que las condiciones contractuales y la información previa se presentan, y en que pueda formalizarse el contrato y ejecutarse las prestaciones derivadas del mismo, de acuerdo con el consumidor.
• En cuanto a los medios de **reclamación** e **indemnización**:
– los sistemas de resolución extrajudicial de conflictos, de carácter público o privado, que puede el consumidor tener acceso y cómo puede acceder a ellos; y
– la existencia de fondos de garantía u otros mecanismos de indemnización, sean de carácter obligatorio o voluntario.
Toda la información exigida debe suministrarse indicando su **finalidad comercial** y se ha de comunicar de manera clara y comprensible por cualquier medio que se adapte a la técnica de comunicación a distancia utilizada, respetando, los principios de **buena fe** en las transacciones comerciales.

3382 En el caso de comunicación a través de **telefonía vocal**, se han de observar las siguientes normas:
• Al comienzo de toda conversación con el consumidor **se ha de indicar** la identidad del proveedor y el fin comercial de la llamada iniciada por el proveedor.
• Previa aceptación expresa del consumidor, solo debe suministrarse la **información** siguiente:
– la identidad de la persona en contacto con el consumidor y su vínculo con el proveedor;
– una descripción de las características principales del servicio financiero;

- el precio total que debe pagar el consumidor al proveedor del servicio financiero, incluidos todos los impuestos o, cuando no se pueda indicar un precio exacto, la base del cálculo que permita al consumidor comprobar el precio;
- indicación de que pueden existir otros impuestos o gastos que no se paguen a través del proveedor o que no los facture él mismo;
- la existencia o inexistencia de un derecho de desistimiento; y
- la existencia de información adicional disponible previa petición y del tipo de información en cuestión.

Como **requisito adicional** de información, son de aplicación los requisitos especiales que sean aplicables al servicio financiero objeto del contrato a distancia.

Precisiones La **libertad de forma de contratación** permite la contratación telefónica de un producto financiero y solo se regulan los deberes que se imponen a las empresas que presten servicios de inversión respecto del registro de las órdenes de compra o adquisición. La exigencia de registro documental de la contratación telefónica es un deber administrativo, pero no un requisito de forma del contrato. Tiene solo **valor probatorio** para acreditar el consentimiento y el objeto del contrato y su ausencia no determina su nulidad (RD 813/2023 art.90). El **contrato se perfecciona** así con el concurso de oferta y aceptación, y la sociedad manifestó su aceptación por teléfono (CC art.1262; CCom art.54; TS 3-12-15, EDJ 237510).

Derecho de desistimiento El consumidor dispone de un **plazo** de 14 días naturales para desistir del contrato a distancia, sin indicación de los motivos y sin penalización alguna. **3385**

El mencionado plazo es de 30 días naturales en el caso de contratos relacionados con **seguros de vida.**

El plazo para ejercer el derecho de desistimiento empieza a correr desde el día de la **celebración del contrato**, salvo en relación con los seguros de vida, en cuyo caso el plazo comienza cuando se informe al consumidor de que el contrato ha sido celebrado. No obstante, si el consumidor no ha recibido las condiciones contractuales y la información contractual, el comienza a contar el día en que reciba la citada información.

El derecho de desistimiento **no se aplica** a los contratos relativos a: **3388**

• **Servicios financieros** cuyo precio dependa de fluctuaciones de los mercados financieros, entre ellos, las transacciones sobre:
- operaciones de cambio de divisas;
- instrumentos del mercado monetario;
- valores negociables;
- participaciones en instituciones de inversión colectiva;
- contratos financieros de futuros, incluidos los instrumentos equivalentes que impliquen una liquidación en efectivo;
- contratos de futuros sobre tipos de interés;
- contratos de permuta sobre tipos de interés, sobre divisas o los ligados a acciones o a un índice sobre acciones, etc.;
- contratos referenciados a índices, precios o tipos de interés de mercado; o
- contratos vinculados, entendiendo por tales aquellos negocios jurídicos complejos resultado de la yuxtaposición de dos o más negocios jurídicos independientes, en los que, como resultado de esa yuxtaposición, la ejecución de uno dependa de la de todos los demás, ya sea simultánea o sucesivamente.

• Los **contratos de seguros** siguientes:
- aquellos en los que el tomador asuma el riesgo de la inversión, así como los contratos en los que la rentabilidad garantizada esté en función de inversiones asignadas a los mismos;
- los de viaje, equipaje o seguros similares de una duración inferior a un mes;
- aquellos cuyos efectos terminen antes del plazo legal establecido;
- los que den cumplimiento a una obligación de aseguramiento del tomador; o
- los planes de previsión asegurados.

• Contratos que se hayan ejecutado en su totalidad por **ambas partes** a petición expresa del consumidor antes de que este ejerza su derecho de desistimiento, como las órdenes de transferencia y las operaciones de gestión de cobro.

• Créditos destinados principalmente a la **adquisición o conservación de derechos** de propiedad en terrenos o en inmuebles existentes o por construir, o destinados a renovar o mejorar inmuebles.
• Créditos garantizados ya sea por una **hipoteca** sobre un bien inmueble o por un derecho sobre un inmueble.
• Las **declaraciones de consumidores** hechas con la intervención de Notario, siempre y cuando este dé fe de que se han garantizado los derechos del consumidor.
• Los **planes de pensiones**.

3391 El consumidor que ejerza el derecho de desistimiento lo ha de **comunicar** al proveedor en los términos previstos por el contrato, antes de que finalice el plazo correspondiente, por un procedimiento que permita dejar constancia de la notificación de cualquier modo admitido en Derecho.
Se considera que la notificación ha sido hecha dentro de plazo si se hace en un **soporte** de papel o sobre otro soporte duradero, disponible y accesible al destinatario, y se envía antes de expirar el plazo.

g. Reclamación o queja ante el Banco de España

(L 44/2002 art.29; L 2/2011 art.31)

3396 Las entidades de crédito tienen la **obligación** de atender y resolver las quejas y reclamaciones que los usuarios de sus servicios puedan presentar, relacionados con sus intereses y derechos legalmente reconocidos, debiendo contar con un departamento o servicio de atención al cliente encargado de atender y resolver dichas quejas y reclamaciones.
Las **decisiones** del **defensor del cliente** favorables a la reclamación vinculan a la entidad, sin perjuicio de acudir a la tutela judicial, utilizar otros mecanismos de solución de conflictos o reclamar la protección administrativa.
Adicionalmente, existe un **procedimiento** de presentación de reclamaciones y quejas ante los servicios de reclamaciones del Banco de España diferenciándose entre:
• **Reclamación**, pretende obtener la restitución de un interés o derecho por acciones u omisiones de las entidades financieras que supongan un perjuicio.
• **Queja** por las demoras, desatenciones o cualquier otro tipo de actuación deficiente que se observe en el funcionamiento de la entidad financiera.
• **Consulta** relativa a cuestiones de interés general sobre los derechos de los usuarios de servicios financieros en materia de transparencia y protección de la clientela bancaria, o sobre los cauces legales para el ejercicio de tales derechos.

3397 **Presentación de reclamación o queja** Las quejas y reclamaciones ante el Banco de España pueden presentarse:
- de forma presencial;
- a través de su web https://aps.bde.es/psrwpri/?TIPO=FORM; o
- por correo postal.

Precisiones Los **datos de contacto** con el departamento de conducta de mercado y reclamaciones del **Banco de España** son: dirección c/ Alcalá 48, 28014 Madrid; tfno: 901 545 400, 91 338 8830; horario: de lunes a viernes, de 8.30 a 17.00 h (excepto festivos en Madrid capital).

3398 **Reglas del procedimiento** El procedimiento se ajusta a las siguientes reglas:
• La **admisión y tramitación** de reclamaciones necesita acreditar haberlas formulado antes, por escrito, al departamento o servicio de atención al cliente o, al defensor del cliente de la entidad a la que se reclama y que haya transcurrido 2 meses desde la reclamación sin que haya sido resuelta o haya sido denegada.
• Recibida la reclamación se verifica si se cumplen los requisitos necesarios y se procederá a la **apertura de** un **expediente** por cada reclamación, en el que se incluirán todas las actuaciones relacionadas con la misma.
• Si el **informe** del Banco de España es **desfavorable** a la entidad reclamada, esta está obligada a informar al servicio de reclamaciones si ha procedido a la rectificación voluntaria en un plazo no superior a 1 mes desde su notificación.

Resolución El servicio reclamaciones Banco de España **resuelve** las quejas y reclamaciones mediante informes motivados, en el **plazo** de: 3399
- 3 meses desde su presentación en el caso de las quejas;
- 4 meses en el caso de las reclamaciones; o
- 1 mes en el caso de las consultas.

El informe del BE no tienen en ningún caso carácter de acto administrativo recurrible y que además no se pronuncian sobre los **daños y perjuicios** que haya podido ocasionar a los usuarios la actuación, incluso sancionable, de las entidades sometidas a supervisión.

SECCIÓN 4

Transporte de viajeros

3500

1. Transporte terrestre

(L 16/1987 redacc L 13/2021)

3505

El transporte de viajeros por carretera es aquel dedicado a realizar **desplazamientos** de personas y equipajes en vehículos construidos y acondicionados para tal fin. 3510

A los pasajeros o usuarios de medios de transporte por carretera (autobús o ferrocarril) les asisten una serie de **derechos** reconocidos en la **normativa básica**, pero es aconsejable consultar las **condiciones de las compañías**, ya que suelen complementarla y, además, tienen que especificar los aspectos concretos que pueden afectar a estos pasajeros, como por ejemplo, la facturación del equipaje (bicicletas, animales, etc.).

Además de la **normativa básica** referida al deber de seguridad, a la devolución del precio del billete, al derecho a la información y la adecuada atención al cliente (LGDCU art.11 y 18 –redacc RDL 1/2021–), podemos destacar la siguiente **legislación específica**:
- L 16/1987, de ordenación del transporte terrestre.
- RD 1211/1990, por el que se aprueba el Reglamento de la Ley de Ordenación de los Transportes Terrestres.
- Rgto (UE) 2021/782, sobre los derechos y las obligaciones de los viajeros de ferrocarril.
- RD 627/2014, de asistencia a las víctimas de accidentes ferroviarios.
- Rgto UE/181/2011, sobre los derechos de los viajeros en autobús y en autocar.

a. Tren

(RD 2387/2004; Rgto (UE) 2021/782)

A **nivel nacional**, existe una normativa básica: la L 38/2015, del sector ferroviario y su Reglamento aprobado por.RD 2387/2004. 3515

A **nivel europeo**, existe el Rgto (UE) 2021/782, sobre los derechos y las obligaciones de los viajeros de ferrocarril, aplicable a todos los viajes y servicios de ferrocarril en toda la UE prestados por empresas ferroviarias con licencia comunitaria ferroviaria.

Precisiones Las empresas españolas que pretendan realizar **transporte internacional de viajeros** en el territorio de la UE deben estar inscritas en la subsección de empresas de transporte internacional de viajeros (RETIVI) del Registro General de Transportistas y de Empresas de Actividades Auxiliares y Complementarias del Transporte y ser titulares de licencia comunitaria.
Se otorga la **licencia comunitaria** a toda empresa que cumpla el requisito de competencia profesional para el transporte de viajeros por carretera y sea titular de autorización de transporte público discrecional de viajeros de ámbito nacional. Se expide a nombre del transportista y es intransferible. En cada vehículo del transportista, debe guardarse una **copia auténtica** de la licencia comunitaria, que debe presentarse cada vez que lo requieran los agentes encargados del control. Su **solicitud** se presenta ante la Dirección General de Transporte Terrestre.

3520 **Reserva de billete** (RD 2387/2004 art.87) Si se quiere reservar un billete para viajar en tren, se puede efectuar la reserva en la propia estación, por teléfono o vía internet.
En el billete de tren debe constar una serie de **datos**:
- de la compañía;
- fecha de expedición del billete;
- fecha del viaje;
- clase en la que se realiza el transporte;
- plaza de asiento;
- tipo de tren;
- trayecto del viaje;
- tarifa aplicada;
- forma de pago;
- consejos adicionales;
- precio total del billete;
- inclusión del IVA y del seguro obligatorio de viajeros (nº 3580); y
- número de billete y reserva.

La **conservación del billete** debe mantenerse hasta el final de trayecto, porque el revisor puede requerirlo en cualquier momento del trayecto; en caso de que se tenga que formular cualquier reclamación, se debe aportar el mismo.
Si el viajero pretende proceder a la **anulación** del billete esta debe realizarse en la estación de origen 15 minutos antes de la salida. La **devolución del importe** pagado oscila entre el 15% y el 25% del precio del billete.

3530 **Derechos del viajero** (RD 2387/2004 art.96; Rgto (UE) 2021/782) La ley reconoce una serie de derechos a los viajeros:
- acceder a la publicación del **horario y precios** de los servicios correspondientes a estos;
- contratar la **prestación** del servicio ferroviario desde o hasta cualquiera de las estaciones en las que se reciban o apeen viajeros;
- recibir el servicio en las adecuadas condiciones de **seguridad**, satisfaciendo, en su caso, los precios que correspondan en función de las tarifas y tasas aplicables;
- celebrar con la compañía un contrato de transporte **ajustado a** lo dispuesto en la LGDCU;
- recibir las **mercancías y equipajes** en el mismo estado en el que las entregaron;
- ser informados de los **procedimientos** para resolver las controversias que puedan surgir en relación con el transporte ferroviario (nº 5100 s.); y
- ser **indemnizados** de los perjuicios que les causen, en caso de incumplimiento por la compañía, de sus obligaciones.

3533 La compañía que ofrece servicios de transporte ferroviario de viajeros tiene la obligación de efectuar el transporte contratado con la **duración** prevista.
Salvo por causa de **fuerza mayor**, la compañía es responsable frente al viajero en los casos de:
- cancelación del viaje (nº 3535);
- interrupción del viaje (nº 3540);

- retraso (nº 3545); o
- pérdida, sustracción o deterioro del equipaje que se le haya entregado para su custodia (nº 3550).

Precisiones En todos estos casos, la compañía tiene que **indemnizar** al viajero por los daños y molestias sufridos por cualquiera de estas incidencias (RD 2387/2004 art.89).

Cancelación del viaje (RD 2387/2004 art.88.2.a y 89.2.a) Ante la cancelación del viaje por imposibilidad de iniciar el mismo en las condiciones recogidas en el título de transporte, el pasajero tiene derecho a la **devolución del precio** pagado por el servicio. **3535**

Si la cancelación se produce en las **48 horas previas** a la fijada para el inicio del viaje, la compañía está obligada, a elección del pasajero, a:
- proporcionarle **transporte alternativo** en otro tren o en otro medio de transporte en condiciones equivalentes a las pactadas; o
- **devolverle el precio** pagado por el servicio.

Si el viajero es informado de la cancelación en las **4 horas previas** a las fijadas para su inicio, tiene derecho además a una indemnización a cargo de la compañía consistente en el doble del importe del billete.

Interrupción del viaje (RD 2387/2004 art.88.2.b y 89.2.b) En caso de paralización del viaje mientras se esté produciendo, la compañía está **obligada a** proporcionar al viajero, a la mayor brevedad posible, transporte en otro tren o en otro medio alternativo, en condiciones equivalentes. **3540**

Si el tiempo de **interrupción** es **superior a una hora**, la compañía está obligada además a sufragar los gastos de manutención y hospedaje del viajero durante el tiempo en que dure la interrupción.

Retraso (RD 2387/2004 art.88.2.c y 89.2.c; Dir (UE) 2021/782 art.18 y anexo I art.32) En caso de que sea razonable prever, bien a la salida o a causa de la pérdida de un enlace o una cancelación, que la llegada al destino final previsto en el contrato de transporte sufra un retraso de **60 minutos** como mínimo, la empresa ferroviaria que efectúa el servicio retrasado o cancelado debe ofrecer de inmediato al viajero la opción entre una de las siguientes **posibilidades**: **3545**
- el reintegro del importe total del billete –en las condiciones en que este haya sido abonado– correspondiente a la parte o partes del viaje no efectuadas y a la parte o partes ya efectuadas si el viaje ha perdido razón de ser dentro del plan de viaje original del viajero, y, cuando así proceda, un servicio de regreso lo antes posible al punto de partida;
- la continuación del viaje o la conducción por una vía alternativa al punto de destino final, en condiciones de transporte comparables y lo antes posible; o
- la continuación del viaje o la conducción por una vía alternativa al punto de destino final, en condiciones de transporte comparables, en la fecha posterior que convenga al viajero.

El transportista es responsable también del daño que resulte a causa de la supresión, del retraso o de un enlace perdido, cuando el **viaje no pueda continuar el mismo día**, o que su continuación no sea razonablemente exigible el mismo día a causa de las circunstancias.

Los **daños y perjuicios** comprenden los gastos razonables de alojamiento, así como los gastos razonables en que pueda incurrirse para avisar a las personas que esperan al viajero.

El transportista queda **exento cuando** la supresión, el retraso o el enlace perdido sean imputables a una de las causas siguientes:
- circunstancias ajenas a la explotación ferroviaria que el transportista, a pesar de la diligencia requerida por las particularidades del caso, no haya podido evitar y cuyas consecuencias no haya podido obviar;
- culpa del viajero; o
- el comportamiento de terceros que el transportista, a pesar de la diligencia requerida por las particularidades del caso, no haya podido evitar y cuyas consecuencias no haya podido obviar; otra empresa que utilice la misma infraestructura

ferroviaria no será considerada como tercero; el derecho a repetir no se verá afectado.

3550 **Pérdida, sustracción o deterioro del equipaje** (RD 2387/2004 art.88.2.d y 89.2.d; Dir (UE) 2021/782 anexo I art.33 y 34) El transportista solo es responsable del daño resultante de la pérdida total o parcial o de la avería o daños que pudieran sufrir los objetos, bultos de mano o animales cuya **vigilancia incumba al viajero** cuando dicho daño haya sido causado por culpa del transportista. Cuando el transportista sea responsable, debe reparar el daño hasta un límite de 1.400 unidades de cuenta por cada viajero.

En cuanto a los **equipajes facturados**, el transportista es responsable del daño resultante de la pérdida total o parcial y de la avería de los equipajes facturados que se produzcan desde el momento en que el transportista se hace cargo de los mismos hasta su entrega, así como del retraso en la entrega.

El transportista queda **exento cuando** la pérdida o la avería resulten de:

- falta o defecto de embalaje;
- naturaleza especial de los equipajes; o
- expedición como equipajes de objetos excluidos del transporte.

Precisiones Se considera **equipaje de mano** todo bulto que contenga prendas y objetos de uso personal o profesional pertenecientes al viajero, cuya naturaleza no contravenga en las disposiciones de seguridad establecidas en las leyes y reglamentos y no represente peligro o molestias para los otros viajeros (p.e. maletas, bolsos de mano, mochilas, maletines porta ordenadores y similares).

b. Taxi y vehículo con conductor

3555 Medios de transporte muy frecuentes, sobre todo en las ciudades, son el taxi y los vehículos con conductor (VTC).

3558 **Taxi** El servicio de taxi se encuentra **fuertemente intervenido** (exigencia de licencia, determinación de las condiciones y tarifa del servicio, limitación de la transmisibilidad de las licencias, régimen de inspección y sanción públicos), en su condición de servicio público impropio o virtual y, de otro, se caracteriza por la intervención normativa a nivel local, de modo que gran parte de las disposiciones en la materia son dictadas por ayuntamientos y otras entidades locales y, por consiguiente, el **marco normativo** presenta un carácter fragmentario. Así, a nivel nacional, se aplica el RD 763/1979, de reglamento nacional de los servicios urbanos e interurbanos de transportes en automóviles ligeros, las comunidades autónomas tienen su propia regulación sobre transportes urbanos y cada ciudad tiene una diferente ordenanza municipal sobre los taxis.

Comunidad	Regulación
Andalucía	L Andalucía 2/2003
Aragón	L Aragón 5/2018
Asturias	L Asturias 12/2018
Baleares	L Baleares 4/2014
Canarias	L Canarias 13/2007
Cantabria	L Cantabria 1/2014 redacc L Cantabria 5/2019
Castilla y León	L Castilla y León 9/2018
Castilla-La Mancha	L Castilla-La Mancha 14/2005
Cataluña	L Cataluña 19/2003
Galicia	L Galicia 4/2013
La Rioja	L La Rioja 8/2005

Comunidad	Regulación
Madrid	L Madrid 20/1998
Murcia	L Murcia 10/2014
Navarra	LF Navarra 9/2005
País Vasco	L País Vasco 2/2000
C.Valenciana	L C.Valenciana 13/2017 redacc L C.Valenciana 3/2020

Precisiones 1) Con efectos desde 1-1-2016, se suprimió el **permiso de conducción** de la clase BTP, necesario para el ejercicio de la actividad del taxi, solo existente en España y con validez exclusivamente en el territorio nacional, para adaptarse a las categorías de permisos existentes en el Permiso Único Europeo de Conducción, común la Unión Europea.
2) Según datos del INE (Instituto Nacional de Estadística), en el año 2019, el **número taxis por habitante** era de 674, siendo Madrid la comunidad autónoma con mayor número de taxis, 15.974, seguida de los 13.425 de Cataluña y de los 9.642 de Andalucía.

Las **tarifas** que pueden cobrar los taxistas están reguladas y son de obligado cumplimiento. Deben estar colocadas en un lugar visible para el usuario en el interior del taxi (normalmente en una pegatina en la ventanilla). Suelen establecer precios superiores en franjas horarias determinadas (como en horario nocturno) o suplementos (p.e. aeropuerto o estaciones de tren). **3560**
Los **servicios** se contratan en régimen de alquiler de coche completo y el taxista debe llevar al usuario al sitio solicitado, sin recorrer mayores distancias que las necesarias para realizar el trayecto indicado. Se tiene derecho a pedir al taxista un **recibo** por el servicio prestado.

El viajero suele tener derecho a transportar gratuitamente bultos de **equipaje** que quepan en el portamaletas del vehículo y no lo deterioren, aunque se pueden establecer dimensiones o pesos máximos en las diferentes ordenanzas municipales. Normalmente, el viajero también tiene derecho a que sea el taxista quien meta y saque dicho equipaje del portamaletas. **3563**
Si surge algún problema, el procedimiento para **reclamar** es el siguiente:
1. Se debe intentar resolver el problema con el taxista; existen **hojas de reclamaciones** a disposición de los usuarios (nº 5025 s.).
2. Si no se llega a un acuerdo y se trata de una cuestión económica, se aconseja acudir al **sistema arbitral de consumo** (nº 5260 s.).
3. En última instancia, se puede acudir a la **vía judicial** (nº 5100 s.).

Precisiones Si no se usa el número total de **plazas**, se puede aumentar en 30 kg. por asiento vacío, siempre que se pueda introducir el equipaje en el interior del vehículo. Los excesos de peso deben ser abonados directamente al taxista.

Arrendamiento de vehículo con conductor (VTC) El sector el taxi afronta el reto de competir con empresas, como Uber o Cabify, que proporcionan a sus clientes una red de transporte privado a través de una aplicación móvil. Esta aplicación conecta los pasajeros con los conductores de vehículos registrados en su servicio. Se trata de los llamados arrendamientos de vehículos con conductor o VTC. **3565**
L **regulación** de las VTC se recoge, **a nivel nacional,** en la L 16/1987 –redacc L 13/2021–, el RD 1211/1990, y el RD 785/2021, sobre el control de la explotación de las autorizaciones de arrendamiento de vehículos con conductor. Las **comunidades autónomas** competentes para otorgar autorizaciones de arrendamiento de vehículos con conductor de ámbito nacional están habilitadas para modificar, respecto a los servicios cuyo itinerario se desarrolle íntegramente en su respectivo ámbito territorial, las condiciones de pre-contratación, entendida, en su caso, como el establecimiento de un intervalo de tiempo mínimo entre la contratación o la designación del vehículo y la prestación del servicio, solicitud de servicios, recorridos mínimos y máximos, medidas destinadas a minimizar los recorridos en vacío, servicios, hora-

rios o calendarios obligatorios y especificaciones técnicas del vehículo (RDL 13/2018 disp.adic.1ª.a redacc L 13/2021).

Las **autorizaciones VTC estatales** se habilitan exclusivamente para realizar **transporte interurbano** de viajeros. A estos efectos, se considera que un transporte es interurbano cuando su recorrido rebase el territorio de un único término municipal o zona de prestación conjunta de servicios de transporte público urbano así definida por el órgano competente para ello (L 16/1987 art.91.1). Se contempla un **régimen transitorio** para las autorizaciones otorgadas antes del 30-9-2018, de 4 años durante los cuales pueden continuar prestando a su amparo servicios de ámbito urbano (hasta el 30-9-2022) (RDL 3/2018 disp.trans.única.3).

Precisiones En 2014, **Uber** fue prohibido en España por **competencia desleal**, ya que no se exigía licencia a los conductores privados que operaban a través de la aplicación. Hay que señalar que, desde su nacimiento (2011), esta iniciativa de *Silicon Valley* ha sumado problemas en muchos países del mundo por razones de legalidad (estatuto jurídico de los trabajadores que operan para Uber) y de competencia con el sector del taxi, profundamente preocupado por la irrupción de este servicio (precios más baratos). No obstante, ese servicio volvió a implantarse en nuestro país en 2016 empleando a conductores profesionales con licencia VTC para ajustarse a la legalidad vigente, asimilándose al *modus operandi* de lo que venía realizando la empresa **Cabify**, autorizada para el transporte de pasajeros.

3566 **Condiciones esenciales de la prestación del servicio** Las VTC **no** pueden circular en **busca de clientes** ni propiciar la captación de viajeros que no hubiesen contratado previamente el servicio, permaneciendo estacionados a tal efecto (RD 1211/1990 art.182.1). La posibilidad de contratar servicios de transporte en vehículos de turismo en la vía pública está legalmente reservada a los titulares de la licencia de taxi, por ello es necesario constatar que los servicios de arrendamiento con conductor han sido previamente contratados. Para ello, como **medida de control**, los titulares de autorizaciones de arrendamiento de vehículos con conductor, antes del inicio de cada servicio concreto debe comunicar a la Administración, por vía electrónica, los siguientes **datos** (RD 785/2021 art.1):

- Nombre y número de identificación fiscal del arrendador.
- Nombre y número de identificación fiscal del intermediario.
- Lugar, fecha y hora de celebración del contrato.
- Lugar, fecha y hora en que se inicie y finalice el servicio. Puede omitirse la identificación del lugar de finalización del servicio cuando el contrato señale expresamente que dicho lugar será libremente determinado por el cliente durante la prestación del servicio.
- Matrícula del vehículo.
- Hasta el 30-9-2022, si el servicio se inicia y finaliza en el mismo lugar, debe indicarse el punto del recorrido más alejado de dicho lugar.

3567 En algunas **comunidades autónomas**, las VTC deben llevar un **identificativo** para facilitar a los consumidores la distinción de los vehículos amparados por una autorización legal de los que no gozan de la correspondiente autorización (p.e. O Andalucía 31-3-17; D Castilla y León 13/2018; D Cantabria 3/2018; DL C.Valenciana 4/2019; OF Navarra 10/2019 o D Madrid 101/2016).

Las **tarifas** en los VTC, a diferencia del taxi, suelen ser cerradas y conocerse de antemano antes de contratar el servicio y suelen calcularse en atención a diversos factores como la distancia recorrida, la gama del coche o incluso la demanda en tiempo real. Respecto al transporte de **bultos y equipaje**, son aceptados también, sin cargo adicional, siempre que quepan en el vehículo.

Infracciones y sanciones (L 16/1987 art.140.39, 143.1.g, 143.1.j, 143.4.a y 143.61) El incumplimiento de las condiciones esenciales de la actividad de arrendamiento de vehículos con conductor tiene la consideración de **infracción muy grave**: 3568

Infracción	Sanciones	
	Multa (€) [1]	Sanción accesoria
Iniciar un servicio en un ámbito territorial distinto de aquel en que resulte obligatorio hacerlo o incumplir las limitaciones que definen la prestación habitual del servicio en el territorio en que se encuentre domiciliada la autorización en que se amparan.	1.001 a 2.000	Inmovilización del vehículo hasta que se produzca el pago de la multa
Iniciar un servicio sin que el titular de la autorización haya comunicado, por vía electrónica, los datos exigidos al registro de comunicaciones de los servicios de arrendamiento de vehículos con conductor de la Dirección General de Transporte Terrestre [2].	1.001 a 2.000	Inmovilización del vehículo hasta que se produzca el pago de la multa
Circular para búsqueda, recogida o propiciar la captación de clientes que no hayan contratado ni solicitado previamente el servicio en el tiempo previsto para la pre-contratación.	1.001 a 2.000	Inmovilización del vehículo hasta que se produzca el pago de la multa
Incumplir las condiciones legal o reglamentariamente establecidas en relación con el itinerario del servicio, los horarios y calendarios de prestación del servicio y las características técnicas o la adecuada señalización del vehículo.	1.001 a 2.000	-
Iniciar un servicio y recoger clientes por parte del titular de la autorización sin que los clientes hayan efectuado la pre-contratación del servicio.	1.001 a 2.000	-
Salida de los vehículos dedicados al arrendamiento con conductor del lugar en que habitualmente se encuentren guardados o estacionados o la circulación, sin llevar a bordo del vehículo la documentación exigible y la hoja de ruta del servicio, o incumplir la puesta a disposición de la hoja de ruta a los servicios de inspección del transporte terrestre.	1.001 a 2.000	-
Salida de los vehículos dedicados al arrendamiento con conductor del lugar en que habitualmente se encuentren guardados o estacionados sin llevar a bordo la documentación exigible o llevándola incorrectamente cumplimentada [3].	401 a 600	-

[1] La multa ascenderá a 2.001 a 6.000 euros si el responsable de las mismas ya hubiera sido sancionado, mediante resolución que ponga fin a la vía administrativa, por la comisión de cualquier otra infracción muy grave de las previstas en la Ley en los 12 meses anteriores.
[2] Esta infracción no será aplicable hasta la efectiva puesta en funcionamiento del registro de comunicaciones de los servicios de arrendamiento de vehículos con conductor de la Dirección General de Transporte Terrestre (L 13/2021 disp.trans.única párrafo 1º).
[3] Aplicable hasta que se haga efectiva la puesta en funcionamiento del registro de comunicaciones de los servicios de arrendamiento de vehículos con conductor de la Dirección General de Transporte Terrestre (L 13/2021 disp.trans.única párrafo 2º).

La imposición de tres sanciones en el periodo de 2 años, contado desde la imposición de la primera de ellas, en servicios realizados al amparo de una misma autorización de arrendamiento de vehículos con conductor, puede dar lugar a la **revocación** de esta.

c. Autobús y autocar

(Rgto UE/181/2011)

Se establece un conjunto de **derechos mínimos** para los viajeros de estos servicios en el ámbito de la Unión Europea: 3570
- condiciones de transporte no discriminatorias;
- acceso a los transportes a las personas con discapacidad;
- compensación por pérdida o daño de equipaje;
- normas mínimas en materia de información sobre el viaje;

- mecanismo de tramitación de reclamaciones;
- información en caso de cancelación o retraso del servicio; y
- derecho al reembolso del importe del billete en caso de cancelación.

3573 Se aplica a los siguientes **servicios**:
- los **regulares** cuya distancia programada sea igual o superior a 250 km; y
- los **discrecionales** cuando el punto de embarque inicial o el punto de desembarque final del viajero esté situado en el territorio de un Estado miembro.

Precisiones Son **servicios regulares los** que aseguran el transporte de personas con una frecuencia y un itinerario determinados. Estos servicios pueden recoger y dejar viajeros en paradas previamente fijadas.
Son **servicios discrecionales** los que se caracterizan fundamentalmente por el hecho de transportar grupos formados por encargo del cliente o a iniciativa del propio transportista.
Hay dos **tipos**:
- liberalizados: deben realizarse al amparo de un documento de control (hoja de ruta);
- no liberalizados: están sujetos a autorización.

3576 Sobre las **indemnizaciones** en caso de accidente, se fijan por fallecimiento como mínimo en 220.000 euros para viajeros, y en 1.200 euros por pieza de equipaje.
Si el accidente está causado por un **hecho de la circulación**, el seguro obligatorio de automóviles cubre hasta 70 millones de euros por daños personales y 15 millones de euros por daños materiales. Si es por **otras causas**, las cantidades máximas contempladas en el seguro obligatorio de viajeros son de 36.060 a 42.070 euros.

3578 Por otro lado, cabe destacar la conducción de vehículos que realicen **transporte escolar o de menores**, entendiendo por tales los que se determinan en la legislación de transportes, queda sometida, además de correspondiente permiso, a la obtención de una autorización especial que habilite para ello.
Se prohíbe conducir vehículo que realice transporte escolar o de menores sin haber obtenido la correspondiente **autorización especial** que el conductor debe poseer y llevar consigo, en unión del correspondiente permiso de conducción ordinario, cuando conduzca los mencionados vehículos y exhibirla ante la autoridad o sus agentes cuando lo soliciten. Para su **obtención** es necesario:
- estar en posesión del **permiso de conducción ordinario** en vigor de la clase que en cada caso corresponda; y
- carecer de **antecedentes** en el Registro de Conductores e Infractores o que, no obstante haber sido sancionado con suspensión del permiso de conducción en vía administrativa o condenado a pena de privación del derecho a conducir vehículos a motor en la jurisdiccional, los antecedentes deban considerarse cancelados.

La **vigencia** de la autorización especial está condicionada a que se halle dentro del período al efecto señalado en la misma. Será coincidente con la del permiso de conducción de superior clase que posea su titular, puede ser prorrogada por los mismos períodos que dicho permiso mediante prórroga efectuada por la jefatura provincial de tráfico, previa solicitud del interesado y justificación de que reúne los requisitos exigidos para su obtención.

d. Seguro obligatorio de viajeros

3580 El aseguramiento de viajeros en contratos de transporte **se rige por**:
- la L 50/1980, de contrato de seguro (en adelante LCS);
- el RD 1575/1989, por el que se aprueba el reglamento del seguro obligatorio de viajeros; y
- demás disposiciones que le sean de aplicación.

Este seguro tiene carácter obligatorio y ampara a todo viajero que utilice medios de locomoción destinados al transporte público colectivo de personas.
El seguro obligatorio de viajeros constituye una modalidad del seguro privado de accidentes individuales, compatible con cualquier otro seguro concertado por el viajero o a él referente. No libera a las empresas transportistas, a los conductores de

los vehículos, o a terceros de la responsabilidad civil en que por **dolo o culpa**, pudieran incurrir por razón del transporte de personas, ni las prestaciones satisfechas por razón de dicho seguro reducen el importe de la expresada responsabilidad.

Diferencias con el seguro obligatorio de accidentes Las diferencias más importantes entre el seguro obligatorio de accidentes y el seguro obligatorio de viajeros son: 3583

• En cuanto al **tipo de responsabilidad**, el SOA es de responsabilidad civil, y no de suma asegurada, como ocurre con el seguro obligatorio de viajeros, que opera como seguro de accidentes que no exonera de la eventual responsabilidad civil.

• En cuanto a su **configuración**, el SOV el está sujeto a la LCS, en la que el seguro de accidente se configura como seguro de personas, en tanto el seguro de responsabilidad civil se articula como seguro de daños.

• En cuanto al **asegurado**, el seguro obligatorio de viajeros ampara al viajero que utilice medios de locomoción destinados al transporte público colectivo de personas; por el contrario, el SOA protege al asegurado que es quien, mediante el abono de la prima, deriva hacia al asegurador el riesgo del nacimiento de la obligación de indemnizar a un tercero los daños y perjuicios causados por un hecho previsto en el contrato.

Las indemnizaciones del SOA y SOV son **compatibles entre sí**, por lo que queda abierta, por tanto, la posibilidad de que la persona perjudicada se dirija contra el conductor del autobús por su posible responsabilidad extracontractual y, podrá demandar, además, a la compañía aseguradora del autobús y también por el seguro obligatorio de viajeros (AP Barcelona 19-6-20, EDJ 616857; AP Málaga 5-7-04, EDJ 131004).

Precisiones 1) Así, por ejemplo, si la viajera sufre una lesión por la **caída en el autobús**, surge la obligación para la compañía aseguradora de indemnizarla, al tratarse de una responsabilidad objetiva, con cargo al seguro obligatorio de viajeros que no es un seguro de responsabilidad civil sino que es un seguro de accidentes (AP Girona 4-12-12, EDJ 309073).

2) En el seguro obligatorio de viajeros se aplican **criterios de objetividad** en relación con los titulares de bienes con potencialidad de riesgos, en que se ha de responder, en todo caso, de los daños causados a terceros, aunque no puedan ser reprochados por infracción alguna; objetividad que surge como una exigencia social en virtud de la expectativa continuada de siniestro que supone el uso habitual y generalizado de ciertas máquinas, bienes, instalaciones o transportes públicos (AP Sevilla 20-10-03, EDJ 161957).

Daños indemnizables La **cobertura garantizada** por el seguro obligatorio de viajeros comprende, exclusivamente, las indemnizaciones pecuniarias y la asistencia sanitaria, derivadas de los accidentes siguientes: 3587

- al entrar o salir del vehículo por el lugar debido;
- al entregar o recuperar el equipaje directamente del vehículo;
- en el transporte marítimo, los ocurridos sobre la plancha, escala real o pasarelas que unen la embarcación con el muelle y los ocurridos durante los traslados (en otras embarcaciones o desde el muelle);
- en el acceso o abandono de vehículos que deban ocuparse o evacuarse en movimientos por exigirlo así la naturaleza del medio de transporte; y
- cuando sea necesario efectuar el acceso o evacuación del vehículo en situación excepcional con mayor peligrosidad que de ordinario.

Precisiones En relación a la **asistencia sanitaria**, la asistencia garantizada por el seguro obligatorio de viajeros se extiende, como límite máximo, hasta las 72 horas siguientes al momento del accidente, cuando se trate de lesiones que no requieran hospitalización del asegurado o tratamiento especializado en cura ambulatoria; hasta 10 días, cuando los asegurados la tuvieran cubierta por otros seguros obligatorios, y hasta 90 días en los demás casos.

En caso de **muerte**, la indemnización procede si ocurre durante el transcurso de los 18 meses contados desde la fecha del accidente y es consecuencia directa del mismo, lo que incluye que origine el fallecimiento por agravación de enfermedad o lesión padecida por el asegurado con anterioridad (RD 1575/1989 art.16). 3590

La **cuantía** se fija en 36.070,73 euros (RD 1575/1989 Anexo.1).
Respecto al **beneficiario**, se establece por **orden de prelación**:
1) Cónyuge supérstite, que no estuviera separado por sentencia firme, percibe la totalidad de la indemnización; si existen hijos de dicho fallecido, perciben la mitad, correspondiendo la otra mitad al cónyuge viudo.
2) Descendientes; a falta de ellos, los padres del fallecido y, si solo viviere uno, percibiría la totalidad de la misma.
3) Ascendientes de segundo grado.
4) Hermanos e hijos de hermanos.
5) Instituciones sin ánimo de lucro.

Precisiones La norma no hace una referencia expresa a las **parejas de hecho**, y si bien existe una tendencia en la jurisprudencia, a asimilar esta situación a la matrimonial, lo cierto es que por el momento carece de regulación legal y, en todo caso, hay que probar cumplida la convivencia de manera externa y pública. Por ejemplo, las cinco hijas del fallecido reclaman la suma que les corresponde en base al seguro obligatorio de viajeros, estando el fallecido divorciado de la madre de esas hijas y ahora viviendo con otra mujer que estaba esperando una hija. La Sala entiende que la debatida indemnización les corresponde a las cinco hijas del fallecido (AP Ourense 23-3-04, EDJ 24776).

3593 En caso de **incapacidad permanente**, se recogen unas categorías de secuelas, agrupadas por su gravedad, previéndose diferentes sumas en concepto de indemnización (RD 1575/1989 Anexo.2).
Como caso particular, se contempla el **parto prematuro y el aborto**: cuando a consecuencia del accidente sobrevenga parto prematuro con muerte del feto, se otorga una indemnización de 2.704,55 euros. La misma indemnización se concede en caso de nacimiento prematuro, a fin de atender los gastos que ocasione el nacido.

3596 La **incapacidad temporal** cubierta por el seguro obligatorio de viajeros se indemniza en función del grado de inhabilitación que se atribuye en el baremo anexo al mismo Reglamento a las lesiones de los asegurados (RD 1575/1989 art.18).

Precisiones La incapacidad temporal es el tiempo necesario de curación, y en su caso, para la estabilización de las secuelas, durante el cual el lesionado recibe asistencia y tratamiento médico, y como días de baja impeditivos los que inhabilitan durante dicho periodo de tiempo para el ejercicio no solo de la ocupación habitual también de las actividades que el lesionado lleve a cabo ordinariamente en la vida cotidiana.
No procede indemnizar los **días de baja** por no ser indemnizables al no entrar en ninguno de los supuestos contemplados en el RD 1575/1989, ya que el tiempo de duración de las lesiones está excluido del contenido del seguro obligatorio de viajeros. Por lo tanto, la indemnización ha de fijarse mediante la inclusión de la lesión sufrida en una de las categorías descritas en el baremo. Debe excluirse necesariamente la indemnización por **periodo cronológico de incapacitación**, planteándose el problema de la equiparación de la lesión corporal padecida con alguna de las categorías que recoge tal baremo, hasta el punto de que algunas Audiencias excluyen su indemnización por imposibilidad de encuadrar la lesión temporal en alguna de las categorías (AP Madrid 5-5-05, EDJ 87017).

2. Transporte aéreo

(L 48/1960 redacc L 2/2021)

3600 La **regulación normativa** del contrato de transporte aéreo de pasajeros, en lo relativo a la formalización del contrato, los derechos y obligaciones de las partes y el sistema de responsabilidad se encuentra recogido en:
• L 48/1960, sobre navegación aérea (LNA).
• Rgto CE/ 261/2004, por el que se establecen normas comunes sobre **compensación y asistencia** a los pasajeros aéreos en caso de denegación de embarque y de cancelación o gran retraso de los vuelos.
• Rgto CE/ 2027/1997, sobre la responsabilidad de las **compañías aéreas** en caso de accidente.
• Rgto CE/ 1107/2006, sobre los derechos de las personas con **discapacidad o movilidad reducida** en el transporte aéreo.

- Rgto CE/ 1008/2008, sobre normas comunes para la **explotación de servicios aéreos** en la Comunidad.

Precisiones Han de tenerse en cuenta, además, los **compromisos** relativos al nivel de servicios a los pasajeros, que han sido suscritos (2-7-2001) por las compañías aéreas y las de gestión de infraestructuras aéreas (aeropuertos), cada una en su ámbito de competencia. No se trata de obligaciones, en sentido estricto, sino de compromisos, no exigibles legalmente, que tienen por objeto ofrecer un determinado nivel de servicio a los pasajeros.

Billete de pasaje (LNA art.93) El billete de pasaje es el **elemento formal** del contrato. Es un documento nominativo e intransferible y solo puede utilizarse en el viaje para el que fue expedido. 3605
En el caso de **venta conjunta de tramos**, no es una práctica extraña en las aerolíneas cancelar los vuelos restantes si no se usa uno de ellos. Las razones por las que un pasajero que ha adquirido varios trayectos deja de usar uno pueden ser muy variadas (retraso, enfermedad, obligaciones laborales, etc.) pudiendo realizar el trayecto perdido por otros medios y disfrutar del resto de trayectos que ya han sido pagados, por lo que la cancelación de los trayectos posteriores supone un enriquecimiento injusto de la compañía. Estas cláusulas, por tanto, son manifiestamente abusivas al producir un desequilibrio importante entre las partes del contrato hasta el punto de liberar a la compañía aérea de todas sus obligaciones por el mero hecho de que el consumidor no use su derecho de exigir parte de la contraprestación (TS 13-11-18, EDJ 628806; JM nº 1 San Sebastián 20-7-20, EDJ 801231).

Precisiones El servicio contratado se enmarca en un transporte aéreo de personas en el que, a diferencia de otros medios de transporte, es determinante el elemento nominativo y personalizado del título de viaje, o lo que es igual, el billete constituye el documento que confiere al titular el **derecho a ser transportado** al punto de destino y la relación jurídica de contrato se crea entre el transportista y el pasajero titular del billete, en razón de las condiciones establecidas en el mismo, de tal forma que el pago hecho por un tercero no le confiere la condición de contratante en la relación obligacional existente entre la compañía y el pasajero de la que dimana el abono llevado a cabo, lo que tampoco altera la relación existente entre quien paga y el beneficiario del pago, en orden al posible reembolso de lo pagado (TS 15-6-12, EDJ 119453).

Derechos y obligaciones (LNA art.92 y 101) La **obligación principal** del porteador es trasladar incólume al pasajero de un lugar a otro. 3610
Para su cumplimiento está obligado a:
- proporcionar al pasajero la **plaza** que le corresponda; y
- realizar el vuelo en las condiciones de **tiempo, itinerario y escala** previstos en el billete de pasaje.

El pasajero tiene como obligación principal la del **pago del precio** del pasaje.
Las **tarifas** del transporte de viajeros y sus equipajes son aprobadas por el Ministerio de Transportes, Movilidad y Agenda Urbana.

Precisiones **1)** Téngase en cuenta el Rgto CE/261/2004, por el que se establecen normas comunes sobre compensación y asistencia a los pasajeros aéreos en caso de denegación de embarque y de cancelación o gran retraso de los vuelos.
2) No cabe la posibilidad de **desistimiento** en los contratos de transporte aéreo de pasajeros, al que no se le aplican las disposiciones de la LGDCU Título III Libro II ya que tales normas no son aplicables a estos contratos (LGDCU art.93.k; JM núm 1 Valladolid 11-10-16, EDJ 198361; JM núm 1 Donostia/San Sebastián 22-2-16, EDJ 45777).
3) Se reconoce el **derecho de renuncia** a efectuar el viaje en **vuelos nacionales** (LNA art.5), este no ampara el desistimiento unilateral cuando se trata de una tarifa contratada sin posibilidad de anulación, pero el viajero tiene derecho al reintegro del importe cuando en las condiciones del billete no figura de forma clara que no se permite la cancelación (JM núm 2 Bilbao 19-1-15, EDJ 241367).

Denegación de embarque (LNA art.96; Rgto CE/261/2004 art.4 y 7) El transportista está facultado para excluir del transporte a los pasajeros que, por **razones** de enfermedad u otras causas, puedan constituir un peligro o perturbación para el buen régimen de la aeronave. 3615

Por otro lado, el transportista también puede negar el embarque al pasajero por falta de asientos disponibles **(overbooking)**, aún cuando dicho pasajero tenga el vuelo contratado. En tal caso, el pasajero afectado puede, con arreglo a la legislación general, recurrir a la vía jurisdiccional para hacer valer su derecho a una **indemnización** por daños y perjuicios, causados por el incumplimiento de las obligaciones pactadas en virtud del contrato de transporte.

3617 Dejando a salvo dicha posibilidad legal, se permite al pasajero optar, con carácter voluntario, por una **compensación inmediata**. Deben para ello concurrir las siguientes **circunstancias**:

• Compra del billete y plaza confirmada mediante la correspondiente anotación en el billete por la propia compañía o agencia; disponiendo, por lo tanto, el viajero de una reserva válida para el vuelo en cuestión.

• Presentación para facturar y recoger la tarjeta de embarque para el vuelo, en el lugar y hora especificados por la compañía aérea, negándole dicha compañía o sus representantes el embarque en tal vuelo y efectuándose este sin transportar al mismo.

• Falta de ofrecimiento de la compañía de un transporte aéreo regular u otra clase de transporte sustitutivo del vuelo reservado, con llegada prevista al punto de destino dentro de los siguientes plazos:

- 2 horas siguientes a la del vuelo reservado cuando se trate de transporte doméstico;
- 4 horas hacia destinos situados en Europa, y;
- 6 horas en el caso de otros destinos.

En caso de denegación de embarque, cancelación o gran retraso, es **obligación de las compañías** aéreas llevar a los pasajeros al destino final (Rgto CE/261/2004 art.8):

- lo más rápidamente posible; o
- en una fecha posterior convenida con el pasajero, en función de los asientos disponibles.

Así, mediante una **condición general**, no puede convertirse esta obligación en una facultad de la compañía aérea que facilite la exención de la responsabilidad de la compañía aérea en perjuicio del pasajero. Para que la compañía quede eximida de responsabilidad deben darse circunstancias extraordinarias –p.e. inestabilidad política, riesgos de seguridad, condiciones metereológicas incompatibles con el vuelo, etc.– (Rgto CE/261/2004 art.5.3; TJUE 23-3-21, asunto C-28/20 ; TS 13-11-18, EDJ 628806; JM nº 5 Barcelona 14-4-21, EDJ 584714).

Precisiones 1) Además del **overbooking**, el concepto de denegación de embarque puede extenderse a **otras situaciones**, como por ejemplo, cuando un transportista aéreo deniega el embarque a ciertos pasajeros porque el primer vuelo incluido en la reserva ha experimentado un retraso imputable a ese transportista y este último ha previsto erróneamente que esos pasajeros no llegarán a tiempo para embarcar en el segundo vuelo (TJUE 4-10-12, asunto C-321/2011).

2) En lo relativo a la denegación de embarque por **presentación de documentos de viaje inadecuados**, los juzgados de lo Mercantil han resuelto de forma casi unánime en el sentido de que la denegación del embarque por parte de una compañía aérea de un menor por presentar como documento identificativo el Libro de familia, constituye una denegación indebida por lo que los demandantes tienen derecho a la devolución del precio del billete así como a obtener una compensación económica conforme al Rgto CE/261/2004 art.4 y 7 (JM nº 9 Barcelona 17-3-11, EDJ 23827).

3) En cuanto a la indemnización a los viajeros por **daño moral** derivado de la denegación de embarque y consiguiente retraso en el inicio del viaje, fija una indemnización para cada uno de los demandantes, debido a las circunstancias producidas como fueron el carácter sorpresivo de la denegación de embarque, el tiempo de demora hasta el nuevo embarque, la modificación de destino de vuelo para poder llegar a la ciudad de destino y la pérdida del día en unas vacaciones cortas en tiempo y, por tanto, parcialmente frustradas (AP Baleares 21-7-20, EDJ 658944; AP Alicante 7-2-13, EDJ 55275).

3620 **Cancelación del vuelo** (Rgto UE/261/2004 art.5) Cuando se produzca la cancelación de un vuelo (la no realización de un vuelo programado y en el que había reservada al menos una plaza) el transportista aéreo encargado de efectuar el vuelo debe ofrecer las siguientes **soluciones**:

• **Asistencia**, por ejemplo, alojamiento en hotel y el transporte entre el aeropuerto y el lugar de alojamiento cuando la salida prevista del vuelo alternativo sea como mínimo al día siguiente de la salida programada del vuelo cancelado;

• **Compensación** (nº 3670), excepto si se ha informado previamente al pasajero de la cancelación:

- con al menos con **2 semanas** de antelación con respecto a la hora de salida prevista (TS 2-2-21, EDJ 503535);
- con una antelación **entre 2 semanas y 7 días** con respecto a la hora de salida prevista, y se le haya ofrecido un transporte alternativo que le permita salir con no más de dos horas de antelación con respecto a la hora de salida prevista y llegar a su destino final con menos de 4 horas de retraso con respecto de la hora de llegada prevista; o
- con **menos de 7 días** de antelación con respecto a la hora de salida prevista y se le haya ofrecido tomar otro vuelo que le permita salir con no más de una hora de antelación con respecto a la hora de salida prevista y llegar a su destino final con menos de 2 horas de retraso con respecto a la hora de llegada prevista.

La **carga de la prueba** de haber informado al pasajero de la cancelación del vuelo, así como del momento en que se le ha informado, corresponde al transportista aéreo encargado de efectuar el vuelo. Siempre que se informe a los pasajeros de la cancelación, la compañía aérea debe proporcionar una explicación relativa a los posibles transportes alternativos.

Precisiones 1) En caso de que un **viaje combinado** se cancele y el motivo no sea la cancelación del vuelo, el Rgto UE/261/2004 no se aplica.

2) El **concepto de cancelación** no se refiere exclusivamente al supuesto de que el avión de que se trate no haya despegado en modo alguno, sino que incluye igualmente el supuesto de que el avión haya despegado, pero, cualquiera que sea la razón, se vea obligado a regresar al aeropuerto de origen y los pasajeros de dicho avión hayan sido transferidos a otros vuelos (TJUE 13-10-11, asunto C-83/2010).

3) En cuanto a la indemnización por **daño moral** en el supuesto de cancelación del vuelo sin previo aviso, la inquietud e incertidumbre generada debe traspasar lo que es una «simple molestia», por ejemplo, si se produce en una situación que obliga a los viajeros a tomar su propia iniciativa para la contratación de nuevos vuelos en un momento en el que se hacía aún más incierta su posibilidad de disfrutar de las previstas vacaciones (AP Madrid 9-4-12, EDJ 89585; JM nº 9 Barcelona 29-6-21, EDJ 664755).

No obstante, el transportista aéreo encargado de efectuar el vuelo puede probar que **3623**
la cancelación se debe a **circunstancias extraordinarias**:

- casos de inestabilidad política, condiciones meteorológicas incompatibles con la realización del vuelo (AP A Coruña 6-9-11, EDJ 218527);
- riesgos para la seguridad, deficiencias inesperadas en la seguridad del vuelo (JM nº 6 Madrid 6-6-11, EDJ 149429); y
- huelgas que afecten a las operaciones de una compañía encargada de efectuar un vuelo (AP Barcelona 9-7-10, EDJ 365195).

Precisiones 1) Respecto de los **problemas técnicos** detectados con ocasión del mantenimiento de las aeronaves o a causa de fallos en dicho mantenimiento, el concepto de «circunstancias extraordinarias» no se aplica en este caso, a menos que se derive de acontecimientos que, por su naturaleza o por su origen, no sean inherentes al ejercicio normal de la actividad del transportista aéreo de que se trate y escapen al control efectivo de dicho transportista (AP Asturias 14-5-12, EDJ 113844).

2) Los retrasos y cancelaciones de vuelos por **huelgas** de personal de la aerolínea se pueden reclamar. La ausencia espontánea de una parte importante del personal de navegación de una aerolínea no constituye una circunstancia extraordinaria que exima de indemnizar a los pasajeros afectados (TJUE 17-4-1).

3) En el supuesto de una huelga en el aeropuerto, con **invasión de la pista** e imposibilitando el despegue de varios vuelos, se rechaza la concurrencia de estas circunstancias extraordinarias (AP Zaragoza 11-2-08, EDJ 30459).

4) En el caso en que el contrato de transporte contenía una cláusula que otorgaba a la compañía aérea la **posibilidad de hacerse sustituir** por otro transportista, utilizar aviones de

terceros o modificar/suprimir escalas previstas en el billete **«en caso de necesidad»** sin responsabilizarse por la pérdida de vuelos de enlace, se consideró que la expresión era excesivamente genérica e imprecisa y desbordaba las circunstancias extraordinarias que se exigen para eximir de responsabilidad a la compañía aérea (TS 13-11-18, EDJ 628806).

3625 **Suspensión o retraso del transporte** (LNA art.94) El porteador es responsable de la suspensión o retraso del transporte. Incluso si el transporte no tiene lugar por causa de **fuerza mayor o razones meteorológicas** que afecten a la seguridad del viaje, el porteador está obligado a devolver el precio del billete.

Si, una vez comenzado el viaje, se produce su interrupción por causa de fuerza mayor o por razones meteorológicas que afecten a la seguridad del viaje, el porteador está obligado a verificar el transporte por el medio más rápido posible o a indemnizar al viajero de forma proporcional, a elección de este.

Precisiones **1)** El **cumplimiento de los horarios** previstos es una obligación esencial del contrato que el transportista no puede eludir, salvo casos de fuerza mayor, puesto que el viajero contrata con la compañía confiado en dicho cumplimiento. En consecuencia, se ha declarado la nulidad de una cláusula del contrato de transporte aéreo de viajeros que exonera de responsabilidad a la compañía por incumplimiento del horario indicado en el billete y, en especial, por no garantizar los enlaces (AP Baleares 16-5-03, EDJ 157314).

2) La indemnización debe cubrir tanto el daño material como el **daño moral**, consistente este último en la aflicción o perturbación ocasionada a los viajeros que, tras más de 4 horas de espera, no pudieron enlazar con el vuelo que debía conducirles a su destino y que ya tenían contratado (TS 11-11-97, EDJ 9811).

3) La jurisprudencia ha precisado que no deben entenderse como circunstancias exoneradoras de la responsabilidad del transportista aéreo, por los retrasos sufridos, las derivadas de problemas del aparato tales como **averías mecánicas** imprevistas, ya que el transportista viene obligado a que sus equipos se encuentren en perfectas condiciones para prestar el transporte debiendo procurar en cualquier caso, con rapidez y eficacia, la solución del problema técnico acaecido (JM nº 10 Barcelona 12-6-21, EDJ 663473; JM nº 1 Palma de Mallorca 23-4-21, EDJ 569053; AP Valencia 19-2-13, EDJ 56797).

3628 A los efectos de retraso, debe tenerse en cuenta que cuando el pasajero se vea afectado por un retraso con respecto a la **hora de salida** prevista de:

- **de 2 horas o más** en el caso de todos los vuelos de 1.500 kilómetros o menos;
- **de 3 horas o más** en el caso de todos los vuelos intracomunitarios de más de 1.500 kilómetros y de todos los demás vuelos de entre 1.500 y 3.500 kilómetros; o
- **de 4 horas o más**.

En estos casos, el transportista aéreo está obligado a ofrecer **asistencia** (Rgto CE/261/2004 art.9), relativa al **«derecho a atención»** (nº 3685), pero únicamente ofrece alojamiento en hotel y el transporte entre el aeropuerto y el lugar de alojamiento cuando la salida prevista del vuelo alternativo sea como mínimo al día siguiente a la hora previamente anunciada.

Cuando el retraso sea de **5 horas** como mínimo, la compañía ofrece al pasajero el reembolso en el plazo de 7 días, del coste íntegro del billete al precio al cual se compró, correspondiente a la parte del viaje no efectuada y a la parte del viaje efectuada, si el vuelo ya no tiene razón de ser según el plan de viaje inicial del pasajero, y, si procede, un vuelo de vuelta al primer punto de partida lo más rápidamente posible.

Precisiones **1)** A partir de la sentencia Sturgeon, los pasajeros de los **vuelos retrasados** pueden equipararse a los pasajeros de los vuelos cancelados a los efectos de la aplicación del derecho a compensación cuando soportan, en relación con el vuelo que sufre el retraso, una pérdida de tiempo igual o superior a 3 horas, es decir, cuando llegan al destino final 3 o más horas después de la hora de llegada inicialmente prevista por el transportista aéreo.

Sin embargo, este retraso no da derecho a compensación a los pasajeros si el transportista aéreo puede probar que el **gran retraso** producido se debe a circunstancias extraordinarias que no podrían haberse evitado incluso si se hubieran tomado todas las medidas razonables, es decir, circunstancias que escapan al control efectivo del transportista aéreo (TJUE 19-11-09 asuntos acumulados C-402/07 y C-432/07).

2) Cuando un vuelo sufre un gran retraso, está previsto que se realice, de modo que deben llevarse a cabo los **trámites de facturación**. No puede eximirse a los pasajeros de un vuelo retrasado de la obligación de presentarse a facturación para poder reclamar después (TJUE 25-1-24).

Derecho de compensación (Rgto CE/261/2004 art.7) En caso de denegación de embarque y de cancelación o gran retraso de los vuelos, los pasajeros reciben una compensación por parte del transportista encargado de efectuar el vuelo equivalente a: 3670
- 250 euros para vuelos de **hasta 1.500 km**;
- 400 euros para todos los vuelos intracomunitarios de **más de 1.500 km** y para todos los demás vuelos de **entre 1.500 y 3.500 km**; y
- 600 euros para todos los vuelos no comprendidos en los apartados anteriores.

La **distancia** se determina tomando como base el último destino al que el pasajero llega con retraso en relación con la hora prevista debido a la denegación de embarque o a la cancelación.

La compensación **se efectúa** en metálico, transferencia bancaria electrónica, transferencia bancaria, cheque o, previo acuerdo firmado por el pasajero, bonos de viaje u otros servicios.

El transportista aéreo encargado de efectuar el vuelo puede reducir en un 50% las compensaciones anteriores cuando el transporte alternativo ofrecido permita la llegada hasta el destino final con una diferencia en la hora de llegada respecto a la prevista para el vuelo inicialmente reservado. 3673

La compensación económica pretende indemnizar los perjuicios sufridos por el pasajero como consecuencia de la denegación de embarque, dentro de los que cabe incluir no solo los daños materiales sino también los morales. Por ello, su **naturaleza jurídica** es la de establecer una serie de garantías mínimas o derechos asistenciales y estimular a las compañías aéreas a ofrecerlas o prestarlas a los perjudicados con carácter inmediato.

Lo anterior significa que su existencia no excluye cualesquiera otras **indemnizaciones suplementarias** reconocidas a los pasajeros aéreos por la normativa internacional o nacional de los Estados miembros de la Unión Europea que resulten aplicables (nº 3693).

El transportista aéreo que deniegue el embarque o cancele un vuelo debe proporcionar a cada uno de los pasajeros afectados un **impreso** en el que se indiquen las normas en materia de compensación y asistencia. También debe proporcionar un impreso equivalente a cada uno de los pasajeros afectados por un retraso de al menos 2 horas. Esta información debe aplicarse utilizando los medios alternativos adecuados para personas invidentes o con problemas de vista. 3675

Derecho de transporte alternativo (Rgto CE/261/2004 art.8) Cuando el pasajero tenga derecho al reembolso o a un transporte alternativo en relación con una denegación de embarque o una cancelación sufrida, se le ofrecen las **opciones siguientes**: 3680

- **Reembolso** en 7 días del coste íntegro del billete al precio al cual se compró, correspondiente a la parte del viaje no efectuada y a la parte del viaje efectuada, si el vuelo ya no tiene razón de ser según el plan de viaje inicial del pasajero, y, cuando proceda, un vuelo de vuelta al primer punto de partida lo más rápidamente posible. El reembolso se efectuará en metálico, transferencia bancaria, cheque o, previo acuerdo firmado por el pasajero, bonos de viaje u otros servicios;
- La **conducción hasta el destino final:**
  - en condiciones de transporte comparables, lo más rápidamente posible; o
  - en una fecha posterior que convenga al pasajero en función de los asientos disponibles.

En el caso de las ciudades o regiones en las que existan **varios aeropuertos**, el transportista aéreo encargado de efectuar el vuelo que ofrezca al pasajero un vuelo a otro aeropuerto distinto de aquel para el que se efectuó la reserva, debe correr con los gastos de transporte del pasajero desde ese segundo aeropuerto, bien hasta el aeropuerto para el que efectuó la reserva, bien hasta otro lugar cercano convenido con el pasajero. 3682

3685 **Derecho de atención** (Rgto CE/261/2004 art.9) Igualmente, el transportista aéreo ofrece gratuitamente a los pasajeros comida y refrescos suficientes, en función del tiempo que sea necesario esperar, así como la posibilidad de realizar dos llamadas telefónicas, télex o mensajes de fax, o correos electrónicos. Además, se ofrece gratuitamente **alojamiento** en un hotel cuando sea necesario pernoctar una o varias noches, o sea necesaria una estancia adicional a la prevista por el pasajero; en estos casos el transportista aéreo ofrece también el transporte entre el aeropuerto y el lugar de alojamiento.
El transportista aéreo debe prestar atención especial a las necesidades de las **personas con movilidad reducida** y de sus acompañantes, así como las de los menores no acompañados.

3690 **Otros derechos de los pasajeros** (Rgto CE/261/2004 art.10 a 12) Si un transportista aéreo encargado de efectuar el vuelo acomoda a un pasajero en una **plaza de clase superior** a la contratada, no puede solicitar ningún pago suplementario.
Por el contrario, si acomoda a un pasajero en una **clase inferior** reembolsa al mismo en el plazo de 7 días (en las formas indicadas antes para los reembolsos):
- el 30% del precio del billete del pasajero para todos los vuelos de 1.500 km o menos;
- el 50% para todos los vuelos intracomunitarios de más de 1.500 km (excepto vuelos entre el territorio europeo y los territorios franceses de ultramar) y para todos los demás vuelos de entre 1.500 y 3.500 km; o
- el 75% para todos los vuelos distintos de los anteriores.

3691 A su vez, el transportista aéreo prioriza el transporte de las **personas con movilidad reducida** y sus acompañantes o perros de acompañamiento certificados, así como al transporte de los menores no acompañados. En caso de denegación de embarque, cancelación y retrasos de cualquier duración, las personas con movilidad reducida y sus acompañantes, así como los menores no acompañados, tienen derecho a recibir el derecho de atención (nº 3685).

3693 Se puede presentar un recurso ante los tribunales de justicia competentes con el fin de obtener una **compensación suplementaria**.

> Precisiones La compensación suplementaria no puede servir de fundamento jurídico al juez nacional para condenar al transportista aéreo a reembolsar a los pasajeros cuyo vuelo ha sido retrasado o cancelado los gastos que estos hayan tenido que efectuar a causa del incumplimiento por parte de dicho transportista, de las **obligaciones de asistencia** (reembolso del billete o conducción hasta el destino final, asunción de los gastos de traslado entre el aeropuerto de llegada y el aeropuerto inicialmente previsto) y **de atención** (asumiendo los gastos de restauración, alojamiento y comunicación), como señala el TJUE 13-10-11, asunto C-83/10.

3. Transporte marítimo
(L 14/2014)

3700 La L 14/2014, de navegación marítima (en adelante, LNM) llevó a cabo una reforma amplia del Derecho marítimo español contemplando todos sus aspectos. Se trata de una **renovación** que no busca una mera actualización y codificación, sino que también responde a su imprescindible coordinación con el Derecho marítimo internacional y su adecuación a la práctica actual del transporte marítimo.
El transporte marítimo de personas recibe el nombre de **«contrato de pasaje»** y se define como aquel en el que el porteador se obliga, a cambio del pago de un precio, a transportar por mar a una persona y, en su caso, su equipaje.
La LNM contiene las **menciones mínimas** que habrán de constar en el **billete**:
- lugar y fecha de emisión;
- nombre y dirección del porteador;
- nombre del buque, clase;
- número de cabina o de la acomodación;

- precio del transporte o carácter gratuito del mismo;
- punto de salida y destino;
- fecha y hora de embarque;
- llegada o la duración estimada del viaje;
- indicación sumaria de la ruta a seguir; y
- escalas previstas y las condiciones en que haya de realizarse el transporte.

Precisiones Para las embarcaciones que presten **servicios portuarios y regulares** en el interior de zonas delimitadas por las autoridades marítimas, el billete de pasaje puede ser sustituido por un **ticket** que indique el nombre del porteador, el servicio efectuado y el importe de este.

Obligaciones del porteador (LNM art.209, 291, 292 y 294) En virtud del contrato de pasaje, el porteador queda obligado a: **3705**

• Poner y conservar el buque en **estado de navegabilidad** y convenientemente armado, equipado y aprovisionado para realizar el transporte convenido y para garantizar la seguridad y la comodidad de los pasajeros a bordo.
• Poner a disposición de los pasajeros, en el lugar y tiempo convenidos, el **buque**.
• Emprender el **viaje** y realizarlo hasta el punto de destino sin demora injustificada y por la ruta pactada o, a falta de pacto, por la más apropiada.
• Prestar los **servicios** complementarios y la asistencia médica en la forma establecida reglamentariamente o por los usos.
• Si por averías del buque se produce la **interrupción del viaje** antes de llegar al puerto de destino, el porteador debe correr con los gastos de manutención y alojamiento de los pasajeros mientras el buque se repara. Si el buque queda inhabilitado definitivamente o el retraso puede perjudicar gravemente a los pasajeros, el porteador debe proveer a su costa el transporte hasta el destino pactado, sin perjuicio de las responsabilidades exigibles.
• Respecto al **equipaje**, el porteador queda obligado a transportar, juntamente con los viajeros e incluido en el precio del billete, el equipaje, con los límites de peso y volumen fijados por el porteador o por los usos. Lo que exceda de los límites indicados ha de ser objeto de estipulación especial, con obligación de informar previamente al pasajero de estas limitaciones de equipaje y su coste.

Derechos y obligaciones del viajero (LNM art.293; Rgto UE/1177/2010) El pasajero está obligado a pagar el **precio del pasaje**, presentarse oportunamente para su embarque y observar las disposiciones establecidas para mantener el buen orden y la seguridad a bordo. **3708**

A cambio, tiene derecho a exigir del porteador el cumplimiento de las obligaciones que le incumben de acuerdo con las **normas de la Unión Europea**.

El Rgto UE/1177/2010 establece las normas aplicables al transporte por mar y por vías navegables, principalmente en lo que respecta a la **información** mínima que debe facilitarse a los pasajeros (Rgto UE/1177/2010 art.22 y 23), la no discriminación y prestación de asistencia a las **personas con discapacidad** y movilidad reducida (Rgto UE/1177/2010 art.7 a 15) y los derechos de los pasajeros en caso de **cancelación o retraso**.

El Reglamento es de aplicación a los pasajeros que utilicen **servicios de pasaje** cuyo punto de embarque esté situado:

- en el territorio de un Estado miembro;
- fuera del territorio de un Estado miembro y cuyo **puerto de desembarque** esté situado en el territorio de un Estado miembro, siempre que el operador del servicio sea un transportista de la Unión; o
- en el territorio de un Estado miembro, cuando sea un **crucero** (aunque no se apliquen a estos pasajeros ciertos preceptos: Rgto UE/1177/2010 art.16.2, 18, 19 y 20.1 y 4).

Precisiones El Reglamento **no es de aplicación** (Rgto UE/1177/2010 art.2.2) a los pasajeros que viajen:

- en buques autorizados a transportar hasta 12 pasajeros;

- en buques en los que la tripulación responsable del funcionamiento del buque esté compuesta por 3 personas, como máximo, o cuyo servicio de pasaje en su totalidad cubra una distancia inferior a 500 m, en un solo sentido;
- en circuitos de excursión y turísticos, excepto los cruceros; o
- en buques no propulsados por medios mecánicos, en buques originales y reproducciones singulares de buques de pasaje históricos proyectados antes de 1965 y construidos predominantemente con los materiales de origen, autorizados a transportar hasta 36 pasajeros.

3710 **Cancelación o retraso de salida** (Rgto UE/1177/2010 art.16 a 18) En los supuestos de cancelación o de retraso de la salida de un servicio de pasaje o de un crucero, se establecen los siguientes **derechos del pasajero**:

• Si el retraso es **menor a 30 minutos**: información de la situación lo antes posible a los pasajeros que partan de las terminales portuarias o, si es posible, a los pasajeros que partan de los puertos; deben informar también de la hora estimada de salida y de llegada, tan pronto como dispongan de esta información.

• Si el retraso es **menor a 90 minutos**, el transportista debe ofrecer:
- **asistencia**: aperitivos, comida y refrescos gratuitos suficientes en función del tiempo que sea necesario esperar, siempre que estén disponibles o si pueden suministrarse razonablemente;
- **transporte alternativo**, bien la conducción hasta el destino final, en condiciones de transporte comparables, con arreglo al contrato de transporte, en la primera ocasión que se presente y sin coste adicional o el **reembolso del precio** del billete y, si procede, un servicio de vuelta gratuita al primer punto de partida, con arreglo al contrato de transporte, en la primera ocasión que se presente;

• Si el retraso es **mayor a 90 minutos**: conducción alternativa o reembolso por el transportista del precio del billete.

Precisiones En el supuesto de cancelación o retraso en la salida que requiera una estancia de **una o varias noches** o una estancia suplementaria a la prevista por el pasajero, el transportista, cuando sea materialmente posible, debe ofrecer gratuitamente un alojamiento adecuado, a bordo o en tierra, a los pasajeros que partan de las terminales portuarias, así como el transporte de ida y vuelta entre la terminal portuaria y el lugar de alojamiento, además de los aperitivos, las comidas o los refrigerios.
El transportista puede limitar a 80 euros por noche y por pasajero, para un máximo de 3 noches, el coste total del alojamiento en tierra, sin incluir el transporte de ida y vuelta entre la terminal portuaria y el lugar de alojamiento.

3713 El **pago del reembolso** se ha de efectuar en un plazo de 7 días, en metálico, por transferencia bancaria electrónica, transferencia bancaria o cheque por el valor del coste íntegro del billete –al precio al que se compró– correspondiente a la parte o partes del viaje no efectuadas y a la parte o partes del viaje efectuadas, si el viaje ha perdido razón de ser en relación con el plan de viaje inicial del pasajero. Con el acuerdo del pasajero, el reembolso total del billete puede efectuarse mediante vales u otros servicios por un importe equivalente a la tarifa a la que se compró, siempre que las condiciones sean flexibles, en particular con respecto al período de validez y al destino.

3715 **Retraso en la llegada** (Rgto UE/1177/2010 art.19) Sin renunciar a su derecho al transporte, los pasajeros pueden solicitar al transportista una **indemnización** cuando la llegada a su destino, con arreglo al contrato de transporte, pueda verse demorada.
El **nivel mínimo** de la indemnización es el 25% del precio del billete para los retrasos de como mínimo:
- 1 hora, en el caso de viajes programados de duración igual o inferior a 4 horas;
- 2 horas en el caso de viajes programados de duración superior a 4 horas, pero igual o inferior a 8 horas;
- 3 horas en el caso de viajes programados de duración superior a 8 horas, pero igual o inferior a 24 horas; o
- 6 horas en el caso de viajes programados de duración superior a 24 horas.

Si el **retraso es superior al doble** del tiempo indicado en los puntos anteriores, la indemnización ha de ser del 50% del precio del billete.

La indemnización **se calcula** en relación con el precio que el viajero abonó realmente por el servicio de pasaje que ha sufrido el retraso. 3718

Si el contrato de transporte se refiere a un viaje de **ida y vuelta**, la indemnización por retraso a la llegada, ya sea en el trayecto de ida o en el de vuelta, se calcula en relación con el 50% del precio abonado por el transporte en dicho servicio de pasaje.

La indemnización **se debe abonar** en el plazo de un mes a partir de la presentación de la solicitud correspondiente. Puede abonarse en forma de vales u otros servicios, siempre y cuando las condiciones del contrato sean flexibles, especialmente en lo que se refiere al período de validez y al destino. Se debe abonar en efectivo a petición del pasajero.

No se pueden deducir de la indemnización por el precio del billete **costes de transacción** como tasas, gastos telefónicos o sellos.

Los transportistas pueden establecer un **umbral mínimo** por debajo del cual no se abonará indemnización alguna. Ese umbral no puede ser superior a 6 euros.

Precisiones Se establecen las siguientes **excepciones** a lo expuesto, por lo que lo dispuesto en este apartado no es de aplicación a:

- los pasajeros con **billetes abiertos** mientras no se especifique la hora de salida, salvo si se trata de pasajeros titulares de un pase de transporte o abono de temporada;
- los que hayan sido **informados de la cancelación o del retraso** antes de efectuar la compra del billete o cuando la cancelación o el retraso se deban a causas imputables al pasajero.

Tampoco es aplicable cuando el transportista demuestre que la cancelación o retraso:

- se deban a **condiciones meteorológicas** que hacen peligrosa la navegación, o;
- a **circunstancias extraordinarias** que entorpecen la ejecución del servicio de pasaje y que no hubieran podido evitarse incluso tras la adopción de todas las medidas oportunas.

Extinción del contrato (LNM art.297) Queda extinguido el contrato en los casos siguientes: 3720

- cuando el **pasajero no embarque** en la fecha fijada. El porteador hará suyo el precio del pasaje, salvo que la causa de la falta de embarque sea la muerte o enfermedad del pasajero o de los familiares que le acompañasen y se haya notificado sin demora o se haya podido sustituir al pasajero por otro;
- cuando por causas fortuitas el **viaje** se haga **imposible o se demore**. El porteador devolverá el precio del pasaje y quedará exento de responsabilidad;
- **modificación importante** en horarios, escalas previstas, desviación del buque de la ruta pactada, las plazas de acomodación adquiridas por el pasajero y las condiciones de comodidad convenidas. Si el pasajero opta por la resolución, tendrá derecho a la devolución del precio total del pasaje o de la parte proporcional del mismo correspondiente al trayecto que falte por realizar y a la indemnización de daños y perjuicios, si la modificación no se debe a causas justificadas;
- si antes de comenzar el viaje o durante su ejecución surgen **eventos bélicos** que expongan al buque o al pasajero a riesgos imprevistos. Ambas partes podrán solicitar la resolución sin indemnización; o
- si una vez comenzado el viaje el **pasajero no puede continuarlo** por causas fortuitas, el porteador tiene derecho a la parte proporcional del precio según el trayecto realizado.

Régimen de responsabilidad (LNM art.298) La responsabilidad del porteador se rige, en todo caso, por el Convenio Internacional relativo al Transporte de Pasajeros y sus Equipajes por Mar, hecho en Atenas el 13-12-1974 (Convenio de Atenas 13-12-1974), los protocolos que lo modifican de los que España sea Estado parte, las normas de la Unión Europea y la L 14/2014. 3725

Las disposiciones sobre responsabilidad son de **carácter imperativo** y se aplican a todo contrato de pasaje marítimo.

Precisiones Es pacífica la jurisprudencia del TS relativa a que constituye requisito indispensable la determinación del **nexo causal** entre la conducta del agente y la producción del daño, para la imputación de la responsabilidad, cualquiera que sea el criterio que se utilice (subjetivo u objetivo); y así el daño ha de basarse en una certeza probatoria que no puede quedar desvirtuada por una posible aplicación de la teoría del riesgo, la objetivación de la responsabilidad o la inversión de la carga de la prueba (TS 17-12-88; 2-4-98).

3728 **Limitación de la responsabilidad** (LNM art.299) La responsabilidad del porteador queda limitada a las cantidades establecidas en el Convenio Internacional relativo al Transporte de Pasajeros y sus Equipajes por Mar y Protocolos que lo modifican vigentes en España (Convenio de Atenas 13-12-1974).
Si el **equipaje** se transporta con valor declarado, aceptado por el porteador, el límite de su responsabilidad se corresponde con ese valor.

Precisiones Ha sido declarada la compatibilidad de la reclamación por lesión y la indemnización por el seguro obligatorio de viajeros (TS 8-10-10, EDJ 213583). Constituye requisito indispensable la determinación del **nexo causal** entre la conducta del agente y la producción del daño, para la imputación de la responsabilidad, cualquiera que sea el criterio que se utilice –subjetivo u objetivo– (TS 30-6-00, EDJ 15196).
Incumbe a la parte actora acreditar en debida forma la causa del accidente, y partir de ahí es cuando corresponde a la demandada justificar que había actuado en todo momento conforme a la diligencia precisa, pues no resulta aplicable sin más en todo siniestro la teoría de la responsabilidad por riesgo (AP Pontevedra 31-1-13, EDJ 20739).

3730 **Seguro obligatorio** (LNM art.300; Rgto CE/392/2009) El porteador efectivo que ejecute el transporte en un buque que transporte **más de 12 pasajeros** está obligado a suscribir un seguro obligatorio de responsabilidad por la muerte y lesiones corporales de los pasajeros que transporte, con un límite por cada pasajero y cada accidente no inferior a lo que establezcan los convenios y las normas de la Unión Europea.
El perjudicado tiene **acción directa** contra el asegurador hasta el límite de la suma asegurada. El asegurador puede oponer las mismas excepciones que correspondieran al porteador. Puede además oponer en todo caso el límite de responsabilidad establecido en el Convenio de Atenas 13-12-1974 art.7 incluso en el caso de que su asegurado lo hubiera perdido de acuerdo (Convenio de Atenas 13-12-1974 art.13).

Precisiones El Rgto CE/392/2009, sobre la responsabilidad de los transportistas de pasajeros por mar en caso de accidente, establece el **régimen comunitario de responsabilidad y seguro** aplicable al transporte de pasajeros por mar según se recoge en las disposiciones del Convenio de Atenas de 13-12-1974.
Este Reglamento europeo establece la obligatoriedad de los transportistas de tener suscrito un **seguro** o una garantía financiera que cubra la responsabilidad en caso de muerte o lesiones de los pasajeros derivadas de un accidente. La vigencia de dicho seguro se debe acreditar mediante la **expedición de un certificado** por las autoridades competentes de cada Estado miembro.
El Reglamento es de **aplicación** (Rgto CE/392/2009 art.2) a todo transporte internacional y al transporte marítimo dentro de un mismo Estado miembro a bordo de buques de las clases A y B (Dir 98/18/CE art.4), si:
- el buque enarbola el pabellón de un Estado miembro o está matriculado en un Estado miembro;
- el contrato de transporte se ha concertado en un Estado miembro; o
- el lugar de partida o destino, de acuerdo con el contrato de transporte, están situados en un Estado miembro.

Además, los Estados miembros pueden aplicar el Reglamento a todos los transportes por mar en el **interior de un Estado miembro**.

SECCIÓN 5

Viaje combinado

 3740

Los viajes turísticos gozan en nuestro Derecho de un **régimen especial** derivado de las particulares condiciones de este tipo de contratación. **3745**
La actual regulación desarrolla cronológicamente la protección del consumidor:
- **Antes de la celebración del contrato**: obligación de información de los empresarios turísticos, a través de la regulación de la información precontractual, de contenido mínimo de carácter vinculante para el organizador.
- **En el momento de la celebración del contrato**: reiterando la información ya facilitada, con el fin de que el consumidor pueda confrontarla con la recibida y apreciar su identidad con lo que va a contratar.
- **Antes de la realización del viaje**, que regula las alteraciones en el contenido del viaje, fijando el régimen de la cesión del contrato al consumidor y limitando los casos en los que el organizador puede resolver o cancelar el contrato.
- **Durante la ejecución del contrato**, delimitando la responsabilidad de los organizadores y la obligación de aportar soluciones inmediatas para solventar los problemas surgidos durante el viaje a los consumidores.

Precisiones La **primera regulación** de este contrato se llevó a cabo en la L 21/1995, de viajes combinados, a través de la cual se incorpora al derecho español la Dir 90/314/CEE, relativa a los viajes combinados, las vacaciones combinadas y los circuitos combinados. Era una norma cuya necesidad derivaba de dos **causas**: el incremento del turismo de masas y la aparición en el mercado de las agencias de viaje y organizadores. Dicha normativa fue **derogada por** la LGDCU, y que trasladó la misma a la LGDCU Libro IV (art.150 a 165). Posteriormente se aprobó el RDL 23/2018 que modificó la LGDCU Libro IV para trasponer la Dir (UE) 2015/2302 relativa a los viajes combinados y a los servicios de viaje vinculados.

1. Requisitos

Este contrato no se refiere a todo tipo de prestaciones turísticas, sino que su **ámbito de aplicación**, mucho más reducido, se centra en lo que se denomina como «viaje combinado», es decir, un paquete turístico compuesto por la combinación previa de, al menos, dos tipos de servicios de viaje si (LGDCU art.151.1.b): **3750**
- Son combinados por **un solo empresario**, incluso a petición o según la selección del viajero, antes de que se celebre un único contrato por la totalidad de los servicios.
- Se celebran contratos distintos con **diferentes prestadores de servicios** si son:

– contratados en un único punto de venta y seleccionados antes de que el viajero acepte pagar;
– ofrecidos, vendidos o facturados a un precio a tanto alzado o global;
– anunciados o vendidos como «viaje combinado» o bajo una denominación similar;
– combinados después de la celebración de un contrato en virtud del cual el empresario permite al viajero elegir entre una selección de distintos tipos de servicios de viaje; o
– contratados con distintos empresarios a través de procesos de reserva en línea conectados en los que el nombre del viajero, sus datos de pago y su dirección de correo electrónico son transmitidos por el empresario con el que se celebra el primer contrato a otro u otros empresarios con quienes se celebra otro contrato, a más tardar 24 horas después de la confirmación de la reserva del primer servicio de viaje.

La combinación de servicios de viaje en la que se combina solo uno de los tipos de servicios de viaje con uno o varios de los servicios turísticos **no se considera un viaje combinado si** estos servicios turísticos no representan una proporción igual o superior al 25% del valor de la combinación y no se anuncian o no constituyen por alguna otra razón una característica esencial de la combinación, o si solo han sido seleccionados y contratados después de que se haya iniciado la ejecución de un servicio de viaje.
Además, quedan **excluidos** los viajes combinados y servicios vinculados:
- de duración inferior a 24 horas, a menos que se incluya el alojamiento;
- que se ofrezcan de manera ocasional y sin ánimo de lucro, únicamente a un grupo limitado de viajeros; o
- contratados sobre la base de un convenio general para la organización de viajes de negocios entre un empresario y otra persona que actúe con fines relacionados con su actividad comercial, negocio, oficio o profesión.

Precisiones 1) Se define como **servicio de viaje** el transporte de pasajeros, el alojamiento cuando no sea parte integrante del transporte de pasajeros y no tenga un fin residencial, el alquiler de vehículos de motor incluidas motocicletas que requieran permiso de conducir y cualquier otro servicio turístico que no forme parte integrante de un servicio de viaje (LGDCU art.151.1.a).
2) En cuanto al **precio global** del viaje, con independencia de los precios de cada uno de los servicios incluidos, la oferta debe abarcar un precio unitario para toda la actividad, sin que sea preciso desglosar el importe de cada uno de los servicios contratados. La **facturación separada** de alguno de los servicios no hace perder el carácter de viaje combinado.

2. Partes del contrato

3755 En el contrato de viaje combinado intervienen los siguientes elementos personales: el organizador o *tour operator*, el detallista y el consumidor.

3757 **Empresario de viaje** Los denominados «empresarios de viajes» son aquellos que llevan a cabo la labor de oferta, contratación y ejecución del viaje combinado. En tal sentido se puede distinguir entre (LGDCU art.151.1.g y h):
- **Organizador**: empresario que combina y vende u oferta viajes combinados directamente, a través de o junto con otro empresario, o el empresario que transmite los datos del viajero a otro empresario.
- **Minorista**: empresario distinto del organizador que vende u oferta viajes combinados por un organizador.

3759 Asimismo, el organizador y el detallista deben tener la consideración de **agencia de viajes**, de acuerdo con la normativa autonómica correspondiente.
Existen tres **tipos diferentes** de agencias de viajes:
- las **mayoristas** (proyectan, elaboran y organizan toda clase de servicios y paquetes turísticos, sin que puedan vender directamente sus productos a los consumidores);
- las **minoristas**, que comercializan el producto elaborado por las mayoristas, o bien organizan sus propios servicios y paquetes turísticos, si bien no pueden vender sus productos a otras minoristas; y
- las **mayoristas-minoristas**, que llevan a cabo simultáneamente ambas actividades.

La **configuración** de cada una de ellas como organizador o detallista, debe hacerse según las funciones que desarrollan para el concreto viaje combinado contratado, sin perjuicio de que una agencia de viajes exclusivamente mayorista, nunca puede ser considerada como detallista.
Estas diferencias inciden igualmente en el **régimen de responsabilidad** de cada uno de ellos, mucho más amplio en el caso del organizador que en el del detallista. Así, el organizador es quien realmente lleva a cabo la organización y ejecución del viaje, mientras que el detallista es un simple intermediario entre el consumidor y el organizador.

Viajero En cuanto al **concepto** de viajero, se trata de una definición propia alejada del concepto general de consumidor y más amplia que esta (nº 20). Lo decisivo no es tanto la actividad que desarrolla la persona que contrata, como la posición ocupada en el contrato de viajes combinados. Ello implica que se produce una equiparación entre consumidor y cliente, de tal manera que se puede afirmar que todo cliente que contrata un viaje combinado es consumidor a estos efectos, ampliando por tanto el concepto estricto de consumidor (p.e. puede incluirse en esta definición al empresario que lleva a cabo la adquisición de un viaje combinado para sus actividades empresariales). 3760

El consumidor puede ser cualquier persona en la que concurra la condición de:

- **Contratante principal**: persona física o jurídica que compra o se comprometa a comprar el viaje.
- **Beneficiario**: persona física en nombre de la cual el contratante principal se comprometa a comprar el viaje.
- **Cesionario**: persona física a la cual el contratante principal u otro beneficiario cede el viaje.

3. Derechos del viajero

El viajero ostenta una serie de derechos frente a los empresarios de viaje que llevan a cabo la oferta de viajes combinados. 3765

Información precontractual (LGDCU art.153 redacc RDL 7/2021) Se trata de una **obligación** habitualmente del minorista, en cuanto mediador y ofertante de los viajes combinados, pero que también se extiende al organizador en el caso de que este lleve a cabo la oferta directa de sus paquetes de viaje a los consumidores (en la modalidad de agencia de viajes mayorista-minorista). 3767

Así, antes de que el viajero quede obligado por cualquier contrato de viaje combinado u oferta correspondiente debe proporcionarse la siguiente información:

- Las principales **características de los servicios** de viaje:

- destinos del viaje, itinerario y períodos de estancia y número de pernoctaciones;
- medios de transporte, sus características y categorías, los puntos, fechas y horas de salida y de regreso, la duración, los lugares de las paradas intermedias y las conexiones de transporte. Si la hora exacta está aún por determinar, se informará al viajero de la hora aproximada de salida y de regreso;
- ubicación, las principales características y, si procede, la categoría turística del alojamiento con arreglo a las normas del correspondiente país de destino;
- comidas previstas;
- visitas, excursiones u otros servicios incluidos en el precio total acordado del viaje combinado;
- en caso de que esta información no pueda deducirse del contexto, indicación de si alguno de los servicios de viaje se prestará al viajero como parte de un grupo y, en caso afirmativo, cuando sea posible, el tamaño aproximado del grupo;
- si el disfrute de otros servicios turísticos depende de la capacidad del viajero para comunicarse verbalmente de manera eficaz, el idioma en que se prestarán dichos servicios;
- si el viaje o vacación es en términos generales apto para personas con movilidad reducida y, a petición del viajero, información precisa sobre la idoneidad del viaje o vacación en función de sus necesidades.

- El **nombre comercial y dirección** completa del organizador y, en su caso, del minorista, así como el número de teléfono y la dirección de correo electrónico de ambos.
- El **precio total** del viaje combinado con todos los impuestos incluidos y, en su caso, todas las comisiones, recargos y otros costes adicionales o, si dichos costes no pueden calcularse razonablemente antes de la celebración del contrato, una indicación del tipo de costes adicionales que el viajero podría tener que soportar.

• Las **modalidades de pago**, incluido cualquier importe o porcentaje del precio que deba abonarse en concepto de anticipo y los plazos para abonar el saldo, o las garantías financieras que tenga que pagar o aportar el viajero.
• El **número mínimo de personas** necesario para la realización del viaje combinado y la fecha límite para cancelar el viaje si no se alcanza (nº 3773).

Precisiones 1) En el caso de **gastos adicionales** correspondientes a los servicios incluidos en el viaje combinado que deba asumir el consumidor y que no se abonen al organizador o detallista, información sobre su existencia y, si se conoce, su importe.
2) La obligación de proporcionar toda la información necesaria al consumidor antes del inicio del viaje se extiende al deber de comunicar si es imprescindible un **visado** para poder efectuar el viaje (AP Baleares 11-4-11, EDJ 76803; AP Alicante 28-4-10, EDJ 133896).
3) No obstante, el alcance de la obligación de información asumido por la organizadora y detallista no incluye el deber de suministrar una información de carácter puntual, pormenorizada y constante de la **situación climatológica** del lugar del destino vacacional, ya que resulta plena y perfectamente accesible, con un mínimo de diligencia, a cualquier persona interesada que se dispone a realizar un viaje (AP Madrid 13-3-12, EDJ 43340).

3769 La importancia de la información precontractual es de gran **trascendencia jurídica**, pues la información contenida en la oferta es vinculante para los empresarios de viajes, tanto el organizador como el detallista. Esta consecuencia hay que ponerla en relación con la integración del contrato con la **publicidad**. Ello implica que el empresario debe de poder estar en condiciones de prestar los servicios que ha ofertado y, a su vez, el consumidor puede reclamar el cumplimiento en los términos ofertados.
Se prevén una serie de **excepciones** a dicho carácter vinculante de la oferta en los siguientes casos (LGDCU art.154):
– **comunicación por escrito** al viajero antes de la celebración del contrato, siempre que dicha posibilidad de cambio se haya hecho constar expresamente en el contrato;
– cuando las **modificaciones** se lleven a cabo previo acuerdo de las partes por escrito.

3770 **Desistimiento** (LGDCU art.160) Las especiales características de este tipo de contrato determina la presencia de diversas **especialidades** en relación al derecho de desistimiento establecido con carácter general:
• **Fundamento**: no se puede obligar al viajero a realizar un viaje que no puede o no desea realizar, sin perjuicio de que esta facultad esté económicamente condicionada para evitar que el simple capricho de un viajero genere grandes perjuicios a los empresario de viajes o incluso a otros consumidores que hubieran podido contratar el mismo viaje.
• **Carácter recíproco del derecho**: el empresario organizador del viaje puede igualmente desistir del contrato, por lo que se le reconoce una facultad unilateral del que le permite cancelar el viaje combinado **antes de la fecha de salida**, asumiendo una serie de costes económicos a favor del viajero derivados de dicha cancelación.
• **Inexistencia de requisitos:** el viajero puede dejar sin efecto el contrato en todo momento; por lo que al principio de libertad de forma que rige con carácter general en el derecho de desistimiento (nº 640 s.), hay que añadir el de **libertad de plazo**, si bien el plazo influye en el importe de la cuantía económica de la indemnización a favor del organizador o detallista.
• **Efectos:** no rige el principio de indemnidad reconocido al viajero en el resto de los contratos con derecho de desistimiento; el viajero sigue teniendo derecho a obtener la devolución del importe de las cantidades entregadas a cuenta, pero debe de indemnizar al organizador o detallista, salvo cuando concurran **circunstancias inevitables y extraordinarias** en el lugar de destino o en las inmediaciones (guerras, golpes de Estado, desastres naturales, etc.).

3772 La **penalización para el viajero** debe ser razonable y estar basada en la antelación de la resolución del contrato con respecto al inicio del viaje combinado y en el ahorro de costes y los ingresos esperados por la utilización alternativa de los servicios de viaje. En ausencia de una penalización tipo, el importe de la penalización por la resolución del contrato equivaldrá al precio del viaje combinado menos el ahorro de costes y los ingresos derivados de la utilización alternativa de los servicios de viaje. El organizador o minorista debe facilitar al viajero que lo solicite una justificación del importe de la penalización.

Cuando es el **organizador o el minorista quienes cancelan el contrato**, deben reembolsar al viajero la totalidad de los pagos que este haya realizado, pero no son responsable de compensación adicional alguna si: **3773**
• El **número de personas inscritas** para el viaje combinado es inferior al número mínimo especificado en el contrato y notifican al viajero dentro del **plazo** fijado que no puede superior a:
- en viajes de más de 6 días: 20 días antes del viaje;
- en viajes de entre 2 y 6 días: 7 días antes del viaje; y
- en viajes de menos de 2 días: 48 horas antes del viaje.
• El organizador se ve en la imposibilidad de ejecutar el contrato por **circunstancias inevitables y extraordinarias** y se notifica la cancelación al viajero sin demora indebida antes del inicio del viaje combinado.
Si el viaje combinado se contrató **fuera de establecimiento mercantil**, el viajero tiene de un plazo de 14 días para desistir del contrato sin necesidad de ninguna justificación.

Precisiones Si se aprecian **sustanciales modificaciones** atinentes al vuelo –que pasa de ser directo a serlo con escala intermedia–; a la categoría del hotel y la desaparición de las excursiones previstas para esos días, cabe concluir que se produce un incumplimiento esencial por parte de la agencia de viajes, tanto de sus obligaciones legales, como de mantenimiento de los términos pactados, que motiva, no un desistimiento unilateral por parte de los viajeros, sino un desistimiento justificado o causal en términos de resolución del contrato (AP Córdoba 23-3-10, EDJ 197497).

Cesión de la reserva (LGDCU art.157) Se reconoce como un derecho del viajero la posibilidad de que pueda ceder gratuitamente su reserva de viaje combinado a otra persona, que se constituye en cesionario del mismo. Se trata de una **decisión unilateral** del contratante principal o del beneficiario que no precisa de la aceptación por parte del organizador, y su ejercicio no tiene ningún tipo de consecuencia económica ni para el cedente ni para el cesionario. **3775**
No obstante, existen una serie de **condiciones** que sí deben cumplirse para la eficacia de esta cesión contractual:
- el cesionario debe reunir las condiciones requeridas para el viaje combinado contratado;
- el cedente debe comunicar la cesión en soporte duradero al minorista o al organizador con una antelación mínima de 7 días; y
- cedente y cesionario **responden solidariamente** frente al minorista o, en su caso, el organizador del pago del saldo del precio del viaje combinado, así como de los gastos adicionales justificados que pudiera haber causado la cesión.

Precisiones Los **costes de la cesión** en ningún caso pueden sobrepasar los gastos reales soportados por el minorista o el organizador.

4. Contrato: forma, contenido y alteraciones
(LGDCU art.155)

El contrato es el **acuerdo** celebrado entre el viajero y el organizador del viaje, de tal manera que el detallista actúa como simple intermediario entre ambos, y ello con independencia de que las gestiones o tratos sean llevados directamente a cabo por el viajero con dicho detallista. **3780**
No existe vinculación entre el viajero y los **prestadores de servicios** (transporte, alojamiento, actividades), pues estos se relacionan directamente con el organizador del viaje. Estas características suponen una de las particularidades más relevantes del contrato de viaje combinado, y a la vez, una de las principales fuentes de problemas.
Otra relación problemática es la relación entre el viajero y la **franquiciadora de la agencia** con la que contrata. Aunque hay que partir que la relación jurídica entre una

agencia y su franquiciadora es ajena al viajero, este se guía por la publicidad, forma en la que la franquiciadora aparece en el contrato, etc. (p.e. si el emblema de la franquiciadora aparece destacado); el conocimiento y consentimiento de la franquiciadora para el uso de su denominación comercial puede resultar definitiva a la hora de considerar a la franquiciadora como responsable en concepto de organizadora (TS 4-12-18, EDJ 651811).

3782 **Forma del contrato** El contrato de viaje combinado debe estar **redactado** en un lenguaje claro y comprensible y, si están por escrito, deben ser legibles. El organizador o el minorista, debe proporcionar al viajero una **copia o confirmación del contrato** en un soporte duradero y el viajero puede reclamar una copia del **contrato en papel** si se ha celebrado en presencia física de ambas partes.

3784 **Contenido del contrato** Este contrato debe tener un contenido mínimo que incluye, además de toda la información precontractual (nº 3760), los siguientes **datos**:
- necesidades especiales del viajero aceptadas por el organizador (tales como comida vegetariana, cuna de bebé en la habitación, balcón con vistas al mar, etc.);
- indicación de la responsabilidad del organizador y minorista sobre la correcta ejecución del contrato;
- la obligación del organizador y el minorista a prestar asistencia;
- nombre de la entidad garante en caso de insolvencia, el nombre de la entidad garante del cumplimiento de la ejecución del contrato de viaje combinado, y los datos de contacto, incluida su dirección completa, en un documento resumen o certificado y, cuando proceda, el nombre de la autoridad competente designada a tal fin y sus datos de contacto;
- nombre y todos los datos de contacto del representante local del organizador o minorista, de un punto de contacto o de otro servicio que permita al viajero comunicar con cualquiera de ellos;
- la necesidad de comunicar toda falta de conformidad advertida durante la ejecución del viaje combinado;
- si viajan menores no acompañados por un familiar o adulto autorizado y el viaje incluye alojamiento, información que permita el contacto directo con el menor o con la persona responsable del mismo en el lugar de estancia de este;
- procedimientos internos de tramitación de reclamaciones disponibles y sistemas de resolución alternativa de litigios; y
- la posibilidad de ceder el contrato (nº 3775).

3790 **Alteraciones del contrato** El contrato de viaje combinado puede verse afectado por multitud de **avatares** que pueden llegar incluso a frustrarlo por completo (condiciones climatológicas extremas, conflictos sociales o armados, fluctuación de divisas, desastres naturales, aprobación o modificación de tasas turísticas, huelgas, etc.). Por ello, hay veces que los organizadores o minoristas pueden verse empujados a modificar elementos del contrato.

3792 **Modificación del precio** (LGDCU art.158) El precio del viaje combinado, después de celebrado el contrato, no puede modificarse **salvo** si:
• La organizadora o minorista se **reserva expresamente** esa posibilidad en el contrato.
• Está **motivado por**:
- cambios en el precio de transporte derivados del combustible;
- nivel de impuestos o tasas sobre servicios incluidos en el contrato (recargos turísticos, tasas de aterrizaje, etc.); o
- fluctuaciones en tipos de cambio de divisa.
• Se establece, como **contramedida**, que el viajero tiene derecho a una reducción del precio si disminuyen los costes.
• Se **notifica** al viajero, como máximo 20 días antes del viaje, de forma clara y se justifica el incremento con el cálculo en soporte duradero.

Si se reserva la posibilidad de modificación del precio, debe indicarse en el contrato el **método para calcular** las revisiones del coste y su repercusión en el precio.
Si el aumento de precio notificado por el organizador o minorista al viajero **excede del 8%** del precio total del viaje combinado, puede resolver el contrato sin penalización (nº 3796).

Precisiones Si se produce una **disminución del precio**, el organizador o minorista pueden deducir los gastos administrativos reales del reembolso debido al viajero, gastos que debe probar si lo solicita el viajero.

Modificación de otras cláusulas (LGDCU art.159) Una vez firmado el contrato por las partes, antes del inicio del viaje, sus cláusulas no pueden ser modificadas por el organizador **salvo** si: 3794
- se ha reservado el derecho en el contrato;
- el cambio es insignificante (p.e. cambiar una hora de una excursión); y
- se informa al viajero de forma clara, comprensible y destacada en un soporte duradero.

El organizador o minorista debe **comunicar** la modificación al viajero de forma clara, comprensible, destacada en un soporte duradero con:
- las modificaciones propuestas;
- su repercusión en el precio del viaje combinado;
- un plazo razonable para que el viajero se pronuncie;
- el viaje combinado sustitutivo ofrecido y su precio.

Recibida la comunicación, el **viajero puede**:
- aceptar el cambio propuesto;
- resolver el contrato en ciertos casos (nº 3796); o
- no optar, entendiéndose que resuelve el contrato.

Si las modificaciones del contrato o el viaje combinado sustitutivo dan lugar a un **viaje de calidad o coste inferior**, el viajero tiene derecho a la reducción del precio (p.e. si se cambia a un hotel con menos estrellas que el original).

Cancelación del contrato (LGDCU art.159.3) El viajero, tras ser notificado por el organizador o minorista de cambios en el contrato o el precio del viaje combinado, puede **resolver el contrato** sin ningún tipo de penalización si: 3796
- se modifica alguna de las principales características de los servicios de viaje de forma sustancial;
- no puede cumplirse con alguno de los requisitos especiales; o
- se aumentar el precio del viaje en más del 8%.

En caso de resolución, el organizador o minorista debe **reembolsar** todos los pagos realizados en un **plazo** no superior a 14 días desde la fecha de resolución del contrato.
Además, el organizador o minorista debe **indemnizar** adecuadamente por cualquier daño o perjuicio que sufra el viajero (nº 3803).

5. Responsabilidad del organizador o minorista

El viajero tiene enfrente a dos personas a las que reclamar: el detallista y el organizador. No obstante, a pesar de esta diferenciación jurídica, la responsabilidad se corresponde con la ejecución del contrato, resolviendo la cuestión relativa a la responsabilidad final de la **prestación de servicios**, de forma que, para proteger al viajero, recae tanto sobre el organizador como sobre el detallista; dejando fuera de dicha responsabilidad a los **prestadores finales** de los bienes o servicios contratados, lo que sin duda dificultaría la posibilidad de reclamación por parte del viajero (nº 3759). 3800
Las **características generales** de este régimen de responsabilidad son:
- Es **exclusiva** frente al viajero que abarca a las obligaciones asumidas en el contrato de viaje, sin posibilidad de extenderla a los prestadores de servicios.
- El **alcance** de dicha responsabilidad abarca:

– el correcto **cumplimiento de las obligaciones** derivadas del contrato, con independencia de que estas las deban ejecutar ellos mismos u otros prestadores de servicios, así como los daños sufridos por el viajero y usuario como consecuencia de la no ejecución o ejecución deficiente del contrato;
– el **carácter solidario** de la responsabilidad de cuantos empresarios concurran conjuntamente en el contrato, cualquiera que sea su clase y las relaciones que existan entre ellos, sin perjuicio del **derecho de repetición** entre los mismos derivado de su respectiva gestión; y
– limitada a las previsiones de los **convenios internacionales** reguladores de dichas prestaciones.

Precisiones **1)** La **técnica de la solidaridad** permite favorecer la posición del viajero para que pueda demandar donde contrató, sin tener que afrontar el costo de foros inverosímiles (transportistas, hosteleros o mayoristas extranjeros), y sin el riesgo de que se le oponga como excepción responsabilidades de terceros de muy complicada discusión (AP Zaragoza 15-5-20, EDJ 602812; AP Araba 15-12-11, EDJ 331915).
2) En cuanto a la indemnización derivada de esta responsabilidad, debe incluir los gastos (debidamente acreditados) y también los **daños morales**, que son aquellos que se sustantivizan referidos al dolor, sufrimiento, tristeza desazón o inquietud para la persona que los padece (AP Madrid 19-3-18, EDJ 84872; AP Santa Cruz de Tenerife 29-11-10, EDJ 366930).

3801 Una vez iniciado el viaje combinado contratado, durante su transcurso, el viajero tiene derecho a recibir las prestaciones pactadas en el contrato. Para los casos en los que el desarrollo el **viaje no se ajusta a los términos pactados**, la ley establece una serie de obligaciones del organizador o minorista a los efectos de paliar los posibles perjuicios ocasionados al viajero (LGDCU art.161).
Lo primero que es preciso destacar es que no es suficiente para la **aplicación** del régimen de responsabilidad cualquier incumplimiento de las condiciones pactadas, sino que el incumplimiento debe suponer la imposibilidad de suministrar una parte importante de los servicios previstos en el contrato.
Ante esta situación, el organizador o minorista debe:
• Adoptar los mecanismos adecuados para la **continuación del viaje** organizado, sin suplemento de precio para el viajero y, en su caso, abonar diferencia entre las prestaciones previstas y suministradas.
• Si no puede continuarse el viaje o el viajero no acepta las soluciones propuestas por motivos razonables, el organizador o minorista debe facilitar, sin suplemento de precio, un **medio de transporte** equivalente al utilizado en el viaje para regresar, sin perjuicio de la indemnización que en su caso proceda.
Para cualquier **otra falta de conformidad**, el viajero debe comunicarla, sin demora, al organizador o minorista para que la subsane. Si el organizador o minorista no subsana la falta de conformidad en un plazo razonable, el propio viajero puede hacerlo y solicitar el reembolso de los gastos. El organizador o minorista no tiene obligación de subsanar la falta de conformidad si resulta imposible o entraña un coste desproporcionado respecto al valor del viaje o la falta de conformidad.
En cualquier caso, el viajero tiene derecho a una **reducción del precio** por las faltas de conformidad a no ser que sean debidas al propio viajero (LGDCU art.162.1).

Precisiones **1)** Se considera que hay **aceptación tácita** del viajero, si continúa el viaje con las soluciones dadas por el organizador.
2) El viajero solo puede **rechazar las fórmulas alternativas** propuestas por el organizador o minorista si no son comparables a lo acordado en el contrato de viaje combinado o si la reducción del precio es inadecuada.
3) Si es **imposible garantizar el retorno del viajero** debido a circunstancias inevitables y extraordinarias (p.e. la erupción de un volcán que impida los vuelos), el organizador o minorista debe asumir el coste del alojamiento en categoría equivalente, por un período no superior a 3 noches por viajero.
4) En el caso de un viajero que mostró su falta de conformidad con el hotel y el organizador no le ofreció ninguna solución, el **propio viajero cambió de hotel** y después solicitó el reembolso. El viajero se cambió a un **hotel de categoría superior** y su coste se consideró como desproporcionado en relación al coste del viaje (AP Barcelona 4-2-19, EDJ 507070).

Indemnización por daños y perjuicios (LGDCU art.162) El viajero tiene **derecho** a recibir una indemnización adecuada, sin demora, del organizador o minorista por cualquier daño o perjuicio que sufra como consecuencia de las faltas de conformidad con el contrato. 3803

El organizador o minorista **no debe indemnizar** al viajero si demuestra que la falta de conformidad es:

- imputable al viajero o a un tercero ajeno a la prestación de los servicios contratados (p.e. si al viajero le roban la cartera en la calle); o
- debida a circunstancias inevitables y extraordinarias.

Son de aplicación las **limitaciones, alcance y condiciones de pago** incluidos en los convenios internacionales que vinculan a la Unión Europea. También puede limitarse la indemnización en el contrato siempre que no se aplique a los daños corporales o perjuicios causados de forma intencionada o por negligencia y que su importe no sea inferior al triple del precio total del viaje.

Respecto a este tema hay que estar también a lo que disponga la siguiente **normativa europea** que resulta de aplicación:

- Rgto CE/261/2004, sobre compensación y asistencia a los pasajeros aéreos en caso de denegación de embarque y de cancelación o gran retraso de los vuelos.
- Rgto CE/1371/2007, de los derechos y las obligaciones de los viajeros de ferrocarril.
- Rgto CE/392/2009, de responsabilidad de los transportistas de pasajeros por mar en caso de accidente.
- Rgto UE/1177/2010, de derechos de los pasajeros que viajan por mar y por vías navegables.
- Rgto UE/181/2011, de los derechos de los viajeros de autobús y autocar.

La indemnización concedida en virtud de la LGDCU y la concedida en virtud de dichos reglamentos y convenios internacionales se deducen la una de la otra para evitar el **exceso de indemnización**.

Precisiones **1)** En cuanto al **daño moral** las AP suelen conceder indemnización en supuestos como las **lunas de miel o regalos de aniversario** por las connotaciones personales y sentimentales que ello conlleva (AP Cáceres 31-5-06, EDJ 90077; AP Cantabria 7-11-07, EDJ 194821; AP Bizkaia 23-5-07, EDJ 165573).

2) En un caso que se declaró un **daño moral** indemnizable, se consideró adecuado indemnizar en la cuantía de la mitad del precio satisfecho por el viaje, pues de otro modo, si se otorgara una indemnización mayor, se podría dar lugar a un **enriquecimiento injusto**, convirtiendo un contrato oneroso en gratuito, teniendo en cuenta que el viajero y su familia, aunque en unas condiciones de calidad inferiores a la expectativas, disfrutaron de una semana de vacaciones (AP Barcelona 18-2-19, EDJ 512090).

SECCIÓN 6

Telecomunicaciones

3805

El sector de las telecomunicaciones se ha desarrollado de manera espectacular en las últimas décadas, siendo por ello millones los consumidores y usuarios, según los casos, de los diferentes productos y servicios que se integran en dicho sector. 3810
Ese **consumo masivo**, unido a la **sofisticada tecnología** que incorpora la mayoría de los productos de telecomunicaciones, hace que los defectos de fabricación o de funcionamiento sean especialmente frecuentes. Ello obliga a dotar a los consumidores y usuarios de los servicios de telecomunicaciones de procedimientos que protejan de modo efectivo sus derechos.

La protección de los derechos de los consumidores y usuarios en materia de telecomunicaciones está recogida en la L 11/2022, General de Telecomunicaciones y el RD

899/2009, de la carta de derechos del usuario de los servicios de comunicaciones electrónicas que contiene una amplia regulación de los derechos de los consumidores y usuarios en esta materia.
Respecto a las telecomunicaciones, debe aclararse qué se entiende por **usuario final**. Se define como tal el usuario que no explota redes públicas de comunicaciones ni presta servicios de comunicaciones electrónicas disponibles al público, ni tampoco los revende (RD 899/2009 art.1.2.f); es decir, el destinatario último del servicio, que lo aprovecha de modo directo, que está, pues, al final de la cadena de producción y comercialización del servicio.

A. Telefonía e internet

3812

1. Derechos del usuario

3815

a. Servicio universal

3820 Se **define** servicio universal como el conjunto definido de servicios cuya prestación se garantiza para todos los usuarios finales con independencia de su localización geográfica, con una calidad determinada y a un precio asequible (RD 899/2009 art.4).
Los **derechos** que se garantizan al servicio universal son los siguientes:
- **conexión a la red telefónica pública** desde una ubicación fija y acceso a la prestación del servicio telefónico disponible al público;
- disposición al público de una guía general de **números de abonados**;
- existencia de una oferta suficiente de **teléfonos públicos de pago** en todo el territorio nacional;
- acceso al servicio telefónico disponible de **personas con discapacidad** en condiciones equiparables a las que se ofrecen al resto de usuarios finales (nº 3920);
- acceso de las personas con **necesidades sociales especiales** de opciones o paquetes de tarifas que difieran de las aplicadas en condiciones normales de explotación comercial y que les permitan tener acceso al servicio telefónico disponible al público desde una ubicación fija y hacer uso de este; y
- aplicación, cuando proceda, de **opciones tarifarias especiales** o limitaciones de precios, tarifas comunes, equiparación por zonas u otros regímenes similares, de acuerdo con condiciones transparentes, públicas y no discriminatorias.

3825 **Contrato** (RD 899/2009 art.5) Los usuarios finales de servicios de comunicaciones electrónicas tienen derecho a celebrar contratos con los **operadores** y a recibir el servicio en las condiciones pactadas con ellos.
La **formalización y entrega** del contrato se rige por lo dispuesto en el LGDCU y otras leyes complementarias, sin perjuicio de otras formalidades adicionales que, en su caso, se establezcan en la regulación de la portabilidad y la preselección.
Los operadores no pueden **acceder a la línea** de un usuario final sin su consentimiento expreso e inequívoco.
En relación con el **servicio de banda ancha** para acceder a internet, el operador no puede aplicar al usuario final una oferta cuya velocidad máxima publicitada sea

superior a la velocidad máxima que admita la tecnología utilizada sobre su bucle local o en el enlace de acceso.
El operador debe informar al usuario final, antes de su contratación, de los factores relevantes que limitan la **velocidad efectiva** que puede experimentar el usuario, diferenciando aquellos sobre los que tiene control el operador de los ajenos al mismo.

Precisiones Los operadores que presten el servicio telefónico disponible al público desde una ubicación fija únicamente pueden exigir a los abonados a dicho servicio la constitución de un **depósito de garantía**, tanto en el momento de contratar como durante la vigencia del contrato, en los siguientes supuestos (RD 899/2009 art.6):
- en los contratos de abono al servicio telefónico disponible al público desde una ubicación fija solicitado por personas físicas o jurídicas que sean o hayan sido con anterioridad abonados al servicio y hubieran dejado impagados uno o varios recibos, en tanto subsista la **morosidad**;
- en los contratos de abono al servicio telefónico disponible al público desde una ubicación fija cuyos titulares tuvieran contraídas deudas por otro u otros contratos de abono, vigentes o no en ese momento, o bien que de modo reiterado se **retrasen en el pago** de los recibos correspondientes;
- para los abonados al servicio telefónico disponible al público desde una ubicación fija titulares de líneas que dan servicio a equipos **terminales de uso público** para su explotación por terceros en establecimientos públicos;
- en los contratos para la prestación de servicios de **tarificación adicional** formalizados entre los operadores de red y los prestadores de dichos servicios;
- en aquellos supuestos en que excepcionalmente lo autorice la Secretaría de Estado de Telecomunicaciones e Infraestructuras Digitales, a petición de los operadores, en casos de existencia de **fraude** o tipos de fraude detectados de modo cierto y para asegurar el cumplimiento del contrato por los usuarios finales.

La cuantía de los depósitos, su duración, el procedimiento para su constitución y devolución, así como si serán o no remunerados se determinará mediante orden del ministro con competencias en la materia.
A los depósitos de garantía para **servicios distintos al telefónico desde una ubicación fija** se aplica lo dispuesto en los correspondientes contratos de abono o de prepago, con sujeción, en todo caso, a lo previsto en la normativa general sobre protección de los consumidores y usuarios.

Contenido (RD 899/2009 art.8) Los contratos que celebran los usuarios finales de servi- **3830**
cios de comunicaciones electrónicas con los operadores deben precisar, como mínimo, los siguientes aspectos:
- el nombre o razón social del **operador** y el domicilio de su sede o establecimiento principal;
- el teléfono de **atención al cliente** y, en su caso, otras vías de acceso a dicho servicio;
- las **características del servicio** de comunicaciones electrónicas ofrecido, debiendo figurar el derecho de desconexión (nº 3887);
- los **niveles individuales de calidad** de servicio establecidos conforme a lo que determine el Ministerio competente;
- los precios y otras **condiciones económicas** de los servicios;
- **el período contractual**, indicando, en su caso, la existencia de plazos mínimos de contratación y de renovación, así como, en su caso, las consecuencias de su posible incumplimiento;
- el detalle, en su caso, de los **vínculos** existentes entre el contrato de servicio de comunicaciones electrónicas y otros contratos, como los relativos a la adquisición de aparatos terminales;
- política de **compensaciones y reembolsos**, con indicación de los mecanismos de indemnización o reembolso ofrecidos, así como el método de determinación de su importe;
- características del servicio de mantenimiento incluido y otras opciones;
- procedimientos de **resolución de litigios** con inclusión, en su caso, de otros que haya creado el propio operador;
- causas y formas de **extinción y renovación** del contrato de abono;

- dirección postal y de correo electrónico del departamento o servicio especializado de **atención al cliente** (nº 3890);
- página de internet en que figura la **información** que el operador debe publicar;
- reconocimiento del derecho a la elección del **medio de pago**, de entre los comúnmente utilizados en el tráfico comercial; e
- información referida al tratamiento de los **datos de carácter personal** del cliente (nº 3906).

Precisiones 1) El **contenido mínimo** debe constar también en las condiciones generales y particulares de los contratos de los usuarios finales de servicios de comunicaciones electrónicas, **en la modalidad de prepago**. En dichas condiciones generales, debe figurar el procedimiento, para conocer el saldo y el detalle del consumo, así como para la recarga.
2) Los contratos de servicios de comunicaciones electrónicas solo pueden ser **modificados** por los motivos válidos expresamente previstos en el contrato.
El usuario final tiene derecho a **resolver anticipadamente** y sin penalización alguna el contrato en los supuestos previstos en el propio contrato.
Los operadores deben notificar al usuario final las modificaciones contractuales con una **antelación mínima** de un mes, informando expresamente en la notificación de su derecho a resolver anticipadamente el contrato sin penalización alguna.

3835 **Extinción** (RD 899/2009 art.7) El contrato se extingue por las causas generales de extinción de los contratos y, especialmente, por voluntad del abonado, **comunicándolo** previamente al operador con una antelación mínima de 2 días hábiles al momento en que ha de surtir efectos.
El operador se ha de abstener de **facturar** y cobrar cualquier cantidad que se haya podido devengar, por causa no imputable al usuario final, con posterioridad al plazo de 2 días en que debió surtir efectos la baja.
El **procedimiento** habilitado por el operador para que el consumidor haga uso de este derecho se debe ajustar a lo que se indica en el RD 899/2009 art.26.2, garantizando en todo caso al usuario la constancia del contenido de su solicitud de baja en el servicio.

3840 **Cambio de operador** (RD 899/2009 art.10) Con independencia de los mecanismos que utilicen los operadores para el acceso a las redes, los procesos de cambio de operador se realizan, con carácter general, a través de la baja del usuario final con el operador de origen y el alta con el de destino. A los efectos de **tramitación de la baja**, el abonado debe comunicarla directamente al operador de origen conforme al procedimiento que figure en el contrato.
No obstante, la recepción por el operador de origen de una solicitud válida de cambio de operador con conservación de número implica la baja con dicho operador de todos los **servicios asociados** al servicio telefónico identificado por la numeración portada. La baja surtirá efectos a partir del momento en que el operador de origen deje de prestar efectivamente el servicio.
En caso de que un operador preste servicios soportados por una **línea de acceso de titularidad de otro operador**, una notificación por este a aquel, a través de los procedimientos regulados para el acceso a las redes, de baja técnica que haga imposible la continuación en la prestación del servicio debe ser considerada por ese operador como una baja contractual, una vez haya dejado de tener acceso a la red.
Los abonados al servicio telefónico disponible al público tienen derecho, previa solicitud, a **conservar los números** que les hayan sido asignados en los términos establecidos en el RD 2296/2004, por el que se aprueba el Reglamento sobre Mercados de Comunicaciones Electrónicas, Acceso a las Redes y Numeración.

b. Información veraz

(RD 899/2009 art.12)

3845 Antes de contratar, los operadores de comunicaciones electrónicas deben poner a disposición del usuario final de forma clara, comprensible y adaptada a las circunstancias la información veraz, eficaz, suficiente y transparente sobre las **característi-**

cas del contrato, en particular sobre sus condiciones jurídicas y económicas y de los servicios objeto del mismo.
Los operadores de servicios de comunicaciones electrónicas deben publicar sus **condiciones generales de contratación** en un lugar fácilmente accesible de su página de internet. Asimismo, deben facilitar dichas condiciones por escrito, si así lo solicita un usuario final, que no afronta gasto alguno por su recepción, y deben informar sobre ellas en el teléfono de atención al público, que tiene el coste máximo del precio ordinario del servicio de telecomunicaciones sin recargo.

Los operadores que presten el **servicio telefónico disponible al público** han de facilitar, por los medios antes indicados, la siguiente información: **3847**
- su **nombre o razón social** y el domicilio de su sede o establecimiento principal;
- en relación con el **servicio telefónico** disponible al público que prestan;
- descripción de los **servicios ofrecidos**, indicando todos los conceptos que se incluyen en la cuota de alta, en la cuota de abono y en otras cuotas de facturación periódica;
- **tarifas generales**, que incluyan la cuota de acceso y todo tipo de cuota de utilización y mantenimiento, con inclusión de información detallada sobre reducciones y tarifas especiales y moduladas;
- política de **compensaciones y reembolsos**, con detalles concretos de los mecanismos de indemnización y reembolso ofrecidos;
- tipos de **servicios de mantenimiento** incluidos y otras opciones;
- **condiciones normales de contratación**, incluido el plazo mínimo, en su caso;
- procedimientos de **resolución de conflictos**, con inclusión de los creados por el propio operador; e
- **información**, en su caso, acerca de los derechos en relación con el servicio universal (nº 3820).

Los operadores que presten las facilidades de **identificación de la línea** llamante y de la línea conectada deben comunicar la información relativa a la prestación de dichas facilidades por los medios indicados (nº 3845).

Precisiones Las **comunicaciones comerciales** en las que se haga referencia a ofertas sujetas a limitaciones temporales o de otra índole deben informar, de una forma adecuada a las limitaciones del medio utilizado para la comunicación, de tales limitaciones. Las limitaciones temporales a las que, en su caso, estén sujetas las ofertas deben ser razonables (RD 899/2009 art.13).

c. Garantía de calidad

(RD 899/2009 art.14)

Los operadores que presten servicios de comunicaciones electrónicas deben publicar información detallada, comparable, pertinente, fácilmente comprensible, accesible y actualizada sobre la calidad de los servicios que presten. Esta **información** tiene que constar en la página de internet del operador. **3850**
Los parámetros y métodos para su **medición** deben estar disponibles para los consumidores que sean personas físicas y otros usuarios finales. A tales efectos, el ministro con competencia en la materia puede especificar, mediante orden, entre otros elementos, los **parámetros de calidad** de servicio que han de cuantificarse, así como el contenido y formato de la información que debe hacerse pública, las modalidades de su publicación y las condiciones orientadas a garantizar la fiabilidad y la posibilidad de comparación de los datos, incluida la realización anual de auditorías.
Los prestadores de servicios de comunicaciones electrónicas disponibles al público deben facilitar al ministerio con competencias en la materia, previa petición, la información de calidad de servicio que le requiera para la **publicación de síntesis comparativas** y para el control y seguimiento de las condiciones de prestación de los servicios y de las obligaciones de carácter público.
Mediante orden del ministro con competencias en la materia pueden establecerse mecanismos para garantizar la **exactitud de la facturación** realizada, incluyendo, en particular, la necesidad de que determinadas categorías de operadores, como aque-

llos que prestan servicio con tarificación en función de la duración de la conexión, del volumen de información o de la distancia, tengan que acreditar que sus sistemas de medida, de tarificación y de gestión de la facturación cumplan con normas de aseguramiento de la calidad como las de la familia ISO 9000.

d. Continuidad

3855

3860 **Interrupción temporal del servicio telefónico** (RD 899/2009 art.15) Cuando, durante un período de facturación, un abonado sufra interrupciones temporales del servicio telefónico disponible al público, el operador está obligado a **indemnizarle** con una cantidad igual, al menos, a la mayor de las dos siguientes:
- el **promedio del importe facturado** por todos los servicios interrumpidos durante los 3 meses anteriores a la interrupción, prorrateado por el tiempo que haya durado la interrupción; o
- cinco veces la **cuota mensual de abono o equivalente** vigente en el momento de la interrupción, prorrateado por el tiempo de duración de esta.

Precisiones En caso de una **antigüedad inferior a 3 meses**, se considera el importe de la factura media en las mensualidades completas efectuadas o la que se hubiese obtenido en una mensualidad estimada de forma proporcional al período de consumo efectivo realizado.

3862 El operador está obligado a **indemnizar automáticamente** al abonado, en la factura correspondiente al período inmediato al considerado, cuando la interrupción del servicio suponga el derecho a una indemnización por importe superior a 1 euro.
En la **factura** correspondiente se debe hacer constar la fecha, duración y cálculo de la cuantía de la indemnización que corresponde al abonado.
En el caso de abonados sujetos a **modalidades prepago**, el correspondiente ajuste en el saldo se debe realizar en un plazo no superior al del resto de abonados.
En interrupciones por causas de **fuerza mayor**, el operador se limita a compensar automáticamente al abonado con la devolución del importe de la cuota de abono y otras independientes del tráfico, prorrateado por el tiempo que hubiera durado la interrupción.

3864 **No** hay **derecho a indemnización** cuando la interrupción temporal esté motivada por alguna de las causas siguientes:
- incumplimiento grave por los abonados de las **condiciones contractuales**, en especial, en caso de fraude o mora en el pago que dé lugar a la aplicación de la suspensión temporal e interrupción. En todo caso, la suspensión temporal o interrupción solo puede afectar al servicio en el que se hubiera producido el fraude o mora en el pago;
- por los **daños producidos en la red** debido a la conexión por el abonado de equipos terminales que no hayan evaluado la conformidad, de acuerdo con la normativa vigente; o
- incumplimiento del **código de conducta** por parte de un usuario que preste servicios de tarificación adicional, cuando la titularidad del contrato de abono corresponda a este último.

3865 **Interrupción temporal del servicio de internet** (RD 899/2009 art.16) Cuando, durante un período de facturación, un abonado sufra interrupciones temporales del servicio de acceso a internet, el operador debe **compensar** al abonado con la devolución del importe de la cuota de abono y otras cuotas fijas, prorrateadas por el tiempo que hubiera durado la interrupción.

A estos efectos, el operador está obligado a **indemnizar automáticamente** al abonado, en la factura correspondiente al período inmediato al considerado, cuando la interrupción del servicio, se haya producido de manera continua o discontinua, y sea superior a 6 horas en horario de 8:00 a 22:00. En la factura correspondiente se debe hacer constar la fecha, duración y cálculo de la cuantía de la compensación que corresponde al abonado.
El contrato de abono del servicio de acceso a internet debe recoger los **términos y condiciones** en que se dará cumplimiento a esta obligación.

No hay **derecho a indemnización** cuando la interrupción temporal esté motivada por alguna de las **causas** siguientes: **3866**
- incumplimiento grave por los abonados de las condiciones contractuales; o
- daños producidos en la red debido a la conexión por el abonado de equipos terminales que no hayan evaluado la conformidad, de acuerdo con la normativa vigente.

Precisiones A los efectos del derecho a indemnización o compensación por la interrupción del servicio de acceso a internet, y para la determinación de su cuantía, cuando un operador incluya en su oferta la posibilidad de contratar **conjuntamente servicios de telefonía con el acceso a internet**, puede indicar en su oferta la parte del precio que corresponde a cada servicio. De no hacerlo, se considera que el **precio de cada uno** es el proporcional al de su contratación por separado. Si el operador no comercializara los servicios por separado, se considera que el precio correspondiente al servicio de acceso a internet es del 50% del precio total.

Suspensión temporal por impago (RD 899/2009 art.19) El retraso en el pago total o parcial por el abonado durante un período superior a un mes desde la presentación a este del documento de cargo correspondiente a la facturación del **servicio telefónico** disponible al público desde una ubicación fija, puede dar lugar, previo aviso al abonado, a su suspensión temporal. El impago del cargo por los servicios de **acceso a internet** o de servicios de tarifas superiores, en especial del servicio de tarificación adicional, solo da lugar a la suspensión de tales servicios. **3868**
En caso de **reclamación**, corresponde al operador probar que ha realizado el aviso previo a la suspensión.
En el supuesto de suspensión temporal del servicio telefónico por impago, este debe ser mantenido para todas las **llamadas entrantes**, excepto las de cobro revertido, y las llamadas salientes de urgencias.
El abonado tiene derecho a solicitar y obtener gratuitamente del operador del servicio la **suspensión temporal** de este por un período determinado que no puede ser menor de un mes ni superior a 3 meses. El período no puede exceder, en ningún caso, de 90 días por año natural. En caso de suspensión, se debe deducir de la cuota de abono la mitad del importe proporcional correspondiente al tiempo al que afecte.

Suspensión definitiva por impago (RD 899/2009 art.20) El retraso en el pago del servicio telefónico disponible al público desde una ubicación fija por un **período** superior a 3 meses o la suspensión temporal, en dos ocasiones, del contrato por mora en el pago de los servicios correspondientes da derecho al operador, previo aviso al abonado, a la interrupción definitiva del servicio y a la correspondiente **resolución del contrato**. El impago del cargo por los servicios de acceso a internet o de servicios de tarifas superiores, en especial del servicio de tarificación adicional, solo da lugar a la interrupción de tales servicios **3870**
Las condiciones en que puede efectuarse la suspensión o interrupción del servicio por impago son fijados por orden ministerial. En la misma orden se regula el **procedimiento** a seguir para la suspensión o interrupción.

e. Facturación desglosada, desconexión y elección del medio de pago

3875

3877 **Facturación de los servicios de comunicaciones electrónicas** (RD 899/2009 art.21) Los usuarios finales tienen derecho a que los operadores les presenten facturas por los cargos en que hayan incurrido. Las facturas deben contener de forma obligatoria y debidamente diferenciados los **conceptos de precios** que se tarifican por los servicios que se prestan. Los abonados a modalidades prepago tienen derecho a obtener una información equivalente.

Los usuarios finales del servicio telefónico tienen derecho a obtener un **facturación detallada**, con el desglose que se establece a continuación, sin perjuicio del derecho de los abonados a no recibir facturas desglosadas (RD 424/2005 art.66).

Precisiones El RD 424/2005 art.66 dispone a este respecto que los abonados tienen derecho a recibir **facturas no desglosadas** cuando así lo soliciten a los operadores que tengan la obligación de prestar dicho servicio.

3880 **Facturación desglosada del servicio telefónico** (RD 899/2009 art.22) Los usuarios finales tienen derecho a que los operadores del servicio telefónico disponible al público les presenten facturas por los **cargos en que hayan incurrido**, diferenciando debidamente los conceptos de precios que se tarifican por los servicios que se prestan, e incluso, previa solicitud, a que les presenten **facturas independientes** para los servicios de tarificación adicional.

Asimismo, los usuarios finales del servicio telefónico disponible al público tienen derecho a obtener facturación detallada, sin perjuicio del derecho de los abonados a no recibir facturas desglosadas, con el nivel básico de detalle definido como el que incluye la **identificación separada** de los siguientes elementos:
- el período de facturación;
- la cuota mensual fija;
- otros cargos mensuales fijos;
- cualquier cuota fija no recurrente;
- detalle de todas las comunicaciones facturadas (número llamado, la fecha y hora de la llamada, la duración de la llamada, la tarifa aplicada y el coste total de la llamada). Las **llamadas** que tengan **carácter gratuito** para el abonado que efectúa la llamada no figurarán en la factura detallada de dicho abonado;
- datos agregados por grupos tarifarios diferenciados, tales como: metropolitanas, nacionales, internacionales, a móviles y tarificación adicional, que incluyan el número de llamadas efectuadas, el número total de minutos y el coste total de cada grupo;
- base imponible;
- total IVA o impuesto equivalente que le sea de aplicación; e
- importe total de la factura, impuestos incluidos.

3882 Los abonados a **modalidades prepago** deben tener derecho al acceso a una información equivalente, a través de los medios que se especifiquen en las correspondientes condiciones generales.

De acuerdo con lo establecido en el RD 424/2005 art.35.2.e), el **nivel básico de detalle** de las facturas del servicio telefónico disponible al público ha de ser ofrecido de forma gratuita por el operador que lo preste como obligación de servicio universal.

En los demás casos, cuando los operadores no ofrezcan con **carácter gratuito** dicho nivel básico de detalle, y también en relación con la información sobre los consumos realizados para los abonados de prepago, o para desgloses más detallados, los operadores deben especificar su precio dentro de las condiciones de prestación del servicio. No obstante, cuando una factura o una cuenta prepago sea objeto de **reclama-**

ción (nº 3910), el operador debe facilitar gratuitamente, previa solicitud del abonado, el nivel básico de detalle de la factura o cuenta reclamada.

Integración de otros cargos en la factura (RD 899/2009 art.23) En el supuesto de que en la factura de un servicio de comunicaciones electrónicas se incluyan importes correspondientes a servicios que no tienen tal naturaleza, es obligatorio que se efectúe el **desglose**, de manera que se pueda identificar el importe correspondiente al servicio o servicios de comunicaciones electrónicas. 3885

El **usuario final** que pague la parte de la factura que corresponda al servicio de comunicaciones electrónicas no puede ser suspendido en el mismo, sin perjuicio de la deuda que pueda subsistir por el importe impagado en otros conceptos. A estos efectos, en caso de **disconformidad con la factura**, el abonado tiene derecho, previa petición, a la obtención de facturas independientes para cada servicio. El incumplimiento faculta al usuario final a considerar que la totalidad de la factura se libra por servicios que no tienen la consideración de comunicaciones electrónicas, por lo que su impago no puede acarrear su suspensión.

Los usuarios finales tienen también derecho a obtener, a su solicitud, facturas independientes para los servicios de **tarificación adicional** y otros servicios de tarifas superiores y a las garantías sobre estos servicios que se establezcan por orden ministerial.

Los abonados a **modalidades prepago** tienen derecho a la información desglosada y a las garantías que acaban de indicarse.

Desconexión de determinados servicios (RD 899/2009 art.24) Los operadores que presten el servicio telefónico disponible al público deben garantizar a sus abonados el derecho a la desconexión de determinados servicios, entre los que se debe incluir, al menos, el de **llamadas internacionales** y a servicios de **tarificación adicional**. 3887

Los operadores que presten el servicio telefónico disponible al público deben regular en sus correspondientes contratos de abono la forma de ejercicio del derecho de desconexión. A estos efectos, el **abonado** debe de comunicar al operador, su intención de desconectarse de determinados servicios, debiendo admitirse en todo caso la petición escrita, y las realizadas por vía telefónica o telemática. El **operador**, por su parte, ha de proceder a dicha desconexión como máximo en el plazo de 10 días desde la recepción de la comunicación del abonado. En caso de que dicha desconexión no se produzca tras esos 10 días, por causas no imputables al abonado, serán de cargo del operador los costes derivados del servicio cuya desconexión se solicita.

Las **facturas** o documentos de cargo que se emitan por los operadores que presten el servicio telefónico disponible al público para el cobro de los servicios prestados deben reflejar, al menos semestralmente y de manera adecuada para ser percibido claramente por el abonado, este derecho de desconexión.

La desconexión de los servicios es ofrecida de forma **gratuita** por el operador que la preste como obligación de servicio universal (RD 424/2005 art.35.2.c).

f. Atención eficaz

(RD 899/2009 art.26)

Los operadores deben disponer de un departamento o servicio especializado de atención al cliente, que tenga por objeto atender y resolver las **quejas y reclamaciones** y cualquier incidencia contractual que planteen sus clientes. 3890

Los titulares del departamento o servicio de atención al cliente son los encargados de relacionarse, en su caso, con el servicio administrativo de **solución de controversias**, y al que han de remitir la información que les sea requerida, con indicación del número de referencia asignado a la correspondiente reclamación.

No obstante, mediante orden ministerial puede establecerse, en función del número de trabajadores del operador o de su volumen de negocio, la **exención de la obligación** de disponer del departamento o servicio especializado a que dicho párrafo se refiere, sin perjuicio del cumplimiento del resto de requisitos expuesto en el RD 899/2009 art.8.1.l).

El servicio de atención al cliente del operador, de **carácter gratuito**, debe prestarse de manera tal que el usuario final tenga constancia de las reclamaciones, quejas y, en general, de todas las gestiones con incidencia contractual que realice el abonado. A dichos efectos, el operador está obligado a comunicar al abonado el **número de referencia** de las reclamaciones, quejas, peticiones o gestiones. El operador debe admitir, en todo caso la vía telefónica para la presentación de reclamaciones.
Si el medio habilitado por el operador para la atención de reclamaciones, incidencias o gestiones con incidencia contractual es **telefónico**, este está obligado a informar al consumidor de su derecho a solicitar un documento que acredite la presentación y contenido de la reclamación, incidencia o gestión mediante cualquier soporte que permita tal acreditación.
En caso de contratación telefónica o electrónica, si el usuario final se acoge a una **oferta** que prevea la aplicación de condiciones distintas a las condiciones generales publicadas, el operador debe enviarle, en el plazo de 15 días desde que se produzca la contratación, un documento en el que se expresen los términos y condiciones de la oferta, con indicación expresa de su plazo de duración.

Precisiones **1)** El servicio de atención al cliente ha de ser accesible a los **usuarios con discapacidad**, según lo establecido en el RD 1494/2001 art.3, sobre las condiciones básicas para el acceso de las personas con discapacidad a las tecnologías, productos y servicios relacionados con la sociedad de la información y medios de comunicación social.
2) Las obligaciones que para los operadores se establecen en los apartados anteriores se entienden sin perjuicio de lo dispuesto en la legislación estatal y autonómica sobre **protección general** de consumidores y usuarios.

g. Reclamación rápida y eficaz

(RD 899/2009 art.27)

3895 Sin perjuicio de los procedimientos de **mediación o resolución de controversias** que, en su caso, hayan establecido los órganos competentes en materia de consumo de las comunidades autónomas, los abonados pueden dirigir su reclamación a la Secretaría de Estado de Telecomunicaciones e Infraestructuras Digitales.
El procedimiento de resolución de controversias ante la Secretaría de Estado de Telecomunicaciones e Infraestructuras Digitales, así como su ámbito de aplicación y requisitos, se regula mediante orden del Ministerio de Asuntos Económicos y Transformación Digital. En cualquier caso, el **plazo** para resolver y notificar la resolución ha de ser de 6 meses.
El Ministerio de Asuntos Económicos y Transformación Digital puede autorizar la ampliación de los plazos para la suspensión o la **interrupción del servicio**, previa solicitud de cualquier abonado que haya iniciado el procedimiento de resolución de conflictos.

h. Prestaciones especiales

3900

3902 **Accesibilidad al servicio universal por las personas con discapacidad**
(RD 899/2009 art.28) Los operadores designados para la prestación del **servicio universal** deben garantizar que los usuarios finales con discapacidad tengan acceso al servicio telefónico disponible al público desde una ubicación fija en condiciones equiparables a las que se ofrecen al resto de usuarios finales (L 9/2014 art.25.1.e).
Dentro del colectivo de las **personas con discapacidad**, se consideran incluidas las siguientes:
- las personas invidentes o con graves dificultades visuales;

- las personas sordas o con graves dificultades auditivas;
- las personas mudas o con graves dificultades para el habla;
- las personas con discapacidad física; y
- en general, cualesquiera otras con discapacidades físicas que les impidan manifiestamente el acceso normal al servicio telefónico fijo o le exijan un uso más oneroso de este.

A los efectos de lo dispuesto en el apartado anterior, el **operador** designado para la prestación del servicio universal debe: 3903
- garantizar la existencia de una oferta suficiente y tecnológicamente actualizada de **terminales especiales**, adaptados a los diferentes tipos de discapacidades, tales como teléfonos de texto, videoteléfonos o teléfonos con amplificación para personas con discapacidad auditiva, o soluciones para que las personas con discapacidad visual puedan acceder a los contenidos de las pantallas de los terminales;
- ofrecer acceso a las **guías telefónicas** a través de internet, en formato accesible para usuarios con discapacidad, en las condiciones y plazos de accesibilidad establecidos para las páginas de internet de las Administraciones públicas en el reglamento sobre las condiciones básicas para el acceso de las personas con discapacidad a las tecnologías, productos y servicios relacionados con la sociedad de la información y medios de comunicación social; y
- facilitar a los abonados con discapacidad visual que lo soliciten, en condiciones y formatos accesibles, los **contratos, facturas y demás información** suministrada a todos los abonados en cumplimiento de lo dispuesto en la L 11/2022 y su normativa de desarrollo en materia de derechos de los usuarios.

Precisiones El operador designado debe presentar, para su aprobación por el ministerio con competencia en la materia planes de adaptación de los **teléfonos públicos de pago** para facilitar su accesibilidad por los usuarios con discapacidad y, en particular, por los usuarios ciegos, en silla de ruedas o de talla baja.

Carácter asequible del servicio universal (RD 899/2009 art.29) El operador designado para la prestación del servicio universal debe ofrecer a sus abonados, en las condiciones establecidas en el RD 424/2005 capítulo II del título III, **programas de precios** de acceso y uso de los servicios incluidos en el servicio universal que permitan el máximo control del gasto por parte del usuario final y, en particular, los siguientes: 3904
- **Abono social**: para jubilados y pensionistas cuya renta familiar no exceda del indicador que se determine, en cada momento, por la Comisión Delegada del Gobierno para Asuntos Económicos, y consiste en la aplicación de una bonificación en el importe de la cuota de alta y en la cuota fija de carácter periódico.
- **Usuarios invidentes o con grave discapacidad visual**. Este plan consiste en la aplicación de una determinada franquicia en las llamadas al servicio de consulta telefónica sobre números de abonado y en el establecimiento de las condiciones para la recepción gratuita de las facturas y de la publicidad de información suministrada a los demás abonados de telefonía fija sobre las condiciones de prestación de los servicios, en sistema Braille o en letras o caracteres ampliados, sin menoscabo de la oferta que de esta información se pueda realizar en otros sistemas o formatos alternativos.
- **Usuarios sordos o con graves dificultades auditivas**. Este plan especial de precios se aplica a las llamadas realizadas desde cualquier punto del territorio nacional que tengan como origen o destino un terminal de telefonía de texto, y que se establezcan a través del centro de servicios de intermediación para teléfonos de texto.

Servicios de tarificación adicional (RD 899/2009 art.30) A los efectos del RD 899/2009, tienen la consideración de servicios de tarificación adicional los que hayan sido declarados como tales por resolución de la secretaría de Estado con competencia en la materia, en razón de la existencia de una **facturación superior al coste del servicio** de comunicaciones electrónicas y en interés de una especial protección de los derechos de los usuarios. 3905

La prestación de servicios a los que acceda a través de la **marcación de números telefónicos**, y cuyos cargos figuren en la misma factura que los correspondientes a estas, solo pueden realizarse a través de códigos numéricos que hayan sido atribuidos para la prestación de servicios de tarificación adicional.

3906 **Protección de los datos personales** (RD 899/2009 art.31) En relación con los datos personales, los usuarios finales son titulares de la protección de los siguientes **derechos**:
- datos personales sobre el tráfico;
- datos en la facturación desglosada;
- datos en la elaboración de guías telefónicas y de otros servicios de telecomunicaciones;
- datos en la prestación de servicios de consulta sobre números de teléfono;
- frente a llamadas no solicitadas con fines comerciales;
- frente a la utilización de datos de localización; y
- datos personales en la prestación de servicios avanzados de telefonía.

Precisiones La **regulación** sobre protección de datos personales en los servicios de comunicaciones electrónicas se rige por la L 9/2014, por el RD 424/2005 título V, y, en lo no previsto por dichas normas, por lo dispuesto en la legislación vigente sobre protección de datos de carácter personal.

2. Obligaciones del usuario final

(RD 899/2009 art.32)

3907 Los usuarios finales de servicios de comunicaciones electrónicas, en sus relaciones con los operadores, deben cumplir las siguientes obligaciones:

- **Contraprestación económica** por el suministro del servicio y cumplimiento del resto de condiciones contractuales. El usuario final tiene la obligación de entregar al operador la contraprestación económica pactada en el contrato cuando haya recibido la prestación en los términos previstos en el mismo.
- **Uso del servicio para los fines previstos** en el contrato. Para ser titulares de los derechos reconocidos a los usuarios finales en el RD 899/2009 se precisa la utilización del servicio de comunicaciones electrónicas con los fines establecidos en el contrato. En particular, los usuarios que actúen como revendedores del servicio no serán titulares de los derechos reconocidos en este reglamento, sin perjuicio de los que le puedan corresponder en virtud del contrato y del resto de normativa aplicable.
- **Utilización de aparatos autorizados**. Los usuarios finales deben utilizar equipos y aparatos cuya conformidad haya sido evaluada según la normativa vigente sobre evaluación de la conformidad de aparatos de telecomunicaciones.
- **Configuración de equipos y mantenimiento de la red** más allá del punto de terminación de red. Para una correcta recepción del servicio de comunicaciones electrónicas, es responsabilidad del abonado la correcta configuración de los equipos y aparatos, así como el mantenimiento de los elementos de red que, por situarse en un lugar posterior al punto de terminación de red, correspondan al usuario final, salvo que se haya previsto otra cosa en el contrato.
- **Suministro de datos personales** exigidos por la legislación vigente. Los usuarios finales deben suministrar al operador los datos personales precisos a efectos de la obligación de identificación en la contratación de servicios de telefonía móvil prepago establecidos en la L 25/2007, de conservación de datos relativos a las comunicaciones electrónicas y a las redes públicas de comunicaciones.

B. Contenidos y servicios digitales

 3910

Se considera **contenido digital** a todos aquellos datos producidos y suministrados en formato digital. **Servicio digital** es todo servicio que permite al consumidor o usuario crear, tratar, almacenar o consultar datos en formato digital, o un servicio que permite compartir datos en formato digital cargados o creados por el consumidor u otros usuarios de ese servicio, o interactuar de cualquier otra forma con dichos datos (LGDCU art.59 bis.d y o). 3911
Con el objetivo de dotar de mayor **protección a** los **consumidores** en la contratación de contenidos o servicios digitales se aprobó la Dir (UE) 2019/770, que ha sido traspuesta al ordenamiento español, por el RDL 7/2021, mediante una amplia modificación de la LGDCU.

1. Contrato de suministro

El contrato de suministro de contenidos o servicios digitales **puede consistir en**: 3912
- suministro de programas informáticos, aplicaciones, archivos de vídeo, archivos de audio, archivos de música, juegos digitales, libros electrónicos u otras publicaciones electrónicas;
- servicios digitales que permitan la creación, el tratamiento, el acceso o el almacenamiento de datos en formato digital, incluido el programa (software) como servicio, tales como el intercambio de vídeos y audio y otro tipo de alojamiento de archivos, el tratamiento de textos o los juegos que se ofrezcan en el entorno de computación en nube y las redes sociales;
- transmisión en un soporte material, la descarga por los consumidores en sus dispositivos, la transmisión a través de la web, el permiso para acceder a capacidades de almacenamiento de contenidos digitales o el acceso al uso de redes sociales;
- contenidos digitales suministrados en un soporte material, como DVD, CD, memorias USB y tarjetas de memoria, así como al soporte material propiamente dicho, siempre que el soporte material sirva exclusivamente como portador de los contenidos digitales;
- contenidos o servicios digitales que se facilitan a una audiencia mediante la transmisión de señales, como los servicios de televisión digital;
- servicios de comunicaciones interpersonales independientes de la numeración (p.e., mensajería en línea).

Conformidad de los contenidos o servicios digitales (LGDCU art.115 a 115 ter) 3913
Los **contenidos o servicios digitales** suministrados al consumidor o usuario se consideran **conformes** con el contrato cuando hayan sido instalados o integrados correctamente y cumplan, entre otros, los siguientes **requisitos**:
- se ajusten a la descripción, tipo de bien, cantidad y calidad y poseer la funcionalidad, compatibilidad, interoperabilidad y demás características que se establezcan en el contrato;
- sean aptos para los fines específicos para los que el consumidor o usuario los necesite y que este haya puesto en conocimiento del empresario como muy tarde en el momento de la celebración del contrato, y respecto de los cuales el empresario haya expresado su aceptación;
- se suministren junto con todos los accesorios, instrucciones, también en materia de instalación o integración, y asistencia al consumidor o usuario en caso de contenidos digitales según disponga el contrato;
- se actualicen según se establezca en el contrato en ambos casos;

– se suministren de conformidad con la versión más reciente disponible en el momento de la celebración del contrato, salvo que las partes lo hayan acordado de otro modo.

Si se contrata el **suministro continuo** de contenidos o servicios digitales a lo largo de un período, estos deben ser conformes durante todo ese período.

3914 **Responsabilidad por falta de conformidad** (LGDCU art.120 y 121) El **suministrador** de los contenidos **responde** ante el consumidor cuando:

– los contenidos o servicios digitales no cumplen los **requisitos de conformidad** (nº 3913);

– la instalación o **integración incorrecta** ha sido realizada por el empresario o bajo su responsabilidad;

– en el contrato esté previsto que la instalación o la integración la realice el consumidor o usuario, y esta se ha realizado de forma incorrecta debido a las **deficiencias en** las **instrucciones** de instalación o integración proporcionadas por el empresario; o

– cuando, a consecuencia de una **vulneración de derechos de terceros**, en particular de los derechos de propiedad intelectual, se impida o limite la utilización de los bienes o de los contenidos o servicios digitales.

Los **plazos** de los que dispone el empresario para responder son:

– **en general**: por las que existan en el momento del suministro y se manifiesten en un plazo de 2 años;

– si el contrato prevé el **suministro continuo** de contenidos o servicios digitales durante un período de tiempo determinado: que se produzcan o se manifiesten dentro del plazo durante el cual deben suministrarse los contenidos o servicios digitales de acuerdo con el contrato;

– si el contrato de **compraventa de bienes con elementos digitales** establece el suministro continuo de los contenidos o servicios digitales durante un período inferior a 3 años: 3 años a partir del momento de la entrega.

Se presume que las faltas de conformidad manifestadas en el año siguiente al suministro, ya existían cuando el contenido o servicio digital se suministró, salvo que el empresario demuestre que el **entorno digital** del consumidor o usuario **no** es **compatible** con los requisitos técnicos de los contenidos o servicios digitales objeto del contrato, o haya informado al consumidor o usuario sobre dichos requisitos técnicos de forma clara y comprensible con anterioridad a la celebración del contrato. En estos casos, el consumidor o usuario **debe cooperar** con el empresario en la medida de lo razonablemente posible y necesario para establecer si la causa de la falta de conformidad de los contenidos o servicios digitales radica en su entorno digital. Si el consumidor o usuario se niega a cooperar, la carga de prueba recae sobre él.

Precisiones Si el consumidor o usuario no instala en un plazo razonable las actualizaciones proporcionadas o la instala incorrectamente, el empresario **no será responsable** de ninguna falta de conformidad causada únicamente por la ausencia o deficiente actualización, siempre que haya informado al consumidor o usuario sobre la disponibilidad de la actualización y de las consecuencias de su no instalación o que la incorrecta instalación no se deba a deficiencias en las instrucciones facilitadas (LGDCU art.115 ter.3 redacc RDL 7/2021).

3915 **Modificación de los contenidos o servicios digitales** (LGDCU art.126) La empresa suministradora puede modificar los contenidos o servicios digitales más allá de lo necesario para mantener la conformidad de los contenidos o servicios digitales siempre que se cumplan los siguientes **requisitos**:

a) El contrato permita tal modificación y proporcione una razón válida para realizarla.

b) La modificación se realice sin costes adicionales para el consumidor o usuario.

c) Se informe al consumidor o usuario, de forma clara y comprensible, con una antelación razonable y en un soporte duradero, de las características y el momento de la modificación y de su derecho a resolver el contrato, o sobre la posibilidad de mantener los contenidos o servicios digitales sin tal modificación.

2. Derechos y obligaciones de los consumidores y usuarios

(LGDCU art.115 quáter, 117 a 119 ter, 123 y 126)

El consumidor o usuario de contenidos y servicios digitales tiene **derecho al suministro** de los contenidos o servicios digitales, **de conformidad** con lo establecido en el contrato (nº 3913 s.) y **sin demora indebida** tras la celebración del contrato (LGDCU art.66 bis.1). El suministro se entiende hecho en el día que figure en la factura o tique de compra, o en el albarán de entrega correspondiente si este fuera posterior. **3916**

En caso de disconformidad, el consumidor, mediante una simple declaración, puede exigir al empresario la subsanación de dicha falta de conformidad (nº 3917), la reducción del precio (nº 3918) o la resolución del contrato (nº 3919).

Es posible exigir una **indemnización de daños y perjuicios**, si procede.

Asimismo, puede proceder a la **suspensión del pago** de cualquier parte pendiente del precio del bien o del contenido o servicio digital adquirido hasta que el empresario cumpla con las obligaciones establecidas.

La **acción para reclamar** prescribe a los 5 años desde la manifestación de la falta de conformidad (LGDCU art.124 redacc RDL 7/2021).

Precisiones Si **dirigirse contra** el empresario para que el contenido o servicio digital sea puesto en conformidad resulta imposible o supone un carga excesiva se puede reclamar directamente al **productor** (LGDCU art.125 redacc RDL 7/2021).

Subsanación o puesta en conformidad (LGDCU art.118.2 a 118.4) Si los contenidos o servicios digitales no fueran conformes con el contrato, el consumidor o usuario tiene derecho a exigir que los contenidos o servicios digitales no conformes con el contrato sean puestos en conformidad, **salvo que** resulte imposible o suponga costes desproporcionados para el empresario. **3917**

Las **medidas correctoras** para la puesta en conformidad deben ser gratuitas, llevarse a cabo en un plazo razonable y sin mayores inconvenientes para el consumidor o usuario.

Reducción del precio (LGDCU art.119 y 119 bis) El consumidor o usuario puede exigir una rebaja del precio, **proporcional** a la diferencia existente entre el valor del contenido o servicio digital en el momento del suministro de haber sido conforme con el contrato y el valor del contenido o servicio efectivamente suministrado, en los **supuestos** siguientes: **3918**

- cuando la medida correctora para poner en conformidad resulte imposible o desproporcionada;
- cuando los contenidos o servicios digitales no se han puesto en conformidad;
- cuando aparezca cualquier falta de conformidad después del intento del empresario de poner los contenidos o servicios digitales en conformidad;
- cuando la falta de conformidad sea de tal gravedad que se justifique la reducción inmediata del precio;
- si el empresario declare o así se desprenda claramente de las circunstancias, que no va a poner los contenidos o servicios digitales en conformidad en un plazo razonable o sin mayores inconvenientes para el consumidor o usuario.

Resolución (LGDCU art.66 bis.3, 119, 119 ter y 126 bis) El consumidor o usuario puede exigir, mediante una declaración expresa al empresario, la resolución del contrato en los siguientes **supuestos**: **3919**

a) Los establecidos para la reducción del precio (nº 3918).

b) Las partes hayan acordado o así se desprenda claramente de las circunstancias que concurran en la celebración del contrato, que para el consumidor o usuario es esencial que la entrega o el suministro se produzca en una fecha determinada o anterior a esta.

c) Cuando la modificación de los contenidos o servicios digitales afecte negativamente a su acceso o a su uso, salvo que:

- los efectos negativos sean de escasa importancia; o

– el empresario haya dado al consumidor y usuario la posibilidad de mantener, sin costes adicionales, los contenidos o servicios digitales sin la modificación y estos sigan siendo conformes.
En este caso, el consumidor puede resolver el contrato en el **plazo** de 30 días naturales a partir de la recepción de la información o a partir del momento en que el empresario modifique los contenidos o servicios digitales, si esto ocurriera de forma posterior.
Los **efectos** de la resolución para el consumidor o usuario son:
1. **Derecho al reembolso** a todos los importes pagados con arreglo al contrato o a la parte proporcional, si los contenidos o servicios digitales hayan sido conformes durante un período anterior a la resolución del contrato. El empresario dispone para ello de 14 días a partir de la fecha en la que ha sido informado de la decisión del consumidor.
2. **Derecho a la recuperación** de los contenidos digitales que haya creado al utilizar los contenidos o servicios digitales sin cargo alguno, sin impedimentos por parte del empresario, en un plazo razonable y en un formato utilizado habitualmente y legible electrónicamente.
3. Si el consumidor ha ejercido el derecho de desistimiento tras haber realizado una solicitud de conformidad, debe **abonar** al comerciante un importe proporcional a la **parte ya prestada del servicio** en el momento en que haya informado al comerciante del ejercicio del derecho de desistimiento, en relación con el objeto total del contrato (TJUE 8-10-20, asunto C-641-19).
4. Debe **abstenerse de utilizar** los contenidos o servicios digitales y de ponerlos a disposición de terceros.
5. **Devolución** al empresario del **soporte material** en el que se suministró el contenido, sin demora indebida.

SECCIÓN 7

Vehículos

3920

La magnitud que ha alcanzado en los últimos años el fenómeno del tráfico y la envergadura de la siniestralidad a él asociada, han dado lugar a una transformación de la normativa en la materia, con ánimo de adaptar el marco jurídico de la **circulación de vehículos de motor** a las exigencias derivadas tanto de la Constitución como del Derecho europeo. Estas transformaciones están guiadas también por la voluntad de complementar la concepción tradicional en el sector, orientado fundamentalmente al control policial, con un enfoque nuevo, activo, que promueve la **seguridad de la circulación** y la prevención de accidentes tanto en carretera como en zonas urbanas. Esta perspectiva se ha visto reforzada por la voluntad de introducir garantías para la defensa y protección de los **consumidores y usuarios**.

1. Fabricación y comercialización

3925 La correcta protección de los consumidores y usuarios de vehículos de motor exige que tanto la fabricación de vehículos como su comercialización cumplan determinados **requisitos de calidad y seguridad** que contribuyan al mantenimiento de un alto nivel de protección. Por ello, la fabricación de vehículos a motor se encuentra sujeta al cumplimiento de diversas normas, nacionales y europeas en materia de seguridad.

Todo vehículo, sus partes y cada una de sus piezas deben cumplir unas **condiciones técnicas** legalmente previstas (RD 2822/1998, por el que se aprueba el Reglamento General de Vehículos). Sin dicho cumplimiento, no cabe matricular ni poner en circulación los mismos.
Cualquier vehículo, para su puesta en circulación, debe estar en condiciones adecuadas para su utilización y para ello debe previamente cumplir con los requisitos de **homologación** y de **matriculación**.

Homologación La circulación de vehículos exige que previamente obtengan la correspondiente **autorización administrativa**, sustanciada en la homologación de los vehículos, sus piezas y partes, que es otorgada por la **autoridad de homologación**, que en España, es el Ministerio de Industria, Comercio y Turismo. **3927**
Todos los vehículos automóviles, remolques, semirremolques, motocicletas, ciclomotores y vehículos agrícolas, deben corresponder, como condición previa para que puedan ser matriculados y/o puestos en circulación, a **tipos homologados** en:
- España (RD 750/2010);
- la Unión Europea (Rgto (UE) 2018/858; Rgto UE/167/2013; Rgto UE/168/2013 redacc Rgto (UE) 2020/1694); o
- el Espacio Económico Europeo (a partir de ahora, EEE).

Existen dos clases de **procedimientos** de homologación: la homologación de tipo CE y la homologación de tipo nacional.

A efectos de la obtención de la homologación de tipo de vehículos, sus sistemas, partes y piezas deben cumplir los siguientes **requisitos previos**: **3928**
- el **fabricante** debe solicitarlo a la autoridad de homologación así como inscribirse en el Registro de fabricantes y firmas autorizadas de la autoridad de homologación;
- para poder **firmar tarjetas** de ITV de los tipos B, C y D y fichas reducidas, el fabricante debe solicitar su inscripción en el Registro de fabricantes y firmas autorizadas de la autoridad de homologación; y
- la **solicitud de alta** en el Registro de fabricantes y firmas autorizadas es dirigida a la autoridad de homologación.

Precisiones **1)** En el caso del **fabricante**, puede distinguirse dos tipos:
- los **radicados en el EEE**, pueden designar un representante, por cada número de homologación de tipo solicitado;
- los **no radicados en el EEE**, deben designar un representante, por cada número de homologación de tipo solicitado.

2) Para poder **firmar tarjetas**, también hay que diferenciar entre:
- los **radicados en el EEE**, deben designar personas físicas o jurídicas, que firmen estos documentos;
- los **no radicados en el EEE**, deben designar para cada número de homologación, personas físicas o jurídicas que firmen estos documentos.

3) Los **modelos de solicitud** pueden ser descargados de la sede electrónica del Ministerio de Industria, Comercio y Turismo; se indican los documentos que es necesario aportar para la inscripción, ya sea como fabricante o como representante.

Homologación de tipo nacional (RD 750/2010 art.4) Una vez realizados los trámites administrativos previos, el fabricante que desee homologar un vehículo, debe presentar ante la autoridad de homologación la **documentación** siguiente: **3929**
- **ficha de características**, sellada por el servicio técnico (modelo que figura en el RD 750/2010 apéndice 2 parte II del anexo correspondiente a la categoría del vehículo);
- **ficha de características reducida**, sellada por el servicio técnico (el modelo que figura en el RD 750/2010 apéndice 2 parte III del anexo correspondiente a la categoría del vehículo);
- **acta de ensayo** de homologación de tipo expedida por el servicio técnico; y
- en el caso de **vehículos no fabricados en España**, relación de todos los locales en los que pueda efectuarse la selección de muestras de vehículos para la conformidad de la producción.

Si se cumplen todos estos requisitos, la **autoridad de homologación** concede la homologación de tipo en España, asignando un número de homologación.

Precisiones El fabricante o importador de un tipo de vehículo homologado debe demostrar la **conformidad de la producción** de serie con las del tipo al que corresponda. A estos efectos debe solicitar también del laboratorio oficial, en el momento de iniciar el proceso de homologación, la verificación posterior de la conformidad de la producción. Esta **verificación** debe quedar reflejada en un acta de conformidad de la producción, que es emitida por el laboratorio oficial, a menos que el fabricante o importador comunique que la fabricación o importación de este tipo ha cesado temporal o definitivamente.

3930 **Homologación de tipo CE** (Rgto UE/168/2013 redacc Rgto (UE) 2020/1694; RD 750/2010) En el caso de la homologación CE se han de cumplir los siguientes **requisitos**:

• La **solicitud** se dirige a la autoridad de homologación y deben ir acompañadas de los siguientes **documentos**:

- documento acreditativo de la identidad del solicitante;
- acta de los ensayos realizados conforme a las prescripciones reglamentarias, que debe haber sido expedida por un servicio técnico designado por la autoridad de homologación; y
- certificado del cumplimiento de los requisitos de la evaluación inicial.

• La **autoridad de homologación** concede o no la homologación, según proceda, comunicando la resolución al interesado.

• La **conformidad de la producción** con el tipo homologado que se detalla en cada acto reglamentario, se efectúa, por el procedimiento indicado en el RD 750/2010 art.9, o en los artículos correspondientes de los actos reglamentarios y de las directivas marco que le sean de aplicación.

• Los **gastos** derivados de la evaluación inicial y de la conformidad de la producción, serán por cuenta del titular de la homologación.

3932 **Matriculación** Además de la homologación, todo vehículo precisa, para poder ser utilizado en España, la previa matriculación del mismo.

Ello no obstante, el **plazo** para matricular un vehículo en España es de 30 días desde el inicio de su utilización, de tal modo que cabe la adquisición del vehículo con anterioridad a su matriculación.

Para los vehículos adquiridos en **otro Estado miembro de la UE**, cabe circular dentro del estado español si bien se debe solicitar un permiso temporal de circulación, cuya duración es de 60 días prorrogables de manera excepcional, mientras se tramita la matriculación definitiva.

Para la matriculación de un vehículo en España se debe rellenar un impreso oficial de **solicitud** de matriculación que se facilita a la prefactura de tráfico que corresponda según el domicilio, justificando la residencia en España, abonando la tasa legalmente establecida y con aportación de la documentación legalmente exigida.

Precisiones Para la solicitud de matriculación normalmente se exige la presentación de los siguientes **documentos**:

- DNI o pasaporte en vigor, o tarjeta de residencia;
- documentación original del vehículo;
- tarjeta de inspección técnica (ITV), con sus copias azul y rosa;
- autoliquidación del impuesto de vehículos de tracción mecánica (IVTM), por triplicado o justificante de exención;
- impuesto especial sobre determinados medios de transporte (IEDMT), o justificante de exención o de no sujeción.

3934 **Comercialización de vehículos** La protección de los consumidores se extrema en materia de comercialización de vehículos, fundamentalmente en lo relativo a las **garantías** de que disponen en relación con el vehículo ya adquirido, lo que ha venido a reforzar notablemente la LGDCU.

La LGDCU afecta a los **vendedores** (personas físicas o jurídicas que, en el marco de su actividad profesional, venden bienes de consumo) que entreguen al **consumidor** (está exenta la venta entre particulares) un bien que sea conforme con el contrato de compraventa en los términos establecidos en la norma.

El marco legal de la LGDCU tiene por objeto establecer un **plazo mínimo de garantía**, a partir de la compra, para que los consumidores puedan acceder al saneamiento cuando el bien adquirido no sea conforme con el contrato, dándole la opción de exigir la **sustitución** o la **reparación** del bien, salvo que esta resulte imposible o desproporcionada.
Cuando la reparación o la sustitución no fueran posibles o resulten infructuosas, el consumidor puede exigir la **rebaja del precio** o la **resolución** del contrato.
Desde 1-1-2022, el **plazo mínimo de garantía** es, para los vehículos nuevos, de 3 años, susceptibles de ampliación voluntaria. Para los vehículos de segunda mano se puede pactar un plazo menor, que no puede ser inferior a 1 año (LGDCU art.120 redacc RDL 7/2021).

Precisiones Son **bienes de consumo** los bienes muebles corporales destinados al consumo privado. Por tanto, la LGDCU no resulta de aplicación a los bienes adquiridos mediante venta judicial. Esta Ley tampoco es aplicable a los bienes de segunda mano adquiridos en subasta administrativa a la que los consumidores puedan asistir personalmente (LGDCU art.114.2 redacc RDL 7/2021).

Conformidad del vehículo con el contrato (LGDCU art.115 a 115 ter redacc RDL 7/2021) El consumidor tiene derecho a que el vehículo sea conforme con el contrato de compraventa, y por tanto, a que se ajuste a la **descripción realizada** por el vendedor y posea las **cualidades** que el vendedor haya presentado al consumidor en forma de muestra o modelo. **3936**
El vehículo debe ser apto para su uso y reunir los **requisitos de calidad** y **prestaciones** habituales de cualquier bien del mismo tipo.

Precisiones Con respecto a una consulta planteada en relación con el mantenimiento de un vehículo adecuado, cuyas revisiones no se llevan a cabo en un taller de reparación autorizado, se ha considerado que el vendedor de un vehículo debe responder de las **faltas de conformidad** que se manifiesten en un plazo de 3 años desde la entrega del bien. En consecuencia, no cabe imponer **limitaciones** para el ejercicio de los derechos del consumidor derivados de la falta de conformidad con el contrato, tales como acudir a un determinado taller.
Ahora bien, la Ley exige que la falta de conformidad sea **originaria**, es decir que existiese, aunque no se percibiese, en el momento de la entrega del bien de consumo. Por tanto, dicha conformidad debe existir en el momento de la compra del bien y, en consecuencia, no puede tener su origen en el tratamiento que del mismo hace el consumidor, ni en la intervención de un tercero.
Otra cosa es la **garantía comercial**, sujeta a las condiciones establecidas por el garante, respecto de las prestaciones adicionales ofrecidas, sin que quepa, en cualquier caso, limitar los derechos legales del consumidor (LGDCU art.127 redacc RDL 7/2021).

2. Derechos del consumidor

3940

Reparación del vehículo (LGDCU art.118 redacc RDL 7/2021) Si el bien no es conforme con el contrato, el consumidor puede optar entre exigir la reparación o la sustitución del bien, salvo que una de estas opciones resulte imposible o desproporcionada. **3943**
Desde el momento en que el consumidor comunique al vendedor la **opción de la reparación**, ambas partes han de atenerse a ella, a menos que la misma no logre poner el bien en conformidad con el contrato.
Se considera **desproporcionada** toda forma de saneamiento que imponga al vendedor costes que, en comparación con la otra forma de saneamiento, no sean razonables, teniendo en cuenta el valor que tendría el bien si no hubiera falta de conformidad, la relevancia de la falta de conformidad y si la forma de saneamiento alternativa se pudiese realizar sin inconvenientes mayores para el consumidor.

La reparación del vehículo se ha de ajustar a las siguientes **reglas**:
- debe ser **gratuita** para el consumidor;
- debe llevarse a cabo en un **plazo** razonable y sin mayores inconvenientes para el consumidor, habida cuenta de la naturaleza y la finalidad que el vehículo tuviera para el consumidor;
- la reparación suspende el **cómputo de los plazos** de 3 años de garantía y de 5 años para reclamar (LGDCU art.122 redacc RDL 7/2021); y
- si concluida la reparación y entregado el vehículo, este **sigue siendo no conforme** con el contrato, el comprador puede exigir la **sustitución** del mismo, siempre que no sea desproporcionada; o la rebaja del precio o la resolución del contrato.

Precisiones **1)** La **gratuidad** de la reparación comprende los gastos necesarios realizados para subsanar la falta de conformidad de los bienes con el contrato, especialmente los gastos de envío, así como los costes relacionados con la mano de obra y los materiales.
El **responsable** de la falta de conformidad es el que debe asumir los gastos de reparación o sustitución, incluidos los derivados de la instalación, ya sea en base a su responsabilidad como instalador, ya sea como responsable por los daños y perjuicios causados al consumidor al suministrarle un bien no conforme con el contrato.
2) El **período de suspensión** comienza desde que el consumidor ponga el vehículo a disposición del vendedor y concluye con la entrega al consumidor del vehículo ya reparado. Durante el año posterior a la entrega del vehículo reparado, el vendedor debe responder de las faltas de conformidad que motivaron la reparación, presumiéndose que se trata de la misma falta de conformidad cuando se reproduzcan en el vehículo defectos del mismo origen que los inicialmente manifestados (LGDCU art.122.3 redacc RDL 7/2021).
3) El fabricante debe garantizar la existencia de **repuestos** por un plazo mínimo de 10 años a partir de la fecha en que deje de fabricarse el vehículo (LGDCU art.127.1 redacc RDL 7/2021).

3945 **Sustitución del vehículo** (LGDCU art.118 redacc RDL 7/2021) Si el bien no fuera conforme con el contrato, el consumidor puede optar entre exigir la reparación o la sustitución del bien, salvo que una de estas opciones resulte imposible o desproporcionada.
Desde el momento en que el consumidor comunique al vendedor la **opción de la sustitución**, ambas partes han de atenerse a ella, a menos que la misma no logre poner el bien en conformidad con el contrato.
Se considera **desproporcionada** toda forma de saneamiento que imponga al vendedor costes que, en comparación con la otra forma de saneamiento, no sean razonables, teniendo en cuenta el valor que tendría el bien si no hubiera falta de conformidad, la relevancia de la falta de conformidad y si la forma de saneamiento alternativa se pudiese realizar sin inconvenientes mayores para el consumidor.
La sustitución del vehículo se debe ajustar a las mismas **reglas** que las previstas para la reparación (nº 3943).

3947 **Rebaja del precio o resolución del contrato** (LGDCU art.119 a 119 quáter redacc RDL 7/2021) El consumidor puede **optar libremente** entre la rebaja del precio o la resolución del contrato
El derecho a la rebaja del precio o la resolución del contrato procede en los siguientes **supuestos**:
- el empresario no haya llevado a cabo la reparación o sustitución del vehículo o no lo haya hecho en un plazo razonable;
- cuando el consumidor no pueda exigir la reparación o la sustitución y en los casos en que estas no se hubieran llevado a cabo en plazo razonable o sin mayores inconvenientes para el consumidor;
- cuando aparezca cualquier falta de conformidad después del intento del empresario de poner el vehículo en conformidad;
- cuando la falta de conformidad sea de tal gravedad que se justifique la reducción inmediata del precio; o
- cuando el empresario haya declarado, o así se desprenda claramente de las circunstancias, que no pondrá el vehículo en conformidad en un plazo razonable o sin mayores inconvenientes para el consumidor o usuario.

La rebaja del precio debe ser **proporcional** a la diferencia existente entre el valor que el bien hubiera tenido en el momento de la entrega del vehículo de haber sido conforme con el contrato y el valor que el vehículo efectivamente entregado tenía en el momento de dicha entrega.
Para ejercer el **derecho a la resolución**, el consumidor o usuario debe presentar una declaración expresa al empresario indicando su voluntad de resolver el contrato. En estos casos, el consumidor o usuario debe restituir el vehículo al empresario, a expensas de este último.

Precisiones La **resolución no procede** cuando la falta de conformidad sea de escasa importancia (LGDCU art.119 quáter.2 redacc RDL 7/2021).

Reembolsos (LGDCU art.119 ter.4.a y 119 quáter redacc RDL 7/2021) El empresario debe reembolsar al consumidor o usuario el **precio pagado** tras la recepción del vehículo o, en su caso, de una prueba aportada por el consumidor o usuario de que los ha devuelto. Todos los reembolsos que deba realizar el empresario deben realizarse, mediante el mismo **medio de pago** empleado por el consumidor o usuario, sin demora indebida, y, en cualquier caso, en un **plazo** de 14 días a partir de la fecha en la que el empresario haya sido informado de la decisión del consumidor o usuario de reclamar su correspondiente derecho. 3950

3. Aseguramiento

 3955

Seguro obligatorio (RDLeg 8/2004 art.2 s.) La utilización de los vehículos a motor exige la previa suscripción de un seguro obligatorio, legalmente previsto, al margen de cualquier otro **complementario** que voluntariamente suscriba el titular del vehículo, como sería del denominado seguro a todo riesgo, o el seguro de robo, incendio y lunas. 3957
Todo conductor de vehículos a motor es responsable, en virtud del riesgo creado por la conducción de estos, de los daños causados a las personas o en los bienes con motivo de dicha circulación.
Por ello, la legislación vigente exige que todo vehículo, **antes de su puesta en funcionamiento**, disponga del oportuno seguro de responsabilidad civil obligatorio.
No obstante, el propietario queda relevado de tal obligación cuando el seguro sea **concertado por cualquier persona** que tenga interés en el aseguramiento, quien debe expresar el concepto en que contrata.
Además de la cobertura mínima de la responsabilidad civil, la póliza en que se formalice el contrato de seguro de responsabilidad civil de suscripción obligatoria puede incluir, con **carácter potestativo**, las **coberturas** que libremente se pacten entre el tomador y la entidad aseguradora con arreglo a la legislación vigente.

Cobertura material y territorial (RDLeg 8/2004 art.4.1 y 5) El seguro obligatorio debe garantizar la cobertura de la **responsabilidad civil** en vehículos terrestres automóviles con estacionamiento habitual en España, mediante el pago de una sola prima, en todo el **territorio** del EEE y de los Estados adheridos al Acuerdo entre las oficinas nacionales de seguros de los Estados miembros del Espacio Económico Europeo y de otros Estados asociados. 3959
Dicha cobertura debe incluir cualquier tipo de estancia del vehículo asegurado en el territorio de **otro Estado miembro** del Espacio Económico Europeo durante la vigencia del contrato.
Sin embargo, **se excluye** de la cobertura del seguro de suscripción obligatoria, lo siguientes daños y perjuicios:
- las **lesiones o fallecimiento del conductor** del vehículo causante del accidente;
- los **bienes** sufridos por el vehículo asegurado, por las cosas en él transportadas ni por los bienes de los que resulten titulares el tomador, el asegurado, el propietario o

el conductor, así como los del cónyuge o los parientes hasta el tercer grado de consanguinidad o afinidad de los anteriores;
- quienes sufrieran daños con motivo de la circulación del vehículo causante, si **hubiera sido robado**.

3962 **Incumplimiento de la obligación** (RDLeg 8/2004 art.3) El incumplimiento de la obligación legal de asegurarse determina **consecuencias graves**:
- la **prohibición de circulación** por territorio nacional de los vehículos no asegurados;
- el **depósito o precinto** público o domiciliario del vehículo, con cargo a su propietario, mientras no sea concertado el seguro; y
- una **sanción pecuniaria** de 601 a 3.005 euros de multa, graduada según que el vehículo circule o no, su categoría, el servicio que preste, la gravedad del perjuicio causado, en su caso, la duración de la falta de aseguramiento y la reiteración de la misma infracción.

Precisiones Para levantar dicho **depósito o precinto** debe demostrarse que se dispone del seguro correspondiente. Los gastos que se originen como consecuencia del depósito o precinto del vehículo son por cuenta del propietario, que debe abonarlos o garantizar su pago como requisito previo a la devolución del vehículo.

3965 **Seguro voluntario** Junto al seguro obligatorio, la legislación vigente prevé la suscripción de otros voluntarios.

3966 **Seguro a todo riesgo** El seguro a todo riesgo es un seguro voluntario, complementario del seguro obligatorio, por el que mediante el pago de una prima de seguro más alta, se obtiene una **cobertura superior** a la de una póliza que solo cubra a terceros. Ello no obstante, el seguro a todo riesgo no cubre todo:
• Si un vehículo asegurado a todo riesgo sufre un **siniestro total**, la indemnización de la aseguradora a su cliente será en función del valor venal del vehículo. Dicho valor venal lo tasan los peritos de la aseguradora en el momento del accidente y si resulta más bajo que el valor de reparación, normalmente no se paga la reparación y la aseguradora ofrece el valor venal del vehículo.
• **Accesorios y extras**: la mayor parte de los seguros a todo riesgo incluyen en la cobertura de la póliza los artículos de serie del vehículo, y en el caso de que el tomador del seguro quiera incluir nuevos accesorios y cubrirlos, debe comunicarlo a la compañía, lo que normalmente incrementa el precio del seguro. Así ocurre con accesorios como el GPS o las barras porta esquíes.
• **Franquicias**: existen seguros a todo riesgo que incluyen franquicia, lo que abarata el importe de la prima, pero obliga al asegurado a pagar una cantidad fijada de antemano cuando se produce un siniestro. El resto, esto es, los demás gastos hasta cubrir el importe total de los daños, lo cubre la aseguradora.

Precisiones El **valor venal** del vehículo se identifica como el valor de venta del vehículo en el mercado a la fecha del accidente, que es inferior al valor de mercado de compra. Normalmente el valor venal del vehículo es inferior al valor de mercado de compra en un 20% y decrece a medida que aumenta la antigüedad del vehículo.

3967 **Seguro de carnet por puntos** Tras la entrada en vigor de la L 17/2005 por la que se regula el permiso y la licencia de conducción por puntos, ha aparecido una nueva modalidad aseguradora que ofrece cobertura a las contingencias derivadas de la **pérdida de puntos**.
El modelo más generalizado de seguro de carnet por puntos prevé que para el riesgo cubierto «**pérdida temporal del carnet**» se prevea una indemnización o una subvención económica.
Otra modalidad de seguro de carnet por puntos es aquella en la que para el caso de ocurrir el riesgo cubierto de pérdida del carnet, se prevé una compensación por los gastos de matriculación para asistir a los **cursos de educación vial** que permiten recuperar los puntos.

3968 **Seguro de garantía mecánica** A pesar de que la LGDCU establece la obligación de una garantía comercial de dos años para los vehículos nuevos y de un año para los coches usados, lo cierto es que en ocasiones, para asegurar al comprador de un **vehículo usado** el buen estado y funcionamiento del mismo se suscribe un seguro de garantía mecánica que asume un periodo de cobertura de 1, 2 o 3 años y que alcanza a cubrir cualquier avería del vehículo por fallo de las piezas mecánicas y eléctricas durante el plazo acordado.

Seguro por robo, incendio y lunas Otra modalidad de seguro voluntario y comple- **3969**
mentario del seguro de suscripción obligatoria es el seguro por robo, incendio y lunas que prevé el abono de una **indemnización** para el supuesto de producirse el robo del vehículo, un incendio provocado del mismo o la rotura de las lunas.

SECCIÓN 8

Alojamiento turístico

La **normativa** española relativa a los alojamientos turísticos se ha caracterizado tra- **3975**
dicionalmente por una extensa reglamentación estatal de los aspectos concernientes a la **ordenación administrativa** de la actividad, prestando especial atención a la clasificación de los establecimientos, los requisitos de las instalaciones, los precios y reservas, registro de clientes, etc. Son las propias comunidades autónomas, en el ejercicio de sus competencias, las que regulan los aspectos concernientes a la ordenación administrativa de la actividad de los alojamientos turísticos.

Comunidad autónoma	Regulación del alojamiento turístico
Andalucía	L Andalucía 13/2011 art.28 s.
Aragón	DLeg Aragón 1/2016 art.34 s.
Asturias	L Asturias 7/2001 art.30 s.
Baleares	L Baleares 8/2012 art.30 s.
Canarias	L Canarias 7/1995 art.31 s.
Cantabria	L Cantabria 5/1999 art.15 s.
Castilla y León	L Castilla y León 14/2010 art.29 s.
Castilla-La Mancha	L Castilla-La Mancha 8/1999 art.14 s.
Cataluña	L Cataluña 13/2002 art.38 s.
Extremadura	L Extremadura 2/2011 art.53 s.
Galicia	L Galicia 7/2011 art.53 s.
La Rioja	L La Rioja 2/2001 art.11 s.
Madrid	L Madrid 1/1999 art.24 s.
Murcia	L Murcia 12/2013 art.25 s.
Navarra	LF Navarra 7/2003 art.15 s.
País Vasco	L País Vasco 13/2016 art.36 s.
C.Valenciana	L C.Valenciana 15/2018 art.63 s.

La regulación de las **relaciones jurídico-privadas entre** las **empresas turísticas y** los **usuarios**, esta ha sido objeto de una menor atención legal, a excepción de los aislados preceptos que el Código Civil dedica a la **responsabilidad legal** de los «fondistas», «mesoneros» o «posaderos» –que en la actualidad deben considerarse referidos a empresarios hoteleros o de alojamientos turísticos– respecto de los efectos introducidos por los viajeros en sus establecimientos (CC art.1783 y 1784); al **crédito preferente del hotelero** en supuestos de pluralidad de acreedores con relación a los bienes muebles del deudor existentes en el establecimiento (CC art.1922.5); y al plazo trienal para la **prescripción de la acción** que ostenta el hotelero para reclamar a sus huéspedes o viajeros el importe de la comida y habitación (CC art.1967.4).

3976 La **propiedad y explotación** de los establecimientos de alojamiento turístico permiten distinguir entre los siguientes supuestos en los que el titular del establecimiento hotelero y el titular de la explotación hotelera coinciden, y aquellos otros en los que el titular del hotel no lo explota por sí mismo sino que conviene con un tercero (cadena hotelera, arrendamiento de industria, contrato de gestión hotelera, etc.).

Precisiones **1)** En relación a la **disociación entre propiedad y explotación** de los mismos, algunas leyes de turismo autonómicas exigen que la gestión, administración y dirección comercial de los establecimientos de alojamiento turístico se realice con arreglo a lo que se denomina principio de unidad de explotación, según el cual un único empresario debe ostentar la titularidad de la explotación del establecimiento.
2) Para mayor detalle del **contrato de gestión hotelera** ver nº 5120 s. Memento Contratos Mercantiles 2024-2025.
3) El RD 39/2010 derogó las diversas **normas estatales** sobre acceso a actividades turísticas y su ejercicio pasando, desde entonces, a depender enteramente de la normativa autonómica en la materia.

3977 **Contrato de reserva** El contrato de reserva de plazas de alojamiento se **define** como el contrato por el cual una persona, consumidor o cliente, acuerda con otra, empresario de alojamiento, el servicio de reserva de una o más plazas de alojamiento en un determinado establecimiento turístico, para una fecha determinada. El contrato, además, **puede celebrarse**:
- directamente entre el consumidor y el empresario de alojamiento; o
- a través de una agencia de viajes.

Si el contrato se formaliza **directamente entre el establecimiento y el cliente** hay que entender que se perfecciona cuando concurran las declaraciones de consentimiento entre el que solicita la reserva y el que la confirma. Esta coincidencia es fácil de **probar** cuando el concurso de voluntades se celebra por escrito a través de fax o de otro medio informático; sin embargo, si se realiza verbalmente (por ejemplo, por teléfono) hay que recurrir a los medios generales de prueba establecidos en el Código Civil o en el Código de Comercio.
En los supuestos en los que el contrato de reserva individual se celebra **a través de una agencia de viajes**, esta debe proporcionar al cliente el título correspondiente al servicio contratado (llamado bono de agencia o *voucher*, es decir, el documento emitido por una agencia de viajes en el que se pide al proveedor la prestación de los servicios indicados, cuyo importe queda cubierto por el mismo, salvo que sea un bono de presentación) así como la factura en la que figurará el precio total abonado por el cliente. Ambos documentos permiten al cliente obtener en el establecimiento de alojamiento el servicio contratado.
Cualquiera que sea la forma de concluir el contrato de reserva individual, el consumidor está **obligado a comparecer** en la fecha prevista, siendo responsable en caso de incumplimiento de esta obligación. El titular del establecimiento de alojamiento por su parte, debe tener a **disposición de la plaza** o plazas reservadas, respondiendo tanto del incumplimiento como del cumplimiento defectuoso de este deber.

3980 **Contrato de hospedaje** El contrato de hospedaje se **define** como aquel contrato en el que una de las partes, la empresa de alojamiento hotelero, se obliga a proporcionar a la otra, el huésped o cliente, alojamiento y, en su caso, otros servicios complementarios acordados, tales como la pensión alimenticia, la limpieza y planchado de ropa, el servicio de teléfono, etc. La jurisprudencia ha destacado el **carácter complejo** de esta figura contractual, calificándola en cuanto a su naturaleza jurídica como un contrato de tracto sucesivo que combina el arrendamiento de cosas con respecto a la habitación, el arrendamiento de servicios con respecto a los servicios personales recibidos, el arrendamiento de obra en relación con la comida o manutención, y el contrato de depósito para los efectos que introduzca el huésped viajero en el establecimiento. Es además un contrato atípico, consensual, oneroso y bilateral, de tracto sucesivo y de adhesión (CC art.1922.5).

Obligaciones del hotelero La obligación principal del hotelero consiste en facilitar al huésped el alojamiento contratado durante el tiempo que dure el hospedaje, debiendo la habitación asignada cumplir con las **condiciones de calidad y confort** previstas en la reserva. El hotelero debe por tanto realizar los actos necesarios para mantener al cliente en el goce pacífico del alojamiento contratado, respondiendo de las perturbaciones que terceros pudieran causar al huésped. 3981

Uno de los servicios complementarios que suele ofrecer la empresa de alojamiento es el de **aparcamiento de los vehículos** de los clientes. Respecto de la responsabilidad de la empresa hotelera por los daños causados en dichos vehículos, es preciso distinguir cuando:

• Dentro del precio que satisface el cliente **se incluye la vigilancia** del vehículo, en cuyo caso la empresa de alojamiento es responsable de la sustracción y de los daños sufridos por el mismo.

• **No se incluye la vigilancia** dentro del precio y por lo tanto existe ese deber a cargo de la empresa hotelera. En estos casos, debe tenerse en cuenta lo dispuesto por la L 40/2002, del contrato de aparcamiento de vehículos.

Otro problema frecuente está relacionado con la determinación del régimen de **responsabilidad** de las empresas hoteleras por la desaparición de **objetos de valor** que los clientes han introducido en las habitaciones. A estos efectos, se califica el supuesto como depósito necesario, debiendo por tanto las empresas hoteleras, en su calidad de depositarios, responder por la desaparición de los objetos introducidos en su establecimiento, siempre que el cliente hubiese puesto en conocimiento de la empresa hotelera o de sus dependientes la introducción de determinados objetos en el establecimiento, y siempre que los viajeros hubieran observado las prevenciones necesarias sobre cuidado y vigilancia de los efectos (CC art.1783). La responsabilidad de la empresa hotelera comprende los daños sufridos en los efectos personales, cualquiera que sea el agente causante de los mismos, aunque **excluyéndose** los supuestos de (CC art.1784):

- robo a mano armada;
- fuerza mayor;
- vicio de la cosa misma; o
- si el hotel da instrucciones a los huéspedes acerca de las medidas de vigilancia y cuidado que deben adoptar (p.e. si indica que deben hacer uso de las cajas de seguridad) y estos hacen caso omiso de dichas indicaciones.

Respecto de la responsabilidad del hotel en caso de **accidente**, esta debe ser establecida caso por caso, así, por ejemplo, en el caso de una menor que durante un desayuno se volcó una jarra de café se consideró que se trataba de un hecho negligente por parte del hotel ya que está acreditado que las jarras carecían de cierre de seguridad cuando, además, el hotel se publicita con actividades para familias con niños (AP Tarragona 26-1-11, EDJ 45900). Sin embargo, en el caso en el que un huésped resbale en la piscina del hotel puede ser debido a la distracción del perjudicad, ya que la existencia de agua en esas zonas es un obstáculo que se encuentra dentro de la normalidad y que tiene carácter previsible para la víctima (AP Cádiz 24-4-20, EDJ 647360; AP Las Palmas 8-4-10, EDJ 273026).

Obligaciones del huésped El huésped se obliga al pago de las **cantidades devengadas** por razón de hospedaje y de los servicios complementarios disfrutados. Con el fin de **garantizar el pago**, es extendida la práctica de solicitar al cliente, en el momento de registrarse en el hotel, la entrega de una tarjeta de crédito cuyos datos quedan en poder del empleado de la empresa hotelera. No obstante, dado que esta práctica carece de normativa expresa, se ha entendido que la empresa hotelera no debería, en principio, negarse a facilitar alojamiento a quien no pueda o no quiera cumplir este requisito. 3982

Además, debe tenerse en cuenta que el simple **impago** de la factura no faculta sin más a la empresa de alojamiento para **retener el equipaje** del huésped, a no ser que se trate de un supuesto al que resulte aplicable el derecho de retención a favor del hotelero sobre bienes muebles existentes en el establecimiento, pertenecientes al

cliente deudor declarado judicialmente en insolvencia de acuerdo con el RDLeg 1/2020, por el que se aprueba el texto refundido de la Ley Concursal (CC art.1922.5). El impago de la factura por el cliente debe **reclamarse** por el hotel mediante la correspondiente demanda judicial por vía civil –para lo cual se establece un plazo de 3 años (CC art.1967)–, aunque también cabe acudir a la jurisdicción penal si se puede encajar la conducta del cliente dentro de los denominados negocios civiles criminalizados, como una modalidad de estafa caracterizada por la simulación por el autor de un propósito serio de contratar, cuando en realidad trata de aprovecharse del cumplimiento de las obligaciones que incumben a su contraparte y del incumplimiento de las suyas, aprovechándose de la confianza y buena fe.
El huésped debe atenerse a las **reglas de régimen interior** establecidas por el hotel en cuanto a horas de llegada y salida, y las instrucciones del personal al servicio del establecimiento, respetando asimismo las normas generales de urbanidad, higiene y convivencia.

3983 **Extinción del contrato** Las **causas** de extinción del contrato son:
- las generales sobre extinción de las obligaciones en Código Civil;
- las convenidas por las partes;
- las que consten en el reglamento interno del establecimiento hotelero; y
- las que deriven de los usos generalmente observados.

SECCIÓN 9

Juegos y apuestas

3985

3986 La materia relativa a juegos y apuestas, que no se encuentra contemplada en la doble lista de competencias **autonómicas** y **estatales** establecida en la Const art.48.1 y 149.1, ha sido atribuida a las comunidades autónomas por sus respectivos Estatutos de Autonomía, con base en la Const art.149.3, bajo el uniforme título de «casinos, juegos y apuestas, con exclusión de las apuestas mutuo deportivo-benéficas».

3987 **Competencia del Estado** No obstante la atribución competencial estatutaria de la materia de juegos y apuestas en favor de las comunidades autónomas, el Estado sigue siendo competente para:
a) La **regulación** y **explotación** de las denominadas «Loterías y Apuestas del Estado», es decir, Lotería Nacional, Lotería Primitiva y Apuestas Mutuo Deportivo-Benéficas, con base en el título «Hacienda General» contemplado en la Const art.149.1.14, que –como ha declarado el Tribunal Constitucional– no puede entenderse circunscrito a los ingresos tributarios, pues alcanza también a aquellos **ingresos no tributarios** que gestiona el Estado mediante un monopolio fiscal, entre los que se encuentran tales loterías y apuestas (TCo 163/1994 ; TCo 164/1994 ; TCo 216/1994); en consecuencia, el Estado ha aprobado múltiples normas reguladoras en el ámbito de las Loterías y Apuestas del Estado.
b) La **autorización de apuestas de juegos y apuestas de ámbito nacional** o que exceden del ámbito territorial de una comunidad autónoma: en efecto, corresponde al Estado autorizar el desarrollo de todo tipo de apuestas, cualquiera que sea el soporte de las mismas, boletos, medios informáticos o telemáticos, siempre que su ámbito de desarrollo, aplicación, celebración o comercialización abarque el territorio nacional o exceda de los límites de una concreta comunidad autónoma (L 24/2001 disp.adic.20ª); en particular, los juegos de la ONCE, por su ámbito nacional, debe ser autorizados por el Estado (TCo 171/1998).

Competencia de las comunidades autónomas Comprende la de regular la **celebración de juegos y apuestas** (salvo las Apuestas Mutuo Deportivo-Benéficas) en el territorio propiamente autonómico, pero no, evidentemente, la de cualquier juego en todo el territorio nacional, puesto que los Estatutos de Autonomía limitan el territorio de la comunidad el ámbito en el que han de desenvolverse sus respectivas competencias (TCo 204/2002). 3988
Esta competencia se ha traducido en la **aprobación** de numerosas **normas en materia de juegos y apuestas**, así en general, como en relación con cada de sus diferentes modalidades).

1. Ámbito nacional

La actividad de juego que se desarrolle en el ámbito estatal es objeto de **regulación** en la L 13/2011 de regulación del juego, sin perjuicio de lo establecido en la regulación autonómica. La Ley regula, en particular, la actividad de juego cuando se realice a través de canales electrónicos, informáticos, telemáticos e interactivos, en la que los medios presenciales deberán tener un carácter accesorio, así como los juegos desarrollados por las entidades designadas para la realización de actividades sujetas a reserva, con independencia del canal de comercialización. 3990
El Ministerio de Economía y Hacienda establece, por Orden Ministerial, la **reglamentación básica** para el desarrollo de cada juego o, en el caso de juegos esporádicos, las bases generales para la aprobación de su práctica o desarrollo:

Tipo de juego	Reglamentación
Apuestas cruzadas	Orden HAP/1369/2014
Máquinas de azar	Orden HAP/1370/2014
Apuestas deportivas de contrapartida	Orden EHA/3080/2011
Apuestas hípicas de contrapartida	Orden EHA/3082/2011
Otras apuestas de contrapartida	Orden EHA/3079/201
Apuestas deportivas mutuas	Orden EHA/3081/2011
Apuestas hípicas mutuas	Orden EHA/3083/2011
Concursos	Orden EHA/3084/2011
Ruleta	Orden EHA/3085/2011
Punto y banca	Orden EHA/3086/2011
Bingo	Orden EHA/3087/2011
«Black Jack»	Orden EHA/3088/2011
Póquer	Orden EHA/3089/2011
Juegos complementarios*	Orden EHA/3090/2011

(*) Tipo de juegos en el que se incluyen juegos de diversa naturaleza (que combinan el azar con la habilidad y la destreza, la cultura y los conocimientos, etc.), y que tienen el denominador común de que su práctica no está basada únicamente en la obtención de un lucro económico, sino que en ella predomina la diversión que proporcionan.

Prohibiciones (L 13/2011 art.6) Desde un **punto de vista objetivo**, está prohibida toda actividad relacionada con la organización, explotación y desarrollo de juegos cuando: 3992
- atentan contra la dignidad de las personas, el derecho al honor, a la intimidad personal y familiar y a la propia imagen, contra los derechos de la juventud y de la infancia o contra cualquier derecho o libertad reconocido constitucionalmente;
- se fundamentan en la comisión de delitos, faltas o infracciones administrativas;
- recaen sobre eventos prohibidos por la legislación vigente.

Desde un **punto de vista subjetivo**, se prohíbe la participación en los juegos a:

- los menores de edad y los incapacitados legalmente o por resolución judicial, de acuerdo con lo que establezca la normativa civil;
- las personas que voluntariamente hubieren solicitado que les sea prohibido el acceso al juego o que lo tengan prohibido por resolución judicial firme;
- los accionistas, propietarios, partícipes o titulares significativos del operador de juego, su personal directivo y empleados directamente involucrados en el desarrollo de los juegos, así como sus cónyuges o personas con las que convivan, ascendientes y descendientes en primer grado, en los juegos que gestionen o exploten aquéllos, con independencia de que la participación en los juegos, por parte de cualquiera de los anteriores, se produzca de manera directa o indirecta, a través de terceras personas físicas o jurídicas;
- los deportistas, entrenadores u otros participantes directos en el acontecimiento o actividad deportiva sobre la que se realiza la apuesta;
- los directivos de las entidades deportivas participantes u organizadoras respecto del acontecimiento o actividad deportiva sobre la que se realiza la apuesta;
- los jueces o árbitros que ejerzan sus funciones en el acontecimiento o actividad deportiva sobre la que se realiza la apuesta, así como las personas que resuelvan los recursos contra las decisiones de aquellos;
- el presidente, los consejeros y directores de la Comisión Nacional del Juego, así como a sus cónyuges o personas con las que convivan, ascendientes y descendientes en primer grado y a todo el personal de la Comisión Nacional del Juego que tengan atribuidas funciones de inspección y control en materia de juego; y
- cualesquiera otras personas que una norma pueda establecer.

Precisiones La **autoprohibición** es la facultad de una persona de solicitar que le sea prohibida la participación en las actividades de juego, mediante su inscripción en el Registro General de Interdicciones de Acceso al Juego (RD 176/2023 art.3).

3995 **Publicidad, promoción y patrocinio** (L 13/2011 art.7 y 7 bis) En general, se necesita de una **autorización administrativa** para la realización de publicidad de actividades de juego.

En cualquier caso, las comunicaciones comerciales de los operadores de juego se deben hacer con sentido de la responsabilidad social, sin menoscabar ni banalizar la complejidad de la actividad de juego ni sus potenciales efectos perjudiciales sobre las personas, debiendo respetar la dignidad humana y los derechos y libertades constitucionalmente reconocidos.

Se consideran **contrarias al principio de responsabilidad social** las comunicaciones comerciales que:
- inciten a actitudes o comportamientos antisociales, violentos o discriminatorios;
- inciten a actitudes o comportamientos humillantes, denigratorios o vejatorios;
- asocien, vinculen, representen o relacionen de forma positiva o atractiva las actividades de juego con actividades o conductas ilícitas o perjudiciales para la salud pública, así como con aquellas que den lugar a daños económicos, sociales o emocionales;
- desacrediten a las personas que no juegan u otorguen una superioridad social a aquellas que juegan;
- incluyan mensajes que desvaloricen el esfuerzo en comparación con el juego;
- realicen apelaciones expresas a que el consumidor comparta con otras personas el mensaje previsto en la comunicación comercial;
- transmitan tolerancia respecto al juego en entornos educativos o de trabajo;
- sugieran que el juego puede mejorar las habilidades personales o el reconocimiento social;
- incluyan contenido sexual en las comunicaciones comerciales, vinculen el juego a la seducción, el éxito sexual o el incremento del atractivo;
- presenten el juego como indispensable, prioritario o importante en la vida;
- presenten la familia o las relaciones sociales como secundarias respecto del juego; o
- utilicen representaciones gráficas del dinero o de productos de lujo.

Precisiones Tras un recurso de la Asociación Española de Juego Digital contra el RD 958/2020 de **comunicaciones comerciales de las actividades de juego**, se anuló, por falta de cobertura legal y proporcionalidad, sus artículos 13.1 y 3 –actividades de promoción dirigidas a nuevos clientes–; 15 –aparición en la publicidad de personajes famosos–; 23.1 –prohibición generalizada para la difusión de comunicaciones comerciales a través de servicios de la sociedad de la información–; 25.3 –publicidad del juego en plataformas de intercambio de videos–; y 26.2 y 3 –que limitaba la posibilidad de llevar a cabo la publicidad a través de redes sociales– (TS 2-4-24, EDJ 533416).

Juego responsable y derechos de los participantes (L 13/2011 art.8 y 15) Las políticas de juego responsable suponen que el ejercicio de las actividades de juego se ha de abordar desde una política integral de **responsabilidad social corporativa** que contemple el juego como un fenómeno complejo donde se han de combinar acciones preventivas, de sensibilización, intervención y de control, así como de reparación de los efectos negativos producidos. 3998

Los operadores de juego deben elaborar un **plan de medidas** en relación con la mitigación de los posibles efectos perjudiciales que pueda producir el juego sobre las personas e incorporar las reglas básicas de política del juego responsable.

Los participantes en los juegos tienen derecho a:

- obtener **información** clara y veraz sobre las reglas del juego en el que deseen participar;
- **cobrar** los premios que les pudieran corresponder en el tiempo y forma establecidos, de conformidad con la normativa específica de cada juego;
- formular ante la Comisión Nacional del Juego las **reclamaciones** contra las decisiones del operador que afecten a sus intereses;
- al **tiempo de uso** correspondiente al precio de la partida de que se trate;
- jugar libremente, sin **coacciones o amenazas** provenientes de otros jugadores o de cualquier otra tercera persona;
- conocer en cualquier momento el **importe** que ha jugado o apostado, así como en el caso de disponer de una cuenta de usuario abierta en el operador de juego, a conocer el saldo de la misma;
- **identificarse de modo seguro** mediante el documento nacional de identidad, pasaporte o documento equivalente o mediante sistema de firma electrónica reconocida, así como a la protección de sus datos personales conforme a lo previsto en la LOPD;
- conocer en todo momento la **identidad del operador de juego**, especialmente en el caso de juegos telemáticos, así como a conocer, en el caso de reclamaciones o posibles infracciones, la identidad del personal que interactúe con los participantes;
- recibir información sobre la **práctica responsable** del juego.

2. Ámbito autonómico

4000

Las comunidades autónomas ostentan **competencia exclusiva**, en virtud de sus respectivos estatutos de autonomía, sobre la materia de juegos y apuestas en su respectivo ámbito territorial, salvo las apuestas mutuo deportivo-benéficas. 4001

Todas las comunidades autónomas han aprobado **leyes** sobre el juego y las apuestas:

Comunidad autónoma	Normativa
Andalucía	L Andalucía 2/1986
Aragón	L Aragón 2/2000
Asturias	L Asturias 6/2014
Baleares	D Baleares 42/2019 y D Baleares 43/2019
Canarias	L Canarias 8/2010
Cantabria	L Cantabria 4/2022
Castilla y León	L Castilla y León 4/1998
Castilla-La Mancha	L Castilla-La Mancha 5/2021
Cataluña	L Cataluña 15/1984
Extremadura	L Extremadura 6/1998
Galicia	L Galicia 3/2023
Madrid	L Madrid 6/2001 y D Madrid 23/1995
Murcia	L Murcia 2/1995
Navarra	LF Navarra 16/2006
La Rioja	L La Rioja 3/2022
País Vasco	L País Vasco 4/1991
C. Valenciana	L C.Valenciana 1/2020

4002 **Catálogo de juegos** El instrumento básico de ordenación de los juegos y apuestas es el Catálogo de Juegos y Apuestas de cada comunidad autónoma, aprobado reglamentariamente en virtud de las **habilitaciones legales** establecidas al efecto en las respectivas leyes autonómicas de juegos y apuestas:

Así, los **juegos y apuestas permitidos** en cada una de las comunidades autónomas son los incluidos en sus respectivos catálogos, en el bien entendido que la organización, práctica y desarrollo de tales juegos y apuestas exige, además, **autorización** de las Administración autonómica competente.

Los catálogos autonómicos de juegos y apuestas **incluyen**:
- la lotería;
- los juegos de casino;
- el bingo;
- las máquinas recreativas (tipo A), recreativas con premio (tipo B) y de azar (tipo C), entre otras;
- el juego de boletos;
- las rifas, tómbolas y combinaciones aleatorias; o
- las apuestas deportivas y no deportivas.

Son **juegos prohibidos** todos los no incluidos en el Catálogo de Juegos y Apuestas de cada comunidad autónoma y aquellos que estándolo se realicen sin la oportuna autorización.

Precisiones **1)** Los **catálogos de juego** se encuentran en:
- Andalucía, D Andalucía 280/2009;
- Aragón, D Aragón 159/2002;
- Asturias, D Asturias 41/2011;
- Baleares, Orden Baleares 30-12-2005;
- Canarias, D Canarias 42/2009;
- Cantabria, D. Cantabria 6/2010;
- Castilla y León, D Castilla y León 44/2001;
- Castilla-La Mancha, D Castilla-La Mancha 5/2022;
- Cataluña, D Cataluña 240/2004 y D Cataluña 386/2000;
- Extremadura, D Extremadura 202/2010;

- Galicia, D Galicia 166/1986;
- Madrid, D Madrid 32/2004;
- Murcia, D Murcia 217/2010;
- Navarra, DF Navarra 5/2011;
- La Rioja, D La Rioja 4/2001;
- País Vasco, D País Vasco 277/1996;
- C.Valenciana, D C.Valenciana 56/2015.

2) En los casos de los **juegos prohibidos**, **el que gana** no tiene acción para reclamar lo ganado y **el que pierde** no puede repetir lo que ha pagado voluntariamente, a no ser que hubiese mediado dolo, o que fuera menor, o estuviera inhabilitado para administrar sus bienes (CC art.1798 y 1799; TS 23-2-88; TS 30-1-95, EDJ 57; TS 8-7-00, EDJ 22055).

Prohibiciones En la legislación autonómica se establecen prohibiciones para el **acceso a los establecimientos** de juego y apuestas y prohibiciones para la práctica del juego y la **participación en apuestas**. 4005

Estas prohibiciones se establecen, con carácter general, en las correspondientes leyes autonómicas de juegos y apuestas, y, de manera específica, en las **reglamentaciones autonómicas particulares** o específicas de cada modalidad de juego o apuesta.

Estas prohibiciones están igualmente establecidas a nivel estatal, aunque esta regulación, tras la asunción de competencias sobre los juegos y apuestas por parte de las comunidades autónomas, tiene un **carácter** meramente **supletorio**, para el supuesto de que no exista normativa autonómica en la materia.

Las regulaciones autonómicas son parecidas, aunque no idénticas, por lo que a continuación se realiza una exposición sintética de las **principales prohibiciones** existentes en la materia.

Tienen prohibido el **acceso a los establecimientos** de juego y apuestas:

a) Los **menores** de edad.

b) Las personas que, siendo mayores, no se encuentran en pleno uso de su capacidad de obrar, especialmente cuando han sido declarados **judicialmente incapaces o pródigos**.

c) Las personas que presentan síntomas de **limitación de sus capacidades volitivas**, particularmente cuando dicha limitación obedece a enajenación mental, embriaguez o intoxicación por drogas o sustancias psicotrópicas.

d) Las personas que se encuentren en situación de **libertad condicional** o sometidas al cumplimiento de medidas de seguridad.

e) Las personas que **perturben el orden**, la tranquilidad o el normal desarrollo de los juegos, o las que ostensiblemente puedan perturbarlo.

f) Los culpables de **concurso fraudulento**, en tanto no hayan sido rehabilitados.

g) Las personas que sean **portadoras de armas u objetos** que puedan ser utilizados o calificados como tales, con excepción de los miembros de las Fuerzas de Seguridad, y asimilados, en el cumplimiento de sus funciones.

h) Los incluidos en los **Registros de Prohibidos** (también llamado de Limitaciones o de Interdicciones de Acceso) a cargo de la consejería competente en materia de juegos y apuestas. Deben figurar en estos Registros: 4008

- las **personas que voluntariamente lo soliciten**, por sí mismos o por sus familiares con dependencia económica directa; en este caso, los familiares solicitantes tienen que justificar documentalmente tanto la adicción patológica como la dependencia económica para la inclusión en el Registro de Prohibidos;
- las personas respecto de las que las **empresas titulares** de un establecimiento de juego **hayan solicitado** por razones fundadas **su inclusión**; en este caso, la inclusión en el Registro sólo prohíbe la entrada al establecimiento cuyo titular la solicitó, salvo que las circunstancias concurrentes aconsejen extenderla a otros, durante el tiempo que se establezca en la resolución que la acuerde;
- las personas a quienes se les prohíba la entrada por virtud una **resolución administrativa sancionadora** o de una sentencia judicial, durante el tiempo que se determine en una u otra.

Estas personas, en la medida en que no pueden acceder a los establecimientos de juegos y apuestas, tampoco pueden practicar **juegos de azar**, usar máquinas recreativas con premio y de azar y participar apuestas. En cambio, pueden entrar en salones recreativos y, por tanto, jugar en las **máquinas recreativas sin premio**.
Aparte de estas prohibiciones de acceso, los titulares de establecimientos pueden imponer otras condiciones o **prohibiciones de admisión**, previa autorización administrativa.
Por lo demás, los establecimientos de juego tienen un **sistema de control de admisión** de visitantes, de particular importancia en los casinos y bingos.

4010 No pueden participar en los juegos autorizados las siguientes personas:
a) Los accionistas, partícipes o **titulares de la propia empresa**, administradores, directivos y empleados, respecto de los juegos y apuestas que se practiquen en sus establecimientos, así como los **cónyuges**, ascendientes y descendientes hasta el primer grado por consaguinidad o afinidad.
b) Las personas adscritas o **vinculadas por razón del servicio** a los órganos administrativos competentes en materia de juegos y apuestas.
c) El **personal de inspección y control** de juego, salvo para el ejercicio de sus funciones cuando les haya sido concedida autorización al efecto.
Queda prohibido a las **personas titulares de los establecimientos** en los que se encuentren instaladas y al **personal al servicio** de ambos, por sí o a través de terceros:
- conceder préstamos o dinero a cuenta a los jugadores;
- conceder bonificaciones o jugadas gratuitas al usuario (por ejemplo, en el caso de máquinas recreativas con premio o de azar).

4013 **Publicidad** Las leyes autonómicas generales de juegos y apuestas, al igual que las reglamentaciones sectoriales de cada uno de ellos, suelen **regular** la publicidad de los juegos y apuestas. No obstante, algunas comunidades autónomas como en Aragón y Castilla y León, existen normas reglamentarias *ad hoc* para la publicidad de los juegos y apuestas: D Aragón 166/2006 y Orden Aragón 15-1-2007; D Castilla y León 7/2007.
El **principio general** es que la publicidad de los juegos y apuestas está sometida a autorización administrativa. No obstante, se encuentra **prohibida** en todo caso la publicidad que incite o estimule la práctica de todo tipo de juegos o apuestas.

4015 **Hojas de reclamaciones y régimen sancionador** En **todos los establecimientos** de juegos y apuestas deben existir hojas de reclamaciones a disposición de los jugadores y apostantes.
En las leyes autonómicas de juegos y apuestas se establece un régimen sancionador general, que se desarrolla en las **reglamentaciones particulares** de cada tipo de juego y apuesta.
En **Cataluña** existe una ley específica por la que se establece el régimen sancionador en materia de juego: L Cataluña 1/1991. De aplicación supletoria resulta, por ser norma estatal, la L 34/1987 de la potestad sancionadora de la Administración en materia de juegos de suerte, envite o azar.
Las **infracciones** en la materia se tipifican en leves, graves y muy graves.
Las **sanciones** principales son siempre de multa, aunque van acompañadas de sanciones accesorias que pueden incluso comportar la revocación de la autorización concedida, con el consiguiente cierre del establecimiento.
Los **plazos de prescripción** de infracciones y sanciones y el procedimiento sancionador se regulan igualmente con detalle en las leyes y reglamentos autonómicos.

a. Máquinas recreativas y de azar

Todas las comunidades han aprobado sus propios **Reglamentos** de máquinas recreativas y de azar: 4020

Comunidad autónoma	Normativa
Andalucía	D Andalucía 250/2005
Aragón	D Aragón 22/2015 y D Aragón 39/2014
Asturias	D Asturias 77/1997
Baleares	D Baleares 43/2019
Canarias	D Canarias 26/2012
Cantabria	D Cantabria 23/2008; D Cantabria 106/2006 y D Cantabria 44/1997
Castilla y León	D Castilla y León 17/2003
Castilla-La Mancha	D Castilla-La Mancha 6/2004 y D Castilla-La Mancha 5/2022
Cataluña	D Cataluña 37/2010 y D Cataluña 23/2005
Extremadura	D Extremadura 117/2009
Galicia	D Galicia 39/2008
Madrid	D Madrid 73/2009
Murcia	D Murcia 72/2008
Navarra	DF Navarra 37/2013; DF Navarra 181/1990 y DF Navarra 270/1999
La Rioja	D La Rioja 64/2005
País Vasco	D País Vasco 120/2016
C. Valenciana	D C.Valenciana 55/2015 y D C.Valenciana 115/2006

A nivel estatal, debe tenerse en cuenta el RD 2110/1998, que en la actualidad tiene virtualidad supletoria en ausencia o defecto de norma autonómica (Const art.149.3).

Tipos de máquinas Existen cinco tipos, generalmente, de máquinas: 4023

- Máquinas de **tipo A** o recreativas.
- Máquinas de **tipo B** o recreativas con premio en metálico.
- Máquinas de **tipo C** o de azar.
- Máquinas de **tipo D** o de premio en especie.
- Máquinas de **tipo E** o especial.

Los **locales aptos** para la instalación de máquinas difieren en función del tipo de la misma de que se trate:

- Las máquinas de **tipo A** pueden instalarse en establecimientos de ocio y hostelería, en salones recreativos, en salones de juego, en bingos y en casinos.
- Las máquinas de **tipo B** pueden instalarse en salones de juego, en bingos y en casinos.
- Las máquinas de **tipo C** únicamente pueden instalarse en los casinos.
- Las máquinas de **tipo D** pueden instalarse en establecimientos de hostelería, ocio o recreo.
- Las máquinas de **tipo E** pueden instalarse en salones de juego, bingos y casinos.

Precisiones En muchas comunidades se han desregulado las **máquinas tipo A** al no considerarlas máquinas de juego, sino de mero entretenimiento u ocio, excluyéndolas del régimen de autorización previa.

Acceso a los salones recreativos y de juego La diferencia, a efectos de acceso, entre salones recreativos y de juego, es que en los primeros está permitida la entrada de los **menores de edad** y en los segundos –que deben contar con un servicio de recepción, vigilancia y control– está prohibida su entrada. 4025

En todo caso, a los salones de juego, además de los menores de edad, tampoco pueden acceder las **demás personas** sobre las que recae una prohibición de acceso, en los términos ya vistos en el nº 4005.
Los titulares de los salones pueden reservarse el **derecho de admisión** al interior del local en la forma prevista en la normativa aplicable.

4028 **Avería o fallo mecánico** Si se produce en la máquina una avería que no puede ser subsanada de forma inmediata, impidiendo así su correcto funcionamiento, el encargado del establecimiento debe proceder a su **desconexión** y a la **colocación de un cartel** donde se indique esta circunstancia o a la advertencia de la avería mediante información visible.
Efectuado lo anterior, **no** existe **obligación de devolver** a la persona jugadora la cantidad de dinero que hubiera podido introducido una vez colocado el cartel de avería.
Las máquinas recreativas con premio y las máquinas de azar deben disponer en sus **depósitos** de una cantidad de dinero de curso legal suficiente para el **pago automático** de los premios a las personas usuarias, no inferior al premio mayor que la máquina pueda entregar.
Si la **cantidad depositada** en la máquina es **insuficiente** para el pago del premio en curso por haberse producido sucesivamente el otorgamiento de otros premios menores, queda fuera de servicio.
Si por fallo de la máquina **no se otorga el premio obtenido**, el encargado del establecimiento está obligado a abonar dicho premio o la diferencia que falte para completarlo. En tal supuesto, no pueden reanudarse las partidas en tanto no se haya procedido a reparar el fallo y rellenar el depósito de la máquina.

4030 **Responsabilidad frente al usuario** Las **personas titulares** de los establecimientos en que se encuentren instaladas las máquinas recreativas o de azar, así como las **empresas titulares** de éstas, están obligadas en todo momento a mantenerlas en perfectas condiciones de seguridad, higiene y funcionamiento.
En consecuencia, son responsables administrativamente de su **mal servicio** o de los **daños** que pudieran ocasionarse a las personas usuarias de la máquina o del establecimiento, **salvo** prueba concluyente de que se trate de defectos de fabricación o que exista culpa o negligencia de la propia persona usuaria.

4032 **Información al usuario** Las **máquinas de tipo B y C** que se encuentren instaladas deben tener incorporado, de **forma gráfica, visible y por escrito** (por ejemplo, en el tablero frontal o en la pantalla de vídeo) para la persona usuaria, entre otras, las siguientes indicaciones:
- el precio de la apuesta;
- las instrucciones o reglas del juego;
- la descripción de las combinaciones ganadoras; y
- el importe de los premios.

b. Bingo

4035 El juego del bingo es una **lotería** jugada sobre 90 números, del 1 al 90 inclusive, en la que los jugadores tienen como **unidad de juego** cartones o tarjetas integradas por 15 números distintos entre sí y distribuidos en diferentes líneas horizontales y verticales (en el formato tradicional, el cartón contiene tres líneas horizontales de cinco números cada una y nueve líneas verticales en cualquiera de las cuales puede haber tres, dos o un número, pero sin que pueda existir una columna sin ningún numero).
Las **combinaciones ganadoras** son:
a) La línea, que se entiende formada cuando hayan sido extraídos todos los números que la integran, siempre y cuando no haya sido cantada correctamente por otro jugador durante la extracción de las bolas anteriores.
b) El bingo, que se entiende formado cuando se hayan extraído los quince números que forman el cartón.

La aparición de **varias combinaciones ganadoras** de línea o bingo determina la distribución del premio a partes iguales entre los acertantes.
Las principales **modalidades del juego** del bingo son las siguientes:
a) Bingo **ordinario**. Se caracteriza porque los premios de línea y bingo se obtienen con independencia de las bolas extraídas para la consecución de los mismos. Esta modalidad se juega en todas las comunidades autónomas.
b) Bingo **simultáneo**. Es un bingo ordinario que se juega simultáneamente por todos los jugadores presentes en las diferentes salas que están adheridas al sistema y en conexión entre sí y la unidad central de proceso de datos.
c) Bingo **acumulado** –también llamado prima de bingo o con otras denominaciones–. En esta modalidad puede obtenerse un premio superior al del bingo ordinario. Tienen derecho al premio de premio el jugador que cante bingo antes de que se haya extraído un determinado número de bolas o en la partida siguiente a aquella en que se haya dotado la prima.
d) Bingo **interconectado**. En un bingo acumulado que se juega mediante la interconexión de los sistemas informáticos de diversas salas de bingo a un ordenador central que controla el desarrollo de esta modalidad de juego intercambiando información en tiempo real entre las salas.
e) Junto a estas cuatro modalidades, que son las más habituales, existen otras como el **bingo electrónico** (se juega con cartones virtuales en terminales electrónicas); el **bingo *online*** (se juega en soporte informático) o el **bingo derivado** (se juega sobre un máximo de 90 números y un mínimo de 6, utilizando tarjetas integradas en combinaciones numéricas de entre un mínimo de 6 y un máximo de 18 números, distintos entre sí y distribuidos en filas y columnas).

Precisiones La modalidad de **bingo interconectado** está prevista, entre otras comunidades, en **Aragón** ya que aunque el D Aragón 142/2008 dice eliminarlo, el bingo plus que regula es, en realidad, un bingo interconectado.

El bingo es un juego de competencia autonómica, por lo que todas las comunidades han aprobado sus propios **Reglamentos**: **4036**

Comunidad autónoma	Normativa
Andalucía	D Andalucía 65/2008
Aragón	D Aragón 142/2008
Asturias	D Asturias 7/1998
Baleares	D Baleares 19/2022
Canarias	D Canarias 77/2015
Cantabria	D Cantabria 122/1999
Castilla y León	D Castilla y León 21/2013
Castilla-La Mancha	D Castilla-La Mancha 5/2022 y D Castilla-La Mancha 22/2011
Cataluña	D Cataluña 86/2012
Extremadura	D Extremadura 131/2007
Galicia	D Galicia 181/2002
Madrid	D Madrid 105/2004
Murcia	D Murcia 63/1997
Navarra	DF Navarra 150/2010
La Rioja	D La Rioja 71/2009
País Vasco	D País Vasco 120/2016
C. Valenciana	D C.Valenciana 62/2015

4038 **Acceso a la sala de bingo** No pueden entrar en las salas de bingo las personas sobre las que recae una **prohibición** de acceso, en los términos previstos en el nº 4005.

En el **área de admisión** debe controlarse el acceso de los visitantes, a quienes puede solicitarse su nombre y apellidos, edad y domicilio, que deben acreditarse mediante la presentación del documento nacional de identidad, carné de conducir o pasaporte. Con estos datos se abre al cliente una **ficha**, en la que se anotan sus sucesivas visitas. El **fichero** creado con los datos de los distintos clientes se gestiona a través de un procedimiento informático y al mismo resultan de aplicación las garantías establecidas en la LOPD. En este sentido, la Agencia Española de Protección de Datos, en su Instr 2/1996, por la que se regulan los ficheros automatizados establecidos con la finalidad de controlar el acceso en bingo y casinos, ordena la **destrucción de las fichas** abiertas a los clientes en el caso de que durante 6 meses esa ficha permanezca sin actividad.

4040 **Pago de premios** Cuando algún **jugador cante la jugada** de línea o bingo en voz alta, debe entregar el cartón al jefe de mesa, que realiza la comprobación oportuna. Si de la comprobación efectuada resultan **fallos o inexactitudes** en alguno de los números del cartón, el juego se reanuda hasta que se produzca un ganador. Cuando la **línea cantada sea correcta**, el juego continuará hasta que sea cantado el bingo. Cuando el bingo cantado sea correcto, se dará por finalizada la partida y se procederá al **pago de los premios**.

Una vez comprobada la existencia de algún cartón premiado, el jefe de sala pregunta si existe alguna **otra combinación ganadora** con las voces «¿Alguna línea más?» o «¿Algún bingo más?», dejando un **plazo de tiempo** prudencial hasta dar la orden de reanudar la partida o tenerla por finalizada, según el caso. Una vez dada la correspondiente orden por el jefe de mesa, se pierde todo derecho a reclamación sobre dicha jugada.

El pago de los premios debe realizarse **en dinero** y está prohibida su sustitución por premios en especie.

Como **regla general**, el **abono** del premio se realiza en efectivo, si bien el jugador puede solicitar que se le dé un cheque (o, en algunas regulaciones autonómicas, que se le haga una transferencia bancaria). No obstante, en algunas comunidades autónomas es obligatorio el pago con cheque cuando el importe del premio supera determinadas cantidades.

Por excepción, en determinadas comunidades autónomas el premio puede abonarse en metálico o mediante cheque, aunque a elección del empresario.

Si el **cheque** resulta **impagado**, el jugador puede dirigirse a la Consejería competente en materia de juego, que, comprobada la autenticidad del cheque y el impago de la deuda, concederá 3 días a la empresa para que realice el pago y, en caso de que ésta no lo haga, la propia Consejería se lo abonará al jugador con cargo a la fianza constituida por la empresa (OM 9-1-1979 art.35.4, con carácter supletorio).

El **plazo de caducidad** para el cobro de los cartones premiados es de tres meses.

c. Casinos

4042 Tienen la **consideración de casinos** de juegos aquellos establecimientos dedicados especialmente a la práctica de juegos de suerte, envite o azar de los incluidos en el Catálogo de Juegos.

En los casinos existe la siguiente **distribución**:

a) El **área o servicio de admisión**, en la que se realiza el control de acceso de los visitantes mediante el correspondiente sistema informatizado.

b) La **sala principal de juego**, en la que los visitantes podrán participar en los diferentes juegos, si bien pueden autorizarse salas privadas. En la antesala de la principal se admite la instalación –según las comunidades autónomas– de todos o algunos de los siguientes juegos: ruleta de la fortuna, bola o «boule» y máquinas de tipo

C. En esta sala no se admiten otros servicios complementarios distintos de los de cafetería, bar o restaurante.
c) Las **zonas auxiliares**, anexas o complementarias, en la que pueden prestarse servicios de hostelería, aunque no es infrecuente que estos se ofrezcan dentro de la propia sala de juego.

La regulación de los juegos de casinos es de competencia autonómica, por lo que la mayoría de las comunidades han aprobado sus propios **Reglamentos**: **4043**

Comunidad autónoma	Normativa
Andalucía	D Andalucía 229/1988
Aragón	D Aragón 198/2002
Asturias	D Asturias 96/2002
Baleares	D Baleares 41/2017
Canarias	D Canarias 204/2001
Cantabria	D Cantabria 127/2002
Castilla y León	D Castilla y León 1/2008
Castilla-La Mancha	D Castilla-La Mancha 5/2022
Cataluña	D Cataluña 204/2001
Extremadura	D Extremadura 115/2000
Galicia	D Galicia 112/2005
Madrid	D Madrid 58/2006
Murcia	D Murcia 26/1996
La Rioja	D La Rioja 52/2001
C. Valenciana	D C.Valenciana 56/2015

A **nivel estatal**, debe tenerse en cuenta el Reglamento de Casinos de Juegos (OM 9-1-1979), que en la actualidad tiene virtualidad supletoria en ausencia o defecto de norma autonómica (Const art.149.3).

Juegos autorizados Este tipo de juegos están **autorizados** en el catálogo estatal y en los catálogos autonómicas donde se permiten los siguientes juegos de casino: ruleta francesa; ruleta americana; veintiuno o *black jack*; bola o *boule*; treinta y cuarenta; dados o *craps*; punto y banca; ferrocarril o *chemin de fer*; bacará o *baccarrá* a dos paños; y póquer –con diversas modalidades en función de cada comunidad autónoma– **4044**
En **determinadas comunidades autónomas** se permite además la ruleta o rueda de la fortuna (en todas menos en Madrid y Navarra), el «Keno» (en Castilla-La Mancha), el «mahjong pai gow» (en Valencia), el juego de la noventina (en Asturias), el juego del monte o banca (en Andalucía, Valencia, Extremadura y Castilla-La Mancha) y la banca francesa o dados portugueses (en Extremadura).

Acceso a los casinos No pueden entrar en las salas de bingo las personas sobre las que recae una **prohibición de acceso**, en los términos ya vistos en el nº 4005 s. **4045**
En el **área de admisión** debe controlarse el acceso de los visitantes, que han de obtener una tarjeta de entrada. Las **tarjetas de entrada** están numeradas correlativamente, tienen carácter nominativo y contienen los datos siguientes: nombre y apellidos; número de la ficha personal del cliente; fecha de emisión; precio; plazo de validez; firma del director de juegos o sello del casino.
El **fichero** creado con los datos de los distintos clientes se gestiona a través de un procedimiento informático y al mismo resultan de aplicación las garantías establecidas en la LOPD. En este sentido, la Agencia Española de Protección de Datos, en su

Instr 2/1996, por la que se regulan los ficheros automatizados establecidos con la finalidad de controlar el acceso en bingo y casinos, ordena la **destrucción de las fichas abiertas** a los clientes en el caso de que durante 6 meses esa ficha permanezca sin actividad.

4046 **Mesas de juego** Los **visitantes** de las salas de juego del casino no están obligados a participar en los mismos.
Una vez efectuado el **anticipo sobre la caja de una mesa** determinada, el casino esta obligado a ponerla en funcionamiento cuando se presente el primer jugador y a continuar el juego hasta la hora fijada para su terminación. Tras iniciarse el juego en cada mesa de la manera descrita, la **partida no puede ser interrumpida** antes de la hora en ninguna mesa, salvo cuando los jugadores se retiren de alguna de ellas o en el supuesto de que el director de juegos tenga fundadas sospechas de que el juego se desarrolla o puede desarrollarse incorrecta o fraudulentamente.
Cuando en las salas funcionen **varias mesas de juego** y la **partida haya perdido animación** en alguna de ellas, el director de juegos puede suspender la partida, pero dejando en servicio mesas del mismo juego en número suficiente para que los jugadores presentes puedan continuar la partida.
En todo caso, durante el horario en que el casino se encuentre abierto al público, debe poner en servicio, como mínimo, una **serie de juegos de contrapartida**, distintos en función de la comunidad autónoma.
En los **juegos de círculo** solo existe obligación de poner en servicio la mesa cuando concurran un mínimo de jugadores, según la comunidad autónoma de que se trate.
Si el casino tiene autorizada la **posibilidad de modificar los mínimos de las apuestas** en juegos o mesas determinadas, esta posibilidad puede ejercerse, en su caso, con sujeción a los siguientes requisitos:
- durante el desarrollo de la sesión, y una vez puesta en funcionamiento una mesa, el casino no puede variar el limite de apuesta de la misma;
- en todo caso, el casino debe poner en funcionamiento una mesa, al menos, con el límite mínimo de apuestas autorizado para dicha mesa o juego a menos que en la autorización concreta se dispusiera otra cosa.

4047 **Naturaleza y tipos de apuestas** Los juegos pueden practicarse solamente con **dinero efectivo**.
Están prohibidas y carecen de todo valor las **apuestas bajo palabra**, así como toda forma de **asociación** entre dos o más jugadores con el ánimo de sobrepasar los límites máximos en cada tipo de apuestas establecidos en las distintas mesas de juego.
Debe distinguirse entre:
a) Los **juegos** llamados **de contrapartida** (es decir, aquellos en que el jugador apuesta contra la banca, como, por ejemplo, la bola, el treinta y cuarenta, la ruleta, la ruleta americana, el *black jack*, los dados y el punto y banca), en los que las apuestas solo pueden efectuarse mediante fichas o placas.
El **cambio de dinero por fichas o placas**, para los juegos antedichos, pueden efectuarse en las dependencias de caja que debe haber en las salas de juego o bien en la propia mesa. El cambio de dinero o placas por fichas en la mesa de juego se efectúa por el *croupier*, que, tras colocar en un lugar visible de la mesa dispuesto al efecto el billete o billetes de banco desplegados o la placa, dirá en alta voz su valor. Acto seguido, alineará y contará ante sí de manera ostensible las fichas, pasándolas al cliente o efectuando la apuesta por este solicitada. Finalmente, y asimismo de manera ostensible, colocará la placa o ficha cambiada en la caja de la mesa y el billete o billetes en otra caja distinta, metálica y cerrada con llave.
b) Los **juegos** llamados **de círculo** (es decir, aquellos en que el jugador apuesta contra otras jugadores, como, por ejemplo, el bacará), en los que la suma en banca debe componerse exclusivamente de fichas y placas. Las apuestas pueden efectuarse en billetes de banco, pero, en caso de pérdida, su cambio es obligatorio.
Las **operaciones de cambio** han de ser efectuadas en las dependencias de caja de las salas. En las mesas de juego, los jugadores solo pueden cambiar a un empleado del casino, distinto del *croupier* y que no tiene otra función que la indicada. Este

empleado extrae las fichas o placas cambiadas de una caja especial localizada junto a la mesa, que contiene una suma fijada por el director de juegos al comienzo de cada temporada de juegos.

Apuesta olvidada o perdida Las cantidades o apuestas que se encuentren olvidadas o pérdidas **en el suelo o sobre las mesas de juego**, o abandonadas durante las partidas, y cuyo propietario se desconozca, son llevadas de inmediato a la caja principal del casino y anotadas en un registro especial. **4048**

En el caso de **cantidades abandonadas** durante las partidas, el importe se determina por el total de la puesta inicial olvidada, sin computar en el mismo las garantías que pudieran haberse acumulado hasta el momento en que se advierta, después de buscar a su propietario que las cantidades o apuestas están efectivamente abandonadas.

Si el **legítimo propietario** de la cantidad o apuesta hallada **aparece** y demuestra de manera indiscutible su derecho, el casino le restituye dicha cantidad.

Canje de fichas y placas El casino canjea a los jugadores las fichas y placas que se hallen en su poder, ya sean restos de las cambiadas con anterioridad, ya sean constitutivas de ganancias, por su **importe en moneda de curso legal**. **4049**

El **pago en metálico** puede ser sustituido por la entrega de un cheque o talón bancario contra cuenta del casino o incluso una transferencia bancaria, dependiendo de la comunidad autónoma. El pago mediante **cheque** o **transferencia** solo puede realizarse a petición del jugador o previa su conformidad expresa.

Si el **cheque o talón** resulta **impagado**, en todo o en parte, el jugador puede dirigirse a la Consejería competente en materia de juego en reclamación de la cantidad adeudada, acompañando la copia del acta referida anteriormente. La consejería competente en materia de juego oye al director de juegos y comprobada la autenticidad del acta y el impago de la deuda, le concede un plazo para depositar en la **Caja General de Depósitos** la cantidad adecuada, que se entrega al jugador. Si no lo hace, expide al jugador el oportuno **mandamiento de pago** con el que este puede hacer efectiva la cantidad contra la fianza depositada por el casino.

d. Rifas, tómbolas y combinaciones aleatorias

Estos juegos son de competencia autonómica, por lo que diversas comunidades autónomas han aprobado sus propios **Reglamentos**: **4052**

- Andalucía, D Andalucía 325/1988.
- Aragón, D Aragón 56/2019.
- Canarias, D Canarias 174/1989.
- Cataluña, D Cataluña 397/2011.
- Madrid, Orden Madrid 3785/1999.
- Navarra, DF Navarra 94/1991.
- País Vasco, Orden País Vasco 2-9-1991 (esta norma sólo regula las combinaciones aleatorias).
- Comunidad Valenciana, el D C.Valenciana 129/1989.

En otras comunidades, se contiene su normativa básica en las leyes generales de juegos y apuestas. Para cubrir los silencios de las normas autonómicas o para las comunidades autónomas que no han aprobado normas específicas en la materia, les resulta de aplicación la **regulación estatal** contenida en:

- Ley por la que se aprueban normas para celebrar rifas (L 16-7-1949).
- Orden por la que se aprueba la Instrucción de rifas (Orden 27-7-1949).
- Decreto por el que se incluyen las tómbolas en la L 16-7-1949 (D 22-6-1951).
- Orden sobre autorización de rifas o tómbolas que se celebran bajo el patrocinio de Instituciones o Asociaciones Religiosas (Orden 4-1-1960).
- Orden sobre autorizaciones para celebrar rifas y tómbolas (Orden 22-3-1960).

4053 **Rifa** Las rifas se **definen** como el sorteo de un bien mueble, inmueble edificado o semoviente, pero en ningún caso dinero, celebrado entre personas mediante la adquisición por estos de billetes o papeletas e importe único.

Se suelen distinguir tres **clases de rifas** (aunque depende de la comunidad autónoma):

- de beneficencia, en las que el importe de los beneficios obtenidos se destina a satisfacer necesidades primarias de establecimientos benéficos;
- de utilidad pública, en las que el importe de los beneficios se destina a fines de reconocida utilidad pública; y
- de interés particular, en las que el importe de los beneficios obtenidos no se destina a fines de beneficencia ni de utilidad pública.

Las rifas deben ser **autorizadas** administrativamente por la Consejería competente en materia de juegos y apuestas, salvo las **rifas menores** que únicamente deben ser comunicadas. La cantidad para entender qué se entiende por rifa menor varía entre las diferentes comunidades.

4055 **Tómbola** La tómbola se **define** como el sorteo simultáneo de varios bienes muebles o semovientes, de tal manera que con un solo billete o papeleta de importe único, existe la posibilidad de adquirir cualquiera de aquellos bienes sorteados a la vista del jugador.

Al igual que en el caso de las rifas, se suele distinguir tres **clases** de tómbolas:

- de beneficencia, en las que el importe de los beneficios obtenidos se destina a satisfacer necesidades primarias de establecimientos benéficos;
- de utilidad pública, en las que el importe de los beneficios se destina a fines de reconocida utilidad pública; y
- de interés particular, en las que el importe de los beneficios obtenidos no se destina a fines de beneficencia ni de utilidad pública.

Las tómbolas deben ser **autorizadas** administrativamente por la Consejería competente en materia de juegos y apuestas.

4058 **Combinaciones aleatorias** Las combinaciones aleatorias se **definen** como aquellas rifas o tómbolas que, con fines exclusivamente publicitarios de un producto, servicio o empresa, ofrecen determinados premios en metálico, especie o servicios, teniendo como única contraprestación el consumo del bien, del servicio o el ser cliente de la empresa objeto de publicidad.

Existen dos **clases** de combinaciones aleatorias:

- de tracto único, cuando el sorteo se celebra en una fecha determinada; y
- de tracto sucesivo, cuando se celebran diversos sorteos en fechas sucesivas.

En principio, las combinaciones aleatorias deben ser **autorizadas** administrativamente por la Consejería competente en materia de juegos y apuestas, sin embargo, no se exige autorización siempre que la **participación del público** en estas actividades sea **gratuita** y en ningún caso exista sobreprecio o tarificación adicional alguna cualquiera que fuera el procedimiento o sistema a través del que se realice (L 25/2009 disp.adic.1ª).

e. Apuestas

4060 Las apuestas pueden ser de diferentes **tipos**:

1) En función del criterio de **distribución de las sumas apostadas**:

• **Mutuas** cuando la suma de las cantidades apostadas por diferentes usuarios sobre un evento determinado se distribuye entre los acertantes, una vez detraído por la empresa explotadora autorizada el porcentaje previsto reglamentariamente en cada caso.

• **De contrapartida** cuando el usuario apuesta contra la empresa explotadora autorizada, siendo el premio a obtener el resultante de multiplicar el importe de los pronósticos ganadores por el coeficiente que la empresa autorizada haya validado previamente para los mismos.

- **Cruzadas** cuando una empresa o persona actúa como intermediaria y garante de cantidades apostadas entre terceros, una vez detraída por la empresa autorizada el porcentaje previsto reglamentariamente en cada caso.

2) En función del **lugar de la apuesta**, pueden ser:

- **Internas** cuando se realizan en los recintos o lugares donde ocurren los eventos y en relación con las actividades objeto de apuesta que se celebren en los mismos.
- **Externas** cuando se realizan fuera de los recintos o lugares donde tienen lugar las actividades objeto de apuesta.

3) En función de su **contenido**, pueden ser simples o múltiples.

- **Simples** cuando se apuesta por un único resultado de un único evento.
- **Múltiples o combinadas** cuando se apuestan simultáneamente por dos o más resultados de uno o más eventos.

Pese a que las comunidades autónomas son competentes para regular las apuestas que se realicen en su ámbito territorial, no en todas existen **normas específicas** sobre el particular: 4063

Comunidad autónoma	Normativa
Andalucía	D Andalucía 144/2017 y D Andalucía 295/1995 (1)
Aragón	D Aragón 2/2011(2)
Asturias	D Asturias 169/2015
Baleares	D Baleares 42/2017
Canarias	D Canarias 125/2008 (1)
Cantabria	D Cantabria 78/2015
Castilla y León	D Castilla y León 53/2014 y D Castilla y León 9/2002 (3)
Cataluña	D Cataluña 27/2014; D Cataluña 299/1985 (1); D Cataluña 455/1983 (1)
Extremadura	D Extremadura 165/2014
Galicia	D Galicia 162/2012
Madrid	D Madrid 106/2006 y D Madrid 148/2002 (1)
Murcia	D Murcia 126/2012
Navarra	DF Navarra 16/2011
La Rioja	D La Rioja 30/2014
País Vasco	D País Vasco 120/2016
C. Valenciana	D C.Valenciana 42/2011

(1) Solo para apuestas hípicas.
(2) Solo para apuestas deportivas o de competición.
(3) Solo para el juego de las chapas

Apuestas hípicas Las apuestas hípicas **internas** son explotadas por la empresa adjudicataria del hipódromo, en las zonas específicas habilitadas para tal fin y respecto de las carreras de caballos que se celebren en el mismo, mientras que las apuestas hípicas **externas** son explotadas por las sociedades dedicadas a su organización y comercialización que resulten adjudicatarias. 4065

Se aplican las prohibiciones de **acceso a los establecimientos** de juegos y apuestas ya examinadas en el nº 4005 s.

Sin perjuicio de las prohibiciones de apostar previstas con carácter general en las respectivas leyes de juego y apuestas autonómicas, en algunas comunidades autónomas se establecen **prohibiciones específicas** para las apuestas hípicas como pueden ser la prohibición de participar en las apuestas internas o externas para:

– los **comisarios de carreras** que ejerzan sus funciones en la carrera objeto de apuestas y las personas que resuelvan recursos contra las decisiones de dichos comisarios;
– quienes **participen en cualquier carrera** que pueda ser objeto de apuesta, a título de jinete, sea profesional o no, aprendiz, entrenador, preparador o empleado.

4068 Las apuestas **se admiten hasta** el momento en que se comunique la orden de cierre de las taquillas y **deben formalizarse** en el correspondiente boleto, conforme al modelo autorizado administrativamente.
El **boleto** es el documento que acredita la formalización de la apuesta. El pago y aceptación del boleto implica la conformidad con la misma, sin que se admita reclamación alguna, salvo en el supuesto de fallos del terminal, de su impresora o del sistema informático.
El **personal de apuestas** no tiene obligación de comprobar el pronóstico y el hecho de que, en su caso, acepte el pago no supone responsabilidad alguna para él sobre la exactitud de los datos que contiene el boleto ni sobre la validez del mismo.
El boleto, una vez expedido, **no** puede en ningún caso ser **devuelto, modificado o ampliado ni pueden corregirse** en él posibles errores advertidos con posterioridad al momento de su expedición, salvo en el supuesto –previsto en las regulaciones andaluza y catalana– de que el error haya sido advertido antes de que el apostante abandone la taquilla expendedora.
En cuanto al **pago** de apuestas, que debe realizarse al portador del boleto acertante, siempre que este lo presente al cobro en un plazo determinado, transcurrido el cual se produce la caducidad de su derecho. El **lugar** y **plazo** de pago difiere en función de las comunidades autónomas.

3. Juegos y apuestas «online»

4090 La realización de juegos y apuestas a través de Internet es, en la actualidad, un fenómeno extendido. Existen numerosas **páginas web** que ofrecen este tipo de servicios a los usuarios de la red en cualquier punto del planeta. En algunos países, como Inglaterra o Estados Unidades, se han aprobado normas reguladoras de los juegos y apuestas en Internet.
En España, la principal **norma estatal** en la materia es la L 13/2011 y el RD 176/2023 que desarrolla entornos más seguros de juego. La L 13/2011 establece la regulación de las actividades de juego que se realizan a través de canales electrónicos, informáticos, telemáticos e interactivos y en las que los medios presenciales tienen un carácter accesorio, salvo las actividades presenciales de juego sujetas a reserva desarrolladas por las entidades designadas por la Ley que, por su naturaleza, son exclusivamente de competencia estatal. Se excluyen del ámbito de la L 13/2011 las actividades de juego realizadas a través de medios electrónicos, informáticos, telemáticos o interactivos cuyo ámbito no sea estatal (L 13/2011 art.2.2.b).
Los operadores de juego online deben cumplir una serie de **obligaciones** además de las previstas en el nº 3990 s.

Precisiones **1)** En la práctica, son numerosas las **páginas web privadas**, muchas de ellas constituidas y autorizadas en paraísos fiscales, que ofrecen **servicios transfronterizos** y pueden ser utilizadas por consumidores españoles: puede verse, a este respecto, las numerosas casas de apuestas por Internet que se anuncian.
2) Cuando el **operador** de la página web está **establecido en otro Estado miembro**, la oferta de juegos y apuestas en otros países de la Unión Europea está amparada, en principio, dentro del principio de la libre prestación de servicios (TJUE 6-3-07; TJUE 6-11-03).
Ahora bien, cuando este operador ofrece juegos y apuestas explotados en **régimen de monopolio** por un Estado miembro, no se opone a la libre prestación de servicios –y es, por tanto, conforme con el Derecho comunitario– que este Estado miembro impida a dicho operador proponer tales juegos y apuestas en su propio territorio (TJUE 8-9-09).

4093 **Tratamiento de datos personales** (RD 176/2023 art.4) Los tratamientos de datos de carácter personal de las personas físicas que puedan realizarse con ocasión del juego *online* se deben realizar con **estricta sujeción a** lo dispuesto en el RGPD y la LOPD.

Responsable de juego seguro (RD 176/2023 art.6) Los operadores **deben designar** una persona responsable del juego seguro que actuará como punto de contacto con la autoridad encargada de la regulación del juego. **4095**

La persona responsable desempeña **funciones** de supervisión de las políticas de juego seguro puestas en práctica por el operador y elabora el plan de medidas activas de juego seguro y una memoria anual sobre las actividades realizadas por el operador en este ámbito. El ejercicio de estas funciones es compatible con el desempeño por la persona designada de otro tipo de tareas dentro de la organización, siempre y cuando estas, en ningún caso, impliquen dependencia del departamento de publicidad o marketing.

El operador debe proveer al responsable del juego seguro de todos los **recursos** materiales, humanos y técnicos necesarios para el cumplimiento de las funciones.

Servicio telefónico de asistencia sobre juego seguro (RD 176/2023 art.10) Los operadores deben contar con un servicio telefónico de atención a través del cual se debe prestar información y asistencia en materia de juego seguro. **4098**

El número debe ser visible, como mínimo, en la sección sobre juego seguro de la página del operador y el servicio debe prestarse, al menos, en **lengua** castellana y no puede ser susceptible de **tarificación** adicional.

En el servicio de asistencia **debe informarse**, como mínimo, de:

- los riesgos que puede generar la actividad de juego;
- la posibilidad de realizar un test de autoevaluación;
- la posibilidad de ejercer las facultades de autoprohibición o de autoexclusión;
- los servicios públicos de prevención y atención a los trastornos asociados con el juego prestados en centros de tratamiento integrados en la estructura del Sistema Nacional de Salud, así como de otras instituciones sociales y clínicas a las que el usuario puede acudir en función de su domicilio, en caso de considerarlo oportuno.

Obligación de información (RD 176/2023 art.9, 12 y 16) Los portales **web** y aplicaciones móviles deben contar con un enlace directo a información sobre **juego más seguro** claramente visible en la página de inicio. **4100**

Junto a dicho acceso, los operadores deben enlazar los portales públicos sobre juego seguro bajo la apariencia y denominación que determine la autoridad.

En la sección de juego más seguro debe, además, ofrecerse la siguiente información:

- información general sobre juego seguro y los posibles **riesgos del juego**;
- prohibición de jugar a **menores** de edad;
- facultad de **autoprohibición** y condiciones de ejercicio;
- límites de **depósitos** y su operativa de funcionamiento y modificación;
- posibilidad de **autoexclusión temporal** de la cuenta de juego;
- referencia a, al menos, una **organización** que ofrezca información sobre los **trastornos asociados con el juego** y que pueda ofrecer asistencia al respecto en todo el territorio nacional, así como a la sección correspondiente disponible en la web oficial de la autoridad encargada de la regulación del juego;
- referencia a las estructuras del Sistema Nacional de Salud que desarrollan **servicios de prevención y atención** a los trastornos asociados con el juego;
- información sobre la existencia de mecanismos de **control parental**;
- referencia a **estudios y proyectos** en materia de **juego seguro** promovidos y, en su caso, hechos públicos por el operador;
- test de **autoevaluación del comportamiento de juego**;
- existencia de mecanismos de **detección de comportamientos de riesgo**, con referencia a las acciones que el operador adoptará al detectarse; y
- teléfono de asistencia en materia de juego seguro, con indicación de si dicho servicio se presta directamente por el operador o a través de terceros

4103 Además de la información obligatoria en la web, cuando un **nuevo jugador** se dé de alta, en el plazo máximo de 24 horas desde que se haya efectuado el registro en la plataforma de juego de un operador, se debe enviar un mensaje en el que se incluya información sobre las características y la naturaleza de los juegos de azar a su disposición, sobre los riesgos asociados a la actividad de juego y sobre las políticas de juego seguro que mantiene el operador.
Además, durante la sesión de juego, al menos **cada 60 minutos**, el usuario debe recibir información objetiva relativa a su conducta de juego durante la sesión, como por ejemplo el tiempo jugado, las cantidades apostadas o las pérdidas netas producidas, y en ningún caso juicios de valor del operador sobre dicha conducta.
Adicionalmente, el operador de juego debe poner a disposición del usuario un **resumen mensual de su actividad** indicando el número de accesos a la plataforma de juego del operador, los depósitos y medios de pago usados, el histórico de movimientos de la cuenta de juego, con detalle de las transacciones de depósitos, participaciones, premios y retiradas, el histórico del balance del gasto y la evolución de las modificaciones de los límites de depósito. Al menos cada 3 meses, el operador debe comunicar la posibilidad de acceder a este resumen.

4105 **Jugador joven** (RD 176/2023 art.22 y 23) Tiene la consideración de jugador joven a aquel que tiene una **edad** de 25 años o menos (RD 176/2023 art.3).
El **mensaje a nuevo jugador**, debe incluir una referencia específica a los riesgos asociados a la actividad de juego de los participantes jóvenes, tales como, entre otros, que el inicio en esta actividad a edades tempranas aumenta las probabilidades de surgimiento de un trastorno de juego o es un indicador del grado de severidad de dicho trastorno en caso de que se acabe manifestando.
Los participantes jóvenes no pueden, tampoco, recibir ningún tipo de **actividad promocional** cuyo objeto sea ajeno a la actividad de juego desarrollada en la plataforma del operador.

4108 **Jugador intensivo** (RD 176/2023 19, 20 y 21) Aquellos jugadores que incurran en **pérdidas** netas semanales iguales o superiores a 600 euros, durante tres semanas seguidas son considerados jugadores intensivos. En aquellos casos en que sean participantes jóvenes, las pérdidas netas semanales deben ser iguales o superiores a 200 euros semanales, durante tres semanas seguidas (RD 176/2023 art.3).
El operador, el día siguiente a aquel en que la persona jugadora reúna la condición de jugador intensivo, debe remitir un **mensaje informativo** específico y diferenciado, que ponga en su conocimiento la concurrencia de esta circunstancia.
El mensaje **se debe enviar** por correo electrónico o por cualquier otro medio que permita dejar constancia de la comunicación efectuada. El mensaje debe redactarse en términos comprensibles para un consumidor medio y contener **información** sobre:
- el importe medio de depósitos;
- el tiempo de conexión;
- las pérdidas acumuladas; y
- cualquier otro dato que el operador, en atención a la concreta circunstancia de esa persona, pueda estimar relevante a fin de permitirle tener un mejor autoconocimiento de su conducta de juego.

Las personas participantes con comportamientos de juego intensivo no pueden depositar **fondos** utilizando tarjetas de crédito. Esta medida se debe activar dentro de las primeras 72 horas correspondientes a la semana siguiente a aquella en la que estos participantes hayan adquirido la condición de participantes con comportamientos de juego intensivo.

Precisiones La **condición** de jugador intensivo **se pierde cuando** hayan transcurrido 6 semanas sin que, en ninguna de ellas, se hayan vuelto a sobrepasar los niveles de pérdidas semanales señalados.

4110 **Jugador en riesgo** (RD 176/2023 art.24, 25, 26, 27, 28, 29 y 30) Los operadores deben establecer mecanismos y protocolos que detecten los comportamientos de riesgo de los jugadores. Para esto, se deben incluir **criterios** o indicadores objetivos que revelen patrones de actividad como, por ejemplo, el volumen, la frecuencia y la variabilidad de las participaciones o los depósitos, sin perjuicio de otros elementos cuantitativos o cualitativos que puedan asimismo resultar relevantes de acuerdo con la mecánica de los distintos juegos o con la experiencia del operador. 4110 (sigue)

Detectada una persona que ha desarrollado un comportamiento de riesgo, el **operador debe**:

- ponerlo en conocimiento del jugador por correo electrónico o por cualquier otro medio que permita dejar constancia de la comunicación efectuada;
- excluirlo de toda clase de actividad promocional o comunicación comercial;
- excluirle de los servicios de atención especializada dirigidos a clientela privilegiada;
- impedir que deposite fondos utilizando tarjetas de crédito.

CAPÍTULO 7

Publicidad

1. Consideraciones generales

El reconocimiento de la **libertad de empresa** es uno de los elementos básicos de la economía de mercado. La libre iniciativa empresarial implica la libertad de ejercicio de actividades empresariales y económicas en el mercado como espacio diseñado para competir (CE art.98). **4401**
Por el principio de la competencia las empresas ofrecen sus bienes o servicios en el mercado intentando atraerse a los consumidores. La lucha por la competencia puede derivar en la utilización de **prácticas desleales** cuando la empresa acude a una serie de medios para atraerse a los consumidores, como la denigración del producto de otros o la publicidad engañosa.

Normativa básica Las normas básicas que regulan la publicidad están contenidas en: **4402**
- Dir (UE) 2006/114 sobre publicidad engañosa y publicidad comparativa.
- Dir (UE) 2010/13 relativa a la prestación de servicios de comunicación audiovisual.
- L 34/1988 general de publicidad (LGPu).
- L 3/1991 de competencia desleal (LCD).
- L 15/2007 de defensa de la competencia (LDC).
- L 13/2022 general de comunicación audiovisual (LGCA).

La **finalidad** de estas normas es que el funcionamiento del mercado se acerque lo más posible a una competencia «perfecta» con multitud de oferentes y de demandantes de productos o servicios. Se persigue la producción del mayor número de productos o servicios al menor precio posible y prohibir y reprimir las conductas desleales contrarias a la buena fe.

Definición (LGPu art.2) La **publicidad** se define como toda forma de comunicación realizada por una persona física o jurídica, pública o privada, en el ejercicio de una actividad comercial, industrial, artesanal o profesional con el fin de promover de forma directa o indirecta la contratación de bienes muebles o inmuebles, servicios, derechos y obligaciones. **4403**
En la normativa sobre publicidad siempre se habla del consumidor medio como referencia en diversas situaciones. El **consumidor medio** se define como el consumidor normalmente informado y razonablemente atento y perspicaz.

2. Publicidad ilícita

La publicidad constituye una forma de comunicación realizada con fines de promoción de la celebración de contratos sobre bienes o servicios. Esa comunicación puede tener un contenido informativo o integrado por ideas u opiniones o ambos a la vez y está incluida en el marco de la **libertad de expresión**. Esta libertad no distingue **4408**

según la naturaleza lucrativa o no del fin perseguido (TEDH 24-2-94, caso Casado Coca c.España).
El hecho de que la actividad publicitaria sea una manifestación del ejercicio de la libertad no justifica negar la existencia de **control** a los mensajes comerciales, si bien ese control debe tener carácter razonable y proporcionado además de idóneo, en el sentido de adecuado para contribuir a la obtención del fin que persigue.
La publicidad, por tanto, está sujeta a los **límites** o restricciones que legítimamente se le impongan basados en la Constitución española, la concurrencia de otros derechos fundamentales o por perseguir fines legítimos, p.e. la defensa de los consumidores, la protección de la salud, etc. (TS 15-1-10, EDJ 11494).
Así, la publicidad es **ilícita** cuando (LGPu art.3):
- atenta contra la dignidad de la persona o vulnera los valores y derechos reconocidos en la Constitución (especialmente en lo que se refiere a la infancia, la juventud y la mujer);
- es engañosa;
- es subliminal;
- infringe la prohibición de publicidad de determinados productos;
- es desleal.

Además, la publicidad engañosa, la desleal y la publicidad agresiva, tienen el carácter de **actos de competencia desleal**.

a. Contraria a la dignidad de la persona
(LGPu art.3.a)

4415 Es ilícita la publicidad que atenta contra la dignidad de la persona o vulnera los valores y derechos de la Constitución española, especialmente la **contraria** a los **derechos** de:
- honor;
- intimidad personal y familiar;
- propia imagen;
- protección de la infancia y la juventud.

Asimismo, se entiende incluida cualquier forma de publicidad que contribuya a generar violencia o discriminación en cualquiera de sus manifestaciones sobre las personas **menores de edad**, o fomente **estereotipos** de carácter sexista, racista, estético o de carácter homofóbico o transfóbico o por razones de **discapacidad**, así como la que promueva la **prostitución** o promueva las prácticas comerciales para la **gestación por sustitución**.

4416 **Publicidad sexista** (LGPu art.3.a; LO 1/2004 art.10) Atentan contra la dignidad de la persona los anuncios que presentan a la **mujer** de forma vejatoria, utilizando:
1. El **cuerpo** o partes del mismo como mero objeto desvinculado del producto que se pretende promocionar, p.e. el caso de una aerolínea que publicita sus vuelos con una mujer en bikini y el lema «tarifas al rojo vivo» seguida de la expresión «¡y la tripulación!» en alusión a las azafatas de vuelo (JM Málaga núm 2, 5-12-13, EDJ 239366); o el de unos sacos de cemento en los que se incluían imágenes femeninas con grandes escotes, tops con tirantes, cintura descubierta y pantalones cortos y ceñidos (AP Valencia 17-10-16, EDJ 246766); o el caso de una cadena de gimnasios en el que se incluyen imágenes en lonas publicitarias instaladas en edificios y en la página web de la empresa, en las que se recurría al cuerpo femenino, con primeros planos de los glúteos, como un reclamo no justificado por el producto anunciado (JM Madrid núm 5, 28-1-20).
2. La imagen asociada a un **comportamiento estereotipado** que ayude a generar violencia de género (TSJ Madrid 18-11-10, EDJ 340239).

4418 **Menores de edad** (LGPu art.3.b) Es ilícito que se les incite a la compra explotando su inexperiencia o credulidad, tampoco pueden aparecer en los anuncios persuadiendo de la compra a padres o tutores ni mostrar, a los menores, en situaciones peligrosas, sin un motivo justificado.

En cuanto a la **edad** necesaria para usar el producto, no se puede inducir a error sobre las características de los productos, ni sobre su seguridad, ni tampoco sobre la capacidad y aptitudes necesarias en el niño para utilizarlos sin producir daño para sí o a terceros.

b. Engañosa

(LGPu art.3.e; LCD art.5; Dir 2006/114/CE art.2 b)

Tiene el carácter de acto de competencia desleal, y se **define** como la publicidad que contiene información falsa o información que, aun siendo veraz, induce a error por su contenido o presentación, p.e. el conocido «caso de las pulseras power balance» que prometían aumentar la energía, elasticidad y equilibrio del cuerpo gracias a su holograma y que fue un gran fraude. **4420**

En este tipo de publicidad se silencian **datos fundamentales** de los bienes, actividades o servicios que puede abarcar desde la omisión de los aspectos negativos del producto hasta el engaño, más o menos sutil, en cuanto a sus beneficios y características, pasando por los diversos trucos empleados para presentar más atractivamente unos precios que realmente son más elevados; p.e. el caso de una publicidad de un producto para limpiar piscinas que resaltaba los efectos negativos del cloro, ocultando que el propio producto también llevaba cloro (TS 8-5-97, EDJ 2330).

Precisiones La Dir (UE) 2024/825 sobre empoderamiento de los consumidores para la **transición ecológica**, que tiene una fecha máxima de transposición de 27-3-2026, entre otras cuestiones:

- Prohíbe afirmaciones medioambientales, en particular con el clima y la neutralidad en carbono si no están respaldadas por compromisos y metas claros disponibles públicamente y verificables.
- Prohíbe anunciar beneficios irrelevantes o no relacionados con el producto, por ejemplo, anunciar agua sin gluten.
- Prohíbe la exhibición de distintivos de sostenibilidad que no se basen en un sistema de certificación o hayan sido establecidos por autoridades públicas.
- Se prohíben las afirmaciones medioambientales genéricas como «respetuoso con el medioambiente» o «verde» cuando no pueda demostrarse ningún comportamiento medioambiental excelente reconocido.
- Prohíbe hacer afirmaciones medioambientales sobre la totalidad del producto cuando solo se refiere a determinado aspecto, por ejemplo decir «fabricado con material reciclado», dando la impresión de que todo el producto está fabricado de material reciclado cuando solo el envase del producto está fabricado así.
- Considera publicidad engañosa el resaltar que un producto cumple con una exigencia legal, por ejemplo, que no contiene un químico, cuando dicho químico está prohibido por ley.

Requisitos Los requisitos para apreciar si una determinada publicidad es o no engañosa guardan relación con el **deber de diligencia** ya que, aunque no sea obligación del anunciante informar a los destinatarios de todas y cada una de las características de los productos o servicios que oferta, debe desvelar aquellas que sean necesarias para no generar con el mensaje falsas expectativas en el público a que alcanza. El **engaño**, en cualquier caso, no debe medirse o enjuiciarse por el significado objetivo de las expresiones o afirmaciones esenciales de la publicidad, sino con el alcance o impresión que las mismas provocan al consumidor medio, así p.e., en el caso de un champú que afirmaba ser usado por profesionales podía dar la impresión al consumidor de tener cualidades superiores a los champús de gran consumo (AP Barcelona 3-6-13, EDJ 151061). **4421**

Para determinar si una publicidad es engañosa debe incidir sobre alguno de los siguientes **aspectos**:

- existencia o la naturaleza del bien o servicio;
- características principales del bien o servicio (disponibilidad, beneficios, riesgos, ejecución, composición, accesorios, fabricación, etc.);
- asistencia posventa al cliente y el tratamiento de las reclamaciones;

- alcance de los compromisos del empresario, los motivos de la conducta comercial y la naturaleza de la operación comercial o el contrato, así como cualquier afirmación o símbolo que indique que el empresario o el bien son objeto de un patrocinio o una aprobación directa o indirecta;
- precio o su modo de fijación, o la existencia de una ventaja específica con respecto al precio;
- necesidad de un servicio o de una pieza, sustitución o reparación, y la modificación del precio inicialmente informado, salvo que exista un pacto posterior entre las partes aceptando la modificación;
- naturaleza, las características y los derechos del empresario o su agente (identidad y su solvencia, cualificaciones, aprobación, conexiones, premios, etc.);
- derechos legales o convencionales del consumidor o los riesgos que este pueda correr.

4422 **Parámetros interpretativos** La jurisprudencia ha venido desarrollando doctrinalmente una serie de parámetros interpretativos para determinar la **veracidad de la publicidad** (AP Madrid 12-4-05, EDJ 44066; AP Orense 26-5-09, EDJ 116444):
- prevalencia de la significación otorgada a la expresión publicitaria por los destinatarios de la misma, frente a la perseguida por el anunciante;
- el criterio interpretativo debe ser el del consumidor medio (nº 4403), no experto en la materia objeto del anuncio;
- aplicación del principio de indivisibilidad del anuncio, no pudiendo analizarse separadamente cada una de sus partes;
- tenerse presente tanto el tipo de prestación anunciada, como el medio publicitario empleado y el contexto social, económico y cultural en que se desarrolla la promoción;
- aplicación del principio general de que en caso de duda hay que interpretar la publicidad en el sentido más favorable para el consumidor o *in dubio pro consumitore*.

4423 Para poder reputar a una publicidad el carácter de engañosa no hace falta que se llegue a consumar un daño al consumidor, basta que pueda **inducir a error** en relación con los productos o servicios anunciados. De este modo, no se exige la precisión, ni menos la prueba de que se haya producido efectivo perjuicio, la potencialidad para ello resulta suficiente para justificar una orden judicial de cesación de una campaña publicitaria. Tampoco es preciso la voluntad del empresario de producir el perjuicio (TS 25-4-06, EDJ 59549; AP Pontevedra 5-11-09, EDJ 271503).

c. Comparativa

(LCD art.10; Dir 2006/114 art.2 c)

4425 La publicidad comparativa se **define** como toda publicidad que aluda explícita o implícitamente a un competidor o a los bienes o servicios ofrecidos por él.

4426 **Requisitos** La comparación está **permitida** si cumple los siguientes requisitos:
- los bienes o servicios comparados deben tener la misma finalidad o satisfacer las mismas necesidades;
- debe ser objetiva entre una o más características esenciales, pertinentes, verificables y representativas de los bienes o servicios, entre las cuales está el precio;
- en productos amparados por una DOP o IP (ver nº 1456 s.), denominación específica o especialidad tradicional garantizada, la comparación solo puede hacerse con otros productos de la misma denominación;
- no pueden presentarse bienes o servicios como imitaciones o réplicas de otros o inducir a error entre los competidores;
- no puede denigrar ni desacreditar al competidor;
- no puede contravenir lo establecido en materia de actos de engaño, denigración y explotación de la reputación ajena.

Precisiones La Dir (UE) 2024/825 sobre empoderamiento de los consumidores para la **transición ecológica**, que tiene una fecha máxima de transposición de 27-3-2026, entre otras cuestiones, en caso de que se comparen productos en base a sus características medioambientales o sociales, exige que los comerciantes suministren información sobre los métodos de comparación y las medidas para mantener la información actualizada.

Ofertas especiales Las comparaciones que hagan referencia a una oferta especial deben indicar de forma clara e inequívoca la **fecha de terminación** de la oferta o, en su caso, el hecho de que la oferta especial está supeditada a la disponibilidad de los bienes o servicios de que se trate y, en caso de que la oferta especial no haya empezado aún, la fecha en la que se inicie el período durante el cual vaya a aplicarse el precio especial u otras condiciones específicas. **4427**

Uso de marca En cualquier caso, el uso de una marca (o un signo muy parecido) de un competidor en la publicidad comparativa constituye uso de marca y por tanto su titular podría, a priori, prohibirlo. Los titulares de las marcas tienen un **derecho en exclusiva** que faculta a prohibir a cualquier tercero su uso. **4428**
Sin embargo, el legislador europeo quiere favorecer la publicidad comparativa, lo que implica **limitación**, en cierta medida, del derecho conferido por la marca para favorecer la publicidad. Así, el titular de la marca no está facultado para prohibir el uso de un signo idéntico o similar en la publicidad comparativa si esta cumple todos los requisitos para que no sea ilícita (LM art.34.2; Dir (UE) 2436/2015 art.10; TJUE 12-6-08, nº C-533/2006).
Solo se puede **prohibir el uso** si, debido a la identidad o similitud del signo y los servicios o productos, existe **riesgo de confusión** por parte del consumidor medio, p.e. en el caso en que un operador de telefonía usa, en la publicidad de sus propios productos o servicios, una marca registrada perteneciente a un competidor con la finalidad de comparar las características (y en particular el precio) de los productos o servicios no hay riesgo de confusión (TJUE 6-10-05, nº C-120/2004; 12-6-08, C-533/2006, EDJ 66730).

Imitaciones y réplicas Está prohibido, en publicidad comparativa, que se muestre el hecho de que el producto que se comercializa es una **imitación o réplica**, p.e. en el caso de perfumes de imitación en los que se pregunta al cliente con la intención de averiguar la marca de la imitación que busca. Las menciones y presentación del producto como réplica o imitación o contratipo incitan al consumidor a acudir sabiendo que va a encontrar las imitaciones de los perfumes que solicite, lo que confiere una ventaja competitiva al facilitar asociar un producto con otro, trasvasando la imagen entre ellos. Se trata de un acto parasitario del que gratuitamente se obtiene una ventaja competitiva (AP Alicante 11-6-18, EDJ 615314). **4429**

d. Subliminal

(LGPu art.4; LGCA art.122)

La publicidad subliminal se **define** como aquella que mediante técnicas de producción de estímulos de intensidades fronterizas con los umbrales de los sentidos o análogas, puede actuar sobre el público destinatario sin ser conscientemente percibida. El consumidor, por tanto, no la percibe de manera consciente; p.e., intercalar un fotograma, que se no percibe de manera normal, con un mensaje en medio de un anuncio en televisión. **4430**
Su prohibición **pretende** proteger al consumidor ante todo posible error inducido que pueda influir en su decisión, es decir, se protege la libertad de elección del consumidor medio.
A pesar de estar prohibida, la publicidad subliminal es usada muy a menudo en la práctica, sobre todo en la publicidad impresa, debido a la **dificultad para determinar** el margen entre lo permitido y lo ilícito, entre una imagen evocadora y una subliminal.
Se planteó si el **uso de personajes famosos** o conocidos en publicidad podía considerarse como publicidad subliminal, sin embargo, no existe una específica prohibición de usar el nombre o la imagen de personajes famosos en la publicidad de servi-

cios sanitarios, ni su uso entraña por sí misma una infracción del principio de veracidad al que debe responder la información publicitada, ya que, sin dejar de reconocer que se trata de un reclamo de la atención del destinatario de la misma, no altera el contenido del mensaje publicitado ni induce a error sobre el mismo (TSJ País Vasco 26-4-17, EDJ 129283).

e. Encubierta

(LGCA art.122; Dir 2010/13/UE art.1)

4435 La publicidad encubierta se **define** la presentación verbal o visual, directa o indirecta, de los bienes, servicios, nombre, marca o actividades de un empresario en programas de televisión, distinta del emplazamiento del producto, en que tal presentación tenga, de manera intencionada, un propósito publicitario y pueda inducir al público a error en cuanto a la naturaleza de dicha presentación.
La publicidad encubierta, por su propia mecánica, **implica** una promoción comercial no explícita o clara, sino que se hace de forma subliminal con ocultación de la finalidad publicitaria, por lo que se crea un indudable riesgo de provocar error en los consumidores, invitándoles o inclinándoles de forma subrepticia, no consciente, al consumo del producto presentado; p.e. realizar una **pretendida entrevista** a un experta en nutrición, salud y belleza, pero que en realidad cuenta con una clara finalidad publicitaria y promocional (TS cont-adm 31-10-18, EDJ 640312).

4436 **Exclusiones** En cualquier caso, se excluye de la publicidad encubierta al **emplazamiento de producto**. Consiste en incluir, mostrar o referirse a un producto, servicio o marca comercial de manera que figure en un programa.
El emplazamiento de productos está **permitido** en:
- largos y cortometrajes;
- documentales;
- películas y series de televisión;
- programas deportivos; y
- programas de entretenimiento.

4437 El emplazamiento de producto se permite con la **finalidad** de ayudar la financiación de las obras audiovisuales. La **diferencia** entre publicidad y la mera presentación o emplazamiento del producto, reside en que en la publicidad existe una finalidad promocional para la compra del producto, mientras que en el emplazamiento la aparición del producto carece de carga promocional o apologética.
En el caso de la publicidad encubierta en series de televisión, además, la promoción no se hace de manera explícita, p.e. el caso de referencias al complejo hotelero Marina D'Or, en la serie «Yo soy Bea», que resaltaban pretendidas excelencias y beneficios para la salud con frases como «eso le va a venir de perlas a tus cervicales, me han dicho que aquí te dejan como nueva» se consideró que era un caso de publicidad encubierta y no de emplazamiento de producto ya que las menciones, además, se hacían integradas en el argumento de la serie. La mera presencia de un producto en una película o en una serie de televisión formando parte del decorado, o la mención circunstancial de un producto en una escena, ha de distinguirse claramente del intento de utilizar una escena, para promocionar un producto determinado con un mensaje reiterado, utilizando la escena como mera excusa para realizar la promoción encubierta e inclinando a los consumidores de forma subrepticia al consumo del producto (AN 23-3-09, EDJ 56101; 24-2-11, EDJ 12222).
Un **ejemplo** de emplazamiento de producto son los productos de alimentación que pueden verse en las cocinas de las series de televisión.

> Precisiones **1)** Se considera que la publicidad encubierta es **intencionada** si se hace a cambio de contraprestación. La contraprestación no es un requisito para la existencia de la infracción sino que se trata de una presunción de la existencia de un vínculo publicitario (AN 9-5-06, EDJ 477161).
> **2)** Se ha considerado publicidad encubierta aquella acción, en un canal de televisión, que partiendo de la emisión de un contenido aparentemente no publicitario (microespacio en el

que un doctor propone soluciones a trastornos de la salud), en el que no se realiza una presentación directa o indirecta de productos, **se combina con otros espacios de telepromoción**, que le siguen en la programación del mismo canal, en el que sí se realiza una promoción de productos relacionados con los contenidos tratados en la primera de las emisiones (TS cont-adm 11-11-19, EDJ 726126).

f. Normas especiales para la publicidad de determinados productos y servicios

(LGPu art.5)

La publicidad para ciertos productos puede estar regulada por **normas especiales** o estar sometida a autorización administrativa: **4440**

Producto o servicio	Norma que regula su publicidad
Tabaco	L 28/2005 de medidas sanitarias frente al tabaquismo y reguladora de la venta, el suministro, el consumo y la publicidad de los productos del tabaco
Medicamentos	RD 1416/1994 por el que se regula la publicidad de los medicamentos de uso humano
Juegos de azar	L 13/2011 de regulación del juego; RD 958/2020 de comunicaciones comerciales de las actividades de juego
Bancarios	BE Circ 4/2020 sobre publicidad de los servicios y productos bancarios (ver nº 3355)
Con pretendido fin sanitario (remedios naturales, productos dietéticos, etc.)	RD 1907/1996 sobre publicidad y promoción comercial de productos, actividades o servicios con pretendida finalidad sanitaria
Alimenticios	L 17/2011 de seguridad alimentaria y nutrición
Cosméticos	RD 1599/1997 sobre productos cosméticos*

(*) Derogada salvo lo dispuesto en los artículos 4, 12, 13, 15, 16 y en el capítulo VII, que continua resultando de aplicación exclusivamente para los productos de cuidado personal hasta que se produzca la regulación específica de los productos de cuidado personal (RD 85/2018 disp.derog. única).

Contenido obligatorio Estas normas especiales deben **incluir**: **4442**

a) La naturaleza y características de los productos, bienes, actividades y servicios cuya publicidad sea objeto de regulación;

b) La forma y condiciones de difusión de los mensajes publicitarios;

c) Los requisitos de autorización y, en su caso, registro de la publicidad, cuando haya sido sometida al régimen de autorización administrativa previa.

Precisiones El **incumplimiento** de las normas especiales que regulan la publicidad de los productos, bienes, actividades y servicios tiene consideración de infracción a los efectos previstos en la Ley General para la Defensa de los Consumidores y Usuarios y en la Ley General de Sanidad (LGPu art.5.6).

Prohibiciones En cualquier caso, está prohibida la publicidad de los siguientes productos o servicios: **4444**

- **Bebidas alcohólicas** con un nivel superior a 20º, excepto cuando sea emitida entre la 1:00 y las 5:00 horas. (LGPu art.5.5).
- **Productos del tabaco**, salvo en las publicaciones y presentaciones para profesionales del tabaco (L 28/2005 art.9).
- **Medicamentos** que solo pueden dispensarse por prescripción facultativa, los que contengan sustancias psicotrópicas o estupefacientes y los que formen parte de la prestación farmacéutica del Sistema Nacional de Salud (RD 1416/1994 art.7).
- **Juegos de suerte**, envite o azar y la publicidad o promoción de los operadores de juego, cuando se carezca de la correspondiente autorización (L 13/2011 art.7).
- **Alimentos** con el fin de sustituir el régimen de alimentación o nutrición comunes, especialmente en los casos de maternidad, lactancia, infancia o tercera edad (L 17/2011 art.44.3.b).

• **Fórmulas magistrales** y productos en fase de investigación clínica (RD 1907/1996 art.3.2).

4445 • **Productos, materiales, sustancias, energías o métodos con pretendida finalidad sanitaria** en los casos que (RD 1907/1996 art.4):
- se destinen a la prevención, tratamiento o curación de enfermedades transmisibles, cáncer y otras enfermedades tumorales, insomnio, diabetes y otras enfermedades del metabolismo;
- sugieran propiedades específicas adelgazantes o contra la obesidad;
- pretendan una utilidad terapéutica para una o más enfermedades, sin ajustarse a los requisitos y exigencias previstos en la Ley del Medicamento y disposiciones que la desarrollan;
- proporcionen seguridades de alivio o curación cierta;
- utilicen como respaldo cualquier clase de autorizaciones, homologaciones o controles de autoridades sanitarias de cualquier país;
- hagan referencia a su uso en centros sanitarios o a su distribución a través de oficinas de farmacia;
- pretendan aportar testimonios de profesionales sanitarios, de personas famosas o conocidas por el público o de pacientes reales o supuestos, como medio de inducción al consumo;
- pretendan sustituir el régimen de alimentación o nutrición comunes, especialmente en los casos de maternidad, lactancia, infancia o tercera edad;

4446 - atribuyan a determinadas formas, presentaciones o marcas de productos alimenticios de consumo ordinario, concretas y específicas propiedades preventivas, terapéuticas o curativas;
- atribuyan a los productos alimenticios, destinados a regímenes dietéticos o especiales, propiedades preventivas, curativas u otras distintas de las reconocidas a tales productos conforme a su normativa especial;
- atribuyan a los productos cosméticos propiedades distintas de las reconocidas a tales productos conforme a su normativa especial;
- sugieran o indiquen que su uso o consumo potencian el rendimiento físico, psíquico, deportivo o sexual;
- utilicen el término «natural» como característica vinculada a pretendidos efectos preventivos o terapéuticos;
- atribuyan carácter superfluo o pretenda sustituir la utilidad de los medicamentos o productos sanitarios legalmente reconocidos;
- atribuyan carácter superfluo o pretendan sustituir la consulta o la intervención de los profesionales sanitarios;
- atribuyan efectos preventivos o terapéuticos específicos que no estén respaldados por suficientes pruebas técnicas o científicas acreditadas y expresamente reconocidas por la Administración sanitaria del Estado.

Precisiones El carácter restrictivo de la **publicidad sobre alcohol y tabaco** implica una limitación de derechos económicos como el de libre empresa, si bien estos ceden ante la mayor importancia del derecho a la salud de los consumidores (TS 3-1-11, EDJ 2271; AP Madrid 5-3-21, EDJ 600445).

CAPÍTULO 8

Infracciones y sanciones

 4500

A continuación, se analizan las respuestas previstas en el ordenamiento jurídico frente a las conductas contrarias a las disposiciones en materia de protección de los consumidores. 4505
Algunas de estas conductas ilegales se caracterizan por ser **infracciones administrativas**, susceptibles de ser castigadas con una sanción de esta misma naturaleza, impuestas por una autoridad administrativa, aunque revisables en vía judicial.
Otras conductas, de mayor gravedad, se tipifican como **infracciones penales**, delitos o faltas, y se castigan con penas dentro de la jurisdicción penal.

1. Normativa

La normativa autonómica y estatal en materia de protección de los consumidores dista mucho de ser exhaustiva, pues la mayor parte de las **leyes sectoriales** en las que de alguna forma se protegen los intereses de los consumidores contienen un elenco de infracciones y sanciones especialmente orientadas a dicha finalidad. 4510

Estatal La regulación de las infracciones y sanciones administrativas en materia de protección al consumidor a nivel estatal está formada por la siguientes leyes: 4512
- Ley General para la Defensa de los Consumidores y Usuarios (LGDCU art.46 a 52);
- Ley de Régimen Jurídico del Sector Público (L 40/2015 art.25 s.);
- Ley de seguridad alimentaria y nutriciónL 17/2011 art.47 a 53.

Autonómica Las comunidades autónomas cuentan con regulación propia de las infracciones y sanciones en materia de consumo, siendo su **aplicación** preferente a la regulación estatal. 4514

Comunidad autónoma	Regulación sobre sanciones en materia de consumo
Andalucía	L Andalucía 13/2003 art.73 s.
Aragón	L Aragón 16/2006 art.73 s.
Asturias	L Asturias 11/2002 art.33 s.
Baleares	L Baleares 7/2014 art.77 s.
Canarias	L Canarias 3/2003 art.39 s.
Cantabria	L Cantabria 1/2006 art.43 s.
Castilla y León	L Castilla y León 2/2015 art.39 s.
Castilla-La Mancha	L Castilla-La Mancha 3/2019 art.136 s.
Cataluña	L Cataluña 22/2010 art.331.1 s.
Extremadura	L Extremadura 6/2019 art.63 s.
Galicia	L Galicia 2/2012 art.74 s.
La Rioja	L La Rioja 5/2013 art.60 s.
Madrid	L Madrid 11/1998 art.46 s.
Murcia	L Murcia 4/1996 art.25 s.

Comunidad autónoma	Regulación sobre sanciones en materia de consumo
Navarra	LF Navarra 34/2022 art.71 s.
País Vasco	L País Vasco 4/2023 art.129 s.
C.Valenciana	DLeg C.Valenciana 1/2019 art.59 s.

2. Infracciones administrativas

4515

4518 Los **actos y conductas que perjudiquen los** derechos de los consumidores y usuarios pueden dar origen a una infracción por parte de las personas o entidades que las ejecuten, y ser motivo de sanción por las Administraciones públicas.
Las infracciones en materia de consumo serán objeto de las sanciones administrativas correspondientes, previa instrucción del oportuno expediente, **sin perjuicio** de las responsabilidades civiles, penales o de otro orden que pudiesen corresponder.
La Administración pública interviene en el ámbito del consumo a través del ejercicio de su potestad sancionadora, previa tramitación del correspondiente expediente administrativo, siendo el resultado de las labores de **control e inspección** que tiene legalmente encomendadas en esta materia (nº 110).

a. Principios generales
(LGDCU art.46)

4520 El ejercicio de la potestad sancionadora está supeditado a una serie de principios generales, propios de todo derecho sancionador. Lo establecido en la LGDCU lo es con plena garantía de las **competencias** de las comunidades autónomas en materia de protección de los consumidores. Estas pueden establecer la regulación necesaria para el pleno ejercicio de dichas competencias.
a) Tipificidad: las sanciones quedan limitadas a las conductas debidamente tipificadas como infracción en materia de defensa de los consumidores (nº 4530).
b) Preferencia del orden penal: Si las infracciones tipificadas pueden ser **constitutivas de delito** (nº 4580), el órgano competente tiene que comunicar tal extremo a la autoridad judicial o al Ministerio Fiscal, que comunicarán al órgano competente la resolución o acuerdo que hubieran adoptado.
Si **no se estima** la existencia de ilícito penal, o se dicta otro tipo de resolución que pone fin al procedimiento penal, puede iniciarse o proseguir el procedimiento sancionador. En todo caso, el órgano competente queda vinculado por los **hechos declarados probados** en vía judicial. 3.
Si **se instruye causa penal**, se suspende la tramitación del expediente administrativo sancionador que hubiere sido incoado por los mismos hechos y, en su caso, la eficacia de los actos administrativos de imposición de sanción. La instrucción de causa penal no es obstáculo para que la Administración adopte las **medidas necesarias** para salvaguardar la salud, seguridad y otros intereses de los consumidores en virtud de las potestades no sancionadoras que tenga conferidas.

4522 **c) Non bis in idem**: en ningún caso se puede producir una doble sanción por los mismos hechos y en función de los mismos intereses públicos protegidos. Sí deben exi-

girse las demás responsabilidades que se deduzcan de **otros hechos o infracciones concurrentes**.
Se pueden distinguid varios supuestos:
• Cuando el **mismo hecho** y en función de **idéntico ataque a los intereses públicos** pueda ser calificado como infracción con arreglo a dos o más preceptos de la LGDCU o de otras normas sancionadoras, **se aplica** el que prevea más específicamente la conducta realizada. Si todos ofrecen los mismos caracteres, el que establezca mayor sanción. No obstante, son de **aplicación preferente** las disposiciones sectoriales respecto de aquellos aspectos expresamente previstos en las disposiciones del derecho de la Unión Europea de las que traigan causa.
• Cuando de la comisión de una infracción **derive necesariamente la comisión de otra u otras**, se debe imponer únicamente la sanción correspondiente a la infracción más grave cometida, sin perjuicio de que, al calificar la infracción o al fijar la extensión de la sanción, se tengan en cuenta todas las circunstancias.
• Cuando se trate de **hechos concurrentes** constitutivos de infracción, procede la imposición de todas las sanciones o multas previstas en las leyes aplicables para cada una de las infracciones. No obstante, al imponer las sanciones, se tiene en cuenta, a efectos de su graduación, las otras sanciones recaídas para que **conjuntamente resulten proporcionadas** a la gravedad de la conducta del infractor. Se considera que **hay hechos concurrentes** constitutivos de infracción cuando el mismo sujeto incumple diversos deberes que supongan diferentes lesiones del mismo o de distintos intereses públicos sin que una de las infracciones conlleve necesariamente la otra, aunque haya servido para facilitarla o encubrirla, y ello con independencia de que se refieran a los mismos productos o servicios, o que esos incumplimientos sean sancionables conforme al mismo tipo de infracción. Se **sanciona como única infracción**, aunque valorando la totalidad de la conducta, la pluralidad continuada de acciones u omisiones idénticas o similares realizadas por un sujeto en relación con una serie de productos o prestaciones del mismo tipo.

d) Legitimación de las asociaciones de consumidores y usuarios: Cuando se vean **4524**
afectados los intereses generales, colectivos o difusos de los consumidores y usuarios, las **asociaciones** de consumidores y usuarios, legalmente constituidas, se pueden **personar en el procedimiento** administrativo sancionador, en tanto no haya recaído resolución definitiva. Tienen la consideración de **parte interesada** en el procedimiento cuando el objeto de las actuaciones administrativas coincida con los fines establecidos en sus respectivos estatutos y prueben la afectación concreta de los derechos e intereses legítimos de alguno de sus socios por las prácticas objeto del procedimiento.
e) No discriminación: en aquellos procesos en los que la parte actora alegue discriminación y aporte indicios fundados sobre su existencia **corresponde** a la parte contra la que se dirija la queja o la demanda la **aportación de una justificación** objetiva y razonable, suficientemente probada, de las medidas adoptadas y de proporcionalidad. A estos efectos, la Administración competente en materia de consumo, así como los órganos judiciales de oficio o a instancia de parte puede n recabar informe de los organismos públicos competentes en materia de igualdad.

b. Sujetos responsables

(LGDCU art.51)

Son responsables de las infracciones de consumo las personas físicas o jurídicas **4527**
que dolosa o culposamente incurran en las mismas.
Son supuestos **especiales**:
a) Infracciones conexas. Cuando en relación con los **mismos bienes o servicios** e infracciones conexas intervienen **distintos sujetos**, como fabricantes o importadores, envasadores, marquistas, distribuidores o minoristas, cada uno es responsable de su propia infracción.

b) Coautores. La responsabilidad de los coautores de una misma infracción es independiente; se impone a cada uno la sanción correspondiente a la infracción en la extensión adecuada a su culpabilidad y demás circunstancias personales. En particular, se entienden incluidos en este caso los **anunciantes y agencias de publicidad** respecto de las infracciones de publicidad subliminal, engañosa o que infrinja lo dispuesto en la normativa sobre publicidad de determinados bienes o servicios (nº 4000 s.).

c) Importadores y distribuidores. Los importadores o quienes distribuyen por primera vez en el mercado nacional productos de consumo que puedan afectar a la seguridad y salud de los consumidores o usuarios, tienen el deber de asegurar que dichos productos cumplen los requisitos exigibles para ser puestos a disposición de los consumidores o usuarios. Responden solidariamente de las sanciones impuestas a sus suministradores o proveedores, con independencia de la responsabilidad que les corresponda por sus propias infracciones cuando, dentro de su deber de diligencia, no hayan adoptado las medidas que estén a su alcance, incluyendo la facilitación de información, para prevenir las infracciones cometidas por estos.

d) Responsabilidad de persona jurídica. Cuando una infracción se imputa a una persona jurídica, pueden ser consideradas también como responsables las personas que integran sus organismos rectores o de dirección, así como los técnicos responsables de la elaboración y control.

c. Infracciones

(LGDCU art.47)

4530 Se establece un **listado amplio y abierto** de hechos constitutivos de infracción en materia de defensa de los consumidores y usuarios. Se trata de un conglomerado de actuaciones, que permite incluir en su contenido las nuevas conductas que pueden irse desarrollando por la evolución del mercado y de la contratación de consumo.

La única **exigencia**, unida a la tipicidad ya señalada como principio general (nº 4520), es que la conducta esté prevista en una norma de consumo, estableciendo requisitos concretos, obligaciones específicas o prohibiciones cuyo incumplimiento genera la infracción.

4532 **Contrarias a la salud de los consumidores y usuarios** Las infracciones contrarias a la salud de los consumidores y usuarios, así como las que resulten lesivas a su seguridad, adaptando las referencias al bien jurídico protegido, se califican como muy graves, graves y leves de conformidad con lo previsto en la L 14/1986 art.35.

Son las siguientes infracciones:

a) El incumplimiento de los requisitos, condiciones, obligaciones o prohibiciones de **naturaleza sanitaria**.

b) Las acciones u omisiones que produzcan riesgos o daños efectivos para la **salud o seguridad** de los consumidores y usuarios, tanto si es en forma consciente o deliberada, como si lo es por abandono de la diligencia y precauciones exigibles en la actividad, servicio o instalación de que se trate.

c) El incumplimiento o transgresión de los **requisitos previos** que concretamente formulen las autoridades competentes para situaciones específicas, al objeto de evitar **contaminaciones, circunstancias o conductas nocivas** de otro tipo que puedan resultar gravemente perjudiciales para la salud pública.

4534 **Leves** **a)** El incumplimiento de las normas reguladoras de **precios**, la imposición injustificada de condiciones sobre prestaciones no solicitadas o cantidades mínimas o cualquier otro tipo de intervención o actuación ilícita que suponga un incremento de los precios o márgenes comerciales.

b) El incumplimiento de las normas relativas a **registro, normalización o tipificación, etiquetado, envasado y publicidad** de bienes y servicios.

c) La obstrucción o negativa a suministrar datos o a facilitar las funciones de **información, vigilancia o inspección**.

d) Las siguientes conductas en relación con contratos de **prestación de servicios o suministro de productos de tracto sucesivo o continuado**l:
- establecer limitaciones o exigencias injustificadas al derecho del consumidor de poner fin a los contratos,
- obstaculizar el ejercicio de tal derecho del consumidor a través del procedimiento pactado,
- la falta de previsión de este procedimiento, o
- la falta de comunicación al usuario del procedimiento para darse de baja en el servicio.

e) Toda **actuación discriminatoria** contra personas consumidoras vulnerables independientemente del motivo o contra cualquier consumidor o usuario por el ejercicio de sus derechos, ya sea no atendiendo sus demandas, negándoles el acceso a los establecimientos o dispensándoles un trato o imponiéndoles unas condiciones desiguales, así como el incumplimiento de las prohibiciones de discriminación previstas en el Rgto (UE) 2018/302, cuando dicha actuación no sea constitutiva de delito.
f) El uso de **prácticas comerciales desleales** con los consumidores o usuarios.
g) Las **conductas discriminatorias en el acceso** a los bienes y la prestación de los servicios, y en especial las previstas como tales en la LO 3/2007 para la igualdad efectiva de mujeres y hombres, cuando no sean constitutivas de delito.
h) La negativa a aceptar el **pago en efectivo** como medio de pago dentro de los límites establecidos por la normativa tributaria y de prevención y lucha contra el fraude fiscal.
i) La obstrucción o negativa a suministrar las **condiciones generales de la contratación** (nº 690 s.) o cualquier otra información requerida por la Administración competente en el ejercicio de sus competencias.
j) El incumplimiento de las obligaciones en relación con los **servicios de atención al cliente** (nº 2200 s.).
h) El incumplimiento de las obligaciones que impone la regulación de **contratos celebrados a distancia** (nº 860 s.), cuando no constituya infracción grave (nº 4536).

Graves **a)** La **alteración, adulteración o fraude** en bienes y servicios susceptibles de consumo por: **4536**
- adición o sustracción de cualquier sustancia o elemento,
- alteración de su composición o calidad,
- incumplimiento de las condiciones que correspondan a su naturaleza o la garantía,
- arreglo o reparación de productos de naturaleza duradera,
- en general cualquier situación que induzca a engaño o confusión o que impida reconocer la verdadera naturaleza del bien o servicio.

b) El incumplimiento del régimen de **garantías y servicios posventa**, o del régimen de **reparación** de productos de naturaleza duradera.
c) El incumplimiento de las **disposiciones sobre seguridad** en cuanto afecten o puedan suponer un riesgo para los consumidores y usuarios.
d) La introducción de **cláusulas abusivas** en los contratos, así como la no remoción de sus efectos una vez declarado judicialmente su carácter abusivo o sancionado tal hecho en vía administrativa con carácter firme.
e) El **incumplimiento de los deberes y prohibiciones** impuestos por la Administración mediante órdenes o como medidas cautelares o provisionales dictadas con el fin de evitar la producción o continuación de riesgos o lesiones para los consumidores y usuarios, así como el incumplimiento de los compromisos adquiridos para poner fin a la infracción y corregir sus efectos.
f) El incumplimiento del régimen establecido en materia de **contratos celebrados fuera de los establecimientos mercantiles** (nº 860 s.).
g) El incumplimiento de las obligaciones que impone la regulación de **contratos celebrados a distancia** (nº 860 s.), en las siguientes materias:
- plazos de ejecución y de devolución de cantidades abonadas;
- envío o suministro, con pretensión de cobro, de bienes o servicios no solicitados por el consumidor y usuario;

– uso de técnicas de comunicación que requieran el consentimiento expreso previo o la falta de oposición del consumidor y usuario, cuando no concurra la circunstancia correspondiente;
– la negativa u obstrucción al ejercicio del derecho de desistimiento.

4538 Cualquier **otro incumplimiento** de los requisitos, obligaciones o prohibiciones establecidas la LGDCU o en disposiciones que la desarrollen, no previsto en los tipos anteriores será considerado infracción de la normativa de consumo y sancionado en los términos previstos en la **legislación autonómica** que resulte de aplicación.

d. Sanciones

(LGDCU art.49)

4540 El **principio básico** es que la imposición de sanciones debe garantizar, en cualquier circunstancia, que la comisión de una infracción no resulte **más beneficiosa** para la parte infractora que el incumplimiento de las normas infringidas.
Estas infracciones se califican en leves, graves y muy graves de conformidad con la L 14/1986 art.35.
Las infracciones en materia de defensa de los consumidores y usuarios son sancionadas por las Administraciones públicas competentes con **multas** de acuerdo con la siguiente graduación:
– Infracciones **leves**: entre 150 y 10.000 euros, cantidades que se pueden sobrepasar hasta alcanzar entre 2 y 4 veces el beneficio ilícito obtenido.
– Infracciones **graves**: entre 10.001 y 100.000 euros, cantidades que se pueden sobrepasar hasta alcanzar entre 4 y 6 veces el beneficio ilícito obtenido.
– Infracciones **muy graves**: ente 100.001 y 1.000.000 de euros, cantidades que se pueden sobrepasar hasta alcanzar entre 6 y 8 veces el beneficio ilícito obtenido.
Cuando no puede ser determinado exactamente, el **beneficio ilícito** se calcula con criterios estimativos. **Incluye** el aumento de ingresos y el ahorro de gastos que haya supuesto directa o indirectamente la infracción sin descontar multas, perjuicios de los comisos o cierres, ni las cantidades que por cualquier concepto haya tenido que abonar el responsable a la Administración o a los consumidores y usuarios como consecuencia de la infracción.
Cuando la aplicación de estos rangos conlleve la imposición de una **sanción desproporcionada** en relación con la capacidad económica del infractor, se puede utilizar el rango asignado a la calificación de un menor nivel de gravedad para el cálculo de la sanción.
Se permite al Gobierno **modificar estas cuantías**, tomando como criterio de variación los índices de precios al consumo –IPC– (LGDCU disp.final 1ª.

Precisiones Si se imponen sanciones por **infracción generalizada con dimensión en la Unión Europea** (Rgto (UE) 2017/2394 art.21), su importe máximo para infracciones muy graves, equivaldrá al 4% del volumen de negocio anual del empresario en España o en los Estados miembros afectados por la infracción. Si no se dispone de esta información, se pueden imponer multas cuyo importe máximo equivalente a dos millones de euros.

4542 Para **determinar**, dentro de los mínimos y máximos establecidos, el importe de la multa correspondiente a cada infracción, se tiene que atender:
– especialmente a la concurrencia de alguna de las circunstancias de graduación de las infracciones (nº 4550 s.) que no hubieran podido ser tenidas en cuenta para alterar la calificación de la infracción o que no se dieran con todos sus requisitos;
– la naturaleza de la infracción;
– el grado de culpabilidad o la existencia de intencionalidad;
– el carácter continuado de la infracción;
– el número de consumidores afectados;
– el nivel de los daños y perjuicios que hayan sufrido;
– las sanciones impuestas por la misma infracción a su autor en otros Estados miembros en casos transfronterizos;

– el volumen de negocio anual o cualquier otro indicador de su capacidad económica.

Junto con la sanción principal de multa, se establece una serie de **sanciones accesorias**, de no necesaria imposición, consistentes en: 4546

a) El **comiso** de las mercancías objeto de la infracción que sean propiedad del responsable. Se contemplan como **excepciones** que:
– ya se haya adoptado definitivamente para preservar los intereses públicos;
– puedan resultar de lícito comercio tras las modificaciones que procedan y su valor, sumado a la multa, no guarde proporción con la gravedad de la infracción. Es este caso puede no acordarse esta medida o acordarse solo parcialmente en aras de la proporcionalidad.

La resolución sancionadora que imponga esta sanción tiene que decidir el **destino** que, dentro de las previsiones que en su caso se encuentren establecidas en la normativa aplicable, deba dar la Administración competente a los productos decomisados.

Todos los **gastos** que origine el comiso, incluidos los de transporte y destrucción, son de cuenta del infractor.

b) La **publicidad de las sanciones** impuestas, cuando hayan adquirido firmeza en vía administrativa, así como los nombres, apellidos, denominación o razón social de las personas naturales o jurídicas responsables y la índole y naturaleza de las infracciones, siempre que concurra riesgo para la salud o seguridad de los consumidores y usuarios, reincidencia en infracciones de naturaleza análoga o acreditada intencionalidad en la infracción.

c) El **cierre temporal** del establecimiento, instalación o servicio por un plazo máximo de 5 años.

No puede ser considerada como sanción:
– la clausura o cierre de establecimientos, instalaciones o servicios que no cuenten con las autorizaciones o registros sanitarios preceptivos;
– la suspensión de su funcionamiento, hasta tanto se rectifiquen los defectos o se cumplan los requisitos exigidos por razones de sanidad, higiene o seguridad, y;
– la retirada del mercado precautoria o definitiva de bienes o servicios por razones de salud y seguridad; en estos casos, se trata de medidas cautelares y son coetáneas habitualmente al inicio del expediente sancionador.

En tal caso, es de aplicación la **legislación laboral** en relación con las obligaciones de la empresa frente a los trabajadores.

d) La **rectificación** de los incumplimientos identificados en la resolución que ponga fin al procedimiento.

Precisiones **1)** Es improcedente acordar la **suspensión de una actividad** para un período predeterminado de tiempo, sin conminarse al titular del local a que realice las modificaciones necesarias para cumplir la ley, y que una vez transcurrido dicho período se le autorice la reanudación de las actividades sin realizar comprobación alguna de si los defectos fueron subsanados (TSJ Galicia 9-9-99, EDJ 34533).

2) La autorización para la **retirada o intervención del producto** comporta implícitamente la habilitación a la Administración para que pueda adoptar medidas de destrucción, si éstas son necesarias para proteger la salud pública (TS 8-11-96, EDJ 8381).

e. Graduación de las infracciones

(LGDCU art.48)

Las infracciones se **califican inicialmente** por los caracteres de la acción u omisión y de la culpabilidad del responsable en leves, graves y muy graves. Los reglamentos de los **diferentes productos, actividades y servicios** pueden concretar la gravedad de las especificaciones de infracción que prevean atendiendo a los criterios señalados en la LGDCU, sin que en ningún caso puedan constituir nuevas infracciones o sanciones, ni alterar la naturaleza o límites que la Ley contiene. 4550

Precisiones La **redacción original** del entonces art.50 realizaba una graduación de las infracciones calificándolas como leves, graves y muy graves, atendiendo a los **siguientes criterios**:
- riesgo para la salud;
- posición en el mercado del infractor;
- cuantía del beneficio obtenido;
- grado de intencionalidad;
- gravedad de la alteración social producida;
- generalización de la infracción y reincidencia.

Sin embargo, el art.50.1 de la LGDCU fue declarado **nulo** en por el Tribunal Constitucional. El motivo de fondo para la anulación del precepto legal fue dejar en manos de la Administración la graduación de las infracciones, lo que no resulta acorde con el principio de taxatividad en cuanto que no garantiza mínimamente la **seguridad jurídica** de los ciudadanos, quienes ignoran las consecuencias que han de seguirse de la realización de una conducta genéricamente tipificada como infracción administrativa (TCo 10/2015).
El Tribunal Constitucional se sustenta en lo establecido en la TCo 166/2012, que anuló un precepto de la **ley catalana** (L Cataluña 3/1993 art.30, del Estatuto del consumidor), con una redacción casi idéntica que la dispuesta en la anterior redacción de la LGDCU art.50.1. Y ello por considerar que tal precepto no garantiza lo suficiente el principio de seguridad jurídica y de predeterminación normativa de las conductas ilícitas y de las sanciones correspondientes.

4552 **Agravamiento de la sanción** (LGDCU art.48.3 y 5) Se califican respectivamente como **graves o muy graves** las infracciones que merezcan en principio la calificación de leve (nº 4534) o grave (nº 4536) si concurriere alguna de las siguientes **circunstancias**:
- haber sido realizadas aprovechando situaciones de necesidad de determinados bienes, productos o servicios de uso o consumo ordinario y generalizado, así como originar igual situación;
- haberse realizado explotando la especial inferioridad, subordinación o indefensión de determinados consumidores o grupos de ellos;
- cometerse con incumplimiento total de los deberes impuestos o con una habitualidad, duración u otras circunstancias cualitativas o cuantitativas que impliquen desprecio manifiesto de los intereses públicos;
- producir una alteración social grave, injustificada y previsible en el momento de la comisión, originando alarma o desconfianza en los consumidores o usuarios o incidiendo desfavorablemente en un sector económico;
- realizarse prevaliéndose de la situación de predominio del infractor en un sector del mercado;
-ser reincidente el responsable por la comisión de cualesquiera delitos o infracciones lesivas de los intereses de los consumidores o usuarios en las condiciones y plazos previstos en LRJSP art.29.3.d.

Se impone la sanción en su **grado máximo**, cuando se acredite alguna de las siguientes circunstancias:
- que se trata de una infracción continuada o de una práctica habitual;
- que la infracción comporta un riesgo para la salud o la seguridad de los consumidores y usuarios, salvo que el riesgo forme parte del tipo infractor.

4554 **Reducción de la sanción** (LGDCU art.48.4) Se consideran respectivamente como **leves o graves** las infracciones que merezcan en principio la calificación de graves o muy graves, si antes de iniciarse el procedimiento sancionador **el responsable** procede a:
- corregir diligentemente las irregularidades en que consista la infracción siempre que no haya causado perjuicios directos,
- devolver voluntariamente las cantidades cobradas,
- colaborar activamente para evitar o disminuir los efectos de la infracción, u observa espontáneamente cualquier otro comportamiento de análogo significado.

f. Prescripción y caducidad

LGDCU art.52

Se fijan los siguientes plazos: 4560

Infracciones	Plazo
Muy graves	5 años
Graves	3 años
Leves	Un año

Sanciones	Plazo
Por infracciones muy graves	5 años
Por infracciones graves	3 años
Por infracciones leves	Un año

El plazo de prescripción **comienza a contarse**: 4562
a) Infracciones: cuando la infracción se manifiesta o exterioriza. En el caso de **infracciones continuadas**, cuando finalice la acción infractora o el último acto con que la infracción se consume.
b) Sanciones: desde el día siguiente a aquel en que sea ejecutable la resolución por la que se impone la sanción o haya transcurrido el plazo para recurrirla.

La prescripción **se interrumpe** por: 4563
a) El inicio de **actuaciones judiciales en el ámbito penal** sobre los mismos hechos o sobre otros hechos conexos cuya separación de los constitutivos de la infracción de la normativa de consumo sea jurídicamente imposible, de manera que la sentencia que pueda recaer vinculara a la Administración actuante.
b) La iniciación de **procedimientos administrativos de naturaleza sancionadora** por los mismos hechos, con conocimiento del interesado, sobre la base de normativa sectorial, si, finalmente se estima procedente la aplicación preferente de la normativa de consumo. Se **reinicia el cómputo** del plazo de prescripción si el expediente sancionador está paralizado durante más de un mes por causa no imputable al presunto responsable.
c) en las **sanciones**, por la iniciación, con conocimiento del interesado, del procedimiento de ejecución. Vuelve a transcurrir el plazo si el procedimiento está paralizado durante más de un mes por causa no imputable al infractor. En el caso de desestimación presunta del recurso de alzada o de reposición interpuesto contra la resolución por la que se imponga la sanción, el plazo de prescripción de la sanción comenzará a contarse desde el día siguiente a aquél en que finalice el plazo legalmente previsto para la resolución de dichos recursos.

g. Procedimiento sancionador

Competencia (LGDCU art.52 bis) 4565
La Ley establece el siguiente cuadro de competencias:

Competencia	Infracciones
Administraciones españolas que en cada caso resulten competentes	Infracciones cometidas en territorio español cualquiera que sea la nacionalidad, el domicilio o el lugar en que radiquen los establecimientos del responsable.
Autoridades competentes en materia de consumo	Conductas tipificadas como infracciones en materia de defensa de los consumidores y usuarios de los sectores que cuenten con regulación específica, en tanto en cuanto dicha regulación no atribuya la competencia sancionadora en materia de consumo a otra administración, y las prácticas comerciales desleales con los consumidores o usuarios.

Competencia	Infracciones
Administración General del Estado	Infracciones que produzcan lesiones o riesgos para los intereses de los consumidores o usuarios de forma generalizada en el territorio de más de una comunidad autónoma, de tal forma que se pueda ver afectada la unidad de mercado nacional y la competencia en el mismo (nº 4572).
Comunidades autónomas	Infracciones cometidas, aunque parcialmente, en sus respectivos territorios.
	Si son competentes órganos de diversas comunidades, se establecen mecanismos de colaboración en el seno de la Comisión Sectorial de Consumo.

4570 Las infracciones **se entienden cometidas** en cualquiera de los lugares en que se desarrollen las acciones u omisiones constitutivas de las mismas y, además, salvo en el caso de infracciones relativas a los requisitos de los establecimientos e instalaciones o del personal, en todos aquellos en que se manifieste la lesión o riesgo para los intereses de los consumidores y usuarios.

Las **infracciones cometidas a través de internet** se consideran cometidas en el lugar en el que el consumidor o usuario tiene su residencia habitual tanto en el caso de que la infracción se produzca en el marco de un contrato de consumo como cuando la infracción derive de una práctica comercial no vinculada a un contrato de consumo pero haya sido dirigida de forma activa por parte del empresario a dicho consumidor o usuario.

4572 Para considerar que una infracción de la normativa de consumo produce lesiones o riesgos para los intereses de los consumidores o usuarios de **forma generalizada**, de tal forma que se pueda ver afectada la unidad de mercado nacional y la competencia en el mismo, se tienen en cuenta, entre otras **circunstancias**:

- el número de consumidores y usuarios afectados,
- la dimensión del mercado donde opera la compañía infractora,
- la cuota de mercado de la entidad correspondiente o
- los efectos de la conducta sobre los competidores efectivos o potenciales y sobre los consumidores y usuarios.

Cuando los órganos competentes en materia de consumo de la Administración General del Estado inicien un procedimiento sancionador deben **comunicarlo motivadamente** a las autoridades de consumo de las comunidades autónomas, y de las ciudades autónomas de Ceuta y Melilla.

Dentro de la Administración General del Estado, la competencia **corresponde** a:

- la Dirección General competente en materia de consumo cuando la sanción impuesta no supere los 100.000 euros ni implique el cierre temporal del establecimiento, instalación o servicio;
- la Secretaría General competente en materia de consumo en el resto de supuestos.

En todo caso, la competencia de la Secretaría General **se extiende** a las infracciones generalizadas con **dimensión en la Unión Europea** (Rgto (UE) 2017/2394), y a las cometidas a través de internet cuando la residencia o domicilio del responsable, siempre que coincida con el lugar en que se realice efectivamente la gestión administrativa y dirección del negocio, esté fuera de la Unión Europea.

La Dirección General actúa como **Oficina de enlace única** a los efectos del Rgto (UE) 2017/2394 (LGDCU art.52 ter),.

4575 **Reglas de procedimiento** En ningún caso se podrá imponer una sanción sin que se haya tramitado el oportuno procedimiento. La potestad sancionadora de las Administraciones públicas (Const art.25) se ejerce cuando haya sido atribuida por una norma con rango de ley, con aplicación del procedimiento previsto en la L 39/2015, del procedimiento administrativo común de las Administraciones públicas (LPAC art.63 s.) con determinadas **particularidades** contempladas en la LGDCU.

• El procedimiento sancionador **se puede iniciar** en tanto no haya prescrito la infracción, con independencia del momento en que hayan finalizado las diligencias preliminares dirigidas al esclarecimiento de los hechos o la caducidad de un procedimiento previo sobre los mismos hechos (LGDCU art.52.7).
• Se puede exigir al infractor la **reposición** de la situación alterada por la infracción a su estado original y, en su caso, la **indemnización** de daños y perjuicios causados al consumidor o usuario. La indemnización se determina y exige por el órgano al que corresponda el ejercicio de la potestad sancionadora y debe ser notificada al infractor para que proceda a su satisfacción en el plazo que se determine en función de la cuantía. Si **no se satisface la indemnización** en el plazo fijado, se procede al apremio sobre el patrimonio en la forma prevista en la LPAC art.101 (LGDCU art.51.6).
• La atribución al empresario de la **carga de probar** el cumplimiento de las obligaciones que le competen también abarca el ámbito administrativo sancionador en el caso de obligaciones de dar o hacer por parte del empresario (LGDCU art.51.7).

• De forma complementaria a los supuestos recogidos en la LPAC art.22, el transcurso del plazo de 9 meses previsto para resolver el procedimiento se **puede suspender**, mediante resolución motivada, cuando deba solicitarse a terceros la aportación de documentos y otros elementos de juicio necesarios o cuando se requiera la cooperación o coordinación con otras autoridades de consumo de otras comunidades autónomas o de la Unión Europea. El tiempo de suspensión abarca el que transcurra desde la remisión de la solicitud hasta la recepción de la información solicitada por el órgano competente para continuar el procedimiento (LGDCU art.52.7). **4576**
• El órgano competente para imponer la sanción puede resolver la **terminación del procedimiento sancionador** cuando los presuntos infractores proponen **compromisos** que resuelven los efectos sobre los consumidores y usuarios derivados de las conductas objeto del expediente y quede garantizado suficientemente el interés público. Los compromisos son vinculantes y surten plenos efectos una vez incorporados a la resolución que ponga fin al procedimiento (LGDCU art.49.6).
• Una vez notificadas a los interesados y cuando adquieren firmeza en vía administrativa, las resoluciones por la que se pone fin al procedimiento sancionador son de **libre acceso y publicadas** en la página web de la autoridad correspondiente, cuando (LGDCU art.49.7):
- son por infracciones que tengan la calificación de muy graves,
- se dictan con arreglo al Rgto (UE) 2017/2394 art.21.

• El procedimiento sancionador **caduca** en caso de no haber recaído resolución transcurridos 9 meses desde su iniciación (LGDCU art.52.7). **4578**
La **falta de impulso** de alguno de los trámites seguidos en el procedimiento no produce por sí misma su caducidad.
Si se acuerda la **acumulación** en un único procedimiento de infracciones que hasta entonces se tramitaban separadamente, el plazo para dictar resolución se cuenta desde el acuerdo de iniciación del último de los procedimientos incoado.
Las **actuaciones realizadas** en el curso de un procedimiento caducado, así como los documentos y otros elementos de prueba obtenidos en dicho procedimiento, conservan su validez y eficacia a efectos probatorios en otros procedimientos iniciados o que puedan iniciarse con posterioridad en relación con el mismo u otro responsable.

4. Infracciones penales

El Código penal (en adelante, CP) contiene una gran cantidad de tipos penales que, directa o indirectamente, cumplen el objetivo de proteger a los consumidores. **4580**
A continuación se incluye una breve **lista de delitos**, con sus correspondientes penas, orientados hacia esta finalidad, que no pretende, ni mucho menos, ser exhaustiva.

Oferta o publicidad falsa (CP art.282) Pueden ser castigados con pena de prisión de 6 meses a 1 año o multa de 12 a 24 meses los fabricantes o comerciantes que, en **4585**

sus ofertas o publicidad de productos o servicios, hagan **alegaciones falsas** o manifiesten características inciertas sobre los mismos, de modo que puedan causar un perjuicio grave y manifiesto a los consumidores, sin perjuicio de la pena que corresponda aplicar por la comisión de otros delitos.

Precisiones 1) Este tipo penal no contempla su comisión por **imprudencia**, por lo que únicamente cabe su comisión dolosa (CP art.12). La culposa puede consistir, en su caso, en infracción administrativa.

2) Para proceder por este delito, es necesaria **denuncia** de la persona agraviada (o del Ministerio Fiscal, cuando aquélla sea menor de edad, incapaz o una persona desvalida), salvo que la comisión del delito afecte a los intereses generales o a una pluralidad de personas (CP art.287).

3) Hay que destacar un elemento **diferencial con la estafa**: esta requiere que el comportamiento típico se dirija contra un patrimonio de titularidad individual identificable, mientras que la publicidad engañosa supone la afectación de un bien jurídico de naturaleza colectiva o supraindividual, cuyo titular, sujeto pasivo del delito, tiene carácter colectivo: los consumidores (TS 19-3-04, EDJ 14268; AP Madrid auto 11-10-10, EDJ 294765).

4590 **Facturación fraudulenta** (CP art.283) Se impone la penas de prisión de 6 meses a 1 año y multa de 6 a 18 meses a los que, en perjuicio del consumidor, facturen cantidades superiores por productos o servicios cuyo precio se mida por aparatos automáticos, mediante la alteración o manipulación de éstos.

Precisiones Se tutela el interés en la **autenticidad** del proceso de **medición o fijación del precio** del producto o servicio en relación con la cantidad del mismo o las reglas de confianza y buena fe que rigen las operaciones comerciales, el intercambio de bienes (AP Barcelona 10-1-00, EDJ 5873).

4595 **Delitos contra la salud pública** (CP art.363 a 367) La comisión de este tipo de delitos, consistentes en la manipulación y adulteración de los alimentos destinados al consumo humano, puede también sancionarse con la medida de **clausura del establecimiento**, fábrica, laboratorio o local por tiempo de hasta 5 años, y en los supuestos de extrema gravedad puede decretarse el cierre definitivo.

Precisiones En la jurisprudencia encontramos supuestos en los que la **falta de motivación** de la resolución judicial que acordaba el cierre o clausura de los establecimientos ha hecho que el tribunal superior sustituya la pena de clausura definitiva por la temporal (TS 27-12-07, EDJ 260317).

4600 **Conductas que ponen en peligro la salud de los consumidores** (CP art.363) Son castigados con **pena** de prisión de 1 a 4 años, multa de 6 a 12 meses e **inhabilitación** especial para profesión, oficio, industria o comercio por tiempo de 3 a 6 años los productores, distribuidores o comerciantes que ponen en peligro la salud de los consumidores:

- ofreciendo en el mercado productos alimentarios con omisión o alteración de los requisitos establecidos en las leyes o reglamentos sobre caducidad o composición;
- fabricando o vendiendo bebidas o comestibles destinados al consumo público y nocivos para la salud;
- traficando con géneros corrompidos;
- elaborando productos cuyo uso no se halle autorizado y sea perjudicial para la salud, o comerciando con ellos;
- ocultando o sustrayendo efectos destinados a ser inutilizados o desinfectados, para comerciar con ellos.

Precisiones 1) Ejemplos de ofrecimiento en el mercado productos alimentarios con **omisión o alteración de los requisitos** establecidos en las leyes o reglamentos **sobre caducidad o composición**, sería encontrar productos con fechas de caducidad muy pasadas y otros con las fechas alteradas por diversos métodos –tachado, decorado, sobre impresión, etiquetas adhesivas, rotuladores, etc.–, estando estos productos colocados en las estanterías o expositores al público (AP Albacete 21-2-05, EDJ 40961).

2) Respecto de la fabricación y venta de bebidas o comestibles nocivos para la salud, la jurisprudencia habla de **nocividad potencial**, sin necesidad de efectos lesivos concretos, p.e cuando no siendo perjudicial a su inmediato consumo, se puede prever que su ingestión repetida entraña riesgo para la salud, sin que ello obedezca a uso inmoderado o inoportuno

o a consumo irreflexivo del mismo (AP Granada 3-4-00, EDJ 20806; AP Barcelona 28-5-07, EDJ 161783).
3) El Tribunal Supremo ha señalado que por **género corrompido**, no solo ha de entenderse descomposición o putrefacción, sino también a adulteración, alteración o conmixtión, producidas por causas naturales o por factores de índole artificial. Es, por tanto, la degradación de un objeto apto en un principio para el consumo (TS 22-5-82, EDJ 3262).
4) Cuando se habla de **sustraer efectos** se hace referencia a detraer del ámbito legal y oficial para evitar que las autoridades sanitarias puedan inutilizarlo, dirigiéndolos a una actividad clandestina (AP Salamanca 30-7-01, EDJ 98815).

Adulteración de alimentos (CP art.364) La adulteración con aditivos u otros agentes **4605**
no autorizados susceptibles de causar daños a la salud de las personas, los alimentos, sustancias o bebidas destinadas al comercio alimentario, se castiga con **pena** de prisión de 1 a 4 años, multa de 6 a 12 meses e **inhabilitación** especial para profesión, oficio, industria o comercio por tiempo de 3 a 6 años.
Si el reo es el **propietario o responsable de producción** de una fábrica de productos alimenticios, se le impone, además, la pena de inhabilitación especial para profesión, oficio, industria o comercio de seis a diez años.
Se impone la **misma pena** al que realice cualquiera de las siguientes **conductas**:
- administrar a los animales cuyas carnes o productos se destinen al consumo humano sustancias no permitidas que generen riesgo para la salud de las personas, o en dosis superiores o para fines distintos a los autorizados;
- sacrificar animales de abasto o destinar sus productos al consumo humano, sabiendo que se les ha administrado las sustancias no permitidas;
- sacrificar animales de abasto a los que se hayan aplicado tratamientos terapéuticos mediante sustancias no permitidas;
- despachar al consumo público las carnes o productos de los animales de abasto sin respetar los períodos de espera en su caso reglamentariamente previstos.

Precisiones No se exige, ni que el consumidor llegue a ver efectivamente afectada su salud, ni que el mismo haya sido adquirido para su consumo, sino que estando **destinado al comercio**, se coloque en alguna de las situaciones descritas en el tipo penal, y que describen todas ellas fases del proceso de producción y puesta en el mercado del producto (AP Girona 23-6-04, EDJ 88906).

Envenenamiento o adulteración de aguas potables (CP art.365) Se castiga con **pena** **4610**
de prisión de 2 a 6 años a quien envenene o adultere con sustancias infecciosas, u otras que puedan ser gravemente nocivas para la salud, las aguas potables o las sustancias alimenticias destinadas al uso público o al consumo de una colectividad de personas.

Precisiones No puede considerarse agua potable el «**agua bruta**» o de regadío (AP Huelva 19-2-16, EDJ 59559).

CAPÍTULO 9

Procedimiento de protección

 5000

Cuando el consumidor se encuentra con un problema de consumo y desea resolverlo, como punto de partida y sin acudir a los tribunales de justicia, puede acudir a una reclamación administrativa, con el fin de solucionar este conflicto con la empresa o el profesional 5010
Si por medio de la reclamación extrajudicial, el consumidor no consigue solucionar su problema con el profesional, puede acudir a los tribunales de justicia (nº 5100) ejercitando las acciones que el Derecho le otorga en defensa de sus intereses.
Además, el sistema ofrece **recursos alternativos**, como la mediación (nº 5065) y el arbitraje (nº 5260 s.).

A. Reclamación administrativa

 5015

La reclamación en materia de consumo es una **comunicación** que el consumidor dirige a la Administración competente cuando se presenta un conflicto o desacuerdo entre él y la empresa o profesional que le ha vendido el producto o prestado el servicio, poniendo de manifiesto los hechos y solicitando una solución y/o compensación. 5017
Cualquier persona puede plantear una reclamación de consumo cuando actúe como **consumidor final** (nº 20).
El consumidor, además de poner en conocimiento de la Administración unos hechos, pretende de la persona física o jurídica que comercializa o presta el servicio, alguna de las siguientes **actuaciones**:
- el resarcimiento;
- la indemnización de los daños y perjuicios;
- la restitución, el cambio o la reparación del bien adquirido;
- el reintegro de las cantidades pagadas;
- la resolución o rescisión del contrato;
- la anulación de una deuda; o
- el cumplimiento de las condiciones pactadas en la contratación.

Precisiones No son reclamaciones de consumo las **discrepancias** que puedan existir entre varias empresas o entre varios particulares, por lo que no están amparadas por las normas de protección del consumidor, ni por las organizaciones encargadas para ello.

a. Presentación de la reclamación

La forma más habitual de presentación es mediante una **hoja de reclamaciones**, que es un formulario, que debe estar obligatoriamente a disposición del consumidor en todos los centros o establecimientos comerciales, mediante el cual un consumidor pone en conocimiento de una empresa o profesional la **disconformidad o insatisfacción** con un producto o servicio. De esta manera **se facilita** que el conflicto se solucione directamente entre las partes. 5020
En los **establecimientos comerciales**, las hojas de reclamaciones se pueden entregar al consumidor en formato de papel, o bien en formato de descarga. En venta a

distancia, venta en pública subasta y otros sistemas de venta que **carezcan de establecimiento o local abierto** al público o cuando la prestación de servicios o venta de bienes se realice a través de **máquinas automáticas**, el empresario debe informar al consumidor sobre cómo acceder a las hojas de reclamaciones oficiales. Si se trata de una prestación de servicios o venta de bienes **por Internet**, las hojas de reclamaciones se podrán poner a disposición de los consumidores a través de la propia página web de la empresa.
Si el establecimiento **se niega a facilitar la hoja**, el consumidor puede presentar la queja por el medio que considere más adecuado ante los organismos competentes en materia de consumo o ante una asociación de consumidores. Además, el consumidor puede solicitar la **asistencia de la policía local** para que levante acta del hecho.
Si **no es posible el acuerdo**, el consumidor tiene la opción de presentar la hoja a la **Administración de consumo competente** para que analice su caso, proponga una solución, informe de los mecanismos de resolución alternativa como la mediación o el arbitraje de consumo así como de los derechos que le asisten por si desea acudir a la vía judicial.
Además del uso de las hojas de reclamaciones proporcionadas por las empresas y/o profesionales, el consumidor puede dirigirse bien a la **Oficina Municipal de Información al Consumidor** (OMIC) de su localidad, o la **Dirección General de Consumo** de su Comunidad Autónoma. En las comunidades autónomas y ayuntamientos se establecen **diferentes procedimientos** de presentación de la reclamación. Lo más habitual actualmente es el uso de páginas web oficiales, como el **Portal del Consumidor** o similares, permite a los interesados la descarga del impreso oficial de reclamaciones, o si se prefiere, su presentación por **medios telemáticos**.

5025 Aunque pueda variar en cada comunidad o municipio, generalmente, la hoja de reclamaciones **está compuesta** por unos impresos de tres folios distintos destinados a:
- la Administración,
- el reclamante;
- la persona responsable del establecimiento.

En la reclamación, **ha de constar**:
- datos del **reclamante** (nombre, dirección, DNI y teléfono);
- datos de la **persona o empresa contra la que se reclama** (nombre comercial, denominación social, domicilio, NIF y teléfono);
- descripción breve y clara de los **hechos** objeto de la reclamación;
- **lo que se solicita** con la reclamación.

Al enviar la hoja de reclamaciones a la Administración, **se debe adjuntar** cualquier documento (contrato, factura, etc) que pueda servir en la reclamación. Debe cumplimentarse la hoja antes de salir del establecimiento y remitirla lo antes posible a la dirección que figura en el impreso.

5030 El **procedimiento**, con diferentes matices, según cada comunidad autónoma o ayuntamiento, es el siguiente:
1. El **empresario o profesional** al que le presentan una reclamación debe **entregar la hoja de reclamación** inmediata y gratuitamente a quien se lo solicite y en el mismo lugar.
2. El **consumidor** rellena su parte de la hoja y la entrega a la empresa o profesional para que rellene sus datos, la firme y la selle. El empresario o profesional debe devolver dos copias: el ejemplar para la Administración y el ejemplar para la parte reclamante.
3. La empresa o profesional debe **responder al consumidor** dentro del plazo establecido, generalmente de 10 días, aunque varia en cada comunidad autónoma o ayuntamiento. En dicho escrito debe proponer una solución a la queja o reclamación planteada o, en su caso, justificar la imposibilidad de solución. Asimismo debe manifestar expresamente si acepta o rechaza resolver la controversia a través de la **mediación o el arbitraje de consumo** (nº 5260). A tal efecto, debe informar a la per-

sona consumidora si se encuentra adherida, opta voluntariamente o está obligada por una norma o código de conducta a participar en un procedimiento de mediación o arbitraje ante una entidad, pública o privada, de resolución alternativa de litigios de consumo. De no ser así, en todo caso debe facilitar información sobre, al menos, una entidad, preferentemente pública, que sea competente para conocer de la reclamación.

La presentación de la hoja de quejas y reclamaciones a la Administración a**ntes del transcurso del plazo** que tiene la empresa para responder, puede dar lugar a la inadmisión de la reclamación.

4. Si la empresa o profesional **no responde o la respuesta no le satisface**, el consumidor puede presentar el ejemplar para la Administración acompañado, en su caso, del escrito de contestación de la parte reclamada, en la Oficina Municipal de Información al Consumidor (OMIC) correspondiente a su domicilio de residencia habitual o, en su defecto, en la Delegación Territorial o Provincial de la Consejería competente en materia de consumo. El escrito **se debe acompañar** de copias de la factura o justificante de pago, el contrato, los folletos informativos, el documento de garantía y cuantas pruebas o documentos sirvan para facilitar la valoración de los hechos.

Precisiones Se recomienda al consumidor que **todas las comunicaciones** que tenga con el vendedor o prestador del servicio las haga usando mecanismos que dejen constancia de su envío, es decir, por escrito o en cualquier soporte duradero como por ejemplo, el correo electrónico.

b. Organismos de reclamación

A nivel **municipal y autonómico**, existen oficinas encargadas de orientar e informar al consumidor en materia de derechos de consumo. **5035**

A nivel **europeo**, desde febrero de 2016, funciona la plataforma de resolución de litigios de consumo en línea para toda la Unión Europea.

Oficinas municipales de información Son un servicio **gratuito** de información y orientación al consumidor que, además, media en los conflictos que pueden surgir entre consumidores y empresarios para intentar conseguir una **solución amistosa**, dictando resoluciones sobre estos conflictos que no son vinculantes para la empresa, aunque suelen ser tenidas en consideración a la hora de acudir a los tribunales. **5040**

Es la **instancia más cercana** al consumidor y usuario para poder acudir a efectuar las reclamaciones, caso de que considere de que ha sido objeto de abuso, engaño o que ha vulnerado sus derechos en materia de consumo.

Suelen disponer de esta oficina las capitales de provincia y municipios de cierta entidad. Se pueden consultar en esta dirección web del Ministerio de Consumo: https://cidoc.consumo.gob.es/directorio-mapas/oficinas-municipales-informacion-consumidor.

Direcciones generales de consumo En las diferentes comunidades autónomas, son las entidades que gestionan y resuelven las reclamaciones que los consumidores y usuarios pueden efectuar, y son los órganos que velan por estos derechos. Se pueden consultar en esta dirección web del Ministerio de Consumo: https://cidoc.consumo.gob.es/directorio-mapas/organismos-consumo-administracion-autonomica. **5045**

Esta defensa se puede hacer por medio de reclamaciones, denuncias y consultas.

Plataforma europea de resolución de litigios en línea (Rgto (UE) 524/2013) La Comisión Europea ofrece a todos los ciudadanos de la UE, Noruega, Islandia o Liechtenstein, la plataforma europea de resolución de litigios en línea (RLL) para que la **compra en línea** sea más segura y equitativa mediante la mejor solución para los problemas de consumo, negociar una solución directamente con la empresa o para acordar que un organismo de resolución de litigios se encargue del caso. **5050**

Se puede utilizar la plataforma RLL en **todas las lenguas** de la UE, así como en islandés y noruego.

1. Procedimiento en la plataforma RLL. Presentada la **solicitud** a la plataforma RLL, esta la **notifica a la empresa**. Si la empresa está **dispuesta a conversar**, el consumidor puede intercambiar mensajes directamente a través de su panel de control y enviar adjuntos, como fotos de productos, y programar una reunión en línea.
Se fija un **plazo máximo** de 90 días para alcanzar un acuerdo. Tanto el consumidor como la empresa se pueden retirar de la conversación directa en cualquier momento.
La empresa también puede proponer una **lista de organismos de resolución de litigios** para utilizar uno de ellos en lugar de encontrar una solución directamente. En este caso, dispone de 30 días para llegar a un acuerdo sobre un organismo de resolución de litigios. De no ser así, se cerrará el caso en la plataforma.
2. Organismo de resolución de litigios. Un organismo de resolución de litigios es un **tercero neutral** que ayuda a consumidores y empresas a resolver litigios evitando confrontaciones. Suelen ser menos costosos y más rápidos que acudir a los tribunales. Si la empresa **rechaza la solicitud**, si alguna de las partes se retira del proceso o si transcurren 90 días sin resultados, se puede intentar encontrar una solución con ayuda de un organismo de resolución de litigios. El consumidor dispone de 30 días más para llegar a un **acuerdo con la empresa sobre el organismo** de resolución de litigios autorizado que habrá de encargarse de su caso; La plataforma RLL notifica la reclamación a la empresa. Si la empresa acepta utilizar el proceso RLL, el consumidor tiene que llegar a un acuerdo para que un organismo de resolución de litigios se encargue de su caso. La empresa tiene que proponer una **lista de organismos** de resolución de litigios y el consumidor puede seleccionar uno de ellos o solicitar una nueva lista. Tiene 30 días a partir del momento en que presente la reclamación para aceptar un organismo de resolución de litigios que se encargue de su caso. Si el consumidor no acepta un organismo de resolución de litigios a tiempo o si la empresa no atiende la reclamación, cabe acudir a una herramienta diferente de resolución de litigios.

5055 **Centro Europeo del Consumidor** Si surge algún problema al adquirir bienes o servicios **en otro país de la UE, Noruega o Islandia**, el consumidor se puede poner en contacto con un Centro Europeo del Consumidor (red ECC-Net –European Consumer Centre Network–). La información de todos los Centros que forman parte de la red ECC-Net se puede consultar en esta dirección web del Centro Europeo del Consumidor España: https://cec.consumo.gob.es/CEC/conocenos/redECC-Net/home.htm.
Estos centros **pueden**:
- informar sobre los derechos en materia de consumo según la legislación de la UE y la legislación nacional;
- asesorar sobre las distintas maneras de hacer un seguimiento de la reclamación;
- ayudar a alcanzar un acuerdo amistoso con el vendedor del que se hayan adquirido bienes o servicios en el extranjero, ya sea en línea o en persona;
- remitir al organismo adecuado si la red de CEC no puede ayudar al consumidor.

La ayuda de los Centros Europeos del Consumidor **es gratuita si**:
- se tiene un problema con un vendedor establecido en otro país de la UE;
- ya se ha presentado una reclamación por escrito al vendedor;
- ya se ha presentado una reclamación a título personal, no en nombre de una empresa.

El **Centro Europeo del Consumidor de España**, gestiona las reclamaciones de consumo transfronterizas de los consumidores que residen en España y desean reclamar contra una empresa con sede social en otro Estado Miembro de la UE, Islandia o Noruega.
Igualmente, ayuda a los Centros Europeos de Consumidores de otros países en la gestión de las reclamaciones contra empresas con sede social en España.
Los Centros Europeos del Consumidor **no intervienen**:
- en caso de fraude o reclamación por daños y perjuicios;
- si se ha iniciado alguna acción por la vía judicial;
- si la empresa rechaza de forma expresa colaborar con la red ECC-Net;

- si no es posible identificar a la empresa;
- en determinados productos de inversión tales como las divisas y las opciones binarias.

Una vez **agotada sin éxito** esta vía amistosa, orienta a los consumidores sobre otras vías de resolución alternativa de litigios, y eventualmente la vía judicial como el proceso europeo de escasa cuantía

Precisiones La **creación y desarrollo** de la plataforma de resolución de litigios en línea viene dispuesta en el Rgto (UE) 524/2013..

c. Tramitación de las reclamaciones

Cuando un consumidor presenta una reclamación en materia de consumo, la Administración realiza una **intermediación con la empresa** con la que se tiene el problema, es decir, informa de los hechos reclamados a la empresa y le solicita una solución. La Administración actúa como intermediario para **facilitar un acuerdo**, pero dicho acuerdo no es vinculante, por lo que la solución se basa en la voluntad de ambas partes para llegar a él. **5060**

Una vez que la oficina municipal de información o la dirección general de consumo competentes reciban y registren la reclamación, los trámites, también en este caso, varían según los municipios y las comunidades autónomas

El **procedimiento** más general es el siguiente:

1. Ante la **falta de algún documento o dato obligatorio** en la hoja de reclamación (nº 5025 s.), se concede al reclamante un **plazo** de subsanación desde la recepción del requerimiento. Si no lo hace, se le entiende desistido de la reclamación.

2. En el caso de ser **admitida** la reclamación, la Administración otorga al empresario o profesional un plazo para presentar **alegaciones.**

3. El **reclamante** podrá presentar alegaciones a la contestación de la empresa reclamada, o ampliar su reclamación, o aportar la documentación que estime oportuna para la defensa de su derecho en cualquier momento del procedimiento anterior a su archivo.

4. La Administración no puede obligar a la empresa reclamada a que satisfaga las pretensiones del reclamante, esta función le corresponde a los **tribunales de justicia**. No obstante, si observa algún hecho que puede ser constitutivo de infracción administrativa en materia de consumo, puede iniciar un **procedimiento sancionador** (nº 4035).

La Administración no puede obligar al profesional que haya cometido una infracción y ocasionado algún perjuicio, a reparar los daños causados a un consumidor. Si un consumidor quiere exigir una **indemnización** por los daños y perjuicios sufridos puede acudir a:

- **arbitraje**, si la empresa se ha adherido al sistema arbitral de consumo (nº 5260 s.);
- **tribunales** (nº 5100 s.).

6. **Archivo de la reclamación**, cuando los hechos o conductas reclamadas no puedan ser probadas y/o calificadas como infracción.

Tanto la **solución o mecanismos de mediación o arbitraje** propuestos son voluntarios y deben ser aceptados por ambas partes, sin que puedan imponerse. La utilización de esta vía **no excluye** la posibilidad de reclamar de cualquier otra forma, legalmente prevista, como la **vía judicial** (nº 5100 s.)

Resolución de la Administración.

Mediación Es un sistema **voluntario y gratuito** de resolución de conflictos entre consumidores y empresarios. La mediación se inicia cuando la Administración que tramita la reclamación comunica los hechos reclamados a la empresa y le solicita que proponga una solución al problema planteado en un plazo determinado (generalmente unos 15 días). **5065**

Una vez recibida la respuesta, se le comunica al consumidor, pudiendo llegarse o no a un acuerdo. Puede ocurrir que se llegue a un **acuerdo** y que la empresa no cumpla.

En ese caso, solo queda reclamar ante los tribunales y, por lo tanto, comenzar de nuevo (nº 5100 s.).
Estas limitaciones son una de las razones por las cuales se está potenciando **otra vía** de resolución de conflictos, el arbitraje, el en que sí existe una resolución de obligado cumplimiento (nº 5260 s.).

Precisiones También se puede utilizar la **figura del mediador**, que es un profesional independiente que ayuda a que se llegue un acuerdo entre las partes. Está regulado en la, Ley de mediación en asuntos civiles y mercantiles (L 5/2012).

5075 **Inspección** Si al tramitar una reclamación, la Administración observa indicios de que se ha podido cometer una **infracción administrativa** en materia de consumo, puede trasladar el caso a los servicios de inspección para que inicie un **expediente sancionador** (nº 4015).
El **consumidor reclamante** no tiene derecho a ser parte en el mismo, aunque sí tiene derecho a ser informado de su iniciación y resolución.

5080 **Asociación de consumidores y usuarios** Si el consumidor no quiere reclamar de forma individual, puede acudir a una asociación de consumidores e interponer una demanda colectiva.
La **demanda colectiva** es aquella en la que está involucrado un colectivo de consumidores afectado por conductas lesivas para sus intereses, p.e. cláusulas abusivas, publicidad engañosa. En estos casos, el colectivo afectado puede dirigirse, entre otros, a los siguientes **organismos**, a fin de que interpongan la correspondiente demanda judicial:
- el fiscal;
- el órgano competente en materia de consumo en al comunidades autónomas;
- las asociaciones de consumidores, y;
- la Agencia Española de Consumo, Seguridad Alimentaria y Nutrición (nº 100).

Una vez interpuesta la demanda, el juez hace un **llamamiento público** para que puedan personarse en el juzgado que corresponda todos los consumidores afectados por la práctica empresarial denunciada.

Precisiones En algunas ocasiones, dictada **sentencia**, pueden beneficiarse de ella otros consumidores, aun cuando no figuren desde un principio como demandantes, siempre que demuestren que no han podido efectuar la demanda en el momento anterior a la apertura del procedimiento judicial.

Organigrama de las reclamaciones A continuación se presenta un esquema sobre los **pasos** que han de seguirse para la interposición de una reclamación en materia de consumo. 5090

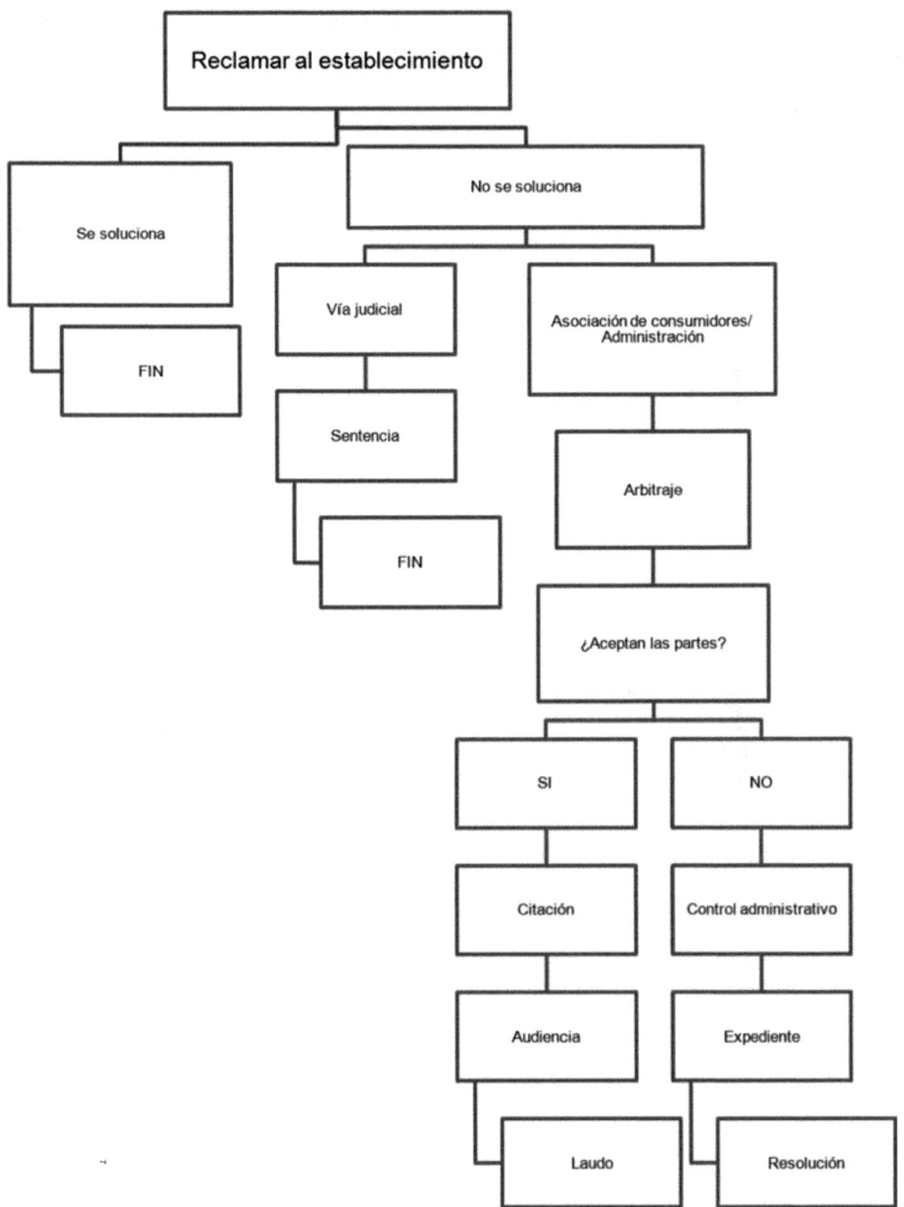

B. Procedimiento judicial

1. Intereses protegidos

5103 El consumidor, además de **actuar individualmente** en la defensa de sus derechos e intereses, también puede hacerlo como **parte integrante de un grupo**. El grupo puede estar perfectamente determinado, dando lugar a las acciones en defensa de **intereses colectivos**, o no estar determinado, en cuyo caso da lugar a las acciones en defensa de intereses difusos.

Las razones por las que resulta necesaria una tutela de los **intereses colectivos** son principalmente dos:

– una **reacción individual** no puede dar una respuesta satisfactoria a los abundantes casos de fraude al consumo;

– el **desequilibrio de medios** entre el individuo y la gran sociedad que suministra bienes y servicios.

Asimismo, existe una **razón procesal**, para evitar la multiplicidad de procesos y la existencia de resoluciones contradictorias.

a. Protección de los intereses individuales

(LEC art.6.1.1º)

5105 Como cualquier otra persona física, el consumidor individualmente considerado tiene capacidad para ser parte en un proceso, por lo que cualquier conflicto de consumo de carácter individual se resuelve a través de las normas generales de la LEC.

5110 **Legitimación** (LEC art.11.1) Se reconoce legitimación activa individual a los consumidores en los procesos en materia de consumo.

5115 **Procedimiento** (LEC art.248, 249.1.4º y 5º) La LEC simplificó el número de procesos, regulando dos procesos declarativos: el ordinario y el verbal. Ello implica la interposición de la correspondiente **demanda** por el declarativo que corresponda en función de la materia, en supuestos específicos, o de la cuantía.

a) En **función de la cuantía**. Teniendo en cuenta el interés económico del proceso, el procedimiento adecuado puede ser (LEC art.250 redacc RDL 6/2023):

- Juicio **verbal**: para cuantías inferiores a 15.000 euros.
- Juicio **ordinario**: para cuantías superiores a 15.000 euros

Lo **más habitual** es que este tipo de reclamaciones individuales se lleven a cabo a través del **juicio verbal**, el cual se tramita de manera rápida y efectiva.

La **demanda** puede ser interpuesta por el propio consumidor sin necesidad de abogado y procurador en todos aquellos casos en los que la reclamación sea inferior a 2.000 euros (LEC art.23.2.1º, 31.2.1º). Además, el consumidor puede formular su demanda en unos **impresos normalizados** que se encuentran en los decanatos de los juzgados o en la sede judicial electrónica, siempre que su reclamación sea inferior a los citados 2.000 euros, facilitando de esta forma el acceso del consumidor a la justicia, al incluir tales impresos el contenido necesario para la admisión a trámite de la demanda planteada (LEC art.437.2 redacc RDL 6/2023).

b) En **función de la materia**: Independientemente de la cuantía, la LEC contempla supuestos específicos en los que se debe seguir el cauce del juicio verbal o el ordinario.

• Supuesto de **juicio verbal** son las demandas relativas a condiciones generales de contratación en los casos previstos en la legislación sobre esta materia (LEC art.250.1.14ª).
• Supuestos de **juicio ordinario**: son las demandas en materia de competencia desleal, defensa de la competencia y publicidad, siempre que no versen exclusivamente sobre reclamaciones de cantidad.

Precisiones

Competencia territorial El **fuero territorial general** en los procesos de consumo es el domicilio del consumidor (LEC art.52). **5120**
Ello facilita el **ejercicio de las acciones** para su defensa, evitando costosos desplazamientos o incluso la utilización de servicios de abogado y procurador aun cuando no fuese preceptiva su intervención. La **finalidad** del fuero especial de consumidores y usuarios consiste en proteger sus intereses aproximando el lugar del litigio a su domicilio, con el fin de facilitarle los medios de litigación. Si por unas cantidades relativamente pequeñas, que son las que suelen darse en contratos de consumo, se obligase al consumidor y/o usuario a litigar contra el predisponente en un fuero lejano, se estaría conculcando gravemente su derecho a la tutela judicial efectiva que de facto la haría imposible, y se vaciaría por entero de contenido la norma procesal de protección del consumidor (TSJ auto Cataluña 23-11-10, EDJ 314006; AP auto Madrid 25-6-19, EDJ 670781).
Como **excepción**, en los procesos en que se ejerciten la acción declarativa, de cesación o de retractación, sobre cláusulas de condiciones generales de la contratación, es competente el tribunal del lugar donde el demandado tenga su establecimiento y, a falta de éste, el de su domicilio; y si el demandado carece de domicilio en el territorio español, el del lugar en que se hubiera realizado la adhesión.
Se prohíbe la **sumisión expresa o tácita**, de las partes a los Tribunales de una determinada circunscripción en los procesos relativos a **contratos de adhesión**, o con **condiciones generales** impuestas a una de las partes, o que se hayan celebrado con consumidores y usuarios (LEC art.54.2). Esto implica la extensión al ámbito del **juicio ordinario** de la prohibición de la sumisión expresa en todos aquellos procesos en los que la parte actora o demandada sea consumidor, con lo que se elimina legislativamente el problema habitual planteado por las **abusivas cláusulas de sumisión** que se contenían en la mayor parte de contratos celebrados por los consumidores en todas las ramas de la actividad mercantil (contratos bancarios, seguros, prestación de servicios, etc.).

Relación entre acción individual y colectiva (LEC art.43) En el caso de que consumidor ejercite una reclamación individual sobre el mismo tema sobre el que se ejercita una acción colectiva, se establece que, si para resolver sobre el objeto del litigio es necesario decidir acerca de alguna cuestión que, a su vez, constituye el objeto principal de otro proceso pendiente ante el mismo o distinto tribunal civil, y si no es posible la **acumulación de autos**, el tribunal, a petición de ambas partes, puede decretar la suspensión de las actuaciones hasta que finalice el proceso que tenga por objeto la **cuestión prejudicial**. **5125**
Por una parte, el consumidor queda obligatoriamente vinculado por el resultado de la **acción colectiva** (nº 5195 s.), incluso cuando decida no participar en la misma; por otra, el consumidor está sometido al plazo de adopción de una resolución judicial referida a dicha acción, sin que el juez nacional pueda apreciar la pertinencia de la suspensión de la acción individual hasta que exista sentencia firme en relación con la acción colectiva.
Lo dispuesto en la LEC art.43 resulta incompleto e insuficiente y no constituye un medio adecuado ni eficaz para que cese el uso de cláusulas abusivas; por lo tanto, es contrario a la normativa europea una disposición como la española que obliga al juez que conoce de una **acción individual** de un consumidor a suspender automáticamente la tramitación de esa acción en espera de que exista sentencia firme en relación con una **acción colectiva** que se encuentra pendiente, ejercitada por una asociación de consumidores, sin que pueda tomarse en consideración si es pertinente esa

suspensión desde la perspectiva de la protección del consumidor que presenta una demanda individual ante el juez y sin que ese consumidor pueda decidir desvincularse de la acción colectiva (TJUE 14-4-16, caso C-385/2014).

Precisiones Esta previsión legal es **muy criticada**, ya que si un consumidor desea adherirse a la acción colectiva, está sujeto a ciertos condicionantes, como a la determinación del órgano jurisdiccional competente y a los motivos que pueden invocarse. Asimismo, pierde necesariamente los derechos que le serían reconocidos en el marco de una acción individual, esto es, la toma en consideración de todas las circunstancias que caracterizan su causa, y la posibilidad de renunciar a que no se aplique una cláusula abusiva, si no puede desvincularse de la acción colectiva.

5128 **A nivel europeo**, no existe armonización procesal que regule las relaciones entre las acciones colectivas y las acciones individuales, por lo que corresponde al ordenamiento jurídico interno de cada Estado miembro establecer tales reglas, en virtud del principio de autonomía procesal, siempre que cumplan dos **requisitos**:
- no sean menos favorables que las que rigen situaciones similares sometidas al Derecho interno (**principio de equivalencia**); y
- que no hagan imposible en la práctica o excesivamente difícil el ejercicio de los derechos que el Derecho europeo confiere a los consumidores (**principio de efectividad**).

5130 **Ejecución de la sentencia** En esta materia no existe especialidad en la LEC. Ello determina que rige en estas reclamaciones individuales el principio de ejecución **a instancia de parte**, lo que veda al órgano judicial de cualquier posibilidad de proceder de oficio a la ejecución de la sentencia firme. Y esta es la parte más sensible del proceso, pues de nada sirve al consumidor tener a su favor una sentencia favorable, si la misma no se llega a ejecutar.
Los **problemas** más comunes que un consumidor se puede encontrar derivan precisamente del desconocimiento de los trámites de la ejecución. Se pueden destacar los siguientes:
- no existen, a diferencia de las demandas, **impresos normalizados** para la demanda ejecutiva;
- el **auto despachando ejecución** exige la designación de bienes para su embargo, y tales bienes pueden ser desconocidos por el consumidor o ser más costosa su búsqueda a través de los registros públicos que el propio importe de lo reclamado;
- el **impulso de la ejecución** solo se da a instancia de la parte ejecutante, en este caso el consumidor, sin que el tribunal pueda llevar a cabo actuación alguna de oficio para dicho impulso;
- los **costes** que se vayan desarrollando en la ejecución son a cargo del ejecutante (peritaciones, publicaciones, etc.).

b. Protección de los intereses colectivos

(LEC art.6.1.7º, 11 y 15)

5135 Los intereses colectivos de los consumidores son aquellos que afectan a un **grupo de personas** perfectamente **determinado o de fácil determinación**.
Los grupos de consumidores o usuarios afectados por un hecho dañoso, cuando los individuos que lo compongan estén determinados o sean fácilmente determinables, **tienen capacidad** para ser parte, si bien **para demandar en juicio** es necesario que el grupo se constituya con la mayoría de los afectados.

5140 **Legitimación** (LEC art.11; LGDCU art.24) Cuando los **perjudicados por un hecho dañoso** sean un grupo de consumidores o usuarios cuyos componentes estén perfectamente determinados o sean fácilmente determinables, la legitimación para pretender la tutela de esos intereses colectivos corresponde a:
- las asociaciones de consumidores y usuarios (ver nº 140 s.);
- las entidades legalmente constituidas; y
- los propios grupos de afectados.

Igualmente, el **Ministerio Fiscal** está legitimado para el ejercicio de cualquier acción en defensa de los intereses de consumidores y usuarios, lo que indudablemente refuerza el carácter de interés público de todos los procesos de protección de los consumidores (LEC art.11.5). El Tribunal que conozca de alguno de estos procesos comunicará su iniciación al Ministerio Fiscal para que valore la posibilidad de su personación (LEC art.15.1).

Precisiones La expresión **fácilmente determinables** recogida en la LEC art.11.2, debe entenderse referida al grado de posibilidad de identificar a los afectados, pero no a la laboriosidad que conlleve esa tarea. Así, aunque el número de afectados sea de miles de personas –como en el «caso Opening»–, puede entenderse que son fácilmente determinables cuando son personas que necesariamente han firmado contratos por escrito con el demandado, contratos que por tanto han debido quedar registrados por esta entidad (AP Sevilla 22-1-04, EDJ 6929; Gipuzkoa 2-2-01, EDJ 98891).

Entidades legalmente constituidas Las entidades habilitadas, solo tienen legitimación para la defensa de intereses colectivos. Ello implica que comparten unos puntos en común con los grupos de afectados, pero con un elemento nítido de separación: son **agrupaciones de afectados** pero legalmente constituidas como asociaciones, lo que implica la correspondiente inscripción y una cierta finalidad de permanencia en el tiempo hasta la consecución del fin por el cual se constituyeron (p.e., las asociaciones creadas por los daños causados por la presa de Tous o por el caso del aceite de colza. **5146**

Precisiones El problema que se plantea en supuestos con múltiples afectados, es la existencia de **varías entidades** que los representen, lo que puede producir la coexistencia de diversas acciones de protección de estos intereses colectivos. Hay que considerar que no debe existir problema alguno para aceptar como partes legitimadas a todas y cada una de las asociaciones que puedan haberse creado a tal fin, ya que su capacidad para ser parte deriva de su propia personalidad jurídica (LEC art.11.1, por lo que no se les puede exigir el **requisito de la mayoría de afectados** que se impone a los grupos de afectados carentes de personalidad jurídica (LEC art.6.1.7º).

Grupos de afectados Los grupos de afectados por un mismo evento dañoso y carentes de personalidad jurídica propia, **surgen transitoriamente** con relación a un concreto de hecho, y en consecuencia, con relación a un concreto proceso, que es el iniciado en relación con el bien, producto o servicio que da origen al litigio. **5150**

Para estar legitimados a intervenir en un proceso, es preciso el cumplimiento de **dos requisitos**:

- que los componentes sean determinados o fácilmente determinables; y
- que el grupo constituya la mayoría de los afectados.

Para concretar estos requisitos, se prevé una específica **diligencia preliminar** para obtener la composición del grupo de afectados, que permite al tribunal adoptar las medidas oportunas para la **averiguación de los integrantes** del grupo, de acuerdo a las circunstancias del caso y conforme a los datos suministrados por el solicitante, incluyendo el **requerimiento al demandado** para que colabore en dicha determinación. (LEC art.256.1.6º). **5152**

Su **finalidad** es la identificación de los sujetos que deben de formar parte del grupo de afectados, lo que implica que el procedimiento no se agota con el conocimiento de quienes son los afectados, sino que debe extenderse hasta que se concrete cuál de los afectados está **interesado en participar** en el grupo.

Precisiones Consecuencia de la amplitud de la diligencia preliminar es que el **juez** no queda vinculado por el principio dispositivo, de tal manera que tiene **libertad investigadora** a los efectos de concretar qué medidas son las apropiadas para obtener el conocimiento de todos los afectados. Incluso se permite la adopción de oficio por el tribunal de todas las **medidas necesarias** para encontrar los datos precisos, incluida la entrada y registro en las dependencias del futuro demandado que se niega a colaborar (LEC art.261.5).

Publicidad e intervención en el proceso (LEC art.15) Se prevé un **supuesto específico** de intervención que se da en los procesos para la protección de derechos e intereses colectivos y difusos de los consumidores y usuarios, que sean promovidos **5155**

por asociaciones o entidades constituidas para la protección de los consumidores y usuarios o por los grupos de afectados.
La publicidad y la intervención se produce de la siguiente manera:
a) En los procesos promovidos por **asociaciones o entidades** constituidas para la protección de los intereses de los consumidores y usuarios, se llama al proceso a quienes tenga la condición de **perjudicados** por haber sido consumidores del producto o usuarios del servicio;
b) Cuando se trate de un proceso en el que estén **determinados o sean fácilmente determinables** los perjudicados por el hecho dañoso, el demandante debe haber comunicado previamente la presentación de la demanda a todos los interesados.
Se trata de dos formas de **publicidad complementarias** cuya pretensión es que no quede ningún afectado sin conocer la existencia del proceso y, por tanto, que no quede ningún afectado sin indemnización por los daños sufridos.

Precisiones Una de las cuestiones que más se ha discutido en la doctrina es si el **requisito de la comunicación previa** de la presentación de la demanda se configura como un auténtico presupuesto de admisibilidad. No puede aceptarse esta posición, pues la comunicación no es una simple puesta en conocimiento, sino que debe facilitar la **información necesaria** para que el consumidor individual pueda comparecer en las actuaciones, lo que implica la necesidad de especificar la efectiva presentación, su objeto, la condición del destinatario como perjudicado, el juzgado que conoce de la misma, el número del procedimiento y la posibilidad de intervenir en el proceso por parte del afectado. En consecuencia, se considera que **la admisión queda en suspenso** tras la presentación de la demanda, concediendo a la parte actora un plazo prudencial para que proceda, previamente al trámite ordinario de la demanda, a comunicar la existencia del proceso de forma personal a los afectados.
En todo caso, es preciso señalar que **no puede ser exigido de forma absoluta** el cumplimiento de este requisito. Por ello, basta que se lleve a cabo tal **notificación en términos razonables**, de acuerdo con las circunstancias del caso, por lo que la simple comunicación por correo certificado con acuse de recibo será suficiente, en los domicilios que consten de los afectados que integran el grupo, y ello con independencia de que efectivamente se haya producido o no la recepción de la comunicación.

5158 **Acumulación de procesos** (LEC art.76 y 77) Se permite la acumulación de procesos cuando éstos sean incoados para la protección de los intereses colectivos o difusos que las leyes reconozcan a los consumidores y usuarios, siempre que éstos sean susceptibles de acumulación, y siempre que no se hubiera podido evitar mediante la acumulación de acciones o la intervención.

5160 **Contenido y ejecución de la sentencia** (LEC art.221) Aunque la norma se refiere solo a las **demandas** interpuestas por asociaciones de consumidores y usuarios, debe realizarse una **interpretación amplia**, de manera que esta expresión comprende igualmente a todos los legitimados para el ejercicio de acciones colectivas.

5162 Otra cuestión es la relativa a las **reclamaciones individuales de los afectados** (nº 5080), en lo que se refiere a la necesidad de pronunciamiento expreso por parte del tribunal sobre cada una de las pretensiones individuales que hayan quedado acumuladas a la demanda presentada como consecuencia de la publicidad y llamada al proceso de los afectados por las acciones de intereses colectivos, y que plantea un **diferente trato** según el tipo de acción ejercitada y el objeto del proceso:
a) en las acciones por **intereses colectivos**, la sentencia debe determinar individualmente los consumidores y usuarios que han de entenderse beneficiarios de la condena;
b) en las **sentencias de condena**, no debe limitarse a la identificación de los afectados, sino que debe concretar con la mayor precisión posible el **perjuicio** sufrido por cada uno de ellos en función de las pruebas practicadas en las actuaciones;
c) en las **sentencias declarativas** de ilicitud de una actividad o conducta, afecta tanto a las acciones por intereses colectivos como por intereses difusos, y la única **especialidad** radica en la necesidad de concretar en la sentencia si los efectos de la misma solo afectan a los demandantes o bien alcanzan también a todos los afectados, con independencia de que hayan o no comparecido, o incluso si no son conocidos, lo

que supone la extensión de los efectos de la **cosa juzgada** a personas que no han sido parte en el proceso y ni siquiera han podido ser oídas en juicio.

Precisiones El problema se plantea con relación a los **afectados que no han participado** en el proceso, y no han podido ser oídos en el mismo. Tal extensión a terceros tiene lugar en aquellos supuestos en los que las normas materiales reguladoras de dicha protección lo permitan, mientras que en el resto de los casos no es posible, dado que el Tribunal Constitucional ha centrado el principio de audiencia como la base de todas las garantías procesales (Const art.24.1).

En cuanto a la **protección de intereses colectivos**, no existe especialidad alguna con respecto a la ejecución de sentencia, al contrario de lo que ocurre con protección de intereses difusos (nº 5185 s.). Al exigirse en las acciones colectivas la identificación de todos y cada uno de los beneficiarios, así como su llamamiento previo al proceso, resulta evidente que los mismos son fácilmente identificables en la sentencia. En este sentido, los únicos problemas se producen cuando no sea posible cuantificar el importe de los **daños y perjuicios**, teniendo que acudirse a las reglas sobre la liquidación de los mismos (LEC art.712 s.). **5165**

c. Protección de los intereses difusos

Cuando los perjudicados por un hecho dañoso sean una pluralidad de consumidores o usuarios **indeterminada o de difícil determinación**, la legitimación para demandar en juicio la defensa de estos intereses difusos corresponde exclusivamente a las asociaciones de consumidores y usuarios que, conforme a la ley, sean representativas. **5170**

Existen algunas especialidades en relación al ejercicio de la **acción de cesación** en protección de estos intereses difusos, pero su estudio se remite a lo establecido en el nº 5200 s.

Legitimación (LEC art.11.3) La legitimación para la defensa de estos intereses difusos se limita exclusivamente a las **asociaciones representativas** (nº 180 s.). **5175**

Las asociaciones representativas pueden ejercitar **acciones** en defensa de los consumidores y usuarios que **no sean sus asociados** y reclamar en su nombre la reparación de los perjuicios causados a los mismos como consecuencia de un hecho dañoso, sin perjuicio de las acciones individuales de los particulares perjudicados, previa acreditación del perjuicio individual sufrido (TS 3ª 20-9-05, EDJ 157627; AP Alicante 2-2-05, EDJ 20197). No obstante, en algún pronunciamiento de las audiencias provinciales, se ha requerido, aunque no lo exija expresamente la ley, que al menos uno de los afectados **pertenezca a la asociación** de consumidores demandante, a los efectos de reconocerle legitimación en defensa de los intereses difusos de los consumidores y usuarios (AP Sevilla 22-1-04, EDJ 6929).

Asimismo, el **Ministerio Fiscal** puede ejercer las acciones tanto en defensa de los intereses difusos como de los colectivos de los consumidores y usuarios.

Precisiones Puede plantearse si cabe la posibilidad de protección de tales intereses difusos por parte de los consumidores de forma individual. Y la respuesta a tal cuestión tiene que ser necesariamente negativa. No cabe duda alguna que cualquier consumidor tiene legitimación individual para la defensa de sus derechos en todo tipo de **reclamaciones de consumo** (nº 5015 s.).

Publicidad e intervención en el proceso (LEC art.15.3) Se aplica el mismo **régimen** previsto para los intereses colectivos (nº 5155). **5180**

Sin embargo, el hecho de que se desconozca a los propios afectados, hace que varíen los **efectos** de la publicidad y del llamamiento.

- en la **publicidad**, se produce la suspensión del proceso por un plazo de 2 meses; se lleva a cabo tras la admisión de la demanda planteada por medio de un edicto que se publica en medios de comunicación;
- en el **llamamiento**, el plazo de personación queda limitado exclusivamente al periodo de suspensión del proceso tras la publicación de los edictos, sin que se

admita personaciones individuales de consumidores o usuarios en un momento posterior, desplazando tal intervención a la fase de ejecución de sentencia.

Precisiones 1) Aunque el **plazo de suspensión** no puede exceder de 2 meses, la fijación queda al arbitrio del letrado de la Administración de Justicia en atención a las circunstancias o complejidad del hecho y las dificultades de determinación y localización de los perjudicados.
2) También queda a la discrecionalidad del letrado de la Administración de Justicia la concreción de en qué **medios de comunicación** se lleva a cabo la publicidad, si bien hay que entender que no puede considerarse necesaria la publicación en los boletines oficiales, sino que puede llevarse a cabo en periódicos privados de difusión nacional o regional en función de las características y la extensión del daño.
3) En cuanto a la **acumulación de procesos**, ver nº 5158.

5185 **Contenido y ejecución de la sentencia** (LEC art.221) Se fija un régimen separado para las acciones de protección de intereses difusos. Así, cuando la determinación individual no es posible, la sentencia establece los **datos, características y requisitos** necesarios para poder exigir el pago, y en su caso, instar la ejecución o intervenir en ella, si la instara la asociación demandante.
Esta previsión supone una **excepción** al régimen general, y en concreto, a la prohibición de sentencias con reserva de liquidación (LEC art.219.3).
Dada la indeterminación del grupo de afectados que por definición constituye la esencia de las acciones de protección de intereses difusos, así como la limitación a la intervención en estos casos, hace imposible que se pueda llegar a determinar en sentencia la **identificación de todos los afectados**, de ahí que sea preciso fijar las bases para una posterior personación en la fase de ejecución de sentencia. Obviamente, aquellos que han sido aceptados como intervinientes por haber comparecido tras el llamamiento sí obtendrán un pronunciamiento concreto sobre sus reclamaciones.

5187 La fase de **ejecución de la sentencia**, es el momento procesal en el que la parte afectada puede personarse en las actuaciones e intervenir directamente en el proceso.
Se establece un sencillo **incidente de determinación** de la condición de beneficiarios de los consumidores o usuarios individuales. Para ello, se parte de las bases fijadas en la sentencia para la identificación de los beneficiarios de la misma, lo que determina un necesario **examen previo** del cumplimiento de tales exigencias por parte del consumidor que solicita su reconocimiento como beneficiario (LEC art.519).
No es posible la **actuación de oficio** del órgano judicial, sino que es necesaria la solicitud expresa de parte. Tras ella, se concede **audiencia al condenado** (nada dice la ley sobre audiencia al actor aunque hay que considerar que también debe ser oído) y directamente se resuelve sin más trámite por medio de auto, que lógicamente es apelable sin efectos suspensivos (LEC art.567).
Con el testimonio de dicho **auto**, el interesado puede instar su propia ejecución individual de la sentencia dictada.

Precisiones Es un trámite sencillo, pero que deja abiertas múltiples **interrogantes:**
- se desconoce el **plazo** durante el cual el beneficiario puede solicitar su reconocimiento;
- no se indica si el **trámite** debe darse dentro de una concreta ejecutoria o en los autos principales o en tantas piezas separadas como consumidores se personen tras la sentencia, siendo tal vez esta última la posición más beneficiosa para el tribunal a los efectos de una ordenada tramitación;
- tampoco existe previsión sobre el **alcance de las ejecuciones individuales**, pareciendo en principio que cada uno de los beneficiarios puede solicitar la ejecución de forma individual, con todos los problemas de prioridades que ello conlleva, coexistiendo además con la ejecución que puede instar la propia asociación de consumidores actora, problema que se solventaría, a través del mecanismo de acumulación de ejecuciones (LEC art.555).

2. Acciones jurídicas

 5195

a. Acción de cesación

(LGDCU art.53)

La acción de cesación son un mecanismo procesal de gran importancia, pues más que la búsqueda de una indemnización por un daño producido, lo que pretende es que la actuación del empresario se ajuste a las reglas legales impuestas para la protección de los consumidores y usuarios, persiguiendo un **doble efecto**: 5200

- la condena judicial a cesar en el comportamiento lesivo; y
- la prohibición judicial de reiteración futura de ese comportamiento.

Asimismo, la acción puede ejercerse para prohibir la realización de una conducta cuando esta **haya finalizado** al tiempo de ejercitar la acción, si existen indicios suficientes que hagan temer su reiteración de modo inmediato.
Las acciones de cesación previstas en este título son **imprescriptibles**. Como **excepción**, cuando se trate de condiciones generales de la contratación inscritas en el Registro de Condiciones Generales de la Contratación, las acciones prescriben a los 5 años, computados a partir del día en que se haya practicado el depósito en el Registro y siempre y cuando dichas condiciones generales hayan sido objeto de utilización efectiva (L 7/1998 art.19.2).

No se trata de una acción desconocida en nuestro Derecho, la misma se ha ido incorporando de forma sucesiva a través de diversas **leyes especiales**. Sin ánimo exhaustivo, pueden citarse las siguientes acciones colectivas de cesación previstas en nuestro ordenamiento: 5202

- en materia de **condiciones generales de la contratación** (L 7/1998 art.12);
- en materia de **competencia desleal** (L 3/1991 art.32);
- en contratación de consumidores de **préstamos o créditos hipotecarios** o servicios de intermediación para la celebración de contratos de préstamo o crédito (L 2/2008 art.11)
- en el libre acceso a la **actividad de servicios** y su ejercicio (L 17/2009 art.26);
- en materia de **crédito al consumo** (L 16/2011 art.36);
- en materia de servicios de la **sociedad de la información** (L 34/2002 art.30 y 31).

Todas estas acciones son resultado de la incorporación a nuestro Derecho de la **normativa europea** para el ejercicio de la acción de cesación en defensa de los intereses colectivos y difusos de los consumidores y usuarios (Dir (UE) 2020/1828). En cuanto a su **ejercicio**, la acción de cesación corresponde con la expresamente prevista en la ley especial, de tal manera que la acción general de la LGDCU art.53 solo se aplica en los supuestos no sometidos a dichas leyes especiales.

Precisiones La jurisprudencia europea ha declarado que, en el marco de las acciones de cesación, se prevé la posibilidad de que los consumidores inicialmente no afectados por la sentencia puedan beneficiarse de la **declaración de abusividad**, si se trata de la misma cláusula. De manera que si en el marco de un procedimiento se ha declarado abusiva una cláusula, los órganos jurisdiccionales nacionales deben aplicar de oficio, también en el futuro, todas las consecuencias previstas por el Derecho nacional, para que los consumidores que hayan celebrado con el profesional de que se trate un contrato al cual le sean de aplicación la misma cláusula no resulten vinculados por ella (TJUE 26-4-12, C-472/2010).

Acumulación de acciones Siempre que se solicite, se autoriza la acumulación de la acción de cesación con las siguientes acciones: 5205

- nulidad y anulabilidad;
- incumplimiento de obligaciones;
- resolución o rescisión contractual;

– restitución de cantidades que se hubiesen cobrado en virtud de la realización de las conductas o estipulaciones o condiciones generales declaradas abusivas o no transparentes;
– indemnización de daños y perjuicios que hubiere causado la aplicación de tales cláusulas o prácticas.
De dicha **acción acumulada accesoria** conoce el mismo juzgado encargado de la acción principal de cesación (nº 5225).

5210 **Legitimación** (LGDCU art.54) Se establece un doble **régimen** de legitimación para el ejercicio de la acción de cesación, en función de la materia:

Materia	Legitimados
Cláusulas abusivas, contratos celebrados fuera de establecimiento mercantil, venta a distancia, garantías en la venta de productos y viajes combinados	– Instituto Nacional del Consumo y los órganos o entidades correspondientes de las CCAA y de las corporaciones locales competentes – Asociaciones de consumidores y usuarios que reúnan los requisitos legales establecidos por el RDLeg 1/2007 o en la legislación autonómica – Ministerio Fiscal – Entidades de otros Estados miembros de la Unión Europea estén habilitadas por su inclusión en una lista publicada en el DOUE. (*)
Otras materias que lesionen los intereses difusos y colectivos de los consumidores	– asociaciones de consumidores (nº 5140); – entidades legalmente constituidas en defensa de los consumidores (nº 5146); – grupos de afectados (nº 5150); – Agencia Española de Consumo, Seguridad Alimentaria y Nutrición u organismo autonómico equivalente (nº 100), y; – Ministerio Fiscal.

(*) Todas las entidades citadas podrán personarse en los procesos promovidos por otra cualquiera de ellas, si lo estiman oportuno para la defensa de los intereses que representan (LGDCU art.54.3)

5213 Precisiones 1) Para el ejercicio de la acción de cesación tanto por las entidades o asociaciones españolas como las pertenecientes a otro Estado miembro de la Unión Europea, se requiere su **inclusión en una lista** publicada en el Diario Oficial de las Comunidades Europeas (DOUE), lista que es aceptada como prueba de la capacidad de la **entidades habilitadas** para ser parte en el proceso español (nº 5146).Los jueces y tribunales aceptarán dicha lista como prueba de la **capacidad** de la entidad habilitada para ser parte, sin perjuicio de examinar si la **finalidad** de la misma y los **intereses afectados** legitiman el ejercicio de la acción.
Se ha llegado a admitir –*obiter dicta*– la posibilidad de legitimación de una entidad **no incluida en la mencionada lista**, en base a que la valoración de tal circunstancia corresponde a los juzgados y tribunales (JPI Barcelona núm 21 17-10-03, EDJ 225200).
2) El **ejercicio** de la acción de cesación en estos casos no queda abierta a **cualquier asociación** que esté legalmente constituida, aunque en sus estatutos conste como finalidad la tutela de los intereses de consumidores y usuarios. Es preciso que la asociación, cuando es de ámbito nacional, esté inscrita en el Registro Estatal de Asociaciones de Consumidores y Usuarios (nº 160 s.).

5220 **Publicidad** (LEC art.15.4) En los procesos iniciados mediante el ejercicio de una acción de cesación para la defensa de los intereses colectivos o difusos de los consumidores y usuarios no se procede a la **publicación de la demanda**.
No obstante, en los casos en que **se ejerciten acumuladamente acciones** de cesación y otras de resolución y resarcimiento, debe como mínimo darse publicidad a estas últimas, sin perjuicio de excluir las propias de cesación (AP Girona auto 18-1-06, EDJ 13490).
En el caso de acciones de cesación en defensa de los intereses colectivos y difusos de los consumidores y usuarios, no es preciso el cumplimiento de las exigencias de publicidad e intervención en el proceso referidas en.

Precisiones Ver nº 5155 y nº 5180, sobre publicidad e intervención en procesos para la **protección de derechos e intereses colectivos y difusos** de consumidores y usuarios.

Competencia territorial (LEC art.52.1.16º) Viene determinada por un **fuero especial** y será juez competente el del lugar donde el demandado tenga su establecimiento y, a falta de este, el de su domicilio, si careciera de domicilio en territorio español, el del lugar del domicilio del actor. **5225**

Procedimiento (LEC art.250.1.12º) Las acciones de cesación en defensa de los intereses colectivos y difusos de los consumidores y usuarios se tramitan necesariamente por las normas del **juicio verbal**, cualquiera que sea su cuantía. Se busca un procedimiento más ágil y rápido que el ordinario dado que las acciones de cesación habitualmente van unidas a la infracción de normas de protección de los consumidores y su perpetuación en el tiempo puede generar problemas dada la reiteración de contratos que se pueden llevar a cabo. **5230**

Precisiones Se admite la **acumulación de las acciones** de cesación con las indemnizatorias o resarcitorias, siendo el procedimiento de trámite el que corresponda según la **cuantía** de la acción resarcitoria o indemnizatoria. En caso de que se acumulen acciones indemnizatorias o resarcitorias en cuantía inferior a los 6.000 euros, juicio verbal; en caso de acciones de reclamación indemnizatoria o resarcitoria en cuantía superior a los 6.000 euros, el trámite a seguir habrá de ser el del procedimiento ordinario.

Medidas cautelares (LEC art.728.3) En los procedimientos en los que se ejercite una acción de cesación en defensa de los intereses colectivos y difusos de los consumidores y usuarios, el tribunal puede dispensar al solicitante (dado el interés público en juego) de la medida cautelar del deber de prestar **caución**, atendidas las circunstancias del caso, así como la entidad económica y la repercusión social de los distintos intereses afectados. **5233**

b. Acción de responsabilidad por producto defectuoso

Dentro del régimen de responsabilidad por productos defectuosos, objeto de estudio en nº 615 s., hay que destacar en particular el régimen de prescripción y de caducidad de esta acción (LGDCU art.143 a 145). **5240**

Prescripción (LGDCU art.143) El **plazo** de Para la prescripción de la acción de reparación de los daños y perjuicios derivados de un producto defectuoso se establece un **plazo** de 3 años, superior al de un año previsto para la responsabilidad extracontractual. El **día inicial** del cómputo de dicho plazo es el de la fecha en la que el perjudicado sufre el perjuicio, ya sea por defecto del producto o por el daño que dicho defecto le ocasionó, siempre que se conozca al **empresario responsable** de tales daños por su condición de fabricante (ver nº 621). **5243**

Si el **empresario no es conocido**, la ley no dice nada en relación con el inicio del plazo de prescripción, por lo que se cuento el plazo desde el día en que la acción pudo ejercitarse, aplicando por analogía el CC art.1969.

La **interrupción de la prescripción** se rige por lo establecido en el CC art.1973 a 1975.

El plazo de prescripción de la **acción de repetición** de aquel que hubiera indemnizado el daño, si en la producción de los daños concurren varias personas, ya que responden solidariamente ante los perjudicados, sin perjuicio del derecho de repetición de los otros responsables según su participación en la causación de los daños (LGDCU art.132; TS 14-7-03, EDJ 50767). El **plazo** es de 1 año a contar desde el mismo momento del pago de la indemnización al perjudicado

Precisiones El inicio del plazo de prescripción de la acción que puede ejercitar el consumidor para obtener la **restitución de las cantidades indebidamente pagadas** en cumplimiento de una cláusula contractual abusiva, empieza cuando este tiene constancia del carácter abusivo, no en el momento de liquidación del último pago (TJUE 25-1-24, EDJ 501490).

Caducidad (LGDCU art.144) Junto con la prescripción, y con la finalidad de evitar una prolongación excesiva en el tiempo de la responsabilidad del fabricante, se establece un plazo de caducidad, de tal manera que los derechos reconocidos al perjudicado por los daños originados por productos defectuosos **se extinguen transcurridos** **5250**

10 años desde que se hubiera puesto en circulación el producto, a menos que, durante ese período, se haya iniciado la correspondiente reclamación judicial.
Se parte de un criterio objetivo, la fecha de **puesta en circulación**, la cual debe ser acreditada por el fabricante. La puesta en circulación del producto defectuoso, **tiene lugar** cuando ese producto accede a la cadena de distribución o venta, de modo que computa para el plazo de extinción incluso el tiempo de almacenamiento del producto en las instalaciones del comprador. La **responsabilidad del distribuidor** no se extingue diez años después de la puesta en circulación por el fabricante, sino por el propio distribuidor (TS 7-2-24, EDJ 504364).

C. Arbitraje de consumo

(LGDCU art.57 y 58; RD 231/2008)

5260 El sistema arbitral de consumo se define como el arbitraje institucional de **resolución extrajudicial** de los conflictos surgidos entre los consumidores y usuarios, por un lado, y los empresarios o profesionales, por el otro, a través del cual, sin formalidades especiales, se resuelven determinadas reclamaciones planteadas por los consumidores y usuarios en relación a los derechos que tienen legal o contractualmente reconocidos. La decisión o **laudo arbitral** es vinculante y ejecutiva para ambas partes.
La **regulación** del arbitraje de consumo se encuentra en la LGDCU art.57 y 58 y en el RD 231/2008, por el que se regula el Sistema Arbitral de Consumo.
Para todo lo no previsto en las normas anteriores, resulta de aplicación:
- con carácter general, la L 60/2003, de arbitraje (**LAbr**);
- en el caso del arbitraje electrónico y de los actos realizados por vía electrónica, así como en lo que respecta a la actividad de las juntas arbitrales de consumo, la L 39/2015 (**LPAC**) y L 40/2015 (**LRJSP**).

5262 **Ventajas** Se pueden destacar las siguientes ventajas del arbitraje de consumo:
a) **Voluntariedad**: la sumisión de las partes al arbitraje de consumo es voluntaria, y debe constar expresamente por escrito, en lo que se denomina el convenio arbitral.
b) **Eficacia**: el laudo arbitral tiene la misma eficacia que tendría una sentencia judicial, pues es vinculante y ejecutivo para las partes. A él se llega, sin embargo, con un procedimiento menos formalista y, generalmente, más rápido y barato que el jurisdiccional.
c) **Rapidez**: El procedimiento arbitral tiene una duración inferior a seis meses.
d) **Economía**: El acceso al sistema es gratuito tanto para los consumidores como para las empresas, y las partes solo deben costear, en determinados casos, la práctica de peritajes.

5265 **Conflictos objeto de arbitraje de consumo** (LGDCU art.57.1; RD 231/2008 art.2) **1. Ámbito subjetivo**. Solo pueden someterse a arbitraje de consumo los conflictos surgidos entre **consumidores o usuarios** (nº 20), por una parte, y **empresas o profesionales** (nº 30), por otra parte.
Las reclamaciones **entre particulares** o aquéllas en las que el reclamante haya adquirido un bien o contratado un servicio en su calidad de empresario o profesional no pueden resolverse a través del Sistema Arbitral de Consumo.
La calificación como consumidor o usuario se **interpreta de forma restrictiva**. El régimen específico establecido para la protección del consumidor, **solo es aplicable** a los contratos celebrados al margen e independientemente de cualquier actividad o finalidad comercial, empresarial o profesional, con el único objetivo de satisfacer las propias necesidades de consumo privado.

5267 **2. Ámbito objetivo**. El arbitraje de consumo debe versar sobre los derechos legal o contractualmente reconocidos al consumidor (por lo que el procedimiento se inicia siempre a instancia de este). Debe tratar sobre **materias de libre disposición** de las partes conforme a Derecho.

Pueden someterse a arbitraje todos los conflictos que afecten a derechos del consumidor, independientemente de su **cuantía**.
Quedan **excluidos** expresamente del objeto de arbitraje de consumo:
- los conflictos que versen sobre intoxicación, lesión, muerte; o
- aquéllos en que existan indicios racionales de delito, incluida la responsabilidad por daños y perjuicios directamente derivada de ellos.

También quedan excluidos del arbitraje de consumo propiamente considerado los arbitrajes relativos a materias de seguros privados, transportes, comercialización de servicios financieros, etc., sin perjuicio de que la legislación especial que los regula pueda remitir al arbitraje de consumo, en mayor o menor medida, a efectos de su tramitación procedimental

Precisiones **1)** Es susceptible de arbitraje de consumo un conflicto en torno a la **cláusula penal** por incumplimiento del contrato celebrado con una empresa suministradora de telefonía móvil (AP Asturias 27-11-06, EDJ 396435).
2) No procede cuestionar en vía arbitral la **procedencia de una sanción administrativa** en materia de consumo, pues el arbitraje no es instrumento para resolver el contenido de un expediente sancionador, sino que es una institución para dilucidar quejas y reclamaciones que no constituyan infracciones en materia de consumo (TS 22-6-98, EDJ 21695).

a. Organización

(RD 231/2008 art.4)

El sistema arbitral de consumo está compuesto por los siguientes **órganos**: **5270**
• Los encargados de la **gestión** del arbitraje:
- juntas arbitrales de consumo (nº 5275); y
- comisión de las juntas arbitrales de consumo (nº 5290).

• El **Consejo General del Sistema Arbitral de Consumo**, al que corresponde la representación y participación en materia de arbitraje de consumo (nº 5295);
• Los **órganos arbitrales** que, en cada caso concreto, conocen del conflicto y emiten el laudo (nº 5300).

Juntas arbitrales de consumo (RD 231/2008 art.5 a 8) Son los órganos administra- **5275**
tivos de gestión del arbitraje institucional de consumo y prestan servicios de carácter técnico, administrativo y de secretaría, tanto a las partes como a los árbitros.
Existe una **Junta Arbitral Nacional**, adscrita al Instituto Nacional del Consumo, y juntas arbitrales **territoriales** constituidas mediante convenio de colaboración entre las Administraciones públicas y la Agencia Española de Consumo, Seguridad Alimentaria y Nutrición, en el que puede preverse la constitución de delegaciones de la junta arbitral territorial, ya sean territoriales o sectoriales.

Precisiones En la web del Ministerio de Consumo, se encuentra el **directorio** de las diferentes juntas arbitrales:
• Junta Arbitral Nacional: https://www.consumo.gob.es/es/consumo/juntasArbitrales/nacional.
• Juntas Arbitrales Autonómicas: https://www.consumo.gob.es/es/consumo/juntasArbitrales/autonomica.
• Juntas Arbitrales Provinciales: https://www.consumo.gob.es/es/consumo/juntasArbitrales/provinciales.
• Juntas Arbitrales Municipales: https://www.consumo.gob.es/es/consumo/juntasArbitrales/municipales.

Competencia para conocer solicitudes individuales (RD 231/2008 art.8) Es competen- **5278**
te para conocer de las solicitudes individuales de arbitraje de los consumidores o usuarios, la junta arbitral de consumo a la que ambas partes, de común **acuerdo**, sometan la resolución del conflicto;
En defecto de este acuerdo, es competente la junta arbitral territorial en la que tenga su **domicilio el consumidor**. Si en este existieran varias Juntas Arbitrales, será competente la de inferior ámbito territorial.
Sin embargo, cuando exista una **limitación territorial** en la oferta pública de adhesión al Sistema Arbitral de Consumo, la competencia no recaerá en la JAC corres-

pondiente al domicilio del consumidor, sino en la que se haya adherido la empresa o el profesional y, si hubiere varias Juntas, en aquella por la que opte el consumidor

Precisiones Las **comunicaciones entre las juntas arbitrales** de consumo precisas para la administración del arbitraje han de realizarse en el plazo de 10 días desde la fecha de entrada en la junta arbitral remitente de los documentos que deban trasladarse, salvo que en esta norma se prevea un plazo distinto (RD 231/2008 art.5.3).

5280 **Funciones** (RD 231/2008 art.6) Las juntas arbitrales de consumo desempeñan, entre otras funciones:

a) **Fomentar** el arbitraje de consumo entre empresas o profesionales, consumidores o usuarios y sus respectivas asociaciones. En particular, deben procurar la adhesión de las empresas o profesionales al sistema arbitral de consumo mediante la realización de ofertas públicas de adhesión;

b) resolver sobre las **ofertas públicas de adhesión** y conceder o retirar el distintivo de adhesión al sistema arbitral de consumo, así como gestionar y mantener actualizados los datos de las empresas o profesionales que estén adheridos al sistema arbitral de consumo a través de la junta arbitral de consumo.

c) Comunicar al **registro público de empresas adheridas** al Sistema Arbitral de Consumo los datos actualizados de las empresas o profesionales que hayan realizado ofertas públicas de adhesión al sistema arbitral de consumo a través de la junta arbitral de consumo;

d) Dar **publicidad** de las empresas o profesionales adheridos al sistema arbitral de consumo mediante ofertas públicas de adhesión, en particular en el respectivo ámbito territorial;

e) Elaborar y actualizar la **lista de árbitros** acreditados ante la junta arbitral de consumo.

f) En general, cualquier actividad relacionada con el **apoyo y soporte** a los órganos arbitrales para la resolución de los conflictos que se sometan a la junta arbitral de consumo.

5285 **Composición** (RD 231/2008 art.7) Estas Juntas están integradas por un presidente, y por un secretario, cargos que recaen en el personal al servicio de las Administraciones Públicas, asimismo cuentan con personal de apoyo adscrito.

Las **resoluciones** de los presidentes de las juntas arbitrales de consumo ponen fin a la vía administrativa. No obstante, la resolución del **presidente** sobre la admisión o inadmisión de la solicitud de arbitraje puede ser recurrida ante la Comisión de las Juntas Arbitrales de Consumo en el plazo de 15 días desde la notificación del acuerdo que se impugna (RD 231/2008 art.36).

El **secretario** garantiza el funcionamiento administrativo de la junta, siendo responsable de las notificaciones de los actos de la junta.

Cuando se creen **delegaciones** territoriales o sectoriales de la junta arbitral de consumo, se pueden designar presidentes y secretarios de la delegación territorial o sectorial, sin perjuicio de la **capacidad del presidente** de la junta arbitral de consumo para designar órganos arbitrales que conozcan de los conflictos en los ámbitos territoriales en los que no exista junta arbitral territorial o delegaciones de la junta arbitral de consumo.

5290 **Comisión de las Juntas Arbitrales de Consumo** (RD 231/2008 art.9 a 11) Es un órgano colegiado, adscrito funcionalmente al Instituto Nacional del Consumo a través de la Junta Arbitral Nacional, con **competencia** para el establecimiento de criterios homogéneos en el Sistema Arbitral de Consumo y la resolución de los recursos frente a las resoluciones de los presidentes de las juntas arbitrales de consumo.

La adopción de **acuerdos** en la Comisión requiere mayoría de votos emitidos, entendiéndose válidamente adoptados si en la votación concurren, al menos, una mayoría de sus miembros

Alguna de sus **competencias**, son:

– la resolución de los **recursos** que planteen las partes sobre la admisión o inadmisión a trámite de una solicitud de arbitraje;

- la emisión de todos aquellos tipos de **informes** exigidos legal o reglamentariamente en relación con el arbitraje de consumo.

Composición (RD 231/2008 art.10) Está integrada por: **5291**
- su **presidente**, que es el presidente de la Junta Arbitral Nacional, y;
- dos **vocales** designados, por un período de dos años, por el Consejo General del Sistema Arbitral de Consumo, entre los presidentes de las Juntas Arbitrales territoriales, junto con el secretario de la Comisión de las Juntas Arbitrales de Consumo, que asiste a las reuniones con voz, pero sin voto, y designado entre el personal de la Agencia Española de Consumo, Seguridad Alimentaria y Nutrición.

Funciones (RD 231/2008 art.11) Entre las competencias de la Comisión de las Juntas **5292**
Arbitrajes de Consumo se encuentra:
- la resolución de los **recursos** que planteen las partes sobre la admisión o inadmisión a trámite de una solicitud de arbitraje;
- la emisión de todos aquellos tipos de **informes** exigidos legal o reglamentariamente en relación con el arbitraje de consumo.

Consejo General del Sistema Arbitral de Consumo (RD 231/2008 art.12 a 15) Es **5295**
el órgano colegiado, adscrito funcionalmente a la Agencia Española de Consumo, Seguridad Alimentaria y Nutrición.

Está **constituido por** el presidente, el vicepresidente y los consejeros, siendo su presidente necesariamente el presidente de la Agencia Española de Consumo, Seguridad Alimentaria y Nutrición y el vicepresidente, el director de la misma agencia.

Junto con estos **miembros natos**, existen otra serie de miembros designados que son los consejeros y en los que se integran representantes de las Juntas Arbitrales, de diferentes Ministerios, de la Administración autonómica de consumo, y de las organizaciones de consumidores y empresarios que se señalan.

El **secretario** es el titular de la subdirección general de normativa y arbitraje del Consumo de la Agencia Española de Consumo, Seguridad Alimentaria y Nutrición.

Órganos arbitrales (RD 231/2008 art.16 a 23) Una vez decidida la admisibilidad de la **5300**
solicitud de arbitraje por la junta arbitral de consumo, la **resolución del conflicto** corresponde a un órgano arbitral, integrado por uno o varios árbitros debidamente acreditados.

Su designación se lleva a cabo siguiendo lo previsto en LGDCU art.57.3:
- por la **Administración**, entre personal a su servicio;
- por las **asociaciones** de consumidores y usuarios inscritas en el Registro estatal de asociaciones de consumidores y usuarios o que reúnan los requisitos exigidos por la normativa autonómica que les resulte de aplicación; y
- por las **organizaciones** empresariales o profesionales legalmente constituidas y, en su caso, las cámaras de comercio, las cuales proponen al presidente de la Junta Arbitral de Consumo las personas que actúan como árbitros en los procedimientos arbitrales que se sustancien en ella, debiendo ser acreditados los mismos por el presidente de la junta arbitral de consumo correspondiente, momento a partir del cual pueden desempeñar las funciones de árbitros de consumo.

Los árbitros pueden **actuar** de forma unipersonal o colegiada, siempre asistidos por un secretario arbitral.

Unipersonales (RD 231/2008 art.19) Conoce de los asuntos un árbitro único en los **5305**
siguientes **supuestos**:

a) Por **acuerdo** de las partes.

b) Por acuerdo del presidente de la junta arbitral de consumo, siempre que la **cuantía** de la controversia sea inferior a 300 euros y que la falta de **complejidad** del asunto así lo aconseje.

No obstante, las partes pueden oponerse a la designación de un árbitro único, en cuyo caso se procederá a designar un colegio arbitral. El árbitro único se designa entre los **árbitros acreditados** propuestos por la Administración pública, salvo que las partes, de común acuerdo, soliciten por razones de especialidad que dicha designación recaiga en otro árbitro acreditado.

5306 **Colegiados** (RD 231/2008 art.20) En todos los demás supuestos, es decir, cuando no haya acuerdo de las partes, cuando acuerden expresamente que intervenga un árbitro colegiado, cuando no se den los requisitos para que la junta arbitral de consumo designe un árbitro único, o cuando las partes se opongan a esa designación, conoce de los asuntos un órgano arbitral colegiado.
Se integra por **tres árbitros** acreditados elegidos cada uno de ellos entre los propuestos por la Administración, las asociaciones de consumidores y usuarios y las organizaciones empresariales o profesionales. Los tres árbitros actúan de forma colegiada, asumiendo la presidencia el árbitro propuesto por la Administración.
En caso de que el órgano arbitral esté compuesto por tres árbitros, el **laudo arbitral**, o cualquier acuerdo o resolución diferentes de la mera ordenación e impulso de las actuaciones arbitrales, se adopta por mayoría. Si no existe acuerdo de la mayoría decide el presidente (RD 231/2008 art.47).

b. Convenio arbitral

(LGDCU art.58; RD 231/2008, art.24 a 32)

5310 La sumisión de las partes al arbitraje de consumo es **voluntaria**, y debe constar expresamente por **escrito**, en lo que se denomina el convenio arbitral.
El convenio arbitral puede quedar **formalizado** de tres maneras:
1. En una **cláusula** incorporada a un contrato o en un **acuerdo independiente** alcanzado por las partes en un documento único firmado por las partes, o en intercambio de cartas, telegramas, telex, fax u otros medios de comunicación electrónica que permitan tener constancia del acuerdo, considerándose cumplido este requisito cuando el convenio arbitral conste y sea accesible para su ulterior consulta en soporte electrónico, óptico o de otro tipo.
2. Cuando exista una **oferta pública de adhesión** al sistema arbitral de consumo efectuada por el empresario o profesional (nº 519), por la mera presentación de la solicitud de arbitraje por el consumidor o usuario, siempre que ésta coincida con el ámbito de dicha oferta.
3. Mediante la **solicitud de arbitraje** presentada por el consumidor o usuario seguida de la aceptación del empresario o profesional, cuando no conste la existencia de convenio arbitral materializado en cualquiera de las formas expuestas en los dos apartados anteriores.

Precisiones **1)** Los convenios arbitrales con los consumidores distintos del arbitraje de consumo solo pueden pactarse **una vez surgido el conflicto** material o controversia entre las partes del contrato, salvo que se trate de la **sumisión** a órganos de arbitraje institucionales creados por normas legales o reglamentarias para un sector o un supuesto específico. Los convenios arbitrales pactados contraviniendo lo anterior son nulos (LGDCU art.57.4).
2) Quedan sin efecto los convenios arbitrales formalizados por quienes sean declarados en **concurso de acreedores**. A tal fin, el auto de declaración de concurso se notifica al órgano a través del cual se haya formalizado el convenio y a la Junta Arbitral Nacional, quedando desde ese momento el deudor concursado excluido a todos los efectos del sistema arbitral de consumo (LGDCU art.58.2).

5315 **Adhesión al Sistema Arbitral de Consumo** Los empresarios o profesionales pueden voluntariamente adherirse al Sistema Arbitral de Consumo, adquiriendo así el compromiso de someterse al sistema arbitral para la resolución de las reclamaciones que sus clientes puedan plantear.
La adhesión al sistema arbitral de consumo se formaliza mediante la presentación de una **oferta pública de adhesión** sobre la que ha de pronunciarse la junta arbitral de consumo competente. En esta oferta se expresará si se opta por que el arbitraje se resuelva en derecho o en equidad, así como, en su caso, su plazo de validez y si se acepta la mediación previa al conocimiento del conflicto por los órganos arbitrales. En el supuesto de no constar cualquiera de estos extremos, la oferta se entenderá realizada en **equidad**, por tiempo indefinido y con aceptación de la mediación previa.

La oferta pública de adhesión, ya sea total o limitada, así como su denuncia, ha de efectuarse por el **representante legal** de la empresa o profesional con poder de disposición, previo acuerdo, en su caso, del órgano de gobierno correspondiente.

Precisiones Dicha oferta pública de adhesión puede ser igualmente dejada sin efecto, mediante la correspondiente **denuncia** realizada por los propios empresarios que llevaron a cabo la oferta ante la junta arbitral de consumo competente; no afecta a los convenios arbitrales válidamente formalizados con anterioridad a la fecha en que esta deba surtir efecto.

Distintivo de adhesión (RD 231/2008 art.28) Si la oferta pública de adhesión es admitida, da lugar a la concesión a la empresa de un distintivo especial y a su inscripción en el registro público de empresas adheridas. **5318**
El presidente de la junta arbitral de consumo competente para conocer de la oferta pública de adhesión, resuelve motivadamente sobre su aceptación o rechazo y, en caso de aceptarla, otorga a la empresa o profesional el **distintivo oficial** (RD 231/2008 Anexo I).

Precisiones Se entenderá válidamente formalizado el convenio arbitral si, pese a haber sido denunciada por el empresario o profesional la oferta pública de adhesión que hubiese realizado, este **sigue utilizando el distintivo** público de adhesión –plena o limitada (Anexos I y II RD 231/2008)– al Sistema arbitral de consumo, otorgado cuando la oferta es aceptada por el presidente de la Junta Arbitral de Consumo competente (RD 231/2008 art.28, 29, 30 y 24.3).

c. Procedimiento arbitral

(RD 231/2008 art.33 a 50)

El procedimiento arbitral de consumo se debe ajustar a los **principios** de audiencia, contradicción, igualdad entre las partes y gratuidad. El arbitraje de consumo se decide en **equidad**, salvo que las partes opten expresamente por la decisión en derecho. Las normas jurídicas aplicables y las estipulaciones del contrato sirven de apoyo a la decisión en equidad que, en todo caso, debe ser motivada. **5320**
Los árbitros, los mediadores, las partes y quienes presten servicio en las juntas arbitrales de consumo, están obligados a guardar **confidencialidad** de la información que conozcan en el curso del procedimiento arbitral.
De todas las alegaciones escritas, **documentos** y demás instrumentos que una de las partes aporte a los árbitros se da traslado a la otra parte. Asimismo, se ponen a disposición de las partes los documentos, **dictámenes periciales** y otros instrumentos probatorios en los que el órgano arbitral pueda fundar su decisión.

Precisiones **1)** Cuando el arbitraje de consumo deba **resolverse en derecho** y tenga carácter internacional, según lo previsto en la Ley de arbitraje, la determinación de la legislación aplicable al fondo del asunto se realizará de conformidad con lo previsto en los convenios internacionales en los que España sea parte o en la legislación comunitaria que resulte de aplicación.
2) Es **nulo**, por infracción de los principios procedimentales de contradicción y defensa, el laudo arbitral que se haya dictado sin oír a una de las partes (AP Barcelona 9-2-04, EDJ 312324).

5325 **Solicitud del consumidor** El procedimiento comienza con la solicitud dirigida en tal sentido por el consumidor o usuario que considera que se le han vulnerado, por un empresario o profesional, sus derechos reconocidos legal o contractualmente.

Esta solicitud debe presentarse por **escrito**, por vía electrónica a través del procedimiento del arbitraje de consumo electrónico, o por cualquier otro medio que permita tener constancia de la solicitud y de su autenticidad.

La solicitud debe **contener**:
- identificación del solicitante y del reclamado;
- descripción de los hechos que motivan la controversia;
- exposición sucinta de las pretensiones del reclamante, determinando, en su caso, su cuantía y los fundamentos en que basa la pretensión
- en su caso, copia del convenio arbitral;
- en el caso de que existiera oferta pública de adhesión del empresario o profesional reclamado, y en esta se hubiese optado por el arbitraje en derecho, la indicación sobre si se presta o no conformidad a que se resuelva de tal forma.

Si **no reúne** los requisitos mínimos exigidos, el secretario de la Junta Arbitral de Consumo debe requerir al reclamante su **subsanación** en un plazo de 15 días; en caso contrario, se le tiene por desistido, procediéndose al archivo de las actuaciones.

Junto a la solicitud pueden aportarse o proponer las **pruebas** de que el reclamado intente valerse.

Las juntas arbitrales de consumo disponen de **modelos normalizados** para facilitar, al menos, la solicitud y la contestación a ésta, así como la aceptación del arbitraje en caso de que se trate de una empresa no adherida al sistema arbitral de consumo.

5330 **Admisión por la Junta Arbitral de Consumo** Una vez presentada la solicitud por el consumidor y subsanados en su caso los defectos, el presidente de la junta arbitral de consumo a la que se dirige la misma, procede a resolver sobre la admisión o inadmisión de la misma.

La regla general es la admisión. No obstante, el presidente puede **inadmitir la solicitud**:
- cuando es una materia no sometida a arbitraje;
- porque resulta infundada; o
- por no apreciarse afectación de los derechos y legítimos intereses económicos de los consumidores o usuarios.

Se puede presentar **recurso** a la resolución de inadmisión ante la Comisión de las Juntas Arbitrales de Consumo en el plazo de 15 días desde la notificación del acuerdo que se impugna. El **plazo** máximo para dictar y notificar la resolución es de 3 meses desde que se interpuso. Transcurrido este plazo sin que recaiga resolución, se puede entender desestimado el recurso.

La resolución de este recurso pone **fin a la vía administrativa**. En el resto de los casos no procede recurso alguno y la resolución del presidente de la Junta Arbitral pone fin a la vía administrativa.

5340 **Iniciación del procedimiento: actuaciones previas** Admitida la solicitud, se inicia el procedimiento. Al no apreciar la existencia de causas de inadmisión de la solicitud, el presidente de la junta arbitral procede de la siguiente forma:

a) Si consta la **existencia de convenio arbitral válido** (en cualquiera de las formas previstas en RD 231/2008 art.24: ver nº 5310), acuerda la iniciación del procedimiento arbitral y ordena su notificación a las partes.

En la **resolución que acuerde el inicio** del procedimiento arbitral ha de constar expresamente:
- la admisión de la solicitud de arbitraje;
- la invitación a las partes para alcanzar un acuerdo a través de la mediación previa en los supuestos en que proceda (nº 5065), y;
- el traslado al reclamado de la solicitud de arbitraje para que, en el plazo de 15 días, formule las alegaciones que estime oportunas para hacer valer su derecho y,

en su caso, presente los documentos que estime pertinentes o proponga las pruebas de que intente valerse.

b) Si **no consta la existencia de un convenio arbitral** previo o este no es válido, se da traslado de la solicitud de arbitraje al reclamado haciendo constar que ha sido **admitida a trámite**, dándole un plazo de 15 días para: **5342**
- la aceptación del **arbitraje y de la mediación** previa en los supuestos en que proceda (nº 5065);
- formular **alegaciones** y presentar **documentos o pruebas** que estime pertinentes.

Transcurrido dicho plazo sin que conste la aceptación del arbitraje por el reclamado, el presidente de la junta arbitral de consumo ordenará el **archivo de la solicitud**, notificándoselo a las partes.

Si el reclamado contesta aceptando el arbitraje de consumo, se considerará iniciado el procedimiento en la fecha de entrada de la **aceptación** en la junta arbitral de consumo, dictando su presidente acuerdo de iniciación del procedimiento arbitral. En la notificación al reclamante del acuerdo de iniciación del procedimiento se hará constar expresamente la admisión a trámite de la solicitud de arbitraje y la **invitación a la mediación previa**, en el caso de que no conste realizado este trámite.

Designación de árbitros Admitida la solicitud de arbitraje y verificada la existencia de convenio arbitral válido, el presidente de la junta arbitral de consumo designa al árbitro o árbitros que van a conocer del conflicto, notificando a las partes tal designación. La designación puede realizarse en la **resolución de inicio** del procedimiento arbitral. **5345**

La designación debe recaer en **árbitros especializados** cuando, conforme a los criterios establecidos por el Consejo General del Sistema Arbitral de Consumo, el conflicto deba ser conocido por un órgano arbitral especializado (nº 5370).

Precisiones El presidente de la junta arbitral de consumo puede acordar la **acumulación de las solicitudes** presentadas frente a un mismo reclamado en las que concurra idéntica causa de pedir, para que sean conocidas en un único procedimiento por el órgano arbitral designado (RD 231/2008 at.39.2).

Trámites en el procedimiento El órgano arbitral dirige el procedimiento con sujeción a lo dispuesto en nº 5320 s. pudiendo instar a las partes a la **conciliación**. **5348**

De todas las alegaciones escritas, documentos y demás instrumentos que una de las partes aporte a los árbitros se da traslado a la otra parte. Asimismo, se ponen a disposición de las partes los documentos, dictámenes periciales y otros instrumentos probatorios en los que el órgano arbitral pueda fundar su decisión.

Las partes son citadas a una **audiencia** con suficiente antelación y con advertencia expresa de que en ella pueden presentar las **alegaciones y pruebas** que estimen precisas para hacer valer su derecho. La audiencia a las partes puede ser escrita, utilizando la firma convencional o electrónica, u oral, ya sea presencialmente o a través de videoconferencias u otros medios técnicos que permitan la identificación y comunicación directa de los comparecientes.

En cualquier momento antes de la finalización del trámite de audiencia, las partes pueden modificar o ampliar la solicitud y la contestación, pudiendo plantearse **reconvención** frente a la parte reclamante. Planteada la reconvención, los árbitros la inadmiten si versa sobre una materia no susceptible de arbitraje de consumo o si no existiera conexión entre sus pretensiones y las pretensiones de la solicitud de arbitraje. Una vez **admitida**, se otorga al reclamante un **plazo** de 15 días para presentar alegaciones y, en su caso proponer prueba, procediendo a retrasar, si fuera preciso, la audiencia prevista. **5349**

En dicha audiencia las partes pueden proponer **pruebas** en relación con los hechos objeto de arbitraje, resolviendo el órgano arbitral sobre su aceptación o rechazo, teniendo igualmente posibilidad de acordar de oficio la práctica de pruebas complementarias que consideren imprescindibles para la resolución del conflicto. El acuerdo del órgano arbitral sobre la práctica de la prueba es notificada a las partes con expresión de la fecha, hora y lugar de celebración, convocándolas a la práctica de aquéllas en las que sea posible su presencia. Una vez practicadas las pruebas, queda pendiente el dictado del correspondiente laudo.

5350 **Laudo arbitral** (RD 231/2008 art.48 s.; LArb) El laudo, que siempre ha de ser **motivado**, pone fin al procedimiento arbitral de consumo, y tiene la **eficacia** de «cosa juzgada», no pudiendo plantearse la misma cuestión de fondo, ni ante un órgano arbitral ni ante un tribunal de Justicia.
En el caso de que el **órgano arbitral** esté compuesto por tres árbitros, el laudo se adopta por mayoría. Si no existiera acuerdo de la mayoría, decide el Presidente.
Si durante las actuaciones arbitrales las partes llegan a un **acuerdo** sobre el conflicto, el órgano arbitral da por terminado el procedimiento, incorporando el acuerdo adoptado al laudo, salvo que aprecie motivos para oponerse.
El **plazo** para dictar un laudo es de 6 meses desde el día siguiente al inicio del procedimiento, pudiendo ser prorrogado por el órgano arbitral mediante decisión motivada, salvo acuerdo en contrario de las partes, por un período no superior a 2 meses.
El plazo se puede **suspender** por intento de mediación por un plazo no superior a un mes desde el inicio del acuerdo.

5355 El órgano arbitral puede también dar por terminadas sus actuaciones y dictar laudo poniendo fin al procedimiento arbitral, **sin entrar en el fondo del asunto** cuando:
- el reclamante **no concrete la pretensión** o no aporte los elementos indispensables para el conocimiento del conflicto;
- las partes lleguen al **acuerdo** de dar por terminadas las actuaciones;
- el órgano arbitral compruebe la **imposibilidad de proseguir** con las actuaciones.

En este laudo se hará constar si queda expedita la vía judicial.

5360 Excepcionalmente, el laudo puede **impugnarse** siempre que se cumplan los requisitos exigidos en la LArb art.40 s. Tanto para la impugnación del laudo como para su ejecución es competente el juez de primera instancia del domicilio del consumidor.
Una vez dictado el laudo, puede ser **ejecutado** por las partes de forma voluntaria y sin intervención de autoridad judicial alguna. Si es necesario acudir a la ejecución forzosa, las partes pueden obtener del juez, si bien hay que seguirse los trámites previstos para ello en la LEC (LArb art.45).

Precisiones Sobre la posibilidad de impugnar un laudo ante los tribunales, la decisión de los árbitros solo puede impugnarse mediante el ejercicio de la **acción de anulación** del laudo en el que se haya adoptado (LArb art.41). Por ello, es anulable el laudo, al ser contrario al orden público, debiendo entrar a conocer los árbitros del fondo de la cuestión sometida a arbitraje, con arreglo a las alegaciones efectuadas por las partes, y respetando los principios generales del procedimiento arbitral (AP Almería 10-6-11, EDJ 208796).

5370 **Arbitrajes especiales** Se regulan dos tipos especiales de arbitraje de consumo: que presentan algunas diferencias con respecto al general:
- arbitraje de consumo electrónico;
- arbitraje de consumo colectivo.

5375 **Arbitraje de consumo electrónico** (RD 231/2008 art.51 a 55) El arbitraje de consumo electrónico es aquel que se sustancia íntegramente, desde la solicitud de arbitraje hasta la terminación del procedimiento, incluidas las notificaciones, por **medios electrónicos**, sin perjuicio de que alguna actuación arbitral deba practicarse por medios tradicionales.
Se sustancia a través de la **aplicación electrónica** habilitada por el Ministerio de Sanidad, Servicios Sociales e Igualdad para el sistema arbitral de consumo.
Las **especialidades** de este sistema radican en los siguientes aspectos:
a) La **competencia** para conocer de las solicitudes de arbitraje se determina entre las Juntas Arbitrales adscritas
b) Se autoriza el uso de la **firma electrónica** como mecanismo para garantizar la autenticidad de las comunicaciones y la identidad de las partes y del órgano arbitral;

c) Las **notificaciones** se llevan a cabo en la sede electrónica que se designe por las partes, computándose el plazo a partir de día siguiente a aquél en que conste el acceso al contenido de la actuación arbitral objeto de notificación;
d) El **lugar de celebración** del arbitraje de consumo es aquel en el que tenga su sede la Junta Arbitral de Consumo competente.

Arbitraje de consumo colectivo (RD 231/2008 art.56 a 62) Tiene por objeto resolver en un único procedimiento arbitral de consumo los conflictos que, en base al **mismo presupuesto fáctico**, hayan podido lesionar los intereses colectivos de los consumidores y usuarios afectando a un número determinado o determinable de éstos. **5380**
Las principales **especialidades** son:
a) La **competencia** le corresponde a la junta arbitral de consumo correspondiente en todo el ámbito territorial en el que estén domiciliados los consumidores y usuarios, cuyos legítimos derechos e intereses económicos hayan podido verse afectados por el hecho;
b) El **inicio de las actuaciones** se produce por acuerdo del presidente de la junta arbitral de consumo, de oficio o a instancia de las asociaciones de consumidores representativas en el ámbito territorial en el que se haya producido la afectación a los intereses colectivos de los consumidores o de las juntas arbitrales de inferior ámbito territorial;
c) Adoptado el acuerdo, la junta arbitral de consumo requiere a las **empresas o profesionales responsables** de los hechos susceptibles de lesionar los derechos e intereses colectivos de los consumidores para que manifiesten, en el plazo de 15 días desde la notificación, si:
- **aceptan** someter al sistema arbitral de consumo la resolución, en un único procedimiento, de los conflictos con los consumidores y usuarios motivados por tales hechos;
- **no aceptan** la adhesión al sistema arbitral de consumo en este único procedimiento arbitral. Se procede al archivo de las actuaciones.

d) Aceptada la adhesión, se notifica a las juntas arbitrales de consumo, procediéndose al **llamamiento de los consumidores** afectados para que, en un plazo de 2 meses desde su publicación, hagan valer sus legítimos derechos e intereses individuales mediante la publicación de un anuncio en el diario oficial que corresponda al ámbito territorial del conflicto. Efectuado el llamamiento, el presidente de la junta arbitral de consumo procede a la designación del órgano arbitral; **5382**
e) La notificación de la aceptación por las empresas o profesionales para resolver en un único procedimiento arbitral los intereses colectivos de los consumidores y usuarios afectados, **suspende la tramitación de las solicitudes individuales** de arbitraje que tengan su causa en los mismos hechos;
f) Trascurridos 2 meses desde la publicación del llamamiento a los afectados en el diario oficial que corresponda, se inicia el **cómputo del plazo** para dictar laudo.

Precisiones La competencia para conocer de los procedimientos arbitrales colectivos que afecten a los legítimos derechos e intereses de los consumidores y usuarios **domiciliados en más de una comunidad autónoma**, corresponde a la Junta Arbitral Nacional.

Anexos

Contratos

A. Compraventa de vivienda

En *«localidad»*, a *«día, mes y año»*. 6015

REUNIDOS

Si actúa en su propio nombre:
De un lado, la parte vendedora, *«Don/Doña nombre y apellidos»*, mayor de edad, *«estado civil y, en su caso, régimen económico matrimonial»*, con DNI nº *«núm. de DNI»* y domicilio en *«vía pública, número, piso, localidad, código postal»*, actuando en su propio nombre y derecho.

Si actúa en representación:
De un lado, la parte vendedora, *«Don/Doña nombre y apellidos»*, mayor de edad, *«estado civil y, en su caso, régimen económico matrimonial»*, con DNI nº *«núm. de DNI»* y domicilio en *«vía pública, número, piso, localidad, código postal»*, en nombre y representación de *«nombre y apellidos o razón social»*, provista de NIF *«núm. de NIF»*, según consta en la escritura de *«apoderamiento o nombramiento de cargo»* otorgada ante el Notario de *«localidad»*, *«Don/Doña nombre y apellidos»*, nº. de protocolo *«núm.»*, en fecha *«día, mes y año»*.

Si actúa en su propio nombre:
Y de otro, la parte compradora, *«Don/Doña nombre y apellidos»*, mayor de edad, con DNI nº *«núm. de DNI»* y domicilio en *«vía pública, número, piso, localidad, código postal»*, actuando en su propio nombre y derecho.

Si actúa en representación:
Y de otro, la parte compradora, *«Don/Doña nombre y apellidos»*, mayor de edad, con DNI nº *«núm. de DNI»* y domicilio en *«vía pública, número, piso, localidad, código postal»*, en nombre y representación de *«nombre y apellidos o razón social»*, provista de NIF *«núm. de NIF»*, según consta en la escritura de *«apoderamiento o nombramiento de cargo»* otorgada ante el Notario de *«localidad»*, *«Don/Doña nombre y apellidos»*, nº. de protocolo *«núm.»*, en fecha *«día, mes y año»*.
Ambas partes tienen y se reconocen la capacidad legal necesaria para el otorgamiento del presente contrato, y a tal fin

6015 (sigue)

EXPONEN

I.- Que la parte vendedora es dueña en pleno dominio del inmueble sito en *«vía pública, número, piso, localidad, código postal»*; según consta en escritura, de fecha *«día, mes y año»* otorgada ante el Notario de *«localidad»*, *«Don/Doña nombre y apellidos del notario»*, con el nº *«núm.»* de orden de su protocolo. Escritura cuya copia queda unida a este contrato.
Dicho inmueble figura inscrito en el REGISTRO DE LA PROPIEDAD Nº *«núm. de Registro»*, finca registral Nº *«núm. de finca»*, inscrita al libro *«núm. de libro»*, tomo *«núm. de tomo»*, folio *«núm. de folio»*. Su referencia catastral es *«indicar referencia catastral»*.

NOTA:
Se expresará la superficie del inmueble, su distribución y cuota de participación en los elementos comunes. En caso de que la finca cuente con anexos (plaza de garaje, trastero, etc.), se indicará y se insertará una breve descripción de los mismos.
«descripción de la finca»
II.- El expresado inmueble se encuentra en edificio en régimen de COMUNIDAD, regulada por la Ley de Propiedad Horizontal.
III.- La parte vendedora manifiesta que el citado inmueble se encuentra libre de cargas, así como de arrendatarios, ocupantes o precaristas.
IV.- La vivienda se encuentra al corriente en el pago de gastos de la comunidad de propietarios, según acredita la parte vendedora mediante certificado del secretario de la comunidad con el visto bueno del presidente, emitida conforme al art.9.1.e) de la Ley 49/1960, de Propiedad Horizontal.
V.- Expuesto cuanto antecede, las partes convienen en celebrar el presente contrato de compraventa de – *la vivienda– la vivienda junto con sus anexos* a que se refiere el expositivo primero conforme a las siguientes:

ESTIPULACIONES

PRIMERA.- Objeto
«Don/Doña nombre y apellidos» VENDE – *la vivienda– la vivienda junto con sus anexos* a que se refiere el expositivo primero a *«Don/Doña nombre y apellidos»*, quien a su vez acepta y COMPRA.
La venta se efectúa con cuantos derechos, usos, servicios y servidumbres le sean inherentes a la vivienda y anexos vendidos, incluida la parte proporcional que le corresponde en los elementos comunes del edificio y en las zonas comunes de la urbanización, libre de arrendatarios, ocupantes y cargas.

SEGUNDA.- Precio
Las partes acuerdan fijar el precio total de la compraventa en la cantidad de *«importe en letra»* EUROS (*«importe en número»* €).

NOTA:
En caso de venderse la vivienda con anexos, se desglosará el precio de la vivienda y de cada uno de estos.

TERCERA.- Forma de pago
En este acto *«Don/Doña nombre y apellidos»* entrega a *«Don/Doña nombre y apellidos»* la cantidad de *«importe en letra»* EUROS (*«importe en número»* €), a cuenta del precio total.
«Don/Doña nombre y apellidos» da por recibida la cantidad entregada en concepto de anticipo, otorgando carta de pago mediante este documento formal.
El resto de la cantidad convenida: *«importe en letra»* EUROS (*«importe en número»* €) se abonará en el acto de entrega de llaves y otorgamiento de escritura pública, mediante *«indicar forma de pago»*.

CUARTA.- Otorgamiento de escritura pública
Ambas partes se obligan a otorgar escritura pública de compraventa en el plazo de *«núm. de días»* días naturales.

La elección del notario autorizante corresponderá a la parte compradora. **6015** (sigue)

QUINTA.- Entrega del inmueble

La parte vendedora se compromete a hacer entrega a la parte compradora de la posesión y de las llaves de *- la vivienda- la vivienda y anexos* en el acto de otorgamiento de escritura pública ante el notario elegido por la parte compradora.

SEXTA.- Pago de gastos e impuestos

Los gastos e impuestos consecuencia del otorgamiento de la escritura pública de compraventa serán por cuenta de cada parte conforme a lo establecido legalmente. En consecuencia, corresponden a la parte compradora los gastos de primera copia de la escritura y posteriores, los de la inscripción de la escritura en el Registro de la Propiedad, el pago del Impuesto de Transmisiones Patrimoniales y del Impuesto de Actos Jurídicos Documentados derivado de la escritura de compraventa. A la parte vendedora le corresponde abonar los gastos de la escritura matriz y el pago del Impuesto sobre el Incremento del Valor de los Terrenos de Naturaleza Urbana.

A partir de la entrega, vendrá obligada la parte compradora a pagar todos los gastos, impuestos, tasas y arbitrios que se refieran a la vivienda y anexos objeto de este contrato, así como los proporcionales a los elementos comunes que le correspondan.

También serán de cuenta de la parte compradora los gastos y tributos devengados desde la puesta a disposición de la vivienda y anexos si la entrega se demorase por causa que le sea imputable.

SÉPTIMA.- Comunidad de propietarios

La parte compradora, a partir del día en que se ponga a su disposición la vivienda, participará en la proporción que resulte de la aplicación de los coeficientes que le correspondan, en el mantenimiento de los gastos comunes del edificio y de la zona común de la urbanización.

En este acto, la parte vendedora hace entrega a la parte compradora de los Estatutos de la comunidad de propietarios, así como del Reglamento de Régimen Interior.

OCTAVA.- Fuero

Las partes se someten a los juzgados y tribunales de *«localidad»*, lugar donde radica la finca, para resolver cuantas divergencias pudieran surgir por motivo de la interpretación y cumplimiento de este contrato.

Leído el presente documento por ambas partes, y estando conformes con su contenido, lo firman por duplicado en todas las páginas en el lugar y fecha reseñadas en el encabezamiento.

EL COMPRADOR	EL VENDEDOR
«Don/Doña nombre y apellidos»	*«Don/Doña nombre y apellidos»*

B. Arrendamiento de vivienda

6020 En *«localidad»*, a *«día, mes y año»*.

REUNIDOS

De una parte, *«Don/Doña nombre y apellidos»*, mayor de edad, con DNI nº *«núm. de DNI»* y domicilio en *«vía pública, número, localidad, código postal»*; actuando en nombre propio como propietario/a y arrendador/a de la vivienda objeto del presente contrato (en adelante, el arrendador).

Y de otra parte, *«Don/Doña nombre y apellidos»*, mayor de edad, con DNI nº *«núm. de DNI»* y domicilio en *«vía pública, número, localidad, código postal»*; actuando en nombre propio como arrendatario/a (en adelante, el arrendatario).

Ambas partes tienen y se reconocen mutuamente plena capacidad para el otorgamiento del presente contrato, y a tal fin:

EXPONEN

PRIMERO.– Que *«Don/Doña nombre y apellidos»* es *«propietario/a»* de la finca urbana sita en *«localidad»*, *«vía pública, número, código postal»*; inscrita en el Registro de la Propiedad Nº *«núm. de Registro»*, finca registral Nº *«núm. de finca»*, inscrita al libro *«núm de libro»*, tomo *«núm de tomo»*, folio *«núm. de folio»*. Su referencia catastral es *«indicar referencia catastral»*.

SEGUNDO.– Que interesando a *«Don/Doña nombre y apellidos»*, arrendar dicho inmueble para satisfacer su necesidad permanente de vivienda, y previas conversaciones mantenidas al efecto, ambas partes llevan a cabo el presente CONTRATO DE ARRENDAMIENTO DE VIVIENDA, de conformidad con las siguientes:

CLÁUSULAS

PRIMERA.– Legislación aplicable

El presente contrato se regirá por lo previsto en la L 29/1994, de 24 de noviembre, de arrendamientos urbanos (en adelante, LAU) y por lo establecido en este contrato.

En defecto de norma o pacto expreso, se regirá por lo previsto en el Código Civil (en adelante, CC).

SEGUNDA.– Objeto

Es objeto de este arrendamiento la finca urbana sita en *«localidad»*, *«vía pública, número, código postal»*. Cuenta con una superficie construida de *«núm.»* m^2, y útil de *«núm»* m^2.

NOTA:

Se insertará la descripción de la finca: distribución, linderos, etc.

«descripción de la finca»

Fue adquirida por el arrendador mediante *«indicar título de adquisición P.e.: compraventa, donación, etc.»*en escritura autorizada por el Notario de *«localidad»*, *«Don/Doña nombre y apellidos del Notario»*, en fecha *«día, mes y año»*.

Se encuentra libre de cargas y gravámenes, arrendatarios y ocupantes, y al corriente en el pago de impuestos, según declara el arrendador bajo su personal responsabilidad.

El arrendatario declara conocer y aceptar el estado de la vivienda, recibiéndola en perfecto estado de conservación y con plena habitabilidad e idoneidad para servir al destino de vivienda permanente pactado en el presente contrato.

TERCERA.– Destino

La finca objeto del presente contrato se destinará única y exclusivamente a satisfacer la necesidad permanente de vivienda del arrendatario y su familia, excluyendo la posibilidad de instalar en ella o en parte de ella, comercio, industria, despacho profesional, oficina, hospedaje, o cualquier otra actividad distinta del fin para el cual se arrienda.

Será causa de resolución contractual la variación de dicho fin sin autorización escrita de la propiedad. 6020 (sigue)

CUARTA.- Duración del contrato

El plazo de duración de este contrato es de UN AÑO, a contar desde el otorgamiento del presente contrato, prorrogable por periodos anuales sucesivos hasta cinco años en total, salvo que el arrendatario manifieste al arrendador, con treinta días de antelación como mínimo a la fecha de terminación del contrato o de cualquiera de las prórrogas, su voluntad de no renovarlo; conforme al régimen previsto en el art.9 LAU.

No obstante lo anterior, si el arrendador necesitase ocupar el inmueble arrendado antes del transcurso de los cinco años señalados en el art.9 LAU, a fin de destinarla para vivienda permanente para sí o para sus familiares en primer grado de consanguinidad o por adopción o para su cónyuge en los supuestos de sentencia firme de separación, divorcio o nulidad matrimonial, una vez transcurrido el primer año de duración del contrato, podrá darse este por finalizado.

Para ejercer esta potestad de recuperar la vivienda, el arrendador deberá comunicar al arrendatario que tiene necesidad del inmueble arrendado, especificando la causa o causas entre las previstas en el apartado anterior, al menos con dos meses de antelación a la fecha en la que la vivienda se vaya a necesitar y el arrendatario estará obligado a entregar la finca arrendada en dicho plazo.

Si transcurridos tres meses a contar de la extinción del presente contrato o, en su caso, del efectivo desalojo de la vivienda, no hubieran procedido el arrendador o sus familiares en primer grado de consanguinidad o por adopción o su cónyuge en los supuestos de sentencia firme de separación, divorcio o nulidad matrimonial a ocupar esta por sí, según los casos, el arrendatario podrá optar, en el plazo de treinta días, entre ser repuesto en el uso y disfrute del inmueble arrendado por un nuevo período de hasta cinco años, respetando, en lo demás, las condiciones contractuales existentes al tiempo de la extinción, con indemnización de los gastos que el desalojo de la vivienda le hubiera supuesto hasta el momento de la reocupación, o ser indemnizado por una cantidad equivalente a una mensualidad por cada año que quedara por cumplir hasta completar cinco años, salvo que la ocupación no hubiera tenido lugar por causa de fuerza mayor, entendiéndose por tal, el impedimento provocado por aquellos sucesos expresamente mencionados en norma de rango de Ley a los que se atribuya el carácter de fuerza mayor, u otros que no hubieran podido preverse, o que, previstos, fueran inevitables.

QUINTA.- Desistimiento del arrendatario

El arrendatario podrá desistir del presente contrato, una vez que hayan transcurrido al menos seis meses, siempre que se lo comunique al arrendador con una antelación mínima de treinta días.

En caso de desistimiento, el arrendatario deberá indemnizar al arrendador con una cantidad equivalente a una mensualidad de la renta en vigor por cada año del contrato que reste por cumplir. Los períodos de tiempo inferiores al año darán lugar a la parte proporcional de la indemnización.

SEXTA.- Prórroga del contrato

De conformidad con el art.10 LAU, si llegada la fecha de vencimiento del contrato, o de cualquiera de sus prórrogas, una vez transcurridos como mínimo cinco años de duración de aquel, ninguna de las partes hubiese notificado a la otra, al menos con cuatro meses de antelación a aquella fecha en el caso del arrendador y al menos con dos meses de antelación en el caso del arrendatario, su voluntad de no renovarlo, el contrato se prorrogará obligatoriamente por plazos anuales hasta un máximo de tres años más, salvo que el arrendatario manifieste al arrendador con un mes de antelación a la fecha de terminación de cualquiera de las anualidades, su voluntad de no renovar el contrato.

Al contrato prorrogado le seguirá siendo de aplicación el régimen establecido en el presente contrato.

6020 [sigue] Finalizada la duración pactada y, en su caso, la de las prórrogas sucesivas, el arrendatario deberá abandonar el inmueble, sin necesidad de requerimiento expreso del arrendador, dejándolo en el mismo estado que tenía cuando lo ocupó, con la excepción del desgaste normal derivado del uso habitual de la vivienda.

NOTA:

Inmueble ubicado en una zona de mercado residencial tensionado
Conforme a la LAU art.10.3 redacc L 12/2023, si la vivienda arrendada se ubica en una zona de mercado residencial tensionado, a la finalización del periodo de prórroga obligatoria previsto en el art.9.1 LAU o el periodo de prórroga tácita previsto en el art.10, previa solicitud del arrendatario, podrá prorrogarse de manera extraordinaria el contrato de arrendamiento por plazos anuales, por un periodo máximo de tres años, durante los cuales se seguirán aplicando los términos y condiciones establecidos para este contrato.

SÉPTIMA.- Renta
La renta anual será de *«importe de la renta»* €, a pagar en plazos mensuales de *«importe»* €, por adelantado y dentro de los *«núm. de días»* primeros días de cada mes.
El abono de la renta se deberá verificar por el arrendador mediante transferencia bancaria, a la cuenta del arrendador cuyos datos son los siguientes:
Titular: *«indicar titular»*
Entidad: *«nombre de la entidad bancaria»*
Oficina: *«núm. o sede de la oficina»*
Cta/cte: *«núm. de cuenta»*
El resguardo de ingreso emitido por la entidad bancaria acreditará el pago de la renta salvo prueba en contrario.
El retraso en el pago de la renta será causa suficiente para la resolución del contrato, siendo de cuenta del arrendatario los gastos que ello origine, incluidos los derechos y honorarios de procurador y abogado, aunque su intervención no fuere preceptiva.

NOTA:

Inmueble ubicado en una zona de mercado residencial tensionado
Si la vivienda arrendada se ubica en una zona de mercado residencial tensionado, el arrendador debe indicar tal circunstancia e informar, con anterioridad a la formalización del arrendamiento, y en todo caso en el documento del contrato, de la cuantía de la última renta del contrato de arrendamiento de vivienda habitual que haya estado vigente en los últimos cinco años en la misma vivienda, así como del valor que le pueda corresponder atendiendo al índice de referencia de precios de alquiler de viviendas que resulte de aplicación (art.31.3 L 12/2023 del derecho a la vivienda).
La renta pactada al inicio del nuevo contrato no podrá exceder del límite máximo del precio aplicable conforme al sistema de índices de precios de referencia atendiendo a las condiciones y características de la vivienda arrendada y del edificio en que se ubique, pudiendo desarrollarse reglamentariamente las bases metodológicas de dicho sistema y los protocolos de colaboración e intercambio de datos con los sistemas de información estatales y autonómicos de aplicación (art.17.7 LAU redacc L 12/2023).
Si sobre la vivienda no ha estado vigente ningún contrato de arrendamiento de vivienda vigente en los últimos cinco años, se aplica la misma limitación siempre que así se recoja en la resolución del Ministerio de Transportes, Movilidad y Agenda Urbana, al haberse justificado dicha aplicación en la declaración de la zona de mercado residencial tensionado.

OCTAVA.- Revisión de la renta
La renta será revisada anualmente de acuerdo con la variación porcentual experimentada por el Índice de Garantía de Competitividad en un período de doce meses inmediatamente anteriores a la fecha de cada actualización, tomando como mes de

referencia para la primera actualización el que corresponda al último índice que estuviera publicado en la fecha de celebración del contrato, y en las sucesivas el que corresponda al último aplicado. **6020** (sigue)

En todo caso, el incremento producido como consecuencia de la actualización anual de la renta no podrá exceder del resultado de aplicar la variación porcentual experimentada por el Índice de Precios al Consumo a fecha de cada actualización, tomando como mes de referencia para la actualización el que corresponda al último índice que estuviera publicado en la fecha de actualización del contrato.

Publicado el índice correspondiente al mes de la actualización, el arrendador comunicará al arrendatario de forma fehaciente su voluntad de actualizar la renta a partir del mes siguiente a la notificación conforme a lo establecido legalmente, expresando el porcentaje de alteración aplicado, y adjuntando, si el arrendatario lo exige, certificación del Instituto Nacional de Estadística.

La base sobre la que se efectuará la citada revisión será la renta que se pague el mes inmediatamente anterior a la fecha de revisión.

NOVENA.- Gastos

Serán de cuenta del arrendatario los gastos correspondientes a la comunidad de propietarios que se giren sobre la vivienda arrendada, así como la cuota del Impuesto sobre Bienes Inmuebles.

A tal efecto se expresa el importe anual de gastos que actualmente se gira a la vivienda, que es de *«importe»* €, según desglose:

«importe» €, en concepto de comunidad (*«importe»* €/mes).

«importe» €, en concepto de Impuesto sobre Bienes Inmuebles.

También serán de cuenta del arrendatario el gasto por consumo, instalación, reparación, contratación o ampliación de los servicios y suministros de agua, luz, gas y teléfono, así como cualquier otro susceptible de ser individualizado por medio de contador. A tal efecto, el arrendatario se compromete a dar de alta a su nombre tales servicios en las respectivas compañías suministradoras.

DÉCIMA.- Intereses de demora

En caso de impago de rentas o de las cantidades pactadas en este contrato y cuyo abono son a cargo del arrendatario, se establece que dichos impagos, si se produjeran, devengarán un interés equivalente al interés legal del dinero incrementado en *«núm.»* puntos porcentuales.

UNDÉCIMA.- Fianza

A la firma del presente contrato el arrendatario hace entrega al arrendador de la cantidad de *«importe»* €, importe de una mensualidad de renta, en concepto de fianza legal arrendaticia, conforme establece el art.36.1 LAU.

El importe de dicha fianza será depositado en *«indicar Agencia de Vivienda Social u organismo de la comunidad autónoma encargado del depósito»*, según la norma *«citar norma»* de la Comunidad Autónoma de *«nombre de la comunidad autónoma»*, en relación con la disposición adicional 3ª LAU.

Esta cantidad queda sujeta a cubrir las posibles responsabilidades en que pueda incurrir el arrendatario con el arrendador por deterioros que se produzcan en el inmueble, salvo los que hayan podido acaecer como consecuencia del uso normal, impago de rentas o cualquier otra causa derivada de la relación arrendaticia que establece en el presente contrato.

Le será devuelta al arrendatario a la finalización del arriendo previa la constatación por parte del arrendador de que la finca se halla en perfecto estado de conservación y siempre que no concurra la responsabilidad expresada en el párrafo anterior.

Durante los cinco primeros años de duración del contrato, la fianza no se actualizará, pero cada vez que el arrendamiento se prorrogue, el arrendador podrá exigir que la fianza sea incrementada, o el arrendatario que disminuya, hasta hacerse igual a una mensualidad de la renta vigente al tiempo de la prórroga.

La actualización de la fianza durante el periodo en que el plazo de duración exceda de cinco años, se llevará a cabo conforme lo acordado sobre actualización de la renta.

6020 (sigue) **Si procede:**

DUODÉCIMA.– Aval bancario

El arrendatario entrega en este acto a favor del arrendador, aval bancario por importe de *«importe»* €, que garantiza el cobro de las rentas por la parte propietaria durante un año. El aval estará en vigor durante toda la vigencia del contrato más los siguientes doce meses.

«DECIMOTERCERA.–» **Conservación, mejora, obras y habitabilidad**

En todas estas materias, las partes se remiten a lo establecido en los art.21, 22, 23, 24 y 26 LAU.

Queda prohibida la realización de cualquier obra sin previa autorización escrita de la propiedad, aunque no se altere la configuración de la vivienda ni la resistencia de los materiales en ella empleados.

Las obras autorizadas quedarán en beneficio de la finca, sin derecho a reintegro alguno.

Serán de cuenta del arrendatario las pequeñas reparaciones que se deban realizar para mantener la vivienda en estado de servir al uso al que se destina.

El arrendatario declara encontrar el piso en estado de servir al destino pactado, haciéndose cargo de su conservación.

Asume la obligación de entregar la vivienda al término del arriendo, en las mismas condiciones en las que se lo encontró; sin otros desperfectos que los propios del uso normal de la vivienda conforme al fin descrito en el presente contrato.

«DECIMOCUARTA.–» **Derecho de adquisición preferente**

En caso de venta de la finca arrendada, el arrendatario dispondrá del derecho de adquisición preferente de la forma y en las condiciones establecidas en el art.25 LAU.

«DECIMOQUINTA.–» **Cesión y subarriendo**

Será aplicable el régimen establecido en el art.8 LAU.

«DECIMOSEXTA.–» **Comunidad de propietarios**

El arrendatario se compromete a cumplir lo dispuesto por los estatutos y normas de funcionamiento interno de la comunidad de propietarios del edificio en donde se encuentra la vivienda arrendada, que manifiesta conocer y aceptar.

«DECIMOSÉPTIMA.–» **Responsabilidad**

Además de las causas que se mencionan en los art.27 y 28 LAU, conforme a lo establecido en el art.1124 CC se establece expresamente que el arrendatario no podrá:

«... Se indicarán las causas que pueden dar lugar a la resolución del contrato, distintas de las causas reguladas en el art.27 LAU.»

Ello llevará a la resolución del contrato, o a la exigencia de cumplir lo pactado, según decisión unilateral del arrendador. Además, se considerará incumplimiento todo aquello que el arrendatario haga en contra de lo dispuesto por los Estatutos o normas de funcionamiento interno de la comunidad de propietarios del edificio en donde se encuentra la vivienda arrendada.

El arrendatario será responsable tanto de sus propios actos como de los que cometan los restantes ocupantes de la vivienda, aun siendo estos ocasionales, a efectos de la posible indemnización que por daños y perjuicios pueda derivarse de tales actos tanto a los efectos del párrafo anterior, como por cualquier daño ocasionado en el inmueble arrendado.

«DECIMOCTAVA.–» **Eficiencia energética**

En cumplimiento de lo dispuesto en el RD 390/2021, de 1 de junio, por el que se aprueba el procedimiento básico para la certificación de la eficiencia energética de los edificios, se pone a disposición del arrendatario en este acto el certificado de eficiencia energética, emitido por técnico competente.

*«DECIMONOVENA.-«*Información al arrendatario 6020 (sigue)

Ambas partes convienen en que el arrendador ha cumplido con los deberes de información, en formato accesible y en soporte duradero, acerca de las condiciones de la operación y de las características de la vivienda y del edificio en el que se encuentra, tal y como establece el art.31 Ley 12/2023, por el derecho a la vivienda.

«VIGÉSIMA.-» **Formalización**

A instancia de cualquiera de las partes este contrato podrá ser elevado a escritura pública e inscrito en el Registro de la Propiedad.

Los gastos de gestión inmobiliaria y los de formalización del contrato serán a cargo del arrendador.

«VIGESIMOPRIMERA.-» **Fijación de domicilio a efectos de notificaciones**

Queda fijado el domicilio del arrendatario el que figura en el encabezamiento del presente contrato (lugar donde se halla la vivienda arrendada), todo ello a efectos de recibir cualquier notificación derivada del conjunto de derechos y obligaciones derivados de este contrato.

«VIGESIMOSEGUNDA.-» **Jurisdicción de los tribunales**

Las partes se someten por imperativo de la Ley a los juzgados y tribunales de *«localidad»*, lugar donde radica la finca.

Leído el presente documento por ambas partes, y estando conformes con su contenido, lo firman por duplicado en todas las páginas en el lugar y fecha reseñadas en el encabezamiento.

EL ARRENDADOR
«Don/Doña nombre y apellidos»

EL ARRENDATARIO
«Don/Doña nombre y apellidos»

C. Aprovechamiento por turnos de bien inmueble

6025 En *«localidad»*, a *«día, mes y año»*.

REUNIDOS

De una parte, *«Don/Doña nombre y apellidos»*, con domicilio en *«vía pública, número, letra, localidad, código postal»* y con DNI/NIF *«núm. de DNI»*, actuando en representación de *«denominación social»*, sociedad con domicilio en *«vía pública, número, letra, localidad, código postal»* y provista de NIF *«núm. de NIF»*; representación que ostenta en virtud de su condición de *«apoderado o cargo que ostenta en la sociedad»*, según consta en la escritura otorgada ante el Notario de *«localidad»*, *«Don/Doña nombre y apellidos del notario»*, en fecha *«día, mes y año»*, nº. de protocolo *«núm.»*, inscrita en el Registro Mercantil de *«localidad»*, Libro *«núm. de libro»*, Tomo *«núm. de tomo»*, Folio *«núm. de folio»*, hoja *«núm. de hoja»*.
Y de otra parte, *«Don/Doña nombre y apellidos»*, mayor de edad, *«estado civil»*, con domicilio en *«vía pública, número, letra, localidad, código postal»* y con DNI/NIF *«núm. de DNI»*.
Tienen y se reconocen mutuamente capacidad y legitimación para celebrar el presente contrato de APROVECHAMIENTO POR TURNO DE BIENES INMUEBLES, el cual llevan a efecto en este acto.

MANIFIESTAN

I.- Que *«denominación social»* es propietaria de la siguiente finca:

NOTA:
Se expresará la superficie de la finca, su ubicación, extensión y linderos.
«descripción de la finca»

TÍTULO.- La finca fue adquirida por *«indicar título de adquisición»* en escritura autorizada por el Notario de *«localidad»*, *«Don/Doña nombre y apellidos del notario»*, en fecha *«día, mes y año»*.

INSCRIPCIÓN. - Registro de la Propiedad nº *«núm.»* de *«localidad»*, Tomo *«núm. de tomo»*, Libro *«núm. de libro»*, Folio *«núm. de folio»*, Finca *«núm. de finca»*.

- **Si la construcción del inmueble no ha finalizado:**

II.- Que el inmueble descrito se encuentra actualmente en construcción, estando en fase de *«indicar fase»*, teniendo la fecha del *«día, mes y año»* como plazo límite para la terminación del inmueble.
Cuenta con la preceptiva Licencia de obra otorgada el *«día, mes y año»* por el excelentísimo Ayuntamiento de *«municipio»*.
Igualmente se encuentran en construcción, en fase de *«indicar fase»*, los servicios comunes con que cuenta el inmueble.
Se acompaña como anexo 1, suscrito por ambas partes, memoria de las calidades con que contará el alojamiento objeto del contrato.
«Denominación social» ha suscrito un seguro de caución con la entidad autorizada *«denominación de la aseguradora»* para garantizar la devolución de las cantidades entregadas a cuenta para la adquisición del derecho, actualizadas con arreglo al índice anual de precios al consumo, si la obra no ha sido finalizada en la fecha fijada o no se ha incorporado el mobiliario descrito en la escritura reguladora cuando el adquirente del derecho opte por la resolución del contrato en los términos previstos en el art.25.2. de la Ley 4/2012.
III.- El inmueble descrito tiene una superficie de *«núm. de metros»* metros cuadrados y consta de *«indicar dormitorios, cocina, y resto de estancias»*.
Estará completamente equipado con mobiliario, electrodomésticos e instalaciones necesarias para su disfrute en el turno concertado. Se acompaña como anexo 2, suscrito por ambas partes, descripción detallada del mobiliario y ajuar existente en el apartamento.

Se le ha atribuido un valor de *«importe en letra»* EUROS (*«importe en número»* €) a efectos del aval o del seguro a los que se refiere el art.25.2 de la Ley 4/2012. **6025** (sigue)

- **Si la construcción del inmueble ha finalizado:**

II.- El inmueble descrito tiene una superficie de *«núm. de metros»* metros cuadrados y consta de *«indicar dormitorios, cocina, y resto de estancias».*
Está completamente equipado con mobiliario, electrodomésticos e instalaciones necesarias para su disfrute en el turno concertado. Se acompaña como anexo 1, suscrito por ambas partes, descripción detallada del mobiliario y ajuar existente en el apartamento.
III.- Que *«denominación social»* ha obtenido de las autoridades competentes las licencias necesarias para ejercer la actividad turística, las de apertura, las necesarias para la primera ocupación de los alojamientos, zonas comunes y servicios accesorios que sean necesarias para el destino y la correspondiente cédula de habitabilidad. Documentación que se encuentra a disposición del adquirente.
IV.- Que dicho apartamento se encuentra adscrito al régimen de aprovechamiento por turno de bienes inmuebles.
V.- Que *«Don/Doña nombre y apellidos»* tiene interés en adquirir, y *«denominación social»*, en transmitir el derecho real de aprovechamiento sobre el inmueble descrito, correspondiente al turno que va del *«día, mes y año»*, a las *«indicar hora»* horas al día *«día, mes y año»*, a las *«indicar hora»* horas, por lo que ambas partes acuerdan otorgar el presente contrato de APROVECHAMIENTO POR TURNO DE BIENES INMUEBLES.
VIII.- El adquirente indica el domicilio que figura en el presente contrato: *«vía pública, número, letra, localidad»*, para la notificación de la inscripción de la terminación de la obra y la fecha a partir de la cual se computará la duración del régimen.
IX.- El contrato se otorga en base a las siguientes:

ESTIPULACIONES

PRIMERA.- Objeto
Por el presente contrato, *«denominación social»* transmite a *«Don/Doña nombre y apellidos»* el derecho real de aprovechamiento del apartamento anteriormente descrito.
Dicho derecho real de aprovechamiento viene referido al turno que va desde el *«día, mes y año»*, a las *«indicar hora»* horas al día *«día, mes y año»*, a las *«indicar hora»* horas.
En ningún caso se transmite derecho de propiedad sobre el inmueble ni sobre parte de él.
La facultad de aprovechamiento no comprende derecho alguno a alterar la configuración ni el mobiliario del inmueble.

SEGUNDA.- Régimen jurídico
El presente contrato se regirá con carácter general por la Ley 4/2012, de 6 de julio, de contratos de aprovechamiento por turno de bienes de uso turístico, de adquisición de productos vacacionales de larga duración, de reventa y de intercambio.
Son normas legales aplicables al contrato las siguientes:

Artículo 12. Derecho de desistimiento del contrato:
1. En los contratos regulados en esta Ley, el consumidor tendrá derecho de desistimiento sin necesidad de justificación alguna.
En defecto de lo dispuesto en la presente Ley, el derecho de desistimiento se regirá por el texto refundido de la Ley General para la Defensa de Consumidores y Usuarios y otras leyes complementarias, aprobado por el Real Decreto Legislativo 1/2007, de 16 de noviembre.
2. El plazo para su ejercicio es de catorce días naturales y se computará:
a) A contar desde la fecha de celebración del contrato o de cualquier contrato preliminar vinculante, si en ese momento el consumidor recibió el documento contractual o, en otro caso, desde la recepción posterior de dicho documento.

6025 (sigue) b) Si el empresario no hubiere cumplimentado y entregado al consumidor el formulario de desistimiento previsto en el art.11.4, el plazo empezará a contar desde que se entregue al consumidor el formulario de desistimiento debidamente cumplimentado y vencerá, en cualquier caso, transcurrido un año y catorce días naturales a contar desde el de la celebración del contrato o de cualquier contrato preliminar vinculante o el de la recepción posterior del documento contractual.

c) Si el empresario no hubiera facilitado al consumidor la información precontractual mencionada en el art.9, incluidos sus formularios, el plazo empezará a contar desde que se facilite dicha información y vencerá transcurridos tres meses y catorce días naturales a contar desde el de la celebración del contrato o de cualquier contrato preliminar vinculante si en ese momento el consumidor recibió el documento contractual o el de la recepción posterior de dicho documento.

3. Cuando el contrato de intercambio se ofrezca al consumidor junto con el contrato de aprovechamiento por turno de bienes de uso turístico y al mismo tiempo que éste, se aplicará a ambos contratos un único plazo de desistimiento de conformidad con las mismas reglas de los apartados anteriores.

4. El consumidor notificará de forma fehaciente al empresario el desistimiento por escrito en papel u otro soporte duradero, pudiendo utilizar el formulario previsto en el anexo V. La expedición o envío de la notificación deberá hacerse dentro del plazo legal y será eficaz cualquiera que sea la fecha de recepción por el empresario.

5. El ejercicio del derecho de desistimiento por el consumidor dejará sin efecto el contrato.

6. El consumidor que ejerza el derecho de desistimiento no soportará coste alguno ni tendrá que pagar ninguna contraprestación correspondiente al servicio que pudiera haberse llevado a cabo con anterioridad a la fecha del ejercicio de desistimiento.

7. Lo dispuesto en este artículo no obsta al ejercicio de las acciones de nulidad o resolución legal o contractual que procedan conforme a derecho, de acuerdo con lo previsto en el art.78 del texto refundido de la Ley General para la Defensa de los Consumidores y Usuarios y otras leyes complementarias, aprobado por el Real Decreto Legislativo 1/2007, de 16 de noviembre.

Artículo 13. Prohibición del pago de anticipos

1. En los contratos de aprovechamiento por turno de bienes de uso turístico, de producto vacacional de larga duración y de intercambio se prohíbe el pago de anticipos, la constitución de garantías, la reserva de dinero en cuentas, el reconocimiento expreso de deuda o cualquier contraprestación a favor del empresario o de un tercero y a cargo del consumidor, antes de que concluya el plazo de desistimiento.

2. Las mismas prohibiciones se establecen respecto a los contratos de reventa, antes de que la venta haya tenido efectivamente lugar o se haya dado por terminado el contrato por otras vías.

3. Los actos realizados en contra de esta prohibición son nulos de pleno derecho y el consumidor podrá reclamar el duplo de las cantidades entregadas o garantizadas por tales conceptos.

TERCERA.- Plazo

El derecho se transmite por un plazo de *«núm. de años»* años, trascurrido el cual revertirá en *«denominación social»* o quien en ese momento ostente la titularidad del inmueble, sin que *«Don/Doña nombre y apellidos»* como adquirente del derecho de aprovechamiento tenga derecho a percibir compensación alguna.

CUARTA.- Precio

El precio de la transmisión queda fijado en la cantidad de *«importe en letra»* EUROS (*«importe en número»* €). Dicha cantidad es entregada por el comprador en este acto, sirviendo el presente documento como la más eficaz carta de pago.

QUINTA.- Servicios e instalaciones

Los servicios de mantenimiento y limpieza serán prestados por la empresa *«denominación social de la empresa de mantenimiento»* constituida en escritura pública otorgada ante el Notario de *«localidad»*, *«Don/Doña nombre y apellidos del notario»*, en fecha *«día, mes y año»*, nº. de protocolo *«núm.»* y que cuenta con NIF nº *«núm. de NIF»*. 6025 (sigue)

Se acompaña como anexo 2 al contrato, suscrito por ambas partes, relación de servicios e instalaciones comunes que el adquirente tiene derecho a disfrutar y las condiciones para ese disfrute.

El promotor es responsable, frente a los titulares de derechos de aprovechamiento por turno, de la efectiva prestación de los servicios. En caso de incumplimiento por la empresa de servicios, el promotor deberá resolver el contrato y exigir el resarcimiento de daños y perjuicios. La acción de resolución corresponde al promotor. En todo caso, el titular del derecho de aprovechamiento por turno podrá reclamar del propietario la efectiva prestación de los servicios y las indemnizaciones que correspondan en el caso de que tal prestación no se efectúe.

SEXTA.- Pago de los servicios e instalaciones

Conforme a la escritura reguladora, el adquirente debe satisfacer anualmente a la empresa de servicios la cantidad de *«importe en letra»* EUROS (*«importe en número»* €), que se actualizará anualmente con arreglo al índice de precios al consumo que publica el Instituto Nacional de Estadística. Actualización que se comunicará al adquirente en el mes de diciembre de cada año.

SÉPTIMA.- Incumplimiento en el pago de los servicios e instalaciones

El propietario tendrá una facultad resolutoria en el caso de que el adquirente titular del derecho de aprovechamiento por turno, una vez requerido, no atienda al pago de las cuotas debidas por razón de los servicios prestados durante, al menos, un año.

El propietario podrá ejercer esta facultad de resolución, a instancia de la empresa de servicios, previo requerimiento fehaciente de pago al deudor en el domicilio registral o, en su defecto, en el que conste a tal fin en el contrato, bajo apercibimiento de proceder a la resolución del mismo si en el plazo de treinta días naturales no se satisfacen íntegramente las cantidades reclamadas.

Para llevar a cabo la resolución, el propietario deberá consignar, a favor del titular del derecho, la parte proporcional del precio correspondiente al tiempo que le reste hasta su extinción.

- **Si se incluye cláusula penal:**

Se pacta como cláusula penal la pérdida de las cantidades que con arreglo al párrafo anterior corresponda percibir al titular del derecho resuelto.

El propietario que ejercite la facultad resolutoria quedará obligado a atender las deudas que el titular del derecho de aprovechamiento por turno tuviere pendientes con la empresa de servicios, salvo pacto en contrario con esta.

OCTAVA.- Formalización del contrato

El presente contrato podrá inscribirse en el Registro de la Propiedad, siempre que se haya formalizado mediante escritura pública a instancia de cualquiera de las partes.

NOVENA.- Seguros

La propiedad pone en conocimiento del adquirente que, conforme a lo establecido en el art.28 de la Ley 4/2012, de 6 de julio, tiene suscrita y en vigor una póliza de seguro con la compañía *«denominación de la aseguradora»* con el número: *«núm. de póliza»*, que cubre la responsabilidad civil en que puedan incurrir los ocupantes de los alojamientos derivada de la utilización de los mismos, así como de seguro de incendios y otros daños generales del edificio o del conjunto de sus instalaciones y equipos.

En prueba de conformidad, se firma este documento por duplicado en el lugar y fecha ut supra.

LA PROPIEDAD EL ADQUIRENTE

D. Préstamo hipotecario entre particulares

6030 En *«localidad»*, a *«día, mes y año»*.

REUNIDOS

De una parte, *«Don/Doña nombre y apellidos»*, mayor de edad, con domicilio en *«vía pública, número, letra, localidad, código postal»* y con DNI/NIF *«núm. de DNI»*, actuando en representación de *«razón social»*, constituida el *«día, mes y año»* en escritura autorizada por el Notario de *«localidad»*, *«Don/Doña nombre y apellidos del notario»*, e inscrita en el Registro Mercantil de *«localidad»* en el Tomo *«núm. de tomo»*, Folio *«núm. de folio»*, hoja nº *«núm.»* y provista de NIF *«núm. de NIF»*; representación que ostenta en virtud de su condición de *«apoderado o cargo que ostenta en la sociedad»*, según consta en la escritura otorgada ante el Notario de *«localidad»*, *«Don/Doña nombre y apellidos del notario»*, en fecha *«día, mes y año»*, nº. de protocolo *«núm.»*.

Y, de otra parte, *«Don/Doña nombre y apellidos»*, mayor de edad, con domicilio en *«vía pública, número, letra, localidad, código postal»* y con DNI/NIF *«núm. de DNI»*, en su propio nombre y representación.

Las partes se reconocen la capacidad legal suficiente para contratar y obligarse en los términos previstos en el presente CONTRATO y

EXPONEN

I.- Que *«Don/Doña nombre y apellidos»* es dueño en pleno dominio de la siguiente finca:

URBANA:

NOTA:

Se identificará el inmueble y se insertará la descripción, su ubicación y linderos.

«descripción de la finca»

REFERENCIA CATASTRAL: *«núm. de ref. catastral»*

INSCRIPCIÓN: Inscrita en el Registro de la Propiedad inscrito en el Registro de la Propiedad nº *«núm.»* de *«localidad»*, Tomo *«núm. de tomo»*, Libro *«núm. de libro»*, Folio *«núm. de folio»*, Finca *«núm. de finca»*; según consta de la certificación registral que se adjunta como anexo I al presente contrato.

TÍTULO: Le pertenece en la forma expresada por *«indicar título de adquisición»* en virtud de escritura otorgada ante el notario de *«localidad»*, *«Don/Doña nombre y apellidos del notario»*, en fecha *«día, mes y año»*, bajo el número de protocolo *«núm.»*.

CARGAS Y SITUACIÓN ARRENDATICIA: La finca descrita se encuentra libre de cargas y gravámenes, así como de arrendatarios y ocupantes, según declara su propietario.

II.- Que la mercantil *«denominación social»*, en cuya representación actúa *«Don/Doña nombre y apellidos»*, consiente en conceder préstamo con garantía hipotecaria sobre la citada finca descrita en el Expositivo anterior.

III.- Que, de acuerdo con lo anterior, ambas partes en la representación que ostentan, acuerdan celebrar el presente contrato con arreglo a las siguientes

CLÁUSULAS

PRIMERA.- OBJETO DEL CONTRATO

Por el presente contrato la mercantil *«denominación social»*, como prestamista, presta a *«Don/Doña nombre y apellidos»*, en su calidad de prestatario, la cantidad de *«importe en letra»* EUROS (*«importe en número»* €) con garantía hipotecaria sobre la finca reseñada en el Exponendo I de este contrato.

SEGUNDA.- PRÉSTAMO

En el presente acto, la mercantil *«denominación social»* entrega a *«Don/Doña nombre y apellidos»*, que la acepta, la cantidad de *«importe en letra»* EUROS (*«importe en número»* €) en concepto de préstamo mediante *«indicar forma de pago»*.

«Don/Doña nombre y apellidos» se compromete a devolver el préstamo en las condiciones establecidas en el presente contrato. **6030** (sigue)

TERCERA.- DURACIÓN

El préstamo se suscribe por un plazo de duración de *«núm. de años»* años, computándose dicho plazo a partir de la fecha del presente contrato, devengando durante este plazo un interés de *«indicar porcentaje»* % (anual), fijándose como fecha de vencimiento el día *«día, mes y año»*.

CUARTA.- FORMA DE PAGO

El prestatario se obliga a amortizar dicho préstamo mediante cuotas mensuales por importe de *«importe en letra»* EUROS (*«importe en número»* €) hasta la fecha de vencimiento del préstamo. El pago mensual se efectuará en la cuenta corriente nº *«núm. de cuenta»* abierta a nombre del prestamista.

El pago mensual incluye principal más el interés de *«indicar porcentaje»* % pactado.

La falta de pago de cualquiera de las cuotas mensuales devengará, sin necesidad de requerimiento alguno, el interés de *«indicar porcentaje»* % hasta la fecha de su efectivo abono.

QUINTA.- GARANTÍA HIPOTECARIA

En garantía del préstamo y los intereses acordados en el presente contrato se constituye hipoteca a favor de la mercantil *«denominación social»*, sobre la finca descrita en el Exponendo I, extendiéndose la garantía sobre todos los elementos de la misma de conformidad con lo dispuesto en los artículos 109 y 110 de la Ley Hipotecaria, debiendo el deudor realizar las reparaciones y mejoras necesarias para mantener el valor de la finca hipotecada.

SEXTA.- NOTIFICACIONES

Salvo lo previsto de forma diferente en el presente contrato, cualquier notificación que deba efectuarse entre las partes como consecuencia del mismo se realizará mediante burofax, correo ordinario, fax o correo electrónico a las siguientes personas y direcciones:

- Por parte de *«denominación social»*:

«Don/Doña nombre y apellidos»
Domicilio: *«vía pública, número, letra, localidad, código postal»*.
Correo electrónico: *«indicar dirección de correo»*.

- Por parte de *«Don/Doña nombre y apellidos»*:

Domicilio: *«vía pública, número, letra, localidad, código postal»*.
Correo electrónico: *«indicar dirección de correo»*.

SÉPTIMA.- ELEVACIÓN A ESCRITURA PÚBLICA

Las partes se obligan a elevar a escritura pública el presente contrato en el plazo de *«núm. de días»* días ante el Notario de *«localidad»*, *«Don/Doña nombre y apellidos del notario»* y a su inscripción inmediata en el Registro de la Propiedad de *«localidad»*.

Los gastos ocasionados por la elevación a escritura pública e inscripción deberán ser satisfechos por *«el prestamista y/o el prestatario»*.

OCTAVA.- SOMETIMIENTO A FUERO

Para la resolución de cualquier controversia relacionada con la interpretación o aplicación de este contrato, ambas partes acuerdan someterse a los juzgados y tribunales de *«localidad»*.

Y en prueba de conformidad, ambas partes firman el presente contrato, que se extiende en dos ejemplares, igualmente originales, en el lugar y fecha indicados en su encabezamiento.

E. Contrato de crédito al consumo

6035 **NOTA PRELIMINAR:**

– Se trata de un contrato en virtud del cual una persona física o jurídica, en el ejercicio de su actividad, profesión u oficio, concede o se compromete a conceder a un consumidor un crédito bajo la forma de pago aplazado, préstamo, apertura de crédito o cualquier otro medio equivalente de financiación, para satisfacer **necesidades personales**, al margen de su actividad empresarial o profesional.

– Téngase en cuenta que ha habido **cambios legislativos** fundamentales en la materia, que han afectado tanto a la Ley de Crédito al Consumo, como a la Ley sobre ordenación, supervisión y solvencia de las entidades de crédito. Los últimos reseñables son el art.5 de la Ley 10/2014 por medio de la L 5/2019 y la L 18/2022.

– Téngase en cuenta que la L 5/2019 también ha modificado la Ley General para la Defensa de Consumidores y Usuarios estableciendo que son nulas de pleno derecho las **condiciones generales incorporadas de modo no transparente** en los contratos en perjuicio de los consumidores (LGDCU art.83).

– Tratándose de un contrato de una tarjeta «revolving», para que la operación crediticia pueda **ser considerada usuraria**, basta con que se den los **requisitos** previstos en el primer inciso del art.1 de la ley, esto es, «que se estipule un interés notablemente superior al normal del dinero y manifiestamente desproporcionado con las circunstancias del caso», sin que sea exigible que, acumuladamente, se exija «que ha sido aceptado por el prestatario a causa de su situación angustiosa, de su inexperiencia o de lo limitado de sus facultades mentales» (TS 25-11-15, EDJ 216418).

– La **Ley de Represión de la Usura** se configura como un límite a la autonomía negocial del art.1255 del Código Civil aplicable a los préstamos, y, en general, a cualesquiera operación de crédito «sustancialmente equivalente» al préstamo. Así lo ha declarado el Tribunal Supremo en anteriores sentencias, como las núm 406/2012, de 18 de junio, 113/2013, de 22 de febrero, y 677/2014, de 2 de diciembre (TS 25-11-15, EDJ 216418). En el caso concreto, **estimó usuario un tipo de interés del 24,6% TAE**. En el caso de autos, se deduce que fue la academia proveedora del curso la que facilitó a la adquirente demandada la financiación con Financieros S.A., pues nunca contactó la adquirente consumidora directamente con la financiera sino que le fueron presentados los documentos de solicitud del préstamo y del contrato mismo por el personal de la proveedora y en las oficinas de ésta, lo que revela un acuerdo previo entre dicha entidad y la financiera, debiendo flexibilizarse el requisito de la exclusividad en el acuerdo previo en el sentido de hacer recaer sobre el financiador la carga de probar que no existe tal exclusividad, pues es obvio que el adquirente consumidor carece de la facilidad probatoria de la que goza la financiera, por otra parte interesada en ocultar el pacto de exclusividad, no siendo necesaria la concurrencia de ningún otro requisito más que los establecidos en los apartados a), b) y c) del art.15 de la Ley de Crédito al Consumo para estimar vinculados el contrato de financiación y el de consumo (AP Madrid 24-6-05, EDJ 115475).

– El modelo presupone unas circunstancias determinadas que serán las más frecuentes. Si en el caso concreto existen circunstancias particulares no previstas, deberá completarse o modificarse el modelo, adaptándolo a las mismas.

Préstamo número: *«número de préstamo»*.
Entidad prestamista:
Sucursal: *«número de sucursal»*.
Domicilio: *«domicilio de la entidad»*.
Datos del titular/es:
Nombre: *«Don/Doña nombre y apellidos del titular/es»*.
Domicilio: *«domicilio del titular/es»*.
NIF: *«número de identificación del titular/es»*.
Datos del comercio: *«datos identificativos del comercio»*.
Datos del bien a financiar:
Identificación: *«especificar bien»*.
Precio: *«cuantía del bien»*.

• **Si intervienen avalistas:** **6035** (sigue)
Datos de los avalistas:
Nombre: *«Don/Doña nombre y apellidos de los avalistas»*.
Domicilio: *«domicilio de los avalistas»*.
NIF: *«número de identificación de los avalistas»*.
CONDICIONES PARTICULARES:
- Importe del préstamo: *«importe del préstamo»*.
- Plazo: *«fecha de otorgamiento del préstamo»*.
- Vencimiento: *«fecha de vencimiento del préstamo»*.
- Moneda: *«medio de pago estipulado»*.
- Interés: *«especificar interés del préstamo»*.
- T.A.E.: *«cálculo de la TAE asignada»*.

NOTA:
El **incumplimiento** de los **requisitos de información** básicos de un contrato de crédito al consumo implica la anulabilidad del mismo. Si se mantiene la eficacia del contrato, entonces se integrará con las disposiciones existentes en materia de protección al consumidor (L 16/2011 art.7).
- Interés de demora: *«interés de demora»*.
- Comisión de apertura: *«tipo de comisión de apertura»*.
- Comisión cancelación total: *«tipo de comisión de cancelación total»*.
- Comisión cancelación parcial: *«tipo de comisión de cancelación parcial»*.

Periodo de carencia: durante este periodo se pagarán *«número de cuotas por carencia»* cuotas sucesivas comprensivas de intereses de *«intereses por carencia, en letra»* euros (*«intereses por carencia, en número»* €), con vencimiento el *«fecha de vencimiento inicial por carencia»*, y la última el *«fecha de vencimiento final por carencia»*.
Periodo de amortización: el presente préstamo se amortizará mediante *«número de cuotas por amortización»* cuotas sucesivas, comprensivas de capital e intereses de *«intereses por amortización, en letra»* euros (*«intereses por amortización, en número»* €) cada una, devengándose la primera de ellas el *«fecha del primer devengo»*, y la última el día del vencimiento fijado en este contrato.

CONDICIONES GENERALES:
Las presentes condiciones generales se aplicarán en lo no previsto en las condiciones particulares.

Primera.
El préstamo devengará a favor del **Banco** el tipo de interés que se establece en las condiciones particulares, efectuándose la liquidación y pago de los intereses de la siguiente forma:
Durante el periodo de carencia, el cálculo de los intereses, se efectuará diariamente multiplicando el principal pendiente del préstamo por el tipo de interés nominal establecido en este contrato dividiendo su resultado por 36.000. Los intereses a adeudar al final de cada periodo de liquidación serán la suma aritmética de los devengos producidos en cada uno de los días incluidos en dicho periodo.
Durante el periodo de amortización el cálculo de los intereses se efectuará mensualmente multiplicando el principal pendiente del préstamo por el tipo de interés nominal establecido en este contrato por el número de meses comprendido en cada periodo de liquidación y dividiendo el resultado por 1200.
Los intereses serán adeudados en la cuenta del **Prestatario**.
Este préstamo devengará a favor del **Banco** una comisión de apertura que se detalla en las condiciones particulares liquidable y pagadera en el mismo momento de la formalización por el **Prestatario**.
Como consecuencia de todo ello y a efectos informativos el tipo de interés efectivo anual equivalente (T.A.E.) es el reflejado en las condiciones particulares, no habiéndose incluido para su determinación los gastos que el **Prestatario** puede evitar en uso de las facultades que le concede el contrato, en particular y, en su caso, los gastos de transferencia de los fondos debidos, los gastos a abonar a terceros, en particular los corretajes, gastos notariales e impuestos; y los gastos por seguro o garan-

6035 (sigue) tías. El cálculo para la determinación de la T.A.E. se ha realizado conforme a la Norma 13ª y Anejo 7 de la Circular 5/2012, de 27 de junio, del Banco de España, a entidades de crédito y proveedores de servicios de pago, sobre transparencia de los servicios bancarios y responsabilidad en la concesión de préstamos.

Segunda.

El préstamo se amortizará mediante el pago de las cuotas que se establecen en las condiciones particulares. Las citadas cuotas habrán de hacerse efectivas por el **Prestatario** sin necesidad de previo requerimiento ni aviso alguno. en las oficinas del **Banco**, precisamente el día señalado como vencimiento de cada una de aquellas o al día siguiente hábil si aquél fuese festivo. El **Prestatario** podrá optar por domiciliar el pago de dichas cantidades en el Banco/Caja de Ahorros que designe.

Sin perjuicio, en todo caso, del plazo máximo de duración previsto en las condiciones particulares y de las amortizaciones reseñadas en las mismas, el **Prestatario** podrá proceder anticipadamente a la amortización total o parcial del préstamo, sin que en ningún caso acredite derecho a devolución de comisión e intereses percibidos por el **Banco**. Se conviene expresamente que dichas entregas parciales anticipadas sean aplicadas, en primer lugar, a reintegro de las costas y gastos suplidos por el **Banco**; en segundo lugar, al pago de intereses de demora; en tercer lugar, al pago de los intereses del principal y, finalmente, a la amortización de capital prestado.

Los reembolsos parciales anticipados podrán ser aplicados. a opción de la parte prestataria a reducir el importe de las cuotas o a acortar el plazo de amortización del préstamo.

En el caso de cancelación total anticipada, los intereses devengados desde 1a fecha de la última liquidación hasta la fecha de cancelación, se calcularán diariamente multiplicando el principal pendiente del préstamo por el tipo de interés nominal establecido y dividiendo el resultado por 36.000.

En todos los supuestos de amortización voluntaria del préstamo, total o parcial, el **Banco** tendrá derecho a percibir la comisión prevista en las condiciones particulares sobre el importe de amortización, pagadera en el propio acto de la amortización.

NOTA:

El **consumidor** podrá reembolsar anticipadamente, de forma total o parcial y en cualquier momento de vigencia del contrato, las obligaciones derivadas del contrato de crédito. En tal caso, tendrá derecho a una reducción del coste total del crédito que comprenda los intereses y costes, incluso si éstos hubieran sido ya pagados, correspondientes a la duración del contrato que quede por transcurrir. En caso de reembolso anticipado del crédito, el **prestamista** tendrá derecho a una compensación justa y justificada objetivamente por los posibles costes directamente derivados del reembolso anticipado del crédito, siempre que el reembolso anticipado se produzca dentro de un período en el cual el tipo deudor sea fijo. Dicha compensación no podrá ser superior al 1 por 100 del importe del crédito reembolsado anticipadamente si el período restante entre el reembolso anticipado y la terminación acordada del contrato de crédito es superior a un año. Si el período no supera un año, la compensación no podrá ser superior al 0,5 por 100 del importe del crédito reembolsado anticipadamente (L 16/2011 art.30).

Sin perjuicio del derecho de la entidad Prestamista a dar por vencido, en su caso, anticipadamente el préstamo en los términos previstos en esta póliza. las cantidades adeudadas, por intereses y amortizaciones de principal, no satisfechas en las fechas estipuladas, devengarán desde el día siguiente de las mismas, el interés de demora pactado en las condiciones particulares, pudiendo el **Banco**, en cuanto intereses, considerarlos capital a estos efectos, de conformidad con el artículo 317 del Código de Comercio.

NOTA:

Anatocismo convencional.

Tercera. 6035 (sigue)
No obstante lo previsto en la cláusula anterior, podrá el **Banco** dar por vencido el préstamo y exigir la devolución de la suma que por capital, gastos, intereses, y comisión le adeude el **Prestatario** si se diese alguna de las siguientes circunstancias:
a) Incumplimiento de cualquiera de las obligaciones contraías en virtud de este contrato.
b) Por comprobarse la inexactitud y ocultación de los datos facilitados al **Banco** con carácter previo a la concesión de este préstamo y que, a su juicio, hayan determinado una errónea o incompleta visión en el estudio del riesgo de la operación.
c) Que el titular del préstamo o alguno de sus fiadores realice actos que pongan en peligro o disminuyan notablemente su solvencia.
d) En caso de solicitud de quita y espera, celebración por el prestatario de convenio extrajudicial con sus acreedores, que implique indisponibilidad de sus bienes o cesión total o parcial de los mismos, como embargo o intervención administrativa o administración judicial de todos o parte de los bienes del prestatario.
e) Cuando concurriera cualquiera de las causas de vencimiento anticipado establecidas por el Derecho.

Cuarta.
Vencido el préstamo por llegada de su término o por cualquiera de las causas previstas en este contrato, si el **Prestatario** no hiciese pago de la suma adeudada en el mismo día de vencimiento o en el siguiente si aquel fuese festivo, el **Banco** podrá exigir su pago por la vía ejecutiva.
A efectos meramente procesales, y como mecanismo de mayor seguridad para el **Prestatario** la liquidación de intereses y demás conceptos adeudados que, sumados al débito por principal prestado determinaran la deuda ejecutivamente exigible, se practicará por el **Banco**, el cual expedirá la oportuna certificación que recoja el saldo pendiente el día del cierre. En su virtud, bastará para el ejercicio de la acción ejecutiva la presentación de esta póliza, juntamente con la certificación prevenida en el número 5º del art.517 de la Ley de Enjuiciamiento Civil y la legislación concordante, y la aportación de la documentación prevenida en el número 1 del art.573 de la misma Ley.

Quinta.
Serán de cuenta del **Prestatario** todos los gastos e impuestos que origine este préstamo durante su vigencia incluidos los gastos judiciales o extrajudiciales, comprendidos los de abogados y procuradores que pudiera ocasionar su ejecución y cobro, los que se satisfagan por la formalización tanto de este contrato como de los documentos a que se refieren las condiciones que preceden, así como los gastos de correo u otros medios de comunicación, de acuerdo con las tarifas postales y de comunicaciones vigentes en cada momento.

Sexta.
El/los **Fiador/es** que a efectos de citaciones, notificaciones y requerimientos designan como domicilio el indicado al principio de este documento, garantiza/n solidariamente entre sí y con el **Prestatario**, y en los mismos términos que este último, cuantas obligaciones se contraen en la presente póliza, aun cuando no aparezca/n expresamente nombrado/s en alguna de las presentes cláusulas y muy especialmente, al pago del principal, intereses y comisiones.
El hecho de que el Banco deje la obligación vencida, sin reclamar, no se estimara como prórroga a efectos de liberar los fiadores.

Séptima.
De intervenir en la póliza personas casadas, éstas se comprometen a no modificar su actual régimen económico matrimonial sin dejar expresamente a salvo las obligaciones contraídas con el **Banco** por razón del presente contrato y admitir que la contravención de este pacto no producirá efectos frente al **Banco**, aunque la modificación se inscriba en los Registros Civil y Mercantil.

6035 (sigue)

Octava.

A efecto de las notificaciones de todo tipo previstas en la Ley, se entenderá como domicilio de cada uno de los intervinientes para efectuar las que fueran necesarias, el señalado en la presente póliza para cada uno de ellos y en todo caso, se entenderá por bien efectuada la notificación, cuando fuera intentada en dicho domicilio.
Los titulares de esta operación y sus avalistas, podrán modificar los domicilios en este documento señalados, siempre que el cambio sea notificado al **Banco**.

Novena.

En el caso de ser varios los prestatarios, todos ellos quedan obligados solidariamente frente al **Banco** al cumplimiento de las obligaciones derivadas de esta póliza.

Décima.

La financiación que se realiza por medio de este préstamo no tiene carácter exclusivo pudiendo el **Prestatario** efectuar el pago de los bienes adquiridos en el comercio al contado, acudiendo a la financiación de otras entidades de crédito o mediante la utilización de tarjetas u otras formas de crédito. En consecuencia, el **Banco** no asume ninguna responsabilidad por razón de la operación comercial o de los bienes que por medio de este préstamo sean adquiridos.

NOTA:

L 16/2011 art.12 y 13.

En *«localidad»* a *«fecha»*

PRESTATARIO/S - ***AVALISTA/S*** **BANCO**

F. Contrato de cuenta corriente

NOTA PRELIMINAR: 6040

- A la vista de las evidentes semejanzas entre la cuenta corriente y la libreta de ahorros resulta aconsejable la inclusión de un **único contrato base** que contenga las especialidades propias de cada tipo.
- En relación a las **comisiones de reclamaciones de posiciones deudoras** en contratos de cuenta corriente, tiene por objeto el cobro de los costes en que ha incurrido la entidad al efectuar las reclamaciones necesarias para la recuperación de los saldos deudores de sus clientes. Ahora bien, solo puede ser posible si, además de aparecer recogida en el contrato, se acredita que: su devengo está vinculado a la existencia efectiva de gestiones de reclamaciones realizadas ante el cliente deudor (AP Asturias 7-6-18, EDJ 562687).

En la sentencia AP Asturias 17-7-15, EDJ 187290, al examinar un supuesto semejante al presente, en el que la controversia giraba en torno a una **comisión por descubierto**, se señaló que pese a que el cliente con el que el Banco había concertado el contrato no tenía la condición de consumidor, no podía por menos de considerarse a efectos interpretativos la doctrina proteccionista al estar en presencia de un contrato de adhesión, con cita de la sentencia AP Madrid 21-3-14, EDJ 45380, que declaró que ante la existencia de un descubierto en cuenta corriente no era factible, por un lado, percibir los intereses de demora y, por otro, repercutir una comisión propiamente injustificada, ya que en otro caso se vendría a producir una transferencia patrimonial sin causa, con manifiesta infracción del CC art.1.274 s., pues de exigir ambos conceptos se estaría reiterando la prestación de un servicio que no lo ha sido doblemente (AP Asturias 25-1-19, EDJ 524741).

- Se consideran en el ámbito de aplicación del control de abusividad previsto en LGDCU art.82.1 en relación con los art.1.1 LCGC y art.3 Dir 93/13/CEE, las comisiones fijadas por una entidad bancaria para sus servicios. La fijación en las tarifas generales de una comisión por un servicio prestado por una entidad financiera constituye una **cláusula no negociada individualmente** (TS 26-4-22, EDJ 551145).
- El modelo presupone unas circunstancias determinadas que serán las más frecuentes. Si en el caso concreto existen circunstancias particulares no previstas, deberá completarse o modificarse el modelo adaptándolo a las mismas.

En *«localidad»* a *«fecha»*

Número de cuenta (CCC): *«número de cuenta»*.

Entidad: *«indicar nombre de la entidad, sucursal y domicilio»*.

Titular/es:

- Nombre: *«indicar datos identificativos del titular/es»*.
- Domicilio para correspondencia: *«domicilio a efectos de correspondencia»*.
- Régimen de disposición: *«especificar el régimen de disposición de los titulares»*.

NOTA:

El **criterio jurisprudencial** en relación con las cuentas de titularidad plural sostiene que las cuentas corrientes bancarias expresan siempre una disponibilidad de fondos a favor de quienes figuren como titulares de las mismas contra el Banco que los retiene, y el mero hecho de su apertura con titulares plurales no determina por sí un necesario condominio sobre los saldos, que viene precisado por las relaciones internas que medien entre los titulares bancarios conjuntos y más concretamente por la originaria pertenencia de los fondos (TS 6-2-91; 15-7-93, EDJ 7136; 19-12-95, EDJ 6686; 7-6-96, EDJ 3154; 29-9-97, EDJ 6816; 5-7-99, EDJ 19936; 14-3-03; 3-11-14, EDJ 279623).

CONDICIONES PARTICULARES:

- Interés haber: *«tipo de interés de haberes»* %.
- Interés de descubierto: *«tipo de interés de descubierto»* %.
- Comisión de descubierto: *«tipo de comisión de descubierto»* %. Mínimo: *«especificar cantidad, en letra»* euros (*«especificar cantidad, en número»* €).

6040 (sigue) – Comisión de mantenimiento y administración: *«importe de la comisión, en letra»* euros (*«importe de la comisión, en número»* €).
– Gastos por reclamación de posiciones deudoras: *«importe de los gastos, en letra»* euros (*«importe de los gastos, en número»* €).
– Periodo de liquidación: *«periodo de liquidación»*.
– Forma de intervención: *«especificar la forma de intervención»*.
– Fechas de liquidación en caso de descubierto: *«fecha de liquidación»*.
– Tipo de cuenta:

• **Cuenta corriente:**
cuenta corriente

NOTA:
El contrato de cuenta corriente se define como «un contrato mercantil por el cual dos personas, por lo general comerciantes, en relación de negocios continuados, acuerdan temporalmente concederse **crédito recíproco** en el sentido de quedar obligadas ambas partes a ir sentando en cuenta sus remesas mutuas, como partidas de cargo y abono, sin exigirse el pago in mediato, sino el saldo, a favor de la una o de la otra, resultante de una liquidación por diferencia, al ser aquélla cerrada en la fecha convenida, lo que tiene esenciales diferencias con la cuenta corriente bancaria, de liquidaciones periódicas cualquiera que sea su estado, y que se caracteriza más por ser un contrato complejo, de depósito irregular con devengo de intereses y liquidaciones periódicas por el banco (sentencias de 23 de mayo de 1946 y 7 de marzo de 1974); y que ya la doctrina científica viene distinguiendo, entre los variados tipos de depósitos bancarios, aquel que comporta para el banco la obligación de devolver la suma depositada a petición del depositante y en el momento mismo en que éste lo exija, operación esta que ha venido en denominarse en la técnica mercantil y bancaria, «depósito en cuenta corriente» dado que las relaciones del banco con sus clientes se instrumentan y contabilizan en la forma expresada, dándose la circunstancia de que, cuando ese depósito es de cosas fungibles, se le autoriza para disponer del objeto del depósito, con obligación de devolver otro tanto de la misma especie y calidad, generando entonces la figura del depósito irregular, caracterizado por el hecho de que el depositario adquiere, desde el momento de la constitución de aquél, la propiedad de las cosas depositadas, y, por eso, en esta clase de depósito de cuenta corriente, la concesión de crédito no es del banco hacia el cliente, como ocurre en la simple «cuenta de crédito» sino del cuente hacia el banco» (TS 11-3-92, EDJ 2361).
En el contrato de cuenta corriente bancaria, el límite cuantitativo de las órdenes de pago vine dado por la cifra del «Haber» del cliente en el momento de la orden, y [...] cuando, de acuerdo con un práctica bancaria habitual, el Banco [...] permite libramientos de cheques por cuantía superior al expresado límite de la cuenta corriente respectiva, ello implica una **concesión encubierta de crédito** bajo la forma de descubiertos, de acuerdo con el artículo 4.º de la Orden 17 enero 1981, sobre «liberalización de tipos de interés y dividendos bancarios y financiación a largo plazo» que dispone que «los **descubiertos en cuenta corriente o excedidos en cuenta de crédito** se considerarán operaciones de crédito a todos los efectos» (AP Barcelona 17-2-22, EDJ 548312).

• **Libreta de ahorros:**
libreta de ahorros.

• **En caso de cuenta a plazo:**
– Duración: *«número de meses»* meses.
La **Entidad** y los **Titulares** convienen la formalización del presente contrato que se regirá por las condiciones particulares arriba indicadas y por las condiciones generales de contratación que los **Titulares** acepta expresamente.
En prueba de conformidad con lo estipulado en el presente contrato y en el folleto anexo de criterios de valoración y comisiones aplicables que los **Titulares** declaran expresamente conocer y recibir en este acto, lo firman las partes por duplicado

ejemplar, uno de los cuales reciben los **Titulares**, en el lugar y fecha expresados en la antefirma de este documento. **6040** (sigue)

LA ENTIDAD	LOS TITULARES
«denominación de la Entidad»	*«identificación de los titulares»*

CONDICIONES GENERALES

Los **Titulares** suscriben con la **Entidad**, en adelante el **Banco**, el contrato de apertura de la cuenta expresada en las condiciones particulares, por tiempo indefinido, salvo que se trate de cuentas a plazo que lo será por el tiempo que figura en dichas condiciones particulares, y con las características indicadas en aquéllas y en las condiciones impresas que siguen:

1º. En esta cuenta se acreditarán las cantidades que los **Titulares**, o terceros entreguen para su abono y se adeudarán las disposiciones de fondos y órdenes de cargo aceptadas por el **Banco**, que efectúen los **Titulares** tanto personalmente, como a través de cajeros automáticos, datáfonos u otros aparatos, previo acuerdo formal con el **Banco**.

2º. Los **Titulares** podrán disponer de sus saldos mediante cheques, en el caso de cuentas corrientes a la vista, los cuales serán entregados por el **Banco**, u otros documentos propios debidamente autorizados.

En caso de que los **Titulares** optaran por una cuenta de ahorro o cuenta a plazo, el **Banco** facilitará una libreta personal e intransferible. La misma podrá ser solicitada por el **Banco** para realizar cualquier tipo de operación.

3º. Todos los abonos que se extiendan en la libreta no serán válidos si tienen enmiendas, raspaduras o carecen de la impresión mecánica que los autentiquen, o en su defecto, firma de apoderados del **Banco**.

El saldo que resulte de la contabilidad del **Banco** prevalecerá sobre cualquier otro.

Los cheques y la libreta en su caso se custodiarán en lugar seguro, y su robo o extravío se denunciará a las autoridades competentes y se comunicará de inmediato al **Banco**.

4º. El **Banco** no se obliga a cumplir órdenes de pago pasadas por telégrafo, teléfono; télex o teletipo, sin la clave de autenticidad convenida; y no se hace responsable de los daños y perjuicios derivados de las demoras o deficiencias de los servicios de comunicación implicados, o de otras causas de fuerza mayor.

5º. La valoración de los abonos y adeudas para el cálculo de intereses, se realizará de acuerdo con las normas establecidas por el **Banco** en cada momento, dentro de los límites permitidos por el Banco de España.

NOTA:
Véase la Circ BE 5/2012 Norma 13ª y Anejo 4º –redacc Circ BE 3/2022–.

6º. Si el saldo resultara deudor, deberá ser reintegrado al **Banco** inmediatamente y con carácter solidario por los titulares, sin previo requerimiento.

En este caso, se aplicará el último tipo de interés nominal de descubiertos que el **Banco** tenga publicados al practicar cada liquidación, con la periodicidad y en las fechas señaladas en las condiciones particulares, más la comisión de descubierto indicada en dichas condiciones particulares; que será calculada sobre el mayor saldo descubierto contable que en la cuenta se haya producido en cada período de liquidación.

7º. El **Banco** podrá compensar con esta cuenta los saldos deudores que presenten otras cuentas de cualquiera de los titulares o las deudas que éstos tuvieran con el **Banco**.

8º. Si la cuenta es indistinta, todos los derechos y obligaciones relativos a la misma podrán ser ejercitados por, o exigidos a cualquiera de sus **Titulares** solidariamente, sin perjuicio de lo que dispongan las leyes. El **Banco** podrá abonar en las cuentas indistintas los ingresos realizados por o a favor de cada uno de los titulares individualmente.

9º. Salvo lo dispuesto en la condición 16º, en caso de que se trate de cuentas a plazo, este contrato podrá ser resuelto unilateralmente por cualquiera de las partes. Si es

6040 (sigue) por voluntad de los titulares, bastará su manifestación en tal sentido. Si es por voluntad del **Banco**, tendrá que dar un preaviso de ocho días a cualquiera de los **Titulares**. Transcurrido dicho plazo, el saldo acreedor de la cuenta quedará a disposición de éstos, pero no devengará intereses.

Sea cual fuera el motivo de resolución del contrato, los **Titulares** se obligan a devolver al **Banco** los cheques no utilizados o la libreta y, en su caso, las tarjetas u otros medios de pago que les tenga facilitados.

10º. A efectos de notificaciones, el **Banco** considerará como domicilio el último dado a conocer por escrito por los **Titulares**.

11º. El **Banco** podrá modificar los tipos de interés aplicables a esta cuenta, así como las comisiones correspondientes. La modificación de los tipos de interés mencionada, incluye también la modificación, en su caso, de los tramos o la inclusión de los mismos, así como la relativa a la franquicia y las fechas y periodos de liquidación, señalados en las condiciones particulares. Estas modificaciones serán comunicadas a los titulares o publicadas en el diario *«especificar el diario»*, en ambos casos, con antelación razonable a su aplicación; tales comunicaciones podrán ser sustituidas en los contratos de duración indefinida, mediante su exposición en el tablón de anuncios de todas las oficinas del **Banco**, si bien en este caso no serán aplicables hasta que hayan transcurrido dos meses desde tal publicación.

NOTA:
Véase Norma 13ª y Anejos 1 y 2 de la Circ BE 5/2012.

Si los **Titulares** mostraran su desacuerdo con las nuevas condiciones, y 1o comunicaran al **Banco** antes de diez días desde la fecha de su aplicación, podrán resolver el presente contrato, aplicándose en tal caso las últimas condiciones aceptadas hasta la fecha en que hagan constar al **Banco** su disconformidad.

12º. El **Banco** remitirá periódicamente a los **Titulares** extracto de la cuenta, salvo que éstos hayan optado por la expedición de libreta, así como detalle de las liquidaciones que se entenderán conformes si no se reciben reparos de los titulares transcurridos dos meses desde su emisión.

NOTA:
Téngase en cuenta la Circ BE 5/2012 Norma 11ª y Anejos 1 y 4 –redacc Circ BE 3/2022–.

13º. Para las liquidaciones de intereses se utilizará la fórmula del interés simple (i = c.r.t.: 36.500), calculándose sobre los saldos mantenidos; siendo i: los intereses devengados, c: los saldos mantenidos, r: el tipo de interés nominal y t: los días de permanencia.

La comisión de mantenimiento se calculará en función del saldo medio acreedor en cada periodo de liquidación, a partir de la valoración de los apuntes asentados en la cuenta, aplicando la que corresponde con arreglo a los saldos indicados en las condiciones particulares.

La comisión de mantenimiento de cuenta inactiva se aplicará si la cuenta no tuviese más movimientos, durante dos años, que el derivado de liquidación de intereses. Esta comisión es incompatible con la comisión de mantenimiento.

Los apuntes derivados de ingresos de efectivo; adeudo de cheques, liquidación de intereses o de rectificación de errores, están exentos de comisión de administración.

Las comisiones se devengarán y adeudarán en las mismas fechas de liquidación periódica de la cuenta.

14º. La Tasa Anual Equivalente (T.A.E.) que, a efectos informativos, se consigna en este contrato, ha sido calculada de acuerdo con lo dispuesto en la Norma 13ª y la fórmula contenida en el Anejo 7 de la Circular 5/2012 del Banco de España.

15º. Todos los tributos y demás gastos judiciales o extrajudiciales que se originen como consecuencia de la formalización de este contrato, y del nacimiento, cumplimiento o extinción de las obligaciones derivadas del mismo serán de cuenta de los **Titulares** exclusivamente, ven particular los gastos por reclamación deposiciones deudoras; siendo exigibles desde la fecha en que se ocasionen devenguen. El reintegro de estos importes se hará mediante ingreso en la propia cuenta.

OTRAS CONDICIONES DE CUENTAS A PLAZO

6040 (sigue)

16º. Las imposiciones que se realicen en este tipo de cuentas, no podrán ser retiradas por los **Titulares** hasta transcurrido el plazo por el que fueron formalizadas, que será para cada una de las imposiciones; el que figura en las condiciones particulares.
17º. Si antes del vencimiento de cada imposición, o de cualquiera de sus prórrogas, no se hubiera recibido por parte de los **Titulares** aviso para retirar su importe, el **Banco** la considerará prorrogada por otro periodo igual al vencido, manteniéndose las mismas condiciones. Iguales normas serán aplicables a cada vencimiento ulterior y prórrogas sucesivas.
En caso de que el **Banco** decida modificar el tipo de interés a las eventuales prórrogas y/o la periodicidad con que se practiquen las liquidaciones, deberá notificarlo a los **Titulares** con antelación razonable al vencimiento de la imposición, señalando el tipo de interés nominal, así como la T.A.E. a que está dispuesto a prorrogarla por igual plazo y la periodicidad con que se efectuarán las liquidaciones. Si antes del vencimiento de la imposición el **Banco** no hubiera recibido de los **Titulares** aviso en contra, se entenderá que éstos aceptan la mencionada prórroga con las nuevas condiciones. Si los **Titulares** rechazan antes del vencimiento las nuevas condiciones, llegado el mismo podrán retirar libremente el importe de la imposición.
18º. En la liquidación de intereses, para este tipo de cuentas, se utilizará la fórmula del interés simple (i: c. r. t.: 36000), considerando que cada mes del año tiene 30 días.

CUENTAS EN DIVISAS

19º. Estas cuentas se regirán por las disposiciones en materia de control de cambios y transacciones económicas con el exterior.
Las disposiciones de este tipo de cuentas no podrán realizarse por medio de cajeros automáticos, datáfonos u otros aparatos similares.
20º. Para este tipo de cuentas, en las liquidaciones de intereses se utilizará la fórmula del interés simple.

G. Contrato de tarjeta de crédito

6045 NOTA PRELIMINAR:

- Es un **contrato atípico**, regido por las estipulaciones de las partes y por las normas generales de la contratación, y en virtud del cual la entidad bancaria se compromete a realizar los pagos por cuenta del cliente o usuario, o a facilitarle el efectivo que requiera, mientras que el cliente se compromete a reembolsar los pagos y anticipos en los periodos pactados, así como a abonar la comisión o cuota fijada. Es un **contrato de adhesión**, incluido en la categoría de contrato de crédito, caracterizado por la relación de confianza que se establece entre las partes (AP Ciudad Real 11-7-96, EDJ 6236).
- Se trata de un contrato de **tracto sucesivo** (AP Madrid, 28-2-17, EDJ 42539).
- En este tipo de contratos cobra especial importancia el error en la **prestación del consentimiento** y el **deber de información** que pesa sobre la entidad concedente de la tarjeta (TS 23-2-17, EDJ 12287).
- A efectos de **valoración de las operaciones**, véase el apartado 9 del Anejo 4 de la Circ BE 5/2012, así como Anejo 3 de la misma relativa a la **información precontractual** que se debe resaltar ante los clientes.
- Entre las tarjetas de crédito constituye una especie las denominadas «**revolving**», que a través de un particular modo de pago el capital que debe reintegrarse a través de las cuotas que se abonan periódicamente vuelve a formar parte del crédito del que se puede disponer. Es una línea de crédito permanente que implica que sobre el capital se aplica un tipo de **interés pactado que generalmente es más elevado** que otras modalidades de préstamos. La amortización no suele fijarse previamente –aunque existe la modalidad de pago de una cantidad fija cada mes– al ser dependiente del componente variable de la cuota periódica a satisfacer, integrada por el capital pendiente y las disposiciones que se hayan realizado mediante el uso de la tarjeta (AP Cantabria 14-3-22, EDJ 550894).

Aunque el contrato no sea de préstamo, la jurisprudencia extiende del ámbito de la **Ley de Usura** (L 23-7-1908) a toda aquella operación que, por su naturaleza y características, responda a un contrato de crédito en cualquiera de sus modalidades, porque lo relevante, como indicaron las sentencias TS 18-6-12, EDJ 209070; 22-2-13, EDJ 24020; 2-12-14, EDJ 279620 y 25-11-15, EDJ 216418, no es que concurran todos los requisitos objetivos y subjetivos a que se refiere el art.1, sino que basta con que se den los previstos en el primer inciso (requisitos de carácter objetivo), esto es, que se estipule un interés notablemente superior al normal del dinero y manifiestamente desproporcionado con las circunstancias del caso. Por tanto, sin que ya sea de exigir que de forma clara se demuestre que ha sido aceptado por el prestatario a causa de su situación angustiosa, de su inexperiencia o de lo limitado de sus facultades mentales (TS 25-11-15, EDJ 216418).

Recientemente, el TS ha considerado no usurario un contrato de tarjeta «revolving» celebrado en 2006, en el que se establecía una TAE del 24,5%, puesto que, de los datos obtenidos del Banco de España, el tipo de interés correspondiente a la categoría específica de las tarjetas de crédito y «revolving» aplicado por las entidades bancarias en esas fechas, era frecuentemente superior al 20% y también era habitual que superase el 23%, 24%, 25% y hasta el 26% anual (TS 4-5-22, EDJ 559950).

Nótese que, para los tribunales, la **declaración de usurario** de un tipo de interés aplicado en las denominadas tarjetas «revolving», no depende, en realidad, de que dicho tipo sea, objetivamente, más o menos elevado, sino de si se encuentra por encima del tipo de interés habitual correspondiente a este tipo de tarjetas en una **fecha concreta**. De ahí, que no pueda establecerse exactamente a priori por encima de qué tipo de interés se considera este usurario

- El modelo presupone unas circunstancias determinadas que serán las más frecuentes. Si en el caso concreto existen circunstancias particulares no previstas, deberá completarse o modificarse el modelo adaptándolo a las mismas.

CONDICIONES PARTICULARES

6045 (sigue)

- Tipo de Tarjeta: *«especificar el tipo de tarjeta»*.
- Número de contrato: *«número de contrato»*
- Depósito vinculado: *«especificar el depósito»*
- Fecha de alta: *«fecha de alta»*
- Caduca final: *«fecha de caducidad»*

TITULARES.

- Nombre: *«Don/Doña nombre y apellidos de los titulares»* NIF: *«NIF de los titulares»* Domicilio: *«domicilio de los titulares»*

LÍMITE.

- Límite para operaciones a crédito: *«límite del crédito, en letra»* euros (*«límite del crédito, en número»* €).
- Límite para operaciones a débito: *«límite del débito, en letra»* euros (*«límite del débito, en número»* €).
- Límite para operaciones con cargo al monedero electrónico: *«límite del monedero electrónico, en letra»* euros (*«límite del monedero electrónico, en número»* €).
- Tipo de interés por pago aplazado: *«especificar porcentaje»*
- TAE: *«TAE»*
- Forma de pago: *«medio de pago estipulado»*

COMISIONES.

«especificar comisiones».

CLÁUSULAS GENERALES:

NOTA:

El art.29 del RDL 19/2018 establece la obligación para el proveedor de servicios de pago de **facilitar al usuario de tales servicios**, de un modo fácilmente accesible para él, toda la información y condiciones relativas a la prestación de los servicios en cuestión.

Asimismo, señala que cuando una cuenta de pago se ofrezca como **parte de un paquete**, junto con otro producto o servicio no asociado a una cuenta de pago, el proveedor de servicios de pago informará al usuario de servicios de pago si es o no posible obtener la cuenta de pago sin adquirir el paquete y, en caso afirmativo, le facilitará por separado información sobre los costes y las comisiones asociadas a cada uno de los otros productos y servicios ofrecidos en ese paquete que pueda adquirirse por separado.

Con respecto a las relaciones existentes entre la **entidad emisora** de la tarjeta con el usuario y con las **empresas suministradoras** ver AP Granada 6-5-00, EDJ 60743.

En cuanto a la **prueba de las operaciones** realizadas con tarjeta existe abundante «jurisprudencia menor», entre otras resoluciones judiciales ver AP Barcelona 28-1-00, EDJ 24694; 1-6-00, EDJ 54430. Resulta asimismo relevante la AP de Albacete 31-3-01, EDJ 54430 en la que se considera abusiva la cláusula del contrato de tarjeta en la que se pactaba que fuera prueba bastante de la compra realizada la certificación emitida por la entidad emisora, lo que obligaría al consumidor a probar algo tan difícil como la no adquisición de un bien.

La sentencia TS 4-3-20, EDJ 512653, ha fijado criterio jurisprudencial en orden a determinar que la referencia que ha de utilizarse como «**interés normal del dinero**» debe ser el tipo medio de interés, en el momento de celebración del contrato, correspondiente a la categoría a la que corresponda la operación crediticia cuestionada (AP Cantabria 7-3-22, EDJ 531647).

Es posible la apreciación de un **préstamo usurario** cuando el tipo de interés sea notablemente superior al normal del dinero, pues pese a todo la especialidad del segmento de las **tarjetas de crédito «revolving»** no excluye de suyo que puedan darse situaciones de usura, tanto más cuanto que, como razona el Tribunal Supremo, cuanto mayor es el interés remuneratorio de un contrato menor ha de considerarse su distancia con el interés normal del dinero para incurrir en la usura, siendo signi-

6045 [sigue] ficativo que en la sentencia TS 4-3-20, EDJ 512653 citada se consideró usurario un crédito «revolving» con un TAE del 26,82 por ciento cuando el interés medio de esos créditos conforme a las estadísticas del Banco de España fue, a la fecha del contrato, algo superior del 20 por ciento según expresa la misma (AP Cantabria 22-2-22, EDJ 530485).

Recientemente, el TS ha considerado no usurario un contrato de tarjeta «revolving» celebrado en 2006, en el que se establecía una TAE del 24,5%, puesto que, de los datos obtenidos del Banco de España, el tipo de interés correspondiente a la categoría específica de las tarjetas de crédito y «revolving» aplicado por las entidades bancarias en esas fechas, era frecuentemente superior al 20% y también era habitual que superase el 23%, 24%, 25% y hasta el 26% anual (TS 4-5-22, EDJ 559950).

Nótese que, para los tribunales, la **declaración de usurario** de un tipo de interés aplicado en las denominadas tarjetas «revolving», no depende, en realidad, de que dicho tipo sea, objetivamente, más o menos elevado, sino de si se encuentra por encima del tipo de interés habitual correspondiente a este tipo de tarjetas en una **fecha concreta**. De ahí, que no pueda establecerse exactamente a priori por encima de qué tipo de interés se considera este usurario.

Primera. Objeto

La tarjeta a que se refiere el presente contrato (en lo sucesivo, la **Tarjeta**) es personal e intransferible. Permite a su **Titular** las operaciones que se detallan a continuación, siempre a través de la red de establecimientos, oficinas y cajeros automáticos integrados en los respectivos sistemas de utilización:

a) Pagar bienes o servicios.

b) Obtener dinero en efectivo, bien sea en oficinas de entidades de crédito y ahorro o bien en cajeros automáticos.

La **Entidad** queda al margen de las incidencias del **Titular** respecto a terceros, sin que se inmiscuya en el derecho que le corresponda de interponer las acciones que estime oportunas.

Segunda. Utilización de la Tarjeta en establecimientos mercantiles (TPV)

NOTA:

Véanse el RDL 19/2018 art.35 s., y téngase en cuenta los art.59 s. RDLeg 1/2007 para la **defensa de los consumidores** y usuarios, en especial, su art.112 relativo al pago mediante tarjeta.

Para satisfacer el pago de bienes o servicios el **Titular** queda obligado a

a) Presentar su **Tarjeta** debidamente firmada.

b) Acreditar su personalidad cuando le sea solicitado.

c) Firmar el comprobante (nota o factura) que, en su caso, se le presente.

Tercera. Utilización de la Tarjeta en cajeros automáticos

La operatoria se realizará mediante la introducción de la **Tarjeta** y de la pulsación de la clave personal numérica (PIN), secreta y conocida únicamente por el **Titular**; además el **Titular** habrá de seguir las instrucciones que le sean indicadas para la correcta utilización del cajero automático.

Cuarta. Utilización de la función monedero electrónico

Si la **Tarjeta** ofrece la función monedero electrónico podrá activarse recargándola (mediante adeudo directo y automático en la cuenta asociada), hasta los límites establecidos en cada momento con carácter general, en los cajeros automáticos de la **Entidad** que dispongan de tal función, así como en los de otras entidades que se hayan adherido al sistema. Para realizar esta operación es necesario pulsar el número secreto personal (PIN) una vez introducida la **Tarjeta**.

Para pagar bienes y servicios empleando la función de monedero electrónico, el **Titular** deberá introducir la **Tarjeta** en el dispositivo correspondiente y acreditar su personalidad si le fuese solicitado.

Cuando el **Titular** devuelva la **Tarjeta** a la **Entidad**, ésta le traspasará a la cuenta asociada el saldo disponible para uso general (no así el de uso telefónico, que no se reintegrará en ningún caso). Si el saldo a traspasar fuese ilegible por deterioro de la

Tarjeta habrá de aguardarse treinta días desde la devolución de la **Tarjeta**, período necesario para la recepción de las últimas disposiciones realizadas. **6045** (sigue)

Quinta. Custodia
El **Titular** adquiere el deber de custodia de la **Tarjeta**, que recibe en concepto de comodato, asumiendo la responsabilidad por el uso ilegítimo que pudiera hacerse de la misma hasta el momento en que comunique a la **Entidad** la incidencia ocurrida (pérdida, sustracción u otras anomalías).
No obstante, la responsabilidad del **Titular** por las operaciones fraudulentas realizada por terceros, anteriores a la notificación a la **Entidad**, se establece en 150 euros a menos que se haya actuado fraudulentamente, intencionadamente, negligentemente o no se hayan respetado las condiciones establecidas en el presente contrato para estos supuestos. En ese sentido, el **Titular** se obliga a custodiar razonablemente tanto la **Tarjeta** como el PIN.

NOTA:
Téngase presente el «**Código de Buena Conducta** del sector bancario europeo, relativo a los sistemas de pago mediante tarjeta», así como la «Recomendación de la Comisión Europea relativa a los sistemas de pago, y en particular, a las relaciones entre titulares y emisores de tarjetas» (Recomendación nº 88/590/CEE de 17 de noviembre de 1988) y la Recomendación 97/489/CE de la Comisión, de 30 de julio de 1997, relativa a las transacciones efectuadas mediante instrumentos electrónicos de pago, en particular las relaciones entre emisiones y titulares de tales instrumentos.
El régimen de responsabilidad establecido libera al titular de la tarjeta del pago por disposiciones fraudulentas a través de la misma superiores a 150 euros, salvo que medie negligencia grave o uso fraudulento.
Hay numerosas **resoluciones judiciales** en las que, atendiendo a las circunstancias particulares de cada caso se analiza, ante un uso fraudulento de la tarjeta, el grado de diligencia exigible a los titulares tanto a la hora de custodiar la tarjeta o el número secreto (PIN) como en relación con la celeridad con la que se debe notificar la pérdida o sustracción de la misma. Ver supuestos en que se ha considerado que la actuación del titular había sido poco diligente: AP Ciudad Real 20-5-93, EDJ 12581; AP Barcelona 4-11-97, EDJ 16106; AP Asturias 15-7-99, EDJ 53917; AP Pontevedra 16-2-00, EDJ 8679; AP Madrid 7-12-00, EDJ 4863. Por su parte, y en sentido AP Baleares 26-2-97, EDJ 3925; 25-6-99; AP Madrid 8-4-99, EDJ 11630; AP Barcelona 21-6-99, EDJ 36352; AP Sevilla 3-12-99, EDJ 56417.
Según la TS 16-12-09, EDJ 327236, las cláusulas que **eximen de total responsabilidad a la entidad bancaria** de manera indiscriminada y sin matización o modulación alguna en relación con el uso de las tarjetas de crédito en caso de pérdida, robo o sustracción son abusivas, porque contradicen la buena fe objetiva con desequilibrio en el sinalagma contractual en perjuicio del consumidor.
Ello obligaría a que el titular de la tarjeta, para poder usarla, tuviera que estar solo mientras **marca su número secreto**, o colocado a una distancia tal que impidiera su visualización, lo cual, a juicio de esta Sala, va más allá de la diligencia exigible con arreglo al CC art.1101 (AP Guadalajara 9-3-21, EDJ 556854).
Téngase en cuenta el art.40.2 del RDL 19/2018 sobre posibilidad de que el proveedor de servicios de pago pueda **bloquear el instrumento de pago** ante la sospecha de uso fraudulento del mismo.

Sexta. Comunicaciones. Conformidad del Titular
Cuando la modalidad sea de crédito (pago diferido o aplazado), y si se hubieran realizado operaciones con la **Tarjeta**, la **Entidad** las comunicará al **Titular** agrupadamente, en el mes natural siguiente, en forma de extractos.
En cualquier caso (y ya se trate de tarjetas de crédito como de débito) la **Entidad**, al menos una vez al año, remitirá, en el mes correspondiente a la fecha de alta de servicio (que figura en las condiciones particulares), el justificante del adeudo de la cuota anual.
En las comunicaciones a que se refieren los dos párrafos anteriores se notificarán al **Titular** las modificaciones del contrato que se hayan podido producir.

6045 (sigue)

Séptima. Modalidades de pago

Se establecen las tres siguientes modalidades de pago para que el **Titular**, de acuerdo con la entidad y según el tipo de **Tarjeta**, se acoja a la que más le convenga.

a) Débito: adeudo directo y automático en la cuenta asociada.

b) Crédito-Pago diferido: adeudo mensual por el total de las cantidades dispuestas.

c) Crédito-Pago fraccionado: adeudas mensuales cuyo importe será como mínimo la décima parte del saldo deudor de la **Tarjeta**.

Para la operatoria de esta última modalidad se establece:

c.1) Los cargos periódicos serán como mínimo por el importe indicado en el cuadro de características, salvo que el saldo dispuesto con la **Tarjeta** sea menor, en cuyo caso el adeudo lo será por esta última cantidad.

c.2) Si en cualquier momento el saldo dispuesto por mediación de la **Tarjeta** sobrepasa el límite concedido se producirá automáticamente un cargo por el exceso dispuesto.

Octava. Límites de utilización

La utilización de la **Tarjeta** se ajustará a lo indicado como límites en el presente contrato sin perjuicio de su modificación, con arreglo a lo pactado.

Novena. Comisiones

Se establecen las siguientes comisiones a abonar por el **Titular** de la **Tarjeta**, cuyo importe será el que figura en el folleto de tarifas y comisiones que se acompaña:

– Cuota anual, a cobrar por anticipado.

– Comisión por disposiciones en efectivo, tanto en España como en el extranjero y distinguiéndose si lo son por ventanilla o en cajeros automáticos.

Décima. Intereses por pago fraccionado

Por las cantidades que resulten aplazadas se percibirá un interés mensual calculado porcentualmente sobre el saldo dispuesto a fin de mes, al tipo indicado en el cuadro de características.

A efectos informativos y de conformidad con lo establecido en la Circular 5/2012, del Banco de España, se hace constar que la Tasa Anual Equivalente correspondiente al tipo de interés mensual se determinará conforme a la fórmula establecida en la Norma 13ª y Anejo 4 y 7 de dicha Circular.

NOTA:

El Anejo 4 de la Circ BE 5/2012, ha modificado por Circ BE 3/2022.

Undécima. Modificación del contrato

La **Entidad** se reserva el derecho a modificar el tipo de interés y las comisiones establecidas en este contrato si se alteraran sustancialmente las condiciones del mercado financiero y que motivaron su celebración en las condiciones pactadas. Tales modificaciones se comunicarán previamente con una antelación de quince días. Dicho plazo podrá ignorarse si las condiciones fueran objetivamente más beneficiosas para el **Titular**.

Las modificaciones en los límites de utilización en la modalidad de monedero electrónico (justificadas por razones de seguridad o para que resulte operativo el sistema), que son de carácter general, se comunicarán previamente al **Titular** con la antelación razonable antes indicada.

Las modificaciones a que se refieren los dos párrafos anteriores se pondrán en conocimiento del **Titular** mediante una comunicación específica y además en las comunicaciones a que aluden los párrafos 2º (comunicación mensual en las tarjetas a crédito si se han realizado operaciones) y 3º (en cualquier caso) de la cláusula novena.

Los límites de utilización de carácter individual podrán reducirse por parte de la entidad si concurre cualquiera de las circunstancias expresadas en la cláusula decimocuarta.

Todas las modificaciones a que se refiere esta cláusula lo son siempre sin perjuicio de la facultad de resolución inmediata reconocida al **Titular** (cláusula decimoquinta) para el supuesto de que no fuera de su conveniencia seguir vinculado contractualmente a la entidad con los nuevos términos contractuales. 6045 (sigue)

Duodécima. Operaciones en el extranjero

Para las operaciones realizadas en el extranjero se estará siempre a la legislación española en la materia. Las infracciones que el **Titular** pudiese cometer sobre disposiciones en efectivo serán de su exclusiva responsabilidad. Las cantidades dispuestas por el **Titular** en el extranjero por compras o disposiciones de efectivo serán convertidas a euros y cargadas en su cuenta (bien de la **Tarjeta** o bien de la cuenta asociada, según la modalidad, de crédito o de débito, que figura en este contrato) de acuerdo con la cotización que rija en la fecha en que la entidad ejecute su propio proceso de cargo, de conformidad con las normas de compensación establecidas por los sistemas o acuerdos internacionales para la aceptación de tarjetas; se hace notar que si el tipo de **Tarjeta** fuera el de VISA (se excluyen los pagos utilizando la función de monedero electrónico), existe un diferimiento de fechas entre la transacción y la llegada del apunte a la entidad debido a la elaboración de los correspondientes procesos informáticos propios de la organización VISA.
Los gastos de télex o similares, producidos por las autorizaciones sobre operaciones, serán por cuenta del **Titular**.

Decimotercera. Ingresos en cajeros automáticos de la Entidad

Tales operaciones serán posibles empleando la **Tarjeta**, pulsando el PIN e introduciendo el dinero en el sobre que, en ese momento, facilite el cajero automático; el sobre, una vez cerrado, deberá ser colocado en el dispositivo del cajero colocado a tal fin. La máquina emitirá un resguardo meramente provisional cuya validez quedará en todo caso condicionada al recuento definitivo.
El ingreso en la cuenta asociada se realizará el siguiente día hábil bancario y por la cantidad que verifique unilateralmente la **Entidad**, la cual será la única válida a todos los efectos; a tal fin, el **Titular** autoriza a la **Entidad** para efectuar dicho recuento. No obstante, si el **Titular** no acepta el método anteriormente descrito y desea estar presente en la apertura del sobre y recuento de su contenido, deberá personarse en la oficina en la que se encuentre el cajero en el momento en que abra sus puertas al público por la mañana del siguiente día hábil bancario al del depósito.

Decimocuarta. Bloqueo de la Tarjeta y cambio de Crédito a Débito

La **Entidad** podrá bloquear inmediatamente el uso de la **Tarjeta** (con comunicación previa al **Titular**) si concurre cualquier circunstancia de las que se expresan a continuación:
a) Irregularidades graves o reiteradas del **Titular** en el uso de la **Tarjeta**.
b) Incumplimiento de cualquiera de las obligaciones asumidas por el **Titular** en este contrato.
c) En caso de que el **Titular** falleciera, solicitase o fuera declarado en estado de insolvencia temporal o definitiva (suspensión de pagos, quiebra o concurso de acreedores) o incurriera en alguna causa que disminuya o modifique su capacidad civil.
d) Si se alterase notoriamente la solvencia del **Titular** por incumplimiento de obligaciones económicas u otras circunstancias que supongan la interrupción de su normal actividad o hagan peligrar su unidad patrimonial.
e) Si el **Titular** se viese en la obligación de reembolsar anticipadamente cualquier crédito obtenido de otras instituciones financieras, sufriera embargo de sus bienes o incurriera en protesto de efectos mercantiles.
f) Falseamiento o inexactitud de la información facilitada por cualquier **Titular** a la **Entidad**.
g) Si se apreciara una reiterada falta de saldo en la cuenta asociada para hacer frente a los pagos dimanantes de este contrato.
Además, en cualquiera de los casos anteriores, la **Entidad** podrá cambiar por sí sola, sin necesidad de que concurra el consentimiento del **Titula**, la modalidad de pago de la **Tarjeta**, transformándola en tarjeta de débito; ello supondrá el vencimiento anticipado de las cantidades pendientes que pudieran existir en la **Tarjeta** y su adeudo automático en la cuenta asociada.

6045 (sigue) A los efectos de esta cláusula se entiende por **Titular** tanto el titular de la **Tarjeta** como cualquiera de los titulares de la cuenta asociada.

NOTA:
Téngase en cuenta el art.40.2 del RDL 19/2018 sobre posibilidad de que el proveedor de servicios de pago pueda **bloquear el instrumento de pago** ante la sospecha de uso fraudulento del mismo.

Decimoquinta. Vigencia y resolución
El presente contrato tendrá una duración determinada, expirando, juntamente con la **Tarjeta**, el día que figura en las condiciones particulares («caduca final») manteniendo, empero, sus efectos para las operaciones ya realizadas y aún pendientes de asentar en la cuenta. Sin embargo, si posteriormente el **Titular** concertará con la **Entidad** un nuevo contrato de **Tarjeta**, aquellas operaciones ya realizadas y aún pendientes de asentar en la cuenta, de subsistir, se regirían íntegramente por las condiciones del nuevo contrato (desde la misma activación de la nueva tarjeta) en lugar de las que figuraban en el contrato preexistente.
No obstante, el término pactado la **Entidad** podrá resolver anticipadamente este contrato previa comunicación al **Titular** cursada por cualquier medio con una antelación mínima de quince días si concurriera cualquiera de las circunstancias expresadas en la cláusula anterior.
Si la resolución anticipada podrá producirse también a instancia del **Titular**, en cualquier momento (sin necesidad de preaviso y sin necesidad de alegar causa alguna), previa la devolución de la **Tarjeta** a la entidad y la firma del correspondiente impreso de cancelación.
La resolución anticipada supondrá el vencimiento anticipado de cualquier cantidad pendiente de asentar, mediante adeudo inmediato en la cuenta asociada, tan pronto como el apunte llegue a los registros de la **Entidad**.

Decimosexta. Remisión de propuesta contractual
Con una antelación de al menos un mes a la caducidad del contrato y de la **Tarjeta**, la **Entidad** queda autorizada expresamente por el **Titular** para poder remitir al domicilio de éste, sin otra solicitud adicional, una **Tarjeta** sin activar para que reemplace a la anterior. Junto con la **Tarjeta**, la **Entidad** remitirá una propuesta contractual actualizada para que sustituya al contrato hasta entonces en vigor así como el folleto de condiciones de valoración y comisiones aplicables.
Si, quedando quince días para que caduque la **Tarjeta**, el **Titular** no ha recibido la nueva **Tarjeta** junto a la propuesta contractual y el folleto, el **Titular** lo deberá manifestar con la mayor urgencia en cualquier oficina de la **Entidad** para que sea subsanada tal deficiencia.
Caso de ser de interés del **Titular** consentir el nuevo contrato podrá activar la **Tarjeta** y aceptar la propuesta en el plazo indicado en esta última. Para ello manifestará su consentimiento a través de los cajeros automáticos de la **Entidad**, introduciendo la nueva **Tarjeta** y pulsando el PIN, recibiendo a cambio, en el mismo acto, justificante de la operación; a tal fin las partes aceptan este método como medio idóneo para la celebración, modificación y resolución de este género de contratos.
Transcurrido el plazo indicado en la propuesta sin que se haya aceptado, ésta caducará totalmente y se tendrá por no emitida. Si el **Titular** no considerara conveniente este sistema de remisión de propuesta contractual y tarjeta lo deberá poner en conocimiento de la entidad, bien en este acto o bien en cualquier momento posterior. Si esta comunicación del **Titular** a la **Entidad** se verifica cuando ya se ha emitido una nueva propuesta contractual junto con la **Tarjeta** (aún no aceptadas por el **Titular**) se producirá automáticamente la anulación de ambas.
Y en prueba de ello y para cumplimiento de lo convenido, ambas partes contratantes firman el presente documento por duplicado.

EL TITULAR **LA ENTIDAD**

H. Contrato de viaje combinado

NOTA PRELIMINAR: 6050

– Ténganse presente los art.150 a 158 del RDLeg 1/2007, por el que se aprueba el Texto Refundido de la Ley General para la Defensa de Consumidores y Usuarios y otras leyes complementarias. En dichos preceptos se regulan los **derechos de los consumidores** al contratar este tipo de viajes y el contenido mínimo exigible en los contratos que se concluyan al efecto.

– El Modelo presupone unas circunstancias determinadas. Si en el caso concreto existen circunstancias particulares no previstas, deberá completarse o modificarse el modelo adaptándolo a las mismas.

1. DATOS IDENTIFICATIVOS

Agencia de viajes organizadora:

«denominación de la agencia»

Domicilio: *«domicilio de la agencia»*

NIF: *«NIF de la agencia»*

Título-licencia: *«número de licencia de la agencia»*

Teléfono: *«número de teléfono de la agencia»*

Fax: *«número de fax de la agencia»*

Contratante principal:

«Don/Doña nombre y apellidos del Contratante»

Domicilio: *«domicilio del Contratante»*

N.I.F.: *«NIF del Contratante»*

Título-licencia: *«número de licencia del Contratante»*

Teléfono: *«número de teléfono del Contratante»*

Fax: *«número de fax del Contratante»*

2. DESCRIPCIÓN DEL VIAJE

Título del viaje o destino:

- **Si el itinerario no responde al indicado en el programa:**

«detallar el itinerario».

- **Según el itinerario que indica el programa:**

Según itinerario que indica el programa previamente recibido por el Cliente.

Fecha de salida: *«fecha de salida»*. **Lugar:** *«lugar de salida convenido»*. **Hora:** *«hora de salida convenida»*.

Fecha de regreso: *«fecha de regreso»*. **Lugar:** *«lugar de regreso convenido»*. **Hora:** *«hora de regreso convenida»*.

Medios de transporte y características del mismo:

- **Si el medio de transporte no responde al indicado en el programa:**

«especificar el medio de transporte y describir sus características».

- **Según indica el programa:**

Según se indica en el programa previamente recibido por el Cliente.

Alojamiento, situación, características:

- **Si el alojamiento no responde al indicado en el programa:**

«especificar alojamiento, situación y características».

- **Según se indica en el programa:**

Según se indica en el programa previamente recibido por el Cliente.

Régimen alimenticio:

- **Si el régimen alimenticio no responde al indicado en el programa:**

«especificar el régimen alimenticio».

Incluye bebidas:

Se incluyen bebidas.

No incluye bebidas:

No se incluyen bebidas.

- **Según se indica en el programa:**

Según se indica en el programa previamente recibido por el Cliente.

6050 (sigue) **Visitas y excursiones incluidas en el precio del viaje:**
• **Si las visitas y excursiones no responden a lo indicado en el programa:** *«especificar las visitas y excursiones».*
• **Según se indica el programa:**
Según se indica en el programa previamente recibido por el Cliente.
Número mínimo de personas exigido para la realización del viaje: *«número mínimo de personas».*

3. SEGURO DE ASISTENCIA
• **Incluido en el precio:**
Incluido en el precio.
• **No incluido en el precio:**
No incluido en el precio.
Suscripción voluntaria del seguro de asistencia:
Suscrito voluntariamente por el Cliente.
El cliente no suscribe el seguro de asistencia:
El Cliente manifiesta que no desea suscribir el seguro.

4. SEGURO DE GASTOS DE ANULACIÓN POR FUERZA MAYOR
• **Incluido en el precio:**
Incluido en el precio.
• **No incluido en el precio:**
No incluido en el precio.
Suscripción voluntaria del seguro de anulación:
Suscrito voluntariamente por el Cliente.
El cliente no suscribe el seguro de anulación:
El Cliente manifiesta que no desea suscribir el seguro.

5. PRECIO Y FORMA DE PAGO
Según factura y condiciones de financiación que adjunto se acompaña al presente contrato.
La Agencia informa al Cliente que puede verse obligado a satisfacer otros gastos adicionales relacionados con los servicios incluidos en el viaje, una vez en destino, tales como tasas de aeropuerto, visados de entrada, propinas, etc., cuyo importe exacto la Agencia desconoce.

6. CONDICIONES PARTICULARES

Primera.
El presente contrato se suscribe al amparo de lo dispuesto en el Real Decreto Legislativo 1/2007, de 16 de noviembre, Texto Refundido de la Ley General para la Defensa de los Consumidores y Usuarios.

Segunda.
El Cliente reconoce haber recibido de la Agencia, previamente a la firma del contrato, el programa del viaje, del cual ha sido informado, aceptando las características y condiciones que rigen el mismo.

Tercera.
El número mínimo de personas exigido para la realización de este viaje es de *«número mínimo de personas».* La Agencia se reserva el derecho a cancelar el contrato si no se cubriere el mínimo de plazas exigido, para lo cual informará al contratante principal con una antelación mínima de diez días a la fecha prevista de iniciación del viaje.

Cuarta.
El Cliente vendrá obligado a comunicar por escrito a la Agencia organizadora todo incumplimiento que observe en la ejecución del contrato, debiendo dejar constancia de tal incumplimiento a los prestadores de los servicios que conforman el viaje, tales como hoteles, restaurantes, empresas de transporte, etc.

Quinta. 6050 (sigue)
El Cliente podrá formular sus reclamaciones según lo establecido en la cláusula anterior, en un plazo máximo de dos años a contar desde el día en que finalice el viaje.

Sexta.
Los precios establecidos en el presente contrato podrán ser revisados hasta veinte días inmediatamente antes de la fecha de salida del viaje, tanto al alza como a la baja, a fin de incorporar las variaciones del precio de los transportes, incluido el coste del carburante, tasas e impuestos relativos a determinados servicios, o bien por la fluctuación del tipo de cambio de la moneda aplicado al viaje organizado.

Séptima.
El usuario final podrá desistir del viaje concertado, teniendo derecho a la devolución de las cantidades que hubiese abonado, pero deberá indemnizar a la Agencia en las cuantías que a continuación se indican, salvo que tal desistimiento tenga lugar por causa de fuerza mayor.
Abonará:
- Los gastos de gestión de la reserva, siendo éstos de *«gasto de gestión de reserva, en letra»* euros (*«gasto de gestión de reserva, en número»* €).
- *Los gastos de cancelación de la reserva, siendo éstos de «gastos de cancelación, en letra» euros («gastos de cancelación, en número» €).*

Gastos de anulación: - *Según los servicios contratados son: «gastos de anulación, en letra» euros («gastos de anulación, en número» €)- Al no poder calcular el importe de los mismos previamente a la suscripción del contrato, la Agencia de viajes se reserva el derecho de repercutir al Cliente los que se produzcan y sean justificados por la propia organizadora o empresas proveedoras de la misma.*
Penalización por incumplimiento: consistente en el 5% del importe total del viaje, si el desistimiento se produce con más de diez y menos de quince días de antelación a la fecha del comienzo del viaje; el 15% entre los días tres y diez; y el 25% dentro de las cuarenta y ocho horas anteriores a la salida.
De no presentarse a la salida, el consumidor estará obligado al pago del importe total del viaje, abonando, en su caso, las cantidades pendientes de pago.

Octava.
A la firma del presente contrato, se ha producido la reserva del viaje.

Novena.
Las anteriores condiciones particulares son complementarias de las que figuran en el programa del viaje. En lo no previsto en las mismas, será de aplicación lo dispuesto en el Real Decreto Legislativo 1/2007, de 16 de noviembre, y en la Reglamentación de Agencias de Viajes de la Comunidad Autónoma.

7. CLÁUSULA DE REDUCCIÓN DE PRECIO E INDEMNIZACIÓN POR DAÑOS Y PERJUICIOS (RDLeg 1/2017 art.162)
El viajero tendrá derecho a una reducción del precio adecuada por cualquier periodo durante el cual haya habido falta de conformidad, a menos que el organizador o el minorista demuestren que la falta de conformidad es imputable al viajero.
Sin perjuicio de la aplicación de lo dispuesto en el artículo 162 del Real Decreto Legislativo 1/2007, en la medida en que los convenios internacionales que vinculan a la Unión Europea limiten el alcance o las condiciones del pago de indemnizaciones por parte de prestadores de servicios de viaje incluidos en un viaje combinado, las mismas limitaciones se aplicarán a los organizadores y minoristas. En los demás casos, la indemnización que debe pagar el organizador o el minorista al viajero, en su caso, quedará limitada a la cantidad de *«cuantía de la indemnización»* €, excepto en lo que se refiere a los daños corporales o perjuicios causados de forma intencionada o por negligencia.

6050 (sigue) **NOTA:**
Téngase en cuenta que la limitación no podrá ser inferior al triple del precio total del viaje.

En *«localidad»*, a *«fecha»*.

LA AGENCIA ORGANIZADORA EL CLIENTE

Escritos

6100

A. Información sobre desistimiento

Derecho de desistimiento: 6105

Tiene usted derecho a desistir del presente contrato en un plazo de catorce/treinta (*) días naturales sin necesidad de justificación.

El plazo de desistimiento expirará a los catorce/treinta (*) días naturales del día (1).

Para ejercer el derecho de desistimiento, deberá usted notificarnos (2) su decisión de desistir del contrato a través de una declaración inequívoca (por ejemplo, una carta enviada por correo postal o correo electrónico). Podrá utilizar el modelo de formulario de desistimiento que figura a continuación, aunque su uso no es obligatorio (3).

Para cumplir el plazo de desistimiento, basta con que la comunicación relativa al ejercicio por su parte de este derecho sea enviada antes de que venza el plazo correspondiente.

Consecuencias del desistimiento:

En caso de desistimiento por su parte, le devolveremos todos los pagos recibidos de usted, incluidos los gastos de entrega (con la excepción de los gastos adicionales resultantes de la elección por su parte de una modalidad de entrega diferente a la modalidad menos costosa de entrega ordinaria que ofrezcamos) sin ninguna demora indebida y, en todo caso, a más tardar 14 días naturales a partir de la fecha en la que se nos informe de su decisión de desistir del presente contrato. Procederemos a efectuar dicho reembolso utilizando el mismo medio de pago empleado por usted para la transacción inicial, a no ser que haya usted dispuesto expresamente lo contrario; en todo caso, no incurrirá en ningún gasto como consecuencia del reembolso (4).

(5)

(6)

Instrucciones para su cumplimentación:

(1) Insértese una de las expresiones que aparecen entre comillas a continuación:

a) en caso de un contrato de servicios o de un contrato para el suministro de agua, gas o electricidad –cuando no estén envasados para la venta en un volumen delimitado o en cantidades determinadas–, de calefacción mediante sistemas urbanos o de contenido digital que no se preste en un soporte material: «de la celebración del contrato»;

b) en caso de un contrato de venta: «que usted o un tercero por usted indicado, distinto del transportista, adquirió la posesión material de los bienes»;

c) en caso de un contrato de entrega de múltiples bienes encargados por el consumidor y usuario en el mismo pedido y entregados por separado: «que usted o un tercero por usted indicado, distinto del transportista, adquirió la posesión material del último de esos bienes»;

d) en caso de entrega de un bien compuesto por múltiples componentes o piezas: «que usted o un tercero por usted indicado, distinto del transportista, adquirió la posesión material del último componente o pieza»;

6105 (sigue) e) en caso de un contrato para la entrega periódica de bienes durante un plazo determinado: «que usted o un tercero por usted indicado, distinto del transportista, adquirió la posesión material del primero de esos bienes».

(2) Insértese su nombre, su dirección completa, su número de teléfono y su dirección de correo electrónico.

(3) Si usted ofrece al consumidor y usuario en su sitio web la opción de cumplimentar y enviar electrónicamente información relativa a su desistimiento del contrato, insértese el texto siguiente: «Tiene usted asimismo la opción de cumplimentar y enviar electrónicamente el modelo de formulario de desistimiento o cualquier otra declaración inequívoca a través de nuestro sitio web [insértese la dirección electrónica]. Si recurre a esa opción, le comunicaremos sin demora en un soporte duradero (por ejemplo, por correo electrónico) la recepción de dicho desistimiento».

(4) En caso de un contrato de venta en el que usted no se haya ofrecido a recoger los bienes en caso de desistimiento, insértese la siguiente información: «Podremos retener el reembolso hasta haber recibido los bienes, o hasta que usted haya presentado una prueba de la devolución de los mismos, según qué condición se cumpla primero».

(5) Si el consumidor y usuario ha recibido bienes objeto del contrato insértese el texto siguiente:

(a) insértese:

- «Recogeremos los bienes», o bien
- «Deberá usted devolvernos o entregarnos directamente los bienes o a... (insértese el nombre y el domicilio, si procede, de la persona autorizada por usted a recibir los bienes), sin ninguna demora indebida y, en cualquier caso, a más tardar en el plazo de 14 días naturales a partir de la fecha en que nos comunique su decisión de desistimiento del contrato. Se considerará cumplido el plazo si efectúa la devolución de los bienes antes de que haya concluido dicho plazo»;

(b) insértese:

- «Nos haremos cargo de los costes de devolución de los bienes»;
- «Deberá usted asumir el coste directo de devolución de los bienes»;
- En caso de que, en un contrato a distancia, usted no se ofrezca a hacerse cargo de los costes de devolución de los bienes y estos últimos, por su naturaleza, no puedan devolverse normalmente por correo: «Deberá usted asumir el coste directo de devolución de los bienes,... euros (insértese el importe)»; o, si no se puede realizar por adelantado un cálculo razonable del coste de devolución de los bienes: «Deberá usted asumir el coste directo de devolución de los bienes. Se calcula que dicho coste se eleva a aproximadamente... euros (insértese el importe) como máximo», o bien
- En caso de que, en un contrato celebrado fuera del establecimiento, los bienes, por su naturaleza, no puedan devolverse normalmente por correo y se hayan entregado ya en el domicilio del consumidor y usuario en el momento de celebrarse el contrato: «Recogeremos a nuestro cargo los bienes»;

(c) «Solo será usted responsable de la disminución de valor de los bienes resultante de una manipulación distinta a la necesaria para establecer la naturaleza, las características y el funcionamiento de los bienes».

(6) En caso de un contrato para la prestación de servicios o para el suministro de agua, gas o electricidad –cuando no estén envasados para la venta en un volumen delimitado o en cantidades determinadas–, o calefacción mediante sistemas urbanos, insértese lo siguiente: «Si usted ha solicitado que la prestación de servicios o el suministro de agua/gas/electricidad/calefacción mediante sistemas urbanos (suprímase lo que no proceda) dé comienzo durante el período de desistimiento, nos abonará un importe proporcional a la parte ya prestada del servicio en el momento en que nos haya comunicado su desistimiento, en relación con el objeto total del contrato».

B. Modelo de desistimiento

(sólo debe cumplimentar y enviar el presente formulario si desea desistir del contrato) 6110

- A la atención de (aquí se deberá insertar el nombre del empresario, su dirección completa y su dirección de correo electrónico):
- Por la presente le comunico/comunicamos (*) que desisto de mi/desistimos de nuestro (*) contrato de venta del siguiente bien/prestación del siguiente servicio (*)
- Pedido el/recibido el (*)
- Nombre del consumidor y usuario o de los consumidores y usuarios
- Domicilio del consumidor y usuario o de los consumidores y usuarios
- Firma del consumidor y usuario o de los consumidores y usuarios (solo si el presente formulario se presenta en papel)
- Fecha

(*) Táchese lo que no proceda.

C. Información para contratos de viaje combinado con hiperenlaces

6115 La combinación de servicios de viaje que se le ofrece es un viaje combinado en el sentido del texto refundido de la **Ley General para la Defensa de los Consumidores y Usuarios** y otras leyes complementarias, aprobado por Real Decreto Legislativo 1/2007, de 16 de noviembre.

Por lo tanto, usted gozará de todos los derechos que se aplican en el marco de la UE a los viajes combinados. La(s) empresa(s) XY será(n) plenamente responsable(s) de la correcta ejecución del viaje combinado en su conjunto.

Además, como exige la legislación, la(s) empresa(s) XY está(n) cubierta(s) por una garantía para reembolsarle los pagos realizados y, si el transporte está incluido en el viaje, asegurar su repatriación en caso de que incurra(n) en insolvencia.

Más información sobre sus principales derechos con arreglo al texto refundido de la **Ley General para la Defensa de los Consumidores y Usuarios** y otras leyes complementarias, aprobado por Real Decreto Legislativo 1/2007, de 16 de noviembre (que se proporcionará mediante un hiperenlace).

Siguiendo el hiperenlace, el viajero recibirá la siguiente información:

Principales derechos en virtud del texto refundido de la **Ley General para la Defensa de los Consumidores y Usuarios** y otras leyes complementarias, aprobado por Real Decreto Legislativo 1/2007, de 16 de noviembre:

- Los viajeros recibirán toda la información esencial sobre el viaje combinado antes de celebrar el contrato.
- Siempre habrá como mínimo un empresario responsable de la correcta ejecución de todos los servicios de viaje incluidos en el contrato.
- Se proporcionará a los viajeros un número de teléfono de emergencia o los datos de un punto de contacto donde puedan contactar con el organizador o el minorista.
- Los viajeros podrán ceder el viaje combinado a otra persona, con un preaviso razonable y, en su caso, con sujeción al pago de gastos adicionales.
- El precio del viaje combinado solo se podrá aumentar si se producen gastos específicos (por ejemplo, en los precios de combustible) y está expresamente estipulado en el contrato, y en ningún caso en los últimos veinte días anteriores al inicio del viaje combinado. Si el aumento de precio excede del ocho por ciento del precio del viaje combinado, el viajero podrá poner fin al contrato. Si el organizador se reserva el derecho de aumentar el precio, el viajero tendrá derecho a una reducción del precio si disminuyen los gastos correspondientes.
- Los viajeros podrán poner fin al contrato sin pagar ninguna penalización y obtener el reembolso completo de todos los pagos realizados si se modifica significativamente alguno de los elementos esenciales del viaje combinado que no sea el precio. Si el empresario responsable del viaje combinado lo cancela antes de su inicio, los viajeros tendrán derecho al reembolso de los pagos realizados y, cuando proceda, a una compensación.
- En circunstancias excepcionales, por ejemplo en caso de que en el lugar de destino existan graves problemas de seguridad que puedan afectar al viaje combinado, los viajeros podrán poner fin al contrato antes del inicio del viaje combinado sin pagar ninguna penalización.
- Además, los viajeros podrán poner fin al contrato en cualquier momento antes del inicio del viaje combinado mediante el pago de una penalización por terminación, que sea adecuada y justificable.
- Si, después del inicio del viaje combinado, no pueden prestarse elementos significativos de este, deberán ofrecerse al viajero fórmulas alternativas adecuadas, sin coste adicional. Los viajeros podrán poner fin al contrato sin pagar ninguna penalización en caso de no ejecución de los servicios cuando ello afecte sustancialmente a la ejecución del viaje combinado y el organizador o, en su caso, el minorista no consigan solucionar el problema.

- Los viajeros también tendrán derecho a una reducción del precio y/o a una indemnización por daños y perjuicios en caso de no ejecución o ejecución incorrecta de los servicios de viaje. 6115 (sigue)
- El organizador y el minorista deberán proporcionar asistencia al viajero en caso de que este se encuentre en dificultades.
- Si el organizador o el minorista incurren en insolvencia se procederá al reembolso de los pagos. En caso de que el organizador o, en su caso, el minorista incurran en insolvencia después del inicio del viaje combinado y este incluya el transporte, se garantizará la repatriación de los viajeros. XY ha suscrito una garantía de protección frente a la insolvencia con YZ [la entidad garante en caso de insolvencia –por ejemplo, un fondo de garantía o una compañía de seguros–]. Si se deniegan servicios debido a la insolvencia de XY, los viajeros podrán ponerse en contacto con dicha entidad o, en su caso, con la autoridad competente (datos de contacto, entre otros, nombre, dirección completa, correo electrónico y número de teléfono).

Texto refundido de la **Ley General para la Defensa de los Consumidores y Usuarios** y otras leyes complementarias, aprobado por Real Decreto Legislativo 1/2007, de 16 de noviembre (hiperenlace).

B. Formulario de información normalizada para contratos de viaje combinado en supuestos distintos de los contemplados en la parte A

La combinación de servicios de viaje que se le ofrece es un viaje combinado en el sentido del texto refundido de la **Ley General para la Defensa de los Consumidores y Usuarios** y otras leyes complementarias, aprobado por Real Decreto Legislativo 1/2007, de 16 de noviembre.

Por lo tanto, usted gozará de todos los derechos que se aplican en el marco de la Unión Europea a los viajes combinados. La(s) empresa(s) XY será(n) plenamente responsable(s) de la correcta ejecución del viaje combinado en su conjunto.

Además, como exige la legislación, la(s) empresa(s) XY está(n) cubierta(s) por una garantía para reembolsarle los pagos realizados y, si el transporte está incluido en el viaje, asegurar su repatriación en caso de que incurra(n) en insolvencia.

Principales derechos en virtud del texto refundido de la **Ley General para la Defensa de los Consumidores y Usuarios** y otras leyes complementarias, aprobado por Real Decreto Legislativo 1/2007, de 16 de noviembre:

- Los viajeros recibirán toda la información esencial sobre el viaje combinado antes de celebrar el contrato de viaje combinado.
- Siempre habrá como mínimo un empresario responsable de la correcta ejecución de todos los servicios de viaje incluidos en el contrato.
- Se proporcionará a los viajeros un número de teléfono de emergencia o los datos de un punto de contacto donde puedan contactar con el organizador y, en su caso, con el minorista.
- Los viajeros podrán ceder el viaje combinado a otra persona, con un preaviso razonable y, en su caso, con sujeción al pago de gastos adicionales.
- El precio del viaje combinado solo se podrá aumentar si se producen gastos específicos (por ejemplo, en los precios de combustible) y está expresamente estipulado en el contrato, y en ningún caso en los últimos veinte días anteriores al inicio del viaje combinado. Si el aumento de precio excede del ocho por ciento del precio del viaje combinado, el viajero podrá poner fin al contrato. Si el organizador se reserva el derecho de aumentar el precio, el viajero tendrá derecho a una reducción del precio si disminuyen los gastos correspondientes.
- Los viajeros podrán poner fin al contrato sin pagar ninguna penalización y obtener el reembolso completo de todos los pagos realizados si se modifica significativamente alguno de los elementos esenciales del viaje combinado que no sea el precio. Si el empresario responsable del viaje combinado lo cancela antes de su inicio, los viajeros tendrán derecho al reembolso de los pagos realizados y, cuando proceda, a una compensación.
- En circunstancias excepcionales, por ejemplo en caso de que en el lugar de destino existan graves problemas de seguridad que puedan afectar al viaje combinado,

6115 (sigue) los viajeros podrán poner fin al contrato antes del inicio del viaje combinado, sin pagar ninguna penalización.

- Además, los viajeros podrán poner fin al contrato en cualquier momento antes del inicio del viaje combinado mediante el pago de una penalización por terminación que sea adecuada y justificable.
- Si, después del inicio del viaje combinado, no pueden prestarse elementos significativos del mismo, deberán ofrecerse al viajero fórmulas alternativas adecuadas, sin coste adicional. Los viajeros podrán poner fin al contrato sin pagar ninguna penalización en caso de no ejecución de los servicios cuando ello afecte sustancialmente a la ejecución del viaje combinado y el organizador y, en su caso, el minorista no consigan solucionar el problema.
- Los viajeros también tendrán derecho a una reducción del precio y/o a una indemnización por daños y perjuicios en caso de no ejecución o ejecución incorrecta de los servicios de viaje.
- El organizador y el minorista deberán proporcionar asistencia al viajero en caso de que este se encuentre en dificultades.
- Si el organizador o el minorista incurren en insolvencia se procederá al reembolso de los pagos. En caso de que el organizador o, en su caso, el minorista incurran en insolvencia después del inicio del viaje combinado y este incluya el transporte, se garantizará la repatriación de los viajeros. XY ha suscrito una garantía de protección frente a la insolvencia con YZ [la entidad garante en caso de insolvencia -por ejemplo, un fondo de garantía o una compañía de seguros-]. Si se deniegan servicios debido a la insolvencia de XY, los viajeros podrán ponerse en contacto con dicha entidad o, en su caso, con la autoridad competente (datos de contacto, entre otros, nombre, dirección completa, correo electrónico y número de teléfono).

Texto refundido de la **Ley General para la Defensa de los Consumidores y Usuarios** y otras leyes complementarias, aprobado por Real Decreto Legislativo 1/2007, de 16 de noviembre (EDL 2007/205571) (hiperenlace).

C. Formulario de información normalizada en caso de transmisión de datos por parte de un organizador a otro empresario de conformidad con el artículo 151.1.b).2.º v)

Si usted celebra un contrato con la empresa AB antes de que se cumplan veinticuatro horas de la recepción de la confirmación de la reserva enviada por la empresa XY, el servicio de viaje ofrecido por XY y AB constituirá un viaje combinado en el sentido del texto refundido de la **Ley General para la Defensa de los Consumidores y Usuarios** y otras leyes complementarias, aprobado por Real Decreto Legislativo 1/2007, de 16 de noviembre.

Por lo tanto, usted gozará de todos los derechos que se aplican en el marco de la UE a los viajes combinados. La empresa XY será plenamente responsable de la correcta ejecución del viaje combinado en su conjunto.

Además, como exige la legislación, la empresa XY está cubierta por una garantía para reembolsarle los pagos realizados y, si el transporte está incluido en el viaje, asegurar su repatriación en caso de que incurra en insolvencia.

Más información sobre derechos principales con arreglo al texto refundido de la **Ley General para la Defensa de los Consumidores y Usuarios** y otras leyes complementarias, aprobado por Real Decreto Legislativo 1/2007, de 16 de noviembre (que se proporcionará mediante un hiperenlace).

Siguiendo el hiperenlace el viajero recibirá la siguiente información:

Principales derechos en virtud del texto refundido de la **Ley General para la Defensa de los Consumidores y Usuarios** y otras leyes complementarias, aprobado por Real Decreto Legislativo 1/2007, de 16 de noviembre:

- Los viajeros recibirán toda la información esencial sobre los servicios de viaje antes de celebrar el contrato de viaje combinado.
- Siempre habrá como mínimo un empresario responsable de la correcta ejecución de todos los servicios de viaje incluidos en el contrato.
- Se proporcionará a los viajeros un número de teléfono de emergencia o los datos de un punto de contacto donde puedan contactar con el organizador y, en su caso, con el minorista.

- Los viajeros podrán ceder el viaje combinado a otra persona, con un preaviso razonable y, en su caso, con sujeción al pago de gastos adicionales. **6115** (sigue)
- El precio del viaje combinado solo se podrá aumentar si se producen gastos específicos (por ejemplo, en los precios de combustible) y está expresamente estipulado en el contrato, y en ningún caso en los últimos veinte días anteriores al inicio del viaje combinado. Si el aumento de precio excede del ocho por ciento del precio del viaje combinado, el viajero podrá poner fin al contrato. Si el organizador se reserva el derecho de aumentar el precio, el viajero tendrá derecho a una reducción del precio si disminuyen los gastos correspondientes.
- Los viajeros podrán poner fin al contrato sin pagar ninguna penalización y obtener el reembolso completo de todos los pagos realizados si se modifica significativamente alguno de los elementos esenciales del viaje combinado que no sea el precio. Si el empresario responsable del viaje combinado lo cancela antes de su inicio, los viajeros tendrán derecho al reembolso de los pagos realizados y, cuando proceda, a una compensación.
- En circunstancias excepcionales, por ejemplo en caso de que en el lugar de destino existan graves problemas de seguridad que puedan afectar al viaje combinado, los viajeros podrán poner fin al contrato antes del inicio del viaje combinado sin pagar ninguna penalización.
- Además, los viajeros podrán poner fin al contrato en cualquier momento antes del inicio del viaje combinado mediante el pago de una penalización por terminación que sea adecuada y justificable.
- Si, después del inicio del viaje combinado, no pueden prestarse elementos significativos del mismo, deberán ofrecerse al viajero fórmulas alternativas adecuadas, sin coste adicional. Los viajeros podrán poner fin al contrato sin pagar ninguna penalización en caso de no ejecución de los servicios cuando ello afecte sustancialmente a la ejecución del viaje combinado y el organizador y, en su caso, el minorista no consigan solucionar el problema.
- Los viajeros también tendrán derecho a una reducción del precio y/o indemnización por daños y perjuicios en caso de no ejecución o ejecución incorrecta de los servicios de viaje.
- El organizador y el minorista deberán proporcionar asistencia al viajero en caso de que este se encuentre en dificultades.
- Si el organizador o el minorista incurren en insolvencia se procederá al reembolso de los pagos. En caso de que el organizador o, en su caso, el minorista incurran en insolvencia después del inicio del viaje combinado y este incluya el transporte, se garantizará la repatriación de los viajeros. XY ha suscrito una garantía de protección frente a la insolvencia con YZ [la entidad garante en caso de insolvencia –por ejemplo, un fondo de garantía o una compañía de seguros–]. Si se deniegan servicios debido a la insolvencia de XY, los viajeros podrán ponerse en contacto con dicha entidad o, en su caso, con la autoridad competente (datos de contacto, entre otros, nombre, dirección completa, correo electrónico y número de teléfono).

Texto refundido de la **Ley General para la Defensa de los Consumidores y Usuarios** y otras leyes complementarias, aprobado por Real Decreto Legislativo 1/2007, de 16 de noviembre (hiperenlace).

D. Reclamación de transporte aéreo

6120 **NOTA PRELIMINAR:**

1) Véase la sentencia TJUE 7-9-17, asunto C-559/16, sobre el cálculo de la compensación por gran retraso o cancelación de vuelos con conexiones.

2) Este formulario responde a un **supuesto práctico real** cuyas circunstancias y argumentación jurídica, obviamente, pueden no guardar relación con las que concurren en el supuesto para el que va a utilizarse. Se ha optado por mantenerlas, para enriquecer el valor ejemplificador del formulario, sin perjuicio de que el usuario las elimine o modifique al personalizar el modelo para su utilización profesional.

3) La LEC art.250 y 399 ha sido modificada por el RDL 6/2023 art.103. La reforma entra en vigor el 20-3-2024.

AL JUZGADO DE PRIMERA INSTANCIA DE *«LOCALIDAD»* AL QUE POR TURNO DE REPARTO CORRESPONDA

«D/Dª nombre y apellidos del procurador», Procurador/a de los Tribunales (Col. número *«núm. de colegiado»*), y de *«D/Dª nombre y apellidos»*, con DNI/NIF *«núm. de DNI/NIF»*, y domicilio en *«vía pública, núm., población, código postal»*, representación que acredito mediante *– escritura de poder que adjunto y señalo como documento número «núm.«– poder otorgado apud acta– poder que se otorgará apud acta en el momento procesal oportuno o en cuanto seamos requeridos para ello*, ante este Juzgado comparezco con la asistencia del Letrado *«D/Dª nombre y apellidos del letrado»* (Col. número *«núm. de colegiado»*) y, como mejor en Derecho proceda, **DIGO**:

Que por medio del presente escrito, y en nombre de mi representado, interpongo **DEMANDA DE JUICIO VERBAL** frente a la mercantil *«denominación social de la aerolínea»*, con NIF *«núm. de NIF»*, y domicilio social en *«vía pública, núm., población, código postal»*, en reclamación de daños y perjuicios por la cantidad de *«importe en letra»* euros (*«importe en cifra»* €), demanda que formulo sobre la base de los siguientes

HECHOS

«PRIMERO»

Mi representado, *«D/Dª nombre y apellidos»*, con fecha *«día, mes y año»* adquirió en *– el portal de internet «denominación»– la web de la aerolínea demandada– «describir otro modo de adquisición del billete P.e., mostrador de la propia compañía en el aeropuerto, agencia de viaje, etc.»* un billete de avión para volar desde el aeropuerto de *«localidad origen»* a las *«hora»* horas, hasta el aeropuerto de *«localidad destino»* el día *«día, mes y año»*, a las *«hora»* horas.

El viaje que emprendía el actor se debía a razones *– familiares– profesionales– vacacionales– «describir otras razones»*.

Se aporta como documento número *«núm.»* copia de los billetes de avión emitidos por *«describir»*.

«SEGUNDO»

Como hemos indicado, el citado billete fue adquirido a través *«describir modo de adquisición»* por un importe de *«importe»* euros, que fue abonado con la tarjeta de crédito del demandante número *«núm.»*.

Se aporta como documento número *«núm.»* justificante de pago efectuado mediante *«describir»*.

«TERCERO»

- **En caso de retraso en el vuelo:**

Lo cierto es que presentados al embarque en el aeropuerto de *«localidad origen»* a las *«hora»* horas, el avión no salió a la hora *«hora»*, sino a la hora *«hora»*, por lo que tuvo un retraso de salida de *«núm»* horas.

- **En caso de cancelación del vuelo:**

Lo cierto es que presentados al embarque en el aeropuerto de *«localidad origen»* a las *«hora»* horas, el avión no salió a la hora *«hora»*, sino que fue objeto de cancela-

ción por *«describir motivos argumentados por la aerolínea»*, según información de la compañía aérea *«denominación social de la aerolínea»*. **6120** (sigue)
Inmediatamente se interpuso reclamación en *«lugar de interposición de la reclamación»*.
Se aporta como documento número *«núm» «justificante de la reclamación»*.
Puesto que la compañía aérea no proporcionó un transporte inmediato y comparable hasta el destino final, ni en una fecha posterior, solicito mediante la presente demanda:
1) El reembolso del billete no utilizado, por un importe de *«importe en letra»* euros (*«importe en cifra»* €).
2) En concepto de indemnización de daños y perjuicios por cancelación y sufridos a raíz del incumplimiento del contrato de transporte, un importe de *«importe en letra»* euros (*«importe en cifra»* €).
3) La compañía aérea no proporcionó la consiguiente asistencia *«asistencia a la que estaba obligada la aerolínea, pero no proporcionada»*, ocasionando unos gastos adicionales a mi representado consistentes en *«desglose de gastos adicionales P.e. alojamiento, días laborales, etc.»*.
Se aportan como número *«núm» ««justificantes de los gastos adicionales»*.
4) Adicionalmente, los intereses devengados desde, por un importe de *«importe en letra»* euros (*«importe en cifra»* €).
«CUARTO»
Que esta parte ha intentado llegar a un acuerdo con la compañía aérea *«denominación social de la aerolínea»* mediante *«describir»*, sin que hasta el momento se hayan satisfecho las pretensiones de mi representado, por lo que se ve obligado a presentar la presente demanda.
A los hechos expuestos, resultan de aplicación los siguientes

FUNDAMENTOS DE DERECHO

JURÍDICO-PROCESALES

- I- Jurisdicción

Potestad Jurisdiccional: La potestad jurisdiccional se ejerce por los Juzgados y Tribunales determinados por las leyes, según las normas de competencia y procedimiento que las misma establezcan (art.117.3 CE).
Tribunales de orden civil: El art.9.2 LOPJ dispone: «Los Juzgados y Tribunales del orden civil conocerán, además de las materias que les son propias, de todas aquellas que no estén atribuidas a otro orden jurisdiccional» y el art.85.1 dispone que «los Juzgados de Primera Instancia conocerán en el orden civil en primera instancia, de los juicios que no vengan atribuidos por esta Ley a otros Juzgados o Tribunales».
Conforme determina el art.36 LEC, la extensión y límites de la jurisdicción de los Tribunales civiles españoles se determinará por lo dispuesto en la LOPJ y en los tratados y convenios internacionales en los que España sea parte.
Para que los tribunales civiles tengan competencia en cada caso se requiere que el conocimiento del pleito les esté atribuido por normas con rango de Ley y anteriores a la incoación de las actuaciones de que se trate (art.44 LEC).

-II- Competencia territorial y funcional

Atendiendo al caso concreto, es competente territorialmente el Juzgado al que tengo el honor de dirigirme, ya que la Sala de lo Civil del Tribunal Supremo tiene declarado que en estos supuestos si la reclamación de los perjuicios o compensaciones derivados de transporte aéreo de pasajeros es ejercitada por los propios consumidores/pasajeros, es doctrina recogida en Autos del Tribunal Supremo, Sala 1ª, de 14.2.2018, EDJ 2018/7510, y los que en el mismo se citan, que el fuero territorial viene determinado por las reglas imperativas del art.52.2 LEC, en cuya virtud:

6120 (sigue) a.- será fuero preferente, a elección del demandante, el lugar del domicilio del pasajero, que desplaza a los fueros de los art.50 y 51 LEC;
b.- será fuero electivo por el pasajero, por la remisión al art.51 LEC para demanda dirigida contra persona jurídica:
b.1.- el domicilio de la demandada;
b.2.- el lugar donde la situación o relación jurídica haya nacido [admitiéndose la vía telemática desde el domicilio de los pasajeros] o deba surtir efectos, siempre que y de modo acumulado a lo anterior, en dicho lugar tenga la demandada un establecimiento abierto al público o representante autorizado (Autos de la Sala 1ª del Tribunal Supremo de 12 de julio de 2017 -conflicto 104/2017-, y 14 de febrero de 2018 -conflicto 203/2017-);
b.3.- el lugar de origen o de destino contractualmente fijados [STJUE de 9 de julio de 2009 (C-204/2008), del que se hace el Auto del Tribunal Supremo, Sala 1ª, 12 de julio de 2017 (conflicto nº 104/2017)].
Resulta de ello que en el caso se acredita que el demandante tiene su domicilio en «*población*», como se recoge en el encabezamiento de este escrito de demanda. Y además dado que la compra de los billetes se realizó telemáticamente desde su domicilio en «*vía pública, núm., población, código postal*», donde además la demandada tiene una oficina, por lo que la competencia territorial es en este caso indiscutible.
En cuanto a la competencia funcional, le corresponde a los Juzgados de Primera Instancia, por aplicación la norma de reparto competencial establecida en el art.86 bis.1 LOPJ redacc LO 7/2022, siendo además aplicable al supuesto la normativa del transporte aéreo internacional, en concreto, el Convenio para la unificación de ciertas reglas para el transporte aéreo internacional, hecho en Montreal el 28 de mayo de 1999 y ratificado por España, publicado en BOE núm. 122, de 20 de mayo de 2004, que en su artículo 1, en relación el ámbito de aplicación, establece que «1. El presente Convenio se aplica a todo transporte internacional de personas, equipaje o carga efectuado en aeronaves, a cambio de una remuneración.
El art.15 de la Ley 48/1960, de 21 de julio, sobre Navegación Aérea: «A los efectos del presente capítulo se entenderá por daño en el transporte de viajeros el que sufran estos a bordo de la aeronave y por acción de la misma, o como consecuencia de las operaciones de embarque y desembarque». E igualmente Reglamento (CE) nº 889/2002 del Parlamento Europeo y del Consejo, de 13 de mayo de 2002, por el que se modifica el Reglamento (CE) nº 2027/97 del Consejo sobre la responsabilidad de las compañías aéreas en caso de accidente, publicado en BOE núm 140, de 30 de mayo de 2002 que modifica el Reglamento (CE) núm 2027/97 y da nueva redacción al art.3.1 establece que «La responsabilidad de una compañía aérea comunitaria en relación con el transporte de pasajeros y su equipaje se regirá por todas las disposiciones del Convenio de Montreal relativas a dicha responsabilidad».

-III- Capacidad y legitimación de las partes

Capacidad: Mi mandante es mayor de edad, y no precisa medidas de apoyo para el ejercicio de su capacidad jurídica, por lo que, conforme disponen los artículos 6 y 7 LEC, tiene capacidad, por sí, para ser parte en este proceso y para comparecer en juicio. Asimismo, la aerolínea demandada, tiene capacidad para ser parte en este proceso y para comparecer en juicio, conforme disponen los artículos indicados en la referida LEC.

- **En caso de retraso en el vuelo:**

Legitimación: mi representado está legitimado activamente, como parte afectada por el retraso en la salida del vuelo y titular del billete aéreo, de conformidad a lo establecido en el art.10 LEC; estando legitimada pasivamente en virtud de la misma disposición la mercantil demandada, por cuanto es la compañía operadora del vuelo contratado por mi mandante y la que debe responder del retraso del vuelo.

- **En caso de cancelación del vuelo:** 6120 (sigue)

Legitimación: mi representado está legitimado activamente, como parte afectada por la cancelación del vuelo y titular del billete aéreo, de conformidad a lo establecido en el art.10 LEC; estando legitimada pasivamente en virtud de la misma disposición la mercantil demandada, por cuanto es la compañía operadora del vuelo contratado por mi mandante y la que debe responder de la cancelación del vuelo.

-IV- Representación procesal y defensa técnica

La representación de mi mandante y la asistencia letrada en la presente demanda es la procedente conforme a los artículos 399 y siguientes LEC.
Procurador: El art.23 LEC establece que la comparecencia en juicio será por medio de procurador legalmente habilitado para actuar en el Tribunal que conozca del juicio.
Abogado: El art.31 LEC dispone así mismo que los litigantes serán dirigidos por abogado, sin que pueda proveerse ninguna solicitud que no lleva la firma de este profesional.

-V- Expresión de la cuantía de la demanda y clase de juicio

De conformidad con lo dispuesto en el art.251.1ª LEC, la cuantía de la presente demanda se fija en la cantidad de *«importe en letra»* euros, suma que se corresponde con la cantidad de dinero reclamada en concepto de principal.
En cuanto a la clase de juicio, el presente procedimiento deberá seguirse por las reglas del juicio verbal al disponerlo así el número 2 del art.250 LEC, conforme al cual se decidirán en juicio verbal las demandas cuya cuantía no exceda de 6.000 euros y no se refiere a ninguna de las materias previstas en el apartado 1 del artículo anterior.

-VI- Fondo del asunto

Consideramos de aplicación los siguientes artículos: 8, 9, 19, 59 y siguientes, 128, 132, 147 y 148 del Texto Refundido de la Ley General para la Defensa de los Consumidores y Usuarios.

- **En caso de retraso en el vuelo:**

Consideramos de aplicación el Reglamento (CE) nº 261/2004 del Parlamento Europeo y del Consejo, de 11 de febrero de 2004, por el que se establecen normas comunes sobre compensación y asistencia a los pasajeros aéreos en caso de denegación de embarque y de cancelación o gran retraso de los vuelos, y se deroga el Reglamento (CEE) nº 295/91, y, en particular sus artículos 1, 6, 7, 8, 9, 12, 14 y 15 en relación con los artículos 1101 CC y 576 LEC.
Pueden verse las sentencias TJUE de 11-5-17, asunto C-302/16, y la TJUE 7-9-17, asunto C-559/16.

- **En caso de cancelación del vuelo:**

Consideramos de aplicación el Reglamento (CE) nº 261/2004 del Parlamento Europeo y del Consejo, de 11 de febrero de 2004, por el que se establecen normas comunes sobre compensación y asistencia a los pasajeros aéreos en caso de denegación de embarque y de cancelación o gran retraso de los vuelos, y se deroga el Reglamento (CEE) nº 295/91, y, en particular sus artículos 1, 3, 5, 7, 8, 9, 12 y 14 a 17 en relación con los artículos 1089, 1091 y 1101 CC, y 576 LEC.
Pueden verse las sentencias TJUE de 31-1-13, asunto C-12/11, la TJUE de 11-5-17, asunto C-302/16, y la TJUE 7-9-17, asunto C-559/16.

- **En su caso:**

Consideramos de aplicación el Reglamento (CE) nº 2027/97 del Consejo, de 9 de octubre de 1997, sobre la responsabilidad de las compañías aéreas en caso de accidente, respecto al transporte aéreo de los pasajeros y su equipaje.

6120 (sigue)

-VII-

Principio *iura novit curia* y demás principios, jurisprudencia y legislación aplicables de general uso.

-VIII- Costas

De conformidad con lo dispuesto en el art.394 LEC, las costas de la primera instancia habrán de imponerse a la parte que haya visto rechazadas todas sus pretensiones, en virtud del principio objetivo de vencimiento.
Por lo expuesto,
SUPLICO AL JUZGADO: Que, teniendo por presentado este escrito, junto con sus copias y documentos adjuntos, se sirva admitirlos teniéndome por personado y parte en la representación acreditada de *«D/Dª nombre y apellidos»* y, por formulada **DEMANDA DE JUICIO VERBAL** en reclamación de cantidad contra *«denominación social de la aerolínea»* y, previos los trámites legales, incluido el recibimiento del pleito a prueba que desde este momento dejo interesado, se dicte la correspondiente sentencia por la que estimando la demanda condene a la demandada a abonar al demandante la cantidad de *«importe en letra»* euros (*«importe en cifra»* €), más los intereses devengados desde la interposición de la demanda hasta su definitivo pago, y todo ello con expresa imposición de las costas procesales a la parte demandada.
OTROSÍ PRIMERO DIGO: Que al derecho de esta parte interesa el recibimiento a prueba del presente pleito, por lo que procede y
SUPLICO AL JUZGADO, tenga por hecha la manifestación que antecede, y en el momento procesal oportuno acuerde el recibimiento del presente pleito a prueba.
OTROSÍ SEGUNDO DIGO: Que al amparo del art.231 LEC y, manifestando esta parte expresamente la voluntad de cumplir los requisitos exigidos por la Ley, cuide el Juzgado de que puedan ser subsanados los defectos procesales en que pudiera haber incurrido esta parte.
SUPLICO AL JUZGADO, tenga por efectuada la anterior manifestación a los efectos legales procedentes.
Es Justicia que pido en *«localidad»*, a *«día, mes y año»*.

Firma del Letrado y número de colegiado	Firma del Procurador
Fdo. D/Dª nombre y apellidos del letrado	Fdo. *«D/Dª nombre y apellidos del procurador»*

E. Responsabilidad civil por producto defectuoso

AL JUZGADO DE PRIMERA INSTANCIA DE «LOCALIDAD» 6125

«Nombre y apellidos del procurador», procurador/a de los Tribunales colegiado nº «núm. de colegiado», y de «nombre y apellidos de la representada», mayor de edad, con DNI número «núm. DNI» y domicilio en «localidad», cuya representación acredito con copia de poder que presento como documento número «número», actuando bajo la dirección técnica del letrado «nombre y apellido del letrado» colegiado nº «núm. de colegiado», ante el Juzgado comparezco y como más procedente sea en Derecho,

DIGO:

Por medio del presente formulo demanda de juicio ordinario de reclamación de cantidad por responsabilidad civil, contra «denominación social», con domicilio social en «localidad, calle, número», sobre la base de los siguientes,

HECHOS

PRIMERO.
La demandada «denominación social», es fabricante del producto «marca», tal y como consta en el etiquetado y embalaje del producto en cuestión.

SEGUNDO.
Mi representado/a «nombre y apellidos de la representada», adquirió mediante contrato de compraventa una unidad del producto descrito, fabricado por el demandado, en fecha «fecha» en el establecimiento comercial «establecimiento» sito en la «calle, número, localidad».

TERCERO.
Como consecuencia de la utilización del indicado producto, se produjo «descripción».

CUARTO.
Aunque, en apariencia, para un profano, el producto nocivo no presentaba anomalía alguna; lo cierto es que el mismo fue empleado con toda la diligencia y de acuerdo con las instrucciones recibidas del fabricante y con lo que es ordinario en los bienes pertenecientes a su misma especie. De ello se deriva, de acuerdo con la lógica más elemental, que debía adolecer de algún defecto, que provocó en último término el acontecimiento dañoso del que fue víctima mi representado/a.

QUINTO.
A resultas de las circunstancias expuestas en el ordinal cuarto de esta narración de hechos, el demandante ha padecido los siguientes daños y perjuicios «descripción», valorados en la cantidad de «importe» euros.

SEXTO.
Se fija la cuantía de la presente demanda, calculada de acuerdo con las normas contenidas en la regla primera del artículo 251 de la Ley de Enjuiciamiento Civil, en la cantidad de «cuantía de la demanda» euros.

FUNDAMENTOS DE DERECHO

JURÍDICO-PROCESALES

I. CAPACIDAD PROCESAL Y REPRESENTACIÓN

Mi mandante es mayor de edad, en pleno disfrute de sus derechos civiles por lo que, conforme disponen los artículos 6.1.1º y 7.1 de la Ley de Enjuiciamiento Civil, tiene capacidad, por sí, para ser parte en este proceso y para comparecer en juicio.

6125 (sigue) Asimismo la demandada, tiene capacidad para ser parte en este proceso y para comparecer en juicio, conforme disponen los artículos indicados de la referida Ley.

II. POSTULACIÓN Y DEFENSA

El actor se encuentra representado por procurador habilitado para actuar en la demarcación de este Partido Judicial, representación que ha quedado acreditada con poder general para pleitos acompañado como documento nº 1 de la **demanda**, siendo redactada y firmada la misma por abogado ejerciente colegiado identificado en el encabezamiento de la presente, todo ello conforme disponen los artículos 23 y 31 de la Ley de Enjuiciamiento Civil.

III. LEGITIMACIÓN

Corresponde la legitimación activa a mi representado/a, «nombre y apellidos de la demandante» demandante, Mi mandante esta legitimado activamente por ser quién ha sufrido en su persona el daño expresado en los fundamentos fácticos tercero. Ostenta la legitimación pasiva los demandados por ser los causantes del daño.

IV. JURISDICCIÓN

Conforme dispone el artículo 9.2 de la Ley Orgánica del Poder Judicial, los Tribunales y Juzgados del orden civil conocerán, además de las materias que le son propias, de todas aquellas que no le estén atribuidas a otro orden jurisdiccional.

V. COMPETENCIA OBJETIVA

Corresponde a los Juzgados de Primera Instancia el conocimiento, en primera instancia, de todos los asuntos civiles que por disposición legal expresa no se hallen atribuidos a otros Tribunales, según disponen los artículos 85.1 de la Ley Orgánica del Poder Judicial y 45 de la Ley de Enjuiciamiento Civil.

VI. COMPETENCIA TERRITORIAL

Es competente el Juzgado al que nos dirigimos de conformidad con lo dispuesto en el artículo 51.1 de la Ley de Enjuiciamiento Civil, por ser el del lugar donde la mercantil demandada tienen su domicilio social.

VII. PROCEDIMIENTO

Versando la presente **demanda** sobre reclamación de responsabilidad civil por daños causados por productos defectuosos, seguirá los trámites del juicio ordinario, al ser éste el procedimiento previsto para los procesos de cualquier cuantía, siempre que ésta exceda de «indicar» euros, conforme establece el apartado 2º del artículo 249 de la Ley de Enjuiciamiento Civil.

JURÍDICO-MATERIALES

VIII

El artículo 128 del Real Decreto Legislativo 1/2007, de 16 de noviembre, por el que se aprueba el texto refundido de la Ley General para la Defensa de los Consumidores y Usuarios y otras leyes complementarias, establece que todo perjudicado tiene derecho a ser indemnizado en los términos establecidos en este Libro por los daños o perjuicios causados por los bienes o servicios.

El artículo 135 del Real Decreto Legislativo 1/2007, establece que los productores serán responsables de los daños causados por los defectos de los productos que, respectivamente, fabriquen o importen

Es evidente que la demandada es la fabricante del producto «nombre» pues así consta en el envase del mismo; pues así lo dispone el citado Real Decreto Legislativo 1/2007, en su artículo 5º, cuando señala que es fabricante quien se presente como

tal al indicar en el bien, ya sea en el envase, el envoltorio o cualquier otro elemento de protección o presentación, o servicio su nombre, marca u otro signo distintivo. **6125** (sigue)
Siendo ello así, para que la acción de responsabilidad frente al demandado prospere basta, de conformidad con el artículo 139 del Real Decreto Legislativo 1/2007, con «probar el defecto, el daño y la relación de causalidad entre ambos».
Del ordinal segundo de los hechos de este escrito de **demanda** se deduce con toda claridad el carácter defectuoso del producto nocivo; pues es evidente que el mismo no ofrecía la seguridad que cabría legítimamente esperar «teniendo en cuenta todas sus circunstancias y, especialmente, su presentación, el uso razonablemente previsible del mismo y el momento de su puesta en circulación» (artículo 137 del Real Decreto Legislativo 1/2007). Téngase en cuenta a este respecto que el producto en todo momento fue utilizado de acuerdo con la naturaleza del mismo y en sintonía con las instrucciones editadas por el fabricante demandado.
Los daños relacionados en el hecho quinto de los incluidos en el presente escrito fueron todos ocasionados por el uso del producto «nombre» fabricado por el demandado. Así lo acreditan las siguientes circunstancias, documentos y certificados médicos, etc. «especificar».

IX. FUNDAMENTO JURISPRUDENCIAL

Conforme a reiterada doctrina jurisprudencial que recoge, entre otras, la «sentencia», los requisitos que tipifican la responsabilidad extracontractual, y que se dan en la conducta de los demandados, son: «nombres y apellidos».

X. PLAZO DE EJERCICIO

Esta acción de responsabilidad civil derivada de mala praxis, se ejercita dentro del plazo de tres años que establece el 143 del Real Decreto Legislativo 1/2007.

XI. COSTAS

Las costas han de imponerse a la demandada en virtud del principio objetivo de vencimiento, de conformidad con lo dispuesto por el artículo 394 de Ley de Enjuiciamiento Civil.
Por lo expuesto,
SUPLICO AL JUZGADO: Tenga por presentado este escrito con los documentos acompañados y copias simples, lo admita, teniéndome por personado y parte en la representación acreditada de «nombre y apellidos» y, por formulada la **demanda de juicio ordinario** de reclamación de cantidad por responsabilidad civil contra «denominación social», acordando que se sustancie por los trámites del juicio ordinario, dictándose en su día sentencia por la que se declare la responsabilidad civil del demandado, de acuerdo con lo establecido en el Real Decreto Legislativo 1/2007, de 16 de noviembre, por el que se aprueba el texto refundido de la Ley General para la Defensa de los Consumidores y Usuarios, y se le condene a indemnizar al demandante los siguientes daños y perjuicios «descripción de los daños y perjuicios».
Todo ello con expresa imposición de costas a la parte demandada.

Es justicia que pido en «localidad», a «día, mes, año».

Firma del abogado y nº de colegiado.

Firma del procurador

F. Demanda sobre cláusulas condiciones generales

6130 **AL JUZGADO DE LO MERCANTIL DE...**

Don..., Procurador de los Tribunales, con D.N.I número... y nº... de colegiación, en nombre y representación de Don..., mayor de edad, con DNI número... y domicilio en calle..., número..., según acredito mediante escritura de poder que acompaño a la presente como documento nº 1, bajo la dirección técnica del Abogado Don..., colegiado n.º..., y con D.N.I..., ante el Juzgado comparezco y como mejor proceda en derecho, **DIGO**:

Que por medio del presente escrito formulo **DEMANDA DE JUICIO ORDINARIO SOBRE CONDICIONES GENERALES DE LA CONTRATACIÓN** contra la entidad mercantil..., S.A, con domicilio social en..., calle..., número...

La **demanda** se basa en los siguientes:

HECHOS

PRIMERO.- Mi mandante, Don... celebró contrato con la mercantil... S.A. en fecha... **sobre**... cuya copia se adjunta como Documento núm. 2 de la presente **demanda**.

SEGUNDO.- Dicho contrato contiene entre sus **cláusulas generales** algunas que claramente son nulas, concretamente, la número... y la número..., otras de difícil comprensión, la número... y la número..., y finalmente la número... con reenvío a documentos que no están referenciados en el propio contrato.

Para su más fácil lectura, a continuación, transcribimos las referidas **cláusulas**...

TERCERO.- Independientemente de lo anterior, debemos también destacar que el contrato utiliza un lenguaje complicado que lo hace ininteligible en muchos de sus apartados, pudiéndose afirmar sin reparo alguno que todo el supone un desequilibrio patente de los derechos y obligaciones de las partes.

CUARTO.- Se ha intentado llegar a un acuerdo amistoso con la empresa... S.A. a fin de que excluya del contrato dichas **cláusulas**, y como quiera que dicho intento ha sido infructuoso, nos vemos en la obligación de interponer **ACCIÓN DE CESACIÓN** de la Ley 7/1998 de 13 de abril, **sobre Condiciones Generales de Contratación**.

QUINTO.- Se fija la cuantía de la presente **demanda**, calculada de acuerdo con las normas contenidas en los artículos 251 y siguientes de la Ley de Enjuiciamiento Civil, en la cantidad de... euros.

A los anteriores hechos son de aplicación los siguientes:

FUNDAMENTOS DE DERECHO

I

CAPACIDAD PROCESAL Y REPRESENTACIÓN: Ambas partes tienen capacidad para ser parte en este proceso y para comparecer en juicio, conforme disponen los artículos 6.1.1º y 3º y 7.4 de la Ley de Enjuiciamiento Civil, si bien, al tratarse de personas jurídicas deberán comparecer quienes legalmente las representen.

II

POSTULACIÓN Y DEFENSA: El actor se encuentra representado por procurador habilitado para actuar en la demarcación de este Partido Judicial, representación que ha quedado acreditada con poder general para pleitos acompañado como documento nº 1 de la demanda, siendo redactada y firmada la misma por abogado ejerciente colegiado identificado en el encabezamiento de la presente, todo ello conforme disponen los artículos 23 y 31 de la Ley de Enjuiciamiento Civil.

III

LEGITIMACIÓN: Corresponde la legitimación activa a mi representado, de conformidad a lo establecido en los artículos 11 de la Ley de Enjuiciamiento Civil y 12 y 19.3 de la Ley 7/1998, de 13 de abril, sobre Condiciones Generales de la Contratación.

Ostenta legitimación pasiva la parte demandada, en base a la utilización de las condiciones señaladas en los hechos de esta demanda, de conformidad con lo establecido en el artículo 17 de la Ley de Condiciones Generales de la Contratación, en virtud del cual, «la acción de cesación procederá contra cualquier profesional que utilice condiciones generales que se reputen nulas». 6130 (sigue)

IV

JURISDICCIÓN: Conforme dispone el artículo 9.2 de la Ley Orgánica del Poder Judicial, los Tribunales y Juzgados del orden civil conocerán, además de las materias que le son propias, de todas aquellas que no le estén atribuidas a otro orden jurisdiccional.

V

COMPETENCIA OBJETIVA: Corresponde a los Juzgados de lo Mercantil el conocimiento, en primera instancia, de todos los asuntos relativos a condiciones generales de la contratación, según dispone el artículo 86. ter. 2 de la Ley Orgánica del Poder Judicial.

VI

COMPETENCIA TERRITORIAL: Según dispone el punto 16º del apartado 1 del artículo 52.1.14º de la Ley de Enjuiciamiento Civil es competente el Juzgado al que nos dirigimos por ser el del lugar donde la demandada tiene establecimiento abierto.

VII

PROCEDIMIENTO: Versando la presente demanda sobre ejercicio de la acción de cesación en materia de condiciones generales de la contratación, conforme establece el artículo 249.1.5º debe decidirse la misma por los trámites del juicio ordinario.

VIII

FONDO: Son de aplicación los artículos 1, 2, 5, 8, 12 y la Disposición Adicional Primera de la Ley 7/1998, de 13 de abril, sobre Condiciones Generales de la Contratación, así como los artículos 80 y 81 del Real Decreto Legislativo 1/2007, de 16 de noviembre, por el que se aprueba el texto refundido de la Ley General para la Defensa de los Consumidores y Usuarios y otras leyes complementarias.
De conformidad con lo establecido en el artículo 12 de la Ley de Condiciones Generales de la Contratación, ejercitamos en la presente demanda la acción de cesación dirigida a obtener una sentencia que condene al demandado a eliminar de sus condiciones generales las que se reputen nulas y a abstenerse de utilizarlas en lo sucesivo.

IX

COSTAS: Es preceptiva la condena en costas de quienes, en su caso, actuasen con temeridad y mala fe, conforme a lo dispuesto en el artículo 394 y en el artículo 395 de la LEC.

Por lo expuesto,

SUPLICO AL JUZGADO que, teniendo por presentado este escrito de demanda con los documentos que se acompañan y copias de todo ello, se sirva admitirlo, y tenga por formulada **DEMANDA DE JUICIO ORDINARIO SOBRE CONDICIONES GENERALES DE LA CONTRATACIÓN**, y seguidos los trámites procesales, se dicte en su día por el Tribunal Sentencia en la que se condene a la sociedad demandada a excluir de sus **condiciones** generales del contrato de... las previstas en los ordinales n.º..., al reputarse nulas, absteniéndose de utilizarla en lo sucesivo, declarando válido y efi-

6130 [sigue] caz el resto del contenido del contrato, con imposición de costas a la sociedad demandada.

Es justicia que pido en... a...de...de...

Fdo. Abogado/a y Procurador/a

G. Demanda de nulidad de cláusulas abusivas y usurarias en contrato de tarjeta de crédito. Tarjeta «revolving» con cláusulas abusivas y usurarias

NOTA PRELIMINAR: 6135

1) Por RDL 1/2021 se incorpora el concepto de **consumidor vulnerable** respecto de relaciones comerciales concretas, ubicado en situación de subordinación.
2) Este formulario responde a un **supuesto práctico real**, cuyas circunstancias y argumentación jurídica, obviamente, pueden no guardar relación con las que concurren en el supuesto para el que va a utilizarse. Se ha optado por mantenerlas, para enriquecer el valor ejemplificador del formulario, sin perjuicio de que el usuario las elimine o modifique al personalizar el modelo para su utilización profesional.
3) La LEC art.249 y 399 ha sido modificada por el RDL 6/2023 art.103. La reforma entra en vigor el 20-3-2024.

Procedimiento ordinario número *«núm/año»*

AL JUZGADO DE PRIMERA INSTANCIA DE *«LOCALIDAD»*

«D/Dª nombre y apellidos del procurador/a», Procurador/a de los Tribunales (Col. número *«núm. colegiado/a»*), y de *«D/Dª nombre y apellidos del demandante»*, con DNI/NIF *«núm. DNI/NIF»*, y domicilio en *«vía pública, núm., población, código postal»*, representación que acredito mediante *- escritura de poder que adjunto y señalo como documento número «núm.»- poder otorgado apud acta- poder que se otorgará apud acta en el momento procesal oportuno*, bajo la dirección letrada de *«D/Dª nombre y apellidos»*, colegiado número *«núm. de colegiado»* del Ilustre Colegio de Abogados de *«localidad»*, con despacho abierto en *«vía pública, núm., población, código postal»*, ante el Juzgado comparezco y como mejor proceda en Derecho, **DIGO:**
Que por medio del presente escrito vengo a interponer demanda en **PROCEDIMIENTO ORDINARIO**, en ejercicio de **ACCIÓN DE NULIDAD DE TARJETA DE CRÉDITO**, frente a *«denominación social de la entidad bancaria demandada»*, con NIF *«núm. NIF»*, pudiendo ser emplazada en *«vía pública, núm., población, código postal»*, y ello con razón a los siguientes:

HECHOS

PRIMERO.-
Mi representado, *«D/Dª nombre y apellidos del demandante»*, habida cuenta que estaba interesado en la adquisición de una tarjeta de crédito contra su cuenta corriente número *«núm. cuenta bancaria»*, solicitó de la entidad bancaria demandada y a través de la oficina de la que era cliente, la emisión de dicha tarjeta número *«núm. tarjeta revolving»*. A tal fin, acudió a la citada oficina bancaria, sucursal de esta ciudad en calle *«vía pública, núm., población, código postal»*, de la que era cliente, y se entrevistó con los responsables de la misma, manifestándoles el deseo de obtener de dicha entidad una tarjeta de crédito con las características *«argumentar»*. La entidad bancaria le ofreció la tarjeta *«denominación comercial de la tarjeta revolving»*, según manifestaron por ser la más adecuada por *«argumentar»*, dado que a criterio de la entidad bancaria *«argumentar»*.
La entidad bancaria procedió a informarle muy sucintamente de las condiciones, confiando mi representado en la referida sucursal bancaria de la que llevaba siendo cliente desde hacía aproximadamente unos *«núm.»* años.

SEGUNDO.-
Lo cierto es que sin existir oferta vinculante por parte del banco demandado, sin notificarle las condiciones del contrato que se iba a suscribir, sin efectuar el previo cuestionario y sin informarle en absoluto del condicionado del contrato que el banco preparó, es lo cierto que mi patrocinado firmó en ese mismo acto el contrato ante *«D/Dª nombre y apellidos de bancario»*, en fecha *«día, mes y año»*, al objeto de formalizarlo, resultando posteriormente que sobre el citado contrato se tuvieron que

6135 (sigue) pagar por mi representado intereses por importe de *«importe en letra»* euros (*«importe en cifra»* €), con ocasión de la operación *«describir»*.

Mi mandante suscribió sin recibir ninguna explicación el contrato cuya copia acompaño bajo el número *«núm.»* de documentos, siendo de destacar los siguientes particulares:

«mención de los detalles del contrato de la tarjeta revolving»

Las citadas cláusulas establecen literalmente

«transcripción literal de la cláusulas abusivas y usurarias recogidas en el contrato de la tarjeta revolving»

Esto no obstante, mi representado no fue informado en modo alguno de lo que suponía la aceptación de las citadas cláusulas, *«argumentar»*.

El clausulado del contrato suscrito, no negociado individualmente como se ha reseñado, presenta un importante desequilibrio entre las obligaciones y derechos de las partes en contra de las exigencias de la buena fe.

Se adjunta como documento número *«núm.»* copia de *«fuente de información de los tipos de intereses medios del Banco de España, se puede encontrar fácilmente en internet el tipo del periodo que interese al caso concreto; y otros documentos de interés en la argumentación»*.

TERCERO.-

El reclamante tiene necesariamente la condición de **consumidor**, de conformidad con la definición establecida en el Real Decreto Legislativo 1/2007, de 16 de noviembre, por el que se aprueba el texto refundido de la Ley General para la Defensa de Consumidores y Usuarios y otras leyes complementarias (LGDCU).

Asimismo, resultaría de aplicación lo dispuesto en la Ley 7/1998, de 13 de abril, sobre condiciones generales de la contratación (LCGC), dado que, de conformidad con el texto de la citada Ley, podemos considerar las cláusulas litigiosas como **condiciones generales**, toda vez que vienen impuestas por una de las partes, la entidad bancaria demandada, estando incorporadas a una pluralidad de contratos, de conformidad con lo que más adelante se dirá y se ha recogido en la jurisprudencia reciente que alegaremos.

Igualmente, el art.8 LCGC declara nulas de pleno derecho las **condiciones generales abusivas** cuando el contrato se haya celebrado con un consumidor, como es el caso.

Pero es que además, las condiciones del contrato *«núm. de cláusulas abusivas y usurarias»* son **usurarias** siendo de aplicación lo dispuesto en la Ley General de Represión de la Usura, de 23 de julio de 1908.

Considerando el tipo de referencia en el contrato notablemente superior al interés del dinero y manifiestamente desproporcionado con las circunstancias del caso, la propia Ley General de Represión de la Usura permite determinar sus consecuencias, cual es la nulidad del contrato de préstamo que, una vez declarada, el prestatario estará obligado a entregar tan sólo la suma recibida; y si hubiera satisfecho parte de aquélla y los intereses vencidos, el prestamista devolverá al prestatario lo que, tomando en cuenta el total de lo percibido, exceda del capital prestado (artículos 1 y 3 de la Ley de Represión de la Usura). Dicha nulidad se considera por las sentencias del Tribunal Supremo de 14-7-2009 (Sala 1ª, sección 1ª), número 539/2009 (Rec 325/2005) y de 25-11-2015 (Sala 1ª, Pleno), número 628/2015 (Rec 2341/2013), como «radical, absoluta y originaria, que no admite convalidación confirmatoria, porque es fatalmente insubsanable, ni es susceptible de prescripción extintiva».

CUARTO.-

Esta parte ha intentado llegar a un acuerdo con la entidad bancaria, habiéndose dirigido en numerosas ocasiones a la misma, tal y como resulta de la documentación que se adjunta bajo los números *«núm.»*, sin haber recibido respuesta de la mencionada entidad bancaria, lo que nos obliga a instar la presente demanda, a la que resultan de aplicación los siguientes

FUNDAMENTOS DE DERECHO

6135 (sigue)

I. Jurisdicción y competencia

La jurisdicción y competencia territorial corresponden a este Juzgado al que tengo el honor de dirigirme, de conformidad con el art.45 –redacc LO 7/2022– y 52.1.14º de la Ley de Enjuiciamiento Civil (en adelante, LEC), ejercitándose una acción individual de nulidad de cláusulas de condiciones generales de la contratación y usurarias.
Conforme a art.85.1 y 86 bis.1 de la Ley Orgánica 6/1985 del Poder Judicial redacc LO 7/2022, son los Juzgados de Primera Instancia los competentes para conocer de las acciones previstas en la legislación sobre condiciones generales de la contratación (en especial, la Ley General de Condiciones de la Contratación, Ley 7/1998, de 13 de abril –en adelante, LCGC–) y en la legislación sobre defensa de los consumidores y usuarios.

II. Procedimiento y cuantía

De conformidad con lo dispuesto en los artículos 248.2.1º, 249.1.5º LEC, corresponde dar a la presente demanda la tramitación prevista para el juicio ordinario regulado en los artículos 399 y siguientes LEC.
La cuantía del presente procedimiento, de conformidad con lo dispuesto en el art.252 LEC, habrá que fijarla en *«importe en letra»* euros (*«importe en cifra»* €).
No obstante, el perjuicio total causado a la parte demandante, y por tanto la cantidad total abonada en exceso sólo se conocerá en una posible ejecución de sentencia estimatoria, puesto que se seguirán devengando cantidades durante la vigencia de la cláusula en cuestión, por lo que procede la aplicación del art.253.3 LEC, sin perjuicio de que puedan determinarse ya en este momento las bases para su cálculo, que se concretan en la suma de todas las cantidades abonadas de más a la entidad bancaria desde la fecha que se determine en Sentencia por aplicación del índice nulo por abusivo, incrementadas conforme al interés legal de dinero desde el momento de su percepción, en aplicación del art.1303 del Código Civil (CC), y la suma de todas las cantidades así calculadas hasta el momento de la sentencia determinará la cantidad reclamada final.

III. Legitimación

Esta parte está legitimada activamente para la interposición de la presente demanda en virtud de lo dispuesto en el art.6.1.1º LEC.
Corresponde la legitimación pasiva a la demandada por ser la contraparte y comercializadora de los productos cuyos contratos se firmaron, en aplicación del art.6.1.3º LEC.
Asimismo, tanto la legitimación activa de la parte actora y como la pasiva de la demandada vienen atribuidas por el art.10 LEC, en relación con los art.3 y 4 del Real Decreto Legislativo 1/2007, de 16 de noviembre, por el que se aprueba el Texto Refundido de la Ley General para la Defensa de los Consumidores y Usuarios y otras normas complementarias (LGDCU en lo sucesivo) y el art.9 de la Ley 7/1998, de 13 de abril, de Condiciones Generales de la Contratación (LGCG en adelante).
Por tanto, actor y demandada se encuentran legitimados activa y pasivamente para interponer y soportar el presente procedimiento, habida cuenta del vínculo contractual existente entre ellos y la naturaleza de la acción que se ejercita.

IV. Postulación y defensa

Conforme a los art.23 y 31 LEC se formula esta demanda a través de procurador de los tribunales y con dirección y firma de letrado habilitado ante el tribunal.

V. Fondo del asunto

VI.I. Es clara la condición de consumidor y usuario del actor y la de empresario de la demandada conforme a lo dispuesto en los artículos 3 y 4 LGDCU.

6135 (sigue) Resulta por ello de aplicación lo dispuesto en los art.1, 3, 10, 82 y demás concordantes LGDCU.
Asimismo, resulta de aplicación también lo dispuesto en la LCGC, especialmente su art.8.
En especial resulta de aplicación la Ley General de Represión de la Usura, de 23 de julio de 1908.
VI.II. Art.1261, siguientes y concordantes del Código Civil respecto a los requisitos esenciales que debe revestir el contrato para su validez, así como los art.1300, siguientes y concordantes de dicho texto legal.
VI.III. Muchas son las sentencias son las Sentencias que avalan nuestra posición.

NOTA:
El Tribunal Supremo considera que, a falta de un criterio legal sobre el margen superior aceptable para no incurrir en usura, el interés establecido en una tarjeta «revolving» es «notablemente superior» cuando la diferencia entre el tipo medio y el pactado está por encima de los 6 puntos porcentuales (TS 15-2-23, EDJ 513138).
Por todas, puede verse la sentencia AP Madrid, sec. 20ª, S 7-2-2019, núm 41/2019, Rec 710/2018, que manifiesta:
«SEGUNDO: Sobre la nulidad del contrato de tarjeta de crédito, que en definitiva encierra un contrato de crédito revolvente o *revolving*.
En este punto el recurso debe ser estimado.
Según el art.1 de la Ley de Represión de la Usura, será nulo todo contrato de préstamo en que se estipule un interés notablemente superior al normal del dinero y manifiestamente desproporcionado con las circunstancias del caso o en condiciones tales que resulte aquél leonino, habiendo motivos para estimar que ha sido aceptado por el prestatario a causa de su situación angustiosa, de su inexperiencia o de lo limitado de sus facultades mentales (...)
La doctrina contenida en la STS de 15 de noviembre de 2015 [por sentencia del TS (Civil Pleno), S 25-11-2015, núm 628/2015, Rec 2341/2013], es plenamente aplicable al supuesto de autos; y al respecto, señaló lo siguiente:
«(...) La flexibilidad de la regulación contenida en la Ley de Represión de la Usura ha permitido que la jurisprudencia haya ido adaptando su aplicación a las diversas circunstancias sociales y económicas. En el caso objeto del recurso, la citada normativa ha de ser aplicada a una operación crediticia que, por sus características, puede ser encuadrada en el ámbito del crédito al consumo».
Lo que la demandada sí viene a exigir para ello, era la concurrencia de los requisitos objetivos y los subjetivos que el citado precepto contempla, y lo que negaba sucediera en el supuesto de autos. Invocó a su favor en su escrito de contestación a la demanda las SSTS de 18 de junio de 2012 y de 2 de diciembre de 2014.
Pues bien, y por lo que se refiere a la exigencia de los requisitos subjetivos contemplados –aceptación de las condiciones usurarias de la operación crediticia por parte del prestatario a causa de su situación angustiosa, de su inexperiencia o de lo limitado de sus facultades mentales–, tal cuestión fue igualmente resuelta por la ya referida STS de 15 de noviembre de 2015 [por sentencia del TS (Civil Pleno), S 25-11-2015, núm 628/2015, Rec 2341/2013], y en un sentido negativo. Al respecto, expresó lo siguiente:
«En este marco, la Ley de Represión de la Usura se configura como un límite a la autonomía negocial del art.1255 del Código Civil aplicable a los préstamos, y, en general, a cualquier operación de crédito "sustancialmente equivalente" al préstamo. Así lo ha declarado esta Sala en anteriores sentencias, como las núm. 406/2012, de 18 de junio; 113/2013, de 22 de febrero; y 677/2014, de 2 de diciembre.
3.- A partir de los primeros años cuarenta, la jurisprudencia de esta Sala volvió a la línea jurisprudencial inmediatamente posterior a la promulgación de la Ley de Represión de la Usura, en el sentido de no exigir que, para que un préstamo pudiera considerarse usurario, concurrieran todos los requisitos objetivos y subjetivos previstos en el art.1 de la ley. Por tanto, y en lo que al caso objeto del recurso interesa, para que la operación crediticia pueda ser considerada usuraria, basta con que se den los requisitos previstos en el primer inciso del art.1 de la ley, esto es, "que se

estipule un interés notablemente superior al normal del dinero y manifiestamente desproporcionado con las circunstancias del caso", sin que sea exigible que, acumuladamente, se exija "que ha sido aceptado por el prestatario a causa de su situación angustiosa, de su inexperiencia o de lo limitado de sus facultades mentales". **6135** (sigue)

Cuando en las sentencias núm. 406/2012 junio, de 18 de junio, y 677/2014 de 2 de diciembre, exponíamos los criterios de "unidad" y "sistematización" que debían informar la aplicación de la Ley de Represión de la Usura, nos referíamos a que la ineficacia a que daba lugar el carácter usurario del préstamo tenía el mismo alcance y naturaleza en cualquiera de los supuestos en que el préstamo puede ser calificado de usurario, que se proyecta unitariamente sobre la validez misma del contrato celebrado. Pero no se retornaba a una jurisprudencia dejada atrás hace más de setenta años, que exigía, para que el préstamo pudiera ser considerado usurario, la concurrencia de todos los requisitos objetivos y subjetivos previstos en el párrafo primero del art.1 de la Ley».

Por tanto, la única cuestión a resolver en relación con la posible nulidad del contrato de tarjeta de crédito interesada, es la de si se cumplen en el caso de autos los requisitos objetivos previstos en el art.1 de la Ley de Represión de la Usura), que no son otros que el que se hubiere estipulado «un interés notablemente superior al normal del dinero y manifiestamente desproporcionado con las circunstancias del caso o en condiciones tales que resulte aquél leonino».

Tampoco existe discusión sobre cuál debe ser el interés de referencia a la hora de hacer la comparativa. Por un lado, es evidente que no se trata del interés nominal del dinero pagado, sino la TAE o Tasa Anual de Equivalencia; por otro, no es el legal, sino el habitual o normal del dinero en el momento de la suscripción del contrato. En este punto, la ya citada STS de 15 de noviembre de 2015 [por sentencia del TS (Civil Pleno), S 25-11-2015, núm 628/2015, Rec 2341/2013] fue clarificadora (...)

La siguiente cuestión a dilucidar, y sobre la que realmente existe la discrepancia entre las partes, es la referente a cómo debe calcularse o qué debe entenderse por el interés normal del dinero. Y en este punto vuelve a dar la solución de una manera clara la citada STS de 15 de noviembre de 2015 [por sentencia del TS (Civil Pleno), S 25-11-2015, núm 628/2015, Rec 2341/2013]. En este punto expresó lo siguiente:

«Para establecer lo que se considera "interés normal" puede acudirse a las estadísticas que publica el Banco de España, tomando como base la información que mensualmente tienen que facilitarle las entidades de crédito sobre los tipos de interés que aplican a diversas modalidades de operaciones activas y pasivas (créditos y préstamos personales hasta un año y hasta tres años, hipotecarios a más de tres años, cuentas corrientes, cuentas de ahorro, cesiones temporales, etc.). Esa obligación informativa de las entidades tiene su origen en el artículo 5.1 de los Estatutos del Sistema Europeo de Bancos Centrales y del Banco Central Europeo (BCE), que recoge la obligación de este último, asistido por los bancos centrales nacionales, de recopilar la información estadística necesaria través de los agentes económicos (...)».

(...) Esta Sala no puede compartir tales argumentaciones. Es evidente que no hay que llegar a tales inusitadas cifras para considerar a un préstamo o crédito como usurario. Y es que para realizar esa labor comparativa debe tomarse como referencia el interés medio ordinario establecido para las operaciones de crédito al consumo, puesto que en definitiva se trataba de una operación de dicho tipo, independientemente de que se articulara o se materializara mediante una tarjeta de crédito tipo *revolving*.

En ese sentido se pronunció la tantas veces citada STS de 15 de noviembre de 2015 [por sentencia del TS (Civil Pleno), S 25-11-2015, núm 628/2015, Rec 2341/2013], haciendo suya esta Sala todas sus argumentaciones y conclusiones al respecto, y más en concreto, y por lo que se refiere a este punto, las contenidas en el apartado 5 a continuación transcrito: (...)

«(...) 5.- Para que el préstamo pueda ser considerado usurario es necesario que, además de ser notablemente superior al normal del dinero, el interés estipulado sea "manifiestamente desproporcionado con las circunstancias del caso"».

6135 (...)

(sigue) TERCERO: Esta Sala ya tuvo ocasión de pronunciarse en términos similares en la Sentencia de 6 de marzo de 2018, que enjuiciaba la nulidad por usurario de un contrato de tarjeta de crédito o crédito *revolving*:

«La aplicación de dicha normativa de la Represión de la Usura, al supuesto aquí analizado es acertada y correcta, pues como señala el Tribunal Supremo, las previsiones que en dicha ley se establecen son de aplicación a operaciones de crédito sustancialmente equivalentes a los préstamos al consumo y la operación en que sustenta sus pretensiones la entidad demandante entra dentro de esas operaciones, tal como señalábamos en la sentencia de esta Sección de fecha 30 de diciembre de 2016 (recurso de apelación 725/2016) "(...) por cuanto la contratación de la tarjeta es una forma de instrumentalizar el contrato de préstamo, que le sirve de base y soporte para su entrega y el Tribunal Supremo al considera aplicable la Ley de Represión de la Usura, con base en lo establecido en el artículo 9 de dicha ley, lo hace al interpretar esta ley conforme a las diversas circunstancias sociales y económicas concurrentes y la aplica a toda operación crediticia, que por sus circunstancias, pueda ser encuadrada en el ámbito del crédito al consumo, calificación que encaja en el supuesto aquí analizado desde el momento en que el primer paso para formalizar la relación contractual es cumplimentar la solicitud y una vez recibida esta, previa verificación crediticia, el Banco abre una nueva línea de crédito, luego a la vista de las condiciones de contratación y circunstancias personales del usuario es claro que nos encontramos ante una operación de crédito al consumo, consideración general que no se pierde por el hecho de que exista una disposición sucesiva de crédito, ni por la posibilidad de optar por el pago aplazado o porque este se efectúe a través de entidades que no sean las tenedoras de las cuentas a cuyo cargo se pagan (sistema *revolving*").

La aplicación de dicha normativa y criterio jurisprudencial, a operaciones contractuales como la aquí contemplada, ha sido admitida en resoluciones anteriores de esta sección, citadas por ambas partes y es reiteradamente admitida por numerosas resoluciones de diferentes Audiencias provinciales, entre las que cabe citar, a título de ejemplo, las sentencias de esta Audiencia provincial de Madrid, de las Secc 12ª –sentencia de 3 de mayo de 2017, Rec 12/2017–; de la Sec. 11ª de fecha 10 de marzo de 2017 –Rec 443/2016– o auto de la Sec. 9ª de fecha 11 de mayo de 2017; así como sentencias de la Sec. 7ª de Audiencia Provincial de Asturias de fechas 30 de junio de 2017 o 21 de diciembre de 2017; de la Audiencia provincial de Cáceres (sec. 1ª) de 9 y 20 de noviembre de 2017 (...), o la de la Sec. 13ª de la Audiencia provincial de Barcelona de fecha 15 de septiembre de 2017.».

VI.IV. Recientemente, la posición de esta parte se ha visto refrendada por la sentencia del TS, Sala de lo Civil, Pleno, número 149/2020, de 4 de marzo, recurso (CAS) 4813/2019, que desestimó el recurso de casación interpuesto por una entidad financiera contra la sentencia que había declarado la nulidad de un contrato de crédito *revolving* mediante uso de tarjeta por considerar usurario el interés remuneratorio, fijado inicialmente en el 26,82% TAE y que se había situado en el 27,24% a la fecha de presentación de la demanda.

En el caso analizado considera el TS que resulta posible el control de la estipulación que fija el interés remuneratorio mediante los controles de transparencia, propio del control de las condiciones generales en contratos celebrados con consumidores. Por su parte, la demandante únicamente pidió la nulidad de la operación de crédito por su carácter usurario, es decir, fundándose en la Ley de Represión de la Usura de 1908.

El Tribunal Supremo considera en esta Sentencia que la referencia del «interés normal del dinero» que ha de utilizarse para determinar si el interés remuneratorio es usurario debe ser el interés medio aplicable a la categoría a la que corresponda la operación publicado por el Banco de España, así manifiesta:

«Para determinar la referencia que ha de utilizarse como "interés normal del dinero" para realizar la comparación con el interés cuestionado en el litigio y valorar si el mismo es usurario, debe utilizarse el tipo medio de interés, en el momento de celebración del contrato, correspondiente a la categoría a la que corresponda la operación crediticia cuestionada» (...) «Y a esta cuestión debe contestarse que el índice que debió ser tomado como referencia era el tipo medio aplicado a las operaciones de crédito mediante tarjetas de crédito y *revolving* publicado en las estadísticas oficiales del Banco de España, con las que más específicamente comparte características la operación de crédito objeto de la demanda.» **6135** (sigue)

«En consecuencia, la TAE del 26,82% del crédito *revolving* (que en el momento de interposición de la demanda se había incrementado hasta el 27,24%, ha de compararse con el tipo medio de interés de las operaciones de crédito mediante tarjetas de crédito y *revolving* de las estadísticas del Banco de España, que, según se fijó en la instancia, era algo superior al 20%, por ser el tipo medio de las operaciones con las que más específicamente comparte características la operación de crédito objeto de la demanda. No se ha alegado ni justificado que cuando se concertó el contrato el tipo de interés medio de esas operaciones fuera superior al tomado en cuenta en la instancia.»

También considera la sentencia que ha de tomarse en consideración las circunstancias concurrentes en este tipo de operaciones de crédito, como son el público al que suelen ir destinadas, particulares que no pueden acceder a otros créditos menos gravosos, y las propias peculiaridades del crédito *revolving*, en que el límite del crédito se va recomponiendo constantemente, los intereses y comisiones devengados se capitalizan para devengar el interés remuneratorio y las cuantías de las cuotas no suelen ser muy elevadas, en comparación con la deuda pendiente, pero alargan muy considerablemente el tiempo durante el que el prestatario sigue pagando las cuotas, hasta el punto de que puede convertirle en un deudor «cautivo».

A juicio del TS, no puede justificarse la fijación de un interés notablemente superior al normal del dinero por el riesgo derivado del alto nivel de impagos anudado a operaciones de crédito concedidas de modo ágil, porque la concesión irresponsable de préstamos al consumo a tipos de interés muy superiores a los normales, que facilita el sobreendeudamiento de los consumidores, no puede ser objeto de protección por el ordenamiento jurídico. Así manifiesta:

«Como dijimos en nuestra anterior sentencia 628/2015, de 25 de noviembre, no puede justificarse la fijación de un interés notablemente superior al normal del dinero por el riesgo derivado del alto nivel de impagos anudado a operaciones de crédito al consumo concedidas de un modo ágil (en ocasiones, añadimos ahora, mediante técnicas de comercialización agresivas) y sin comprobar adecuadamente la capacidad de pago del prestatario, pues la concesión irresponsable de préstamos al consumo a tipos de interés muy superiores a los normales, que facilita el sobreendeudamiento de los consumidores, no puede ser objeto de protección por el ordenamiento jurídico. Por tanto, la justificación de esa importante diferencia entre el tipo medio aplicado a las tarjetas de crédito y *revolving* no puede fundarse en esta circunstancia.»

VI. Costas

De conformidad al art.394 LEC, procediendo su imposición a la entidad bancaria demandada.

Por lo expuesto,

AL JUZGADO formulo la siguiente **PETICIÓN:**

Que tenga por presentado este escrito y documentos que acompaña, se sirva admitirlos, me tenga por parte en la representación que ostento de *«D/Dª nombre y apellidos del demandante»* y, teniendo por deducida demanda de juicio ordinario en ejercicio de acción de nulidad de contrato de tarjeta de crédito por usuario, así como de reclamación de cantidades indebidamente satisfechas, contra *«denominación social de la entidad bancaria demandada»*, se sirva, previos los trámites oportunos, dictar en su día sentencia por la que, estimando íntegramente la demanda, declare la nulidad del contrato de emisión de tarjeta de crédito firmado con *«D/Dª nombre y apellidos de bancario»*, en fecha *«día, mes y año»*, así como condene a *«denominación social de la entidad bancaria demandada»*:

6135 (sigue) i. A restituir de manera inmediata la cantidad de *«importe en letra»* euros (*«importe en cifra»* €);
ii. A restituir los intereses indebidamente percibidos desde el día *«día, mes y año»* hasta la fecha;
iii. A restituir así como aquellos otros intereses que, con la aplicación del referido contrato cuya nulidad se solicita sean declarados en la sentencia, y perciba a partir de la presentación de esta demanda y hasta que se dicte sentencia;
iv. y todo ello con expresa imposición de las costas procesales al demandado.
OTROSÍ DIGO: Que al amparo de lo dispuesto en el art.231 LEC, esta parte manifiesta su voluntad de corregir cualquier defecto de carácter procesal en que pudiera haber incurrido, a requerimiento del tribunal y del letrado de la Administración de Justicia.
SUPLICO AL JUZGADO: Que tenga por hecha la anterior manifestación a los referidos efectos.
Es Justicia que pido en *«localidad»*, a *«día, mes y año»*.

Firma del Letrado y número de colegiado Firma del Procurador

Fdo. *«nombre y apellidos de abogado, núm de colegiado»* Fdo. *«nombre y apellidos de procurador»*

H. Demanda de nulidad de cláusulas suelo en préstamo hipotecario (particular)

AL JUZGADO DE PRIMERA INSTANCIA DE *«LOCALIDAD»* 6140

«Don/Doña nombre y apellidos del/de la Procurador/a», *«Procurador/a»* de los tribunales y de *«Don/Doña nombre y apellidos del/de la demandante»*, mayor de edad, con domicilio en la *«vía pública, número, piso, letra, localidad»*, y con DNI *«núm. de DNI»*, representación que acredito mediante escritura de poder que acompaño como **documento nº 1**, bajo la dirección letrada de *«Don/Doña nombre y apellidos del/de la letrado/a»*, nº de colegiado *«núm.»* del *«indicar Colegio»*, ante el Juzgado comparezco y como más procedente sea en Derecho DIGO:
Que por medio del presente escrito formulo demanda de juicio ordinario en ejercicio de acción individual de nulidad de condiciones generales interesando la nulidad de varias cláusulas, por ser cláusulas abusivas, en contrato de préstamo con garantía hipotecaria, la eliminación de dichas cláusulas del citado contrato, así como la restitución de las cantidades indebidamente cobradas frente a la entidad *«denominación de la entidad bancaria»*, inscrita en el Registro Mercantil de *«localidad»*, al Libro *«núm. de libro»*; Tomo *«núm. de tomo»*, Folio *«núm. de folio»* y con domicilio en esta ciudad, *«vía pública, número, piso, letra»*, sirviendo de base a la presente demanda los siguientes:

HECHOS

PRIMERO.- Mi mandante, *«Don/Doña nombre y apellidos del/de la demandante»*, habida cuenta que estaba interesado en la adquisición del inmueble sito en *«vía pública, número, piso, letra, localidad»* para instalar en él su vivienda habitual, solicitó de la entidad bancaria demandada y a través de la oficina de la que era cliente, la concesión de un préstamo con garantía hipotecaria que pudiera afrontar el pago de dicha vivienda. A tal fin, acudió a la citada oficina bancaria, sucursal de esta ciudad en *«vía pública, número, piso, letra, localidad»*, de la que era cliente, y se entrevistó con los responsables de la misma, manifestándoles el deseo de obtener de dicha entidad un préstamo con garantía hipotecaria.
SEGUNDO.- Lo cierto es que sin existir oferta vinculante por parte del banco demandado, sin notificarle las condiciones del contrato de préstamo con garantía hipotecaria que se iba a suscribir, sin efectuar ni entregar ninguna simulación del préstamo ni de comportamiento de los tipos, sin efectuar el previo cuestionario y sin informarle en absoluto del condicionado de la escritura que el banco preparó, mi representado/a compareció ante el notario de esta ciudad *«Don/Doña nombre y apellidos del/de la notario/a»*, en fecha *«día, mes y año»*, al objeto de formalizar el referido préstamo hipotecario simultáneo a la compra de la vivienda a cuyo fin se había solicitado el referido préstamo.
Mi mandante suscribió sin recibir ninguna explicación la escritura de préstamo cuya copia autorizada acompaño bajo el nº 2 de documentos, siendo de destacar los siguientes particulares:
1. El préstamo otorgado es por un capital de *«importe en letra»* EUROS (*«importe en número»* €), con un plazo de amortización de *«núm. de años»* años, fijándose que el interés que regularía el citado préstamo hipotecario sería de tipo *«tipo de interés»*, tomando como referencia *«índice»* del penúltimo mes precedente más *«núm.»* puntos y señalándose en la cláusula *«ordinal»* los límites que el referido tipo de interés aplicable llevaría en virtud de las oscilaciones del *«índice de referencia»*. En este sentido, se estableció un tipo mínimo de interés del *«porcentaje»*% más *«núm.»* punto/s y un tipo máximo de interés del *«porcentaje»*% más *«núm.»* puntos, siendo en todo caso que las cuotas mensuales y la cantidad a amortizar se recalcularían sobre *«indicar»*.

NOTA:
Se transcribirá la cláusula suelo.
«cláusula suelo»

6140 (sigue) • **Si procede:**

No obstante, mi representado/a no fue informado en modo alguno de lo que suponía la aceptación de la citada cláusula.

De la redacción de las cláusulas se manifiesta la falta de transparencia, claridad, concreción y sencillez de las mismas por *«indicar motivos»*, agravándose la situación pues en ningún momento se proporcionó información clara ni comprensible a mi representado/a.

Lo cierto es que, producida la bajada del Euribor, mi representado/a se ha visto desagradablemente sorprendido con que apenas bajaba el importe de las cuotas que se le venían liquidando, como consecuencia de la aplicación de esta cláusula suelo que no le fue explicada, cuya redacción, como se podrá apreciar de la propia lectura de la escritura de hipoteca, es una redacción compleja, escasamente apta para que sea comprendida por un ciudadano normal sin la necesaria explicación.

Como se podrá observar por los recibos de amortización de préstamo hipotecario que mi mandante ha venido satisfaciendo, con la tabla comparativa que acompañamos (documentos nº *«núm.»*), *«Don/Doña nombre y apellidos del/de la demandante»* viene satisfaciendo prácticamente un interés equivalente al que venía pagando desde un inicio, aún a pesar de la bajada del Euribor que aparece reflejada en la tabla comparativa que se adjunta (documentos nº *«núm.»*), habiendo satisfecho en definitiva, por el período comprendido desde el mes de *«mes y año»* hasta fecha actual, unos intereses en exceso aproximados de *«importe»* euros, lo cual supone un evidente desequilibrio entre las prestaciones de una y otra parte, entendiendo que dicha cláusula es notoriamente abusiva.

2. Cuando mi representado/a compareció ante el notario de esta ciudad *«Don/Doña nombre y apellidos»*, en fecha *«día, mes y año»*, al objeto de formalizar el referido préstamo hipotecario con el fin de simultanearlo a la compra de la vivienda a cuyo fin se había solicitado el referido préstamo (mediante escritura de préstamo cuya copia autorizada acompaño bajo el nº 2 de documentos), consta en las cláusulas *«núm.»* como mi representado/a tuvo que satisfacer todos los gastos de escritura.

En particular las citadas cláusulas establecen *«transcribir cláusula de gastos»*.

No hubo por parte de la entidad bancaria ni un presupuesto previo, ni un reparto de los gastos, sino que todos, tal como consta en las citadas cláusulas, debió satisfacerlos mi representado/a con fecha *«día, mes y año»* y con fecha *«día, mes y año»*. El importe total de los gastos de la operación ascendió a la cantidad de *«importe»* euros.

Se adjunta como Doc. nº *«núm.»* copia de todas las facturas pagadas por los citados gastos.

3. Ante estas circunstancias y el importe de cada una de las cuotas mensuales mi representado/a no tuvo más remedio que dejar de satisfacer *«núm.»* cuotas del préstamo hipotecario, agravándose la situación por el hecho de que *«explicar circunstancias»*.

Es por ello que mi representado/a, ante la comunicación efectuada por la entidad financiera con fecha *«día, mes y año»* tuvo conocimiento de la cláusula número *«núm.»* del contrato de préstamo hipotecario que comprende un vencimiento anticipado del contrato en el caso de impago de cualquiera de los plazos de amortización o intereses.

En concreto, la citada cláusula de vencimiento anticipado es del siguiente tenor literal: *«transcribir cláusula de vencimiento»*.

De la redacción de la citada cláusula y de la actuación de la entidad bancaria referida con anterioridad se manifiesta la falta de transparencia, claridad, concreción y sencillez de las mismas por *«indicar motivos»* agravándose la situación pues en ningún momento se proporcionó información clara ni comprensible a mi representado/a.

Por otro lado, la entidad *«denominación de la entidad bancaria» –por el momento no– sí* ha efectuado la previa comunicación a esta parte que tiene intención de declarar vencida la cláusula de vencimiento anticipado que consta en el contrato como cláusula número *«núm.»* y la consiguiente reclamación de cantidad por importe de *«importe»* euros.

4. El clausulado del contrato suscrito y elevado a escritura pública con fecha *«día, mes y año»*, ante el notario de *«Localidad»*, *«Don/Doña nombre y apellidos del/de la notario»*, no negociado individualmente como se ha reseñado, presenta un importante desequilibrio entre las obligaciones y derechos de las partes en contra de las exigencias de la buena fe. **6140** (sigue)

TERCERO.- El reclamante tiene necesariamente la condición de consumidor, de conformidad con la definición establecida en el Real Decreto Legislativo 1/2007, de 16 de noviembre, por el que se aprueba el texto refundido de la Ley General para la Defensa de Consumidores y Usuarios y otras leyes complementarias.

Asimismo, resultaría de aplicación lo dispuesto en la Ley 7/1998, de 13 de abril, sobrecondiciones generales de la contratación, dado que de conformidad con el texto de la citada Ley, podemos considerar la cláusula litigiosa como condición general, toda vez que viene impuesta por una de las partes, la entidad bancaria demandada, estando incorporada a una pluralidad de contratos hipotecarios, de conformidad con lo que más adelante se dirá y se ha recogido en la jurisprudencia reciente que alegaremos.

Igualmente, el art.8 de la citada Ley 7/1998, de 13 de abril, declara nulas de pleno derecho las condiciones generales abusivas cuando el contrato se haya celebrado con un consumidor, como es el caso, puesto que en definitiva la finalidad del préstamo hipotecario no es otra sino la adquisición de una vivienda como residencia, debiendo ser considerada la cláusula, en definitiva, como abusiva.

También podría resultar de aplicación la Ley General de Represión de la Usura de 23 de julio de 1908.

CUARTO.- De conformidad con lo dispuesto en el artículo 3 del Real Decreto Ley 1/2017, de 20 de enero, esta parte ha intentado llegar a un acuerdo con la entidad bancaria, habiéndose dirigido en numerosas ocasiones a la misma, tal y como resulta de la documentación que se adjunta bajo los nos *«núm.»* a *«núm.»*, sin haber recibido respuesta de la mencionada entidad bancaria.

A los hechos anteriores son de aplicación los siguientes:

FUNDAMENTOS DE DERECHO

I.- Es competente el juzgado al que tengo el honor de dirigirme, de conformidad con los artículos 45 y 52.1.14º LEC redacc LO 7/2022, en concordancia con el art.85.1 LOPJ, ejercitándose una acción individual de nulidad de cláusulas de condiciones generales de la contratación.

II.- Las partes actora y demandada se encuentran legitimadas activa y pasivamente para interponer y soportar el presente procedimiento, habida cuenta el vínculo contractual existente entre ellos y la naturaleza de la acción que se ejercita.

III.- De conformidad con lo dispuesto en los artículos 248.2.1º, 249.1.5º LEC, corresponde dar a la presente demanda la tramitación prevista para el juicio ordinario regulado en los artículos 399 y siguientes LEC.

IV.- La cuantía del presente procedimiento, de conformidad con lo dispuesto en el art.253 de la Ley de Enjuiciamiento Civil, debe considerarse indeterminada por conformar uno de los supuestos del citado artículo (art.253.3 LEC), cuantía que deberá ser determinada en la ejecución de la sentencia conforme al artículo 219 de la Ley de Enjuiciamiento Civil; sin perjuicio de interesar igualmente que se condene a la entidad demandada a restituir a esta parte aquellas otras cantidades que se cobren en exceso desde la presentación de esta demanda hasta que se dicte sentencia, como consecuencia de la aplicación de las cláusulas abusivas.

V.- Es clara la condición de consumidor y usuario del/de la actor/a y la de empresario de la demandada conforme a lo dispuesto en los artículos 3 y 4 Ley General para la Defensa de los Consumidores y Usuarios.

Resulta por ello de aplicación lo dispuesto en los art.1, 3, 5, 7, 82 y demás concordantes del Real Decreto Legislativo 1/2007, de 16 de noviembre, por el que se aprueba el texto refundido de la TRLGDCU.

6140 (sigue) Asimismo, resulta de aplicación también lo dispuesto en la Ley 7/1998, de 13 de abril, especialmente su artículo 8, relativa a Condiciones Generales de la Contratación.
Resulta también de aplicación la Directiva 93/13.
También podría resultar de aplicación la Ley General de Represión de la Usura de 23 de julio de 1908.
VI.– Art.1261, siguientes y concordantes del Código Civil respecto a los requisitos esenciales que debe revestir el contrato para su validez, así como los art.1300, siguientes y concordantes de dicho texto legal. La cantidad adeudada devengará el interés legal como cantidad líquida desde la fecha de la interpelación judicial (art.1101 y 1108 CC).
VII.– Resulta igualmente de aplicación la doctrina jurisprudencial recogida en la sentencia del Tribunal Supremo de 9 de mayo de 2013 y el Auto del Pleno del TS de 3 de junio de 2013, aclaratorio de la Sentencia del Pleno del TS de 9 de mayo de 2013, siendo de aplicación asimismo lo dispuesto en la sentencia del Tribunal Supremo de 24 de marzo de 2015 y 23 de diciembre de 2015.
VIII.– En particular resulta de aplicación la STJUE de 26 de enero de 2017. Debe tenerse igualmente en cuenta el Auto de fecha 8 de febrero de 2017 del Pleno del Tribunal Supremo, Sala 1ª.
IX.– Puede verse la Sentencia de la AP Cantabria, sec. 2ª, S 29-3-2018, nº 192/2018, Rec 786/2017.
X.– El art.394 de la Ley de Enjuiciamiento Civil respecto de las costas, que deberán ser impuestas a la entidad bancaria demandada.

- **Si procede:**

En relación a las costas, debe aplicarse el artículo 4 del Real Decreto Ley 1/2017, de 20 de enero.
Por lo expuesto,
AL JUZGADO SUPLICO que, teniendo por presentado este escrito, con sus documentos y copias, se sirva admitirlo, tenerme por parte en la representación que ostento de *«Don/Doña nombre y apellidos del/de la demandante»* y tener por interpuesta demanda en ejercicio de acción de nulidad de cláusulas abusivas así como de reclamación de cantidades indebidamente satisfechas frente a *«denominación de la entidad bancaria»*, emplazarle para que comparezca y conteste, seguir el procedimiento por sus trámites y, en su momento, dictar sentencia por la que, estimando íntegramente la demanda:
1º) declare la nulidad de las cláusulas nº *«ordinales»* de la escritura de constitución de préstamo hipotecario firmado el *«día, mes y año»* ante el notario de *«localidad»*, *«Don/Doña nombre y apellidos del/de la notario/a»* bajo el nº *«núm.»* de su protocolo
2º) condene a la entidad demandada a restituir de manera inmediata la cantidad de *«importe en letra»* EUROS (*«importe en número»* €) más los intereses indebidamente percibidos desde el día *«día, mes y año»* hasta la fecha, así como aquellos otros intereses que, con la aplicación de las referidas cláusulas cuya nulidad se solicita sea declarada en la sentencia, perciba a partir de la presentación de esta demanda y hasta que se dicte sentencia
3º) imponga expresamente el pago de las costas procesales a la parte demandada.
Es de Justicia que pido en *«localidad»*, a *«día, mes y año»*.
OTROSÍ DIGO que, al amparo de lo dispuesto en el art.231 de la Ley de Enjuiciamiento Civil, esta parte manifiesta su voluntad de corregir cualquier defecto de carácter procesal en que pudiera haber incurrido, a requerimiento del tribunal y del letrado de la Administración de Justicia.
SUPLICO AL JUZGADO tenga por hecha la anterior manifestación a los efectos legales oportunos.

«Firma digital del/de la letrado/a» *«Firma digital del/de la procurador/a»*

Tabla Alfabética

A

B

C

D

E

F

G

H

I

J

K

L

M

N

O

P

Q

R

S

T

U

V

Este libro se acabó de imprimir en España,
en Abril de 2024